IT-Tabellenbuch

B Der Betrieb und sein Umfeld, Geschäftsprozesse und betriebliche Organisation, Arbeitsmethoden und Informationsquellen

G Mathematische Grundlagen, Digitaltechnik, physikalische Grundlagen, elektrotechnische Grundlagen

I PC-Baugruppen, Bussysteme und Anschlusstechnik, Datenträger, Karten und Geräte, Ergonomie, Betriebssysteme

A Projektmanagement, Programm-Entwicklung, Programm-Anwendungen

N Grundlagen der Netze, Netz-Praxis, Übertragungstechnik, weitere Netze

M Marktbeziehungen und Kundenbeziehungen

Ö Netze, Leitungen, Internet, Service an IT-Systemen

R Rechnungswesen und Controlling

2. Auflage

Bearbeitet von Lehrern und Ingenieuren an beruflichen Schulen, berufspädagogischen Seminaren, Fachhochschulen und in Betrieben (siehe Rückseite)

VERLAG EUROPA-LEHRMITTEL · Nourney, Vollmer GmbH & Co. KG
Düsselberger Straße 23 · 42781 Haan-Gruiten

Europa-Nr.: 37019

Autoren des IT-Tabellenbuchs:

Elmar Dehler	Studiendirektor	Ulm
Bernhard Grimm	Oberstudienrat	Sindelfingen, Leonberg
Josef Isser	Oberstudienrat	Sindelfingen
Dietmar Johlen	Dr.-Ing., Abteilungsleiter	Kassel
Hermann Münch	Studiendirektor	Stuttgart
Bernd Schiemann	Dipl.-Ing., Studiendirektor	Stuttgart
Hubert Trossmann	Studiendirektor	Ulm
Heike Vogler	Dipl.-Ing., Oberstudienrätin	Leutkirch

Leitung des Arbeitskreises und Lektorat:

Studiendirektor Schiemann, Ulm

Bildbearbeitung:

Zeichenbüro des Verlags Europa-Lehrmittel, Ostfildern

Das vorliegende Buch wurde auf der **Grundlage der aktuellen amtlichen Rechtschreibregeln** erstellt.

Diesem Buch wurden die neuesten Ausgaben der DIN-Blätter und der VDE-Bestimmungen zugrunde gelegt. Verbindlich sind jedoch nur die DIN-Blätter und VDE-Bestimmungen selbst.

Die DIN-Blätter können von der Beuth-Verlag GmbH, Burggrafenstraße 6, 10787 Berlin, bezogen werden. Die VDE-Bestimmungen sind bei der VDE-Verlag GmbH, Bismarckstraße 33, 10625 Berlin, erhältlich.

2. Auflage 2009
Druck 5 4 3
Alle Drucke derselben Auflage sind parallel einsetzbar, da bis auf die Behebung von Druckfehlern untereinander unverändert.

ISBN 978-3-8085-3702-2

Umschlaggestaltung: Idee Bernd Schiemann; Ausführung: Michael M. Kappenstein, Frankfurt/Main

© 2009 by Verlag Europa-Lehrmittel, Nourney, Vollmer GmbH & Co. KG, D 42781 Haan-Gruiten
http://www.europa-lehrmittel.de
Satz: Tutte Druckerei GmbH, Salzweg
Druck: Media-Print Informationstechnologie GmbH, Paderborn

Das IT-Tabellenbuch ergänzt mit den Büchern

- IT-Fachkunde,
- Informationstechnik und Kommunikationstechnik und
- Mathematik für Elektroniker, Schwerpunkt IT- und Elektronikberufe

die IT-Fachbuchreihe des Europa-Verlags.

Aufbau:

Die Inhalte werden klar strukturiert und übersichtlich in Tabellenform dargestellt. Besonderer Wert wird auch auf eine kompakte und übersichtliche Darstellung der IT-Standards gelegt. An passenden Stellen sind fachliche Inhalte in Englisch angefügt.

Inhalte:

Betriebliche Organisation und Geschäftsprozesse; Arbeitsmethoden und Informationsquellen; mathematische, physikalische, elektrotechnische und digitaltechnische Grundlagen; PC-Systemtechnik; Software, Software-Engineering, z. B. mit UML, Projektmanagement und Programmentwicklung; Netze der IT-Technik und der Kommunikationstechnik; Markt- und Kundenbeziehungen; Rechnungswesen und Controlling, integratives Englisch.

Wer kann das IT-Tabellenbuch einsetzen?

Auszubildende und Fachkräfte in den folgenden Berufen:

- Fachinformatiker/in
- Informatikkauffrau/mann,
- Systeminformatiker/in,
- Elektroniker/in Fachrichtung Informationstechnik- und Telekommunikationstechnik.

Schüler folgender Bildungsgänge:

- Informationstechnische Gymnasien, Fachgymnasien, Fachoberschulen, IT-Berufskollegs, Berufsoberschulen.

Studierende als solide, grundlegende Einführung in:

- Fachschulen für Elektrotechnik, Berufsakademien, Fachhochschulen und an Technischen Universitäten.

Wie hilft das IT-Tabellenbuch für die Prüfung?

Es unterstützt Auszubildende oder auch externe Prüflinge bei der

- selbstständigen Prüfungsvorbereitung und als zugelassenes Hilfsmittel in der
- Abschlussprüfung.

Ihre Meinung zum Buch interessiert uns!
Teilen Sie uns Ihre Verbesserungsvorschläge, Ihre Kritik aber auch Ihre Zustimmung zum Buch mit. Schreiben Sie uns an die E-Mail-Adresse: **lektorat@europa-lehrmittel.de**
Die Autoren und der Verlag Europa-Lehrmittel   Sommer 2007

Inhaltsverzeichnis

Inhaltsverzeichnis

Der Betrieb und sein Umfeld, Geschäftsprozesse und betriebliche Organisation, Arbeitsmethoden und Informationsquellen

B

Begriff	Darstellung	Erklärung
Wirtschaften	**Ökonomisches Prinzip** **Minimalprinzip** Ein festgelegtes Ziel mit minimalem Aufwand erreichen. **Maximalprinzip** Mit festgelegtem Aufwand ein Maximum an Nutzen erreichen. **Beispiel:** Ein Produkt möglichst günstig vom Hersteller an den Verwendungsort transportieren. **Beispiel:** Mit festgelegtem Budget einer Abteilung größtmöglichen Nutzen erreichen.	Wirtschaften ist notwendig, weil die menschlichen Bedürfnisse unbegrenzt und die Mittel zur Bedürfnisbefriedigung begrenzt sind. Wirtschaften bedeutet, rational zu handeln, d. h. Entscheidungen so zu treffen und Handlungen so durchzuführen, dass mit den begrenzten Mitteln eine möglichst große Bedürfnisbefriedigung erreicht wird. Prinzipiell gibt es dazu zwei Handlungsgrundsätze, die man auch als ökonomisches Prinzip bezeichnet: das Minimalprinzip und das Maximalprinzip.
Wirtschaftswissenschaften	**Wirtschaftswissenschaften** **Volkswirtschaftslehre VWL** Beschäftigt sich mit wirtschaftlichen Abläufen in: • Regionen • Ländern • Wirtschaftsräumen, z.B. EU **Betriebswirtschaftslehre BWL** Beschäftigt sich mit dem wirtschaftl. Handeln von: • Betrieben • Unternehmen • Organisationen • Haushalten	Die Wirtschaftswissenschaften untersuchen den Teil der menschlichen Tätigkeiten, der sich mit der Bedürfnisbefriedigung beschäftigt. Die Ziele der Wirtschaftswissenschaften sind die systematische Darstellung von Erkenntnissen über Abläufe und Zusammenhänge bei der Bereitstellung von Gütern und Leistungen zur Bedürfnisbefriedigung und die Erarbeitung von Methoden und Verfahren zur Zielerreichung.
Bedürfnisse	 Wissen Verstehen Selbstver-wirklichung Verantwortung Anerkennung Zugehörigkeits-gefühl, Liebe Sicherheit und Geborgenheit Körperliche Bedürfnisse In der Psychologie spricht man von Bedürfnissen, wenn der Mensch ein Mangelempfinden hat und bestrebt ist, dieses zu beseitigen. Nach der Motivationstheorie von Maslow gewinnen Bedürfnisse einer höheren Ebene für ein Individuum erst an Bedeutung, wenn die Bedürfnisse der niedrigen Ebene weitgehend befriedigt sind. **Bedürfnispyramide nach Maslow[1]**	Bedürfnisse kann man z. B. einteilen nach **der Dringlichkeit:** Existenzbedürfnisse, Kulturbedürfnisse und Luxusbedürfnisse. **der Art der möglichen Befriedigung:** Individualbedürfnisse und Kollektivbedürfnisse. Kollektivbedürfnisse z. B. Krankenhäuser und Verkehrswege lassen sich im Gegensatz zu Individualbedürfnissen, meist nur gemeinsam (kollektiv) sinnvoll befriedigen. **Psychologischen Kriterien:** Menschen legen eine individuelle Reihenfolge fest, in welcher Reihenfolge sie Bedürfnisse befriedigen (**Bild**).
Güter	**Wirtschaftliche Güter** Sachen | Wissen | Rechte | Dienstleistungen	Güter sind alle Mittel, die zur Befriedigung menschlicher Bedürfnisse beitragen können. Je höher die Bedürfnisbefriedigung eines Gutes für ein Individuum ist, desto mehr Nutzen bringt ihm das Gut.

[1] Maslow, Abraham, amerikanischer Sozialpsychologe, 1908–1970

B

Begriff	Darstellung	Erklärung
Grund-elemente sozial-staatli-cher Wirt-schafts-politik	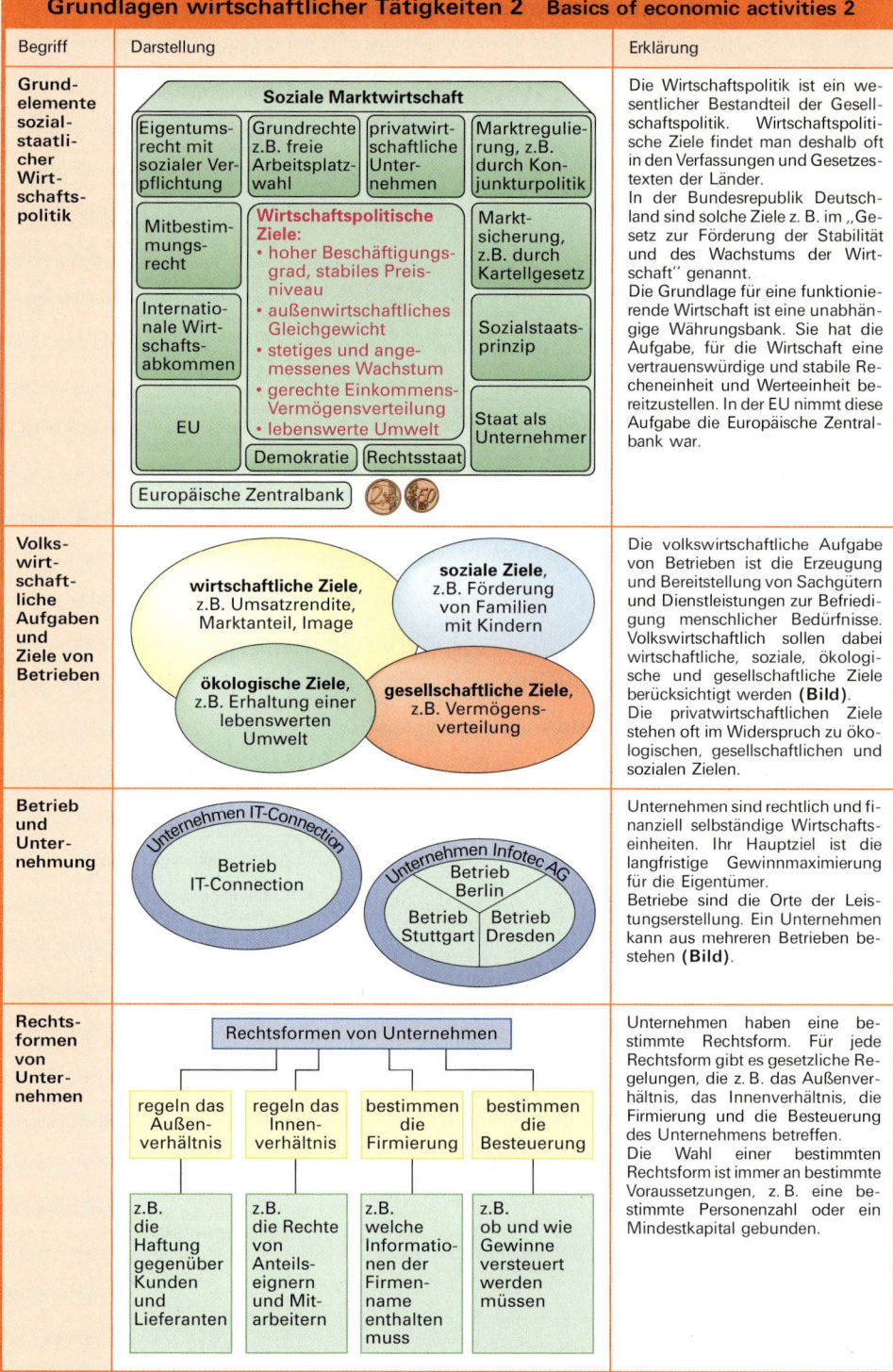	Die Wirtschaftspolitik ist ein wesentlicher Bestandteil der Gesellschaftspolitik. Wirtschaftspolitische Ziele findet man deshalb oft in den Verfassungen und Gesetzestexten der Länder. In der Bundesrepublik Deutschland sind solche Ziele z. B. im „Gesetz zur Förderung der Stabilität und des Wachstums der Wirtschaft" genannt. Die Grundlage für eine funktionierende Wirtschaft ist eine unabhängige Währungsbank. Sie hat die Aufgabe, für die Wirtschaft eine vertrauenswürdige und stabile Recheneinheit und Werteeinheit bereitzustellen. In der EU nimmt diese Aufgabe die Europäische Zentralbank war.
Volks-wirt-schaft-liche Aufgaben und Ziele von Betrieben		Die volkswirtschaftliche Aufgabe von Betrieben ist die Erzeugung und Bereitstellung von Sachgütern und Dienstleistungen zur Befriedigung menschlicher Bedürfnisse. Volkswirtschaftlich sollen dabei wirtschaftliche, soziale, ökologische und gesellschaftliche Ziele berücksichtigt werden (**Bild**). Die privatwirtschaftlichen Ziele stehen oft im Widerspruch zu ökologischen, gesellschaftlichen und sozialen Zielen.
Betrieb und Unter-nehmung		Unternehmen sind rechtlich und finanziell selbständige Wirtschaftseinheiten. Ihr Hauptziel ist die langfristige Gewinnmaximierung für die Eigentümer. Betriebe sind die Orte der Leistungserstellung. Ein Unternehmen kann aus mehreren Betrieben bestehen (**Bild**).
Rechts-formen von Unter-nehmen		Unternehmen haben eine bestimmte Rechtsform. Für jede Rechtsform gibt es gesetzliche Regelungen, die z. B. das Außenverhältnis, das Innenverhältnis, die Firmierung und die Besteuerung des Unternehmens betreffen. Die Wahl einer bestimmten Rechtsform ist immer an bestimmte Voraussetzungen, z. B. eine bestimmte Personenzahl oder ein Mindestkapital gebunden.

Darstellung (Zeile 1):

Soziale Marktwirtschaft

- Eigentumsrecht mit sozialer Verpflichtung
- Grundrechte z.B. freie Arbeitsplatzwahl
- privatwirtschaftliche Unternehmen
- Marktregulierung, z.B. durch Konjunkturpolitik
- Mitbestimmungsrecht
- **Wirtschaftspolitische Ziele:**
  - hoher Beschäftigungsgrad, stabiles Preisniveau
  - außenwirtschaftliches Gleichgewicht
  - stetiges und angemessenes Wachstum
  - gerechte Einkommens- Vermögensverteilung
  - lebenswerte Umwelt
- Marktsicherung, z.B. durch Kartellgesetz
- Internationale Wirtschaftsabkommen
- Sozialstaatsprinzip
- EU
- Staat als Unternehmer
- Demokratie Rechtsstaat
- Europäische Zentralbank

Darstellung (Zeile 2):

- **wirtschaftliche Ziele**, z.B. Umsatzrendite, Marktanteil, Image
- **soziale Ziele**, z.B. Förderung von Familien mit Kindern
- **ökologische Ziele**, z.B. Erhaltung einer lebenswerten Umwelt
- **gesellschaftliche Ziele**, z.B. Vermögensverteilung

Darstellung (Zeile 3):

- Unternehmen IT-Connection — Betrieb IT-Connection
- Unternehmen Infotec AG — Betrieb Berlin, Betrieb Stuttgart, Betrieb Dresden

Darstellung (Zeile 4):

Rechtsformen von Unternehmen

- regeln das Außenverhältnis — z.B. die Haftung gegenüber Kunden und Lieferanten
- regeln das Innenverhältnis — z.B. die Rechte von Anteilseignern und Mitarbeitern
- bestimmen die Firmierung — z.B. welche Informationen der Firmenname enthalten muss
- bestimmen die Besteuerung — z.B. ob und wie Gewinne versteuert werden müssen

B

Begriff	Darstellung	Erklärung
Unternehmensziele		Die strategischen Ziele eines Unternehmens betreffen die wichtigsten mittelfristigen und langfristigen Absichten eines Unternehmens, z. B. die Positionierung am Markt, und werden durch die Unternehmensführung festgelegt **(Bild)**.

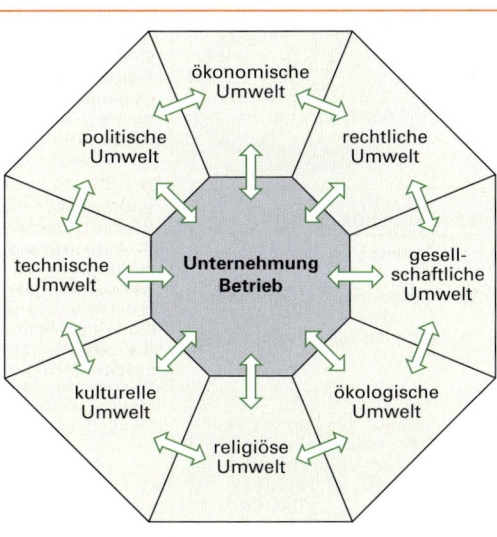

strategische Ziele
z.B. innerhalb von 3 Jahren Marktführer im Marktsegment X für das Produkt Y.

operative Ziele

ablauforientierte Ziele	kundenorientierte Ziele	mitarbeiterorientierte Ziele
z.B. Antwortzeit für eine Kundenanfrage auf einen Tag reduzieren	z.B. im Kerngeschäft 80% Umsatz als A-Lieferant	z.B. je Servicemitarbeiter jährlich mind. fünf Fortbildungstage

Strategische und operative Unternehmensziele

sekundäre Ziele
Entwickeln wiederverwendbarer Verfahren, Techniken, Methoden

Methoden der Kundenorientierung
Lernfähigkeit
positives Arbeitsklima
Geschäftsprozessorientierung

primäre Ziele
Kosten
Termine
Qualität
Quantität

Teambildung
Entwickeln effektiver und effizienter Arbeitstechniken
positiver Eindruck bei Kunden

Primäre und sekundäre Unternehmensziele

Um die strategischen Ziele zu erreichen, sind verschiedene konkrete und überprüfbare Handlungen in Richtung auf das Gesamtziel und für den täglichen Betriebsablauf notwendig. Diese werden in den operativen Zielen festgelegt.

Über den kurzfristigen Erfolg eines Unternehmens entscheidet insbesondere das Erreichen primärer Unternehmensziele. Diese Ziele sind die Einhaltung von Terminen, Kosten, Qualitätsanforderungen bei einer Mindestzahl von Aufträgen **(Bild)**.

Für den mittelfristigen und langfristigen Erfolg ist zusätzlich das Erreichen der sekundären Unternehmensziele, z. B. Entwickeln wiederverwertbarer Verfahren, Kundenorientierung und Lernfähigkeit, wichtig.

Gesellschaftlicher Einfluss auf Unternehmensziele

ökonomische Umwelt
politische Umwelt
rechtliche Umwelt
technische Umwelt
Unternehmung Betrieb
gesellschaftliche Umwelt
kulturelle Umwelt
ökologische Umwelt
religiöse Umwelt

Unternehmungen und Betriebe und deren Umwelt beeinflussen sich gegenseitig.

Die Stärke und Wirkung des gegenseitigen Einflusses hängt von den Machtverhältnissen, z. B. dem politischen Einfluss von Privatunternehmen auf die Politik und der wirtschaftlichen Lage ab.

Unternehmerische Entscheidungen werden wesentlich von betriebswirtschaftlichen Gesichtspunkten bestimmt.

Staatliche Wirtschaftspolitik in sozial-marktwirtschaftlich orientierten Systemen versucht volkswirtschaftlichen und sozialpolitischen Faktoren gerecht zu werden. Sie zielt insbesondere auf eine Beeinflussung der rechtlichen und ökonomischen Rahmenbedingungen.

B

Begriff	Darstellung	Erklärung
Ansprüche einzelner Gruppen an Unternehmen		**Verkäufermarkt** Wenn in einem Markt einer großen Käufernachfrage ein geringes Angebot gegenüber steht, liegt ein Verkäufermarkt vor. Entsprechend können die Anbieter der Waren und Dienstleistungen ihre Interessen besser durchsetzen. **Käufermarkt** Bei vielen Waren und Dienstleistungen ist heute die Situation, dass einer begrenzten Nachfrage ein Überangebot gegenüber steht. Die Verkäufer müssen sich im Wettbewerb um Käufer bemühen und die Kundenerwartungen in den Mittelpunkt ihrer Planungen und Handlungen stellen. **Kundenansprüche** sind individuell und gruppenspezifisch unterschiedlich **(Bild)**. Da der Grundnutzen bei nahezu allen Produkten und Leistungen erfüllt wird, beziehen sich Kundenerwartungen zunehmend auf Zusatznutzen. Die Erfüllung der Kundenerwartungen bestimmt über den Erfolg eines Unternehmens. AG: Arbeitgeber AN: Arbeitnehmer
Shareholderansatz und Stakeholderansatz		Unternehmensleitungen versuchen den wirtschaftlichen Erfolg durch eine gewichtete Berücksichtigung der verschiedenen Anspruchsgruppeninteressen zu optimieren. **Shareholder Ansatz** Für Unternehmen, die den Shareholder-Value-Ansatz (Shareholder = Anteilseigner, Value = Wert) verfolgen, stehen die Interessen der Eigentümer, Teilhaber und Kreditgeber im Vordergrund. **Stakeholder Ansatz** Unternehmen, die den Stakeholder-Ansatz (Stakeholder = Unparteiischer) verfolgen, sehen ihren zukünftigen Markterfolg durch die Berücksichtigung aller Gruppeninteressen gesichert.

Darstellung – Ansprüche einzelner Gruppen:

- **Teilhaber, Eigentümer**: Vermögenssicherung; Vermögensmehrung; Macht, Prestige
- **Kunden**: bedarfsgerechte Angebote; faire Preise; zuvorkommende Behandlung
- **Kreditgeber**: hohe Rendite; Sicherheit; Mitsprache
- **Mitarbeiter**: Arbeitsplatzsicherheit; angemessenes Einkommen; gute Arbeitsbedingungen
- **Geschäftsführer**: Einkommen; Karriere; Macht; Prestige
- **Mitwettbewerber**: fairer Wettbewerb; Kooperation; Miteinander
- **Lieferer**: sichere Zahlung; fristgerechte Zahlung; Vertrauensverhältnis
- **Öffentlichkeit**: Wahrnehmung der sozialen Verantwortung; Wahrnehmung der ökologischen Verantwortung
- **AG-Organisationen**: Kooperation
- **AN-Organisationen**: Arbeitsmöglichkeiten für AN-Vertretungen

Darstellung – Shareholder / Stakeholder:

Stakeholder: AG-Organisationen, Kunden, Mitwettbewerber, Lieferer, Mitarbeiter, AN-Organisationen, Öffentlichkeit, Geschäftsführer, Teilhaber, Eigentümer, Kreditgeber

Shareholder: Kreditgeber, Teilhaber/Eigentümer, Geschäftsführer

Unternehmung Betrieb

B

Begriff	Darstellung	Erklärung

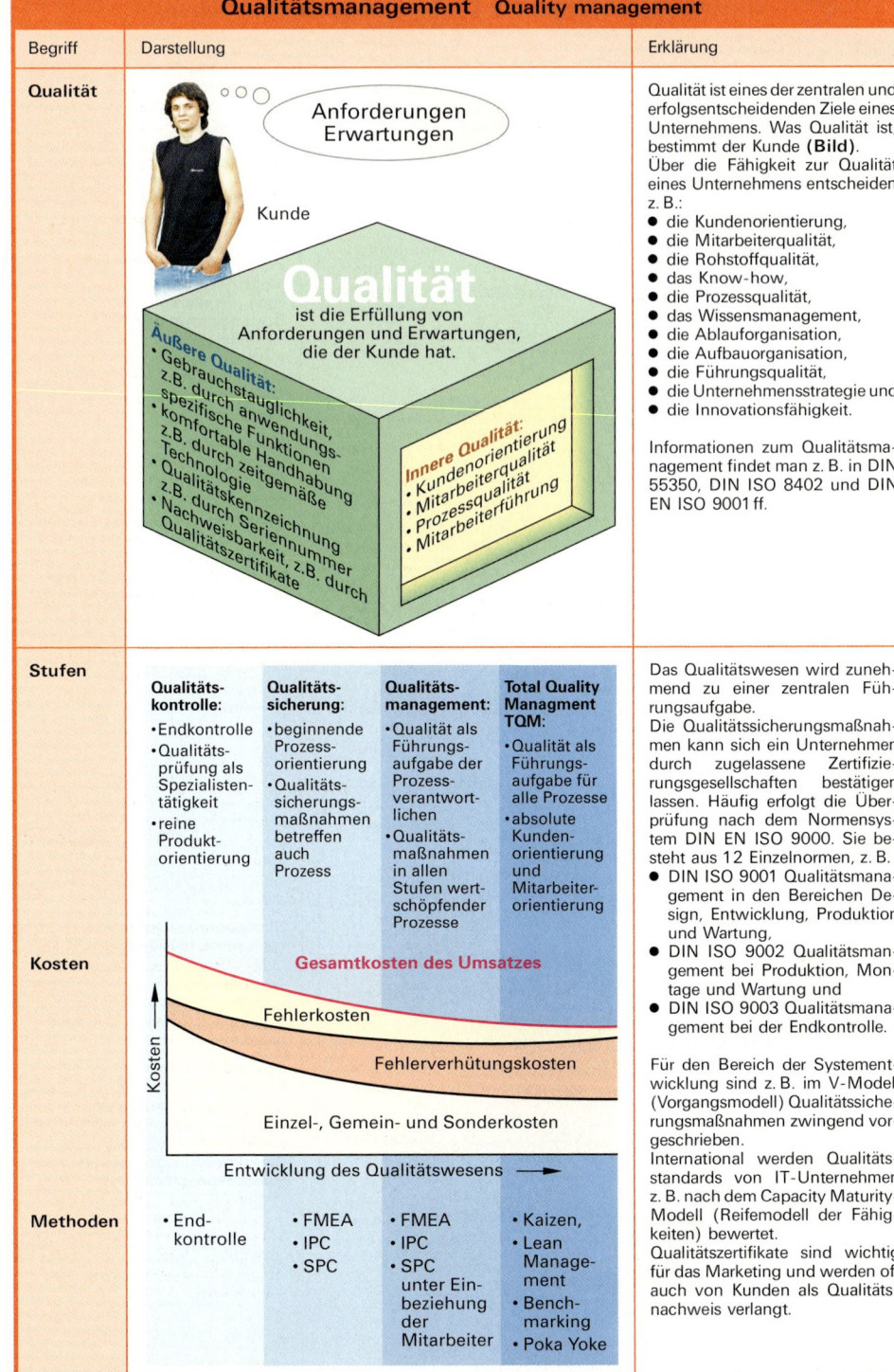

Qualität

Qualität ist eines der zentralen und erfolgsentscheidenden Ziele eines Unternehmens. Was Qualität ist, bestimmt der Kunde **(Bild)**.
Über die Fähigkeit zur Qualität eines Unternehmens entscheiden z. B.:
- die Kundenorientierung,
- die Mitarbeiterqualität,
- die Rohstoffqualität,
- das Know-how,
- die Prozessqualität,
- das Wissensmanagement,
- die Ablauforganisation,
- die Aufbauorganisation,
- die Führungsqualität,
- die Unternehmensstrategie und
- die Innovationsfähigkeit.

Informationen zum Qualitätsmanagement findet man z. B. in DIN 55350, DIN ISO 8402 und DIN EN ISO 9001 ff.

Stufen / Kosten / Methoden

Das Qualitätswesen wird zunehmend zu einer zentralen Führungsaufgabe.
Die Qualitätssicherungsmaßnahmen kann sich ein Unternehmen durch zugelassene Zertifizierungsgesellschaften bestätigen lassen. Häufig erfolgt die Überprüfung nach dem Normensystem DIN EN ISO 9000. Sie besteht aus 12 Einzelnormen, z. B.
- DIN ISO 9001 Qualitätsmanagement in den Bereichen Design, Entwicklung, Produktion und Wartung,
- DIN ISO 9002 Qualitätsmanagement bei Produktion, Montage und Wartung und
- DIN ISO 9003 Qualitätsmanagement bei der Endkontrolle.

Für den Bereich der Systementwicklung sind z. B. im V-Modell (Vorgangsmodell) Qualitätssicherungsmaßnahmen zwingend vorgeschrieben.
International werden Qualitätsstandards von IT-Unternehmen z. B. nach dem Capacity Maturity-Modell (Reifemodell der Fähigkeiten) bewertet.
Qualitätszertifikate sind wichtig für das Marketing und werden oft auch von Kunden als Qualitätsnachweis verlangt.

Tabelle (Stufen):

Qualitätskontrolle:	Qualitätssicherung:	Qualitätsmanagement:	Total Quality Managment TQM:
• Endkontrolle • Qualitätsprüfung als Spezialistentätigkeit • reine Produktorientierung	• beginnende Prozessorientierung • Qualitätssicherungsmaßnahmen betreffen auch Prozess	• Qualität als Führungsaufgabe der Prozessverantwortlichen • Qualitätsmaßnahmen in allen Stufen wertschöpfender Prozesse	• Qualität als Führungsaufgabe für alle Prozesse • absolute Kundenorientierung und Mitarbeiterorientierung

Methoden:

• Endkontrolle	• FMEA • IPC • SPC	• FMEA • IPC • SPC unter Einbeziehung der Mitarbeiter	• Kaizen, • Lean Management • Benchmarking • Poka Yoke

Begriff	Darstellung					Erklärung

Einsatzbereiche elementarer Qualitätswerkzeuge

1. Problemermittlung	2. Problemanalyse	3. Erarbeitung von Verbesserungsmaßnahmen	4. Umsetzung beschlossener Verbesserungsmaßnahmen	5. Überprüfung der Wirksamkeit
Flussdiagramm				
Histogramm				Histogramm
Fehlersammelkarte	Pareto-Analyse[1]	Verwandtschaftsdiagramm		Datensammelkarte
	Ishikawa-Diagramm[2]			
	Brainstorming, Brainwriting			

Verbesserungsprozess ⟶

Einsatz elementarer Qualitätswerkzeuge

Charakteristisch für elementare Qualitätsverbesserungswerkzeuge (**Bild**) ist, dass
- sie einfach anzuwenden sind,
- die Zusammenarbeit zwischen verschiedenen Arbeitsphasen intensiviert wird,
- Zusammenhänge und Probleme visualisiert werden und
- kreative Lösungsansätze gefördert werden.

Qualitätsverbesserungswerkzeuge werden wiederholt oder, wie im KVP (von kontinuierlicher Verbesserungsprozess), permanent eingesetzt.

Fehlersammelkarte, Datensammelkarte

Fehlersammelkarte Inbetriebnahme	
Fehlerart	**Häufigkeit**
fehlende Informationen	╫ ‖
fehlende Teile	‖‖
Probleme in der Ablauforganisation	‖
beschädigte Teile	╫ ‖‖
Montagefehler	‖‖
sonstige Fehler	‖‖

Fehlersammelkarten und Datensammelkarten dienen der übersichtlichen Erfassung von Daten. Im Bild sind z. B. Qualitätsprobleme bei einer Inbetriebnahme nach Fehlerart und Häufigkeit des Auftretens erfasst.
Die erfassten Daten können z. B. in einer Pareto-Analyse weiterverarbeitet werden.

Pareto-Analyse

Ergebnisdarstellung einer Pareto-Analyse

Die Pareto-Analyse ist eine Anwendung der ABC-Analyse im Bereich Qualitätsmanagement. Es lässt sich empirisch nachweisen, dass ca. 60% bis 80% der Qualitätsprobleme und deren Kosten in einer Produktion auf 20% bis 30% Fehlerarten zurückführbar sind. Mit der Pareto-Analyse versucht man, diese entscheidenden Fehler zu ermitteln.

Ursachen-Wirkungs-Diagramm, Ishikawa- oder Fischgräten-Diagramm

Es dient zur Identifizierung, wie stark eine Ursache zu einem Problem beiträgt. Je bedeutender eine Ursache eingeschätzt wird, desto näher wird sie dem Kopf bzw. Hauptgräten eingezeichnet. Erstellen des Ursachen-Wirkungsdiagramms nach den 8 Hauptursachen (8 M's) Mensch, Maschine, Material, Mitwelt, Methode, Management, Messbarkeit und Money.

---

[1] Vilfredo Pareto, italienischer Soziologe und Ingenieur 1848 bis 1923
[2] Dr. Kaoru Ishikawa, japanischer Chemiker 1915–1989

B

Begriff	Darstellung	Erklärung

Fehler-folge-kosten

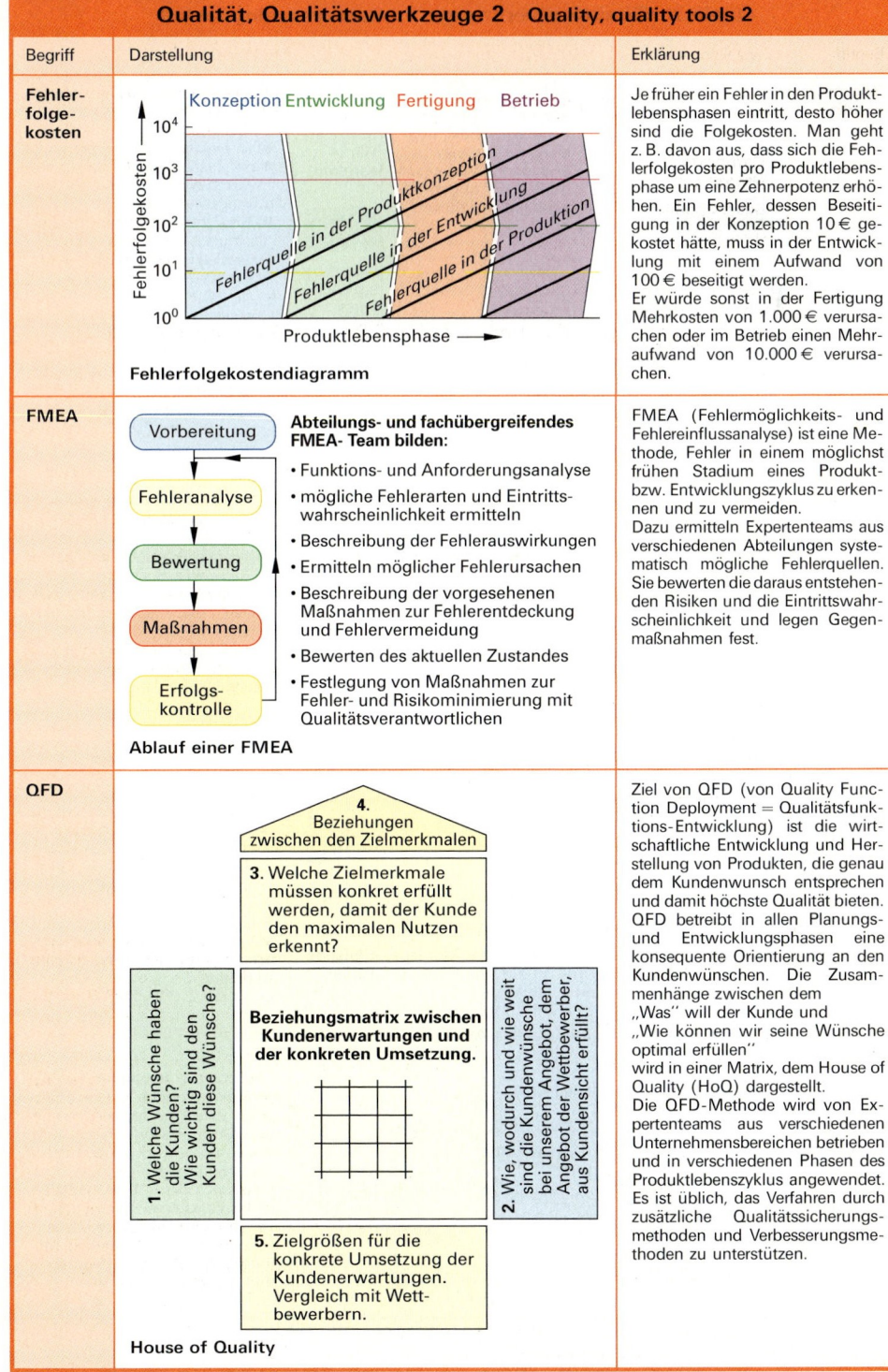

Konzeption Entwicklung Fertigung Betrieb

Fehlerquelle in der Produktkonzeption
Fehlerquelle in der Entwicklung
Fehlerquelle in der Produktion

Fehlerfolgekosten — 10^0 bis 10^4

Produktlebensphase →

Fehlerfolgekostendiagramm

Je früher ein Fehler in den Produktlebensphasen eintritt, desto höher sind die Folgekosten. Man geht z. B. davon aus, dass sich die Fehlerfolgekosten pro Produktlebensphase um eine Zehnerpotenz erhöhen. Ein Fehler, dessen Beseitigung in der Konzeption 10 € gekostet hätte, muss in der Entwicklung mit einem Aufwand von 100 € beseitigt werden.
Er würde sonst in der Fertigung Mehrkosten von 1.000 € verursachen oder im Betrieb einen Mehraufwand von 10.000 € verursachen.

FMEA

Vorbereitung
Fehleranalyse
Bewertung
Maßnahmen
Erfolgskontrolle

Ablauf einer FMEA

Abteilungs- und fachübergreifendes FMEA- Team bilden:

- Funktions- und Anforderungsanalyse
- mögliche Fehlerarten und Eintrittswahrscheinlichkeit ermitteln
- Beschreibung der Fehlerauswirkungen
- Ermitteln möglicher Fehlerursachen
- Beschreibung der vorgesehenen Maßnahmen zur Fehlerentdeckung und Fehlervermeidung
- Bewerten des aktuellen Zustandes
- Festlegung von Maßnahmen zur Fehler- und Risikominimierung mit Qualitätsverantwortlichen

FMEA (Fehlermöglichkeits- und Fehlereinflussanalyse) ist eine Methode, Fehler in einem möglichst frühen Stadium eines Produkt- bzw. Entwicklungszyklus zu erkennen und zu vermeiden.
Dazu ermitteln Expertenteams aus verschiedenen Abteilungen systematisch mögliche Fehlerquellen. Sie bewerten die daraus entstehenden Risiken und die Eintrittswahrscheinlichkeit und legen Gegenmaßnahmen fest.

QFD

4. Beziehungen zwischen den Zielmerkmalen

3. Welche Zielmerkmale müssen konkret erfüllt werden, damit der Kunde den maximalen Nutzen erkennt?

1. Welche Wünsche haben die Kunden? Wie wichtig sind den Kunden diese Wünsche?

Beziehungsmatrix zwischen Kundenerwartungen und der konkreten Umsetzung.

2. Wie, wodurch und wie weit sind die Kundenwünsche bei unserem Angebot, dem Angebot der Wettbewerber, aus Kundensicht erfüllt?

5. Zielgrößen für die konkrete Umsetzung der Kundenerwartungen. Vergleich mit Wettbewerbern.

House of Quality

Ziel von QFD (von Quality Function Deployment = Qualitätsfunktions-Entwicklung) ist die wirtschaftliche Entwicklung und Herstellung von Produkten, die genau dem Kundenwunsch entsprechen und damit höchste Qualität bieten. QFD betreibt in allen Planungs- und Entwicklungsphasen eine konsequente Orientierung an den Kundenwünschen. Die Zusammenhänge zwischen dem „Was" will der Kunde und „Wie können wir seine Wünsche optimal erfüllen" wird in einer Matrix, dem House of Quality (HoQ) dargestellt.
Die QFD-Methode wird von Expertenteams aus verschiedenen Unternehmensbereichen betrieben und in verschiedenen Phasen des Produktlebenszyklus angewendet. Es ist üblich, das Verfahren durch zusätzliche Qualitätssicherungsmethoden und Verbesserungsmethoden zu unterstützen.

Begriff	Darstellung	Erklärung

Corporate Identity

Corporate Identity

Corporate Design	Corporate Behavior	Corporate Communication
Das Corporate Design muss die Wiedererkennung und Einmaligkeit des Unternehmens sichern. Es ist auf Langzeitwirkung angelegt und wird in Form von Schriften, Farben und Symbolen auf unterschiedlichsten Werbeträgern verbreitet.	Ziel des Corporate Behavior ist das schlüssige, glaubwürdige und widerspruchsfreie Verhalten aller Unternehmensmitglieder von Pförtner bis zum Generaldirektor.	Der kombinierte und aufeinander abgestimmte Einsatz der Kommunikationsinstrumente, z.B. der Imagewerbung, der Produktwerbung und der Personalwerbung in allen Werbeträgern, ist Inhalt der Corporate Communication.

Unternehmensleitlinien

Unternehmensleitlinien

Aspekt	Beispiel	Erklärungsabsicht
Kundenbeziehung	...hohe Kundenzufriedenheit...	langfristiger Gewinn durch Kundentreue
Mitarbeiterbeziehung	...unsere Mitarbeiter sind unser wichtigstes Kapital...	zufriedene und motivierte Mitarbeiter
Umweltbeziehung	...achten wir auf geschlossene Wertstoffkreisläufe...	Image, Markenwert
Angebot	...innnovativ und flexibel...	hoher individueller Kundennutzen

Planungsebenen, Planungszeiträume

Geschäftsführung — langfristige bis mittelfristige Zielvisionen

Visionen

Strategisches Management — mittelfristige strategische Ziele

Unternehmensgrundsätze

Selbstverständnis

Operatives Management — mittelfristige bis kurzfristige operative Ziele

Prozessziele
Marktziele
Kundenziele
Mitarbeiterziele
Finanzziele
Leistungsziele

Ausführungsebene — messbare Teilziele

Markenwert, Marktbekanntheit, Marktanteil, Rentabilität, Produktivität, Wirtschaftlichkeit, Imagebewertung, Liquidität

Erklärung (rechte Spalte):

Wer mit Anderen in Beziehung tritt, erzielt Wirkungen, und wird gewollt oder ungewollt beurteilt. Die Absicht der Unternehmensleitlinien ist es, diese Beziehung und das Urteil gezielt zu beeinflussen, zu festigen und zu nutzen. Unternehmen formulieren dazu Grundsätze, die für das gesamte Unternehmen verbindlich sind. Unternehmensleitlinien betreffen die Bereiche
- Corporate Design,
- Corporate Behavior und
- Corporate Communication.

Sie beziehen sich z. B. auf die Gesichtspunkte (Aspekte)
- Sinn und Zweck des Unternehmens,
- Kundenbeziehung,
- Mitarbeiterbeziehung,
- Umweltbeziehung und
- Angebotsanstrengungen.

Corporate Design = gemeinsames Design
Corporate Behavior = gemeinsames Benehmen
Corporate Communication = gemeinsame Kommunikation
Corporate Identity = gemeinsame Identität

Kreative Visionen sind wichtige Wegbereiter und Startpunkte für neue Entwicklungen und Märkte.

In der strategischen Planung werden aufgrund von Marktanalysen, Wettbewerbsvergleichen, Chancenabwägungen und Risikobetrachtungen grundsätzliche Zielrichtungen vorgegeben.

Das operative Management legt konkrete Maßnahmen fest und verteilt Budgets, mit denen die strategischen Ziele erreicht werden sollen.

In der operativen Ebene findet die Wertschöpfung statt. Anhand konkreter Zielwerte werden die Teilziele überprüft und Rückmeldungen für weitere Entscheidungen des Managements gegeben.

Begriff	Darstellung	Erklärung
Sektoren-modell	Wertschöpfung in den Wirtschaftssektoren → Die Anzahl der Beschäftigten und die Wertschöpfung in den vier Sektoren einer Volkswirtschaft kennzeichnen die Struktur und den Entwicklungsstand einer Volkswirtschaft aus. In fortgeschrittenen Industrienationen ist der Anteil der tertiären und quartären Sektoren sehr groß.	**Primärer Sektor:** Urproduktion, Land- und Forstwirtschaft, Fischerei und Bergbau. **Sekundärer Sektor:** Verarbeitung, z. B. Automobilindustrie, Maschinenbau, Elektroindustrie und Chemieindustrie. **Tertiärer Sektor:** Verteilung und Dienstleistungen, z. B. Handelsbetriebe und Banken. **Quartärer Sektor:** Informations- und Telekommunikationsbereich, z. B. IT-Dienstleister und Netzbetreiber.

Sektorenmodell-Diagramm:
y-Achse: Anteil in %, von 0 bis 60.
x-Achse: Jahr, von 1950 bis 2010.
Kurven beschriftet: primär, sekundär, tertiär, quartär.

Begriff	Darstellung	Erklärung
Arten von Unternehmen	Unterscheidungskriterien für die Einteilung von Unternehmen sind z. B. • **die hauptsächliche Zielsetzung eines Unternehmens** **Unternehmen**	**privat-wirtschaftliche Unternehmen**	**genossen-schaftliche Unternehmen**	**gemein-wirtschaftliche und öffentliche Unternehmen**	z.B. GmbH, KG	z.B. eG	z.B. Schulen	wirtschaftliche Ziele stehen im Vordergrund	Versorgung der Mitglieder mit Gütern u. Dienstleistungen und gegenseitige Hilfe steht im Vordergrund	Versorgung der Bevölkerung mit wichtigen Diensten und Gütern steht im Vordergrund	• **die Art der Leistungserstellung:** Massenfertigung, Serienfertigung, Einzelfertigung. • **der hauptsächliche Einsatz eines Produktionsfaktors:** z. B. kapitalintensive, anlagenintensive und arbeitsintensive Betriebe. • **die Größe des Betriebes:** z. B. Kleinbetriebe, Mittelbetriebe und Großbetriebe.	**Privatwirtschaftliche Unternehmen:** Sie versuchen durch den ökonomischen Einsatz von Produktionsfaktoren und Neuentwicklungen ihren Gewinn zu steigern und dienen damit indirekt der Volkswirtschaft. Beispiele: Autokonzerne, Energieversorger **Genossenschaftliche Unternehmen:** Sie unterstützen und erleichtern z. B. den Mitgliedern die Erwerbsmöglichkeiten durch die gemeinsame Anschaffung und Nutzung teurer Güter und steigern damit die betriebliche und volkswirtschaftliche Leistungsfähigkeit. Beispiel: Weingärtnergenossenschaften **Gemeinwirtschaftliche und öffentliche Unternehmen:** Sie sind notwendig, wenn im Interessen privatwirtschaftlich geführter Unternehmen wichtige soziale und volkswirtschaftliche Erfordernisse nicht oder nicht genügend erfüllen. Beispiele: Öffentliche Rundfunkanstalten, gemeinnützige Vereine
Internationalisierung	Durch den Abbau von Handelshemmnissen, z. B.: Zöllen, nationalen Normen und Vorschriften, und Einsatz moderner IT-Strukturen wird die Internationalisierung von Unternehmen gefördert.	Die Mitverantwortung und Mitfinanzierung von nationalen Umweltstandards und Sozialstandards durch international agierende Unternehmen ist nicht oder unzureichend geregelt. Das Kräfteverhältnis und die Einflussmöglichkeiten zwischen den Marktteilnehmern verschieben sich zugunsten internationaler Unternehmen. Beispiele: Internationale Ölkonzerne, Chemiekonzerne

B

Begriff	Darstellung	Erklärung

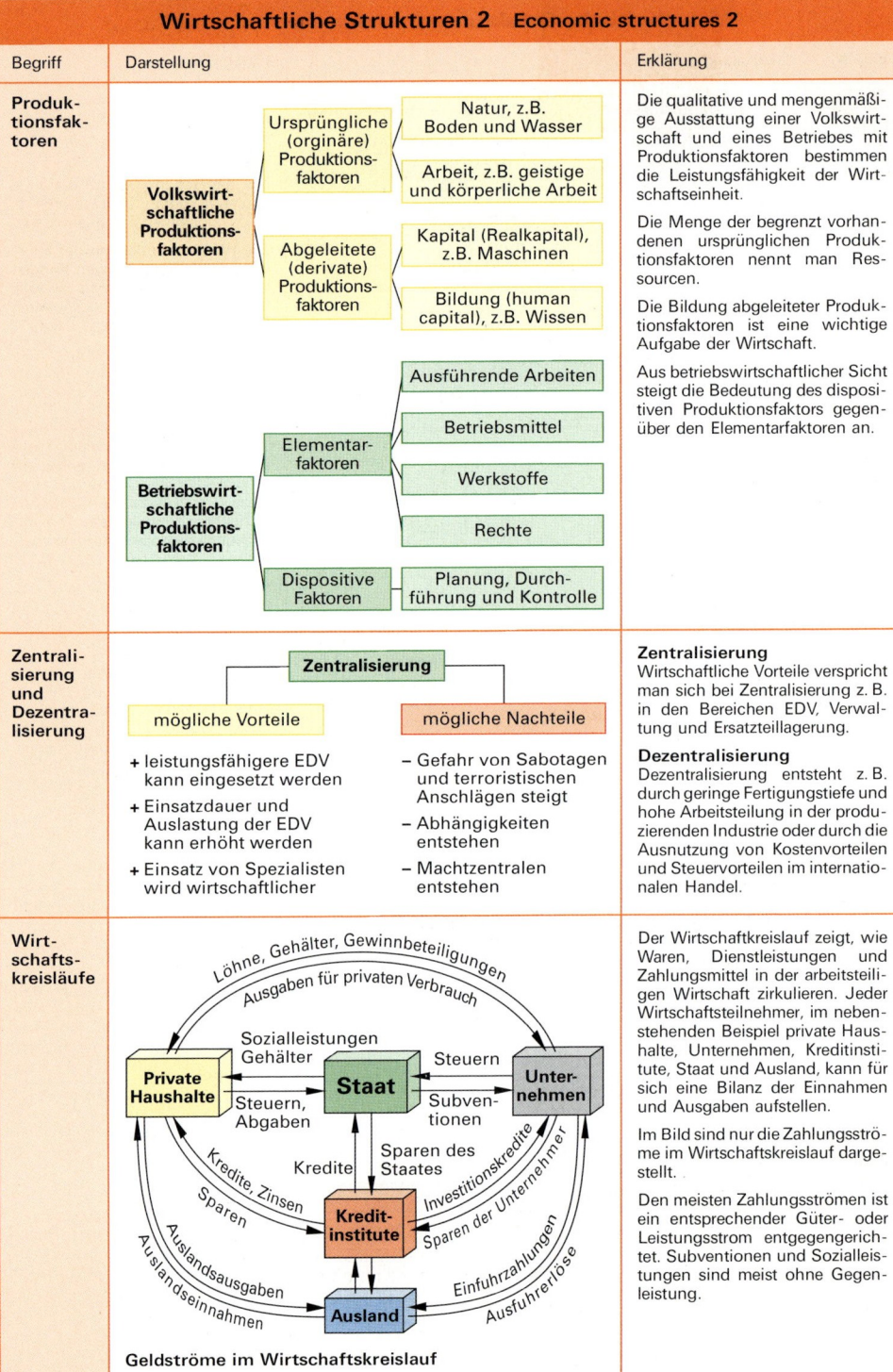

Produktionsfaktoren

Volkswirtschaftliche Produktionsfaktoren
- Ursprüngliche (orginäre) Produktionsfaktoren
  - Natur, z.B. Boden und Wasser
  - Arbeit, z.B. geistige und körperliche Arbeit
- Abgeleitete (derivate) Produktionsfaktoren
  - Kapital (Realkapital), z.B. Maschinen
  - Bildung (human capital), z.B. Wissen

Betriebswirtschaftliche Produktionsfaktoren
- Elementarfaktoren
  - Ausführende Arbeiten
  - Betriebsmittel
  - Werkstoffe
  - Rechte
- Dispositive Faktoren
  - Planung, Durchführung und Kontrolle

Die qualitative und mengenmäßige Ausstattung einer Volkswirtschaft und eines Betriebes mit Produktionsfaktoren bestimmen die Leistungsfähigkeit der Wirtschaftseinheit.

Die Menge der begrenzt vorhandenen ursprünglichen Produktionsfaktoren nennt man Ressourcen.

Die Bildung abgeleiteter Produktionsfaktoren ist eine wichtige Aufgabe der Wirtschaft.

Aus betriebswirtschaftlicher Sicht steigt die Bedeutung des dispositiven Produktionsfaktors gegenüber den Elementarfaktoren an.

Zentralisierung und Dezentralisierung

Zentralisierung

mögliche Vorteile	mögliche Nachteile
+ leistungsfähigere EDV kann eingesetzt werden	− Gefahr von Sabotagen und terroristischen Anschlägen steigt
+ Einsatzdauer und Auslastung der EDV kann erhöht werden	− Abhängigkeiten entstehen
+ Einsatz von Spezialisten wird wirtschaftlicher	− Machtzentralen entstehen

Zentralisierung
Wirtschaftliche Vorteile verspricht man sich bei Zentralisierung z. B. in den Bereichen EDV, Verwaltung und Ersatzteillagerung.

Dezentralisierung
Dezentralisierung entsteht z. B. durch geringe Fertigungstiefe und hohe Arbeitsteilung in der produzierenden Industrie oder durch die Ausnutzung von Kostenvorteilen und Steuervorteilen im internationalen Handel.

Wirtschaftskreisläufe

Löhne, Gehälter, Gewinnbeteiligungen
Ausgaben für privaten Verbrauch

Private Haushalte — Sozialleistungen Gehälter — Staat — Steuern — Unternehmen

Steuern, Abgaben — Subventionen

Kredite, Zinsen — Kredit — Sparen des Staates — Investitionskredite

Sparen — Kreditinstitute — Sparen der Unternehmer

Auslandsausgaben — Auslandseinnahmen — Ausland — Einfuhrzahlungen — Ausfuhrerlöse

Geldströme im Wirtschaftskreislauf

Der Wirtschaftskreislauf zeigt, wie Waren, Dienstleistungen und Zahlungsmittel in der arbeitsteiligen Wirtschaft zirkulieren. Jeder Wirtschaftsteilnehmer, im nebenstehenden Beispiel private Haushalte, Unternehmen, Kreditinstitute, Staat und Ausland, kann für sich eine Bilanz der Einnahmen und Ausgaben aufstellen.

Im Bild sind nur die Zahlungsströme im Wirtschaftskreislauf dargestellt.

Den meisten Zahlungsströmen ist ein entsprechender Güter- oder Leistungsstrom entgegengerichtet. Subventionen und Sozialleistungen sind meist ohne Gegenleistung.

B

Begriff	Darstellung	Erklärung
Markt	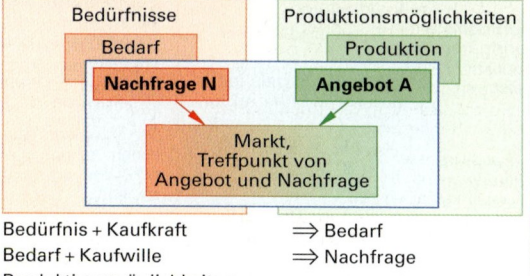 Bedürfnis + Kaufkraft $\Rightarrow$ Bedarf Bedarf + Kaufwille $\Rightarrow$ Nachfrage Produktionsmöglichkeiten + Übereinstimmung mit Zielen $\Rightarrow$ Produktion Produktion + Gewinnchancen $\Rightarrow$ Angebot	Am Markt, z. B. dem Speicherchipmarkt und dem Festplattenmarkt, treffen Angebot und Nachfrage zusammen. Nur die Bedürfnisse, für die auch Kaufkraft vorhanden ist, führen zu einem möglichen Bedarf am Markt. Die Wertschätzung und der Kaufwille der zahlungsfähigen Kunden für ein Gut bestimmt, welche Nachfrage zu einem bestimmten Preis an diesem Markt vorliegt. Die Anbieter produzieren Güter und bieten sie an diesem Markt an, wenn sie dadurch ihre Unternehmensziele fördern.
Merkmale eines idealen Marktes	**Merkmale eines idealen Marktes:** • Sehr viele Nachfrager N • Sehr viele Anbieter A • Sofortige Reaktion auf Marktänderungen • Gleichwertige (homogene) Güter • Anbieter und Nachfrager haben keine sachlichen, persönlichen und räumlichen Präferenzen (Bevorzugungen) • Anbieter und Nachfrager haben vollständigen Marktüberblick (Markttransparenz) und freien Marktzutritt • Rational handelnde Marktteilnehmer Beim Gleichgewichtspreis entspricht die angebotene Menge genau der Nachfragemenge. Reale Märkte weichen unterschiedlich stark von dieser Modellvorstellung des idealen Marktes ab. 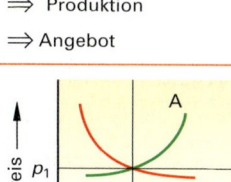 **Gleichgewichtsmenge m_1** **Gleichgewichtspreis p_1**	Die Annahme eines idealen (vollkommenen) Marktes erleichtert theoretische Betrachtungen und Analysen. Sie ermöglicht eine verständliche Formulierung von Zusammenhängen und Abhängigkeiten. In einem solchen Markt geht z. B. bei steigenden Preisen für ein Gut die Nachfrage N sofort zurück und das Angebot A steigt. Im idealen Markt bildet sich ein Gleichgewichtspreis p_1, der zu einer Gleichgewichtsmenge m_1 bei diesem Gut führt. Die Preisbildung ist das Ergebnis aus Bedürfnissen, Kaufkraft, Wertschätzung, Produktionsmöglichkeiten, Produktion, Angebot und Marktmacht.

Marktformen

		Anzahl der Nachfrager		
		viele	**wenige**	**einer**
Anzahl der Anbieter	**viele**	Polypol	Nachfrageoligopol	Nachfragemonopol
	wenige	Angebotsoligopol	bilaterales Oligopol	beschränktes Nachfragemonopol
	einer	Angebotsmonopol	Angebotsoligopol	bilaterales Monopol

Anbieterverhalten

Marktform	**typisches Marktverhalten**	**wesentliche Orientierungsgrößen**
Polypol	Anpassung	Selbstkosten, Marktpreis
Angebotsoligopol	Strategie	Selbstkosten, Reaktionen der Nachfrager und der Anbieter
Angebotsmonopol	Strategie	Selbstkosten, Reaktion der Nachfrager

Die Anzahl der Anbieter und Nachfrager für ein Gut ist mitentscheidend über die Macht am Markt.

Monopol
Monopolisten können zum Beispiel Angebotspreise und Angebotsmengen selbst so festlegen, dass sie ihren Gewinn maximieren.

Oligopol
In oligopolistischen Märkten ist sowohl das Verhalten der Kunden wie auch das Verhalten der Mitwettbewerber bei der Marktstrategie zu berücksichtigen.

Polypol
In polypolistischen Märkten kann ein einzelner Anbieter oder Nachfrager den Marktpreis nicht verändern, er muss sich an den Marktpreis anpassen.

Begriff	Darstellung		Erklärung
Unter-nehmens-gründung	**Phasen der Unternehmens-gründung** Vision Neu-eröffnung	**1. Persönliche Eignung und Fähigkeiten analysieren, z.B.** • Führung • Motivation • Fachkenntnisse • Erfahrung • Ausdauer • Marketing • Kostenrechnung • Buchhaltung • Branchenkenntnis • Organisation **2. Produkt- bzw. Dienstleistungsidee analysieren, bewerben und darstellen z.B.** • detaillierte Darstellung der Nutzen-vorteile, für potenzielle Kunden • Stabilität, Größe und Erreichbarkeit der ausgewählten Kundensegmente • Wettbewerbsituation • Marketing- Vertriebskonzept **3. Erstellen des kurz-, mittel-, und langfristigen Finanzierungs-konzeptes z.B.** • Chancen und Risikoanalyse zur Erstellung von best- und worst-case-Szenarien (bester und schlechtest denkbarer Verlauf) **4. Rentabilitätsvorschau und Liquiditätsplan z.B.** • für private und geschäftliche Trans-aktionen mit entsprechenden Puffern **5. Ablauf- und Aufbauorganisation, Auswählen der Rechtsform z.B.** • Aufgabendelegation, Rechteverteilung • Rechnungswesen und Buchhaltung • Betriebswirtschaftliche Auswertung • Kernprozesse • Unternehmen eintragen **6. Eigenkapital und Haftungskapital** • z.B. Förderprogramme der EU, des Bundes und der Länder **7. Fremdkapital beschaffen** • mit erstelltem Unternehmens-konzept bei Banken und Finanzierungsgesellschaften	**Faktoren für die Standort-wahl** Beschaffungsorientierte Standort-faktoren ● Preis und Verfügbarkeit geeig-neter Grundstücke ● Anbindung und Preisniveau wichtiger Lieferanten, z. B. für Roh-, Hilfs- und Betriebsstoffe, ● Preise, Verfügbarkeit, Trans-portkosten, Transportzeiten, ● Qualifikation verfügbarer Ar-beitnehmer, ● Lohnniveau Fertigungsorientierte Standortfak-toren ● natürliche Gegebenheiten, ● Nähe von Kooperationspart-nern, ● Produktivität, Qualifikation, Betriebszeiten ● Umweltbestimmungen, ● Fertigungskosten, ● Genehmigungsverfahren und Infrastruktur. Absatzorientierte Standortfakto-ren ● Absatzpotenzial, ● Passantendichte, ● Bevölkerungsstruktur, ● Kaufkraft, ● Konkurrenz, ● räumliche Nähe wichtiger Großkunden, ● Herkunfts-Goodwill ● Infrastruktur Staatlich festgelegte Standortfak-toren ● Steuern, ● grenzüberschreitende Regelun-gen, ● tarifäre und nicht-tarifäre Han-delshemmnisse, ● Wirtschaftsordnung, ● Umweltschutzmaßnahmen, ● staatliche Subventionen
Rechts-formen von Unter-nehmen	**Rechtsformen privatwirtschaftlicher Unternehmen** Einzelunternehmen — Gesellschaftsunternehmen **Personen-gesellschaften** • Gesellschafter sind Eigentümer des Vermögens • persönliche Vollhaftung • z.B. GbR, Stille Gesellschaft, OHG **Kapital-gesellschaften** • eine Gesellschaft (juristische Person) ist Eigentümer • Haftungs-beschränkung • z.B. GmbH, AG **Besondere Gesellschaften** • z.B. Genossen-schaften		Die Rechtsform von Unterneh-men regelt u. a. das Außenverhält-nis des Unternehmens zu An-teileignern, Gesellschaft, Kunden und Lieferanten. Es muss indivi-duell gezielt ausgewählt werden. Wichtige Kriterien sind z. B. ● die Kapitalaufbringung, ● die Haftung und Leitungsbe-fugnis, ● die Gewinn- und Verlustbeteili-gung, ● das Ansehen im Geschäftsver-kehr, ● Offenlegungspflichten und ● Besteuerung.

B

Begriff	Darstellung	Erklärung

Preisfunktionen

Ausgleichsfunktion
Angebotsmengen und Nachfragemengen passen sich über den Marktpreis an.

Lenkungsfunktion
Hohe Preise lenken die Produktion auf Märkte mit großer Nachfrage.

Preisfunktionen

Signalfunktion
Steigende u. fallende Preise signalisieren ein entstehendes Ungleichgewicht zwischen Angebot und Nachfrage.

Erziehungsfunktion
Hohe Preise für ein Gut erziehen zum sparsamen und überlegten Einsatz bei Produzenten und Verbrauchern.

Erklärung:
Frei am Markt gebildete Preise sind Informationen und Orientierungsgrößen für alle Wirtschaftsteilnehmer und Grundlage vieler wirtschaftlicher Entscheidungen.

Daher ist es eine wichtige Aufgabe, durch entsprechende Gesetze und Überwachungen diese Marktpreisbildung zu ermöglichen.

Unternehmenszusammenschlüsse

Arbeitsgemeinschaften Konsortium Interessengemeinschaft

Kartell

Konzern

Fusion

Darstellung:

erhalten **wirtschaftliche Selbstständigkeit** abgegeben

Vertragliche Zusammenarbeit von Unternehmen auf wirtschaftlichen Teilgebieten. Die beteiligten Unternehmen bleiben rechtlich selbstständig.

Die beteiligten Unternehmen schließen sich z.B. als ARGE (Arbeitsgemeinschaft) für einen bestimmten Zeitraum oder für ein bestimmtes Projekt zusammen. Die wirtschaftliche Selbstständigkeit wird nur geringfügig im betreffenden Geschäftsbereich eingeschränkt.

Unternehmen schließen sich auf wirtschaftlichen Teilgebieten, z.B. für gemeinsame Entwicklung und Forschung als BGB-Gesellschaft zusammen.
Bei **Kartellen** erfolgt ein vertraglicher Zusammenschluss rechtlich selbstständiger Unternehmen, die einen Teil ihrer Selbstständigkeit im Kartell aufgeben. Da Kartelle meist den Wettbewerb am Markt begrenzen oder ausschalten, sind sie prinzipiell verboten.

Bei **Konzernen** schließen sich Unternehmen unter einer einheitlichen Konzernleitung zusammen. Die Unternehmen bleiben rechtlich selbstständig, die wirtschaftliche Selbstständigkeit geht völlig an den Konzern verloren. Multinationale Konzerne spielen in der Wirtschaft eine wichtige Rolle und sind eine Herausforderung für die nationale und internationale Wirtschaftspolitik.

Bei der **Fusion** schließen sich bisher rechtlich und wirtschaftlich unabhängige Unternehmen zu einem neuen Unternehmen zusammen.

Erklärung:
Wirtschaftliche Notwendigkeiten oder die Hoffnung auf wirtschaftliche Vorteile, z. B. bei
- der Finanzierung teurer Entwicklungs- und Forschungsprojekte,
- einer notwendige Verbreiterung der Kapitalbasis,
- einer Reduzierung des unternehmerischen Risikos,
- der Erhöhung des Auslastungsgrades teurer Produktionsanlagen,
- der Erhöhung der Stückzahlen in Produktionen mit hohen Fixkosten,
- bei der Erschließung neuer Märkte,
- bei der Begrenzung des Wettbewerbs und
- bei der Ausnutzung von Rationalisierungs- und Standortvorteilen,

können Gründe für den Zusammenschluss von Unternehmen sein.

Ein wichtiges Merkmal der Zusammenschlüsse ist, inwieweit die beteiligten Unternehmen ihre wirtschaftliche und rechtliche Selbstständigkeit aufgeben.

Kooperation
Bei Kooperationen geben die Unternehmen einen Teil ihrer wirtschaftlichen Entscheidungsfreiheit auf.

Konzentration
Von Konzentration spricht man, wenn zumindest die wirtschaftliche Selbstständigkeit vollständig aufgegeben wird.

nach Funktion im Wertschöpfungsprozess

Unternehmenszusammenschlüsse nach ihrer Funktion im Wertschöpfungsprozess

Horizontal
Unternehmen gleicher Produktions- oder Handelsstufen sind beteiligt, z.B. Handyhersteller produzieren gemeinsam.

Vertikal
Vor- oder nachgelagerte Produktions- oder Handelsstufen werden angegliedert, z.B. wird die Fertigungstiefe durch die Eingliederung eines Komponentenlieferanten erhöht.

Diagonal oder anorganisch
Branchenfremde Produktionsstufen oder Handelsstufen werden angegliedert. So vertreibt ein Uhrenhersteller z.B. auch Urlaubsreisen.

Begriff	Darstellung	Erklärung
Nachfragemarkt	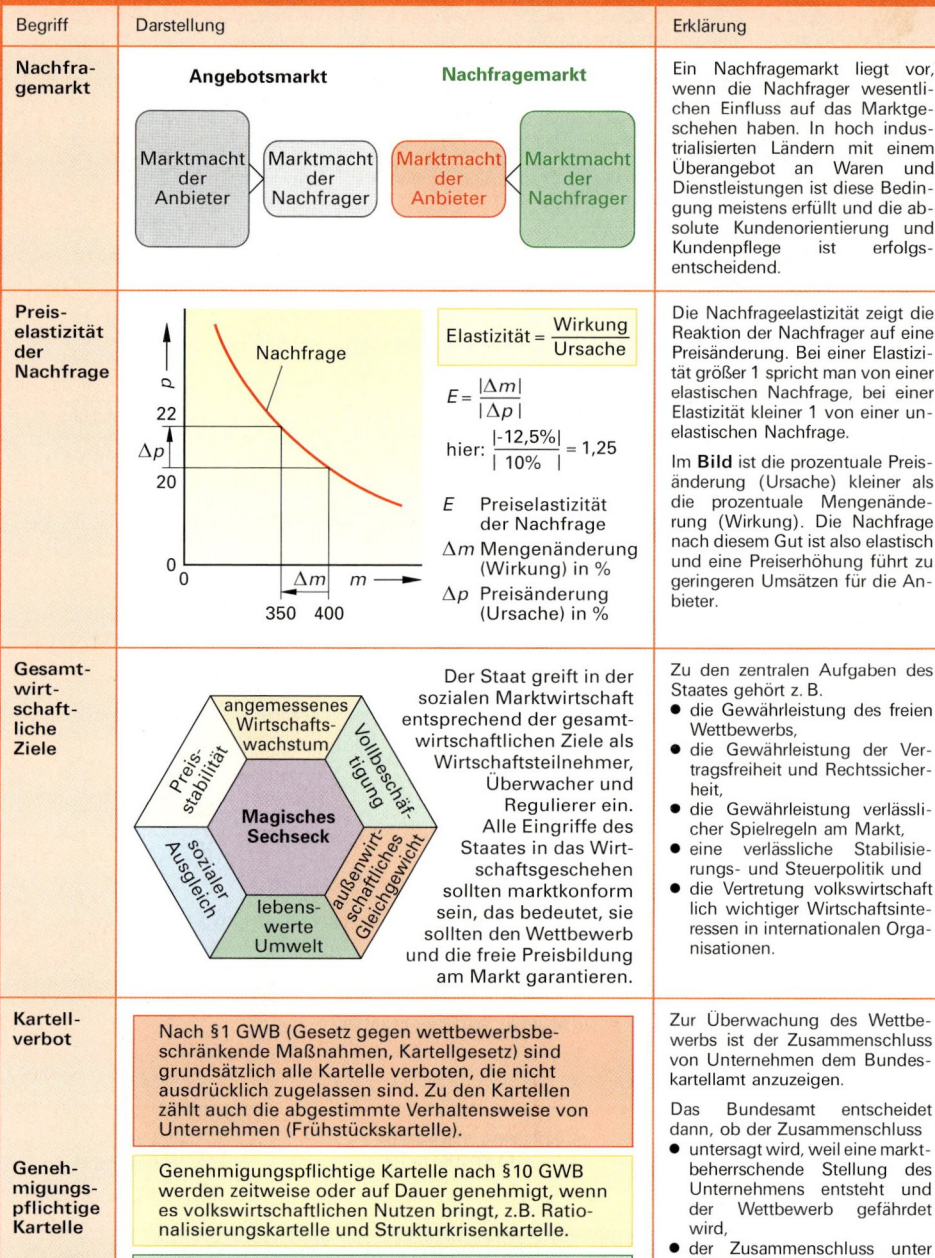 **Angebotsmarkt** **Nachfragemarkt** Marktmacht der Anbieter / Marktmacht der Nachfrager / Marktmacht der Anbieter / Marktmacht der Nachfrager	Ein Nachfragemarkt liegt vor, wenn die Nachfrager wesentlichen Einfluss auf das Marktgeschehen haben. In hoch industrialisierten Ländern mit einem Überangebot an Waren und Dienstleistungen ist diese Bedingung meistens erfüllt und die absolute Kundenorientierung und Kundenpflege ist erfolgsentscheidend.
Preiselastizität der Nachfrage	Nachfrage $\text{Elastizität} = \dfrac{\text{Wirkung}}{\text{Ursache}}$ $E = \dfrac{|\Delta m|}{|\Delta p|}$ hier: $\dfrac{|-12{,}5\%|}{|\ 10\%\ |} = 1{,}25$ E Preiselastizität der Nachfrage Δm Mengenänderung (Wirkung) in % Δp Preisänderung (Ursache) in %	Die Nachfrageelastizität zeigt die Reaktion der Nachfrager auf eine Preisänderung. Bei einer Elastizität größer 1 spricht man von einer elastischen Nachfrage, bei einer Elastizität kleiner 1 von einer unelastischen Nachfrage. Im **Bild** ist die prozentuale Preisänderung (Ursache) kleiner als die prozentuale Mengenänderung (Wirkung). Die Nachfrage nach diesem Gut ist also elastisch und eine Preiserhöhung führt zu geringeren Umsätzen für die Anbieter.
Gesamtwirtschaftliche Ziele	angemessenes Wirtschaftswachstum / Vollbeschäftigung / Preisstabilität / **Magisches Sechseck** / außenwirtschaftliches Gleichgewicht / sozialer Ausgleich / lebenswerte Umwelt Der Staat greift in der sozialen Marktwirtschaft entsprechend der gesamtwirtschaftlichen Ziele als Wirtschaftsteilnehmer, Überwacher und Regulierer ein. Alle Eingriffe des Staates in das Wirtschaftsgeschehen sollten marktkonform sein, das bedeutet, sie sollten den Wettbewerb und die freie Preisbildung am Markt garantieren.	Zu den zentralen Aufgaben des Staates gehört z. B. • die Gewährleistung des freien Wettbewerbs, • die Gewährleistung der Vertragsfreiheit und Rechtssicherheit, • die Gewährleistung verlässlicher Spielregeln am Markt, • eine verlässliche Stabilisierungs- und Steuerpolitik und • die Vertretung volkswirtschaftlich wichtiger Wirtschaftsinteressen in internationalen Organisationen.
Kartellverbot	Nach §1 GWB (Gesetz gegen wettbewerbsbeschränkende Maßnahmen, Kartellgesetz) sind grundsätzlich alle Kartelle verboten, die nicht ausdrücklich zugelassen sind. Zu den Kartellen zählt auch die abgestimmte Verhaltensweise von Unternehmen (Frühstückskartelle).	Zur Überwachung des Wettbewerbs ist der Zusammenschluss von Unternehmen dem Bundeskartellamt anzuzeigen. Das Bundesamt entscheidet dann, ob der Zusammenschluss • untersagt wird, weil eine marktbeherrschende Stellung des Unternehmens entsteht und der Wettbewerb gefährdet wird, • der Zusammenschluss unter Auflagen genehmigt wird oder • der Zusammenschluss ausnahmsweise genehmigt wird, weil der Wettbewerbsnachteil durch andere gesamtwirtschaftliche Vorteile aufgewogen wird.
Genehmigungspflichtige Kartelle	Genehmigungspflichtige Kartelle nach §10 GWB werden zeitweise oder auf Dauer genehmigt, wenn es volkswirtschaftlichen Nutzen bringt, z.B. Rationalisierungskartelle und Strukturkrisenkartelle.	
Anmeldepflichtige Kartelle	Anmeldepflichtige Kartelle nach §9 GWB werden genehmigt, weil der volkswirtschaftliche Nutzen höher eingeschätzt wird als der Wettbewerbsnachteil, z.B. Normenkartell und Typenkartell, Konditionenkartell, Spezialisierungskartell und Mittelstandskartell.	

B

House of Quality	English	German
The „House of Quality" matrix is the most recognized form of QFD (Quality Function Deployment). A multidisciplinary team translates customer requirements which are based on market research and benchmarking data into a number of engineering targets. The new product design must meet these targets. There are many different forms of this matrix. This adaptability to the requirements of users is one of its strengths. The „House of Quality" is normally made up of six major components which are completed in the course of a QFD project	adaptability benchmarking course customer deployment matrix requirements research strength target	Anpassungsfähigkeit Leistungsvergleich Verlauf Kunde Entwicklung Raster Anforderungen Forschung Stärke Ziel

		English	German
1	**Customer requirements (HOWs)** This is a structured list of requirements derived from customer statements.	charecteristics competitive correlation degree difficulty each interrelationship measures opportunity perception performance priority relevant set statements survey to achieve to assign to derive from to highlight to identify to illustrate to impede to involve in to measure to observe to record to support	Merkmale wettbewerbsfähig Beziehung Maß, Grad Schwierigkeit jede,-er,-es Beziehung Maßnahmen Gelegenheit Auffassung Leistung Priorität wichtig Satz, Reihe, Anzahl Aussagen Umfrage erreichen zuweisen ableiten von hervorheben identifizieren zeigen behindern verbunden sein mit messen beobachten aufzeichnen unterstützen
2	**Planning matrix** The planning matrix illustrates customer perceptions which have been observed in market surveys.		
3	**Technical requirements (WHATs)** This is a structured set of relevant and measurable product characteristics.		
4	**Technical correlation matrix** This matrix is used to identify where technical requirements support or impede each other in the product design. It can highlight innovation opportunities.		
5	**Interrelationship matrix** This matrix illustrates the QFD team's perceptions of interrelationships between technical and customer requirements.		
6	**Technical priorities, benchmarks and targets** record the priorities which are assigned to technical requirements by the matrix, measures of technical performance achieved by competitive products and the degree of difficulty involved in developing each requirement.		

4 TECHNICAL CORRELATION MATRIX

3 TECHNICAL REQUIREMENTS

1 CUSTOMER REQUIREMENTS

5 INTERRELATIONSHIP MATRIX

2 PLANNING MATRIX

6 TECHNICAL PRIORITIES; BENCHMARKS AND TARGETS

House of Quality

B

Keywords	Explanation	English	German
Corporate identity	Corporate identity is an intrinsic part of any business. It is the shaping of a company's personality. When this is achieved it has far-reaching implications for the way in which a company and its products are perceived by clients and business partners. It is not just about looking good either, as it affects sales, investment, growth, and ultimately the success of the business. Implementation of corporate identity: • the identification of corporate branding on stationery, uniforms, buildings and vehicle fleet etc, • design and production of marketing and pro motional materials, • code of conduct.	branding far-reaching growth implementation implication promotional material sales stationery success to achieve to affect to shape to perceive ultimately vehicle fleet	Firmenlogo weitreichend Wachstum Umsetzung Bedeutung Werbematerial Verkauf Schreibartikel Erfolg erreichen beeinflussen formen auffassen letztendlich Kraftfahrzeug- flotte
Knowledge Management (KM)	KM is the process through which organizations generate value from their intellectual and knowledge-based assets. Most often, generating value from such assets involves sharing them among employees, departments and even with other companies to devise best practices.	among assets department to devise to generate to involve to share	unter Vermögen Abteilung entwerfen erzeugen einschließen teilen
Outsourcing	Outsourcing takes place when an organization transfers the ownership of a business process to a supplier. In outsourcing, the buyer does not instruct the supplier how to perform its task. Instead, he focuses on communicating what results he wants to buy; he leaves the process of accomplishing those results to the supplier. **Features of outsourcing:** • emphasis on **what** is to be done, rather than on **how** or **who**, • responsibilities rest with supplier, • work takes place mainly/entirely off site, • supplier provides all resources, • supplier is paid by performance. **Benefits of outsourcing:** • control capital expenditures, • increase efficiency, • reduce labor costs, • start new projects quickly, • focus on core business.	benefit entirely core business expenditures labor costs mainly ownership performance relations result supplier to accomplish to emphasize to focus on to perform to provide to take place to transfer	Nutzen völlig Kerngeschäft Ausgaben Arbeitskosten hauptsächlich Besitz Leistung Beziehungen Ergebnis Zulieferer erreichen betonen sich konzentrieren ausführen bereit stellen hauptsächlich übertragen
Quality Function Deployment (QFD)	Quality Function Deployment (QFD) is a set of product development tools to transfer the concepts of quality control into the new product development process. **Features of QFD:** • focus on meeting market needs by using actual customer statements effective application of teamwork • the use of the "House of Quality". **Benefits of QFD:** • reduced time to market, • reduction in design changes, • decreased design and manufacturing costs, • improved quality, • increased customer satisfaction.	actual application benefits comprehensive concept customer statement change decreased feature improved increased manufacturing needs satisfaction set tool	tatsächlich Anwendung Nutzen umfassend Idee, Gedanke Kundenaussage Veränderung verringert Merkmal verbessert gesteigert Produktion Bedürfnisse Zufriedenheit Anwendung Werkzeug

Systemmerkmale von Unternehmen Characteristics of enterprises

Begriff	Darstellung				Erklärung
System	System-merkmal	Erläuterung	Beispiel Unternehmen	Beispiel IT-System	Systemansätze werden verwendet um komplexe Probleme zu erfassen, zu verstehen und zu beeinflussen. Als System bezeichnet man die Zusammenfassung von mehreren oder vielen aufeinander wirkenden Elementen. Die Elemente eines Systems können Lebewesen und/oder Gegenstände sein. Zu jedem System gibt es z. B. Ziele, Elemente, Elementeigenschaften, Beziehungen, Regeln und Gesetze. Durch verschiedene Betrachtungsschwerpunkte auf ein System können Systeme unterschieden und problemorientiert analisiert und optimiert werden. Ein Unternehmen kann z. B. als sozio-technisches System, als informationsverarbeitendes System oder als System von Wertschöpfungsketten angesehen werden.
	Ziel	Künstliche Systeme werden entwickelt und optimiert um bestimmte Ziele zu erreichen.	Schaffung und Bereitstellung von Waren und Dienstleistungen um damit z. B. Gewinn zu erzielen.	Erleichterung und Verbesserung der Informationsbereitstellung und Informationsverarbeitung	
	Elemente	Je nach Betrachtungsweise können Systeme unterschiedliche Zahlen von Elementen enthalten.	Betriebe, Menschen und Maschinen der betrachteten Abteilung, der betrachteten Unternehmung.	Hard- und Softwarekomponenten sowie deren Bediener und Nutzer.	
	Beziehung der Elemente untereinander	Elemente können z. B. übergeordnet, untergeordnet, abhängig und unabhängig von anderen Elementen sein.	Es gibt eine Weisungsbefugnis der Vorgesetzten. Abläufe sind festgelegt. Vorgänge werden durch Personen oder Ereignisse gestartet.	Von Menschen programmierte Software steuert und regelt elektronische Vorgänge. Nutzer geben Befehle und Daten ein und erhalten Antworten des IT-Systems.	
	System-umfeld	Zwischen der Umwelt und dem System bestehen Beziehungen.	Kunden, Lieferanten, Mitwettbewerber und die Öffentlichkeit haben Wirkungen auf das System.	Z. B. Temperatur, Luftfeuchtigkeit, Schwingungen und Felder wirken auf das System.	

Unternehmen als sozio-technisches System

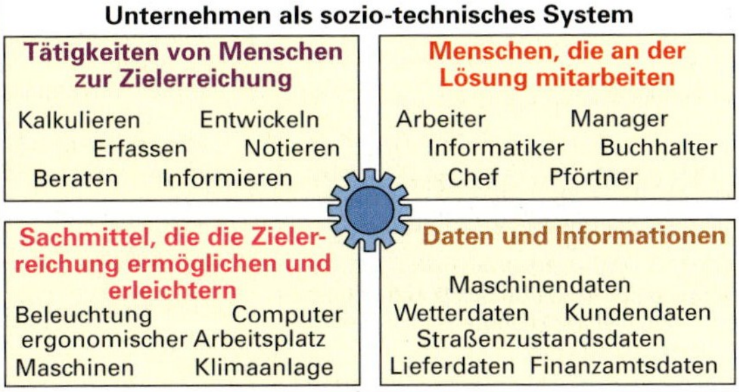
Unternehmen als sozio-technisches System
Tätigkeiten von Menschen zur Zielerreichung
Kalkulieren Entwickeln
Erfassen Notieren
Beraten Informieren
Menschen, die an der Lösung mitarbeiten
Arbeiter Manager
Informatiker Buchhalter
Chef Pförtner
Sachmittel, die die Zielerreichung ermöglichen und erleichtern
Beleuchtung Computer
ergonomischer Arbeitsplatz
Maschinen Klimaanlage
Daten und Informationen
Maschinendaten
Wetterdaten Kundendaten
Straßenzustandsdaten
Lieferdaten Finanzamtsdaten

Ein Betrieb bzw. ein Unternehmen besteht aus den Subsystemen

- Tätigkeiten von Menschen,
- Menschen die mitarbeiten,
- Sachmitteln und
- Daten und Informationen.

In der Kombination spricht man von einem sozio-technischen System. Es kombiniert zur Zielerreichung Maschinenarbeit, Daten und Informationen mit menschlichen Tätigkeiten.

Unternehmen als System von Prozessen

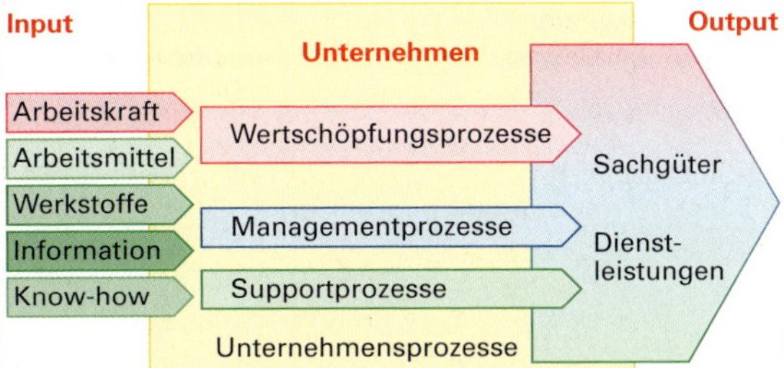
Input
Output
Unternehmen
Arbeitskraft
Arbeitsmittel
Werkstoffe
Information
Know-how
Wertschöpfungsprozesse
Managementprozesse
Supportprozesse
Unternehmensprozesse
Sachgüter
Dienstleistungen

Ein Betrieb und ein Unternehmen besteht aus einem System von Prozessen. Durch die Kombination von Produktionsfaktoren in Prozessen werden Sachgüter und Dienstleistungen bereitgestellt. Wenn für den Output mehr Erlöse erzielt werden, als für die Produktionsfaktoren auf der Inputseite bezahlt wurden entsteht Wertschöpfung.

Begriff	Darstellung	Erklärung

Unternehmen als Organisation

Organisation
instrumentell: ein Unternehmen hat eine Organisation
institutionell: ein Unternehmen ist eine Organisation

Ziel der Organisation:
Nutzen schaffen durch effektive und effiziente Abstimmung individueller Interessen. Mit ihrem Wissen über Absatzmärkte und Beschaffungsmärkte, ihre Optimierungs- und Rationalisierungsmöglichkeiten und ihrer Erfahrung können Unternehmen Aufgaben mit wenig Risiko, besser und kostengünstiger erfüllen als einzelne Personen.

Effektivität
Was muss das Unternehmen tun, um seine Ziele optimal zu erreichen?
„to do the right things"

Effizienz
Wie muss das Unternehmen etwas tun, um seine Ziele optimal zu erreichen?
„to do the things right"

Vorrang hat die Effektivität. Es ist erfolgreicher, an den richtigen Zielen nicht ganz effizient zu arbeiten, als die falschen Ziele mit hoher Effizienz zu verfolgen.

Die Knappheit der Güter, Kapazitätsgrenzen, die Arbeitsteilung und Spezialisierung unter den Wirtschaftsteilnehmern hat zur Folge, dass eine planmäßige Abstimmung, eine Organisation zwischen den individuellen Nutzerinteressen notwendig wird. Die Organisation muss so gestaltet werden, dass die Betroffenen mit den begrenzten Möglichkeiten ihre Ziele am Markt optimal erreichen.

Die optimale Organisationsform ist z. B. abhängig von
- den Zielen der Beteiligten,
- der Größe der Organisation,
- der Informations- und Kommunikations-Technik,
- den Kenntnissen und Fähigkeiten der Beteiligten,
- der Wettbewerbsstruktur,
- der Dynamik,
- den gesellschaftlichen Bedingungen und
- den Fertigungs- und Verteilungsverfahren.

Unternehmung als informationsverarbeitendes System

Unternehmen als informationsverarbeitendes System

Wissen über Beschaffungsmärkte
Transport Personal
Bearbeitung
Verarbeitung
Risiko
Ziele Material
Know-How

Wissen und Fähigkeit zur Transformation

Wissen über Absatzmärkte
Probleme
Bedürfnisse
Ziele
Nachfrage
Bedarf
Zahlungsfähigkeit Wünsche
Zahlungsbereitschaft

Mit ihrem Wissen über Arbeitsmärkte und Beschaffungsmärkte, ihren Rationalisierungs- und Optimierungsmöglichkeiten und ihrer Erfahrung können Unternehmen Aufgaben mit weniger Risiko, besser und kostengünstiger erfüllen, als individuelle Anbieter und Nachfrager das könnten.

Im Markt werden Güter und Dienstleistungen bereitgestellt, hergestellt und gehandelt.

Wer das effektiv und effizient kann, schafft sich und anderen damit Nutzen.

Aus volkswirtschaftlicher Sicht ist es sinnvoll, dass spezialisierte Unternehmen diese Aufgabe übernehmen.

Aus individueller Sicht bietet es privaten Unternehmen die Chance zur Selbstständigkeit, Selbstverwirklichung und Erzielung zusätzlichen Einkommens für die Übernahme von Wagnissen.

Unternehmen sind rechtlich und finanziell selbstständige Gebilde: Sie haben z. B. ein Vermögen, können Verträge abschließen und müssen Steuern entrichten.

Betrieb als Ort der Leistungserstellung

Unternehmung:
selbstständiges rechtliches und finanzielles Gebilde

Betrieb 1:
Ort der Leistungserstellung

Betrieb 2

Betriebe sind rechtlich unselbstständig. Betriebe sind der Ort der Leistungserstellung und Teil eines Unternehmens.

Unternehmen können aus mehreren Betrieben bestehen.

Rechtsansprüche, z. B. Garantieansprüche und Steuerforderungen sind an das Untermehmen zu richten.

B

Begriff	Darstellung	Erklärung

Verfahren

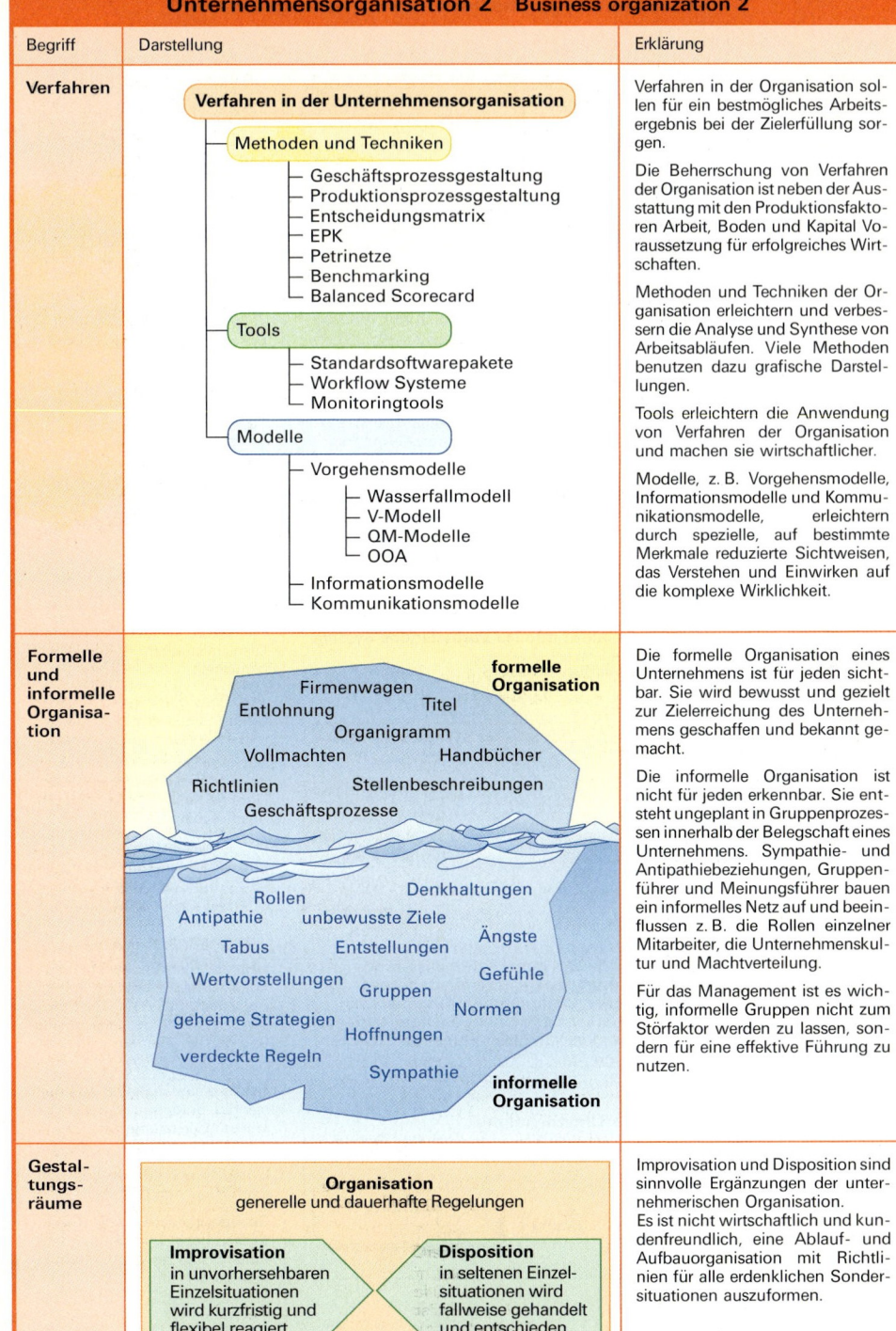

Verfahren in der Unternehmensorganisation

- **Methoden und Techniken**
  - Geschäftsprozessgestaltung
  - Produktionsprozessgestaltung
  - Entscheidungsmatrix
  - EPK
  - Petrinetze
  - Benchmarking
  - Balanced Scorecard
- **Tools**
  - Standardsoftwarepakete
  - Workflow Systeme
  - Monitoringtools
- **Modelle**
  - Vorgehensmodelle
    - Wasserfallmodell
    - V-Modell
    - QM-Modelle
    - OOA
  - Informationsmodelle
  - Kommunikationsmodelle

Verfahren in der Organisation sollen für ein bestmögliches Arbeitsergebnis bei der Zielerfüllung sorgen.

Die Beherrschung von Verfahren der Organisation ist neben der Ausstattung mit den Produktionsfaktoren Arbeit, Boden und Kapital Voraussetzung für erfolgreiches Wirtschaften.

Methoden und Techniken der Organisation erleichtern und verbessern die Analyse und Synthese von Arbeitsabläufen. Viele Methoden benutzen dazu grafische Darstellungen.

Tools erleichtern die Anwendung von Verfahren der Organisation und machen sie wirtschaftlicher.

Modelle, z. B. Vorgehensmodelle, Informationsmodelle und Kommunikationsmodelle, erleichtern durch spezielle, auf bestimmte Merkmale reduzierte Sichtweisen, das Verstehen und Einwirken auf die komplexe Wirklichkeit.

Formelle und informelle Organisation

formelle Organisation

Firmenwagen
Entlohnung — Titel
Organigramm
Vollmachten — Handbücher
Richtlinien — Stellenbeschreibungen
Geschäftsprozesse

Rollen — Denkhaltungen
Antipathie — unbewusste Ziele
Tabus — Entstellungen — Ängste
Wertvorstellungen — Gefühle
Gruppen
geheime Strategien — Normen
Hoffnungen
verdeckte Regeln
Sympathie

informelle Organisation

Die formelle Organisation eines Unternehmens ist für jeden sichtbar. Sie wird bewusst und gezielt zur Zielerreichung des Unternehmens geschaffen und bekannt gemacht.

Die informelle Organisation ist nicht für jeden erkennbar. Sie entsteht ungeplant in Gruppenprozessen innerhalb der Belegschaft eines Unternehmens. Sympathie- und Antipathiebeziehungen, Gruppenführer und Meinungsführer bauen ein informelles Netz auf und beeinflussen z. B. die Rollen einzelner Mitarbeiter, die Unternehmenskultur und Machtverteilung.

Für das Management ist es wichtig, informelle Gruppen nicht zum Störfaktor werden zu lassen, sondern für eine effektive Führung zu nutzen.

Gestaltungsräume

Organisation
generelle und dauerhafte Regelungen

Improvisation
in unvorhersehbaren Einzelsituationen wird kurzfristig und flexibel reagiert

Disposition
in seltenen Einzelsituationen wird fallweise gehandelt und entschieden

Improvisation und Disposition sind sinnvolle Ergänzungen der unternehmerischen Organisation. Es ist wirtschaftlich und kundenfreundlich, eine Ablauf- und Aufbauorganisation mit Richtlinien für alle erdenklichen Sondersituationen auszuformen.

Begriff	Darstellung	Erklärung
Organisationsbereiche	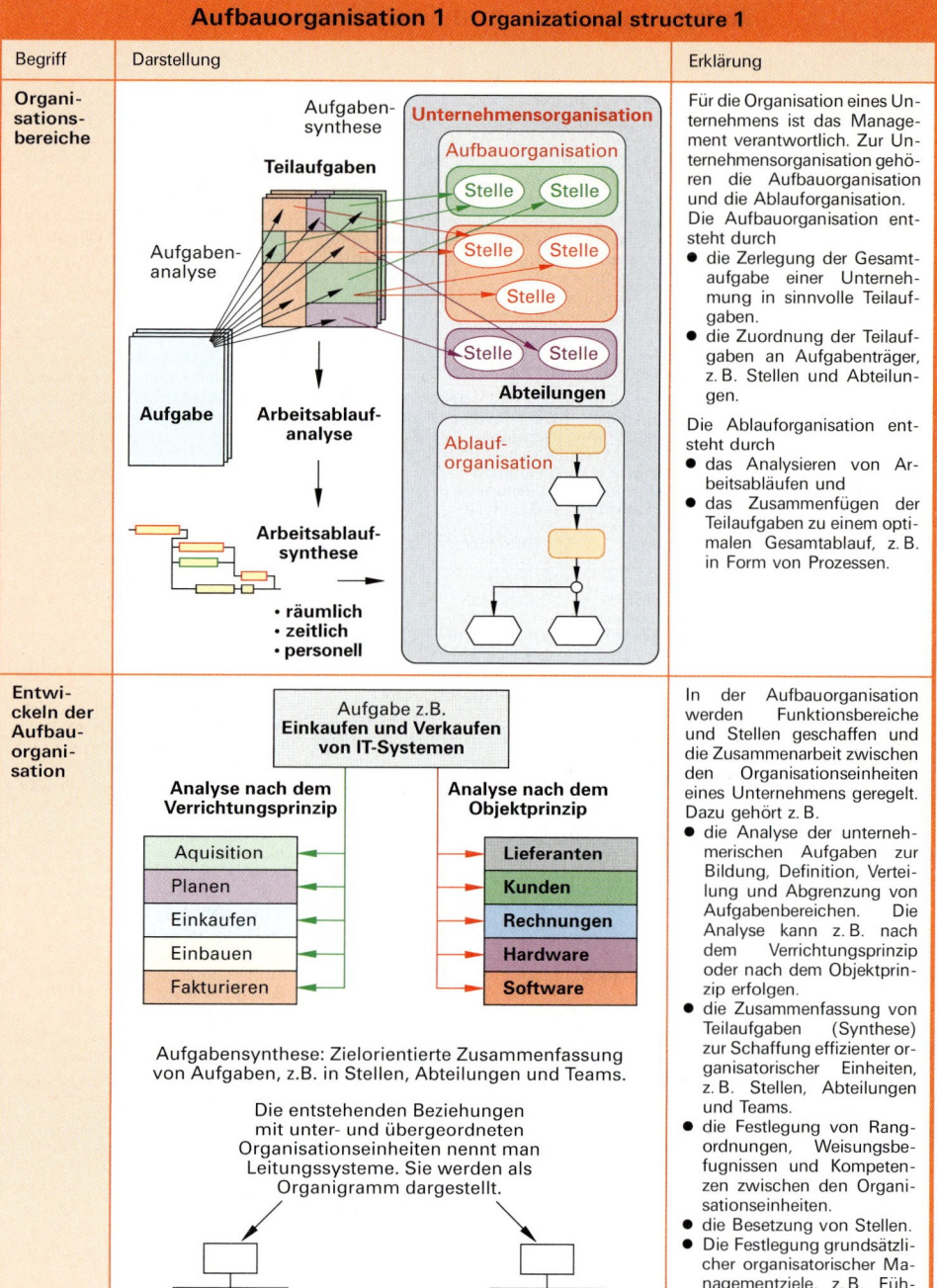	Für die Organisation eines Unternehmens ist das Management verantwortlich. Zur Unternehmensorganisation gehören die Aufbauorganisation und die Ablauforganisation. Die Aufbauorganisation entsteht durch ● die Zerlegung der Gesamtaufgabe einer Unternehmung in sinnvolle Teilaufgaben. ● die Zuordnung der Teilaufgaben an Aufgabenträger, z. B. Stellen und Abteilungen. Die Ablauforganisation entsteht durch ● das Analysieren von Arbeitsabläufen und ● das Zusammenfügen der Teilaufgaben zu einem optimalen Gesamtablauf, z. B. in Form von Prozessen.
Entwickeln der Aufbauorganisation		In der Aufbauorganisation werden Funktionsbereiche und Stellen geschaffen und die Zusammenarbeit zwischen den Organisationseinheiten eines Unternehmens geregelt. Dazu gehört z. B. ● die Analyse der unternehmerischen Aufgaben zur Bildung, Definition, Verteilung und Abgrenzung von Aufgabenbereichen. Die Analyse kann z. B. nach dem Verrichtungsprinzip oder nach dem Objektprinzip erfolgen. ● die Zusammenfassung von Teilaufgaben (Synthese) zur Schaffung effizienter organisatorischer Einheiten, z. B. Stellen, Abteilungen und Teams. ● die Festlegung von Rangordnungen, Weisungsbefugnissen und Kompetenzen zwischen den Organisationseinheiten. ● die Besetzung von Stellen. ● Die Festlegung grundsätzlicher organisatorischer Managementziele, z. B. Führungsstil und Führungsziele.

In the second row illustration:

Aufgabe z.B. Einkaufen und Verkaufen von IT-Systemen

Analyse nach dem Verrichtungsprinzip
- Aquisition
- Planen
- Einkaufen
- Einbauen
- Fakturieren

Analyse nach dem Objektprinzip
- Lieferanten
- Kunden
- Rechnungen
- Hardware
- Software

Aufgabensynthese: Zielorientierte Zusammenfassung von Aufgaben, z.B. in Stellen, Abteilungen und Teams.

Die entstehenden Beziehungen mit unter- und übergeordneten Organisationseinheiten nennt man Leitungssysteme. Sie werden als Organigramm dargestellt.

Abteilungen z.B.:
• Außendienst
• Verwaltung und
• Technik

Abteilungen z.B.:
• Verwaltung
• Hardware und
• Software

B

Begriff	Darstellung	Erklärung
Stellen-bildung		**Stellen** sind die kleinste organisatorische Einheit der Organisation. Zu jeder Stelle gibt es eine Stellenbeschreibung, die z. B. die Aufgaben, Verantwortungen und Befugnisse der Stelle beschreibt. Man unterscheidet zwischen ausführenden Stellen, Linienstellen und Stabsstellen.

Stellenarten

ausführende Stelle	Linienstelle (Instanz)	Stabsstelle
ist eine Leitungs- und Weisungsbefugnis, z.B. Sachbearbeiter	ist mit Leitungs- und Weisungsbefugnis, z.B. Gruppenleiter, Abteilungsleiter	berät und unterstützt Instanzen, ist ohne Weisungsbefugnis

Begriff	Darstellung	Erklärung
Abtei-lungs-bildung		Werden Stellen nach bestimmten Merkmalen unter einer einheitlichen Leitung zusammengefasst, so entstehen **Abteilungen**. Ziele dieser Zusammenfassungen sind z. B. ● die Erhöhung der Effizienz bei der Aufgabenerledigung, ● die übersichtliche Strukturierung des Unternehmensaufbaus und ● die Schaffung regierbarer und kontrollierbarer Verantwortungsbereiche.

Kriterien für Abteilungsbildung

gleichartige Funktionen von Stellen, z.B.: •Einkauf •Finanzierung •Service	gleichartige Objekte (Produkte der Leistungen), z.B.: •PC-Hardware •PC-Software •Hostanwendungen	gemeinsamer Vertriebs-, Service-, oder Zuständigkeitsbereich, z.B.: •Vertrieb Süddeutschland	gleichartige Zielgruppen, z.B.: •Geschäftskunden •Privatkunden
Funktionsorientierte Organisation	Projektorientierte Organisation	Regionalorientierte Organisation	Kundensegmentorientierte Organisation

Begriff	Darstellung	Erklärung
Grund-formen von Leitungs-systemen		Grundformen der Aufbauorganisation sind die Einlinien-Organisation, die Mehrlinien-Organisation, die Stabslinien-Organisation, die Matrixorganisation und die Projektorganisation (Seiten „Projektmanagement").

Einlinien-System
Beim Einlinien-System muss jede untergeordnete Stelle nur von einer übergeordneten Instanz Weisungen annehmen.

Mehrlinien-System
Beim Mehrlinien-System muss jede untergeordnete Instanz von mehreren Instanzen Weisungen annehmen.

Stabslinien-System
Beim Stabslinien-System sind den Instanzen Stabsstellen mit Fachspezialisten zugeordnet. Stabsstellen sind ohne Weisungsbefugnis. Ihre Aufgabe ist die Beratung und Entscheidungsvorbereitung für die Instanzen.

Matrix-Organisation
Die Matrix-Organisation ist eine Sonderform des Mehrlinien-Systems. Die Stellen sind z. B. gleichzeitig einer produktorientierten und eine funktionsorientierten Instanz unterstellt.

Grund-formen	Hauptvorteile	Hauptnachteile
Einlinien-System	Klare Zuständigkeiten und Verantwortungen.	Lange Instanzenwege. Gefahr bzgl. Überlastung, Informationsfilterung und Abteilungsegoismus.
Mehrlinien-System	Spezialisierung der Linienstellen möglich.	Kompetenzüberschneidungen, konkurrierende Weisungen an Stellen.
Stabslinien-System	Klare Zuständigkeiten und Verantwortungen, Entlastung der Instanzen.	Fachliche Abhängigkeit der Instanzen von den Stäben.
Matrix-Organisation	Problemlösungen durch verschiedene Fachspezialisten.	Kompetenzüberschneidungen, längere Entscheidungsprozesse und Kompromisslösungen.

Keywords	Explanation	English	German
Business Process	Davenport & Short (1990) define *business process* as "a set of tasks performed to achieve a defined business outcome." A process is "a structured set of activities designed to produce a specified output for a particular customer or market. It implies a strong emphasis on how work is done within an organization" (Davenport 1993). In their view, processes have two important characteristics: • They have customers (internal or external), • They cross organizational boundaries, i. e., they occur across or between organizational subunits. One technique for identifying business processes in an organization is the value chain method proposed by Porter and Millar (1985).	boundaries customer characteristics emphasis i. e. important outcome particular set structured subunits tasks to achieve to cross to design to imply to occur to perform to propose value chain view within	Grenzen Kunde Merkmale Betonung das heißt wichtig Ergebnis spezifisch Satz, Reihe strukturiert Untereinheiten Aufgaben erzielen, definieren überqueren entwerfen implizieren auftreten ausführen vorschlagen Wertschöpfungs-kette Sicht innerhalb

Diagram (Business Process):

Identify suboptimal business processes → Standard process / Specific process → Type of process → Select reference process / Model process → Yes / relaxed sound? / No → Specialize reference process / Remodel process → Software Engineering

Value Chain Supplier ⬇ Inbound Logistics ⬇ Operations ⬇ Outbound Logistics ⬇ Marketing and Sales ⬇ Customer Service and Support ⬇ Customer	A value chain is a high-level model of how businesses receive raw materials as input, add value to the raw materials through various processes, and sell finished products to customers. "Inbound logistics" represents the supply side of the enterprise. In today's digital economy, your business must be able to exchange data with suppliers quickly and easily, regardless of format. Thus, inbound logistics systems must recognize and understand data which originate outside the enterprise, and transform it for use in internal and external processes. In the center of the value chain are the operational activities where the "value" is "added"; these activities serve as the "back office" in which the PCs are assembled, or the pizza is baked. The digital economy enables – as well as requires – all operational activities to share data at maximum speed among internal and external partners. Outbound logistics, marketing and sales, and customer service and support are the customer-facing links of the value chain. Success in today's digital economy depends on the implementation of an **integrated value chain** in which enterprises within a shared market cooperatively plan, implement, and manage (electronically and physically) the flow of goods, services, and information from point of origin to point of consumption. Furthermore, they do so in a manner that increases customer-perceived value and optimizes the efficiency of the chain, creating competitive advantage for all parties involved.	back office competitive customer service customer-facing enterprise flow goods implementation inbound link logistics marketing outbound parties perceived raw material regardless of sales shared supplier supply thus to add to assemble to bake to depend on to enable to exchange to originate to recognize to require to share to transform various	Büro im Hinterzimmer wettbewerbsfähig Kundendienst auf den Kunden gerichtet Unternehmen Fluss Waren Umsetzung eingehend Verbindung Transport, Logistik Marketing abgehend Parteien wahrgenommen Rohmaterial ungeachtet von Verkauf geteilt Zulieferer Versorgung so, auf diese Weise hinzufügen zusammenbauen backen abhängen von ermöglichen austauschen entstehen erkennen benötigen teilhaben lassen umwandeln verschiedene

Keywords	Explanation	English	German
Just-In-Time	The principle of Just-In-Time (JIT) is to eliminate sources of manufacturing waste by getting the right quantity of raw materials and producing the right quantity of products in the right place at the right time. There are three main objectives: ● Increasing the organization's ability to compete with others and remain competitive. ● Increasing efficiency within the production process. Efficiency is obtained through the increase of productivity and decrease of cost. ● Reducing wasted materials, time and effort. It can help to reduce the costs.	ability competitive efficiency effort manufacturing objectives raw materials remain source to compete to decrease to increase to obtain to reduce waste	Fähigkeit konkurrenzfähig Effizienz Anstrengung, Aufwand Produktion Ziele Rohstoffe bleiben Quelle konkurrieren senken steigern erhalten vermindern Abfall
Supply-Chain Management	Supply chain management aims to improve the way your company finds the raw components it needs to make a product or service, manufactures that product or service and delivers it to customers. The following are five basic components for supply chain management: ● **Plan** You need a strategy for managing all the resources that go toward meeting customer demand for your product or service. The supply chain must be monitored to ensure that it is efficient and delivers high quality and value to customers. ● **Source** Choose the suppliers that will deliver the goods and services you need to create your product or service. Develop a set of pricing, delivery and payment processes with suppliers and put together processes for managing the inventory of goods and services you receive from suppliers, including receiving shipments, transferring them to your manufacturing facilities and authorizing supplier payments. ● **Make** This is the manufacturing step. Schedule the activities necessary for delivery. Quality levels, production output and worker productivity must be measured. ● **Deliver** This is the part that many insiders refer to as "logistics". Coordinate the receipt of orders from customers, develop a network of warehouses, pick carriers to get products to customers and set up an invoicing system to receive payments. ● **Return** Create a network for receiving defective and excess products back from customers and supporting customers who have problems with delivered products. **Benefits of using the internet for supply chain management** ● Interoperable intranets make it easy for supply-chain partners to share and exchange information, ● the whole management process may be contracted to a third party instead of developing one's own applications and investing in separate systems, ● sophisticated logistics management and automated supply-chain management are available almost universally.	application available carrier chain customer defective delivery excess products facilities goods instead of interoperable inventory invoicing system logistics order payment pricing process receipt services shipments sophisticated supplier supply to aim to authorize to choose to contract to to deliver to ensure to improve to manufacture to measure to meet a demand to monitor to refer to to schedule to share to transfer universally value warehouse	Anwendung verfügbar Transportunternehmen Kette Kunde fehlerhaft Lieferung überschüssige Produkte Einrichtungen Waren an Stelle von dialogfähig Inventar Rechnungserstellungssystem Logistik, Transport Bestellung Bezahlung Preisbildungsprozess Erhalt Dienstleistungen Lieferungen hochentwickelt Zulieferer Versorgung abzielen ermächtigen, veranlassen auswählen übertragen an liefern sicherstellen verbessern herstellen messen eine Nachfrage befriedigen überwachen sich beziehen auf zeitlich planen teilen weiterleiten universell Wert Lager

Begriff	Darstellung	Erklärung

Ziel-hierarchie	Beispiel für die Hierarchie von Zielen in einem Unternehmen
	1. Kundenzufriedenheit
	  2. Sicherung des Unternehmensbestandes
	    3. Wettbewerbsfähigkeit
	      4. Qualität des Angebotes
	        5. Langfristige Gewinnerzielung
	          6. Kosteneinsparungen
	            7. Gesundes Liquiditätspolster
	              8. Kundenloyalität
	                9. Rentabilität des Gesamtkapitals
	                  10. Produktivitätssteigerungen
	                    11. Image
	                      12. Mitarbeitermotivation
		Die Bedeutung der Kundenzufriedenheit rückt in der Zielhierarchie von Unternehmen nach oben.
		
		Kundenzufriedenheit entsteht durch frühzeitiges Erkennen und optimales Erfüllen von Kundenerwartungen.
		
		Kundenzufriedenheit gilt als Voraussetzung für das Erreichen nachgeordneter Unternehmensziele.

Kunden-zufrieden-heit	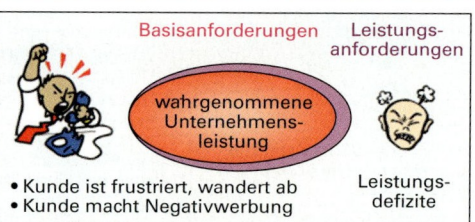 Basisanforderungen Leistungs-anforderungen **wahrgenommene Unternehmens-leistung** • Kunde ist frustriert, wandert ab • Kunde macht Negativwerbung Leistungs-defizite **wahrgenommene Unternehmens-leistung** • Kunde ist zufrieden, aber nicht überzeugt • Kunde ist leicht abzuwerben unerwartet wahrgenommene Unternehmensmehrleistung • Kunde ist begeistert, arbeitet als Multiplikator • Kunde erhöht seine Anspruchshaltung	Die Kundenzufriedenheit ist das Ergebnis einer Beurteilung der Leistung durch den Kunden. Sie ist z. B. von der wahrgenommenen Produktqualität und dem Preis-Leistungs-Verhältnis der Produkte abhängig. Zur Produktqualität zählen z. B. ● die Leistungen des Kundendienstes, ● die Freundlichkeit der Mitarbeiter, ● die telefonische Erreichbarkeit, ● die Zuverlässigkeit der Leistungszusagen, ● die Kulanz und ● das Beschwerdemanagement. Die Qualitätsbewertungen durch die Kunden sind individuelle Soll/Ist-Abgleiche. Dabei wird das „Soll" durch die Erwartungen des Kunden und das „Ist" durch die Erfahrungen des Kunden mit der tatsächlich erhaltenen Leistung bestimmt.
Lernende Organi-sation	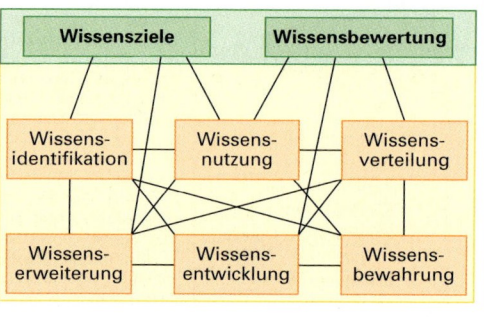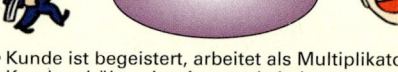 **Wissensziele** **Wissensbewertung** Wissens-identifikation Wissens-nutzung Wissens-verteilung Wissens-erweiterung Wissens-entwicklung Wissens-bewahrung **Wissensmanagement in einer Organisation**	In hochdynamischen Märkten z. B. dem Informationstechnik-Markt sind maximale Flexibilität und Lernfähigkeit unbedingt Voraussetzungen für erfolgreiche Unternehmen. Ergebnisorientierte, qualitätsorientierte und kundenorientierte Organisationsformen, z. B. HoQ, Deming-Kreise, Kaizen und Lean Management fördern gezielt das Erfassen, Sortieren, Erweitern und Verteilen von Wissen. Dazu gibt es in größeren Organisationen eigene Stellen für das Wissensmanagement.

Qualitätsverbesserungsmodelle Quality improvement models

B

Begriff	Darstellung	Erklärung
Deming-Kreis	Der Deming-Kreis besteht aus vier Phasen  Der Deming-Kreis (Deming-Rad oder PDCA-Kreis von Plan-Do-Check-Act) ist ein der wichtiges Instrument des operativen Qualitätsmanagements.	• Planen Ist dieser Phase werden die Bedürfnisse und Erwartungen der Kunden erfasst. Für die angewendeten Prozesse und das Ergebnis werden messbare Qualitätsvorgaben festgelegt. • Ausführen In der Ausführung müssen im Rahmen der Qualitätslenkung die Produkt- und Prozessqualität überwacht werden. Das Ergebnis wird durch Kennziffern ausgedrückt. Hierfür sind die Schlüsselprozesse zu identifizieren und geeignete Qualitätslenkungs- und Qualitätsprüfungsmaßnahmen durchzuführen. • Überprüfen In der Qualitätssicherung sind systematisch strukturelle Risiken zu erkennen, aufzudecken und ihre Wirkung und Ursachen zu bekämpfen. • Verbessern: Die vierte Phase entspricht der kontinuierlichen Verbesserung des operativen Qualitätsmanagements, also der dauernden Umsetzung erkannter Verbesserungsmöglichkeiten.
Qualitätsentwicklungsstufen nach Juran	**Umsetzung der Kundenbedürfnisse im Qualitätswesen:** Phase 1 Kunden und Kundenbedürfnisse bestimmen. **Kundenbedürfnisse in Vorgaben umsetzen.** Phase 2 Zusammenhang zwischen Kundenbedürfnissen und Produkteigenschaften analysieren. **Produkteigenschaften anpassen.** Phase 3 Zusammenhang zwischen Produkt und Produkteigenschaften analysieren. **Unternehmerische Prozesse anpassen.** Phase 4 Zusammenhang zwischen Prozesseigenschaften und Prozessregelung analysieren. **Kontinuierliche Verbesserung betreiben.**	**Juran** unterscheidet bei Qualitätsverbesserung zwischen sporadischen und chronischen Problemen. 80 Prozent der Gesamtprobleme sind chronische Probleme. Chronische Probleme sind durch das Management zu verantworten und nur durch Managementanstrengungen zu beseitigen. Sporadische Probleme sind durch Mitarbeiter zu beseitigen.
Kaizen-Qualitätsphilosophie	**Kaizen-Schirm** • Kundenorientierung • TQM (Total Quality Management) • Mechanisierung • Automatisierung • QC (Quality Cycle) • Vorschlagswesen • Arbeitsdisziplin • TPM (Total Produktive Maintenance) • Qualitätssteigerung • Just-in-time • Fehlerlosigkeit • Kleingruppenarbeit • Kooperation mit der Managementebene • Produktivitätssteigerung • Entwicklung neuer Produkte	**Kaizen** Kaizen (von japanisch Kai = Veränderung; ZEN = zum Besseren) ist die Philosophie, dass kontinuierliche, unendliche Verbesserungen in kleinen und kleinsten Schritten und unter Einbeziehung aller Bereiche und aller Mitarbeiter anzustreben sind. Viele bei uns praktizierte Methoden, z. B. KVP Kontinuierlicher Verbesserungsprozess und PVP Permanenter Verbesserungsprozess haben ihren Ursprung in der japanischen Managementphilosophie Kaizen.

Begriff	Darstellung	Erklärung

ISO 9001:2000

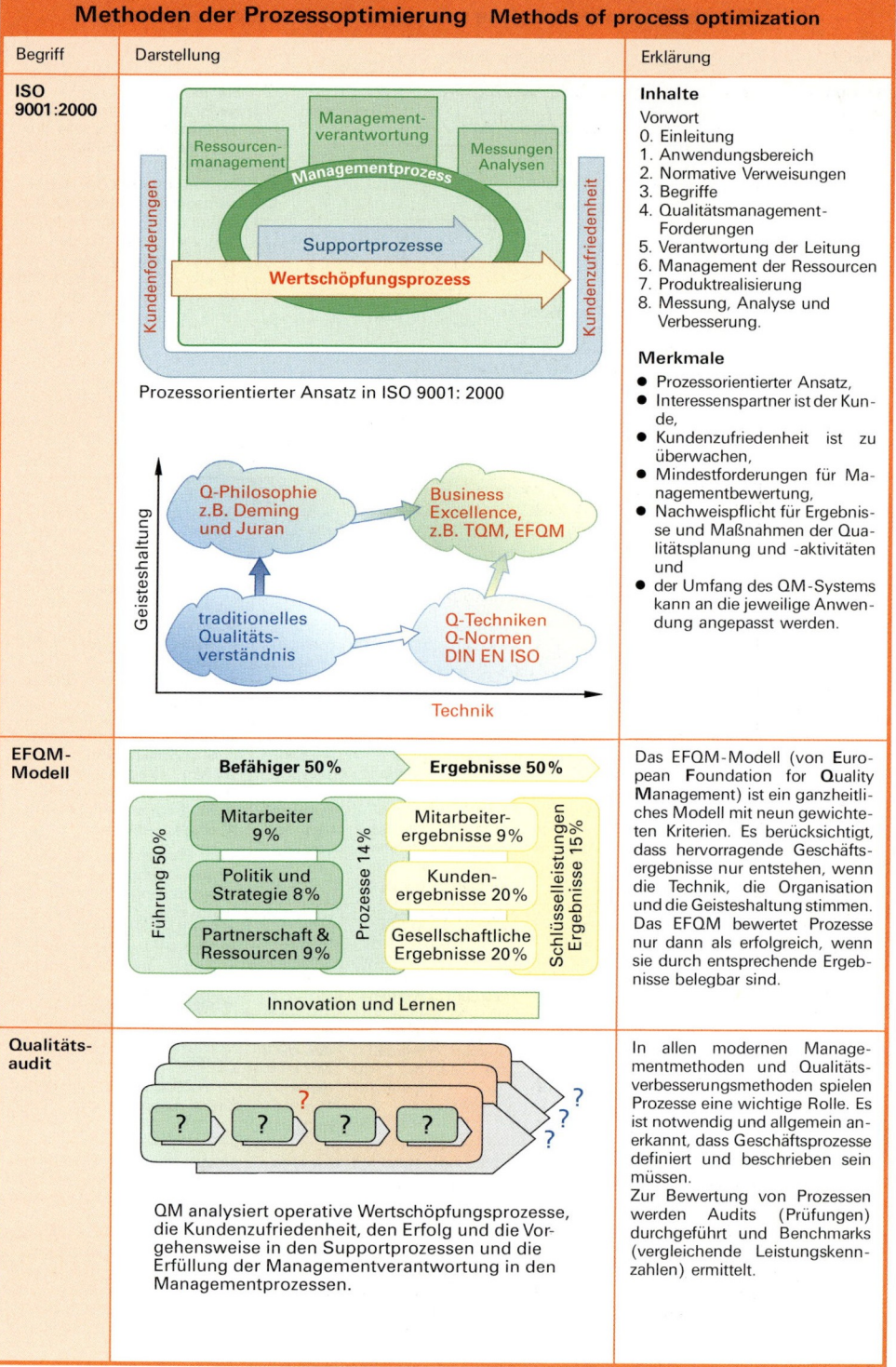

Prozessorientierter Ansatz in ISO 9001: 2000

Inhalte

Vorwort
0. Einleitung
1. Anwendungsbereich
2. Normative Verweisungen
3. Begriffe
4. Qualitätsmanagement-Forderungen
5. Verantwortung der Leitung
6. Management der Ressourcen
7. Produktrealisierung
8. Messung, Analyse und Verbesserung.

Merkmale

- Prozessorientierter Ansatz,
- Interessenspartner ist der Kunde,
- Kundenzufriedenheit ist zu überwachen,
- Mindestforderungen für Managementbewertung,
- Nachweispflicht für Ergebnisse und Maßnahmen der Qualitätsplanung und -aktivitäten und
- der Umfang des QM-Systems kann an die jeweilige Anwendung angepasst werden.

EFQM-Modell

Das EFQM-Modell (von European Foundation for Quality Management) ist ein ganzheitliches Modell mit neun gewichteten Kriterien. Es berücksichtigt, dass hervorragende Geschäftsergebnisse nur entstehen, wenn die Technik, die Organisation und die Geisteshaltung stimmen. Das EFQM bewertet Prozesse nur dann als erfolgreich, wenn sie durch entsprechende Ergebnisse belegbar sind.

Qualitäts-audit

QM analysiert operative Wertschöpfungsprozesse, die Kundenzufriedenheit, den Erfolg und die Vorgehensweise in den Supportprozessen und die Erfüllung der Managementverantwortung in den Managementprozessen.

In allen modernen Managementmethoden und Qualitätsverbesserungsmethoden spielen Prozesse eine wichtige Rolle. Es ist notwendig und allgemein anerkannt, dass Geschäftsprozesse definiert und beschrieben sein müssen.
Zur Bewertung von Prozessen werden Audits (Prüfungen) durchgeführt und Benchmarks (vergleichende Leistungskennzahlen) ermittelt.

B

Geschäftsprozessanalyse Analysis of business processes

Begriff	Darstellung, Inhalt						Erklärung

Erfolgs-messung

	Beispiele				

Messgröße	Erfolgsindikator	Ist	Soll	dir. Wett-bewerber	Best Practice
Ausmaß der Kunden-zufriedenheit	Umsatzanteil als A-Lieferant	40%	50%	45%	80%
Qualitäts-standard	Anteil der Garantie-leistungen	2,2%	0,5%	1,0%	0,1%
Geschwindig-keit	Durchschnittliche Prozessdauer einer Garantieabwicklung	4h	4h	6t	1h
Prozesskosten	Prozesskosten je Garantieabwicklung	200 €	220 €	180 €	150 €

Für die Erfolgskontrolle wird der Istwert der messbar (operationalisiert) definierten Prozessziele mit dem Sollwert verglichen.
Zur Bestimmung der Wettbewerbsposition ist es zusätzlich sinnvoll ein Benchmark durchzuführen. Dabei werden die eigenen Werte mit den Werten direkter Wettbewerber und den Werten der Marktbesten (best practice) verglichen.

Ist-Analyse von Prozessen

Wer?	Was?	Wo?	Wann?	Warum?	Wie?
Wer macht es?	Was ist zu tun?	Wo soll es getan werden?	Wann wird es getan?	Warum wird es gemacht?	Wie wird es gemacht?
Wer macht es wirklich?	Was wird getan?	Wo wird es getan?	Wann wird es wirklich getan?	Warum soll es gemacht werden?	Wie wird ✶ ✶es wirklich gemacht?
Wer sollte es machen?	Was sollte getan werden?	Wo sollte es getan werden?	Wann sollte es getan werden?	Warum soll es hier gemacht werden?	Wie soll es gemacht werden?
Wer kann es noch machen?	Was könnte getan werden?	Wo kann es noch gemacht werden?	Wann kann es sonst getan werden?	Warum wird es nicht woanders gemacht?	Wie ist die Methode übertragbar?
Wer soll es noch machen?	Was sollte noch getan werden?	Wo soll es noch gemacht werden?	Wann sollte es noch getan werden?	Warum sollte es woanders gemacht werden?	Wie kann es noch gemacht werden?
Wer macht die 3 Mu?	Welche 3 Mu werden gemacht?	Wo werden die 3 Mu gemacht?	Wann werden die 3 Mu gemacht?	Warum werden die 3 Mu gemacht?	Wie werden die 3 Mu in diesem Prozess gemacht?

6-W-Fragen
Bei der Analyse von Prozessen und der Suche nach Rationalisierungsmöglichkeiten werden die 6-W-Fragen in mehreren Versionen gestellt und beantwortet, z. B.
● Grundfrage,
● Frage nach dem Ist-Zustand,
● Frage nach dem Soll-Zustand,
● Frage nach Alternativen,
● Fragen nach alternativem Soll-Zustand und
3 „Mu" Fragen aus Kaizen
● Muda (Verschwendung),
● Muri (Überlastung) und
● Muara (Abweichung).
Zur Problemfindung, Problembewertung und Problemstrukturierung können zusätzlich z. B.
● die 8-M-Methode,
● FMEA (von Fehlermöglichkeiten- und Fehlereinflussanalyse),
● die Pareto-Analyse und
● QFD (von Quality Function Deployment)
eingesetzt werden.
Siehe Seiten „Qualität, Qualitätswerkzeuge").

BPR

BPR (von Business Process Reengineering) ist ein radikal und revolutionär angelegtes Verbesserungssystem. Alles Bestehende wird in Frage gestellt.

Totale Neuorganisationen erfordert hohen technologischen und finanziellen Aufwand.

Lean Management

Lean Management (lean = mager, hager, schlank) steht für die konsequente und permanente Anwendung eines Bündels von Prinzipien und Methoden bei der Planung, Durchführung und Kontrolle von Geschäftsprozessen. Z.B. Vereinfachung der Organisationsstruktur, Übertragung von Aufgaben, Kompetenzen und Verantwortung an die Mitarbeiter.

Die Beteiligung der Mitarbeiter an Veränderungsprozessen erfordert aufgabenorientierte Information, Kommunikation und Kompetenzverteilung.

Begriff	Darstellung	Erklärung
Geschäfts-prozess	**Wertschöpfungsprozesse** erzeugen die Unternehmens-leistung, für die der Kunde bereit ist Geld zu bezahlen. Kundenauftragsführung Serviceauftragsdurchführung **Managementprozesse** regeln langfristig den Ablauf der Unternehmenstätig-keit und schaffen Voraussetzungen zur erfolgreichen Arbeit. Finanzierung Marktstrategieentwicklung Unternehmensstrategieentwicklung **Supportprozesse** unterstützen und ermöglichen die Optimierung und Automatisierung von Geschäfts-prozessen. Informationsbereitstellung Informationsverarbeitung Produktentwicklung	Geschäftsprozesse beschreiben allgemeingültige und vielfach wiederholbare Vorgehensweisen. Die Optimierung und Automatisierung wichtiger Geschäftsprozesse bringt entscheidende Wettbewerbsvorteile. Nach DIN EN ISO 8402 besteht ein Prozess aus einem „... Satz von in Wechselbeziehung stehenden Mitteln und Tätigkeiten, die Eingaben in Ergebnisse umgestalten. Zu den Mitteln können Personen, Einrichtungen und Anlagen, Technologien und Methodologien gehören."
Schlüssel-geschäfts-prozesse **Kern-geschäfts-prozesse**	Unternehmens-strategie CI — Kunden-segmente — **Kerngeschäftsprozesse** — USP Unique Selling Positions — Serviceauftrags-führung — Kundenauftrags-führung — Kundenanfrage-bearbeitung — Kerngeschäfte Kernkompetenzen	Die strategische Ausrichtung eines Unternehmens zielt auf ausgewählte Kundensegmente. Die Kerngeschäfte und Kernkompetenzen, die insbesondere zur Zufriedenheit dieser Kunden und zum Unternehmenserfolg beitragen, nennt man Kerngeschäftsprozesse oder Schlüsselgeschäftsprozesse. Bei der Geschäftsprozessoptimierung ist es wichtig, in den Kerngeschäftsprozessen gegenüber dem Wettbewerb einmalige Verkaufsargumente (USP, von Unique Selling Position) zu erzielen.
ARIS-Konzept	Projekt-start — Fachkonzept Steuerungssicht erstellen — EPK ist erstellt — Fachkonzept Funktionssicht erstellen — Fachkonzept Organisations-sicht erstellen — Fachkonzept Datensicht erstellen — Fachkonzepte sind erstellt — DV-Konzept Funktions-sicht erstellen — DV-Konzept Organisations-sicht erstellen — DV-Konzept Datensicht erstellen — DV-Konzept Steuerungs-sicht erstellen — DV-Konzepte sind erstellt — Implementierung	In der Praxis sind Geschäftsprozesse oft sehr komplex. Um sie zu verstehen, einfacher darzustellen und in IT-Anwendungen umzusetzen, beschränkt man sich oft auf eine bestimmte Sicht und Beschreibungsebene. Im ARIS-Konzept nach Prof. Scheer (Architektur integrierter Informationssysteme) werden Geschäftsprozesse z. B. in den Sichten Steuerungssicht, Funktionssicht, Organisationssicht, Datensicht und Leistungssicht analysiert, bearbeitet und dargestellt.
Funktions-sicht	**Hauptfunktion Verkauf** (1) — Termin-auftrags-bearbeitung — Kontrakt-abwicklung — Lieferplan-abwicklung (2) — Kunden-anfrage-bearbeitung — Kunden-anfrage-bearbeitung — Kunden-anfrage-bearbeitung (3) — Kunden-angebots-bearbeitung — Kunden-angebots-bearbeitung — Kunden-angebots-bearbeitung (4)	In der Funktionssicht werden z. B. auf Fachkonzeptebene mit Funktionshierarchiebäumen **(Bild)** oder Funktionsmatrizen auszuführende Funktionen und Tätigkeiten beschrieben. Meist sind die Darstellungen hierarchisch gegliedert, z. B. in Geschäftsbereiche (1), Hauptfunktionsbereiche (2), Funktionsbereiche (3) und Tätigkeitsbereiche (4).

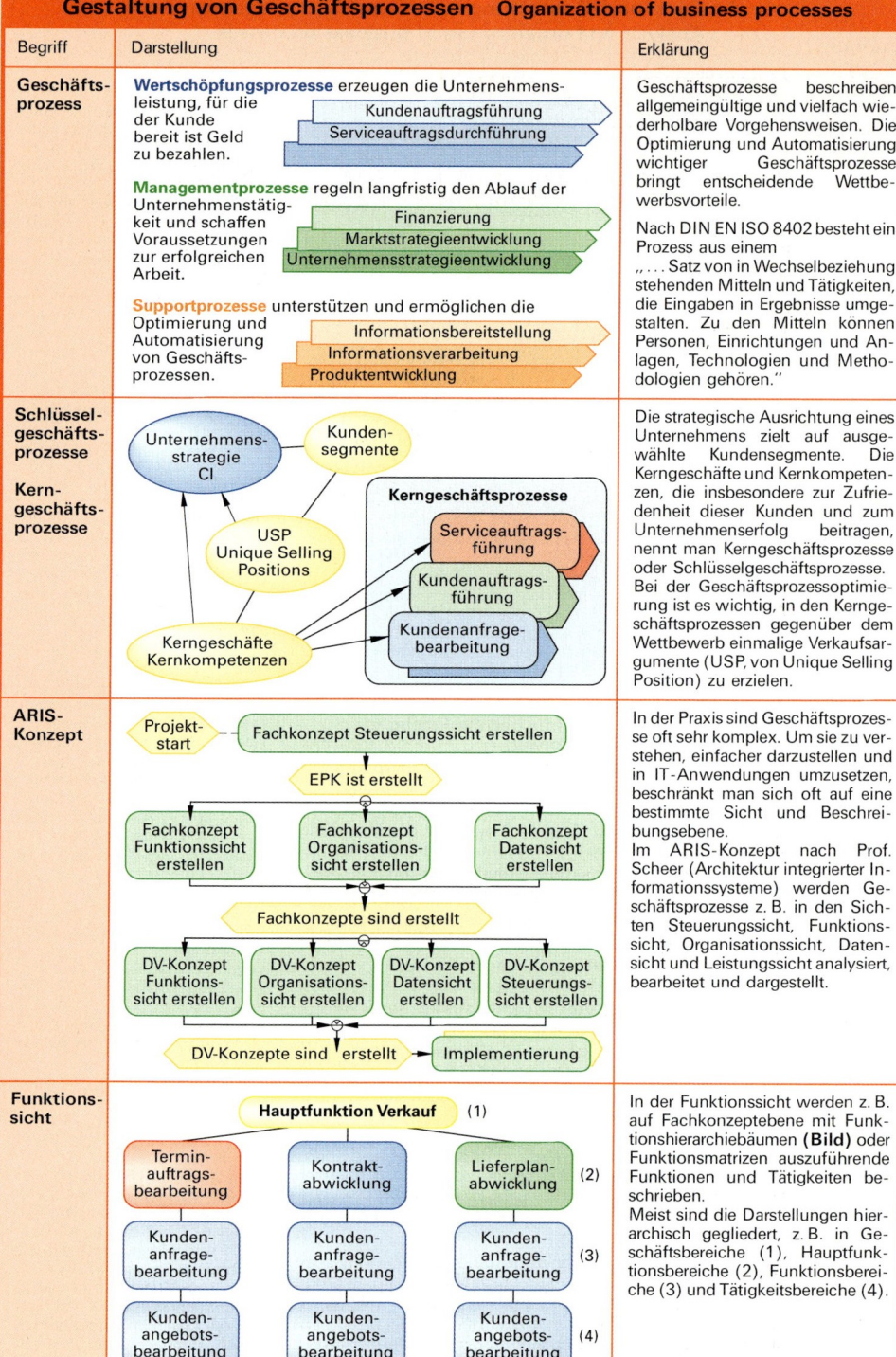

Analyse und Gestaltung von Geschäftsprozessen
Analysis and organization of business processes

B

Begriff	Darstellung, Beispiel	Erklärung, Definition
Organisationssicht		In der Organisationssicht werden alle Elemente der Aufbauorganisation, wie Stellen und Abteilungen, und ihre Beziehung zueinander dargestellt. Aus dem Organigramm können z. B. Informationen über einzurichtende Benutzergruppen und Rechte für das EDV-Konzept abgeleitet werden.
Datensicht		In der Datensicht werden Zustände und Ereignisse der in der Informationstechnik abgebildeten Realitätsausschnitte beschrieben. ERM zeigen z. B. statische Informationen über Datenbeziehungen. Datenflussdiagramme zeigen dynamische Aspekte, z. B. den logischen Weg der Daten.
Steuerungssicht	Die Steuerungssicht (Kontrollsicht, Prozesssicht) zeigt die Zusammenhänge und das Zusammenwirken der einzelnen Elemente und Sichten: • welche Ereignisse einen Prozess auslösen, • welche Funktionen und Daten bei einem Prozess mitwirken, • wie der sachlogische Ablauf des Prozesses ist, • welche Organisationseinheiten beteiligt sind und • welche Ergebnisse entstehen.	Die Darstellung der Steuerungssicht von Geschäftsprozessen als ereignisgesteuerte Prozesskette (EPK), erweiterte ereignisgesteuerte Prozesskette eEPK oder VKD (Vorgangskettendiagramm) ist Standard.
Symbole der ereignisgesteuerten Prozesskette EPK	**Ereignis** ist Startpunkt oder Endpunkt von Prozessen und das Ergebnis von Funktionen **Funktion** bewirkt eine Veränderung (Transformation) von Eigenschaften eines Objektes. **Objekt** (Businessobjekt) ist die Abbildung eines Gegenstandes der realen Welt **Organisationseinheit** ist Bestandteil der Aufbauorganisation eines Unternehmens **Prozesswegweiser** verweist zu eigenständigen Prozessen oder Teilprozessen. Konnektor mit eingangsseitiger Und-Verknüpfung Konnektor mit eingangsseitiger Oder-Verknüpfung Konnektor mit eingangsseitiger Exklusiv-Oder-Verknüpfung Konnektor mit ausgangsseitiger Und-Verknüpfung Konnektor mit eingangsseitiger Und-Verknüpfung und ausgangsseitiger Oder-Verknüpfung Zeigt den zeitlichen und logischen Ablauf von Prozessen und wird als Kontrollfluss bezeichnet Zeigen den Informationsfluss und dessen Richtung, also ob Daten gelesen, erzeugt oder gelesen und zurückgeschrieben werden. Zuordnungslinien, z.B. Zuordnung von Organisationseinheiten zu Funktionen.	Ereignisse sind das Eingetretensein eines bestimmten Zustandes eines Objektes, z. B. eine Kundenanfrage ist eingetroffen oder ein Zahlungsdatum ist eingetreten. Funktionen nehmen bestimmte Bearbeitungszeiten und Ressourcen in Anspruch, z. B. für das Überprüfen der Kopfdaten einer Bestellung oder das Kontrollieren einer Warenlieferung. Objekte (Business objects) sind z. B. Bestellungen, Kunden und Rechnungen. Organisationseinheiten sind z. B. Marketing, Entwicklung und Service. Konnektoren sind Verknüpfungselemente zwischen Ereignissen und Funktionen. Die logische Aussage der Konnektoren ist der Digitaltechnik vergleichbar. Es gibt Und-Verknüpfungen, Oder-Verknüpfungen und Exklusiv- Oder-Verknüpfungen. Beliebige logische Verknüpfungen mit frei wählbarer Anzahl von Eingängen und Ausgängen können bei den Konnektoren sowohl eingangsseitig wie auch ausgangsseitig erfolgen. Ereignisse, Funktionen, Objekte, Organisationseinheiten und Konnektoren werden durch Kontrollflüsse, Informationsflüsse und Zuordnungslinien verbunden.

Begriff	Darstellung	Erklärung, Beispiel
Regeln	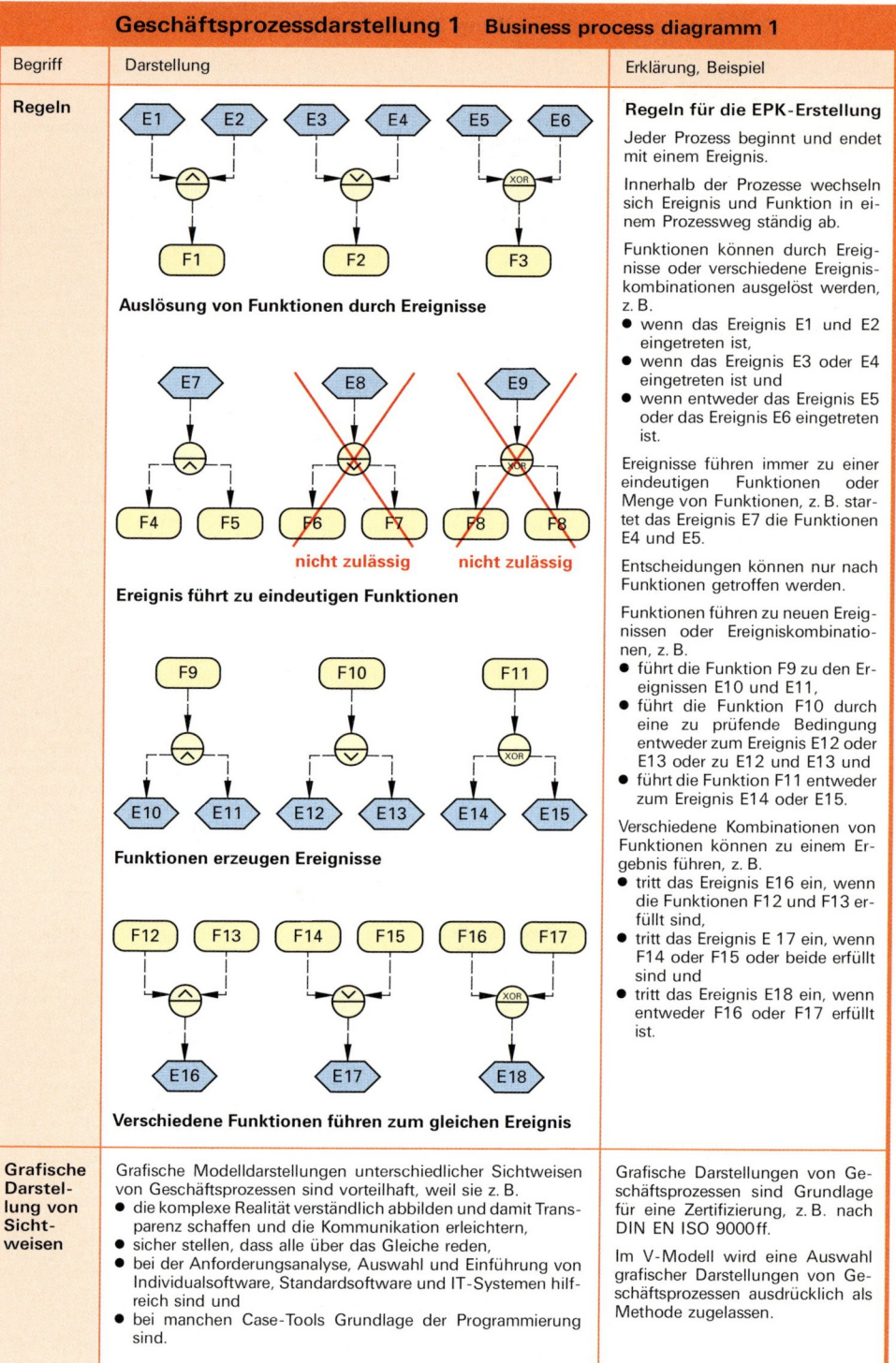	**Regeln für die EPK-Erstellung** Jeder Prozess beginnt und endet mit einem Ereignis. Innerhalb der Prozesse wechseln sich Ereignis und Funktion in einem Prozessweg ständig ab. Funktionen können durch Ereignisse oder verschiedene Ereigniskombinationen ausgelöst werden, z. B. ● wenn das Ereignis E1 und E2 eingetreten ist, ● wenn das Ereignis E3 oder E4 eingetreten ist und ● wenn entweder das Ereignis E5 oder das Ereignis E6 eingetreten ist. Ereignisse führen immer zu einer eindeutigen Funktionen oder Menge von Funktionen, z. B. startet das Ereignis E7 die Funktionen E4 und E5. Entscheidungen können nur nach Funktionen getroffen werden. Funktionen führen zu neuen Ereignissen oder Ereigniskombinationen, z. B. ● führt die Funktion F9 zu den Ereignissen E10 und E11, ● führt die Funktion F10 durch eine zu prüfende Bedingung entweder zum Ereignis E12 oder E13 oder zu E12 und E13 und ● führt die Funktion F11 entweder zum Ereignis E14 oder E15. Verschiedene Kombinationen von Funktionen können zu einem Ergebnis führen, z. B. ● tritt das Ereignis E16 ein, wenn die Funktionen F12 und F13 erfüllt sind, ● tritt das Ereignis E 17 ein, wenn F14 oder F15 oder beide erfüllt sind und ● tritt das Ereignis E18 ein, wenn entweder F16 oder F17 erfüllt ist.
Grafische Darstellung von Sichtweisen	Grafische Modelldarstellungen unterschiedlicher Sichtweisen von Geschäftsprozessen sind vorteilhaft, weil sie z. B. ● die komplexe Realität verständlich abbilden und damit Transparenz schaffen und die Kommunikation erleichtern, ● sicher stellen, dass alle über das Gleiche reden, ● bei der Anforderungsanalyse, Auswahl und Einführung von Individualsoftware, Standardsoftware und IT-Systemen hilfreich sind und ● bei manchen Case-Tools Grundlage der Programmierung sind.	Grafische Darstellungen von Geschäftsprozessen sind Grundlage für eine Zertifizierung, z. B. nach DIN EN ISO 9000ff. Im V-Modell wird eine Auswahl grafischer Darstellungen von Geschäftsprozessen ausdrücklich als Methode zugelassen.

Auslösung von Funktionen durch Ereignisse

Ereignis führt zu eindeutigen Funktionen

nicht zulässig **nicht zulässig**

Funktionen erzeugen Ereignisse

Verschiedene Funktionen führen zum gleichen Ereignis

B

Begriff	Darstellung	Erklärung

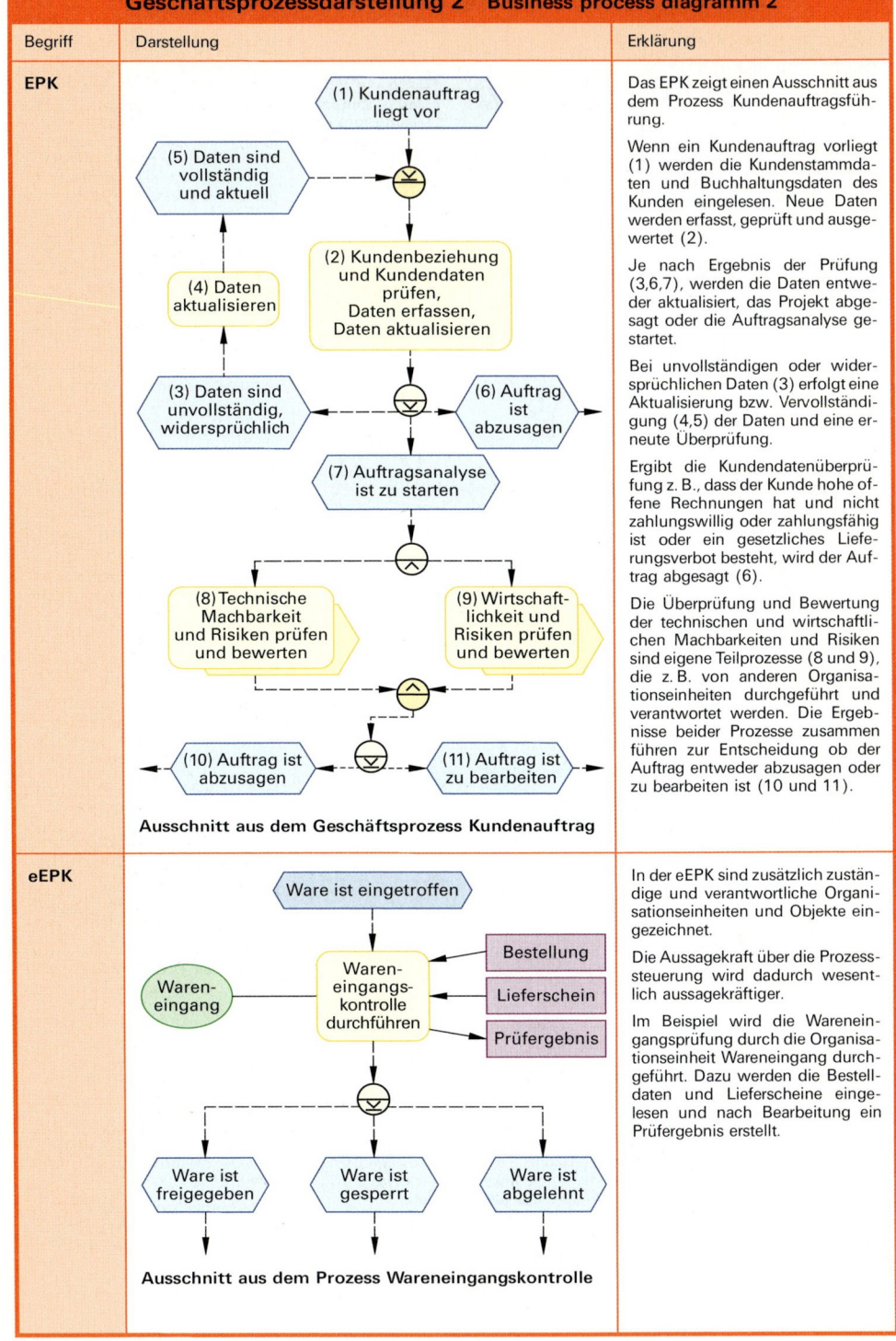

EPK

Das EPK zeigt einen Ausschnitt aus dem Prozess Kundenauftragsführung.

Wenn ein Kundenauftrag vorliegt (1) werden die Kundenstammdaten und Buchhaltungsdaten des Kunden eingelesen. Neue Daten werden erfasst, geprüft und ausgewertet (2).

Je nach Ergebnis der Prüfung (3,6,7), werden die Daten entweder aktualisiert, das Projekt abgesagt oder die Auftragsanalyse gestartet.

Bei unvollständigen oder widersprüchlichen Daten (3) erfolgt eine Aktualisierung bzw. Vervollständigung (4,5) der Daten und eine erneute Überprüfung.

Ergibt die Kundendatenüberprüfung z. B., dass der Kunde hohe offene Rechnungen hat und nicht zahlungswillig oder zahlungsfähig ist oder ein gesetzliches Lieferungsverbot besteht, wird der Auftrag abgesagt (6).

Die Überprüfung und Bewertung der technischen und wirtschaftlichen Machbarkeiten und Risiken sind eigene Teilprozesse (8 und 9), die z. B. von anderen Organisationseinheiten durchgeführt und verantwortet werden. Die Ergebnisse beider Prozesse zusammen führen zur Entscheidung ob der Auftrag entweder abzusagen oder zu bearbeiten ist (10 und 11).

Ausschnitt aus dem Geschäftsprozess Kundenauftrag

eEPK

In der eEPK sind zusätzlich zuständige und verantwortliche Organisationseinheiten und Objekte eingezeichnet.

Die Aussagekraft über die Prozesssteuerung wird dadurch wesentlich aussagekräftiger.

Im Beispiel wird die Wareneingangsprüfung durch die Organisationseinheit Wareneingang durchgeführt. Dazu werden die Bestelldaten und Lieferscheine eingelesen und nach Bearbeitung ein Prüfergebnis erstellt.

Ausschnitt aus dem Prozess Wareneingangskontrolle

Monitoring und Controlling von Geschäftsprozessen
Monitoring and controlling of business processes

B

Begriff	Darstellung	Erklärung

VKD

Ereignis	Funktion	Objekt	Verarbeitung	Organisationseinheit

Im VKD (von **V**organgs**k**etten**d**iagramm) wird die Darstellung des eEPK in die Spalten Ereignis, Funktion, Objekt, Verarbeitung und zuständige Organisationseinheit eingeteilt. Die Verarbeitungsarten sind
- Dialog: Durchführung des Arbeitspaketes im Mensch-Maschinen-Dialog,
- Batch: Stapelverarbeitung durch IT-Systeme oder
- Manuell: ausschließliche Bearbeitung durch Menschen

weiter präzisiert.

Monitoring von Geschäftsprozessen

Monitoring ist die Beobachtung und Darstellung des zeitlichen Ablaufgeschehens in einem System.

Z. B. wird beobachtet und in Tabellen oder Grafiken dargestellt, wie lange eine Funktion dauert und mit welchem Ergebnis sie durchgeführt wird.

Aus der Dauer können die Kosten ermittelt und neue Gesamtabläufe simuliert werden.

Mit den Ergebnissen können z. B. Soll-Ist-Vergleiche, Lieferantenbewertungen, Prozessbewertungen und Mitarbeiterbewertungen durchgeführt werden.

SCM

SCM (von **S**upply **C**hain **M**anagement) ist das Wertschöpfungskettenmanagement. SCM erfasst im Endausbau alle Wertschöpfungsstufen und kann von den Prozessen der Rohstoffgewinnung bis zu Serviceprozessen der Endkundenbetreuung reichen.

Die wichtigsten SCM-Ziele sind optimale Erfüllung von Kundenanforderungen und Erhöhung der Wirtschaftlichkeit unternehmensübergreifender Wertschöpfungsprozesse, z. B. durch
- höhere Termin- und Liefertreue,
- Bestandsreduzierung entlang der Lieferketten,
- größere Flexibilität und
- Nutzung von Synergieeffekten.

Quality management   Qualitätssicherung

B

Key words	Explanation	English	German
What is quality?	Quality is the concept of making products fit for a purpose and with the fewest defects. Many different techniques and concepts have been tried to minimize defects in products. Most of these techniques and concepts are controversial because there are two opposing schools of thought with regard to quality. One school measures defects and then takes corrective action. The other school agrgues that one should "design in quality" rather than trying to "test in quality".	concept controversial defect purpose rather than school of thought to argue to measure to oppose to try with regard to	Idee, Plan umstritten Fehler Zweck eher als Denkschule meinen messen widersetzen versuchen hinsichtlich
Quality Inspection **PASSED**	Quality management started with simple inspection-based systems. Under such a system, one or more characteristics of a product are examined, measured or tested and compared with specified requirements to assess its conformity (Kanji and Asher, 1993). This system is used to appraise incoming products, manufactured components and assemblies at appropriate points in the production process. It is carried out mainly by staff employed specifically for this purpose. Products which do not conform to specification may be scrapped, reworked or sold as lower quality items. Simple inspection-based systems are usually wholly in-house and do not directly involve suppliers or customers.	appropriate assemblies purpose requirements staff suppliers to appraise to assess to carry out to compare to conform to to employ to examine to involve to measure to scrap wholly	geeignet Baugruppen Zweck Anforderungen Mitarbeiter Zulieferer einschätzen beurteilen ausführen vergleichen entsprechen anstellen überprüfen einbeziehen messen aussondern vollständig
Quality Control	Under a system of quality control, product testing and documentation control are the way to ensure greater process control and reduced non-conformance. Typical characteristics of such systems are performance-data collection, feedback to earlier stages in the process, and self-inspection. Quality control measures lead to greater process control and a lower incidence of non-conformance.	feedback incidence measures non-conformance performance-data stages to lead to to ensure	Rückmeldung Auftreten Maßnahmen Nichtentsprechung Leistungsdaten Stufen, Phasen führen zu sicher stellen
Quality Assurance	Quality assurance aims towards system quality. In this stage, an organization sets up a system for controlling what is being done and the system is audited to ensure that it is adequate both in design and use. A major part of this change is the use of both second-party and third-party audits to assess the efficiency of the system. The major characteristics of this stage are the use of quality manuals, procedures, work instructions, quality planning, and quality audits. The fundamental difference is that quality assurance is prevention-based while quality control is inspection-based.	assurance adequate both ... and difference manuals prevention procedures second-party audits stage to assess to audit to set up	Sicherung angebracht sowohl ... als auch Unterschied Handbücher Verhinderung, Prävention Verfahren Überprüfung von außen Stufe, Phase bewerten überprüfen aufbauen
Total Quality Management	Total quality management is the highest level, involving the application of quality management principles to all aspects of the business. Total quality management requires that the principles of quality management be applied in every branch and at every level in an organization. Typical of an organization going through a total quality process would be a clear and unambiguous vision, few interdepartmental barriers, time spent on training, excellent supplier and customer relations and the realization that quality is not just product quality but also the quality of the whole organization, including sales, finance, personnel and other non-manufacturing functions.	application barrier branch interdepartmental personnel realization relations sales to involve to apply to require unambiguous vision	Anwendung Barriere Abteilung, Zweig zwischen, den Abteilungen Personal Erkenntnis Beziehung Verkauf einbeziehen anwenden voraussetzen eindeutig Sicht

Company type	Explanation	English	German
C-Corporation	A corporation is a separate legal and tax entity from the owners. This type of general, for-profit corporation is referred to as a "C" corporation (referring to Chapter C in the IRS code). To be incorporated an Incorporator must draft legal documents and, file the documents with the appropriate government agency and pay the required fees. A corporation is owned by shareholders and is managed and controlled by the board of directors who elect the president and determine the policies and actions to be taken by the corporation. In order to maintain corporate status (included limited liability and favorable taxation) certain simple formalities must be observed in order to keep the corporate shield in tact. These formalities include, but are not limited to; annual meeting of the board of directors, the issuing of stock, keeping of corporate minutes and the appointing of corporate officers.	appropriate board of directors corporation entity fees legal liability minutes required shareholder shares tax to determine to draft to file to refer to	geeignet Aufsichtsrat AG Einheit Gebühren rechtlich Haftung Protokoll benötigt Aktionär Aktien Steuer festlegen erstellen beantragen beziehen auf
S-Corporations	An "S" corporation begins as a "C" corporation. After the initial filing an additional form (form 2553) is filed to change to "S" corporation status (referring to Chapter S in the IRS code). Once this process is complete, the corporation is treated like a partnership or sole proprietorship instead of a separately taxed entity. Converting to an "S" corporation affects the tax status but does not generally affect the legal protection offered by the corporation.	initial partnership sole proprietorship to affect to convert to treat	anfänglich Teilhaberschaft Einzelunternehmen beeinflussen umwandeln behandeln
Sole Proprietorship	A sole proprietorship is owned and run entirely by a single person. In the case of a sole proprietorship, the business is not legally a separate entity from the individual. The individual owner assumes a great deal of liability as his/her assets are not considered to be separate from that of the business. Also, the debts of the business are not considered to be separate from the individual. If the owner is married any property owned in conjunction with another person such as (community property) would also be considered "assets" of the business. Consequently this business structure could entail a great deal of risk and liability for the owner.	asssets conjunction debts liability property sole proprietorship to assume to consider to entail to own to run	Vermögen Verbindung Schulden Haftung Eigentum Einzelfirma übernehmen halten für führen zu besitzen leiten
General Partnership	A general partnership is made up of two or more partners going into business together. Like a sole proprietorship the individuals involved are personally responsible for all debts and legal obligations of the business. The most dangerous characteristic of a general partnership is that the individual partners are liable for the debts and legal obligations incurred by the other partners when doing business on behalf of the company. A partnership is dissolved upon the death or withdrawal of a partner unless certain precautions are taken.	involved liable obligation on behalf partnership precaution responsible to dissolve to incur withdrawal	verbunden haftbar Verpflichtung im Namen von Teilhaberschaft Vorsichtsmaßnahme verantwortlich auflösen übernehmen Rückzug
Limited Partnership	A limited partnership is made up of general partners and limited partners. General partners participate in the day to day business activities of the company, exercise managerial power, contribute capital, share in the profits and are held personally liable for all company debts and legal obligations. Limited partners only contribute capital and share in the profits but take no part in the management of the company nor are they held responsible for company debts or liability. For the limited partners a benefit of this type of organization is that they may participate in any profits the company may produce without risking more than the capital they are willing to contribute. The general partner, however, is subject to full legal liability. That is why a separate corporation or limited liability company is often created to serve as the general partner.	benefit debts however liability limited partnerhsip management subject to be made up of to contribute to create to exercise to participate to serve to share	Nutzen Schulden jedoch Haftung GmbH Leitung unterworfen bestehen aus beitragen erschaffen ausüben teilnehmen dienen teilhaben

B

Company type	Explanation	English	German
Limited Liability Partnership (LLP)	A limited liability partnership is created to protect partners from liability caused by other partners. However, it does not generally shield the partner who caused the liability. A limited liability partnership can operate more informally and flexibly than a corporation, and is accorded full partnership tax treatment. Some states impose limitations on who may form an LLP.	limitation limited liability partnership to cause to impose to shield	Einschränkung Kommandit-gesellschaft (KG) verursachen auferlegen schützen
Limited Liability Company (LLC)	Limited liability companies are popular because they essentially combine the best of both worlds; the limited liability of a corporation and the favorable taxation accorded to partnerships. Just as limited partnerships and corporations are considered to be separate legal entities from their member/owners, so are LLCs. Most states have allowed for single member/owner LLCs.	entities favorable limited liability company member owner to accord	Einheiten vorteilhaft Gesellschaft mit beschränkter Haftung Mitglied Besitzer erteilen

	Characteristics	Advantages	Disadvantages
Sole proprietorship	• owned and operated by one person • unlimited personal liability • most widely used business structure	• easy to form • has the least amount of government intervention • very flexible • you have complete responsibility and control of the business • all income and losses are consolidated on your personal income tax return	• unlimited personal liability • the business ends if the owner quits for any reason • you have complete responsibility and control of the business • you may have limited ability to raise capital • you may have fewer resources and talents to draw from
Partnership	• A voluntary association of 2 or more people who act as co-owners of the business. • The partners combine their talents to run the company. • Always have a partnership agreement drawn up that spells out the rights and duties of all partners.	• easy to form • flexible • limited government intervention may be possible • tax advantages since your income is taxed as personal income • may benefit from having the combined talents and funding of partners	• unlimited personal liability of at least one partner • it may be hard to get large sums of money • the actions of one partner can make the entire business liable
Corporation	• This is a separate entity formed by filing Articles of Incorporation with your Secretary of State. • You must file a separate business tax return because you and the business are legally separate.	• limited personal liability • ownership can be transferred through stock sales • unlimited life • usually it is easier to obtain money • should have a larger pool of talent and expertise • gives an impression of credibility to potential and current customers	• your business activity may be restricted by the charter • lack of representation of minority stockholders • extensive record keeping may be required • organizing expenses to become a corporation can be high • double taxation
Setting up a corporation in the USA	**Necessary steps before incorporation** • Firm name of corporation • Purpose of corporation • Number of shares the board of directors is authorized to issue. • Name and addresses of the incorporation • Name and address of the member(s) of the board of directors. • Address of registered office of the corporation		**The three acts of incorporation** • Signing the articles of incorporation by the incorporators • Filling of the signed articles of incorporation in duplicate with the Secretary of State • Paying the incorporation tax and filling fee

B

Formen	Regeln	Beispiele, Erläuterungen
Regeln persönlichen Arbeitens	**Regel 1**: Es müssen Prioritäten gesetzt werden. Welche Arbeit ist am wichtigsten, weniger wichtig…? **Regel 2**: Die wichtigsten Arbeiten müssen planmäßig in die Tat umgesetzt werden.	Zwei Wochen vor der schriftlichen Berufsabschlussprüfung findet eine dreitägige Fortbildung der Jugendvertretung statt. Der größere Nutzen ist von einer sorgfältigen Prüfungsvorbereitung zu erwarten (Regel 1). Die Teilnahme an der Tagung wird deshalb abgesagt.
ALPEN-Methode	 A → Aufgaben zusammenstellen L → Länge der Tätigkeiten abschätzen P → Pufferzeiten für Unvorhergesehenes einplanen E → Entscheidungen über Prioritäten treffen N → Nachkontrolle und Aktualisierung	Die ALPEN-Methode ist ein Verfahren zur Planung der eigenen Aktivitäten. Nachdem die zu erledigenden Aufgaben zusammengestellt sind, muss deren Länge abgeschätzt werden. Pufferzeiten müssen mit eingeplant werden, um nicht von vornherein Fehlplanungen zu erreichen. Für eine sachgerechte Reihenfolge der Aufgabenerledigung müssen Prioritäten gesetzt werden. Eine Nachkontrolle hilft zukünftig Planungsfehler zu vermeiden.
Eisenhower-Prinzip		Bei den Aufgaben ist zwischen Wichtigkeit der Erledigung und der zeitlichen Dringlichkeit zu unterscheiden. Die wichtigen und dringenden Aufgaben müssen sofort selbst erledigt werden. Sind Aufgaben sehr wichtig, aber nicht dringend, so müssen sie, soweit sie nicht dennoch gleich erledigt werden können, zur eigenen Erledigung fest eingeplant werden. Aufgaben mit hoher Dringlichkeit, aber nur geringer Bedeutung können delegiert oder über zuständige Mitarbeiter veranlasst werden. Aufgaben, die unwichtig sind und nicht dringlich, z. B. Werbeangebote, können weggeworfen werden.
80-zu-20-Regel		Oft verschlingt Unwichtiges die meiste Zeit. Deshalb müssen alle Tätigkeiten auf ihre Dringlichkeit, Wirkung und Bedeutung hin überprüft werden. In der Praxis erreicht man meist 80% des Erfolges durch 20% zielgerichteter Aktivitäten (Gesetz nach Pareto). Sind z. B. auf einer Liste mit 10 Aufgaben die beiden entscheidenden Tätigkeiten erledigt, so ist der Gesamterfolg bereits zu 80% gesichert. Für die restlichen 20% des Gesamterfolges sind erfahrungsgemäß weitere 80% der Aktivität aufzuwenden.
Regelkreis der eigenen Handlungen		Zielsetzung (1) und Planung (2) der eigenen Handlungen sind entscheidend für den Erfolg. Durch die vielfältigen im Alltagsleben zu erledigenden Tätigkeiten ist es notwendig, Prioritäten (3) zu setzen. Die dazu notwendigen Entscheidungen (4) können durch sachgerechte Information und Kommunikation getroffen werden. Organisation (5) und Durchführung der eigenen Handlungen muss einer regelmäßigen Kontrolle (6) unterzogen werden, um die persönliche Zielsetzung (1) anzupassen.

B

Art	Regeln	Beispiele, Erläuterungen

Ordnung am Schreibtisch

1 Zu erledigende Arbeit
2 Tischlampe und Telefon
3 Wichtige Nachschlagwerke
4 Fertige Arbeiten
5 Terminkalender
6 Schreibwerkzeug
7 Freie Arbeitsfläche

bequem zu erreichendes Feld

noch gut zu erreichendes Feld

Unordnung am Arbeitsplatz kann vielfältige Auswirkungen haben:
- Beeinträchtigung der Konzentration,
- Nervosität,
- das Gefühl, von der Arbeit erschlagen zu werden,
- Verlust wichtiger Unterlagen und Dokumente,
- Versäumen von Terminen und Einladungen.

Deshalb sind folgende Verhaltenshinweise beachtenswert:
- Bei einer Neueinrichtung ist der Schreibtisch möglichst groß zu wählen.
- Befreien Sie ihre Arbeitsfläche von allem Unnötigen.
- Teilen Sie Ihren Schreibtisch in verschiedene Bereiche ein. Unterscheiden Sie dabei zwischen dem Feld, welches bequem zu erreichen ist und dem Feld, das noch gut zu erreichen ist.
- Auf der freien Arbeitsfläche dürfen grundsätzlich nur Materialien des Projektes liegen, an dem gerade gearbeitet wird.
- Nehmen Sie jedes Papier nur einmal in die Hand und bearbeiten Sie es – wenn möglich – sofort und abschließend.

Zeitmanagement

– Nutzen Sie Ihre Zeit optimal!
– Setzen Sie Prioritäten!
– Stellen Sie Unwichtiges nach hinten!
– Vermeiden Sie „Zeitfresser"!

Prioritäten sollten nicht nur an den Notwendigkeiten des Tagesgeschäftes angepasst werden, sondern auch an die persönlichen Ziele, wie die berufliche Weiterentwicklung.

„Zeitfresser" können sein:
- äußere Störungen wie Telefonanrufe,
- innere Störungen wie Unlust,
- Redseligkeit,
- Tagträumerei, Scheinarbeit,
- Übermüdung.

Zeitplanungsinstrument Zeitplanbuch

Zeitplanbuch / Organizer:
- Aktivitätenliste
- Zielsetzungen
- Zeitdauer der Aufgaben
- Ideenkartei
- Datensammlung
- Adressensammlung

Zeitplanbücher und Organizer dienen der optimalen Planung der Zeit. Sie unterstützen die eigene Organisation und dienen nicht vorrangig zur Repräsentation des Besitzers.
Für Zeitplanbücher empfiehlt sich das Format A6, um sie problemlos transportieren zu können.
Je nach Bedürfnis kann es erweitert werden z. B. um ein Fahrtenbuch, einen Besprechungsplan, ein Adressregister oder eine Notenliste.

ABC-Analyse

Wie in der Betriebswirtschaft ist die ABC-Analyse ein Instrument zur Erfassung der Bedeutung. Dabei werden die Aufgaben, die für einen großen Teil des Erfolges entscheidend sind, als A-Aufgaben bezeichnet.

B-Aufgaben sind für einen geringeren Anteil am Erfolg verantwortlich. Sie verursachen erfahrungsgemäß einen ähnlich großen Aufwand wie A-Aufgaben.

C-Aufgaben benötigen einen wesentlich größeren Aufwand, erbringen aber nur noch einen geringen Anteil am Erfolg. Bei ihnen muss sehr sorgfältig abgewogen werden, wie notwendig sie insgesamt sind.

Begriff	Beschreibung, Definition	Beispiele, Erläuterungen
Stress	Unter Stress versteht man die unspezifische Reaktion des Körpers auf jede Anforderung, die an ihn gestellt wird (nach Hans Selye, kanad. Mediziner).	In vielfältigen Situationen werden an uns Anforderungen gestellt. Deshalb ist ein Leben ohne Stress nicht möglich. Man muss vielmehr lernen, mit Stress umzugehen.
Stressoren	Die Auslöser des Stress werden als Stressoren bezeichnet.	

zu hohe Anforderungen / fehlende Eignung / Zeit- und Termindruck — **Arbeitsaufgabe**

Lärm / Kälte, Hitze / Gefahren — **materielle Umgebung**

Angst vor der Aufgabe / Tadel und Sanktionen / familiäre Konflikte — **Persönliches**

mögliche Stressoren

Rollen-erwartungen — hohe Verantwortung / fehlende Unterstützung / Konflikte mit Vorgesetzten oder Mitarbeitern

soziale Umgebung — Betriebsklima / Wechsel der Umgebung / Informationsmangel / Einzelarbeitsplatz / Großraumbüro / Heimarbeitsplatz

Belastung und Stress

Herausforderungsniveau

zunehmender schädlicher Stress

Stress

ohne Aufgaben   optimal

Menge der Aufgaben → | Stress wirkt sich nicht nur negativ aus, sondern ermöglicht – in begrenztem Maße – eine Bündelung der Kräfte.
Anforderungen, die individuell als überschaubar empfunden werden, bewirken ein optimales Stressniveau. Die Arbeitskraft wird auf die Aufgabe gelenkt, ohne dass es negative Auswirkungen auf den Körper hat.
Steigende Belastung bewirkt zunehmend Stress, der meist als unangenehm empfunden wird und sich auf Dauer schädlich auf den Organismus auswirkt.
Auch zu geringe Belastung, Langeweile kann Stress bewirken, der als unangenehm empfunden wird und sich schädlich auswirken kann. |
| **Körperliche Stress-reaktionen** | Kurzfristige Wirkungen:
• vermehrte Adrenalinausschüttung;
• Steigerung der Herzfrequenz;
• Erweiterung der Pupillen, dadurch Beeinträchtigung des Sehens;
• verminderte Abwehrlage gegen Krankheitskeime, Infektionsgefährdung, dadurch auf Dauer Leistungsabfall. | Auf Dauer wirkt sich zu hoher Stress krankheitsverursachend aus:
• allgemeine Gereiztheit,
• Absinken des Selbstwertgefühls,
• negative Einstellung zur Arbeit und zum Leben,
• Angst und depressive Verstimmung,
• Störungen des Herz- und Kreislaufsystems,
• Altersdiabetes, Arteriosklerose. |
| **Strategien gegen Stress** | 1. Stressoren am Arbeitsplatz durch gestalterische und organisatorische Maßnahmen optimieren:
• Arbeitsplatzgestaltung,
• Arbeitsgestaltung.
2. Stressoren durch Überprüfen und Ändern persönlicher Einstellungen mindern:
• Bedeutung der eigenen Arbeit,
• Überdenken der eigenen Ziele.
3. Überhöhten Stress im Beruf während der Freizeit ausgleichen und die Widerstandskraft gegen Stress erhöhen: möglichst wenig und „gesunden" Stress in der Freizeit. | Optimale Arbeitsplatzgestaltung geschieht durch verschiedene Maßnahmen:
• ausreichende Beleuchtung,
• Lärmschutz,
• geeignete und ausreichende Belüftung,
• genügend körperliche Betätigung,
• weniger Überforderung durch erhöhte Qualifikation.

Notwendig ist eine geeignete innere Einstellung zur Arbeit:
• Arbeit ist nicht nur Grundlage des Einkommens.
• Arbeit ist Möglichkeit zur Mitarbeit am gesellschaftlichen „Ganzen".
• Arbeit ist Möglichkeit zur Verwirklichung der eigenen Fähigkeiten.

Stressbewältigung durch geeignete Lebensführung:
• körperliche Bewegung,
• Sport, Sauna,
• gezielte Entspannung, Stille, geeignete Musik. |

B

Schritte	Erklärung	Bemerkungen, Beispiele, Hinweise
1. Überblick und Orientierung verschaffen	• Analyse des **Titels**. Autor; bei Büchern: Herausgeber, Erscheinungsjahr, Auflage. • Überblick über das **Inhaltsverzeichnis**: bei Aufsätzen Gliederung durch Zwischenüberschriften. • Das **Vorwort** verdeutlicht die Absicht, das Ziel des Autors und gibt zuweilen Aufschluss über die inhaltlichen Schwerpunkte der einzelnen Kapitel. • **Stichwortverzeichnis**: es ermöglicht eine zeitsparende und zielgerichtete Suche nach wesentlichen Schlagwörtern des Textes.	Flüchtiges Durchblättern kann für einen ersten Eindruck sehr sinnvoll sein. Es birgt jedoch die Gefahr, optische Effekte (z. B. Farbe, Grafiken) über zu bewerten. Andererseits wird der Grad der visuellen Veranschaulichung erkennbar. Durch das Literaturverzeichnis und die Quellenangaben kann das Niveau des Textes abgeschätzt werden. Tabellen, Quelltexte, Übersichten und andere Anhänge ermöglichen oft weiterführende Arbeiten mit dem Text.
2. Text durcharbeiten	Für jeden Abschnitt werden die wesentlichen Kernaussagen herausgestellt, um eine strukturierte Übersicht zu erstellen. Dabei werden je nach Schwierigkeitsgrad des Textes und der notwendigen Leseintensität verschiedene **Lesetechniken** verwendet: • Querlesen: „Überfliegen" des Textes, um Schlüsselbegriffe zu erkennen und grobe Zusammenhänge zu erfassen. Dabei kann diagonal der Blick auf der Textseite von links oben nach rechts unten wandern. • Eiliges Lesen: vollständig, aber schnell. Dabei werden Markierungen vorgenommen. • Verweilendes Lesen: gründliches Lesen, um die Gedanken des Autors nachvollziehen zu können. Dabei ist es sinnvoll, sich am Ende eines Abschnitts nochmals die Aussage zu vergegenwärtigen. • Selektives Lesen: einzelne Absätze werden besonders intensiv gelesen, während andere nur überflogen werden. **Textmarkierungen**: sparsam einsetzen, auf Wesentliches (Kernaussagen, Kernbegriffe) beschränken. **Markierungen am Rand** mit geeigneten Symbolen, System beibehalten.	Ziel: Der Text soll so verstanden werden, dass er erfolgreich weiterverarbeitet werden kann (z. B. als Lernstoff, Exzerpt, als Vortrag). Anwendbar bei einfachen Texten oder bei Sachgebieten, in denen bereits Grundlagenwissen vorhanden ist. Bei leichteren Texten, die in ihrer Gesamtheit erfasst werden müssen. Bei besonders bedeutungsvollen oder schwierigen Fachtexten, um Inhalte genau wiedergeben zu können. Auch hier sind Markierungen wichtig. Wenn die Bedeutung der einzelnen Textpassagen abgeschätzt werden kann und „Fülltext" enthalten ist. Beispiele für Textmarkierungen: 1, 2, 3 … Reihenfolge einer Aufzählung Zus Zusammenfassung Def Definition ! Wichtig ? Unklar, unverständlich, fraglich
3. Auszug des Inhalts (Exzerpt) erstellen	Ein Exzerpt ist eine kurze Zusammenstellung der wichtigsten Gesichtspunkte eines Schriftstückes. Anhand einer eigenen Fragestellung werden die einzelnen Abschnitte durchgearbeitet und jeweils • ein aussagekräftiges Stichwort, • ein Gedanke oder • ein Kurzsatz notiert. Dabei sollte auf die Gliederung geachtet werden, um einen guten Überblick zu erhalten.	Eigene Formulierungen erleichtern das Verständnis. Kerngedanken oder die Struktur können durch Grafiken, z. B. Mind-Maps, Diagramme, verdeutlicht werden. Zitate sollten selten angewendet werden. Sie sind dann als Zitate zu kennzeichnen.
4. Quellenangaben	Zitat, wörtliche Wiedergabe: Ein Zitat muss durch Anführungszeichen („ '') gekennzeichnet werden. Zur Bestimmung des Zitats sind erforderlich: • Autor (Name, Vor name), gegebenenfalls Herausgeber; • Titel des Buches, bei Aufsätzen: Titel des Aufsatzes, Titel und Ausgabe der Zeitschrift, der Internetadresse; • Erscheinungsort, Erscheinungsjahr; • Seitenangabe.	Zitat, sinngemäße Wiedergabe: Geeignet für größere Zusammenhänge. Der Sachverhalt wird mit eigenen Worten dargestellt. Die Quellenangabe erfolgt wie bei der wörtlichen Wiedergabe, mit vorangestelltem Zusatz: vgl. (vergleiche)

Begriff	Ebenen, Regeln, Ansicht	Bemerkungen, Beispiele
Der Weg einer Nachricht	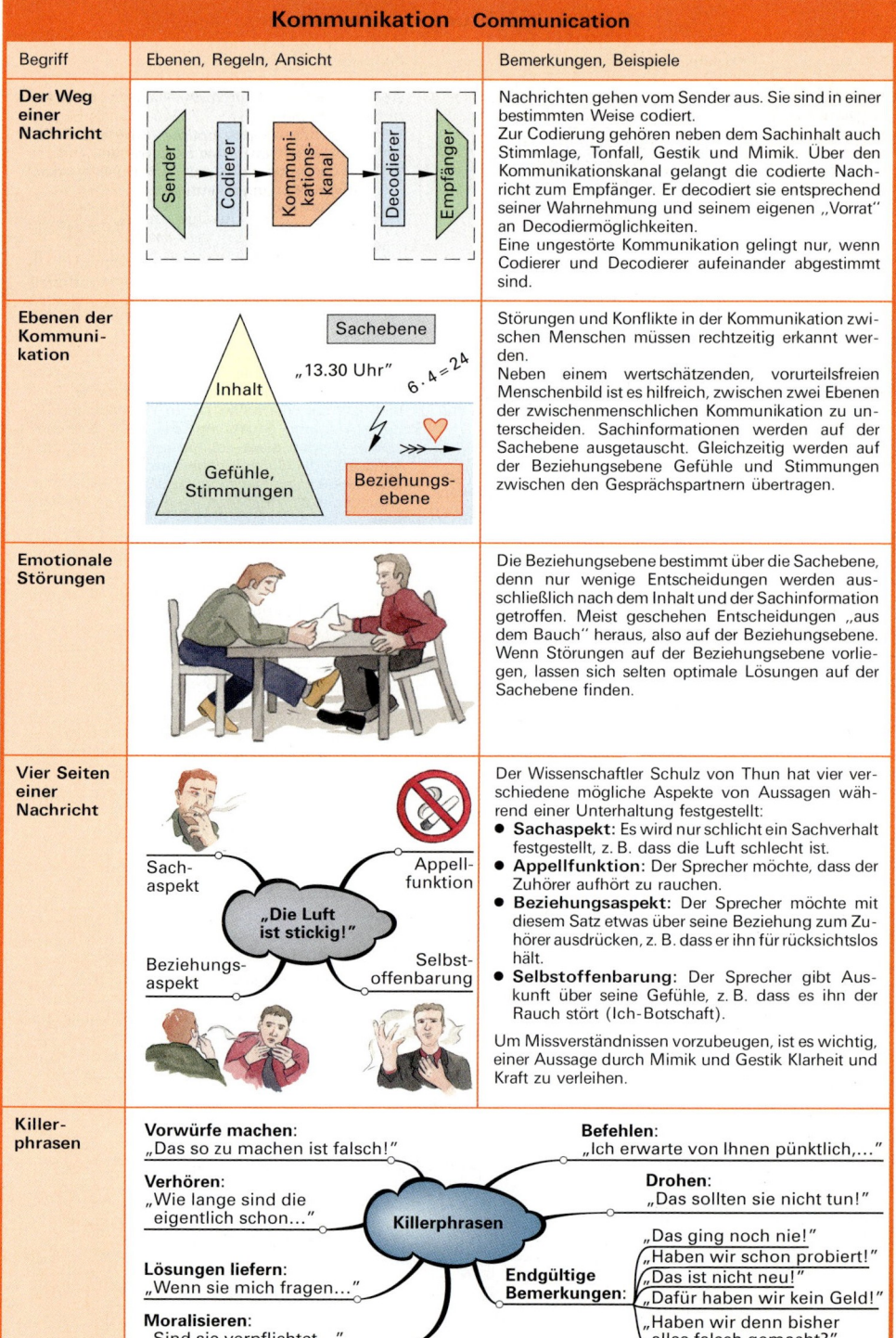	Nachrichten gehen vom Sender aus. Sie sind in einer bestimmten Weise codiert. Zur Codierung gehören neben dem Sachinhalt auch Stimmlage, Tonfall, Gestik und Mimik. Über den Kommunikationskanal gelangt die codierte Nachricht zum Empfänger. Er decodiert sie entsprechend seiner Wahrnehmung und seinem eigenen „Vorrat" an Decodiermöglichkeiten. Eine ungestörte Kommunikation gelingt nur, wenn Codierer und Decodierer aufeinander abgestimmt sind.
Ebenen der Kommunikation		Störungen und Konflikte in der Kommunikation zwischen Menschen müssen rechtzeitig erkannt werden. Neben einem wertschätzenden, vorurteilsfreien Menschenbild ist es hilfreich, zwischen zwei Ebenen der zwischenmenschlichen Kommunikation zu unterscheiden. Sachinformationen werden auf der Sachebene ausgetauscht. Gleichzeitig werden auf der Beziehungsebene Gefühle und Stimmungen zwischen den Gesprächspartnern übertragen.
Emotionale Störungen		Die Beziehungsebene bestimmt über die Sachebene, denn nur wenige Entscheidungen werden ausschließlich nach dem Inhalt und der Sachinformation getroffen. Meist geschehen Entscheidungen „aus dem Bauch" heraus, also auf der Beziehungsebene. Wenn Störungen auf der Beziehungsebene vorliegen, lassen sich selten optimale Lösungen auf der Sachebene finden.
Vier Seiten einer Nachricht		Der Wissenschaftler Schulz von Thun hat vier verschiedene mögliche Aspekte von Aussagen während einer Unterhaltung festgestellt: ● **Sachaspekt:** Es wird nur schlicht ein Sachverhalt festgestellt, z. B. dass die Luft schlecht ist. ● **Appellfunktion:** Der Sprecher möchte, dass der Zuhörer aufhört zu rauchen. ● **Beziehungsaspekt:** Der Sprecher möchte mit diesem Satz etwas über seine Beziehung zum Zuhörer ausdrücken, z. B. dass er ihn für rücksichtslos hält. ● **Selbstoffenbarung:** Der Sprecher gibt Auskunft über seine Gefühle, z. B. dass es ihn der Rauch stört (Ich-Botschaft). Um Missverständnissen vorzubeugen, ist es wichtig, einer Aussage durch Mimik und Gestik Klarheit und Kraft zu verleihen.
Killerphrasen		

Zugehörige Bildbeschriftungen in den Tabellenzellen:

Sachebene

„13.30 Uhr" $6 \cdot 4 = 24$

Inhalt

Gefühle, Stimmungen

Beziehungsebene

Sachaspekt

Appellfunktion

„Die Luft ist stickig!"

Beziehungsaspekt

Selbstoffenbarung

Killerphrasen:

Vorwürfe machen: „Das so zu machen ist falsch!"

Befehlen: „Ich erwarte von Ihnen pünktlich,…"

Verhören: „Wie lange sind die eigentlich schon…"

Drohen: „Das sollten sie nicht tun!"

Killerphrasen

Lösungen liefern: „Wenn sie mich fragen…"

Endgültige Bemerkungen

„Das ging noch nie!"
„Haben wir schon probiert!"
„Das ist nicht neu!"
„Dafür haben wir kein Geld!"
„Haben wir denn bisher alles falsch gemacht?"

Moralisieren: „Sind sie verpflichtet…"

B

	Elemente, Regeln	Beispiele, Erklärungen
Gesprächs-phasen	 Kontaktaufnahme ↓ Information ↓ Argumentation ↓ Beschluss ↓ Abschluss, Ausklang	Wesentliche Phasen, um zu einem positiven Ergebnis zu gelangen, sind: ● Phase der Kontaktaufnahme: Hier findet zunächst der Austausch von Informationen statt. ● Phase der Argumentationen: Hier werden sachlich die Meinungen ausgetauscht und verglichen. ● Phase des Beschlusses: wird die gemeinsame Entscheidung möglichst konkret und für die Beteiligten akzeptierbar festgelegt. ● Abschluss des Gespräches: Diese Phase soll den Gesprächspartnern den gegenseitigen Respekt belegen. Zusätzlich empfiehlt es sich, Fixpunkte (Meilensteine) zur Überprüfung der Gesprächsfolgen zu vereinbaren.
Gesprächs-haltungen	**Echtheit (Kongruenz):** Beide Gesprächspartner dürfen sich nicht verstellen oder verleugnen, sondern sollen zu ihren Haltungen stehen. **Aktives Zuhören:** Die einzelnen Gesprächspartner zeigen die Bereitschaft, dem Anderen zuzuhören, selbst wenn sie nicht seiner Meinung sind. **Empathie (einfühlendes Verstehen):** Die Wertschätzung und das Verständnis für den Gesprächspartner ist nicht an Bedingungen wie gegenseitige Zustimmung geknüpft.	Carl R. Rogers (amerik. Psychologe und Therapeut) Annahmen beruhen auf einem optimistischen Weltbild, das die Menschen als im Wesentlichen leistungsbereit und anpassungsfähig sieht. Manchmal jedoch werden diese Fähigkeiten durch die Erziehung oder die Umwelt behindert. Blickkontakt und verständnisvolles Feedback sind wesentliche Ausdrucksformen dieser Gesprächshaltung. Auch gegenüber einem Gesprächspartner mit anderer Meinung ist es für ein positives Ergebnis wichtig, sich in die Gründe für dessen Argumentation zu versetzen und sie so besser zu verstehen, ihnen auch besser entgegnen zu können.
Frage-technik	**Geschlossene Frage:** Entscheidungsfrage, Frage nach präziser und objektiver Tatsache. **Offene Frage:** W-Fragen erfordern meist eine längere Antwort. **Alternativfrage:** Alternativfragen lassen mehrere Entscheidungen zu. **Rhetorische Frage:** Auf diese Scheinfrage wird keine Antwort erwartet, sie lässt nur eine Lösung zu. **Gegenfrage:** Keine eigene Fragenart, ist aber bei der Gesprächsführung sehr nützlich, um eine Gesprächswende zu erreichen oder den Gesprächspartner zum Nachdenken zu bewegen.	„Wollen Sie das Gerät kaufen?" Geschlossene Fragen sind nur bedingt geeignet, einen Gesprächsfluss aufrecht zu erhalten. Diese Frageart lässt Gelegenheit zum Nachdenken. „Welche Gründe sprechen für Ihre Entscheidung?" Diese Frageart spielt z. B. bei Terminvereinbarungen eine Rolle. „Ist Ihnen das Gespräch lieber um 9.00 Uhr oder um 17.00 Uhr?" „Sind wir nicht alle überzeugt von der Machbarkeit dieses Projektes?" Rhetorische Fragen engen den Spielraum des Zuhörers ein, haben aber bei Vorträgen und Reden eine Bedeutung für den Verlauf der Argumentation. A: „Könnte das Projekt bis zum 31.07. abgeschlossen sein?" B: „Ist uns dieser Kunde wirklich so wichtig, dass wir seinen Auftrag so weit vorziehen?" Gegenfragen sollten als „Mittel der letzten Wahl" eingesetzt werden, da sie als unhöflich gelten.
Gesprächs-hemmnisse		

Konfliktbewältigung   Managing conflicts

Begriff	Elemente, Regeln	Beispiele, Erläuterungen
Konflikt-symptome	• Die Beziehung verschlechtert sich, • verstärkte Eifersucht entsteht, • Kommunikation wird steif und förmlich, • Feindseligkeiten oder Sticheleien nehmen zu, • bei Problemen wird der Schuldige und nicht die Lösung gesucht, • über Kleinigkeiten wird gestritten, • die Kommunikationspartner berufen sich verstärkt auf Richtlinien und Anweisungen, • die Arbeitsmoral verschlechtert sich, • die Effektivität der Arbeit sinkt.	Die Symptome eines Konfliktes tendieren zur Eskalation: Je länger der Konflikt dauert und je mehr die Gegner aktiv werden, desto heftiger wird der Gegensatz und desto offensichtlicher und energischer werden die Symptome. Häufig versuchen die Beteiligten eines Konfliktes nicht mehr, eine für Beide zufriedenstellende Lösung zu finden, sondern jeder will „Sieger" werden.
Arten von Konflikten		Bei **Zielkonflikten** verfolgen die beteiligten Personen verschiedene Absichten. **Beziehungskonflikte** bringen Kommunikationsstörungen oder Antipathien zum Ausdruck. **Rollenkonflikte** treten dann auf, wenn an die Person sehr unterschiedliche berufliche oder private Verhaltenserwartungen gestellt werden, die der einzelne nicht erfüllen kann. **Verteilungskonflikte** können bei knappen Ressourcen auftreten, wenn sich die Beteiligten nicht genügend absprechen. Bei **Beurteilungskonflikten** wird die Bedeutung eines Sachverhalts von den Beteiligten unterschiedlich beurteilt.
Fünf-Stufen-Methode zur Konfliktbe-wältigung	**Fünf-Stufen-Methode** — **1.** Ermittlung des Sachverhaltes — **2.** Klärung von Zusammenhängen und Ursachen — **3.** Überlegen von Lösungsmöglichkeiten — **4.** Wahl des besten Lösungsweges — **5.** Überprüfung der durchgeführten Maßnahmen	Dieses Vorgehen ist vor allem dann Erfolg versprechend, wenn alle am Konflikt Beteiligten das Vorgehen kooperativ mittragen. Vorgeschriebene Maßnahmen sind in der Regel nicht sehr erfolgreich. Zur Erarbeitung geeigneter Lösungsmaßnahmen eignen sich Gesprächs- oder Moderationstechniken. Von besonderer Bedeutung für die Nachhaltigkeit einer Konfliktklärung ist die Stufe 5.
Konflikt-moderation in einem Projektteam	**Phasen der Konfliktmoderation** — **1.** Warming up-Phase: Begrüßung, „Blitzlicht" — **2.** Thematische Orientierung — **3.** Problembearbeitung — **4.** Ergebnis- und Tätigkeitsorientierung — **5.** Abschluss, Feedback	Die Warming-up-Phase, z.B. Begrüßung, „Blitzlicht", dient der Kontaktfindung der Gruppenmitglieder. Die konstruktive Konfliktbewältigung soll positiv vorbereitet werden. Anschließend soll die Gruppe möglichst selbst entscheiden, welche problemorientierten Themen hinsichtlich des Konflikts zur Beratung anstehen. Die Phase der Problembearbeitung sollte gruppenweise erfolgen und vom Moderator (= kompetente, ruhige Person) sorgfältig beobachtet werden. Ergebnissicherung und abschließendes Feedback sind wichtig, um die gemeinsame Lösung des Konfliktes möglichst auf Dauer zu sichern.
Vorausset-zungen zur Konfliktbe-wältigung		

Kreativitätstechniken 1 Techniques of creativity 1

B

Begriff	Beschreibung	Bemerkungen, Beispiele, Hinweise
Kreatives Denken	**kreatives Umfeld** Fördernde Faktoren Aufgabe → kreative Person → kreativer Weg → kreatives Produkt → Lösungen Hemmende Faktoren	Um kreativ arbeiten zu können ist Training der eigenen kreativen Fähigkeiten notwendig. Dies geschieht mit verschiedenen Techniken. Kreative Prozesse führen durch gezielte Denkvorgänge zu Lösungen, die ein neues Produkt oder eine besondere Dienstleistung hervorbringen. Notwendig ist dazu ein der Kreativität förderliches Umfeld, um Denkblockaden und Hemmnisse abzubauen. Dazu gehört z. B. ein kooperativer Führungsstil, der den Mitarbeitern genügend Spielraum zu selbstständigem Denken lässt.
Elemente der Kreativität	**Kreativität** — Divergentes (entgegengesetzt gerichtetes) Denken: Parallele Suche nach mehreren neuen Wegen. — Unkonventionelles Denken: Bereitschaft zu neuen Ideen. — Originalität: Einfallsreichtum für ungewöhnliche Ideen. — Reicher Wortschatz: Notwendig zur Umschreibung der Ideen. — Konzentrationsfähigkeit: Aufmerksamkeit für die Aufgabenstellung. — Abstraktionsfähigkeit: Wesentliche Merkmale von den unwesentlichen trennen. — Organisationsfähigkeit: Fähigkeit zur Planung und Durchführung von Aufgaben.	Elemente, die kreative Menschen ausmachen, zeigen sich in unterschiedlicher Ausprägung. Dies geht z. B. von ● einem einfachen Verbesserungsvorschlag für die Anordnung an einem PC-Arbeitsplatz bis hin zu ● der Erfindung einer neuen Vorrichtung oder Maschine. Divergentes Denken zeigt sich z. B. bei der Überlegung, was man mit einer Büroklammer alles anfangen kann. Um zum Kern eines Problems zu gelangen, benötigt man Abstraktionsfähigkeit. Beispiel: Wie kann ein neues Netzwerk funktionell und kostengünstig eingerichtet werden? Um kreative Vorschläge überzeugend präsentieren zu können ist ein reicher Wortschatz von Vorteil.
Morphologischer[1] Kasten	Ziel: Erleichterung der Problemlösung durch Zerlegung in Einzelaspekte. Jeder dieser Bereiche wird variiert. Dadurch entstehen viele verschiedene mögliche Lösungswege. **Ablauf** — Definition der Aufgabe. — Bestimmung der Merkmale, die bei allen Lösungen unterschiedlich gewichtet vorkommen. Eintrag in eine Tabelle. — Auswahl verschiedener möglicher Kombinationen (von „Wegen") der einzelnen Merkmale. Einzeichnen der Kombinationen. — Ausschluss der technisch oder wirtschaftlich nicht interessanten Lösungen.	Wie kommen wir unserem Arbeitsumfang nach? *(siehe Tabelle unten)*

Wie kommen wir unserem Arbeitsumfang nach?

Parameter	Parameterausprägung		
Auftrags-annahme	kleine Aufträge ablehnen ①	unrentable Aufträge ablehnen	Werbung reduzieren ②
Mitarbeitereinsatz	Überstunden	neue Mitarbeiter einstellen	freie Mitarbeiter beschäftigen
Fremdvergabe	Teilaufträge abgeben	Aufträge als Ganzes weitergeben	keine Fremdvergabe
Preisniveau	Stundensätze anheben (30%)	Stundensätze 10% anheben	Preise belassen
Rabatte	Rabatte stark reduzieren	keine Rabatte gewähren	Rabatte beibehalten

[1] Morphologie = Lehre von der Gestaltung und Strukturierung.

Methode	Beschreibung	Bemerkungen, Beispiele, Hinweise
Methode 6-3-5	Sie dient zur Findung vieler Lösungsvorschläge. Sechs (6) Teilnehmer treffen sich ohne Moderator zur Ideenfindung. Der Ablauf: 1. Beschreibung der Aufgabe, z. B. Finden eines neuen Produktnamens. 2. Jeder Teilnehmer trägt auf je einem Formular mit drei Spalten und sechs Zeilen drei (3) Vorschläge ein. 3. Nun werden die Formulare weitergegeben, und jeder hat an den Vorschlägen der anderen fünf (5) Teilnehmer weiterzuarbeiten. 4. Das Ergebnis sind 18 verschiedene Vorschläge, die in der Folge bewertet und weiterentwickelt werden können.	Bei der Definition der Aufgabe ist auf besonders präzise Formulierung zu achten. Beispiel eines Formulars zur Namensfindung:

Beispiel eines Formulars zur Namensfindung:

Fensterclean	Putzi	Saubermann
Fensterputz	Putzteufel	Dr. Sauber
Windowclean	Putzel-clean	Dr. Clean
Windowpec	putz-blank	Sauberdoktor
Winnipect	Blanc-blanche	Wisch-und-Ex
Wonderclean	BlauPutz	Wisch-Ex

Brainstorming (,,Ideenwirbel")	Zur Nutzung des intuitiv-schöpferischen Denkens. Regeln für Gruppensitzungen:	Zur Sicherung des Erfolges und zur Einhaltung der Regeln ist ein Moderator empfehlenswert. Um gute Ideen nicht zu verhindern, darf keine Kritik an den Vorschlägen der anderen Teilnehmer geäußert werden. Die Forderung von Quantität erhöht die Spontanität der Teilnehmer, da sie ihre eigenen Ideen nicht als ,,ungeeignet" zurückhalten. Der freie Lauf der Fantasie ist wichtig für neue Ideen, allerdings muss der Moderator zu große Weitschweifigkeit eindämmen. Während dieser Sitzung kann eine zusätzliche Brainstorming-Phase sinnvoll werden.

Regeln

— Keine Kritik!
— Quantität an Einfällen vor Qualität!
— Freier Lauf der Fantasie!
— Fremde Ideen aufgreifen und weiterentwickeln!

In einer weiteren Sitzung werden die gefundenen Ideen auf ihre Durchführbarkeit geprüft und weiter verarbeitet.

Kartenabfrage (META-Plan)	**Ablauf**	Umfassendes und formalisiertes System zur Ideenfindung und Bewertung. Meta-Plan nutzt die Erkenntnisse des Brainstormings. Durch die anonyme Kartenabfrage muss kein Teilnehmer negative Kritik befürchten. Jeder Beitrag wird erfasst, bleibt schriftlich an der Wand fixiert und kann dadurch nicht vergessen werden. Nach der Gruppierung und Bewertung kann in Kleingruppen ebenfalls mit der Methode der Kartenabfrage an der Realisierung der Vorschläge gearbeitet werden. Dabei bietet sich gegebenenfalls nochmals eine Ideensammlung mittels Kartenabfrage an. Notwendige Schritte zur Umsetzung festgelegter Lösungswege müssen termingenau festgehalten und überwacht werden.

— Vorstellung des Themas.
— Teilnehmer schreiben Ideen mit Filzstift auf Karten.
— Karten werden eingesammelt, gemischt und ohne Kommentar an eine Pinwand geheftet.
— Karten werden zu Gruppen geordnet und mit je einem Oberbegriff versehen.
— Die Teilnehmer bewerten die Prioritäten der Problembereiche mit Klebepunkten.
— Ausarbeitung von Handlungsvorschlägen in Kleingruppen.
— Präsentation der Vorschläge im Plenum.
— Festlegen eines gemeinsamen verbindlichen Aktionsplans mit Kontrollpunkten.

Begriff	Regeln, Kennzeichen	Hinweise, Bemerkungen
Phasen der Teamentwicklung	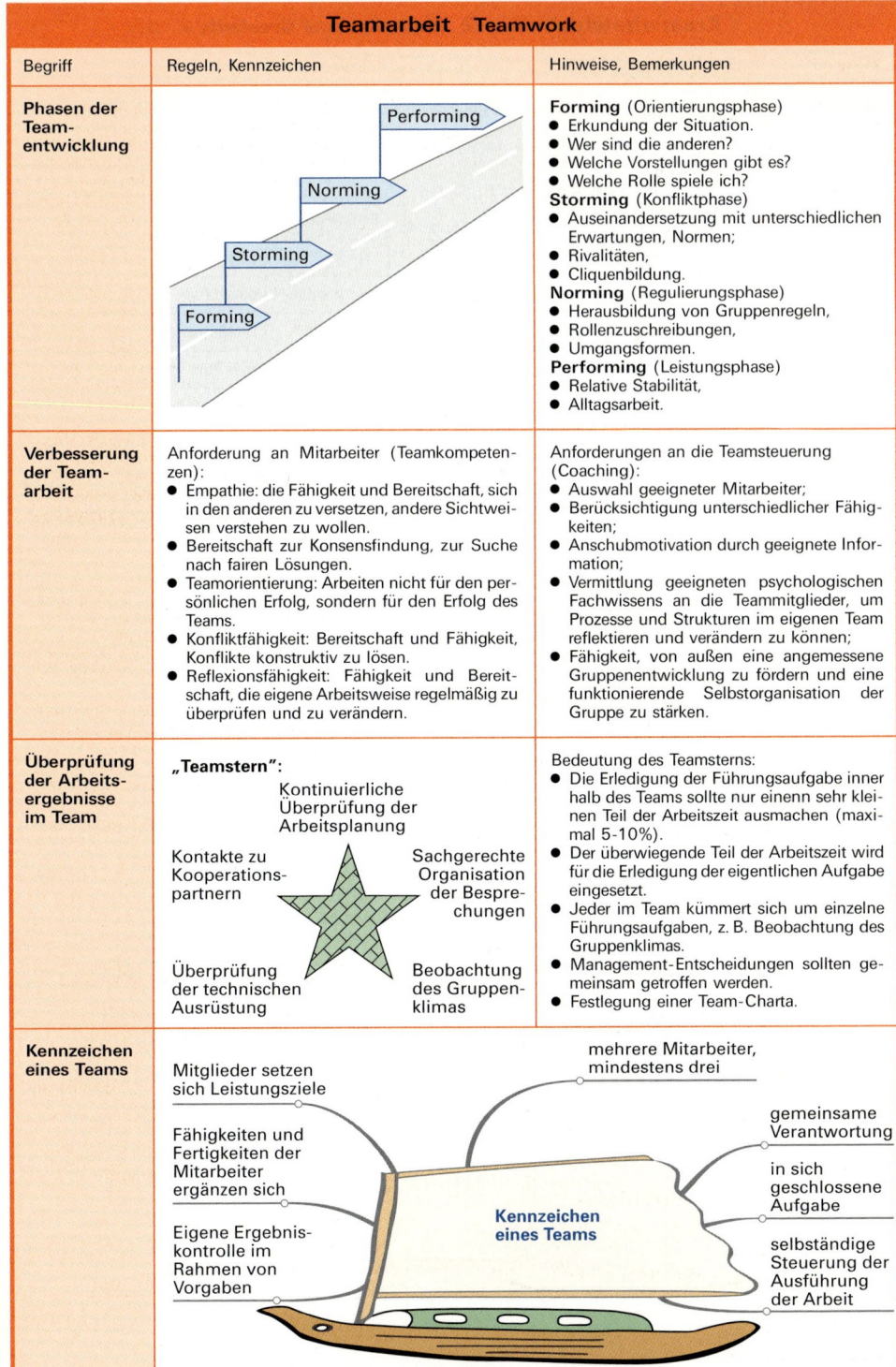	**Forming** (Orientierungsphase) ● Erkundung der Situation. ● Wer sind die anderen? ● Welche Vorstellungen gibt es? ● Welche Rolle spiele ich? **Storming** (Konfliktphase) ● Auseinandersetzung mit unterschiedlichen Erwartungen, Normen; ● Rivalitäten, ● Cliquenbildung. **Norming** (Regulierungsphase) ● Herausbildung von Gruppenregeln, ● Rollenzuschreibungen, ● Umgangsformen. **Performing** (Leistungsphase) ● Relative Stabilität, ● Alltagsarbeit.
Verbesserung der Teamarbeit	Anforderung an Mitarbeiter (Teamkompetenzen): ● Empathie: die Fähigkeit und Bereitschaft, sich in den anderen zu versetzen, andere Sichtweisen verstehen zu wollen. ● Bereitschaft zur Konsensfindung, zur Suche nach fairen Lösungen. ● Teamorientierung: Arbeiten nicht für den persönlichen Erfolg, sondern für den Erfolg des Teams. ● Konfliktfähigkeit: Bereitschaft und Fähigkeit, Konflikte konstruktiv zu lösen. ● Reflexionsfähigkeit: Fähigkeit und Bereitschaft, die eigene Arbeitsweise regelmäßig zu überprüfen und zu verändern.	Anforderungen an die Teamsteuerung (Coaching): ● Auswahl geeigneter Mitarbeiter; ● Berücksichtigung unterschiedlicher Fähigkeiten; ● Anschubmotivation durch geeignete Information; ● Vermittlung geeigneten psychologischen Fachwissens an die Teammitglieder, um Prozesse und Strukturen im eigenen Team reflektieren und verändern zu können; ● Fähigkeit, von außen eine angemessene Gruppenentwicklung zu fördern und eine funktionierende Selbstorganisation der Gruppe zu stärken.
Überprüfung der Arbeitsergebnisse im Team	„Teamstern": Kontinuierliche Überprüfung der Arbeitsplanung Kontakte zu Kooperationspartner Sachgerechte Organisation der Besprechungen Überprüfung der technischen Ausrüstung Beobachtung des Gruppenklimas	Bedeutung des Teamsterns: ● Die Erledigung der Führungsaufgabe innerhalb des Teams sollte nur einen sehr kleinen Teil der Arbeitszeit ausmachen (maximal 5-10%). ● Der überwiegende Teil der Arbeitszeit wird für die Erledigung der eigentlichen Aufgabe eingesetzt. ● Jeder im Team kümmert sich um einzelne Führungsaufgaben, z. B. Beobachtung des Gruppenklimas. ● Management-Entscheidungen sollten gemeinsam getroffen werden. ● Festlegung einer Team-Charta.
Kennzeichen eines Teams	Mitglieder setzen sich Leistungsziele Fähigkeiten und Fertigkeiten der Mitarbeiter ergänzen sich Eigene Ergebniskontrolle im Rahmen von Vorgaben **Kennzeichen eines Teams**	mehrere Mitarbeiter, mindestens drei gemeinsame Verantwortung in sich geschlossene Aufgabe selbständige Steuerung der Ausführung der Arbeit

Begriff	Beschreibung	Hinweise
Bedeutung von Information	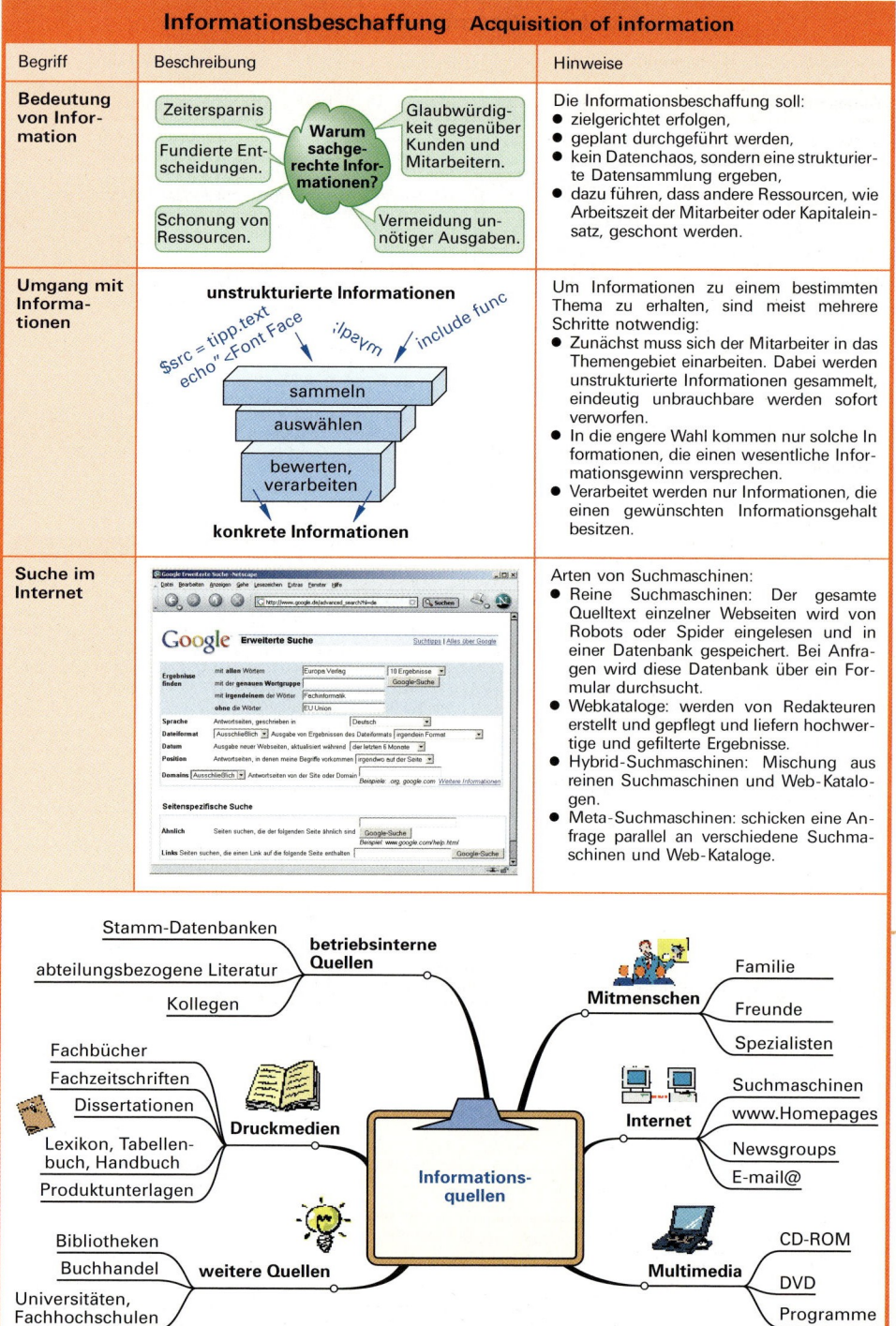 Zeitersparnis · Glaubwürdigkeit gegenüber Kunden und Mitarbeitern. · Fundierte Entscheidungen. · **Warum sachgerechte Informationen?** · Schonung von Ressourcen. · Vermeidung unnötiger Ausgaben.	Die Informationsbeschaffung soll: • zielgerichtet erfolgen, • geplant durchgeführt werden, • kein Datenchaos, sondern eine strukturierte Datensammlung ergeben, • dazu führen, dass andere Ressourcen, wie Arbeitszeit der Mitarbeiter oder Kapitaleinsatz, geschont werden.
Umgang mit Informationen	**unstrukturierte Informationen** $src = tipp.text · echo" ‹Font Face · ;lp=vrn · include func sammeln auswählen bewerten, verarbeiten **konkrete Informationen**	Um Informationen zu einem bestimmten Thema zu erhalten, sind meist mehrere Schritte notwendig: • Zunächst muss sich der Mitarbeiter in das Themengebiet einarbeiten. Dabei werden unstrukturierte Informationen gesammelt, eindeutig unbrauchbare werden sofort verworfen. • In die engere Wahl kommen nur solche Informationen, die einen wesentliche Informationsgewinn versprechen. • Verarbeitet werden nur Informationen, die einen gewünschten Informationsgehalt besitzen.
Suche im Internet	Google Erweiterte Suche	Arten von Suchmaschinen: • Reine Suchmaschinen: Der gesamte Quelltext einzelner Webseiten wird von Robots oder Spider eingelesen und in einer Datenbank gespeichert. Bei Anfragen wird diese Datenbank über ein Formular durchsucht. • Webkataloge: werden von Redakteuren erstellt und gepflegt und liefern hochwertige und gefilterte Ergebnisse. • Hybrid-Suchmaschinen: Mischung aus reinen Suchmaschinen und Web-Katalogen. • Meta-Suchmaschinen: schicken eine Anfrage parallel an verschiedene Suchmaschinen und Web-Kataloge.

betriebsinterne Quellen
- Stamm-Datenbanken
- abteilungsbezogene Literatur
- Kollegen

Mitmenschen
- Familie
- Freunde
- Spezialisten

Druckmedien
- Fachbücher
- Fachzeitschriften
- Dissertationen
- Lexikon, Tabellenbuch, Handbuch
- Produktunterlagen

Internet
- Suchmaschinen
- www.Homepages
- Newsgroups
- E-mail@

weitere Quellen
- Bibliotheken
- Buchhandel
- Universitäten, Fachhochschulen

Multimedia
- CD-ROM
- DVD
- Programme

Informationsquellen

Arten von Informationsquellen

Wirkungsweise der Suchdienste	Erklärung	Daten, Bemerkungen

Anwendung der Suchdienste

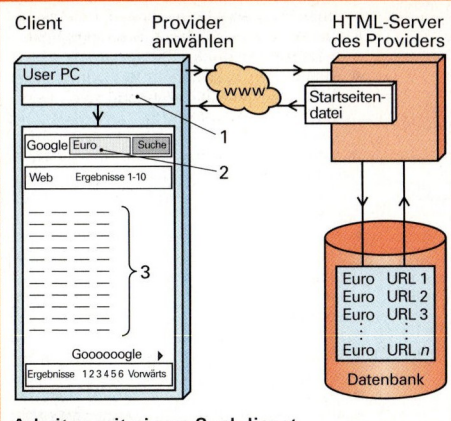

Arbeiten mit einem Suchdienst

Der User (Nutzer) gibt im Browser die Startadresse eines Suchdienst-Providers ein. Der angewählte Provider startet ein Programm, das seine Startseite an den User schickt.

Der User gibt den Suchbegriff, z. B. Euro, ein und klickt den Button Suchen an. Ein gefundener Begriff wird vom Suchprogramm des Providers aus der Datenbank ausgelesen und mit einer Linkliste zum User übertragen. Aus dieser wählt der User einen passenden Link aus.

Suchmaschinen:
www.altavista.de
www.excite.de
www.google.de
www.fireball.de

Webkataloge:
www.yahoo.de
www.web.de

Metasuchmaschine:
metager
Oft führen verschiedene Schreibweisen, z. B. Google. de oder google.de, zum gleichen Provider.
URL von Uniform Resource Locator = Adresse einer Datei im Internet.

Informationsgewinnung der Suchdienste

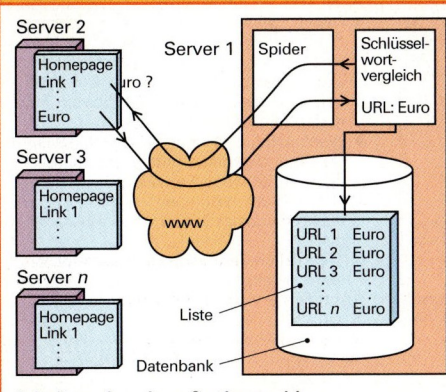

Arbeitsweise einer Suchmaschine

Suchmaschine:
Der Server 1 des Providers durchsucht mit einem Suchprogramm (Spider = Spinne) die Server im Internet ständig nach neuen oder geänderten Seiten und erstellt dabei Listen für die User.

Webkatalog:
Menschen (Redakteure) durchsuchen das Internet nach Begriffen und erstellen Kataloge für die User.

Beim Arbeiten mittels Suchmaschine ist die Zahl der Treffer für einen Suchbegriff deutlich größer (z. B. Faktor 1000) als beim Arbeiten mittels Webkatalog.

Mit Suchmaschinen können Seiten im Internet in wesentlich kürzerem Zeitabstand durchsucht werden als von Redakteuren für Webkataloge. Bei Webkatalogen sind unwichtige Informationen ausgefiltert.

Suchen nach Begriffen

Verknüpfung	Beispiel	Erklärung	Bemerkungen
UND: AND, +, &, und ein Leerzeichen.	+EUROPA + Verlag	Suche nach der Wortkombination Europa und Verlag.	Bei Google wird ein Leerzeichen als UND zwischen zwei Begriffen verwendet, bei Altavista wird stattdessen ein + verwendet. Altavista verwendet ein Leerzeichen als ODER. Zwischen Gold und Medaille können bis zu 10 Worte stehen.
ODER: OR, |, und ein Leerzeichen.	+Autoreparatur | Werkstatt	Suche nach Autoreparatur oder Werkstatt.	
Nicht: NOT, –, !	Autowerkstatt - Tankstelle	Suche nach Autowerkstatt, Tankstellen sind ausgeschlossen.	
Nähe: a NEAR b.	Medaille NEAR Gold	Suche nach Medaille und Gold.	
Phrase: „a b"	"EUROPA Verlag"	Suche nach dem Text Europa Verlag.	
Wildcard: a*, ?	Gra*ik	Suche nach Grafik und Graphik.	Zum Finden verschiedener Schreibweisen.

Methode	Beschreibung, Beispiel	Bemerkungen, Hinweise
Ursache-Wirkungs-Diagramm (Fischgrät-Diagramm, Ishikawa-Diagramm)	Vorgehensweise: 1. Konkrete Benennung des Problems, ohne auf mögliche Ursachen hinzuweisen; Festhalten als Wirkung in einem grafischen Grundgerüst. 2. Festlegen von Oberbegriffen (z. B. Mensch, Material, Methode), aus deren Bereich eine Ursache des Problems entspringen könnte. 3. Brainstorming zu jedem Oberbegriff zur Identifizierung möglicher Ursachen. 4. Einordnen der Detailursachen im Diagramm, Zuordnung zu den Oberbegriffen. 5. Analyse des gesamten Diagramms, Ermittlung der vermutlich verantwortlichen Fehlerursachen.	Was bringt es? ● Ermöglicht die Analyse der Auswirkung einer Maßnahme oder eines Problems mit unbekannter Ursache, z. B. häufige Reklamation einer Pizza. ● Identifizierung der Schwachstellen und Aufdecken der Schadenswege. ● Grafische Aufbereitung erleichtert die Übersicht (**Bild**). ● Strukturiertes Vorgehen bei der Analyse wird unterstützt.

Ursache-Wirkungs-Diagramm

| MindMap | Beschreibung:
● Grafische Darstellung (Visualisierung) gesammelter Stichpunkte, dadurch gedächtnisgerechte Aufbereitung.
● Möglichkeit zur Darstellung von untergeordneten Gesichtspunkten,
● Veranschaulichung von Zusammenhängen,
● Voraussetzung: einfaches Schreibmaterial, nicht zu kleine Schreibflächen,
● Möglichkeit zur individuellen Darstellung,
● Verbesserung der Gedächtnisleistung. | Einsatzmöglichkeiten:
● Sammeln von Ideen,
● Entwerfen von Strukturen und Zusammenhängen,
● zur Förderung der Kreativität
● als Merkhilfe,
● Gedächtnistraining,
● Lernen, Vorbereitung auf Prüfungen. |

Mindmap

B

Aufbau, Art	Beispiel	Bemerkungen, Anwendung
Kennzeichnungen in Diagrammen	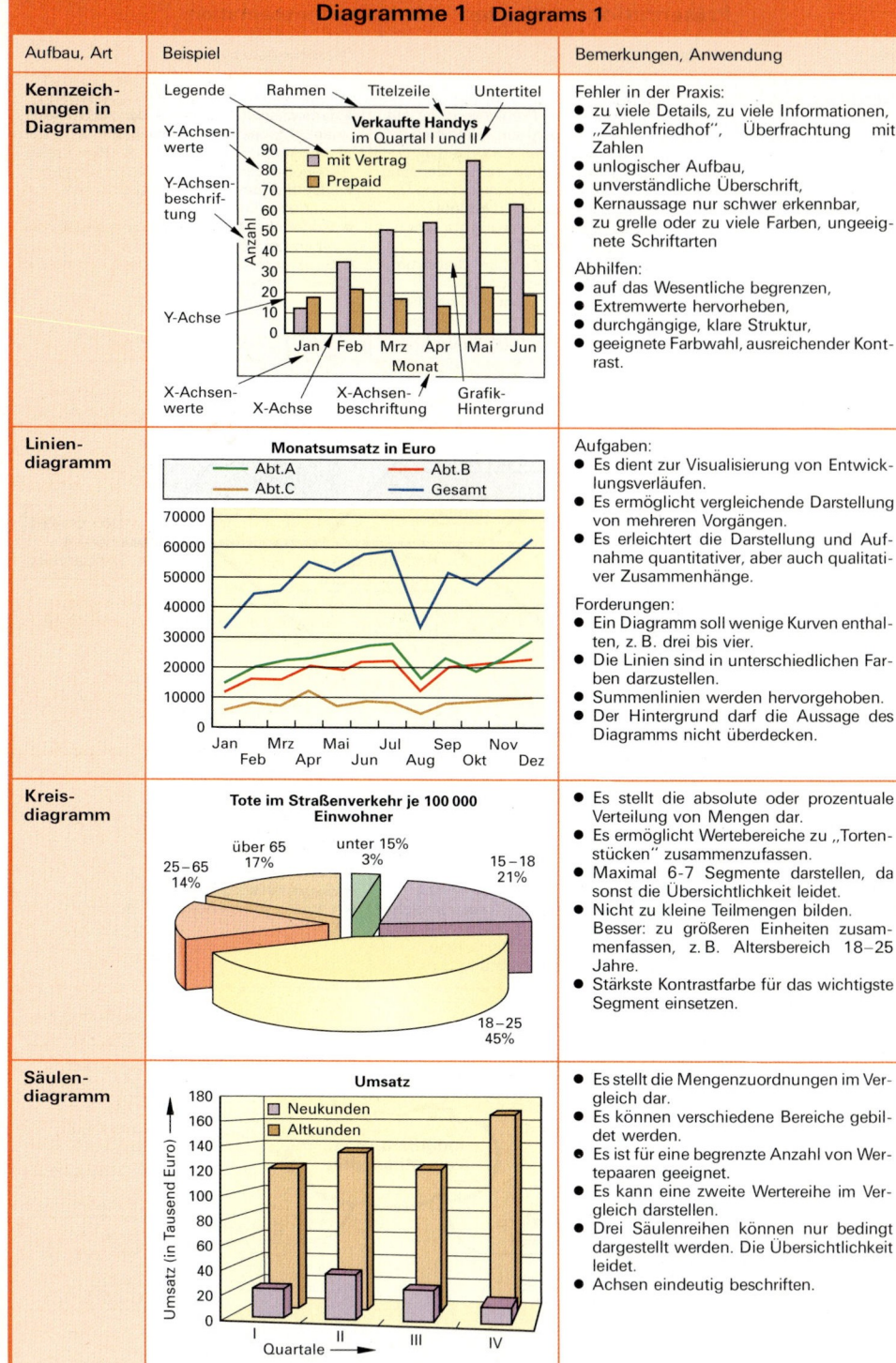	Fehler in der Praxis: ● zu viele Details, zu viele Informationen, ● „Zahlenfriedhof", Überfrachtung mit Zahlen ● unlogischer Aufbau, ● unverständliche Überschrift, ● Kernaussage nur schwer erkennbar, ● zu grelle oder zu viele Farben, ungeeignete Schriftarten Abhilfen: ● auf das Wesentliche begrenzen, ● Extremwerte hervorheben, ● durchgängige, klare Struktur, ● geeignete Farbwahl, ausreichender Kontrast.
Liniendiagramm		Aufgaben: ● Es dient zur Visualisierung von Entwicklungsverläufen. ● Es ermöglicht vergleichende Darstellung von mehreren Vorgängen. ● Es erleichtert die Darstellung und Aufnahme quantitativer, aber auch qualitativer Zusammenhänge. Forderungen: ● Ein Diagramm soll wenige Kurven enthalten, z. B. drei bis vier. ● Die Linien sind in unterschiedlichen Farben darzustellen. ● Summenlinien werden hervorgehoben. ● Der Hintergrund darf die Aussage des Diagramms nicht überdecken.
Kreisdiagramm		● Es stellt die absolute oder prozentuale Verteilung von Mengen dar. ● Es ermöglicht Wertebereiche zu „Tortenstücken" zusammenzufassen. ● Maximal 6-7 Segmente darstellen, da sonst die Übersichtlichkeit leidet. ● Nicht zu kleine Teilmengen bilden. Besser: zu größeren Einheiten zusammenfassen, z. B. Altersbereich 18–25 Jahre. ● Stärkste Kontrastfarbe für das wichtigste Segment einsetzen.
Säulendiagramm		● Es stellt die Mengenzuordnungen im Vergleich dar. ● Es können verschiedene Bereiche gebildet werden. ● Es ist für eine begrenzte Anzahl von Wertepaaren geeignet. ● Es kann eine zweite Wertereihe im Vergleich darstellen. ● Drei Säulenreihen können nur bedingt dargestellt werden. Die Übersichtlichkeit leidet. ● Achsen eindeutig beschriften.

Art	Beispiel	Besonderheiten
Netzdiagramm	**Schulleistungen in Punkten** Mathe Prog — Deutsch BWL — Englisch Werte: 8, 6, 4, 2, 0 ☐ Schüler A ☐ Schüler B	Netzdiagramme zeigen die Ausprägungsstärke verschiedener Messwerte oder Merkmale (z. B. Fächer) als Fläche an. Vergleiche zwischen zwei bis drei Einheiten z. B. Personen sind möglich. Mehr als 7–8 Merkmale lassen das Netzdiagramm unübersichtlich erscheinen.
Symboldiagramm	**Fahrzeugdichte pro 1000 Einwohner** USA = 848 Deutschland = 623 China = 18	Symboldiagramme zeigen statistische Größen in symbolischer Darstellung. Die Größenverhältnisse sind optisch leicht zu erfassen. Dadurch erübrigen sich Achsen mit Maßeinheiten. Sie sind besonders geeignet, um extrem unterschiedliche Werte gegenüber zu stellen. Mehr als 4–5 Messwerte wirken unübersichtlich und sind sehr platzaufwändig.
Organigramm	**Unternehmensleitung** Produkt 1 — Produkt 2 Einkauf · Produktion · Verkauf · Einkauf · Produktion · Verkauf · Marketing · Entwicklung	• Organigramme dienen der Darstellung betrieblicher Strukturen oder Aufgabenverteilungen. • Organigramme geben durch Verbindungslinien die Hierarchie innerhalb eines Unternehmens wieder. • Die Überordnung oder Unterordnung wird genau erfasst.
Flussdiagramm	Start Auftrag aufnehmen Infos eindeutig? — nein ja Informationen bereitstellen Material bereitstellen Material vollständig? — nein ja Weitere Arbeitsschritte Ende	Flussdiagramme dienen zur symbolischen Darstellung zeitlicher und logischer Abläufe. **Symbole:** ⬭ Start, Ende ▭ Arbeitsschritt, Tätigkeit ◇ Entscheidung — nein / ja → Ablaufweg

B

Grundlegendes

Begriff	Aufzuführende Punkte	Erklärung, Beispiel
Aufgabe des Zitierens und Zitatarten	In einer schriftlichen Arbeit ist alles, was man der Literatur oder anderen Quellen entnimmt, durch Anmerkungen, d. h. Quellenangaben zu belegen. Allgemein bekannte Tatsachen werden meist nicht belegt.	Es gibt • wörtliche Zitate oder indirekte Bezugnahmen auf Quellen, • wörtliche oder annähernd wörtliche Wiedergaben von Texten und • spezielle Einsichten und Erkenntnisse bestimmter Autoren.
Grundsätzliche Anordnung der Informationen	• Wer? ⇒ Wer hat die Information zur Verfügung gestellt? • Wie? ⇒ Wie lautet die Bezeichnung der Information? • Wo? ⇒ Wo ist die Information zu finden? • Wann? ⇒ Wann wurde die Information zur Verfügung gestellt? • Zitatformen	Herausgeber, Autor (Verfasser) Titel Verlag, URL Erscheinungsjahr, Publikationsdatum, letztes Update, Zugriffsdatum. Zitatangaben sollten in der ganzen Arbeit dieselbe Form haben.
Direktes Zitat **Indirektes Zitat**	Text wird wörtlich, mit Hervorhebungen und Rechtschreibfehlern aus der Quelle in die eigene Arbeit übernommen. Sinngemäße Übernahme von Gedanken einer Quelle.	Direkte Zitate werden durch doppelte Anführungszeichen gekennzeichnet, z. B.: „Herrschen lernt sich leicht, regieren schwer" – Johann Wolfgang von Goethe, deutscher Dichter. Indirekte Zitate erfordern keine Anführungszeichen. Die Autoren werden nach 'vgl.' angeführt.

Zitierquellen

Bücher	• Autor, • Titel und Untertitel des Werks, • Auflage, • Erscheinungsort, • Erscheinungsjahr, • Verlag, • Reihe, wenn der Band einer Reihe entstammt.	Freyer, Ulrich: DAB – Digitaler Hörfunk – 1. Auflage – Berlin: Verl. Technik, 1997 Praxisreihe Radio, Fernsehen, Elektronik Dehler et. alt.: Fachkunde Büro- und Informationstechnik: mit Radio-, Fernseh- und Medientechnik – 6. Auflage.
Aufsätze aus Zeitschriften und aus Sammelbänden	• Autor • Titel • Name, Jahrgang der Zeitschrift, • Seiten, auf denen der Aufsatz steht.	Müller (CAM): Schnelle Displays: Praxis TFTs einstellen- PC Professional 2005 – S. 114 bei Sammelbänden zusätzlich: • in: [komplettes Zitat des Sammelbandes]
Internet, E-Mail, Mailing-Liste	• Autor • Titel • Online im Internet, • Quellenangabe (URL, E-Mail,...) • Datum der letzten Aktualisierung [Stand...], • bei älteren Quellen am Ende der URL das Zugriffsdatum in [...]. Grundsätzlich wie bei Büchern und Zeitschriften, jedoch mit geänderten Erscheinungsvermerken.	Fehlt der Verfassername: • Titelzeile der Hypertextseite oder der • Name der Organisation oder Institution die für die Website verantwortlich angegeben. Fehlen Titel oder Untertitel: • Untertitel angeben oder • Beschreibung der Website oder • Quellenangabe mit vollständiger URL.
CD-ROM, DVD, Audiokassette, Videokassette	• Autor • Titel • Herausgeber • Erscheinungsort	Name, V. (Jahr): Titel des Aufsatzes. In: CD-Titel CD-ROM. Hrsg.: CD-Herausgeber, Erscheinungsort Z. B.: Heft-CD-ROM 25- 2004-Computer Bild: Sicherheit: Antivir6.28.00.66
Rundfunk, Fernsehen	• Form der Sendung • Angabe des Senders • Sendetermin	Diskussion, Hörspiel, Nachrichtenbeitrag WDR 7. 7. 2007 um 20.15 Uhr.
Gesetzestexte	• Vollständiger Name des Gesetzes (Gesetzesabkürzung) vom • Datum der Veröffentlichung im BGBl. • BGBl Römische Nummer des BGBl.	Körperschaftsteuergesetz (KStG 1977) vom 31. August 1976. BGBL I. BGBl Bundesgesetzblatt
Literaturverweis	Jede wissenschaftliche Arbeit weist am Ende ein Literaturverzeichnis mit Titel, Untertitel, Erscheinungsort und Erscheinungsjahr auf.	Das Literaturverzeichnis wird alphabetisch nach Nachnamen der Autoren, Herausgeber geordnet.

Graphs	Explanation	Example
Tables	Tables are used every day. You see them when you read a newspaper or magazine. They are used because they provide a condensed and easy way to convey information. A table title gives an overview of the information displayed in the table. The title is given at the top of the table. The label of each row or column indicates what type of information is contained in that row or column. Individual cells are defined by their row and column locations.	**Percent of hours of a day spent on activities** Activity / Hours / Percent of Day Sleep / 6 / 25 School / 6 / 25 Job / 4 / 17 Entertainment / 4 / 17 Meals / 2 / 8 Homework / 2 / 8
Area graphs	Area graphs can be used to show something changes over time. They have an x-axis (horizontal) and a y-axis (vertical). Usually, the x-axis has numbers for the time period, and the y-axis has numbers for what is being measured. Area graphs can be used when you're plotting data that has peaks (ups) and valleys (downs), or that was collected in a short time period.	**Company Revenue** € (million): 500, 400, 300, 200, 100, 0 2003 2004 2005 2006 □ Before Tax ■ After Tax
Bar graphs	Bar graphs can be used to show something changes over time or to compare items. They have an x-axis (horizontal) and a y-axis (vertical). Typically, the x-axis has numbers for the time period or what is being measured, and the y-axis has numbers for the amount of stuff being measured. Bar graphs are good when you're plotting data that spans many years (or days, weeks…), has really big changes from year to year (or day to day…), or when you are comparing things.	**Recycled Electronic Trash** Trash in tonnes: 2000, 1500, 1000, 500, 0 Jan. Feb. March April May June
Line graphs	Line graphs can be used to show something changes over time. They have an x-axis (horizontal) and a y-axis (vertical). Usually, the x-axis has numbers for the time period, and the y-axis has numbers for what is being measured. Line graphs can be used when you are plotting data that has peaks (ups) and valleys (downs), or that was collected in a short time period.	**Company Turnover** € (million): 2500, 2000, 1500, 1000, 500, 0 Jan. Feb. March April May June
Pie charts	Pie charts can be used to show percentages of a whole, and represent percentages at a set point in time. They do not show changes over time. They are circular shaped graphs with the entire circle representing the whole. The circle is split into parts, or sectors. Each sector represents a part of the whole. Each sector is proportional in size to the amount each sector represents.	**Recycled Materials** Plastic 15% Aluminium 5% Copper 35% Steel 45%

Mind maps   Mindmap

B

Key information	Explanation	English	German
Definition	A mind map is a powerful graphic technique which provides a universal key to unlock the potential of the brain. It harnesses the full range of skills – word, image, number, logic, rhythm, colour and spatial awareness – in a single, powerful manner. The mind map can be applied to every aspect of life where improved learning and clearer thinking will enhance human performance. Mind maps originated in the late 1960s by Tony Buzan. They are now used by millions of people around the world – from the very young to the very old – whenever they wish to use their minds more effectively.	awareness key performance powerful skill spatial to apply to enhance to harness to improve to provide to unlock	Bewusstsein Schlüssel Leistung stark Fähigkeit räumlich anwenden verstärkern nutzen verbessern bereitstellen aufschließen
Use	A mind map will • give you an overview of a large subject/area, • enable you to plan routes/make choices and let you know where you are going and where you have been, • gather and hold large amounts of data for you, • encourage problem solving by showing you new creative pathways, • enable you to be extremely efficient, • be enjoyable to look at, read, muse over and remember, • attract and hold your eye/brain, • let you see the whole picture and the details at the same time, and • assist you!	amount choice enjoyable overview subject to assist to enable to encourage to gather to muse over to remember whole	Menge Wahl amüsant Überblick Thema helfen befähigen ermutigen sammeln nachdenken über sich erinnern ganz
How to make a mind map	To make notes on a subject using a mind map, draw it in the following way: • Write the title of the subject in the center of the page, and draw a circle around it. • For the major subject subheadings, draw lines out from this circle. Label these lines with the subheadings. • If you have another level of information belonging to the subheadings above, draw these and link them to the subheading lines. • Finally, for individual facts or ideas, draw lines out from the appropriate heading line and label them.	appropriate level major page subheadings subject title to belong to to draw to label to link to make notes	geeignet Stufe wichtigere Seite Untertitel Thema Überschrift gehören zeichnen beschriften verbinden Notizen machen

Structure of a mind map

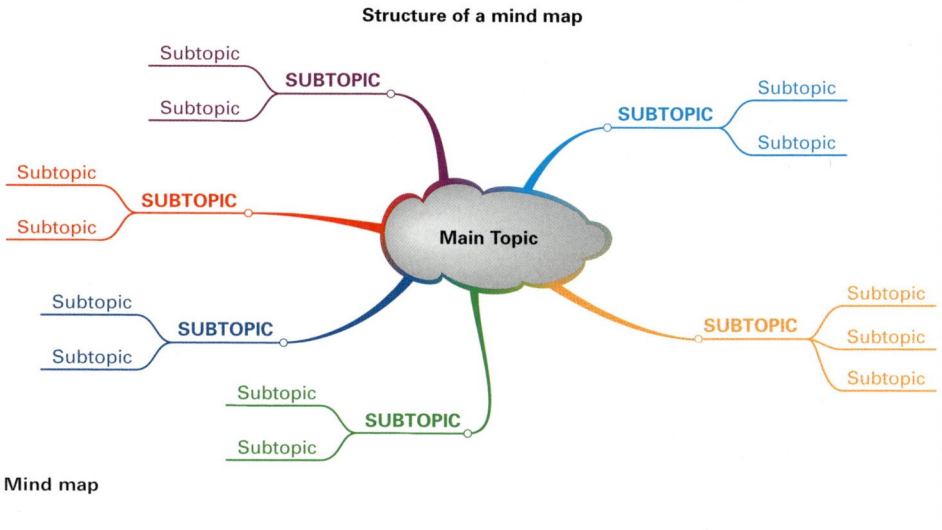

Mind map

Mathematische Grundlagen, Digitaltechnik, physikalische Grundlagen, elektrotechnische Grundlagen

G

G

Rechenart	Erklärungen	Beispiele
Summieren, Subtrahieren $$a+b+c = c+a+b =$$ $$= (a+b)+c = a+(b+c)$$ $$+(+a) = a \qquad +(-a) = -a$$ $$-(-a) = a \qquad -(+a) = -a$$	Summand + Summand = Summe. Die Summanden dürfen vertauscht oder zusammengefasst werden. Minuend − Subtrahend = Differenz Die Subtraktion ist eine Addition mit einem negativen Summanden.	$$7+4+(-5) = (-5)+7+4 = 6$$ $$= (7+4)+(-5) = 11+(-5) = 6$$ $$= 7+(4+(-5)) = 7+(-1) = 6$$ $$+(+7) = 7 \qquad +(-7) = -7$$ $$-(-7) = 7 \qquad -(+7) = -7$$
Multiplizieren $$a \cdot b \cdot c = c \cdot a \cdot b = c \cdot (a \cdot b)$$ $$+\cdot+ = + \qquad +\cdot- = -$$ $$-\cdot- = + \qquad -\cdot+ = -$$	Faktor · Faktor = Produkt Die Faktoren dürfen vertauscht oder zusammengefasst werden.	$$(-3)\cdot 2 \cdot (-5) = (-5)\cdot(-3)\cdot 2$$ $$= (-5)\cdot(-6) = 30$$
Dividieren, Bruchrechnen $$a:b = \frac{a}{b} \quad \text{Nenner} \neq 0$$ $$+:+ = + \qquad +:- = -$$ $$-:- = + \qquad -:+ = -$$ $$\frac{a}{b} \pm \frac{c}{d} = \frac{a\cdot d \pm c \cdot b}{b\cdot d}$$ $$\frac{a}{b}\cdot\frac{c}{d} = \frac{a\cdot c}{b\cdot d} \qquad \frac{a}{b}\div\frac{c}{d} = \frac{a\cdot d}{b\cdot c}$$	Dividend : Divisor = Quotient $$\frac{\text{Zähler}}{\text{Nenner}} = \text{Quotient}$$ Kürzen: $\dfrac{a\cdot b}{a\cdot c} = \dfrac{b}{c}$ Die Rückrechnung des Kürzens heißt Erweitern. Erweitern: $\dfrac{b}{c} = \dfrac{b}{c}\cdot\dfrac{a}{a} = \dfrac{a\cdot b}{a\cdot c} = \dfrac{ab}{ac}$	$$1:8 = 0{,}125$$ $$\frac{-3}{8} = \frac{3}{-8} = -\frac{3}{8} = -0{,}375$$ $$\frac{11}{15} - \frac{3}{10} = \frac{11\cdot 2 - 3\cdot 3}{30} = \frac{13}{30}$$ $$\frac{11}{15}\cdot\frac{3}{10} = \frac{11\cdot 1}{5\cdot 10} = \frac{11}{50}$$ $$\frac{11}{15} : \frac{3}{10} = \frac{11\cdot 10}{15\cdot 3} = \frac{11\cdot 2}{3\cdot 3} = \frac{22}{9}$$
Klammerrechnen $$a\cdot(b\pm c) = a\cdot b \pm a\cdot c$$ $$(a+b)\cdot(c+d)$$ $$= a\cdot c + a\cdot d + b\cdot c + b\cdot d$$ $$(a\pm b)^2 = a^2 \pm 2ab + b^2$$ $$(a+b)\cdot(a-b) = a^2 - b^2$$	Zahl · Klammer oder Klammer · Klammer berechnet man durch Ausmultiplizieren. Die Rückrechnung des Ausmultiplizierens heißt Ausklammern.	Ausmultiplizieren: $3\cdot(a-2) = 3a - 6$ Ausklammern: $0{,}5 \cdot a^3 - a^2$ $$= 0{,}5\cdot a^2 \cdot (a-2)$$ $$(a-2)\cdot(-b+3)$$ $$= -ab + 3a + 2b - 6$$ $$(2c-3)^2 = 4c^2 - 12c + 9$$ $$(2c-3)\cdot(2c+3) = 4c^2 - 9$$
Potenzieren, Radizieren $$a^n \cdot b^n = (a\cdot b)^n \qquad a^m \cdot a^n = a^{m+n}$$ $$\frac{a^n}{b^n} = \left(\frac{a}{b}\right)^n \quad \frac{a^m}{a^n} = a^{m-n} \quad a^{-n} = \frac{1}{a^n}$$ $$(-a)^n = \begin{cases} a^n \text{ für gerades } n \\ -a^n \text{ für ungerades } n \end{cases}$$	Basis hoch Exponent = Potenz. Sonderfälle: $a^1 = a$; $a^0 = 0$ für $a \neq 0$. $-a^n = -(a^n)$ ist stets negativ, da $-(a^n) \neq (-a^n)$ Für Differenzen gilt: $$(a-b)^n = \begin{cases} (a-b)^n \text{ für gerades } n \\ (b-a)^n \text{ für ungerades } n \end{cases}$$	$$2^2\cdot 3^2 = 6^2 = 36; \quad 2^3\cdot 2^7 = 2^{10} = 1024$$ $$\frac{14^4}{7^4} = 2^4 = 16; \qquad \frac{7^7}{7^5} = 7^2 = 49$$ $$5^{-2} = \frac{1}{5^2} = \frac{1}{25};$$ $$(-9)^2 = 81; \quad -9^2 = -81$$ $$(-3+n)^3 = (n-3)^3$$ $$= n^3 - 9n^2 + 27n - 27$$
Wurzelziehen $$\sqrt[n]{a} = a^{\frac{1}{n}} \qquad \sqrt[n]{a}\cdot\sqrt[n]{b} = \sqrt[n]{a\cdot b}$$ $$\frac{\sqrt[n]{a}}{\sqrt[n]{b}} = \sqrt[n]{\frac{a}{b}} \qquad \sqrt[n]{a^m} = a^{\frac{m}{n}} = \left(\sqrt[n]{a}\right)^m$$	Wurzel aus Radikand = Wurzelwert. Wurzel mit geradem Wurzelexponenten können mit reellen Zahlen nur für Radikanden ≥ 0 berechnet werden, ihr Wurzelwert ist immer ≥ 0.	$\sqrt{9} = 3$, aber $x^2 = 9 \Rightarrow$ $$x_{1,2} = \pm\sqrt{9} = \pm 3$$ $\sqrt{-9}$ ist für reelle Zahlen nicht definiert. $$\sqrt[3]{\pm 27} = \pm 3; \quad 16^{0,5} = 16^{\frac{1}{2}} = \sqrt{16} = 4$$ $$27^{\frac{2}{3}} = \sqrt[3]{27^2} = \left(\sqrt[3]{27}\right)^2 = 3^2 = 9$$
Logarithmieren $$a^n = b \Leftrightarrow n = \log_a b$$ $$\log_a(b\cdot c) = \log_a b + \log_a c$$ $$\log_a\left(\frac{b}{c}\right) = \log_a b - \log_a c$$ $$\log_a b^n = n\cdot\log_a b$$ $$\log_a a = 1 \qquad \log_a 1 = 0$$	Logarithmus zur Basis a des Numerus b = Logarithmuswert n. Logarithmen sind nur für $b > 0$ definiert. Spezielle Logarithmen: • Zehnerlogarithmus $\log_{10} b = \lg b$ • Natürlicher Logarithmus $\log_e b =$ ln b mit $e = 2{,}718281828459\ldots$ • Binärer Logarithmus $\log_2 b = \text{lb } b$	$$\log_3 9 = 2; \qquad \log_3 81 = 4;$$ $$\log_5 125 = 3; \qquad \lg 100 = 2;$$ $$\ln e^5 = 5; \qquad \text{lb } 1024 = 10$$ $$\lg 3000 = \lg 1000 + \lg 3 = 3 + \lg 3$$ $$\lg 4000 - \lg 4 = \lg\frac{4000}{4}$$ $$= \lg 1000 = 3$$ $$\ln 625 = \ln 5^4 = 4\cdot\ln 5$$ $$10^{\lg 32} = 32; \quad e^{\ln 23} = 23; \quad 2^{\text{lb } 17} = 17$$

Winkel

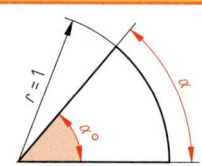

Winkel werden in den Einheiten Grad oder Radiant angegeben. Winkeleingaben beim Taschenrechner erfolgen unter der Betriebsart **DEG** (von degree = Grad) in der Einheit Grad, z. B. 180°, und unter der Betriebsart **RAD** in der Einheit rad, z. B. π.

Vollwinkel = 360° = 2π rad. Die Einheit Radiant entspricht dem Bogenmaß im Einheitskreis.

$$\alpha = \alpha° \cdot \frac{\pi}{180°}$$

α Winkel in rad
$\alpha°$ Winkel in Grad

G

Bezeichnungen am rechtwinkligen Dreieck

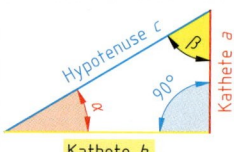

Die längste Seite (c) des rechtwinkligen Dreiecks nennt man **Hypotenuse**. Sie liegt dem rechten Winkel gegenüber. Die beiden **Katheten** a und b bilden den rechten Winkel. Dem spitzen Winkel α gegenüber liegt dessen **Gegenkathete** (a). Die dem Winkel α anliegende Kathete ist dessen **Ankathete** (b). Einen Winkel in einem rechtwinkligen Dreieck kann man durch das **Verhältnis zweier Dreiecksseiten** festlegen. Das Seitenverhältnis hängt von der Größe des Winkels ab. Deshalb nennt man die Seitenverhältnisse im rechtwinkligen Dreieck **Winkelfunktionen** (Funktion = Abhängigkeit).

Winkelfunktionen

Bildliche Darstellung	Bezeichnung der Seitenverhältnisse	Anwendung für Winkel α	Kurven der Winkelfunktionen
	Sinus = $\dfrac{\text{Gegenkathete}}{\text{Hypotenuse}}$	$\sin\alpha = \dfrac{a}{c}$	
	Kosinus = $\dfrac{\text{Ankathete}}{\text{Hypotenuse}}$	$\cos\alpha = \dfrac{b}{c}$	
	Tangens = $\dfrac{\text{Gegenkathete}}{\text{Ankathete}}$	$\tan\alpha = \dfrac{a}{b}$	
	Kotangens = $\dfrac{\text{Ankathete}}{\text{Gegenkathete}}$	$\cot\alpha = \dfrac{b}{a}$	

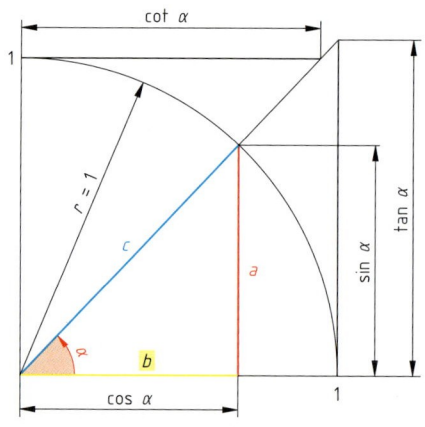

Die Winkelfunktionen lassen sich im Einheitskreis (Kreis mit Radius $r = 1$) als Seitenlängen ablesen **(Bild)**.

Die zwei senkrecht aufeinander stehenden Durchmesser teilen den Einheitskreis in vier Quadranten (I, II, III und IV).

$\alpha = 90°\ldots 180°$ II	$\alpha = 0°\ldots 90°$ I
III $\alpha = 180°\ldots 270°$	IV $\alpha = 270°\ldots 360°$

Quadrant	I	II	III	IV
sin	+	+	−	−
cos	+	−	−	+

G

Benennung, Formeln	Graphen	Beispiele
Lineare Funktion (Gerade) $$y = a \cdot x + b$$ Sonderfall: $$y = a \cdot x$$	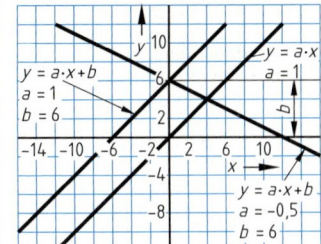	Stromstärke bei konstantem Widerstand $I = \dfrac{U}{R}$ Klemmenspannung bei konstanter Quellenspannung und konstantem Innenwiderstand $U_K = U_0 - I \cdot R_i$ Verhältnis von Warmwiderstand R_2 zu Kaltwiderstand R_1 bei konstantem Temperaturbeiwert $\dfrac{R_2}{R_1} = \alpha \cdot \Delta\vartheta + 1$ Ladung bei konstanter Kapazität $Q = U \cdot C$
Kehrwertfunktion (Hyperbel) $$y = \dfrac{a}{x}$$	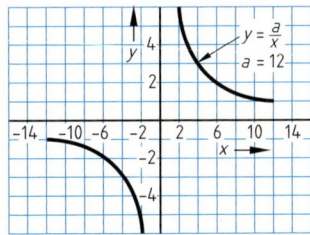	Stromstärke bei konstanter Leistung $I = \dfrac{P}{U}$ Frequenz $f = \dfrac{1}{T}$ Leistung bei konstanter Arbeit $P = \dfrac{W}{t}$ kapazitiver Blindwiderstand $X_C = \dfrac{1}{\omega \cdot C}$ Oft wird nur der positive Ast der Hyperbel verwendet.
Quadratische Funktion (Parabel) $$y = a \cdot x^2 + b \cdot x + c$$ Sonderfälle: $$y = a \cdot x^2$$ $$y = a \cdot x^2 + c$$ $$y = a \cdot x^2 + b \cdot x$$	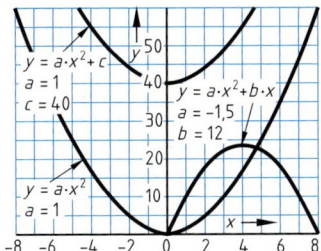	Leistung bei konstantem Widerstand $P = R \cdot I^2$ $P = \dfrac{U^2}{R}$ Abgegebene Leistung einer Spannungsquelle $P = U_0 \cdot I - R_i \cdot I^2$ gleichmäßig beschleunigte Bewegung $s = \dfrac{a}{2} \cdot t^2$
Exponentialfunktionen $$y = a \cdot e^{-x}$$ $$x = -\ln\dfrac{y}{a}$$ $$y = a \cdot [1 - e^{-x}]$$ $$x = -\ln\left(1 - \dfrac{y}{a}\right)$$	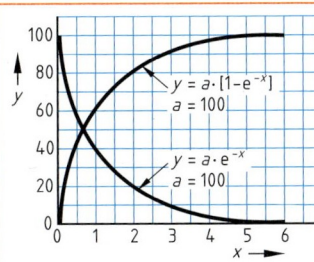	Laden einer Spule $i_L = \dfrac{U_0}{R} \cdot [1 - e^{-t/\tau}]$ Laden eines Kondensators $u_C = U_0 \cdot [1 - e^{-t/\tau}]$ Entladen einer Spule $i_L = \dfrac{U_0}{R} \cdot e^{-t/\tau}$ Entladen eines Kondensators $u_C = U_0 \cdot e^{-t/\tau}$ Euler'sche Zahl, e = 2,718281828459, benannt nach dem Mathematiker *Leonhard Euler* (1707 bis 1783).
Logarithmische Funktionen (Zehnerlogarithmus) $$y = a \cdot \lg x$$ $$x = 10^{\frac{y}{a}}$$ **(natürlicher Logarithmus)** $$y = a \cdot \ln x$$	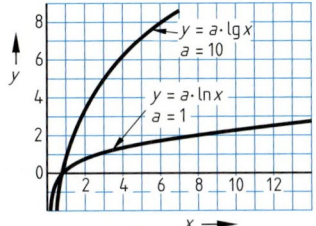	Spannungspegel $L_u = 20 \cdot \lg\dfrac{U}{U_0}\,\mathrm{dB}$ Leistungspegel $L_p = 10 \cdot \lg\dfrac{P}{P_0}\,\mathrm{dB}$ Entladezeit des Kondensators $t = -\tau \cdot \ln\dfrac{u_C}{U_0}$

Arten von Zahlensystemen und Umrechnungen

System	Basis	Ziffern	Erklärung, Beispiele	Umrechnungen
Dezimal-system d	10	0 bis 9	Eine vierstellige Dezimalzahl hat die Stellen-wertigkeiten 1000, 100, 10 und 1: $$2046_d$$ $$= 2 \cdot 10^3 + 0 \cdot 10^2 + 4 \cdot 10^1 + 6 \cdot 10^0$$ $$= 2 \cdot 1000 + 0 \cdot 100 + 4 \cdot 10 + 6 \cdot 1$$ $$= 2000 + 0 + 40 + 6$$ $$= 2046_d$$	$13_d \Rightarrow$ in eine Dualzahl: 13 : 2 = 6 Rest 1 6 : 2 = 3 Rest 0 3 : 2 = 1 Rest 1 1 : 2 = 0 Rest 1 $$1\ 1\ 0\ 1 = 1101_b$$
Dual-system b (binär)	2	0 bis 1	Eine fünfstellige Dualzahl hat die Stellen-wertigkeiten 16, 8, 4, 2, und 1: $$11101_b$$ $$= 1 \cdot 2^4 + 1 \cdot 2^3 + 1 \cdot 2^2 + 0 \cdot 2^1 + 1 \cdot 2^0$$ $$= 1 \cdot 16 + 1 \cdot 8 + 1 \cdot 4 + 0 \cdot 2 + 1 \cdot 1$$ $$= 16 + 8 + 4 + 0 + 1$$ $$= 29_d$$	$11101_b \Rightarrow$ in eine Hexadezimalzahl: Die Dualzahl wird von hinten in Gruppen zu je 4 bit aufgeteilt: 0 0 0 1 1 1 0 1 $= 1_h$ $= D_h \Rightarrow 1D_h$ Immer 4 Binärstellen ergeben eine Hexadezimalziffer.
Hexa-dezimal-system h	16	0 bis 9 und A bis F	Eine dreistellige Hexadezimalzahl hat die Stellenwertigkeiten 256, 16 und 1: $$1AF_h = 1 \cdot 16^2 + 10 \cdot 16^1 + 15 \cdot 16^0$$ $$= 1 \cdot 256 + 10 \cdot 16 + 15 \cdot 1$$ $$= 256 + 160 + 15$$ $$= 431_d$$	$1AF_h \Rightarrow$ in eine Dualzahl: 1 A F 0001 1010 1111 $\Rightarrow 110101111_b$ Da der Übertrag zur 16 auch im Dualsystem erfolgt, kann jede Hexadezimalziffer direkt in eine 4-stellige Dualzahl umgewandelt werden.

G

Gegenüberstellung der Zahlenwerte

dezimal 10^1 10^0		hexadezimal 16^1 16^0	dual 2^3 2^2 2^1 2^0				dezimal 10^1 10^0		hexadezimal 16^1 16^0	dual 2^7 2^6 2^5 2^4 2^3 2^2 2^1 2^0								dezimal 10^2 10^1 10^0			hexadezimal 16^1 16^0	dual 2^7 2^6 2^5 2^4 2^3 2^2 2^1 2^0							
	0	0	0 0 0 0				1	6	1 0	0 0 0 1	0 0 0 0								3	2	2 0	0 0 1 0 0 0 0 0							
	1	1	0 0 0 1				1	7	1 1	0 0 0 1	0 0 0 1								4	7	2 F	0 0 1 0 1 1 1 1							
	2	2	0 0 1 0				1	8	1 2	0 0 0 1	0 0 1 0								4	8	3 0	0 0 1 1 0 0 0 0							
	3	3	0 0 1 1				1	9	1 3	0 0 0 1	0 0 1 1								6	3	3 F	0 0 1 1 1 1 1 1							
	4	4	0 1 0 0				2	0	1 4	0 0 0 1	0 1 0 0								6	4	4 0	0 1 0 0 0 0 0 0							
	5	5	0 1 0 1				2	1	1 5	0 0 0 1	0 1 0 1								7	9	4 F	0 1 0 0 1 1 1 1							
	6	6	0 1 1 0				2	2	1 6	0 0 0 1	0 1 1 0								8	0	5 0	0 1 0 1 0 0 0 0							
	7	7	0 1 1 1				2	3	1 7	0 0 0 1	0 1 1 1								9	5	5 F	0 1 0 1 1 1 1 1							
	8	8	1 0 0 0				2	4	1 8	0 0 0 1	1 0 0 0								9	6	6 0	0 1 1 0 0 0 0 0							
	9	9	1 0 0 1				2	5	1 9	0 0 0 1	1 0 0 1					1	1	2	7 0	0 1 1 1 0 0 0 0							
1	0	A	1 0 1 0				2	6	1 A	0 0 0 1	1 0 1 0					1	2	8	8 0	1 0 0 0 0 0 0 0							
1	1	B	1 0 1 1				2	7	1 B	0 0 0 1	1 0 1 1					1	4	4	9 0	1 0 0 1 0 0 0 0							
1	2	C	1 1 0 0				2	8	1 C	0 0 0 1	1 1 0 0					1	6	0	A 0	1 0 1 0 0 0 0 0							
1	3	D	1 1 0 1				2	9	1 D	0 0 0 1	1 1 0 1					1	7	6	B 0	1 0 1 1 0 0 0 0							
1	4	E	1 1 1 0				3	0	1 E	0 0 0 1	1 1 1 0					2	4	0	F 0	1 1 1 1 0 0 0 0							
1	5	F	1 1 1 1				3	1	1 F	0 0 0 1	1 1 1 1					2	5	5	F F	1 1 1 1 1 1 1 1							

Grundrechenarten mit verschiedenen Zahlensystemen

Addition		Subtraktion	
$$\begin{array}{r} 1\ 1\ 0\ 1_b \\ +_1 1{,}1\ 1\ 1\ 0_b \\ \hline 1\ 1\ 0\ 1\ 1_b \end{array}$$ $$\begin{array}{r} 1\ 2_h \\ +A_1\ E_h \\ \hline C\ 1_h \end{array}$$	Der Übertrag erfolgt, wenn beim Addieren der Ziffern die Basiszahl des Zahlensystems erreicht wird.	$$1\ 1\ 0\ 1_b$$ $$-\ \ \ 1\ 0\ 1_b \Rightarrow$$ $$\begin{array}{r} 1\ 1\ 0\ 1_b \\ +_1 1\ 0\ 1\ 0_b \\ \hline 0\ 1\ 1\ 1_b \\ \searrow 1 \\ \hline 1\ 0\ 0\ 0_b \end{array}$$	1010 ist das Komplement von 0101. Dieses wird mit dem entstehenden Übertrag addiert. Dezimal: 13 − 5 = 8

Schaltalgebra Boolean algebra

G

Operation	Symbol, Ansicht	Gleichungen	Beispiele
UND	IEC ASA	Vertauschungsregel: $z = a \wedge b \wedge c = c \wedge a \wedge b$ Verbindungsregel: $z = c \wedge (a \wedge b) = (c \wedge a) \wedge b$	$0 \wedge 0 = 0 \quad 0 \wedge a = 0$ $0 \wedge 1 = 0 \quad 1 \wedge a = a$ $1 \wedge 0 = 0 \quad a \wedge a = a$ $1 \wedge 1 = 1$
ODER	IEC ASA	Vertauschungsregel: $z = a \vee b \vee c = c \vee a \vee b$ Verbindungsregel: $z = c \vee (a \vee b) = (c \vee a) \vee b$	$0 \vee 0 = 0 \quad 0 \vee a = a$ $0 \vee 1 = 1 \quad 1 \vee a = 1$ $1 \vee 0 = 1 \quad a \vee a = a$ $1 \vee 1 = 1$
NICHT	IEC ASA	$z = \bar{a}$ $\bar{\bar{a}} = a \qquad \bar{\bar{\bar{a}}} = \bar{a} \qquad \bar{\bar{\bar{\bar{a}}}} = a$ Doppelte Negation hebt sich auf.	$a \wedge \bar{a} = 0 \quad a \vee \bar{a} = 1$
UND vor ODER		Verteilungsregel: $a \wedge (b \vee c) = a \wedge b \vee a \wedge c = ab \vee ac$ $a \vee (b \wedge c) = (a \vee b) \wedge (a \vee c)$ Mit der Verbindungsregel kann ein Logikelement eingespart werden.	$a \wedge b \vee \bar{a} \wedge b \vee \bar{a} \wedge \bar{b}$ $= a \wedge b \vee \bar{a} \wedge b \vee \bar{a} \wedge b \vee \bar{a} \wedge \bar{b}$ $= (a \vee \bar{a}) \wedge b \; \vee \; \bar{a} \wedge (b \vee \bar{b})$ $= \quad 1 \wedge b \quad \vee \quad \bar{a} \wedge 1$ $= \quad\quad b \quad\quad \vee \quad\quad \bar{a}$
NAND Nicht UND	IEC ASA	$z = \overline{a \wedge b}$ $z = \bar{a} \vee \bar{b}$ Dem UND-Element ist ein NICHT-Element nachgeschaltet.	$\overline{0 \wedge 0} = 1 \quad \overline{0 \wedge a} = 1$ $\overline{0 \wedge 1} = 1 \quad \overline{1 \wedge a} = \bar{a}$ $\overline{1 \wedge 0} = 1 \quad \overline{a \wedge a} = \bar{a}$ $\overline{1 \wedge 1} = 0 \quad \overline{a \wedge \bar{a}} = 1$
NOR Nicht ODER	IEC ASA	$z = \overline{a \vee b}$ $z = \bar{a} \wedge \bar{b}$ Dem ODER-Element ist ein NICHT-Element nachgeschaltet.	$\overline{0 \vee 0} = 1 \quad \overline{0 \vee a} = \bar{a}$ $\overline{0 \vee 1} = 0 \quad \overline{1 \vee a} = 0$ $\overline{1 \vee 0} = 0 \quad \overline{a \vee a} = \bar{a}$ $\overline{1 \vee 1} = 0 \quad \overline{a \vee \bar{a}} = 0$
XOR Exclusiv-ODER	IEC ASA	$z = a \leftrightarrow b$ $z = a \wedge \bar{b} \vee \bar{a} \wedge b = a\bar{b} \vee \bar{a}b$ Die XOR-Verknüpfung heißt auch Antivalenzfunktion.	$0 \leftrightarrow 0 = 0 \quad 0 \leftrightarrow a = a$ $0 \leftrightarrow 1 = 1 \quad 1 \leftrightarrow a = \bar{a}$ $1 \leftrightarrow 0 = 1 \quad a \leftrightarrow a = 0$ $1 \leftrightarrow 1 = 0 \quad a \leftrightarrow \bar{a} = 1$
XNOR Nicht Exclusiv-ODER	IEC ASA	$z = a \leftrightarrow b$ $z = a \wedge \bar{b} \vee a \wedge b = \bar{a}\bar{b} \vee ab$ Die XNOR-Verknüpfung heißt auch Äquivalenzfunktion.	$0 \leftrightarrow 0 = 1 \quad 0 \leftrightarrow a = \bar{a}$ $0 \leftrightarrow 1 = 0 \quad 1 \leftrightarrow a = a$ $1 \leftrightarrow 0 = 0 \quad a \leftrightarrow a = 1$ $1 \leftrightarrow 1 = 1 \quad a \leftrightarrow \bar{a} = 0$
De Morgan		$\overline{a \wedge b \wedge c \wedge \ldots} = \bar{a} \vee \bar{b} \vee \bar{c} \vee \ldots$ $\overline{a \vee b \vee c \vee \ldots} = \bar{a} \wedge \bar{b} \wedge \bar{c} \wedge \ldots$ Wird der Negationsbalken über einer NAND-Verknüpfung oder einer NOR-Verknüpfung über den Logikoperatoren aufgetrennt, so ändern sich die Logikoperatoren. „Break the line and change the sign.''	$\overline{\overline{\bar{a} \vee \bar{b} \vee \bar{c} \vee d}}$ $= \overline{\bar{a} \vee \bar{b} \vee \bar{c}} \wedge \bar{\bar{d}}$ $= (\bar{\bar{a}} \wedge \bar{\bar{b}} \wedge \bar{\bar{c}}) \wedge d$ $= (a \wedge b \wedge c) \wedge d$ $= a \wedge b \wedge c \wedge d$

IEC International Electrotechnical Commission = Internationale Normenstelle;
ASA American Standards Association = amerikanische Normenstelle

Schaltung, Prinzip	Erklärung, Wirkungsweise	Daten

Digital-Analogumsetzer

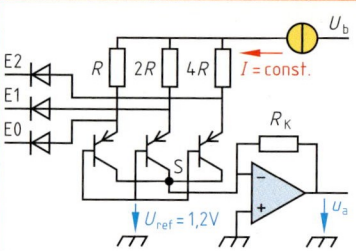

DA-Umsetzer mit Stromwichtung

Der stromgewichtete DA-Umsetzer besteht aus transistorgeschalteten Stromquellen, die binär gewichtet sind und von den Eingängen E0, E1 und E2 geschaltet werden. Die binäre Wichtung erfolgt durch die Emitterwiderstände mit den Werten R, $2R$, $4R \ldots 2^n \cdot R$. Die Summe der Kollektorströme wird von einem Operationsverstärker in die Ausgangsspannung u_a umgesetzt.

Wortlänge 6 bit bis 8 bit, Linearität 0,5‰ bis 2‰, Umsetzfrequenz bis 100 MHz, Netzwerkwiderstandswerte entsprechend der Bitzahl R, $2R$, $4R$, ...

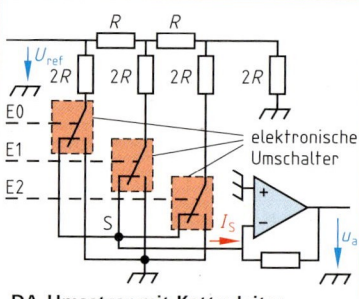

DA-Umsetzer mit Kettenleiter (R-2R-Leiternetzwerk)

Der R-2R-Umsetzer enthält ein Netzwerk aus Längswiderständen mit dem Wert R und den Nebenschlusswiderständen mit dem Wert $2R$. Das offene Ende der Widerstände $2R$ wird über einen elektronischen Schalter an Masse oder an den Stromsummenpunkt S gelegt.

Einzelstrom:

$$I_s = \frac{U_{ref}}{R} \cdot (½ + ¼ + \ldots + ½^n)$$

Summe aller Ströme:

$$I_s = \frac{U_{ref}}{R} \cdot (1 - 2^{-n})$$

Wortlänge 8 bit bis 11 bit, Linearität 0,2‰ bis 0,5‰, Umsetzfrequenz bis 15 MHz, Widerstände des Netzwerks R und $2R$.

Analog-Digitalumsetzer

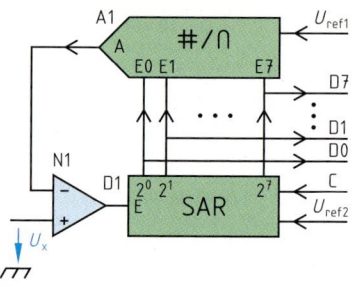

Sukzessiver-Approximations-Umsetzer

Der Sukzessive-Approximations-Umsetzer ist ein Stufenumsetzer mit einem SAR D1 (von Successive Approximation Register = Register für schrittweise Annäherung). Dabei steuert das SAR einen DA-Umsetzer A1. Das Ausgangssignal des DA-Umsetzers wird mit der Messspannung im Vergleicher N1 verglichen. Das SAR beginnt mit seinem MSB (höchstwertigem Bit). Je nach Ausgangsspannung des Vergleichers gibt das SAR die Werte 0 oder 1 für die jeweiligen Bits aus. Dadurch wird in immer kleineren Stufen die Ausgangsspannung an die Messspannung angenähert.

Umsetzschritte n bei n Stellen. Auflösung: 8 bit bis 18 bit In Mikrocontrollern 10 bit in zwei Stufen mit 2 bit und 8 bit. Umsetzfrequenz: bis 4 MHz bei 8 bit bis 10 kHz bei 18 bit

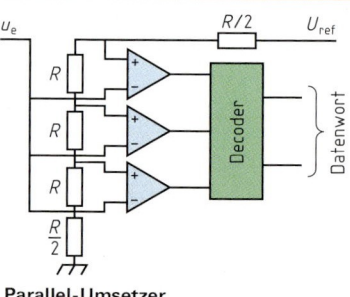

Parallel-Umsetzer

Das Verfahren arbeitet nach dem Prinzip des unmittelbaren Vergleichs der Eingangsspannung mit den n Referenzspannungswerten bei einem n-Bit-Umsetzer. Für eine n-Bit-Auflösung werden $2^n - 1$ Komparatoren benötigt, deren Schaltschwellen in Stufen des Wertes des niedrigstwertigen Bits auseinanderliegen. Die Komparatorausgangssignale steuern einen Decoder an, an dessen Ausgang das gewandelte Signal in binärer Form zur Verfügung steht.

Umsetzfrequenz bis 100 MHz, Komparatorenzahl für
2 bit:	3
3 bit:	7
4 bit:	15
8 bit	255
10 bit	1023
Auflösung bis 12 bit.

I_s Summenstrom, u_e Eingangsstrom, u_a Ausgangsstrom, U_{ref} Referenzspannung, C von Clock = Takt.

G

Begriff	Erklärung	Beispiel, Bemerkungen
Code	Vorschrift für die eindeutige Zuordnung eines Zeichenvorrates z.B. zu Worten, Größen, Werten. Regeln (Algorithmen) zur Bildung von Signalen.	Codierungen verwendet man zur Datenübertragung, Datenverarbeitung, Datenverschlüsselung oder Datenkompression.
Codewort	Zeitliche Folge oder räumliche Anordnung von s Codeelementen, welchen Symbole eines Symbolvorrates zugeordnet sind.	Das binäre Codewort 10101 besteht aus 5 Codeelementen ($s = 5$ bit) und den zwei Codesymbolen 0 und 1 ($q = 2$).
Symbolvorrat q	Vereinbarte Menge q von Codesymbolen, z.B. Ziffern, Buchstaben oder Sonderzeichen. Der geordnete Symbolvorrat heißt Codealphabet.	Binärcode: $q = 2$ mit den Symbolen 0 und 1. Ternärcode: $q = 3$ mit den Symbolen $-$; 0; $+$.
Blockcode	Code, der eine Folge von Symbolen in gleichlange Worte unterteilt und diesen Worten jeweils gleichlange Codeworte zuordnet.	Bei BCD-Codes (binär codierte Dezimalziffern) wird jeder Dezimalziffer ein gleichlanges Codewort zugeordnet.
Tetradencode	Binärcode ($q = 2$), der aus vierstelligen Codeworten besteht ($s = 4$). Um die Dezimalziffern zu codieren, benötigt man 10 Codeworte mit mindestens 4 Stellen (Codeelementen).	Beim 8-4-2-1-Code werden die Tetraden 0000 bis 1001 den Dezimalziffern 0 bis 9 zugeordnet. Die nicht verwendete Tetraden 1010 bis 1111 heißen Pseudotetraden.
Stellenwertigkeit	Werte, die die Codeelemente auf Grund ihrer Stellen vertreten. Durch sie können Zahlen codiert und decodiert werden.	Beim 8-4-2-1-Code ist die Tetrade 0110 die Codierung der Zahl 6: $0 \cdot 8 + 1 \cdot 4 + 1 \cdot 2 + 0 \cdot 1 = 0 + 4 + 2 + 0 = 6$
Wortvorrat n (Zeichenvorrat)	Gesamtzahl aller Codeworte mit der Stellenzahl s und dem Symbolvorrat q. $\boxed{n = q^s}$	Ein vierstelliger Binärcode hat den Wortvorrat von 16 Codeworten: $n = 2^4 = 16$
Codeumfang N	Anzahl der Nutzworte eines Wortvorrates, die tatsächlich für die Codierung nötig sind. $\boxed{N \leq n}$	Beim 8-4-2-1-Code werden 10 Tetraden (echte Tetraden) verwendet. Der Codeumfang beträgt somit $N = 10$.
Codeumsetzer	Er codiert Codeworte eines Codes blockweise in einen anderen Code um.	Z.B. Umcodierung des 8-4-2-1-Codes in den fünfstelligen 2-aus-5-Code.
Entscheidungsgehalt H_0	Menge von n sich ausschließenden Ereignissen eines Wortvorrates. Einheit ist bit. $\boxed{H_0 = \mathrm{lb}\, n}$	Beim 8-4-2-1-Code ist $\mathrm{lb}\,16 = 4 \Rightarrow H_0 = 4$ bit. $\mathrm{lb} = \log_2 =$ binärer Logarithmus. Bei binären Blockcodes ist $H_0 = s$.
Entropie H	Mittlerer Informationsgehalt eines Codes. Treten alle Nutzworte eines Blockcodes mit der gleichen Wahrscheinlichkeit auf, gilt: $\boxed{H = \dfrac{N}{n} \cdot s}$	Beim 8-4-2-1-Code gilt: $H = 10 \cdot \dfrac{1}{16} \cdot 4\,\text{bit} + 6 \cdot \dfrac{0}{16} \cdot 4\,\text{bit} = 2{,}5\,\text{bit}$
Redundanz R	Lat. redundantia = Überfülle. Ist die Differenz von Entscheidungsgehalt und Entropie. Man unterscheidet nützliche von nicht nützlicher Redundanz. Nützliche Redundanz entsteht, wenn man für einen Code mehr Stellen (Codeelemente) als notwendig verwendet, sodass beim Übertragen des Codes Fehler erkannt oder sogar korrigiert werden können. $\boxed{R = H_0 - H}$	Beim 8-4-2-1-Code ist die Redundanz $R = 4\,\text{bit} - 2{,}5\,\text{bit} = 1{,}5\,\text{bit}$. Sie kann zur Fehlererkennung nicht genutzt werden, da ein Nutzwort mit einem Bitfehler wieder ein Nutzwort sein kann (siehe Bild links). Beim 2-aus-5-Code ($R \approx 3{,}5$ bit) haben immer 2 von 5 Bits den Wert 1. Tritt ein Bitfehler auf, wird dieser immer erkannt, weil ein redundantes Codewort entsteht (siehe Bild rechts).

8 - 4 - 2 - 1 - Code

Nutzworte (echte Tetraden)	Pseudotetraden
0000 0001 ··· 1001	1010 1111
⇓ ⇓ ⇓	⇓ ⇓
0 1 ··· 9	Redundanz

Codeumfang $N = 10$ Codewort Wortvorrat $n = 16$

2 - aus - 5 - Code (Auswahl)

Nutzworte	00110	01100
Stellenwertigkeit	7 4 2 1 0	7 4 2 1 0
codierte Dezimalzahl	3	6
redundante Codeworte	00111	00100
	Bitfehler	Bitfehler

Redundante Codes

Begriff	Erklärung	Beispiel, Bemerkungen
Kontrollstellen k	Sind zusätzliche Codeelemente, die die Stellenzahl eines Codes erhöhen, damit Fehler korrigiert werden können. Die Stellen m sind die Nutzstellen eines Codewortes ohne die Kontrollstellen k. $$s = m + k$$	Die Werte für die Kontrollstellen k werden aus den Werten der Nutzstellen m nach bestimmten Regeln ermittelt. Je höher die Anzahl für k gewählt wird, desto mehr Fehler, z.B. Übertragungsfehler, lassen sich in einem Code erkennen und gegebenenfalls auch automatisch korrigieren.
Paritätsbit	Das Paritätsbit ist eine Kontrollstelle ($k = 1$) eines binären Codewortes, dessen Wert aus der Quersumme der Nutzstellen m des Codewortes ermittelt wird. Beim Even-parity-check (gerade Gleichheitsprüfung) wird das Kontrollbit so gewählt, dass sich in einem Codewort eine gerade Anzahl der Werte 1 ergeben. Der Code erhält dadurch keine Codeworte mit ungerader Quersumme.	Werden beim 8-4-2-1-Code die Nutzworte 0011 und 0111 auf gerade Parität ergänzt, erhält man die Codeworte mit Paritätsbits wie folgt: 0011 mit Paritätsbit 0 ⇒ 00110 0111 mit Paritätsbit 1 ⇒ 01111 Wird ein durch ein Paritätsbit gesichertes Codewort durch einen Bitfehler verfälscht, ergibt sich immer ein unbenutztes Codewort. Der Fehler wird erkannt und das Codewort kann neu angefordert werden.
Zeichendistanz d	Anzahl der Binärstellen, in denen sich zwei beliebige Codeworte eines Wortvorrates voneinander unterscheiden.	Beim 8-4-2-1-Code gilt zwischen • 0001 und 1001 ⇒ $d = 1$, • 0001 und 0110 ⇒ $d = 3$.
Hammingdistanz h	Anzahl der Binärstellen, in denen sich alle Nutzworte eines Binärcodes paarweise mindestens voneinander unterscheiden. Die Hammingdistanz ist ein Maß für die Erkennbarkeit und Korrigierbarkeit von Fehlern in einem Codewort. Je größer die Hammingdistanz und je besser die Korrigierbarkeit der Codeworte eines Codes sein sollen, desto größer muss die nützliche Redundanz eines Codes gewählt werden. Für die Fehlerkorrektur ist eine höhere Hammingdistanz wie für die Fehlererkennung erforderlich. Zur Fehlerkorrektur muss die Hammingdistanz mehr als das Doppelte der Zeichendistanz des fehlerhaften Codewortes zum nächsten Nutzwort betragen.	Ist der 8-4-2-1-Code durch ein Paritätsbit auf eine geradzahlige Anzahl der Werte 1 gesichert, unterscheiden sich alle Codeworte in mindestens zwei Binärstellen: $d = 2$. Enthält ein vierstelliger Code nur die beiden Nutzworte 0111 und 1000, gilt $h = 4$. Tritt bei diesem Code ein Bitfehler auf, z.B. 1010, so wird der Fehler nicht erkannt, sondern wird korrigiert, indem das Nutzwort mit der geringren Zeichendistanz zum fehlerhaften Codewort zur Korrektur verwendet wird, also 1000. Treten allerdings zwei Bitfehler auf, z.B. 0010, so werden zwar die Anzahl der Fehler erkannt, da aber die Zeichendistanz zu beiden Nutzworten gleich groß ist, können die Fehler nicht sicher korrigiert werden.
Erkennbare Fehler $\bar{e}$	Anzahl $\bar{e}$ der maximal möglichen Fehler, die in einem Codewort sicher erkannt werden können. $$\bar{e} = h - 1$$	Beim 8-4-2-1-Code ohne Paritätsbit ist die Hammingdistanz $h = 1$. Es gilt $\bar{e} = 1 - 1 = 0$, d.h. es werden keine Fehler sicher erkannt. Beim 8-4-2-1-Code mit Paritätsbit ist die Hammingdistanz $h = 2$. Es gilt $\bar{e} = 2 - 1 = 1$, d.h. es wird maximal ein Fehler sicher erkannt.
Korrigierbare Fehler e	Anzahl e der maximal möglichen Fehler, die in einem Codewort sicher korrigiert werden können. $$e = \frac{h - 1}{2}$$	Beim 8-4-2-1-Code mit Paritätsbit gilt: $e = 0{,}5$. Es kann kein Fehler korrigiert werden. Enthält ein vierstelliger Code nur die beiden Nutzworte 0111 und 1000, gilt $h = 4$. Es gilt $e = 1{,}5$. Damit kann maximal ein Fehler sicher korrigiert werden.

Übertragung eines Codewortes

G

Zeichensätze   Character Sets

G

Art	Zeichen											Erklärungen

ASCII-Zeichen

Code-nummer	+0	+1	+2	+3	+4	+5	+6	+7	+8	+9
30	rs	us	sp	!	"	#	$	%	&	'
40	(	)	*	+	,	-	.	/	0	1
50	2	3	4	5	6	7	8	9	:	;
60	<	=	>	?	@	A	B	C	D	E
70	F	G	H	I	J	K	L	M	N	O
80	P	Q	R	S	T	U	V	W	X	Y
90	Z	[	\	]	^	_	`	a	b	c
100	d	e	f	g	h	i	j	k	l	m
110	n	o	p	q	r	s	t	u	v	w
120	x	y	z	{	|	}	~	del		

Ursprünglich ist der ASCII-Code ein 7-Bit-Code und enthält die Zeichen 0 bis 127, hexadezimal 00h bis 7Fh. Die Zeichen 0 bis 32 und 127 sind Steuerzeichen, die nur teilweise benutzt werden, z.B. *del* (von delete = entfernen). Die Zeichen von 33 bis 126 sind über die Tastatur druckbar. Damit z.B. auch Umlaute der deutschen Sprache gedruckt werden können, ist der ASCII-Code um 1 Bit erweitert worden, d.h. um weitere 128 Zeichen. Diese Zeichen von 128 bis 255 sind in verschiedenen Codeseiten unterschiedlich festgelegt, z.B. im erweiterten *IBM-Zeichensatz* (Codeseite 437) oder mit dem Zeichensatz *Mehrsprachig* (Codeseite 850). Eine dieser Codeseiten wird beim Hochfahren des PC geladen. Alle druckbaren Zeichen der 256 Zeichen erhält man bei gedrückter Alt-Taste über das Nummernfeld, z.B. mit Alt+142 das Zeichen Ä. Neuere Zeichencodes stimmen in den Zeichen 0 bis 127 mit dem ASCII-Code überein.

Zeichensatztabellen ISO 8859

ISO 8859-15 (Latin-9, Auszug)

Code-nummer	+0	+1	+2	+3	+4	+5	+6	+7	+8	+9
160		¡	¢	£	Ä	¥	Š	§	š	©
220	Ü	Ý	Þ	ß	à	á	â	ã	ä	å
240	ð	ñ	ò	ó	ô	õ	ö	÷	ø	ù
250	ú	û	ü	ý	þ	ÿ				

Die Zeichensatztabellen ISO 8859 wurden durch die EMCA (European Computer Manufacturer's Association = europäische Vereinigung der Computerhersteller) entwickelt, um alle Zeichen der europäischen Sprachen in einem 8-Bit-Code unterzubringen. Dazu sind die Zeichen 128 bis 255 in 15 verschiedenen Tabellen festgelegt. Diese heißen Latin-1 bis Latin-9, Kyrillisch, Arabisch, Griechisch, Hebräisch, Thai und Indisch. Die Zeichen der Tabelle Latin-9 (ISO 3859-15) decken die meisten westeuropäischen Sprachen ab. Latin-9 enthält auch das Zeichen €.

Unicode ISO/IEC 10646

Code-nummer	+0	+1	+2	+3	+4	+5	+6	+7	+8	+9
670	ʴ	ʟ	ɋ	ʔ	ʕ	dz	dʒ	ʥ	ʦ	ʧ
940	ά	έ	ή	ί	ū	α	β	γ	δ	ε
960	π	ρ	ς	σ	τ	υ	φ	χ	ψ	ω
1030	Ӏ	Ï	Ј	Љ	Њ	Ћ	Ќ	Ў	Џ	А
8450	ℂ	℃	℄	℅	℆	ℇ	Ǝ	℉	ℊ	ℋ
8740	∤	∥	∦	∧	∨	∩	∪	∫	∬	∭
9610	▊	▋	▌	▍	▎	▏	▐	░	▒	▓
9820	♜	♟	♞	♙	♠	♡	◇	♣	♤	♥
10000	☜	☞	☛	✓	✔	✕	✖	✗	✘	✚
13190	MB	GB	cal	kcal	pF	nF	μF	μg	mg	kg
20010	↑	Ｙ	丬	中	丮	丯	丰	屮	串	弗
64650	فم	فم	فى	فى	قح	قم	قى	قى	كا	كج
65080	︶	︷	︸	︹	︺	︻	︼			

Der Unicode (universeller Code) vereinigt alle Schriftzeichen und Sonderzeichen aller Kulturkreise in einer Codetabelle, z.B. auch altgermanische Runen. Der Code wurde vom Unicode-Konsortium erstellt und wird ständig erweitert. Zunächst wählte man eine 2-Byte-Codierung, mit welcher 65536 Zeichen darstellbar ist. Der 2-Byte-Code wird auch BMP (Basic Multilingual Plane = mehrsprachige Grundstufe) genannt. Moderne Schriftarten verwenden diesen Code. So verfügt z.B. die Schriftart Arial Unicode MS über fast 40000 Zeichen, von denen über die Hälfte asiatische Schriftzeichen sind. Inzwischen ist der Unicode auf 4 Byte erweitert worden und ermöglicht die Codierung von mehr als 4 Milliarden Zeichen. Er wird auch UCS (Universal Character Set = Allgemeiner Zeichensatz) genannt. Die Codierung der ASCII-Zeichen ist dieselbe wie im ASCII-Code. Anschließend folgen die Zeichen der Tabelle Latin-1 nach ISO 8859. Im weiteren Verlauf folgen unter anderem auch die Blindenschrift, Schriftzeichen aus Laos, Birma, Tibet, der kanadischen Urbevölkerung, Äthiopien, Währungssymbole, Pfeile, mathematische Zeichen, Symbole der Technik, geometrische Formen. Da die Zahlencodes der Zeichen große Werte annehmen, werden die Zahlen meist hexadezimal angegeben. In Word werden Zeichen des Unicodes mit *Einfügen* ⇒ *Symbol*... ausgewählt. Im sich öffnenden Fenster wählt man z.B. die Schriftart *Arial Unicode MS*, sofern sie installiert ist. Wird ein Zeichen häufig verwendet, kann es mit *Tastenkombination*... der Tastatur zugewiesen werden.

Binärcodes   Binary Codes

Binärcodes ohne Stellenwertigkeit

Dezimal-ziffer	Petherick-Code	White-Code	Glixon-Code	Gray-Code	Gray-Code mit Prüfbit
0	0101	0000	0000	0000	10000
1	0001	0001	0001	0001	00001
2	0011	0011	0011	0011	10011
3	0010	0101	0010	0010	00010
4	0110	0111	0110	0110	10110
5	1110	1000	0111	0111	00111
6	1010	1001	1010	0101	10101
7	1011	1011	1101	0100	00100
8	1001	1101	1100	1100	11100
9	1101	1111	1000	1101	01101

BCD-Codes[1] mit Stellenwertigkeit

Dezimal-ziffer	Aiken-Code	Biquinär-Code[2] (Beispiel)	2-aus-5-Code[2]	8-4-2-1-Code	1-aus-10-Code
0	0000	0000101	11000	0000	0000000001
1	310001	0001001	00011	0001	0000000010
2	0010	0010001	00101	0010	0000000100
3	0011	0100001	00110	0011	0000001000
4	0100	1000001	01001	0100	0000010000
5	1011	0000110	01010	0101	0000100000
6	1100	0001010	01100	0110	0001000000
7	1101	0010010	10001	0111	0010000000
8	1110	0100010	10010	1000	0100000000
9	1111	1000010	10100	1001	1000000000
Stellen-wert	2421	4321050	74210 (nicht für 0)	8421	9876543210

Weitere BCD-Codes

Dezimal-ziffer	Walking-Code[2]	Hamming-Code[2]	1242-Code	Quibinär-Code[2]	Einschritt-BCD-Code
0	00011	0000000	0000	00001 01	0001
1	00101	0000111	0001	00001 10	0011
2	00110	0011001	0010	00010 01	0010
3	01010	0011110	0011	00010 10	0110
4	01100	0101010	0100	00100 01	0100
5	10100	0101101	0101	00100 10	1100
6	11000	0110011	0110	01000 01	1110
7	01001	0110100	0111	01000 10	1010
8	10001	1001011	1110	10000 01	1011
9	10010	1001100	1111	10000 10	1001

[1] Mit BCD-Codes (von Binary Coded Decimal = binär codiertes Zehnersystem) werden die einzelnen Ziffern von Dezimalzahlen binär durch die Zeichen 0 und 1 verschlüsselt.
[2] Fehlererkennung möglich.

G

Code	Zeichensätze, Ansicht				Erklärungen, Ansicht
EAN-Code, Europäische Artikel-Nummerierung	Zeichensatz A	Zeichensatz B	Zeichensatz C	Ziffer	Zum maschinellen Erfassen von Waren, z. B. an der Kasse eines Kaufhauses oder bei der Inventur in einem Warenlager, wird der EAN-Code (EAN von Europäische Artikelnummerierung) verwendet. Jede Ziffer wird mit 7 bit nach einem der Zeichensätze A, B oder C verschlüsselt, wobei ein Balken einer 1 und eine Lücke einer 0 entsprechen. Der Code hat ein Startzeichen, ein Stoppzeichen und in der Mitte ein Trennzeichen. Die linken 6 Ziffern werden in Deutschland in der Zeichensatzfolge ABAABB codiert. Die rechten 6 Ziffern werden immer mit dem Zeichensatz C codiert.
	0001101	0100111	1110010	0	
	0011001	0110011	1100110	1	
	0010011	0011011	1101100	2	
	0111101	0100001	1000010	3	
	0100011	0011101	1011100	4	
	0110001	0111001	1001110	5	
	0101111	0000101	1010000	6	
	0111011	0010001	1000100	7	
	0110111	0001001	1001000	8	
	0001011	0010111	1110100	9	

| aus A | aus B | aus A | aus A | aus B | aus B | aus C | aus C | aus C | aus C | aus C | aus C |

2 1 0 3 5 4   0 2 9 4 6 4

Start 101   Trennzeichen 01010   Stopp 101

Code 2/5	Code 2/5	Ziffer	Code 2/5	Ziffer	Der Code 2/5 ist ein Industriecode, z.B. für Lagersysteme. Den Code gibt es in den Ausführungen Code 2/5-5 industrial und Code 2/5 überlappend. Beide verwenden denselben Zeichensatz. Da immer 2 Bits von fünf den Wert 1 haben, sind Fehler im Code leicht erkennbar.
	00110	0	10100	5	
	10001	1	01100	6	
	01001	2	00011	7	
	11000	3	10010	8	
	00101	4	01010	9	

Code 2/5-5 industrial
Zwischen dem Startzeichen und dem Stoppzeichen wird jede Ziffer mit zwei breiten und drei schmalen Balken dargestellt. Ein breiten Balken bedeutet 1 und ein schmaler Balken 0. Die Lücken zwischen den Balken beinhalten keine Information.

1 1 0 1 1 0 0 0 1 0 0 0 1 1 0 1

Start   3   1   Stopp

Code 2/5-5 industrial

Code 2/5 überlappend
Zwischen dem Startzeichen und dem Stoppzeichen sind immer zwei Ziffern paarweise codiert, wobei eine Ziffer mit zwei breiten und drei schmalen Balken und die andere mit deren Lücken verschlüsselt wird. Diese Ziffer besteht aus zwei breiten und drei schmalen Lücken. Breite Balken und breite Lücken bedeuten 1 und schmale Balken und schmale Lücken bedeuten 0.

1 1 0 0 0 0 1 0 0 1
0 1 1 0 0 0 1 0 1 0

Start 3 6   2 9 Stopp

Code 2/5 überlappend

Linearcode 36-stellig	Linearcode	Ziffer	Linearcode	Ziffer	Der Linearcode wird z.B. als Folge fluoreszierender Striche auf Briefe und Postkarten gedruckt, um eine automatisierte Verteilung zu ermöglichen. Ein Strich entspricht dem Binärwert 0 und ein fehlender Strich dem Wert 1. Der Code, der von rechts nach links gelesen wird, enthält die codierten Ziffern der Postleitzahl und eine Prüfziffer. Alle Ziffern werden durch einen Strich (Wert 0) getrennt. Die Prüfziffer berechnet sich aus den Ziffern der Postleitzahl.
	11000	0	01010	5	
	00011	1	01100	6	
	00101	2	10001	7	
	00110	3	10010	8	
	01001	4	10100	9	

00101 10100 10100 11000 10001 00101
  0   0   0   0   0   0
  9   2   2   1   7   9

Postleitzahl von Leonberg   Prüfziffer

Leserichtung

Prüfziffernberechnung:
$7 + 1 + 2 + 2 + 9 = 21 \Rightarrow 21 : 10 = 2$ Rest 1
Die Ergänzung von 1 auf 10 ist 9.

Die Quersumme der Postleitzahl wird also durch 10 dividiert. Die Ergänzung des Divisionsrestes auf 10 ergibt die Prüfziffer. Das Verfahren entspricht der CRC-Prüfsummenbildung.

Codes, Zeitablaufdiagramm	Erklärung	Bemerkungen

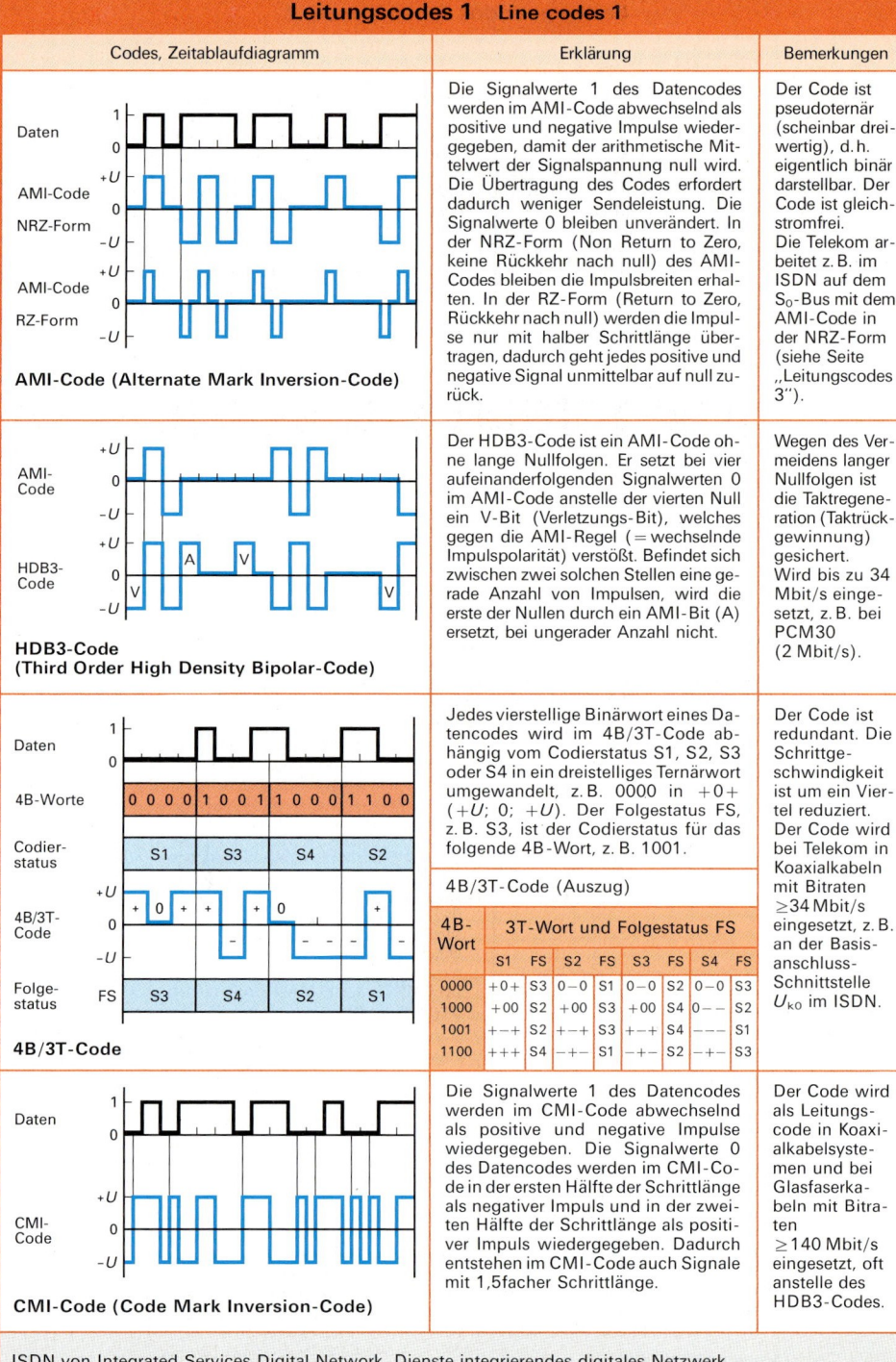

AMI-Code (Alternate Mark Inversion-Code)

Die Signalwerte 1 des Datencodes werden im AMI-Code abwechselnd als positive und negative Impulse wiedergegeben, damit der arithmetische Mittelwert der Signalspannung null wird. Die Übertragung des Codes erfordert dadurch weniger Sendeleistung. Die Signalwerte 0 bleiben unverändert. In der NRZ-Form (Non Return to Zero, keine Rückkehr nach null) des AMI-Codes bleiben die Impulsbreiten erhalten. In der RZ-Form (Return to Zero, Rückkehr nach null) werden die Impulse nur mit halber Schrittlänge übertragen, dadurch geht jedes positive und negative Signal unmittelbar auf null zurück.

Der Code ist pseudoternär (scheinbar dreiwertig), d.h. eigentlich binär darstellbar. Der Code ist gleichstromfrei. Die Telekom arbeitet z. B. im ISDN auf dem S_0-Bus mit dem AMI-Code in der NRZ-Form (siehe Seite „Leitungscodes 3'').

HDB3-Code (Third Order High Density Bipolar-Code)

Der HDB3-Code ist ein AMI-Code ohne lange Nullfolgen. Er setzt bei vier aufeinanderfolgenden Signalwerten 0 im AMI-Code anstelle der vierten Null ein V-Bit (Verletzungs-Bit), welches gegen die AMI-Regel (= wechselnde Impulspolarität) verstößt. Befindet sich zwischen zwei solchen Stellen eine gerade Anzahl von Impulsen, wird die erste der Nullen durch ein AMI-Bit (A) ersetzt, bei ungerader Anzahl nicht.

Wegen des Vermeidens langer Nullfolgen ist die Taktregeneration (Taktrückgewinnung) gesichert. Wird bis zu 34 Mbit/s eingesetzt, z. B. bei PCM30 (2 Mbit/s).

4B/3T-Code

Jedes vierstellige Binärwort eines Datencodes wird im 4B/3T-Code abhängig vom Codierstatus S1, S2, S3 oder S4 in ein dreistelliges Ternärwort umgewandelt, z. B. 0000 in $+0+$ ($+U$; 0; $+U$). Der Folgestatus FS, z. B. S3, ist der Codierstatus für das folgende 4B-Wort, z. B. 1001.

4B/3T-Code (Auszug)

4B-Wort	3T-Wort und Folgestatus FS							
	S1	FS	S2	FS	S3	FS	S4	FS
0000	$+0+$	S3	$0-0$	S1	$0-0$	S2	$0-0$	S3
1000	$+00$	S2	$+00$	S3	$+00$	S4	$0--$	S2
1001	$+-+$	S2	$+-+$	S3	$+-+$	S4	$---$	S1
1100	$+++$	S4	$-+-$	S1	$-+-$	S2	$-+-$	S3

Der Code ist redundant. Die Schrittgeschwindigkeit ist um ein Viertel reduziert. Der Code wird bei Telekom in Koaxialkabeln mit Bitraten ≥ 34 Mbit/s eingesetzt, z. B. an der Basisanschluss-Schnittstelle U_{k0} im ISDN.

CMI-Code (Code Mark Inversion-Code)

Die Signalwerte 1 des Datencodes werden im CMI-Code abwechselnd als positive und negative Impulse wiedergegeben. Die Signalwerte 0 des Datencodes werden im CMI-Code in der ersten Hälfte der Schrittlänge als negativer Impuls und in der zweiten Hälfte der Schrittlänge als positiver Impuls wiedergegeben. Dadurch entstehen im CMI-Code auch Signale mit 1,5facher Schrittlänge.

Der Code wird als Leitungscode in Koaxialkabelsystemen und bei Glasfaserkabeln mit Bitraten ≥ 140 Mbit/s eingesetzt, oft anstelle des HDB3-Codes.

ISDN von Integrated Services Digital Network, Dienste integrierendes digitales Netzwerk
PCM30 von Pulse Code Modulation 30, Pulscodemodulation mit 30 Nutzkanälen

G

Codes, Zeitablaufdiagramm	Erklärung	Bemerkungen
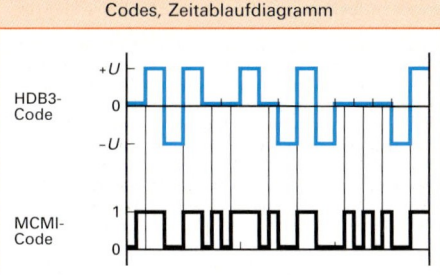 **MCMI-Code (Modified Code Mark Inversion-Code, B1/B2-Code)**	Der MCMI-Code stellt den pseudoternären HDB3-Code als binäre Signalfolge dar. Dabei werden die positiven Spannungen des HDB3-Codes in Signalwerte 1 und die negativen Spannungen des HDB3-Codes in Signalwerte 0 umgewandelt. Die Signalwerte 0 des HDB3-Codes werden in der ersten Hälfte der Schrittlänge als Signalwert 0 und in der zweiten Hälfte der Schrittlänge als Signalwert 1 wiedergegeben. Im Gegensatz zum CMI-Code ist der MCMI-Code nicht gleichspannungsfrei.	Der Code wird zur Datenübertragung in Glasfasersystemen in Ortsnetzen mit Singlemodefasern (Monomodefasern) ab 34 Mbit/s bis zu 60 km Entfernung eingesetzt.
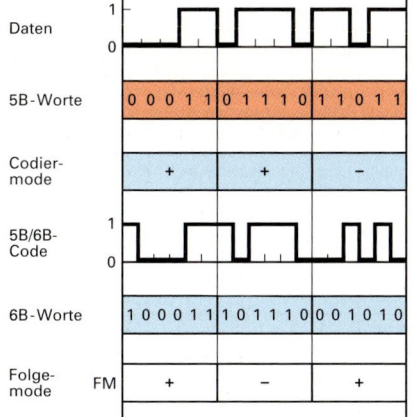 **5B/6B-Code**	Der 5B/6B-Code ist ein Block-Code, der Blöcke mit einer Breite von 5 bit in Blöcke mit einer Breite von 6 bit umwandelt. Die Codierung hängt vom Codiermode + oder − ab. Der Folgemode FM ist der Codiermode für den folgenden 5-Bit-Block. **Codetabelle 5B/6B-Code (Auszug)** Tabelle siehe unten	Da nur die Signalwerte 0 und 1 unterschieden werden, eignet sich der Code im Gegensatz zu pseudoternären Codes, wie z. B. dem 4B/3T-Code, für Glasfasernetze. Telekom verwendet den 5B/6B-Code bei Glasfaserkabeln im Fernnetz mit Bitraten von ≥ 34 Mbit/s.
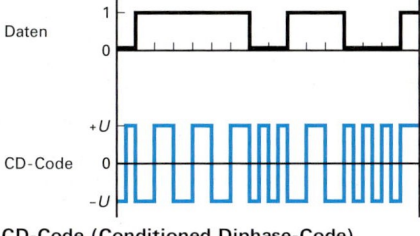 **CD-Code (Conditioned Diphase-Code)**	Der CD-Code ist ein binärer Datencode aus positiven und negativen Impulsen. Die Polaritätswechsel erfolgen nach jeder Schrittlänge der Datenbits und zusätzlich in der Mitte der Signale 0 beim Datencode. Somit bleibt der CD-Code nie auf dem Wert 0. Er gehört, wie auch der CMI-Code und MAN-Code, zu den bipolaren Codes.	Der CD-Code ist ein Leitungscode mit einem hohen Taktgehalt. Damit wird er störsicher. Der Code ist gleichspannungsfrei und selbsttaktend.
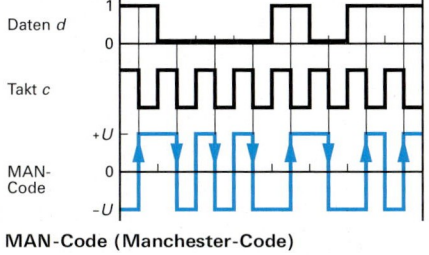 **MAN-Code (Manchester-Code)**	Ein MAN-Code entsteht durch die XOR-Verknüpfung des Taktsignals c mit dem Datensignal d. Dann stellt in der Bitmitte des Datensignals eine steigende Flanke eine 1 dar und eine fallende eine 0. Invertierung von c, d oder XOR dreht das um, sodass beim Code MAN II die 1 durch eine fallende Flanke dargestellt wird.	Der MAN-Code besitzt dieselben Eigenschaften wie der CMI-Code. Er wird in lokalen Netzen (LAN), z. B. beim Ethernet, eingesetzt.

Codetabelle 5B/6B-Code (Auszug)

5B-Wort	6B-Wort und Folgemode FM			
	Mode+	FM	Mode−	FM
00000	110010	+	110010	−
00011	100011	+	100011	−
01101	101101	−	000101	+
01110	101110	−	000110	−
11000	111000	+	011000	+
11011	011011	−	001010	+

G

Codes, Zeitablaufdiagramm	Erklärung	Bemerkungen

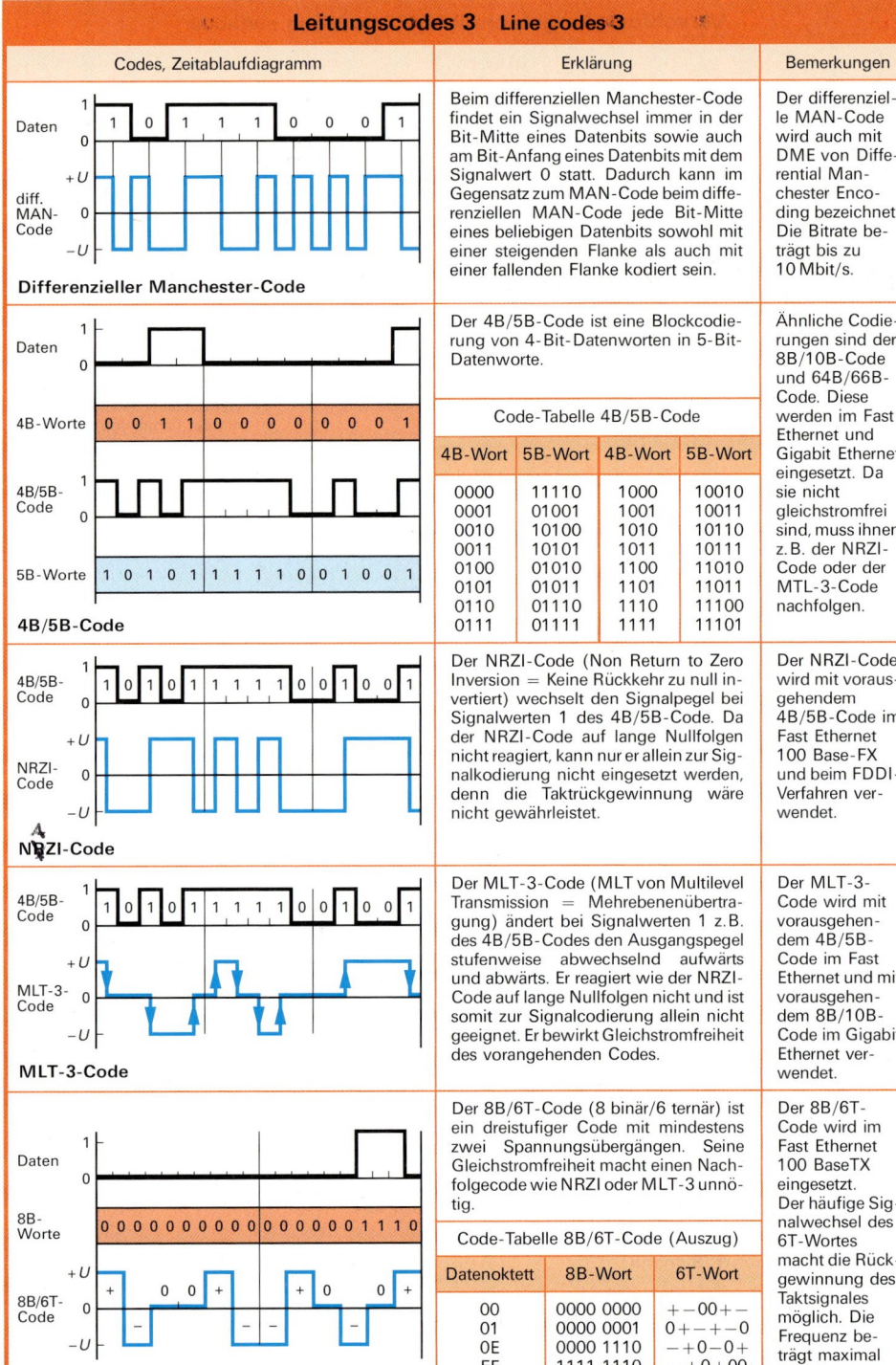

Differenzieller Manchester-Code

Beim differenziellen Manchester-Code findet ein Signalwechsel immer in der Bit-Mitte eines Datenbits sowie auch am Bit-Anfang eines Datenbits mit dem Signalwert 0 statt. Dadurch kann im Gegensatz zum MAN-Code beim differenziellen MAN-Code jede Bit-Mitte eines beliebigen Datenbits sowohl mit einer steigenden Flanke als auch mit einer fallenden Flanke kodiert sein.

Der differenzielle MAN-Code wird auch mit DME von Differential Manchester Encoding bezeichnet. Die Bitrate beträgt bis zu 10 Mbit/s.

4B/5B-Code

Der 4B/5B-Code ist eine Blockcodierung von 4-Bit-Datenworten in 5-Bit-Datenworte.

Code-Tabelle 4B/5B-Code

4B-Wort	5B-Wort	4B-Wort	5B-Wort
0000	11110	1000	10010
0001	01001	1001	10011
0010	10100	1010	10110
0011	10101	1011	10111
0100	01010	1100	11010
0101	01011	1101	11011
0110	01110	1110	11100
0111	01111	1111	11101

Ähnliche Codierungen sind der 8B/10B-Code und 64B/66B-Code. Diese werden im Fast Ethernet und Gigabit Ethernet eingesetzt. Da sie nicht gleichstromfrei sind, muss ihnen z.B. der NRZI-Code oder der MTL-3-Code nachfolgen.

NRZI-Code

Der NRZI-Code (Non Return to Zero Inversion = Keine Rückkehr zu null invertiert) wechselt den Signalpegel bei Signalwerten 1 des 4B/5B-Code. Da der NRZI-Code auf lange Nullfolgen nicht reagiert, kann nur er allein zur Signalkodierung nicht eingesetzt werden, denn die Taktrückgewinnung wäre nicht gewährleistet.

Der NRZI-Code wird mit vorausgehendem 4B/5B-Code im Fast Ethernet 100 Base-FX und beim FDDI-Verfahren verwendet.

MLT-3-Code

Der MLT-3-Code (MLT von Multilevel Transmission = Mehrebenenübertragung) ändert bei Signalwerten 1 z.B. des 4B/5B-Codes den Ausgangspegel stufenweise abwechselnd aufwärts und abwärts. Er reagiert wie der NRZI-Code auf lange Nullfolgen nicht und ist somit zur Signalcodierung allein nicht geeignet. Er bewirkt Gleichstromfreiheit des vorangehenden Codes.

Der MLT-3-Code wird mit vorausgehendem 4B/5B-Code im Fast Ethernet und mit vorausgehendem 8B/10B-Code im Gigabit Ethernet verwendet.

8B/6T-Code

Der 8B/6T-Code (8 binär/6 ternär) ist ein dreistufiger Code mit mindestens zwei Spannungsübergängen. Seine Gleichstromfreiheit macht einen Nachfolgecode wie NRZI oder MLT-3 unnötig.

Code-Tabelle 8B/6T-Code (Auszug)

Datenoktett	8B-Wort	6T-Wort
00	0000 0000	+−00+−
01	0000 0001	0+−+−0
0E	0000 1110	−+0−0+
FE	1111 1110	−+0+00
FF	1111 1111	+0−+00

Der 8B/6T-Code wird im Fast Ethernet 100 BaseTX eingesetzt. Der häufige Signalwechsel des 6T-Wortes macht die Rückgewinnung des Taktsignales möglich. Die Frequenz beträgt maximal 37,5 MHz.

G

Art	Erklärung	Bemerkung

Symmetrische Verschlüsselung

DES-Verfahren[1]. Der Klartext wird in Datenblöcke mit einer Breite von 64 bit zerlegt, die mit einem geheimen Schlüssel (Secret Key) mit der Länge 56 bit verschlüsselt werden. Aus dem Schlüsselwort wird durch Vertauschen und Verschieben von Bits eine Liste von 16 Schlüsselworten mit der Länge 56 bit erzeugt. Nun wird jedes Bit der Datenblocks vertauscht und 16-mal mit einem Wort der Schlüsselliste verschlüsselt. Dann wird dieser Block halbiert und mit einer logischen Funktion, z.B. einer XOR-Funktion, zum verschlüsselten Text verknüpft.

Verschlüsseln:
Eine lesbare Nachricht (Klartext) wird mit einer Funktion zum Verschlüsseln und einem Schlüssel in den verschlüsselten Text gewandelt. Schlüssel bedeutet hier eine berechnete, binäre Zeichenfolge.
Entschlüsseln:
Der verschlüsselte Text wird mit einer Funktion zum Entschlüsseln und dem gleichen Schlüssel wie zum Verschlüsseln in Klartext gewandelt.
Das IDEA-Verfahren[2] baut auf dem DES-Verfahren auf, verwendet aber einen Schlüssel mit der Länge von 128 bit.

Asymmetrische Verschlüsselung

RSA-Verfahren[3]. Ein öffentlicher Schlüssel (Public Key) besteht aus zwei binären Zahlen, z.B. e und n. Die Zahl n ist das Produkt zweier zufällig gewählter Primzahlen p und q. Die Primzahlen haben eine Länge ≥ 512 bit. Die Zahl e wird so gewählt, dass sie keinen gemeinsamen Teiler mit dem Produkt der um 1 verringerten Primzahlen p und q besitzt. Der private, geheime Schlüssel ist eine Zahl d, die kleiner als das Produkt der um 1 verringerten Primzahlen p und q ist.

Asymmetrische Schlüsselverfahren verwenden einen privaten, geheimen Schlüssel und einen öffentlichen Schlüssel aus zwei Teilschlüsseln. Beide Schlüssel kann man mit einem Programm zum Verschlüsseln, z.B. PGP[4], erzeugen.

Digitale Unterschrift (Signatur)

Aus dem Klartext wird vom Absender mit einer Funktion zur Erzeugung von Zufallszahlen eine lange Zufallszahl, der Hash-Wert (hash = Hackfleisch, hier Kontrollzahl), erzeugt. Diese Zahl wird mit einem geheimen Schlüssel, z.B. einer PIN[5], nach dem RSA-Verfahren verschlüsselt und als Signatur bezeichnet.
Der Empfänger erzeugt mit der gleichen Funktion wie der Absender aus der Signatur mit dem RSA-Verfahren eine Zahl. Entsteht bei einer zusätzlich durchgeführten Berechnung mit einer anderen Funktion zur Erzeugung von Zufallszahlen die gleiche Zahl, ist das Dokument unverändert.

Eine digitale Unterschrift (digitale Signatur) ist eine binäre Zahl, mit der die Unverfälschtheit eines Dokumentes festgestellt werden kann. Die Zufallszahl hat z.B. eine Länge von 160 bit oder 320 bit. Zusätzlich kann das Dokument vor der Übertragung auch noch verschlüsselt werden. Damit wird erreicht, dass der Klartext des Dokumentes unlesbar ist.

---

[1] DES von Data Encryption Standard = Daten-Verschlüsselungs-Standard.
[2] IDEA von International Data Encryption Algorithm = Internationaler Daten-Verschlüsselungs-Algorithmus.
[3] RSA von den Namen Rivest, Shamir und Adleman.
[4] PGP von Pretty Good Privacy = Hübsche gute Privatsphäre, Name einer Firmensoftware.
[5] PIN von Personal Identification Number = Persönliche Identifizierungszahl.

Verfahren	Ansicht, Beschreibung	Erklärungen
Lineare Codierung, Querparität, VRC, Vertical Redundancy Check	Nutzbits m Kontrollbit k (Prüfbit) $\begin{array}{cccc|c} 1 & 0 & 0 & 1 & 0 \end{array}$ ⇐ Gerade Parität (even parity) $m_1\ m_2\ m_3\ m_4\ \ k_5$ $\begin{array}{cccc|c} 1 & 0 & 0 & 1 & 1 \end{array}$ ⇐ Ungerade Parität (odd parity)	Bei der Codierung auf gerade Parität enthält der Code keine Codeworte mit ungerader Quersumme, bei der Codierung auf ungerade Parität enthält der Code keine Codeworte mit gerader Quersumme. In beiden Fällen wird ein Bitfehler sicher erkannt, kann aber nicht lokalisiert und korrigiert werden.
Lineare Codierung mit Prüfschema, Hammingcode	Zahl k der Kontrollbits bei der Stellenzahl s zur sicheren Korrektur von einem Fehler ($e = 1$): $k_{min} = \text{lb}\,(s + 1)$ Prüfschema zur Ermittlung der Kontrollbits: Ermittlung der Kontrollbits für das Nutzwort 1001: 		m_1	m_2	m_3	m_4	
k_5	x	x	x	–	⇒ 100– ⇒ $k_5 = 1$
k_6	–	x	x	x	⇒ –001 ⇒ $k_6 = 1$
k_7	x	x	–	x	⇒ 10–1 ⇒ $k_7 = 0$	 gesendetes Codewort: 1001 110 Übertragungsfehler bei m_3: 1011 110 Der Empfänger bildet aus den ankommenden Nutzbits nach dem Prüfschema die Kontrollbits 0 0 0. Es stimmen die Bits k_5 und k_6 nicht überein. Man erkennt im Prüfschema, daß sie durch m_3 bestimmt werden. m_3 muss korrigiert werden.	Beim Hammingcode wird die Anzahl der Kontrollbits k erhöht, um Fehler automatisch korrigieren zu können. Bei einem 7-stelligen Code benötigt man zur sicheren Korrektur eines Fehlers $k = \text{lb}\,8 = 3$ Kontrollbits (Prüfbits). Somit ist die Nutzbitzahl $m = 7 - 3 = 4$. Die 3 Kontrollbits sind Paritätsbits, die jeweils aus 3 Nutzbits nach dem abgebildeten Prüfschema ermittelt werden, z. B. ist k_5 die gerade Parität zu m_1, m_2 und m_3. Der Empfänger arbeitet mit demselben Prüfschema und bildet eigene Kontrollbits, die er mit den ankommenden vergleicht. Bei Nichtübereinstimmung erkennt man im Prüfschema, in welcher Spalte m_i genau diese Kontrollbits gewählt wurden. Bei $e = 1$ wird das entsprechende Nutzbit korrigiert.
Blockcodierung, VRC/LRC, Vertical/ Longitudinal Redundancy Check	Zahl k der Kontrollbits bei z Nutzworten mit der Nutzbitzahl m zur sicheren Korrektur von einem Fehler: $k = m + z + 1$ Kontrollbitermittlung: 4 Zeilen z 4 Spalten m 4 Nutzworte 		m_1	m_2	m_3	m_4		
z_1	0	0	1	0	1	k_1
z_2	0	1	0	0	1	k_2
z_3	0	1	1	0	0	k_3
z_4	1	0	0	1	0	k_4 | Paritätsbits der Zeilen |	1	0	0	1	0	
	k_5	k_6	k_7	k_8	k_9		 Paritätsbits der Spalten gesendetes Codewort: 0010 0100 0110 1001 1100 1001 0 Nutzbits Blockprüfzeichen BCC	Bei der Blockcodierung werden die Kontrollbits aus mehreren Nutzworten durch Bildung der Querparität und Längsparität erzeugt, siehe Ansicht. Für 4 Codeworte mit jeweils 4 Nutzstellen erzeugt man $k = 4 + 4 + 1 = 9$ Kontrollbits (Prüfbits). Zuerst werden die Kontrollbits k_1 bis k_4 durch Querparität gebildet und anschließend die Kontrollbits k_5 bis k_8 durch Längsparität. Das Kontrollbit k_9 ist das Paritätsbit der Querparitäten. Zur Übertragung werden die Kontrollbits als Blockprüfzeichen (BCC = block character check) den Nutzbits angehängt. Tritt ein Übertragungsfehler auf, z. B. an der dritten Stelle m_3 des zweiten Nutzwortes z_2, so werden die Kontrollbits k_2, k_7 und k_9 verändert. Der Empfänger führt die gleiche Blockcodierung der Nutzworte durch. Er stellt eine Nichtübereinstimmung der Kontrollbits k_2, k_7 und k_9 fest und kann den Fehler an der Stelle ($m_3	z_2$) beheben.
Zyklische Codierung, CRC, Cyclic Redundancy Check	Nutzwort unbesetzte Kontrollbits Generatorpolynom $\begin{array}{l} 1\,0\,0\,1\ \ -\,-\,- : 1\,0\,1\,1 = 1\,0\,1\,0 \\ \quad 1\,0\,1\,1 \quad\quad\quad 1\,0\,1\,1 \cdot 1 \\ \quad 0\,0\,1\,0\,0 \quad\quad\ \ 1\,0\,1\,1 \cdot 0 \\ \quad\ \ 0\,0\,0\,0 \\ \quad\ \ 0\,1\,0\,0\,0 \quad\quad\ \ 1\,0\,1\,1 \cdot 0 \\ \quad\quad\ \ 1\,0\,1\,1 \quad\quad\ \ 1\,0\,1\,1 \cdot 1 \\ \quad\quad\ \ 0\,0\,1\,1\,0 \\ \quad\quad\quad 0\,0\,0\,0 \quad\quad\ \ 1\,0\,1\,1 \cdot 0 \\ \quad\quad\quad 0\,1\,1\,0 \end{array}$ ⇐ k-stelliges Restpolynom Paritätsbits gesendetes Codewort: 1001 110	Bei der zyklischen Codierung werden die notwendigen Kontrollbits für die Korrektur eines Fehlers ($e = 1$) durch eine Polynomdivision gewonnen. Dazu wird jedes Nutzwort durch das Generatorpolynom dividiert, in der Ansicht 1011. Das Restpolynom, welches bei der Polynomdivision übrig bleibt, bildet die Kontrollbitfolge, in der Ansicht 110. Zur Datenübertragung werden die Kontrollbits an die Nutzbits angefügt. Die zyklische Codierung ist ein Spezialfall der Hammingcodierung. Dies erkennt man daran, dass sich für das Nutzbits 1001 dieselben Kontrollbitwerte ergeben wie im Beispiel der Hammingcodierung.

G

G

Länge, Fläche, Volmen, Winkel

Länge	Meter m	m
	Zoll	$1'' = 25{,}4\,mm$
Fläche	Quadratmeter	m²
Volumen	Kubikmeter	m³
	Liter	$1\,l = 1/1000\,m^3$
Winkel (ebener)	Radiant	rad
	Grad	$1° = \pi/180\ rad$

Zeit, Frequenz, Geschwindigkeit, Beschleunigung

Zeit	Sekunde	s
	Minute, Stunde, Tag	$1\ min = 60\ s$ $1\ h = 60\ min = 3600\ s$ $1\ d = 24\ h$
Frequenz, Drehzahl, Umdrehungsfrequenz	Hertz je Sekunde (je Minute)	$1\ Hz = 1/s$ $1/s = 60/min$
Kreisfrequenz, Geschwindigkeit	je Sekunde Meter je Sekunde	1/s m/s
	Kilometer je Stunde	$1\ km/h = 1/3{,}6$ m/s
Winkelgeschwindigkeit	Radiant je Sekunde	rad/s
Beschleunigung		m/s²

Mechanik

Masse	Kilogramm	kg
	Tonne	$1\ t = 1000\ kg$
Dichte	Masse je Volumen	kg/m³, kg/dm³
Kraft	Newton	$1\ N = 1\ kg\,m/s^2$
Druck	Pascal	$1\ Pa = 1\ N/m^2$
	Bar	$1\ bar = 0{,}1\ MPa$
Arbeit, Energie	Joule	$1\ J = 1\ Nm = 1\ Ws$
	Elektronvolt	$1\ eV = 0{,}16\ aJ$
Leistung	Watt	$1\ W = 1\ J/s = 1\ Nm/s$

Elektrizität, Magnetismus

elektrische Ladung	Coulomb	$1\ C = 1\ As$
Spannung, Potenzial	Volt	$1\ V = 1\ J/C$
Feldstärke	Volt je Meter	$1\ V/m = 1\ N/C$
Kapazität	Farad	$1\ F = 1\ C/V$
Permittivität Dielektrizitätskonstante	Farad je Meter	$1\ F/m\ 1\ C/(V\,m)$
Stromstärke	Ampere	$1\ A = 1\ C/s$
Stromdichte		A/m²
Widerstand, Wirkwiderstand	Ohm	$1\ \Omega = 1\ V/A$
spezifischer Widerstand	Ohm je Meter	$1\ Ohm/m$
Leitwert	Siemens	$1\ S = 1/Ohm$
Leitfähigkeit	Siemens je Meter	$1\ S/m$
Leistung	Watt	$1\ W = 1\ V \cdot 1\ A$
Induktivität	Henry	$1\ H = 1\ Vs/A$

Elektromagnetische Strahlung

Strahlungsenergie	Joule	$1\ J = 1\ Nm = 1\ Ws$
Strahlungsleistung	Watt	$1\ W = 1\ J/s$

Licht, Optik

Lichtstärke	Candela	cd
Leuchtdichte	Candela je cm²	cd/m²
Lichtstrom	Lumen	lm
Lichtausbeute	Lumen je Watt	lm/W
Lichtmenge	Lumensekunde	lms
Beleuchtungsstärke	Lux	lx
Brechwert		m⁻¹

Wärme

Celsius-Temperatur	Grad Celsius	°C
Thermodynamische Temperatur	Kelvin	K
Temperaturdifferenz	Kelvin	K
Wärmeenergie	Joule	$1\ J = 1\ Ws$
Wärmekapazität	Joule je Kelvin	J/K

Akustik

Schalldruck	Pascal	$1\ Pa = 1\ N/m^2$
Schallgeschwindigkeit	Meter je Sekunde	m/s
Schallintensität	Watt je Quadratmeter	W/m²

Informationstechnik

Informationseinheit	Bit, Binary Digit	1 Bit
	Byte, 8 Bit	1 B
Bitrate, Datenrate	Bit je Sekunde	bit/s
Digitrate	Digit je Sekunde	digit/s
Leitungsdigitrate		s-1 oder Baud
Zeichenrate	Zeichen je Sekunde	s-1
Dämpfungsmaß	Dezibel	dB
Dämpfungskoeffizient	Dezibel je km	dB/km
Bandbreite analog	Hertz, Bit/s oder	kHz, MHz
Bandbreite digital	Byte je Sekunde	Bit/s, Mbit/s, B/s
Bandbreiten-Längen-Produkt	Meter je Sekunde	m/s oder km * MHz
Numerische Apertur		keine Einheit
Dispersion	Sekunde je km	s/km
Auflösung	Zeilen * Zeichen	Pixel m/s oder

Base quantity Name	Explanation	English	German
length meter (m)	The meter is the length of the path travelled by light in vacuum during a time interval of 1/299 792 458 of a second.	during length path	während Länge Weg
time second (s)	The second is the duration of 9,192,631,770 periods of the radiation corresponding to the transition between the two hyperfine levels of the ground state of the caesium 133 atom.	corresponding duration ground state radiation transition	entsprechend Dauer Grundzustand Strahlung Übergang
mass kilogram (Kg)	The kilogram is equal to the mass of the international prototype of the kilogram.	equal to mass prototype	gleich Masse Prototyp
temperature Kelvin (K)	The kelvin is the fraction 1/273.16 of the thermodynamic temperature of the triple point of water.	fraction triple point	Bruch 3-Phasen- Aggregatzustand
force Newton (N)	Force can be defined as a push or a pull. (Technically, force is something that can accelerate objects.) For example, when you throw a baseball, you apply a force to the ball. Force is measured by N (**Newton**). A force that causes an object with a mass of 1 kg to accelerate at 1 m/s is equivalent to 1 Newton.	force to accelerate to apply to cause to measure to throw	Kraft beschleunigen anwenden verursachen messen werfen
volt volt [V]	The volt is the SI unit of electric potential. One volt is the difference of potential between two points of an electrical conductor when a current of 1 **ampere** flowing between those points dissipates a power of 1 **watt**.	current difference potential to dissipate	Strom Unterschied Potenzial ableiten
electric current ampere (A)	The ampere is that constant current which, if maintained in two straight parallel conductors of infinite length, of negligible circular cross-section, and placed 1 metre apart in vacuum, would produce between these conductors a force equal to 2×10^{-7} newton per metre of length.	apart conductor cross-sectiont current force infinite negligible to maintain	auseinander Leiter Querschnitt Strom Kraft unendlich vernachlässigbar aufrechterhalten
ohm ohm [Ω]	The ohm is the SI unit of resistance of an electrical conductor. Its symbol is the capital Greek letter 'omega'. It is named after the German physicist Georg Simon Ohm (1789−1854).	capital letter conductor physicist resistance	Großbuchstabe Leiter Physiker Widerstand
watt watt (W)	The watt is used to measure power or the rate of doing work. One watt is a power of 1 **joule** per **second**. It is named after the Scottish engineer James Watt (1736−1819).	power rate to measure to name	Kraft Geschwindigkeit messen benennen
work joule [J]	The joule is the SI unit of work or energy. One joule is the amount of work done when an applied force of 1 **newton** moves through a distance of 1 **metre** in the direction of the force.	amount applied force work	Menge, Betrag angewandt Kraft Arbeit
frequencyy Hertz (Hz)	The hertz is the SI unit of the frequency of a periodic phenomenon. One hertz indicates that 1 cycle of the phenomenon occurs every second.	frequency to indicate to occur	Frequenz anzeigen auftreten
capacitance Farad (F)	The farad is the SI unit of the capacitance of an electrical system, that is, its capacity to store electricity. It is more often used as a microfarad. It is named after the English chemist and physicist Michael Faraday (1791−1867)	capacitance chemist electricity rather to store	Kapazität Chemiker Elektrzität eher, ziemlich speichern
intensity of light candela (cd)	The candela is the luminous intensity, in a given direction, of a source that emits monochromatic radiation of frequency 540×10^{12} hertz.	luminous intensity monochromatic source	Leuchtstärke einfarbig Quelle

G

Sizes of units Größe von Einheiten

G

Key words	Explanation		
	Metric system of measurement		**Imperial system of measurement (UK)**
Length	10 millimetres = 1 centimetre 10 centimetres = 1 decimeter 10 decimeter = 1 metre 10 metres = 1 decametre 10 decametres = 1 hectometre 10 hectometres = 1 kilometre 1000 metres = 1 kilometre		12 inches = 1 foot 3 feet = 1 yard 5280 feet = 1 mile 1760 yards = 1 mile
Area	100 sq. mm = 1 sq. cm 10 000 sq. cm = 1 sq. metre 100 sq. metres = 1 are 100 ares = 1 hectare 10 000 sq. metres = 1 hectare 100 hectares = 1 sq. kilometre 1 000 000 sq. metres = 1 sq. kilometre		144 sq. inches = 1 square foot 9 sq. feet = 1 square yard 4840 sq. yards = 1 acre 640 acres = 1 square mile
Volume	1000 cu. mm = 1 cu. cm 1000 cu. cm = 1 cu. decimetre 1000 cu. dm = 1 cu. metre 1 million cu. cm = 1 cu. metre		1728 cu. inches = 1 cubic foot 27 cu. feet = 1 cubic yard
Capacity	10 millilitres = 1 centilitre 10 centilitres = 1 decilitre 10 decilitres = 1 litre 1000 litres = 1 cu. metre		20 fluid ounces = 1 pint 8 pints = 1 gallon
Mass	1000 grams = 1 kilogram 1000 kilograms = 1 tonne		437.5 grains = 1 ounce 16 ounces = 1 pound 14 pounds = 1 stone 8 stones = 1 hundredweight (cwt) 20 cwt = 1 ton (2240 pounds)
Conversion	**Imperial** 1 inch [in] 1 foot [ft] = 12 in 1 yard [yd] = 3 ft 1 mile = 1760 yds	**Metric** 2.54 cm 0.3048 m 0.9144 m 1.6093 km	**Metric** **Imperial** 1 millimetre [mm] 0.03937 inch [in] 1 centimetre [cm] 0.3937 inch [in] 1 metre [m] 1.0936 yard [yd] 1 kilometre [km] 0.6214 mile

yotta [Y]	1 000 000 000 000 000 000 000 000	septillion = 10^{24}
zetta [Z]	1 000 000 000 000 000 000 000	sextillion = 10^{21}
exa [E]	1 000 000 000 000 000 000	quintillion = 10^{18}
peta [P]	1 000 000 000 000 000	quadrillion = 10^{15}
tera [T]	1 000 000 000 000	trillion = 10^{12}
giga [G]	1 000 000 000	a thousand millions = a billion
mega [M]	1 000 000	a million
kilo [k]	1 000	a thousand
hecto [h]	100	a hundred
deca [da]	10	ten
deci [d]	0.1	a tenth
centi [c]	0.01	a hundredth
milli [m]	0.001	a thousandth
micro [µ]	0.000 001	a millionth
nano [n]	0.000 000 001	a thousand millionth
pico [p]	0.000 000 000 001	trillionth = 10^{-12}
femto [f]	0.000 000 000 000 001	quadrillionth = 10^{-15}
atto [a]	0.000 000 000 000 000 001	quintillionth = 10^{-18}
zepto [z]	0.000 000 000 000 000 000 001	sextillionth = 10^{-21}
yocto [y]	0.000 000 000 000 000 000 000 001	septillionth = 10^{-24}

Sizes	The SI (Systemè International d'unités) allows the sizes of units to be made bigger or smaller by the use of appropriate prefixes. For example, the electrical unit of a watt is not a big unit, so it is generally used in terms of 1000 watts at a time. The prefix for 1000 is *kilo* so we use kilowatts [kW] as our unit of measurement. For makers of electricity, or bigger users such as industry, it is common to use megawatts [MW] or even gigawatts [GW]. The full range of prefixes with their [symbols or abbreviations] and their multiplying factors which are also given in other forms is shown above.

Shapes	Explanation

apex

base

octagon

square

rhombus

acute angle

obtuse angle

reflex angle

Shapes can be divided into plane shapes and solid shapes.

Plane shapes are two-dimensional. They have
- a height and
- a length.

Solid shapes are three-dimensional. They have
- a height,
- a length and
- a width.

Plane and solid shapes fall into two further categories:
- rectilinear shapes and
- curvilinear shapes.

Rectilinear shapes are made up of straight lines and angles; curvilinear shapes have curved sides and no angles.

The value of angles is expressed in degrees (°). As the name says, a triangle has three angles, two at the base and one at the apex. The three angles of a triangle always add up to 180°. Four-sided shapes have four angles, one at each corner. The four angles of a four-sided shape always add up to 360°.

Squares have four sides of equal length and four angles of 90°. Rectangles also have four 90° angles but only the opposite sides are equal in length. The opposite sides of both squares and rectangles are parallel to each other.

We call shapes with more than four angles or sides polygons (many-sided). The most important polygons are pentagons (five-sided), hexagons (six-sided) and octagons (eight-sided).

We also speak of regular and irregular shapes.

Regular shapes have
- sides of equal length and equal angles. Squares, equilateral triangles and polygons are regular.

Irregular shapes have
- sides and angles of unequal value.

Rectangles, rhombuses and non-equilateral triangles are examples of irregular shapes.

There are four different kinds of angles. A right angle is 90°. Angles of less than 90° are acute angles. All triangles have at least two acute angles. An obtuse angle is more than 90° but less than 180°. (A 180° angle is a straight line.) Rhombuses always have two acute and two obtuse angles. We call angles that are more than 180° but less than 360° reflex angles.

Shapes	English	German

cube

cylinder

prism

polygon

circle

equilateral triangle

rectangle

	acute angle	spitzer Winkel
	always	immer
	angle	Winkel
	apex	Spitze
	at least	mindestens
	base	Basis
	category	Klasse
	circle	Kreis
	corner	Ecke
	cube	Würfel
	curved	gebogen
	curvilinear	gekrümmt, krummlinig
	cylinder	Zylinder
	degree	Grad
	different	unterschiedlich
	each	jede, -r,-es
	equal	gleich
	equilateral	gleichseitig
	four-sided	vierseitig
	further	weiter
	height	Höhe
	hexagon	Sechseck
	hexagonal	sechseckig
	irregular	unregelmäßig
	kinds of	Arten von
	length	Länge
	less	weniger
	obtuse	stumpfer
	octagon	Achteck
	opposite	gegenüberliegend
	pentagon	Fünfeck
	plane	eben
	polygon	Vieleck
	prism	Prisma
	rectangle	Rechteck
	rectilinear	gerade
	reflex angle	überstreckter Winkel
	rhombus	Raute
	shape	Form
	side	Seite
	solid	fest
	square	Quadrat
	straight	gerade
	to add up	ergeben
	to be made up of	bestehen aus
	to divide	teilen
	to express	ausdrücken
	triangle	Dreieck
	unequal	ungleich
	value	Wert
	width	Breite

G

Größe	Darstellung	Bemerkung, Erklärung
Spannung U	Spannung null / Spannung niedrig / Spannung hoch **Ladung und Spannung**	U Spannung Q elektrische Ladung • Spannungen treten auf, wo getrennte Ladungen sich auszugleichen versuchen. • Je größer die Menge getrennter Ladungen ist, desto größer ist auch die Spannung.
Strom I, Stromdichte J	A_3 A_1 A_2 I **Stromkreis und Stromdichte**	$I = \dfrac{Q}{t}$ $[I] = \text{A}$ $J = \dfrac{I}{A}$ $[J] = \dfrac{\text{A}}{\text{m}^2}$ I Stromstärke Q elektrische Ladung t Zeit J Stromdichten A_1, A_2, A_3 Leiterquerschnitte • Im geschlossenen Stromkreis fließt der Strom mit der Stromstärke I. • Die Änderung der elektrischen Ladung im Leiter pro Zeiteinheit wird als Stromstärke bezeichnet.
Widerstand R	$R_A \approx 0\,\Omega$ U R $R_V \approx \infty$ **Schaltung zur Widerstandsbestimmung**	$R = \dfrac{U}{I}$ $G = \dfrac{1}{R}$ $[R] = \dfrac{\text{V}}{\text{A}} = \Omega$ $[G] = \dfrac{1}{\Omega} = \text{S}$ I Stromstärke U Spannung R Wirkwiderstand G Leitwert • Der Widerstand ist der Quotient aus Spannung und Stromstärke mit der Einheit Ohm (Ω). • Große Widerstände verringern die Stromstärke. • Der Leitwert ist der Kehrwert des Widerstandes mit der Einheit (S).
Elektrische Arbeit W	Kilowattstunden · 1 2 0 3 8,7 · Wechselstromzähler · $\dfrac{212}{355}$ · 230 V 10 (40) A 50 Hz · 600 U/kWh · Schltg 1000 — Zählwerk / Zulassungszeichen / Zählerkonstante / Sichtfenster für Zählerscheibe **Elektrischer Zähler**	$1\ \text{kwh} = 1000\ \text{Wh} = 360000\ \text{Ws}$ $[W] = \text{W·s} = \text{Ws} = \text{J}$ $[W] = \text{kW·h} = \text{kWh}$ $W = P \cdot t$ mit $P = U \cdot I$ $W = U \cdot I \cdot t$ W elektrische Arbeit P elektrische Leistung t Zeit U Spannung I Stromstärke • Elektrische Arbeit wird direkt mit dem kWh-Zähler (**Bild**) oder indirekt mit dem Leistungsmesser und einem Zeitmesser bestimmt. • Zähler befinden sich im Hausanschlusskasten.
Elektrische Leistung P	1248 W 0.241 TARIF costs · STA/STP ON TIME MODE **Leistungsmessgerät**	$P = U \cdot I$ $[P] = \text{V} \cdot \text{A} = \text{VA} = \text{W}$ $[P] = \text{J/s} = \text{Nm/s} = \text{W}$ • Elektrische Leistung ist das Produkt Spannung mal Stromstärke und hat die Einheit Watt (W). Mit $U = I \cdot R$ oder $I = U/R$ in $P = U \cdot I$ erhält man: $P = \dfrac{U^2}{R}$ $P = I^2 \cdot R$
Wirkungsgrad η	P_{zu} → 200 W ↑ 20 W ↑ 10 W → P_{ab} 170 W Trafo Gleichrichter $\eta_1 = 0,9$ $\eta_2 = 0,94$ $\eta = 0,85$ **Blockschaltbild eines Netzteils**	$\eta = \dfrac{P_{ab}}{P_{auf}}$ η Wirkungsgrad P_{ab} Leistungsabgabe P_{auf} Leistungsaufnahme $\eta = \eta_1 \cdot \eta_2 \ldots \eta_n$ • Der Wirkungsgrad ist das Verhältnis von abgegebener Leistung P_{ab} zu aufgenommener Leistung P_{auf}. Er wird oft mit 100 multipliziert in Prozent angegeben. • Den Wirkungsgrad erhält man durch Multiplizieren der Einzelwirkungsgrade. • PC-Netzteile haben z. B. einen Wirkungsgrad von 55 %.

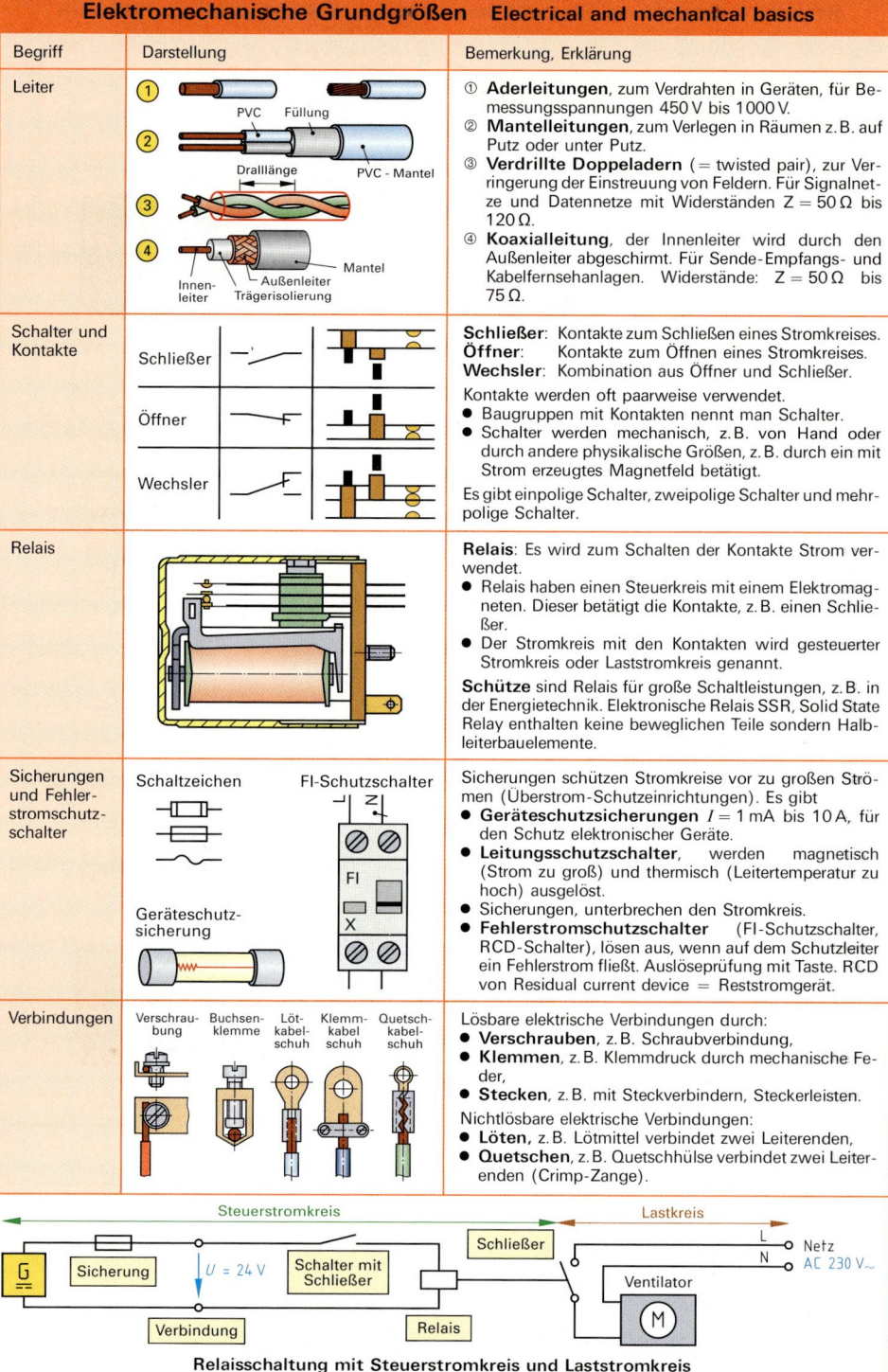

Begriff	Darstellung	Bemerkung, Erklärung
Leiter	PVC Füllung · Dralllänge · PVC - Mantel · Innenleiter · Außenleiter · Trägerisolierung · Mantel	① **Aderleitungen**, zum Verdrahten in Geräten, für Bemessungsspannungen 450 V bis 1000 V. ② **Mantelleitungen**, zum Verlegen in Räumen z.B. auf Putz oder unter Putz. ③ **Verdrillte Doppeladern** (= twisted pair), zur Verringerung der Einstreuung von Feldern. Für Signalnetze und Datennetze mit Widerständen $Z = 50\,\Omega$ bis $120\,\Omega$. ④ **Koaxialleitung**, der Innenleiter wird durch den Außenleiter abgeschirmt. Für Sende-Empfangs- und Kabelfernsehanlagen. Widerstände: $Z = 50\,\Omega$ bis $75\,\Omega$.
Schalter und Kontakte	Schließer Öffner Wechsler	**Schließer**: Kontakte zum Schließen eines Stromkreises. **Öffner**: Kontakte zum Öffnen eines Stromkreises. **Wechsler**: Kombination aus Öffner und Schließer. Kontakte werden oft paarweise verwendet. • Baugruppen mit Kontakten nennt man Schalter. • Schalter werden mechanisch, z.B. von Hand oder durch andere physikalische Größen, z.B. durch ein mit Strom erzeugtes Magnetfeld betätigt. Es gibt einpolige Schalter, zweipolige Schalter und mehrpolige Schalter.
Relais		**Relais**: Es wird zum Schalten der Kontakte Strom verwendet. • Relais haben einen Steuerkreis mit einem Elektromagneten. Dieser betätigt die Kontakte, z.B. einen Schließer. • Der Stromkreis mit den Kontakten wird gesteuerter Stromkreis oder Laststromkreis genannt. **Schütze** sind Relais für große Schaltleistungen, z.B. in der Energietechnik. Elektronische Relais SSR, Solid State Relay enthalten keine beweglichen Teile sondern Halbleiterbauelemente.
Sicherungen und Fehlerstromschutzschalter	Schaltzeichen · FI-Schutzschalter · FI · X · Geräteschutzsicherung	Sicherungen schützen Stromkreise vor zu großen Strömen (Überstrom-Schutzeinrichtungen). Es gibt • **Geräteschutzsicherungen** $I = 1\,mA$ bis $10\,A$, für den Schutz elektronischer Geräte. • **Leitungsschutzschalter**, werden magnetisch (Strom zu groß) und thermisch (Leitertemperatur zu hoch) ausgelöst. • Sicherungen, unterbrechen den Stromkreis. • **Fehlerstromschutzschalter** (FI-Schutzschalter, RCD-Schalter), lösen aus, wenn auf dem Schutzleiter ein Fehlerstrom fließt. Auslöseprüfung mit Taste. RCD von Residual current device = Reststromgerät.
Verbindungen	Verschraubung · Buchsenklemme · Lötkabelschuh · Klemmkabelschuh · Quetschkabelschuh	Lösbare elektrische Verbindungen durch: • **Verschrauben**, z.B. Schraubverbindung, • **Klemmen**, z.B. Klemmdruck durch mechanische Feder, • **Stecken**, z.B. mit Steckverbindern, Steckerleisten. Nichtlösbare elektrische Verbindungen: • **Löten**, z.B. Lötmittel verbindet zwei Leiterenden. • **Quetschen**, z.B. Quetschhülse verbindet zwei Leiterenden (Crimp-Zange).

Steuerstromkreis · Lastkreis

$\underline{G}$ · Sicherung · $U = 24\,V$ · Schalter mit Schließer · Schließer · L · Netz · N · AC 230 V~ · Ventilator · M · Verbindung · Relais

Relaisschaltung mit Steuerstromkreis und Laststromkreis

G

G

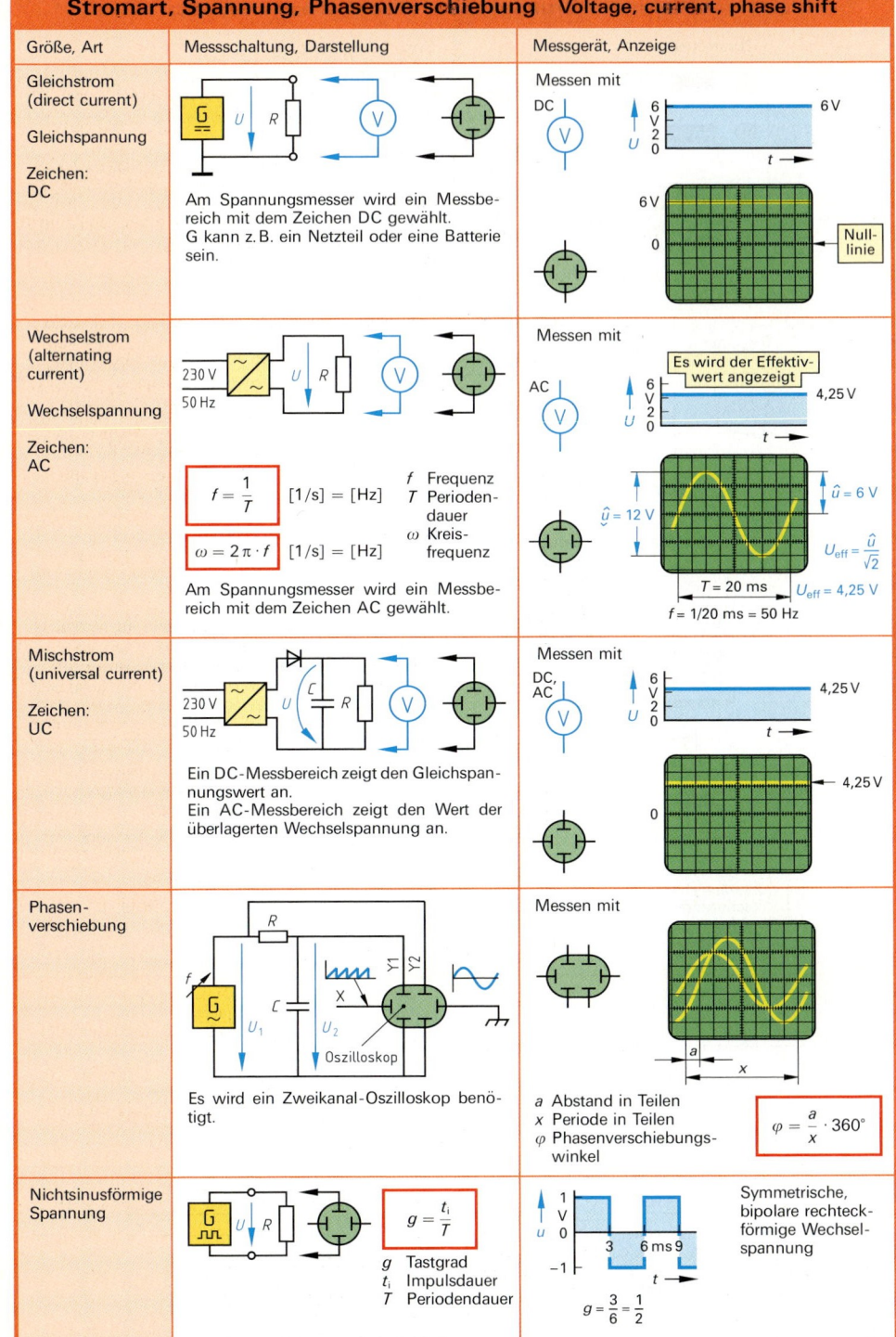

Größe, Art	Messschaltung, Darstellung	Messgerät, Anzeige

Gleichstrom (direct current)

Gleichspannung

Zeichen: DC

Am Spannungsmesser wird ein Messbereich mit dem Zeichen DC gewählt. G kann z.B. ein Netzteil oder eine Batterie sein.

Messen mit DC

6 V

Null-linie

Wechselstrom (alternating current)

Wechselspannung

Zeichen: AC

$$f = \frac{1}{T} \quad [1/s] = [Hz]$$

$$\omega = 2\pi \cdot f \quad [1/s] = [Hz]$$

f Frequenz
T Periodendauer
ω Kreisfrequenz

Am Spannungsmesser wird ein Messbereich mit dem Zeichen AC gewählt.

Messen mit AC

Es wird der Effektivwert angezeigt 4,25 V

$\hat{u} = 6\ V$
$\hat{u} = 12\ V$

$U_{eff} = \frac{\hat{u}}{\sqrt{2}}$

$T = 20\ ms$
$U_{eff} = 4,25\ V$
$f = 1/20\ ms = 50\ Hz$

Mischstrom (universal current)

Zeichen: UC

Ein DC-Messbereich zeigt den Gleichspannungswert an.
Ein AC-Messbereich zeigt den Wert der überlagerten Wechselspannung an.

Messen mit DC, AC

4,25 V

4,25 V

Phasenverschiebung

Es wird ein Zweikanal-Oszilloskop benötigt.

Messen mit

a Abstand in Teilen
x Periode in Teilen
φ Phasenverschiebungswinkel

$$\varphi = \frac{a}{x} \cdot 360°$$

Nichtsinusförmige Spannung

$$g = \frac{t_i}{T}$$

g Tastgrad
t_i Impulsdauer
T Periodendauer

$$g = \frac{3}{6} = \frac{1}{2}$$

Symmetrische, bipolare rechteckförmige Wechselspannung

Ansicht, Schaltung	Erklärungen, Daten

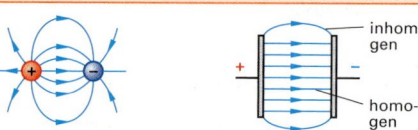

Elektrisches Feld   **Homogenes und inhomogenes elektrisches Feld**

inhomogen

homogen

Elektrische Felder werden durch gedachte Linien, die elektrischen Feldlinien dargestellt. Die Richtung der Feldlinien ist gleich der Kraft, die auf eine positive Punktladung ausgeübt wird.
Feldlinien beginnen senkrecht an der Oberfläche des positiv geladenen Körpers und enden senkrecht an der Oberfläche des negativ geladenen Körpers. Verlaufen die elektrischen Feldlinien zwischen den geladenen Körpern parallel mit voneinander gleichem Abstand, spricht man von einem homogenen Feld.

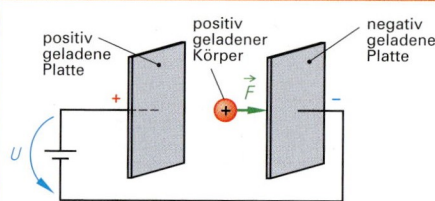

positiv geladene Platte — positiv geladener Körper — negativ geladene Platte

$\vec{F}$

Kräfte im elektrisches Feld

Jede elektrische Spannung erzeugt ein elektrisches Feld.

Beim homogenen Feld:

$$[E] = \frac{V}{m} \qquad \boxed{E = \frac{U}{l}}$$

$$[F] = \frac{V}{m} \cdot C \qquad \boxed{F = E \cdot Q}$$

$$= \frac{V}{m} \cdot As = \frac{Ws}{m} = \frac{Nm}{m}$$

$$= N$$

E elektrische Feldstärke
U Spannung zwischen den geladenen Körpern
l Abstand der geladenen Körper voneinander
F Kraft auf einen geladenen Körper
Q elektrische Ladung des Körpers

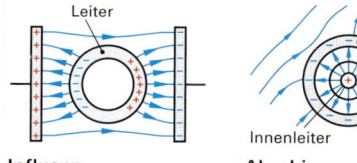

Leiter — Abschirmung

Innenleiter

Influenz   **Abschirmung**

Influenz und Abschirmung
Influenz ist die Ladungstrennung in einem elektrisch leitfähigen Körper durch Ladungsverschiebung durch ein elektrisches Feld.
Elektrische Felder können durch Influenz Störungen hervorrufen. Abschirmung mit Metallen, z. B. Aluminium, Eisen, Kupfer in Form von Blechen oder Drahtgeflechten verhindert die Influenz im abgeschirmten Raum.
Anwendung: Koaxialkabel (**Bild**).

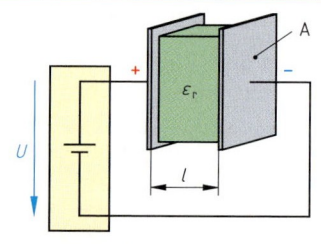

A

ε_r

l

Kondensatorkapazität

$$[C] = \frac{As}{V} \qquad \boxed{C = \frac{\varepsilon \cdot A}{l}}$$

$$[\varepsilon_r] = 1 \qquad \varepsilon = \varepsilon_0 \cdot \varepsilon_r$$

$$\varepsilon_0 = 8{,}86 \cdot 10^{-12} \frac{As}{Vm}$$

$$1 \frac{As}{Vm} = 1\ F\ (Farad)$$

C Kapazität des Kondensators
Q Ladung des Kondensators
U Spannung zwischen den Kondensatorplatten
ε Permittivität
ε_0 Elektrische Feldkonstante
ε_r Permittivitätszahl
A Plattenfläche
l Plattenabstand

Die Permittivität ist das Produkt aus elektrischer Feldkonstante ε_0 und Permittivitätszahl ε_r.

Anwendungen von Kondensatoren

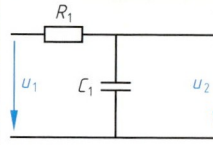

R_1

u_1 C_1 u_2

RC-Tiefpass

Tiefpässe lassen tiefe Frequenzen bevorzugt durch und unterdrücken hohe Frequenzen.

$$\boxed{f_C = \frac{1}{2\pi \cdot R_1 \cdot C_1}}$$

f_C Grenzfrequenz

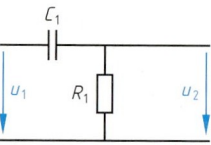

C_1

u_1 R_1 u_2

RC-Hochpass

Hochpässe lassen hohe Frequenzen bevorzugt durch und unterdrücken tiefe Frequenzen.

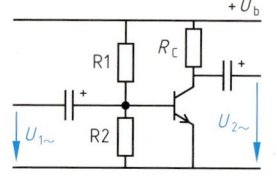

$+U_b$

R_C

$R1$

$R2$

$U_{1\sim}$ $U_{2\sim}$

$U_{1\sim}$ und $U_{2\sim}$ sind gleichspannungsfrei.

Transistorverstärkerstufe, kapazitiv gekoppelt

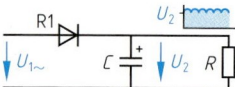

$R1$

C U_2 R

$U_{1\sim}$ U_2

Spannungsglättung in Netzteilen

Darstellung	Erklärung, Formeln

G

entspricht Stromrichtung — Leiter — *I* — **Feldlinie**

Strom und magnetisches Feld

Magnetische Feldlinien
Magnetische Felder werden durch gedachte Linien, die magnetischen Feldlinien dargestellt. Sie verlaufen ringförmig um den Leiter. Die magnetischen Feldlinien erzeugen ein Kraftfeld senkrecht zur Feldlinienrichtung.

Feldlinienrichtung
Fließt der Strom in den Leiter hinein (Daumenrichtung der rechten Hand), zeigen die gekrümmten Fingerspitzen die Feldlinienrichtung an.

- - - mittlere Feldlinienlänge

$N_1 = 15$

l_1

Leiterschleife

H_1

Φ

B

i

u

Φ

I_1

Magnetische Feldstärke   **Magnetische Flussdichte**

Magnetische Feldgrößen

Durchflutung:

$$\Theta = I \cdot N$$

magnetische Feldstärke:

$$H = \frac{I \cdot N}{l_m}$$

$[\Phi] = \mathrm{Vs} = \mathrm{Wb}$

$[B] = \dfrac{\mathrm{Vs}}{\mathrm{m}^2} = \mathrm{T}$

$$B = \frac{\Phi}{A}$$

Magnetische Feldstärke H und magnetische Flussdichte B sind über die Permeabilität $\mu = B/H$ verknüpft.

$$B = \mu \cdot H$$

$$\mu = \mu_0 \cdot \mu_r$$

N Windungszahl
Θ Durchflutung, magnetische Spannung
H magn. Feldstärke
I Stromstärke
l_m mittlere Feldlinienlänge
A Querschnitt, Polfläche, durchflutete Fläche
B magn. Flussdichte

μ_0 Feldkonstante
μ_r Permeabilitätszahl

I_1 — **Kern**

U_1

B

Magnetisierungs-Kennlinie von Eisen

$H \longrightarrow$

Magnetische Flussdichte in Eisen

Im Vakuum oder in Luft ist der Zusammenhang zwischen B und H linear, da $\mu_r = 1$. Bei Ferritkernen oder Eisenkernen kann abhängig von der Feldstärke H die Permeabilitätszahl $\mu_r \gg 1$ werden, z. B. 2000 bis 50 000.

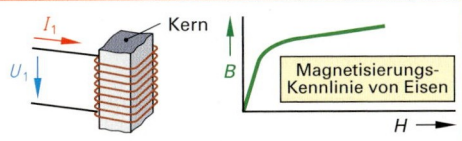

magnetischer Wechselfluss — **Eisenkern zur elektromagnetischen Kopplung**

Φ

I_1 I_2

U_1 **Energiefluss** U_2

Eingangswicklung N_1

Ausgangswicklung N_2

Energiefluss im Transformator

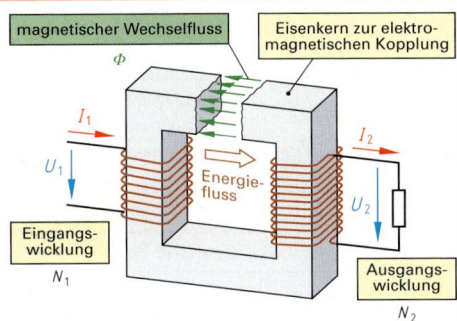

a) ⧓ b) ⧓   a) ⧓ b) ⧓
DIN DIN   ANSI ANSI

Transformatorschaltzeichen

Induktion
Ändert sich ein Magnetfeld, z. B. durch einen Wechselstrom, so ändert sich auch die magnetische Flussdichte. Dadurch können in Leitern, die sich in diesem Magnetfeld befinden, Spannungen induziert werden.

$[u_i] = \dfrac{\mathrm{Vs}}{\mathrm{s}} = \mathrm{V}$

$$u_i = -N \frac{\Delta\Phi}{\Delta t}$$

u_i induzierte Spannung
N Windungszahl
$\Delta\Phi$ Flussänderung
Δt Zeit, in der die Flussänderung erfolgt

Die Materialkonstante $N^2 \cdot A$ wird als **Induktivität** L bezeichnet.

$[L] = \dfrac{\mathrm{Vs}}{\mathrm{A}} = \mathrm{H}$

$$L = N^2 \cdot A$$

$$\frac{U_1}{U_2} = \frac{N_1}{N_2}$$

$$\frac{I_1}{I_2} = \frac{N_2}{N_1}$$

$$ü = \frac{U_1}{U_2}$$

N Windungszahl
A Querschnittsfläche des Kernes
I_1, I_2 Stromstärken
U_1 Eingangsspannung
U_2 Ausgangsspannung
N_1 Windungszahl der Eingangswicklung
N_2 Windungszahl der Ausgangswicklung
$ü$ Übersetzungsverhältnis

Anwendung:
Transformation der Netzspannung, z. B. 230 V auf die benötigte Spannung, z. B. 7,5 V, 12 V, 24 V.
- **Übertrager** sind Transformatoren zum Übertragen von Signalen.
- **Messwandler** sind Transformatoren für Messzwecke.

G

Bennenung	Widerstand	Induktivität der Spule	Kapazität des Kondensators
Bauteil-benennung	R	L	C
Schaltzeichen (europäisch und amerikanisch) Formeln	$$R = \frac{\varrho \cdot l}{A}$$ $$R = \frac{l}{\gamma \cdot A}$$ R Widerstand ϱ spezifischer Widerstand l Leiterlänge A Leiterquerschnitt γ Leitfähigkeit	$$L = N^2 \cdot A_L$$ L Induktivität N Windungszahl A_L Spulenkonstante	$$C = \frac{\varepsilon_0 \cdot \varepsilon_r \cdot A}{l}$$ $\varepsilon_0 = 8{,}85 \cdot 10^{-12} \dfrac{\text{As}}{\text{Vm}}$ C Kapazität ε_0 elektrische Feldkonstante ε_r Permittivitätszahl A Plattenfläche l Plattenabstand
Verhalten an Rechteck-spannung mit Vorwiderstand			
Zeitkonstanten τ		$$\tau = \frac{L}{R}$$ $[\tau] = \dfrac{\text{H}}{\Omega} = \dfrac{\text{Vs/A}}{\text{V/A}} = \text{s}$	$$\tau = R \cdot C$$ $[\tau] = \Omega \cdot \text{F} = \dfrac{\text{V}}{\text{A}} \cdot \dfrac{\text{As}}{\text{V}} = \text{s}$
Verhalten bei sinusförmiger Wechsel-spannung AC ohne Vor-widerstand	I und U sind in Phase $$R = \frac{U}{I}$$	I eilt um 90° nach $$\frac{U_L}{I_{bL}} = X_L = \omega L$$	I eilt um 90° vor. $$\frac{U_C}{I_{bC}} = X_C = \frac{1}{\omega C}$$
Anwendungen	Spannungsstabilisierung Strombegrenzung	Ladungsspeicher im Schalt-netzteil Zünden von Leuchtstoff-lampen	Hochpass, Differenzierer Spannungsglättung in Netzteilen

I_{bC} kapazitiver Blindstrom	U Spannung	X_C kapazitiver Blindwiderstand
I_{bL} induktiver Blindstrom	U_{bC} kapazitive Blindspannung	X_L induktiver Blindwiderstand
R1 begrenzendes Bauelement	U_{bL} induktive Blindspannung	f Frequenz ω Kreisfrequenz

G

Name	Schaltzeichen	Verhalten, Arten	typ. Kennlinie	Anwendung, Arten
Diode Schottky-Diode		$U_F > U_S$: Diode leitet $U < U_S$: Diode sperrt Schwellwertspannung U_S: Ge = 0,3 V; Si = 0,7 V; Schottky = 0,4 V. U_F Vorwärtsspannung		Gleichrichterdioden $I_F \leq 500A$, $U_R \leq 2000V$ Schaltdioden, Begrenzer- dioden, Freilaufdioden. Es gibt Ge-Dioden, Si- Dioden, Schottky-Dio- den.
LED, Luminis- zenzdiode IRED		$U_F > U_S$: Diode leuchtet $U < U_S$: Diode dunkel Farben: Rot ($U_F = 1,5 V$), gelb, grün, blau, weiß (3,1 V). IRED strahlen im Infra- rotbereich.		Anzeigen, Zeichen- und Zifferndarstellung, Sender in Optokopplern und für Lichtwellenleiter. Sperrspannung $U_R \leq 7 V$, I_{Fmax} bis 100 mA.
Optokoppler		Galvanische Trennung von Eingangskreis und Aus- gangskreis. Gleichstrom- übertragungsverhältnis $CTR = I_2/I_1$. CTR Current Transfer Ratio = Gleichstromübertra- gungsverhältnis		Sender: IRED-Diode (Infrarot Emitting Diode), Empfänger: Fototransistor $CTR \leq 100\%$; Thyristor $CTR \approx 100\%$.
Suppressor- diode		Begrenzt große Spannun- gen, z. B. auf 300 V bis 3 kV bei Strömen bis 100 A. Für AC und DC.		Schutzbeschaltung von Tk-Anlagen, -Leitern, Schutz vor Überspannun- gen im Niederspannungs- bereich 230 V.
Z-Diode		Betrieb in Sperrrichtung: $U_Z = 1,8 V$ bis 210 V.		Spannungsstabilisierung durch Begrenzen auf die Z-Spannung, Überlastschutz.

Transistor,
bipolarer
(NPN-Tran-
sistor)
		• I_B und U_{BE} steuern den
		  Ausgangsstrom I_C
		• d. h. keine leistungslose
		  Steuerung.
		Formeln:
		$I_E = I_B + I_C$
		$U_{CE} = U_{BE} + U_C$
		$P_{tot} = U_{CE} \cdot I_C + U_{BE} \cdot I_B$
		Es gibt NPN-Transistoren
		und PNP-Transistoren.
				Schalter für analoge Sig-
				nale, Vorverstärker für
				Mikrofone in Headsets.
				Eingangswiderstand, z. B.
				20 Ω bis 5 kΩ
				Ausgangswiderstand,
				z. B. 5 kΩ bis 20 kΩ
				Spannungsverstärkungs-
				faktor, z. B. 300 bis 1000

Feldeffekt-
transistor
FET
		• leistungslose Steuerung,
		• Parallelschaltung mög-
		  lich
		• keine thermische Stabili-
		  sierung nötig
		• Verwendung auch für
		  digitale Schaltungen,
		  z. B. Speicher, Mikropro-
		  zessoren.
				Sperrschicht-Feldeffekt-
				transistoren mit:
				N-Kanal oder P-Kanal,
				Isolierschicht-Feldeffekt-
				transistoren mit N-Kanal
				oder P-Kanal, selbst-
				leitend (Verarmungstyp)
				selbstsperrend (Anreiche-
				rungstyp).

IGBT, hier
IGBT-Verar-
mungstyp
mit N-Kanal
	
	Vereinfachtes
	Schaltzeichen
		Beim IGBT steuert ein
		Feldeffekttransistor einen
		bipolaren Leistungstransis-
		tor an.
		• Ansteuerung leistungs-
		  los,
		• Durchlasswiderstand
		  gering,
		• meist mit Freilaufdiode
		  beschaltet für kurze Ab-
		  schaltzeiten.
				IGBT von Insulated Gate
				Bipolar Transistor = Bi-
				polarer Transistor mit
				isoliertem Gate.
				U_F von 2 V bis 5 V,
				$U_R \leq 4 kV$, $I_F \leq 3 kA$,
				Frequenzen bis 300 kHz.
				In IGBT-Modulen sind oft
				Dioden (Freilaufdioden)
				zur Begrenzung von U_{CE}
				des Transistors enthalten.
				Für Frequenzumrichter.

Schaltung, Schaltzeichen	Signalverläufe	Formeln, Erklärung

Schaltzeichen und Formelzeichen

DIN-Form

übliche Form

Die Betriebsspannungen $\pm U_b$ werden nur bei der üblichen Form eingezeichnet.
Pluszeichen bedeutet Nichtinvertieren.
Minuszeichen bedeutet Invertieren.

Ausgangsspannung $U_2 = f(U_1)$

Frequenzverhalten

$$V_0 = \frac{U_2}{U_1} \qquad G_0 = 20\lg\frac{U_2}{U_1} \qquad f_D = \frac{f_0}{V}$$

Die Betriebsspannungen $\pm U_b$ geben den maximalen Aussteuerbereich des OPV vor. Sie können auch verschieden groß sein, z.B. 12 V und – 8 V oder es wird nur eine Betriebsspannung verwendet, z.B. 3 V.
Bei beschalteten OPV heißt die Spannung U_2 Ausgangsspannung U_a.
Bei Rail-to-Rail-Verstärkern sind Ausgangsspannung U_a und Betriebsspannung nahezu gleich groß **(Bild)**.

G

Spannungskomparator

Volle Aussteuerung, wenn $U_{e1} \neq U_{e2}$

$$U_a = + U_b, \text{ wenn } U_{e1} < U_{e2}$$
$$U_a = - U_b, \text{ wenn } U_{e1} > U_{e2}$$

- Komparatoren haben keine Rückkopplung vom Ausgang zu den Eingängen.
- Eingangswiderstand ist hochohmig,
- Ausgangswiderstand ist niederohmig.

Nicht invertierender Verstärker

$$\frac{U_a}{U_e} = 1 + \frac{R_K}{R_Q} \qquad V_u = 1 + \frac{R_K}{R_Q}$$

Verstärkerschaltungen erkennt man an der Rückkopplung des Ausgangs zum invertierenden Eingang.
Für $R_K = 0$ und $R_Q = \infty$ erhält man einen Impedanzwandler.
- Verstärkt Gleich- und Wechselspannungen.

Invertierender Verstärker

$$\frac{U_a}{U_e} = -\frac{R_K}{R_e} \qquad V_u = -\frac{U_a}{U_e}$$

- Ausgangsspannung hat umgekehrte Polarität zur Eingangsspannung.
- Verstärkt Gleich- und Wechselspannungen.

Invertierender Schwellwertschalter, Schmitt-Trigger

Schaltdifferenz ΔU_1:

$$\Delta U_1 = U_{1r} - U_{1f}$$

$$U_{1r} = \frac{R_Q}{R_Q + R_M} \cdot U_{b1}$$

$$U_{1f} = \frac{R_Q}{R_Q + R_M} \cdot U_{b2}$$

---

f_c Grenzfrequenz	U_{e1}, U_{e2} Eingangsspannungen	U_{1f} Schwellwert für sinkende Eingangsspannung
f_D Durchtrittsfrequenz	U_1 Differenzeingangsspannung	U_{1r} Schwellwert für steigende Eingangsspannung
I_1 Eingangsstrom	U_2 Differenzausgangsspannung	ΔU_1 Schaltdifferenz, Hysterese
V_0 Leerlauf-Spannungsverstärkungsfaktor des OPV	V_u Spannungsverstärkungsfaktor	

G

Widerstandsarten

Art	Aufbau	Beschreibung, Anwendung, Vorteile und Nachteile
Kohle-widerstand	Keramikkörper mit Hart-kohleschicht, gewendelt Anschlussdraht Kappe geschweißt	Hohe Langzeitkonstanz, sehr hohe Betriebszuverlässigkeit, relativ niedrig belastbar, geringste Empfindlichkeit gegenüber Impulsbeanspruchung, niedrige Thermospannung gegen Kupfer, maximale Oberflächentemperatur 110°C, für Leistungen bis einige Watt. Einteilung in Güteklassen: Klasse 5 für normale Elektronikanforderungen sowie Konsumelektronik, Klasse 2 für höhere Anforderungen bei kommerziellen Geräten, Klasse 0,5 für Präzisions-Kohleschichtwiderstände in Messgeräten und Steuerungen.
Draht-widerstand	Keramikkörper mit Wickeldraht	Hohe Belastbarkeit, zum Schutz gegenüber Umwelteinflüssen in vergossener oder glasierter Ausführung, die auftretende Kapazität und Induktivität kann durch besondere Wicklungstechniken gering gehalten werden. Maximale Oberflächentemperatur bis zu 400°C je nach Oberflächenmaterial. Präzisionsdrahtwiderstände in der Messtechnik und in der Regelungstechnik.
Metall-widerstand	Metallglasurwiderstand Keramikkörper mit Metall-glasur, gewendelt	Hohe Stabilität, sehr hohe Langzeitkonstanz, geringe Temperaturabhängigkeit des Widerstandswertes, unempfindlich gegenüber Feuchtebeanspruchung, geeignet auch für hochfrequente Spannungen, sehr geringe Impulsbelastbarkeit. Verwendung in der Messtechnik und der Steuerungstechnik.
Metalloxid-widerstand		Metalloxid-Schichtwiderstände sind induktionsarm und haben eine relativ große Belastbarkeit, geringe Impulsbelastbarkeit.
SMD-widerstand	Quaderförmige Bauform Zylindrische Bauform	SMD-Widerstände (von Surface-Mounted-Device = Bauelement für Oberflächenmontage) sind miniaturisierte Bauelemente mit einer einheitlichen Baugröße, die direkt auf die Oberfläche von Leiterplatten montiert werden. Verwendung in allen Bereichen der Konsumelektronik bei denen es auf eine Miniaturisierung der Schaltung ankommt.

Kondensatorarten

Art	Aufbau	Daten
Metallpapier-Kondensator	Iso-lation, Öl-spalt, Metallbelag	Kurzbezeichnung MP, Kapazitätsbereich von 470 pF bis 100 µF, Bemessungsgleichspannung bis 10 kV, Temperaturbereich −55°C bis 110°C, Temperaturkoeffizient von in $1/K \pm 500$ E-6, Toleranzen bis ±20%. Selbstheilung bei Durchschlag. Der Verlustfaktor nimmt mit steigender Frequenz stark zu.
Kunststoff-folien-Kondensator	Außen-metallisierung	Kurzbezeichnung MK, Kapazitätsbereich von 10 pF bis 100 µF je nach verwendetem Folienmaterial, Bemessungsgleichspannung bis 1 kV, metallisierte Kunststofffolien-Kondensatoren (MKT) mit sehr guter Selbstheilung.
Keramik-Kondensator	Beläge	Zeichnen sich durch große mechanische Festigkeit und geringe Verluste aus. Kapazitätsbereich von 10 pF bis 1 nF. Anwendung in Schwingkreisen und Filtern, in Geräten der Konsumelektronik und Unterhaltungselektronik.
Elektrolyt-Kondensator, Tantal-Elektrolyt-Kondensator		Große Kapazität bei geringem Raumbedarf, geringes Gewicht, als Wickelkondensatoren mit nassem oder trockenem Elektrolyten oder als Tantal-Sinterkondensator mit trockenem oder feuchtem Elektrolyten. Kapazitätsbereich von 10 nF bis 10 mF. Elektrolyt-Kondensatoren sind gepolt. Für Wechselspannungen werden bipolare Elektrolytkondensatoren verwendet.
Doppelschicht-Kondensator, Goldcap		Ein „Goldcap'' ist ein Kondensator mit sehr hoher Kapazität, der sich im Vergleich zu Elektrolyt-Kondensatoren durch eine kleine Baugröße auszeichnet. Kapazitätsbereich von 0,1 F bis 1500 F. Doppelschicht-Kondensatoren sind gepolt. Anwendung zur Spannungsversorgung in elektronischen Schaltungen, z.B. in Palmtops, Motherboards.

Kennzeichnungen von Widerständen und Kondensatoren
Marking codes of resistors and capacitors

G

| Farbschlüssel für Widerstände mit 4 Farbringen | Beispiele: |

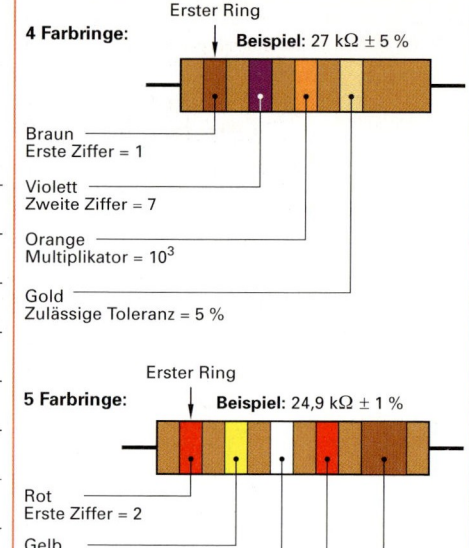

4 Farbringe: **Beispiel: 27 kΩ ± 5 %**

Erster Ring

Braun
Erste Ziffer = 1

Violett
Zweite Ziffer = 7

Orange
Multiplikator = 10^3

Gold
Zulässige Toleranz = 5 %

5 Farbringe: **Beispiel: 24,9 kΩ ± 1 %**

Erster Ring

Rot
Erste Ziffer = 2

Gelb
Zweite Ziffer = 4

Weiß
Dritte Ziffer = 9

Rot
Multiplikator = 10^2

Braun
Zulässige Toleranz = 1 %

Temperaturkoeffizient:
- sechster und breiter Farbring, evtl. unterbrochen oder Schraubenlinie

Kennfarbe	Widerstandswert in Ω			Toleranz des Widerstandswertes
	1. Ziffer	2. Ziffer	Multiplikator	
Keine	–	–	–	± 20 %
Silber	–	–	10^{-2}	± 10 %
Gold	–	–	10^{-1}	± 5 %
Schwarz	–	0	10^0	–
Braun	1	1	10^1	± 1 %
Rot	2	2	10^2	± 2 %
Orange	3	3	10^3	–
Gelb	4	4	10^4	–
Grün	5	5	10^5	± 0,5 %
Blau	6	6	10^6	–
Violett	7	7	10^7	–
Grau	8	8	10^8	–
Weiß	9	9	10^9	–

Normreihen (Bemessungswerte)

Reihe	Toleranz	Bemessungswerte											
E6	± 20%	1,0		1,5		2,2		3,3		4,7		6,8	
E12	± 10%	1,0	1,2	1,5	1,8	2,2	2,7	3,3	3,9	4,7	5,6	6,8	8,2
E24	± 5%	1,0	1,2	1,5	1,8	2,2	2,7	3,3	3,9	4,7	5,6	6,8	8,2
		1,1	1,3	1,6	2,0	2,4	3,0	3,6	4,3	5,1	6,2	7,5	9,1
E48	± 2%	1,00	1,21	1,47	1,78	2,15	2,61	3,16	3,83	4,64	5,62	6,81	8,25
		1,05	1,27	1,54	1,87	2,26	2,74	3,32	4,02	4,87	5,90	7,15	8,66
		1,10	1,33	1,62	1,96	2,37	2,87	3,48	4,22	5,11	6,19	7,50	9,09
		1,15	1,40	1,69	2,05	2,49	3,01	3,65	4,42	5,36	6,49	7,87	9,53
E96	± 1%	1,00	1,21	1,47	1,78	2,15	2,61	3,16	3,83	4,64	5,62	6,81	8,25
		1,02	1,24	1,50	1,82	2,21	2,67	3,24	3,92	4,75	5,76	6,98	8,45
		1,05	1,27	1,54	1,87	2,26	2,74	3,32	4,02	4,87	5,90	7,15	8,66
		1,07	1,30	1,58	1,91	2,32	2,80	3,40	4,12	4,99	6,04	7,32	8,87
		1,10	1,33	1,62	1,96	2,37	2,87	3,48	4,22	5,11	6,19	7,50	9,09
		1,13	1,37	1,65	2,00	2,43	2,94	3,57	4,32	5,23	6,34	7,68	9,31
		1,15	1,40	1,69	2,05	2,49	3,01	3,65	4,42	5,36	6,49	7,87	9,53
		1,18	1,43	1,74	2,10	2,55	3,09	3,74	4,53	5,49	6,65	8,06	9,76

Die E-Reihen werden mit der Reihe E192 fortgesetzt. Die Werte sind für die Dekaden × 1, × 1000 und × 1 000 000 zu verstehen. Die Angaben sind dann entweder mit dem Aufdruck Ohm, kOhm, MOhm oder durch einen Farbcode nach DIN 41426 gekennzeichnet.

Arten	Schaltzeichen, Kennlinie	Erklärung
Dioden	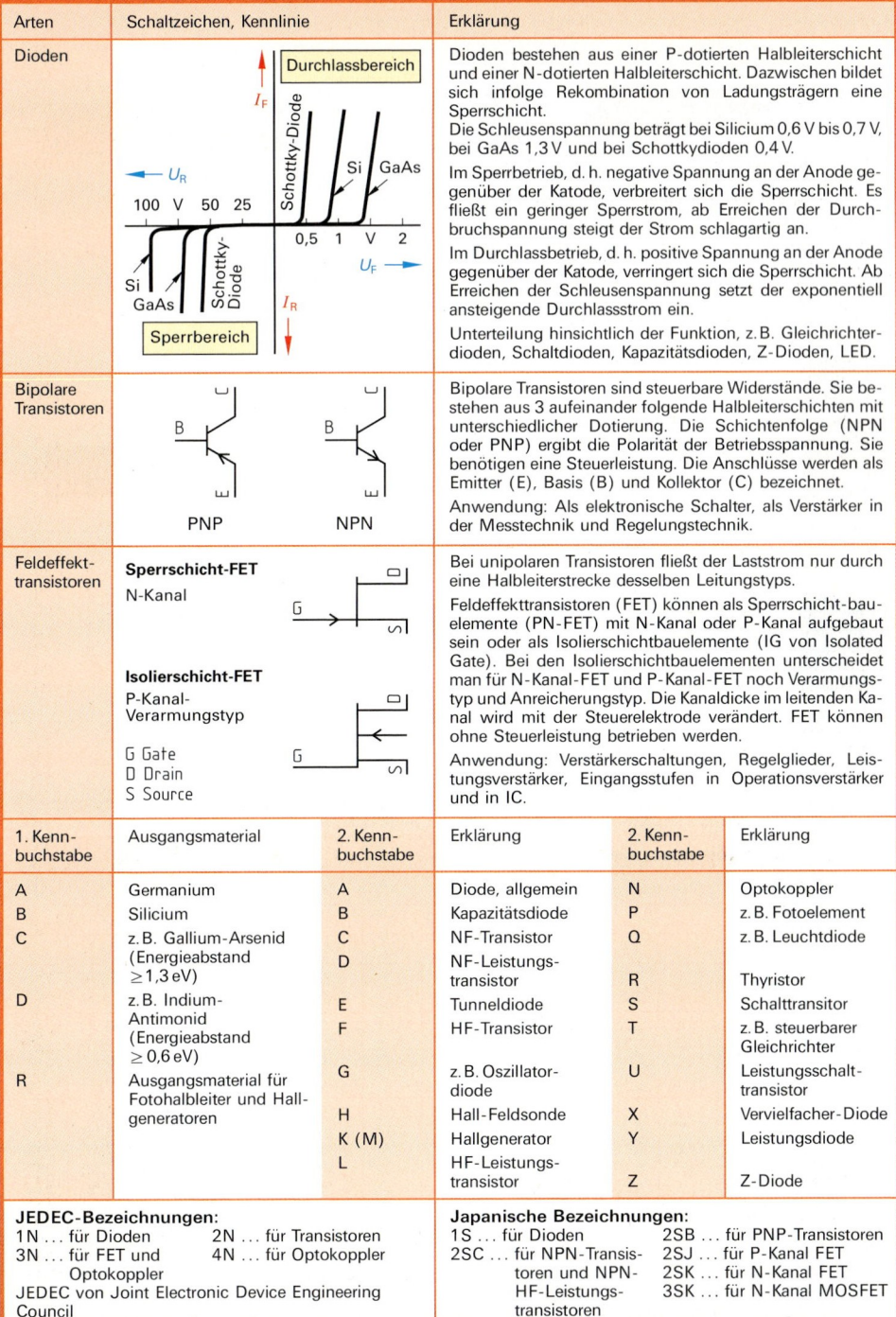	Dioden bestehen aus einer P-dotierten Halbleiterschicht und einer N-dotierten Halbleiterschicht. Dazwischen bildet sich infolge Rekombination von Ladungsträgern eine Sperrschicht. Die Schleusenspannung beträgt bei Silicium 0,6 V bis 0,7 V, bei GaAs 1,3 V und bei Schottkydioden 0,4 V. Im Sperrbetrieb, d. h. negative Spannung an der Anode gegenüber der Katode, verbreitert sich die Sperrschicht. Es fließt ein geringer Sperrstrom, ab Erreichen der Durchbruchspannung steigt der Strom schlagartig an. Im Durchlassbetrieb, d. h. positive Spannung an der Anode gegenüber der Katode, verringert sich die Sperrschicht. Ab Erreichen der Schleusenspannung setzt der exponentiell ansteigende Durchlassstrom ein. Unterteilung hinsichtlich der Funktion, z. B. Gleichrichterdioden, Schaltdioden, Kapazitätsdioden, Z-Dioden, LED.
Bipolare Transistoren	**PNP** **NPN**	Bipolare Transistoren sind steuerbare Widerstände. Sie bestehen aus 3 aufeinander folgende Halbleiterschichten mit unterschiedlicher Dotierung. Die Schichtenfolge (NPN oder PNP) ergibt die Polarität der Betriebsspannung. Sie benötigen eine Steuerleistung. Die Anschlüsse werden als Emitter (E), Basis (B) und Kollektor (C) bezeichnet. Anwendung: Als elektronische Schalter, als Verstärker in der Messtechnik und Regelungstechnik.
Feldeffekttransistoren	**Sperrschicht-FET** N-Kanal **Isolierschicht-FET** P-Kanal-Verarmungstyp G Gate D Drain S Source	Bei unipolaren Transistoren fließt der Laststrom nur durch eine Halbleiterstrecke desselben Leitungstyps. Feldeffekttransistoren (FET) können als Sperrschicht-bauelemente (PN-FET) mit N-Kanal oder P-Kanal aufgebaut sein oder als Isolierschichtbauelemente (IG von Isolated Gate). Bei den Isolierschichtbauelementen unterscheidet man für N-Kanal-FET und P-Kanal-FET noch Verarmungstyp und Anreicherungstyp. Die Kanaldicke im leitenden Kanal wird mit der Steuerelektrode verändert. FET können ohne Steuerleistung betrieben werden. Anwendung: Verstärkerschaltungen, Regelglieder, Leistungsverstärker, Eingangsstufen in Operationsverstärker und in IC.

1. Kennbuchstabe	Ausgangsmaterial	2. Kennbuchstabe	Erklärung	2. Kennbuchstabe	Erklärung
A	Germanium	A	Diode, allgemein	N	Optokoppler
B	Silicium	B	Kapazitätsdiode	P	z. B. Fotoelement
C	z. B. Gallium-Arsenid (Energieabstand $\geq 1,3\,eV$)	C	NF-Transistor	Q	z. B. Leuchtdiode
		D	NF-Leistungstransistor	R	Thyristor
D	z. B. Indium-Antimonid (Energieabstand $\geq 0,6\,eV$)	E	Tunneldiode	S	Schalttransitor
		F	HF-Transistor	T	z. B. steuerbarer Gleichrichter
R	Ausgangsmaterial für Fotohalbleiter und Hallgeneratoren	G	z. B. Oszillatordiode	U	Leistungsschalttransistor
		H	Hall-Feldsonde	X	Vervielfacher-Diode
		K (M)	Hallgenerator	Y	Leistungsdiode
		L	HF-Leistungstransistor	Z	Z-Diode

JEDEC-Bezeichnungen:
1N … für Dioden   2N … für Transistoren
3N … für FET und   4N … für Optokoppler
    Optokoppler
JEDEC von Joint Electronic Device Engineering Council

Japanische Bezeichnungen:
1S … für Dioden   2SB … für PNP-Transistoren
2SC … für NPN-Transis-   2SJ … für P-Kanal FET
    toren und NPN-   2SK … für N-Kanal FET
    HF-Leistungs-   3SK … für N-Kanal MOSFET
    transistoren

PC-Baugruppen, Bussysteme und Anschlusstechnik, Datenträger, Karten und Geräte, Ergonomie, Betriebssysteme

Ansicht	Erklärungen, Daten

Der ATX-Spezifikation legt die Kenngrößen, z. B.
- Abmessungen und Befestigungslöcher, d. h. den Formfaktor,
- Anordnung von Steckern, Sockeln und Bauelementen fest.

Die wichtigsten externen Schnittstellen sind in einem Feld zusammengefasst (**Bild**). Die Anordnung in diesem Feld ist frei wählbar. Es können auch weitere Schnittstellen, z. B. ISDN zugefügt werden.

Auch die zugehörigen Gehäuse und Netzteile werden entsprechend benannt.

Formfaktor	Maße in mm
Mainboard-ATX	305 × 244
Mini-ATX	284 × 244
Micro-ATX	244 × 244
Flex-ATX	229 × 191

Erweiterungssteckanschlüsse
ISA: 1 Steckplatz
PCI: 3 bis 6 Steckplätze
PCI-E: 1 Steckplatz
AGP: 1 Steckplatz
SRAM: 1 bis 2 Steckplätze
S-ATA: 2 bis 4 Anschlüsse

Je nach Motherboard sind die Anschlüsse nur teilweise vorhanden.

ATX-Mainboard Typ Intel D925XCV

In der BTX-Spezifikation wird ein Kühlkonzept in Form eines Thermal-Moduls für die Prozessoren verwendet. Zusätzlich werden die Komponenten so im Gehäuse verteilt, dass eine mäßige Betriebstemperatur und ein niedriger Lärmpegel entstehen. Es können z. B. 2 Lüfter verwendet werden.

Formfaktor	Maße in mm
BTX	325,12 × 325,12
microBTX	264,16 × 264,16
picoBTX	203,20 × 203,20

Erweiterungssteckanschlüsse
PCI: 3 bis 6 Steckplätze
PCI-E: 1 Steckplatz
AGP: 1 Steckplatz
DDR2-RAM: 1 bis 2 Steckplätze

BTX-Komponentenanordnung im PC

AGP von Accelerated Graphics Port = beschleunigte Grafikschnittstelle,
ATX von **A**dvanced **T**echnology **Ex**tended = Fortschrittliche erweiterte Technologie,
BTX von Balanced Technology Extended = Ausgeglichene erweiterte Technologie,
ISA Industrie-Standard-Architektur,
PCI von Peripheral Component Interconnect = Verbindungsbus für Erweiterungskomponenten

Begriff	Prinzip, Bild	Funktionsweise, Kennzeichen
CISC	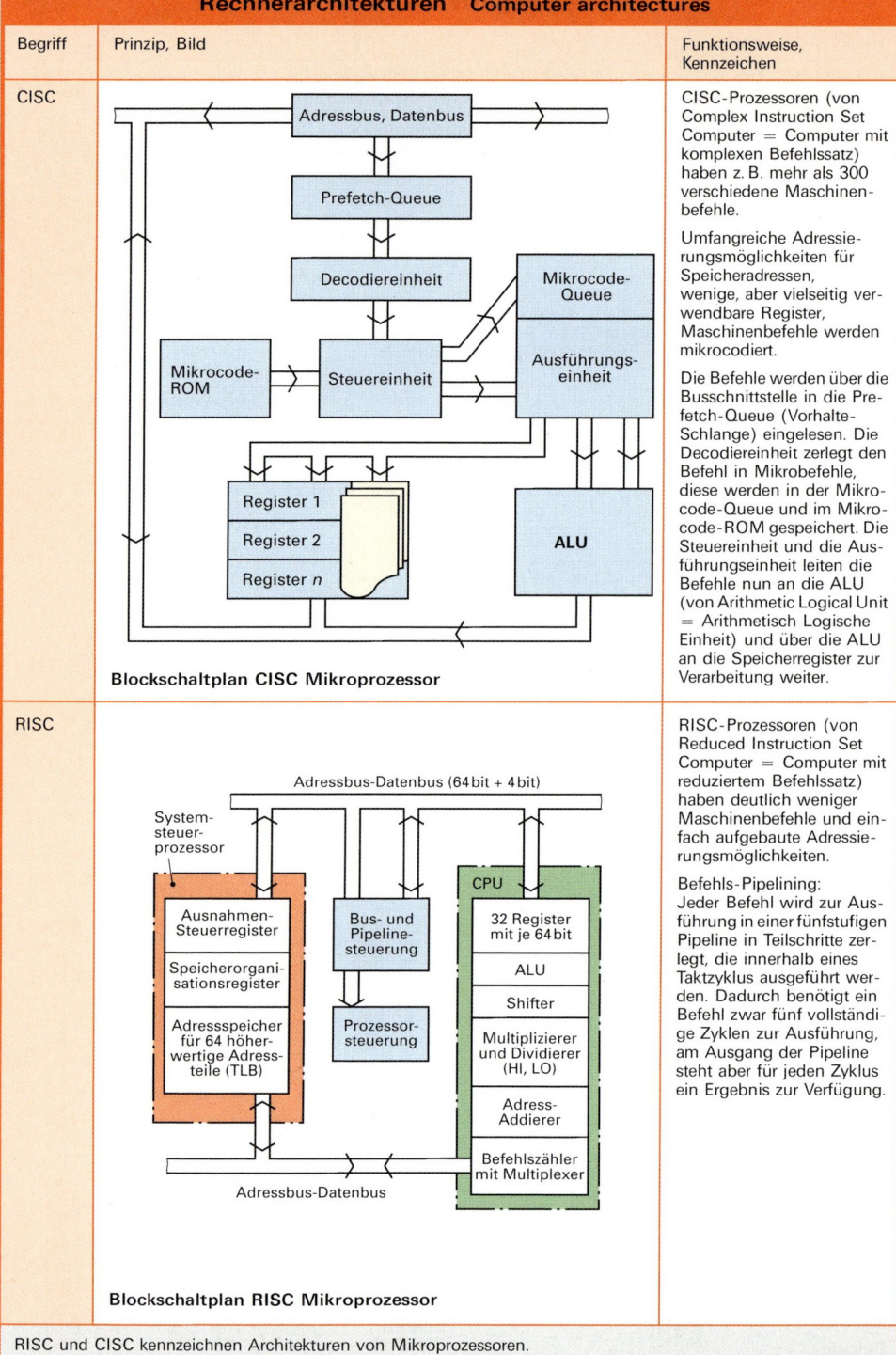	CISC-Prozessoren (von Complex Instruction Set Computer = Computer mit komplexem Befehlssatz) haben z. B. mehr als 300 verschiedene Maschinenbefehle. Umfangreiche Adressierungsmöglichkeiten für Speicheradressen, wenige, aber vielseitig verwendbare Register, Maschinenbefehle werden mikrocodiert. Die Befehle werden über die Busschnittstelle in die Prefetch-Queue (Vorhalte-Schlange) eingelesen. Die Decodiereinheit zerlegt den Befehl in Mikrobefehle, diese werden in der Mikrocode-Queue und im Mikrocode-ROM gespeichert. Die Steuereinheit und die Ausführungseinheit leiten die Befehle nun an die ALU (von Arithmetic Logical Unit = Arithmetisch Logische Einheit) und über die ALU an die Speicherregister zur Verarbeitung weiter.

Blockschaltplan CISC Mikroprozessor

| RISC | | RISC-Prozessoren (von Reduced Instruction Set Computer = Computer mit reduziertem Befehlssatz) haben deutlich weniger Maschinenbefehle und einfach aufgebaute Adressierungsmöglichkeiten.

Befehls-Pipelining: Jeder Befehl wird zur Ausführung in einer fünfstufigen Pipeline in Teilschritte zerlegt, die innerhalb eines Taktzyklus ausgeführt werden. Dadurch benötigt ein Befehl zwar fünf vollständige Zyklen zur Ausführung, am Ausgang der Pipeline steht aber für jeden Zyklus ein Ergebnis zur Verfügung. |

Blockschaltplan RISC Mikroprozessor

RISC und CISC kennzeichnen Architekturen von Mikroprozessoren.

Begriff	Erklärung	Bemerkungen, Daten
ALU mit FPU	Die ALU (Arithmetic Logical Unit = Arithmetisch logische Einheit) ist in der CPU für die Rechenarbeit zuständig. PC-Prozessoren besitzen neben einer oder mehrerer ALU auch eine FPU (Floating Point Unit = Einheit für Fließkommaarithmetik). Eine ALU kann meistens zwei Binärworte mit gleicher Stellenzahl n miteinander verknüpfen. Man spricht von n-Bit-ALU.	Typische Werte für die Datenbusbreite sind 8 bit, 16 bit, 32 bit und 64 bit. Die Datenbusbreite wird auch bei der CPU-Bezeichnung verwendet, z. B. 32-Bit-CPU oder 64-Bit-CPU.
Cache	Zur Steigerung der Arbeitsleistung sitzt in der CPU zwischen den extrem schnellen Funktionseinheiten und dem vergleichsweise sehr langsamen Arbeitsspeicher der L1-Cache (Level 1 Cache = Stufe 1 Zwischenspeicher). Je nach Prozessor handelt es sich um einen zweigeteilten Cache (Split Cache) entweder für Befehle oder für Daten, oder um einen einheitlichen Speicher (Unified Cache) für Befehle und Daten. Auf dem Motherboard gibt es meist noch L2-Cache-Speicher und L3-Cache-Speicher.	L1-Datencache z. B. 8 KB, 16 KB oder 64 KB. L1-Befehlscache z. B. 16 KB, 64 KB oder 12 kµOps (= 1000 Mikrocodebefehle je Sekunde). L2-Cache z. B. 256 KB, 512 KB oder 1024 KB. L3-Cache z. B. 1024 KB, 2048 KB.
Superskalare Architektur	Geschwindigkeitserhöhung durch mehrere Pipelines z. B. beim Intel Pentium.	Nur bei Befehlen mit ähnlicher Befehlsstruktur.
CPI	Die CPI-Angabe (**C**lock Cycles **P**er **I**nstruction = Taktzyklen pro Instruktion) liefert bei Prozessoren mit gleicher Rechnerarchitektur einen guten Anhaltspunkt zur Leistungsfähigkeit der jeweiligen Architektur.	Angabe in MIPS (Mega Instructions Per Second), sowie MFLOPS (Mega Floating Point Operations Per Second). Oftmals nur theoretisch erreichbare Spitzenwerte.
FSB	Der FSB (von Front-Side-Bus = Bus auf der Vorderseite) ist die Schnittstelle bzw. eine Direktverbindung (ohne Protokoll und Datenflusskontrolle) zwischen Prozessor und der North-Bridge des Chipsatz. Die Taktfrequenz und die Bus-Breite (in Bit) des Front-Side-Bus bestimmen die Geschwindigkeit, mit der die Daten vom und zum Prozessor transportiert werden. Die Bitrate auf dem Front-Side-Bus beträgt je nach Prozessortyp 100 MHz bis 266 MHz. Erhöhte FSB-Werte werden bei der Übertragung mehrerer Datenworte pro Takt angegeben. Es gibt doppelte Datenraten (DDR Double Data Rate) und vierfache Datenraten (QDR von Quadruple Data Rate).	Sockel A (AMD), z. B. 100 MHz = FSB 200 133 MHz = FSB 266 166 MHz = FSB 333 200 MHz = FSB 400 Sockel 478/479 und 775 (Intel) 100 MHz = FSB 400 166 MHz = FSB 667 200 MHz = FSB 800 266 MHz = FSB 1066 333 MHz = FSB 1333
Chipsatz	Der Chipsatz verbindet die einzelnen Komponenten eines Computers. Er steuert das Zusammenspiel und den Datenfluss zwischen dem Prozessor, dem Arbeitsspeicher, Bussystem, sowie den Schnittstellen.	Der Chipsatz wird über die Einstellungen im BIOS konfiguriert. Er wandelt Spannungspegel, Taktfrequenzen und Protokolle.

Chipsatz

Prozessortypen   Types of processors

CPU-Typ	Max. Taktfrequenz der CPU und FSB	Cache-Speicher	Eigenschaften
Intel Pentium 4	2,4 GHz, 2,6 GHz, 2,8 GHz, 3 GHz, 3,2 GHz, 3,4 GHz (FSB800) und 3,06 GHz (FSB533)	8 KB L1-Datencache, 12 kµOps L1-Befehlscache, 256 KB L2-Cache.	Betriebsspannung (Core-Spannung): 1,340 V bis 1,425 V Maximale Stromaufnahme $I_{max} = 32{,}5\,A$ bei 2,4 GHz bis 67,4 A bei 3,4 GHz Den TDP-Wert des Pentium 4 bei 3,2 GHz beziffert Intel mit 82,0 W.
Pentium 4 Extreme Edition	3,2 GHz und 3,4 GHz und FSB800.	2048 KB L3-Cache, L2-Cache 512 KB.	Mit Hyper-Threading-Technologie 3,2 GHz TDP-Wert von 93,9 Watt. 3,4 GHz TDP-Wert von 102,9 Watt.
Pentium 4 Prescott	2,8 GHz, 3 GHz, 3,2 GHz und 3,4 GHz.	L1-Daten-Cache 16 KB, 12 kµOps L1-Befehlscache, L2-Cache 1 MB.	Alle CPU mit 800-MHz-FSB sowie Unterstützung der Hyper-Threading-Technologie. Beim Prescott mit 2,8 GHz Taktfrequenz zusätzlich eine Variante mit FSB533 und deaktiviertem Hyper-Threading (Pentium 4 2,80A GHz). Prescott 3,20E und 3,40E mit einem TDP-Wert von 103 Watt.
AMD Athlon 64	2 GHz, 2,2 GHz und 2,4 GHz. HyperTransport-Bus mit 800 MHz Taktfrequenz.	Alle Versionen besitzen einen L1-Cache von je 64 KB. Athlon 64 Modell 3200+ /2 GHz/ 1 MB L2-Cache. 2800+, 3000+ und 3200+ mit 512 KB L2-Cache. 3500+ und 3800+ mit 512 KB L2-Cache Athlon 64 3700+/ 2,4 GHz /1 MB L2-Cache.	Neben DDR400-SDRAM unterstützen die CPU Speicher mit 200 MHz, 266 MHz und 333 MHz Taktfrequenz. Der Athlon 64 passt mit der Cool 'n' Quiet genannten Technologie die CPU-Leistung in 32 Stufen an. Die Taktfrequenz zwischen 800 MHz und z. B. 2,4 GHz an. Entsprechend Arbeitstakt wählt der Prozessor die passende Betriebsspannung (Core-Spannung): zwischen 1,3 V und 1,5 V. Athlon XP 3000+ TTP 58,4 Watt und MTP 74,3 Watt. Athlon XP 2800+ TTP 64,0 Watt und MTP 74,3 Watt.
Athlon XP/MP Palomino		128 KB L1-Cache, 256 KB L2-Cache.	Athlon XP bis zur Model-Number 2100+ mit braunem PGA-Gehäuse. Betriebsspannung (Core-Spannung): 1,75 V. 3DNow!-Befehlssatz mit 52 weiteren Multimedia-Befehlen.

Bauformen von Prozessoren

TTP Typical Thermal Power = typische Wärmeleistung
MTP Maximum Thermal Power = maximale Wärmeleistung
TDP Thermal Dissipation Power = Wärme-Verlustleistung
Core-Spannung Kernspannung mit der die CPU versorgt wird

kµOps 1000 Mikrocodebefehle je Sekunde
CPU Central Processing Unit
FSB Front Side Bus
Cool n' Quiet = kühl und leise
3D Now! ist eine Firmenbezeichnung

Prozessorsockel Processor sockets

Bezeichnung	Beschreibung	Bezeichnung	Beschreibung
Sockel 1	Mit 238 Pins für Intel 486 SX.		Pentium 3-Prozessoren > 1 GHz Taktfrequenz, im FC-PGA2-Gehäuse mit IHS (von integrated heat spread = integrierter Hitze-Verteiler). Dieses Blech verteilt die im Prozessor freigesetzte Wärme besser und vermeidet so lokale Überhitzungen (hotspots). Auch für VIA-Prozessoren (Cyrix III und C3).
Sockel 2	Ab 486 DX2 mit einer Versorgungsspannung von 5 V.		
Sockel 3	Mit 237 Pins ab 486 DX4 mit einer Versorgungsspannung von 3,3 V oder 3,45 V.		
Sockel 4	Mit 273 Pins ab Pentium 60 und Pentium 66 (P5) mit einer Versorgungsspannung von 5 V.		
Sockel 5	Mit 320 Pins für Pentium-Prozessoren mit 75 MHz bis 133 MHz und einer Versorgungsspannung von 3,3 V bis 3,5 V.	Sockel 423	Mit 423 Pins für Pentium 4 von 1,3 GHz bis 2 GHz.
Sockel 6	Geplant für den 486, wurde aber niemals eingesetzt (235 Pins).	Sockel 478	Mit 478 Pins für Pentium 4 ab 1,4 GHz und Celeron ab 1,7 GHz.
Sockel 7	Nachfolger des Sockel 5 für Pentium-Prozessoren und gängigster Sockel für Prozessoren mit 321 Pins AMD K5 und K6 und IBM/Cyrix als Super-Socket-7 mit 100 MHz FSB.	Sockel 479	Mit 479 Pins für Mobilprozessoren Pentium M und Celeron M sowie Intel Core Duo, Intel Core Solo und Intel Core 2 Duo.
Sockel 8	Nur für Pentium Pro mit 387 Pins von Intel.	Slot M	Slot M (von Merced = gnädig) für Intel Itanium Prozessor mit geringer Leistungsaufnahme.
Slot 1	242 Anschlüsse für Pentium 2 und Pentium 3 verwendet. Prozessor mit L1- und L2-Cache auf einer Leiterplatte in einem SEP-Modul untergebracht.	Sockel 603, Sockel 604	Für Intel Xeon.
Slot 2	330 Anschlüsse, Highend-Prozessorsockel für Pentium 2 Xeon und Pentium 3 Xeon.	Sockel 754	AMD Athlon 64 ab 3200+ (2 GHz) bis 3700+ (2,4 GHz)
Slot A	Für AMD Athlon, 242 Pins	Sockel 939	Ab Athlon 64 3500+ (2,2 GHz), 3800+ (2,4 GHz) und FX-53 (2,4 GHz), alle drei haben zwei Speicherkanäle.
Sockel A	Für AMD Thunderbird und Duron gibt es nur den Sockel A mit 462 Pins. Wird auch für AMD Athlon XP verwendet.	Sockel 940	AMD Athlon 64 FX-51 (2,2 GHz) und FX-53 (2,4 GHz).
Sockel 370	PGA-Bauform für Pentium 3-Prozessoren, die elektrisch und in der Pin-Belegung aber nicht alle kompatibel zueinander sind.	Sockel AM2	Mit 940 Kontakten für AMD-Prozessoren der Athlon-64-Familie und der darauf basierenden Sempron-Prozessoren.

Sockel 8 Sockel AM2 Sockel 939

Prozessorsockel

SEP Single Edge Processor Package für den Slot 1
FC-PGA Flip Chip Pin Grid Array Package für 370-poligen Sockel
FC-PGA2 Flip Chip Pin Grid Array Package Version 2 für 370-poligen Sockel
PPGA Plastic Pin Grid Array für 370-poligen Sockel
SPGA Staggered Pin Grid Array für Sockel A

Speichermodule Memory modules

Bezeichnung	Erklärung	Bemerkungen, Daten
SIMM	SIMM-Speichermodule (von Single-In Line-Memory-Module = einseitiges, einreihiges Speichermodul). Sie besitzen 30-polige Kontaktflächen. Sie unterstützen teilweise einen Speichertest durch Paritätsprüfung.	Datenbreite 8 Bit. SIMM werden in Bänken organisiert, immer eine komplette Bank muss auf der Systemplatine bestückt werden. Eine Speicherbank setzt sich – je nach Bitbreite des Prozessors – aus einem oder auch mehreren Modulen zusammen.
DIMM	DIMM (von Double-In Line-Memory-Module = zweiseitiges, einreihiges Speichermodul). Sie besitzen in der Kontaktleiste zwei Kerben, die je nach Motherboard-Spannung (3,3 Volt oder 5 Volt) oder Pinbelegung an verschiedenen Stellen sitzen. Ungeeignete DIMM können so nicht in den Sockel gesteckt werden.	DIMM-Speichermodul, 168-polig, beidseitige Kontaktflächen, Datenbreite 64 bit. Für Laptops gibt es mit kleinerer Bauform SO-DIMM-Speichermodule.
DDR-SDRAM-DIMM	DDR-SDRAM-DIMM (von Double Data Rate Synchronous Dynamic Random Access Memory Double In Line Memory Module = beidseitig einreihiges Speichermodul, synchroner dynamischer Speicher mit doppelter Datenrate) ist aufgebaut wie ein herkömmlicher DIMM. Die Pinanzahl ist erhöht auf 184. Die weiteren Anschlüsse sind für zusätzliche Steuersignale erforderlich.	Bei jedem Takt werden zwei Datenworte übertragen. So kann bei einem 100 MHz-DDR-SDRAM (PC200) maximal 1,6 GB/s, bei einem 133 MHz-DDR-SDRAM (PC266-Modul) 2,1 GB/s übertragen werden. DDR-SDRAM gibt es in den Versionen PC200, PC266, PC333 und PC400. Die Zahlen weisen auf die Taktfrequenz der Speicher hin. Die Versorgungsspannung beträgt 2,5 Volt.
RIMM	RIMM-Speichermodule (Rambus-In-Line-Memory-Module = einreihiges Rambus Speichermodul) verwenden ein 16 bit breites Bussystem. Maximal drei RIMM-Module können in einem Motherboard eingesetzt werden, nicht belegte Sockel müssen mit Dummy-Modulen mit entsprechender Impedanz bestückt werden, um den Bus abzuschließen.	Die Taktfrequenz beträgt 400 MHz, bei Datenübertragung mit beiden Taktflanken 800 MHz. Spannungsversorgung mit 2,5 Volt RIMM-Speichermodul, 232-polig, beidseitige Kontaktflächen, Datenbreite 32 bit RIMM-Speichermodul, 184-polig, beidseitige Kontaktflächen, Datenbreite 16 bit.
SO-DIMM	SO-DIMM (von Small Outline Dual In-Line Memory Module = zweiseitiges, einreihiges Speichermodul mit kleinen Abmessungen) werden hauptsächlich in Notebook-Systemen eingesetzt werden. Sie haben eine kleine Bauform und niedrigen Stromverbrauch. SO-DIMMMs gibt es als 72-poliges und als 144-poliges Modul.	Bei Datenübertragung mit beiden Taktraten 200 MHz. Versorgungsspannung 2,5 Volt. Es gibt auch DDR-SDRAM in SO-DIMM Bauform, diese haben (egal ob DDR oder DDR2) 200 Pins, sind jedoch nicht kompatibel.

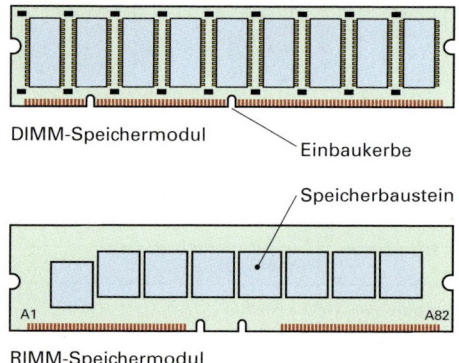

DIMM-Speichermodul

— Einbaukerbe

— Speicherbaustein

RIMM-Speichermodul

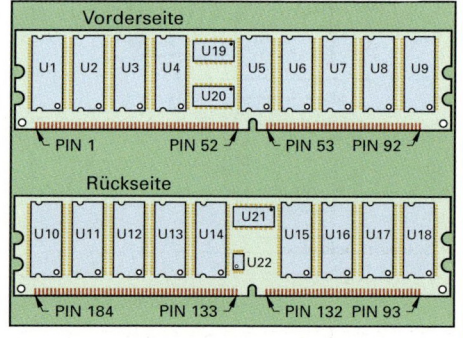

Vorderseite

U19
U1 U2 U3 U4 U5 U6 U7 U8 U9
U20

PIN 1   PIN 52   PIN 53   PIN 92

Rückseite

U21
U10 U11 U12 U13 U14 U15 U16 U17 U18
U22

PIN 184   PIN 133   PIN 132 PIN 93

DDR-SDRAM-DIMM-Speichermodul

A1   A82

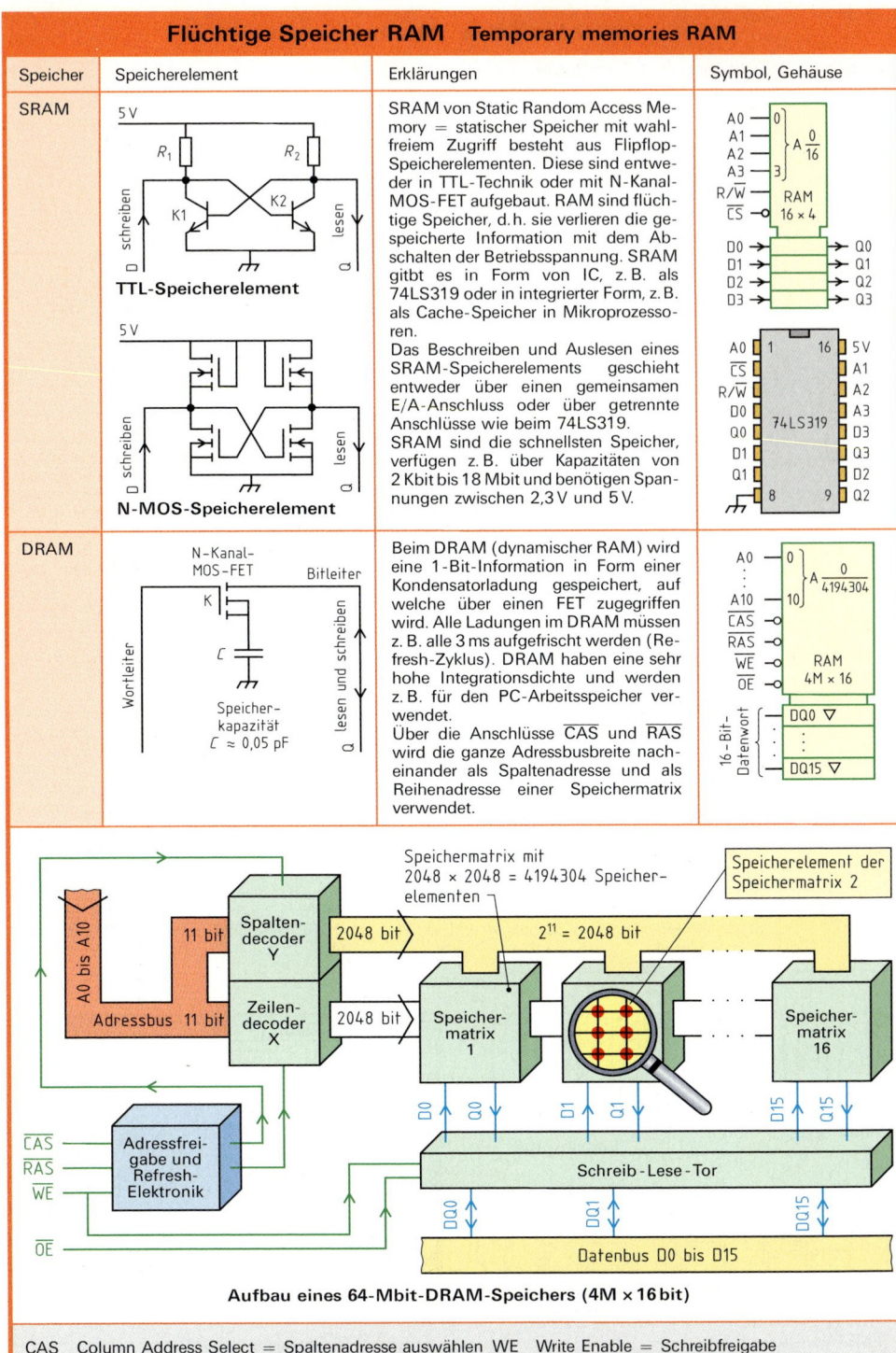

Speicher	Speicherelement	Erklärungen	Symbol, Gehäuse
SRAM	**TTL-Speicherelement** **N-MOS-Speicherelement**	SRAM von Static Random Access Memory = statischer Speicher mit wahlfreiem Zugriff besteht aus Flipflop-Speicherelementen. Diese sind entweder in TTL-Technik oder mit N-Kanal-MOS-FET aufgebaut. RAM sind flüchtige Speicher, d.h. sie verlieren die gespeicherte Information mit dem Abschalten der Betriebsspannung. SRAM gitbt es in Form von IC, z.B. als 74LS319 oder in integrierter Form, z.B. als Cache-Speicher in Mikroprozessoren. Das Beschreiben und Auslesen eines SRAM-Speicherelements geschieht entweder über einen gemeinsamen E/A-Anschluss oder über getrennte Anschlüsse wie beim 74LS319. SRAM sind die schnellsten Speicher, verfügen z.B. über Kapazitäten von 2 Kbit bis 18 Mbit und benötigen Spannungen zwischen 2,3 V und 5 V.	
DRAM	Speicherkapazität $C \approx 0,05$ pF	Beim DRAM (dynamischer RAM) wird eine 1-Bit-Information in Form einer Kondensatorladung gespeichert, auf welche über einen FET zugegriffen wird. Alle Ladungen im DRAM müssen z.B. alle 3 ms aufgefrischt werden (Refresh-Zyklus). DRAM haben eine sehr hohe Integrationsdichte und werden z.B. für den PC-Arbeitsspeicher verwendet. Über die Anschlüsse $\overline{CAS}$ und $\overline{RAS}$ wird die ganze Adressbusbreite nacheinander als Spaltenadresse und als Reihenadresse einer Speichermatrix verwendet.	

Aufbau eines 64-Mbit-DRAM-Speichers (4M × 16 bit)

CAS	Column Address Select = Spaltenadresse auswählen	WE	Write Enable = Schreibfreigabe
RAS	Row Address Select = Reihenadresse auswählen	OE	Output Enable = Ausgangsfreigabe

Speicher	Speicherelement, Speicherzelle	Erklärung	Bemerkungen
ROM		ROM (von Read Only Memory) ist ein Nur-Lese-Speicher. Der Speicherinhalt besteht aus einer Diodenmatrix, die nach einer Maske programmiert wird. Die Herstellung erfolgt in bipolarer Technik oder NMOS-Technik.	Die Herstellung lohnt nur bei großen Stückzahlen. In ROM werden feste Tabellen oder Startprogramme für Betriebssysteme abgelegt. Typische Speichergrößen sind 4 KB; 16 KB; 32 KB bei Wortbreiten von 4 bit bis 16 bit.
PROM		PROM (von Programmable ROM) ist ein programmierbarer ROM. Der Anwender programmiert den PROM durch bitweises Herausbrennen von NiCr-Schmelzsicherungen (fusible link) mit einem Programmierstrom.	PROMs sind nur einmal programmierbar, d.h. bei fehlerhafter Programmierung unbrauchbar. Typische Kapazitätswerte sind: 256 Byte; 512 Byte; 1 KB; 2 KB.
EPROM		EPROM (von Erasable PROM) ist ein löschbarer PROM. Die Speicherelemente besitzen einen FAMOS-Transistor[1] K2 dessen schwebendes Gate (floating Gate) beim Programmieren negativ geladen wird. Beim Löschen wird die Gateladung wieder abgebaut, V2 leitet dann.	Der Löschvorgang erfolgt mit UV-Strahlung über das Quarzglasfenster des Bauteils und dauert bis zu 10 Minuten. Der EPROM ist somit mehrmals programmierbar. Typische Werte: 2 KB bis 512 KB bei Wortbreiten mit 8 bit oder 16 bit.
EEPROM		EEPROM (von Electrically EPROM) ist ein elektrisch löschbarer EPROM. Ladungsträger des schwebenden Gates werden durch angelegte Spannung in beide Richtungen bewegt.	Das Löschen und Programmieren erfolgt byteweise in der Anwenderschaltung. Programmspeicher für veränderbare Programme, z.B. SPS. Typische Werte: 2 KB bis 64 KB.
Flash-EPROM		Flash-EPROM (Blitz-EPROM) bestehen aus Eintransistorzellen, die wie beim EPROM geladen und wie beim EEPROM gelöscht werden.	Das Löschen geschieht chipweise, das Programmieren byteweise in der Anwenderschaltung. 1 KB bis 256 KB. Löschzeit 1 s.
NV-RAM		NV-RAM (von Non Volatile Random Access Memory) ist ein nicht flüchtiger Speicher mit wahlfreiem Zugriff. Jede Speicherzelle besteht aus einer SRAM-Zelle und einer EEPROM-Zelle.	Bei Spannungsausfall werden die Daten von den RAM-Zellen in die EEPROM-Zellen geladen und bei Spannungsrückkehr wieder automatisch zurückgeladen.

Organisation eines Festwertspeichers

[1] von FAMOS Kunstwort aus Floating Avalanche Injection MOS = MOS-Transistor mit schwebendem Gate.

Art	Bauelementestruktur	Bemerkungen
Kunden-schaltkreis und Standard-zelle	 Anschluss Matrixfläche	Mit speziellen CAD-Programmen (Computer Aided Design = computerunterstütztes Entwerfen) werden Schaltpläne nach Kundenbedarf gezeichnet. Aus den Schaltplänen werden Layouts (**Bild**) erstellt, die für die Herstellung der Fotomasken zur Belichtung der Siliciumscheibe dienen. Während bei Kundenschaltkreisen jeder Transistor einzeln optimal platziert wird, arbeitet man bei Standardzellenschaltkreisen mit Programmmakros, z.B. Zähler, Verstärker, Speicher. In 10 bis 14 Belichtungsphasen entsteht z.B. ein Taschenrechnerschaltkreis U821 oder ein Uhrenschaltkreis.
Gate-Array	Ein- Ausgangszellen Transistorzellen Verbindungskanäle	In Gate-Arrays sind Ein-Ausgabezellen sowie Transistorreihen bereits auf dem IC verfügbar. CAD-Programme müssen nur noch ein bis zwei Belichtungsmasken für die Verbindungsleitungen in den Verdrahtungskanälen erstellen. Platzverbrauch und Verlustleistung sind größer als bei Kundenschaltkreisen, aber die Entwicklungszeit ist kürzer. Aus Gate-Arrays bestehen z.B. die Chipsätze in einem Computer, die sich mit dem Prozessor auf der Hauptplatine befinden. Auf diesen sind Bussteuerungen, Interruptsteuerung, Adressierungen und Speicherzugriffe verwirklicht. Gate-Array-Typen sind z.B. HDC100, XC3090, SCX6300.
PLD von Programm-able Logic Device = program-mierbare Logik-schaltung	Eingangs-zellen ODER-Feld Ein- Aus-gangszellen programmierbares UND-Feld (Adressdecoder) ≥1 **PAL, EPAL, EEPAL** Ein- Ausgangszellen Adressdecoder programmierbares ODER-Feld (Speichermatrix) **PROM, EPROM, EEPROM** Ein- Ausgangszellen programmierbares UND-Feld programmierbares ODER-Feld **PLA, PLS**	Zur Herstellung digitaler Schaltungen gibt es drei Gruppen von PLDs. 1. PAL (Programmable Array Logic = programmierbares Logikfeld) bestehen aus einem programmierbaren Adressdecoder (UND-Feld) und einem fest verdrahteten ODER-Feld. 2. Übliche Festwertspeicher haben einen verdrahteten Adressdecoder (UND-Feld) und eine programmierbare Speichermatrix (ODER-Feld). 3. PLA (Programmable Logic Arrays = programmierbare Logikfelder) und PLS (Programmable Logic Sequencer = programmierbarer logischer Ablaufsteuerer). Bei diesen ist sowohl der Adressdecoder als auch die Speichermatrix programmierbar. Beim einfachen PAL, z.B. PAL14H4, enthalten die Speicherelemente im UND-Feld Schmelzsicherungen (fusible links). Diese werden beim Programmieren durchgebrannt, damit ist das Bauelement nur einmal verwendbar. Beim EPAL (Erasable PAL = löschbares PAL), z.B. EP1800, bestehen die Speicherelemente aus Feldeffekttransistoren mit schwebenden Gates. Die gespeicherte Ladung kann durch Bestrahlung mit UV-Strahlung über das Quarzglasfenster des Bauelements wieder gelöscht und das Bauelement erneut programmiert werden. EEPAL (Electrical Erasable PAL = elektrisch löschbares PAL), z.B. GAL16V8 (Herstellerbezeichnung), werden mit einem kurzen Stromimpuls gelöscht. Zum Programmieren von PLD muss zunächst der Bauelementetyp so gewählt werden, dass die angestrebte Logikschaltung im Bauelement untergebracht werden kann. Danach wird die Schaltung mit einem PC-Programm beschrieben, z.B. in Form einer Zeichnung, eines Zustandsdiagrammes, einer Wertetabelle, mehrerer Funktionsgleichungen. Logiksignale werden den Bauelementeanschlüssen zugeordnet. Ein Übersetzerprogramm erzeugt eine Brenndatei im JEDEC-Format, mit welcher das Bauelement programmiert wird (JEDEC von Joint Electron Device Engineering Council = US-amerikanischer Ausschuss für Bauelementenormierungen). Dazu wird das Bauelement in ein an den PC angeschlossenes Brenngerät gesteckt und das Brennprogramm aufgerufen.

Anschluss	Herkunft, Bedeutung	Steckerbelegung und Signalrichtung
A0…A19	Address, Adresse. 20 Adressleiter.	
A1…A31 B1…B31 C1…C18 D1…D18	Anschlussbezeichnungen der Steckerreihen A, B, C, D.	
AEN	Address Enable, Adressverriegelung für DMA[1].	
BALE	Bus Address Latch Enable, Adressbus-Speicher Verriegelung; Adressen ab Signal gültig.	
CLK, CLOCK	Clock, Takt; Taktsignalausgang, z. B. 4,47 MHz.	
D0…D15	Data, Daten. Datenleiter.	
DACK1… DACK7	Data Acknowledge, Datenbestätigung (für DMA)	
DRQ0… DRQ7	Data Request, Datenanforderung (für DMA)	
GND	Ground, Erde	
IO CH CK	Input-Output-Channel-Check, Eingabe-Ausgabe-Kanal-Test, z. B. bei Paritätsfehlern.	
IO CH RDY	IO-CH-Ready, Eingabe-Ausgabe-Kanal ist bereit.	
IO CS16	IO-Chip-Select, EA-Kanal-Anwahl für 16-Bit-Daten.	
IOW	IO-Write, EA-Schreibsignal.	
IOR	IO-Read, EA-Lesesignal.	
IRQ2…IRQ15	Interrupt-Request, Unterbrechungsanforderungsleiter.	
MASTER	Meister, Bestätigungssignal eines Busbenutzers.	
MEMR	Memory-Read, Lesesignal für Arbeitsspeicher.	
MEMW	Memory-Write, Schreibsignal für Arbeitsspeicher.	
MEM CS16	Memory-Chip-Select, Rückmeldesignal bei 16-Bit-Betrieb.	
OSC	Oscillator, Oszillatorsignal mit z. B. 14,31818 MHz.	
RESET DRV	Reset Driver, Treiber zurücksetzen. Es wird ein System-Reset angezeigt.	
SBHE	System-Bus-High-Enable, Systembus Verriegelungsanzeige für D8 bis D15.	
TC	Terminal Count, Ende Zähler. Zeigt das Ende des DMA-Betriebs an.	
0 WS	0 Wait-State, Null Warte-Zyklen.	

Steckerbelegung XT-Bus:

Signal	Pin B	Pin A	Signal
GND	B1	A1	IO CH CK
RESET DRV	B2	A2	D7
+5V	B3	A3	D6
IQR2	B4	A4	D5
−5V	B5	A5	D4
DRQ2	B6	A6	D3
−12V	B7	A7	D2
0 WS NC	B8	A8	D1
+12V	B9	A9	D0
GND	B10	A10	IO CH RDY
MEMW	B11	A11	AEN
MEMR	B12	A12	A19
IOW	B13	A13	A18
IOR	B14	A14	A17
DACK3	B15	A15	A16
DRQ3	B16	A16	A15
DACK1	B17	A17	A14
DRQ1	B18	A18	A13
REFRESH	B19	A19	A12
CLOCK, CLK	B20	A20	A11
IRQ7	B21	A21	A10
IRQ6	B22	A22	A9
IRQ5	B23	A23	A8
IRQ4	B24	A24	A7
IRQ3	B25	A25	A6
DACK2	B26	A26	A5
TC	B27	A27	A4
BALE	B28	A28	A3
+5V	B29	A29	A2
OSC	B30	A30	A1
GND	B31	A31	A0

Codiersteg

Steckerbelegung AT-Bus:

Signal	Pin D	Pin C	Signal
MEM CS16	D1	C1	SBHE
IO CS16	D2	C2	A23
IRQ10	D3	C3	A22
IRQ11	D4	C4	A21
IRQ12	D5	C5	A20
IRQ13	D6	C6	A19
IRQ14	D7	C7	A18
DACK0	D8	C8	A17
DRQ0	D9	C9	MEMR
DACK5	D10	C10	MEMW
DRQ5	D11	C11	D8
DACK6	D12	C12	D9
DRQ6	D13	C13	D10
DACK7	D14	C14	D11
DRQ7	D15	C15	D12
+5V	D16	C16	D13
MASTER	D17	C17	D14
GND	D18	C18	D15

☐ XT-Bus   ISA = Industriestandard   ☐ AT-Bus

XT (von **E**xtended **T**echnology = erweiterte Technologie)
AT (von **A**dvanced **T**echnology = fortgeschrittene Technologie)
Ein Strich über dem Anschlussnamen bedeutet, der Anschluss ist nullaktiv. Z. B. ein Pegel 0 an MEMW bedeutet, der Anschluss ist aktiv.

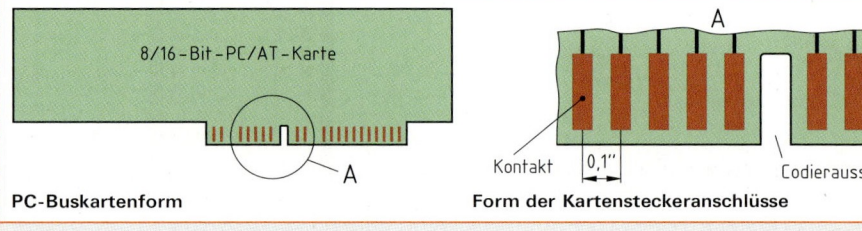

8/16-Bit-PC/AT-Karte

PC-Buskartenform

A

Kontakt   0,1"   0,3"

Codieraussparung

Form der Kartensteckeranschlüsse

[1] DMA von Direct Memory Access = Direktspeicherzugriff.

PCI-Bus PCI-Bus

Anschluss	Herkunft, Bedeutung
AD[0...63]	Adress-Datenbus mit Breite 64 bit.
GNT#	Grant, erteilen. PCI-Busfreigabe.
C/BE[0...7]#	Bus-Command/Byte Enable-Bus. Bus-Kommandos/Bytefreigabe auf PCI-Bus.
DEVSEL	Device Select, Geräteauswahl
FRAME#	(Cycle-)Frame, Rahmen, zeigt Beginn und Dauer der PCI-Busbenutzung durch einen Benutzer an.
IRDY#	Initiator Ready, Datensender ist bereit. Arbeitet mit TRDY# zusammen.
PAR	Parity, Parität gerade, gilt für den AD-Bus und C/Be-Bus.
PERR#	Parity Error, Paritätsfehler, bei ungerader Parität auf AD-Bus und C/BE-Bus.
INT[1...4]#, INTA#... INTD#	Vier Interruptleiter. Oft auch mit den Buchstaben A bis D gekennzeichnet.
PCCLKOUT	PCI Clock Out, Taktausgang.
PLOCK	PCI Lock, Schloss, Datenziel ist für Zugriffe durch andere Benutzer blockiert, bis alle Datenoperationen beendet sind.
PRSNT [1...2]#	
REQ64#	Request, Busanforderung für 64 Bits, sonst werden AD[0...31] benutzt.
ACK64#	Acknowledge, Bestätigung für Busanforderung mit 64 Bits.
BO#	Burst On, Datenpakete für Cache sendbar.
PCI RST#	Reset, Rücksetzen des PCI-Busses.
DONE	(Burst-)Done, Datenpakete an oder von Cache gesendet.
SERR	System Error. Z.B. bei Signal perr = 0.
STOP	Stopp. Datenanforderer hält den Bus an.
TCK	Testability Clock, Testtakt für BIST.
TDI	Test Data Input, Testdateneingang.
TDO	Test Data Output, Testdatenausgang.
TMS	Test Mode Select, Testbetrieb wählen.
TRDY#	Target Ready, Datenempfänger bereit. Bestätigung für Signal IRDY#.
TRST#	Test Reset, Setzt alle Testregister zurück.

Steckerbelegung

A		B	
TRST#	A1	B1	– 12V
+ 12V			TCK
TMS			GND
TDI			TDO
+ 5V			+ 5V
INT1#			+ 5V
INT3#			INT2#
+ 5V			INT4#
Reserviert			Frei
+ 5V	A10	B10	Reserviert
Reserviert			Frei
GND/+3,3V			GND/+3,3V
GND/+3,3V			GND/+3,3V
Reserviert			Reserviert
PCI RST#			GND
+ 5V			PCLK
GNT#			GND
GND			REQA
Reserviert			+ 5V
AD30	A20	B20	AD31
3,3V			AD29
AD28			GND
AD26			AD27
GND			AD25
AD24	A25	B25	3,3V
IDSEL			CBE3
3,3V			AD23
AD18			3,3V
AD16			AD17
3,3V			CBE2
FRAME			GND
GND	A35	B35	IRDY
TRDY			3,3V
GND			DEVSEL
STOP			GND
3,3V			PLOCK
DONE	A40	B40	PERR
BO#			3,3V
GND			SERR
PAR			3,3V
AD15			CBE1
AD9			GND
GND/+5V	A50	B50	GND/+5V
GND/+5V			GND/+5V
CBEO			AD8
3,3V			AD7
AD6			3,3V
AD4			AD5
GND			AD3
AD2			GND
AD0			AD1
+ 5V			+ 5V
REQ64	A60	B60	ACK64
+ 5V			+ 5V
+ 5V			+ 5V
GND	A63	B63	Reserviert
C/BE[7]#	A64	B64	GND
C/BE[5]#	A65	B65	C/BE[6]#
+ 5V	A66	B66	C/BE[4]#
PAR64	A67	B67	GND
AD[62]	A68	B68	AD[63]
GND, +5V, AD[...], Reserviert	. . .	. . .	GND, +5V, AD[...], Reserviert
	A94	B94	

Zusatz für PCI 2.0 für 64-Bit-Daten

5-V-Karte

3,3-V-Karte

A62 A1
Einsteckkerbe A50, A51 B50, B51

A62 A1
Einsteckkerbe A12, A13 B12, B13

Bild: PCI-Bus-Kartentypen für 32-Bit-Daten

PCI von Peripheral Component Interconnect = Periphere Bauelement-Zwischenverbindung, BIST von Built In Self Test = Eingebauter Selbsttest, # Zeichen für nullaktive Anschlüsse (Signale mit L-Pegel), Target = Ziel.

Art, Anschluss	Bemerkungen

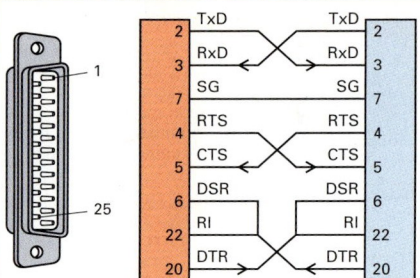

Verbindung zwischen zwei Computern ohne Modem (Nullmodem)

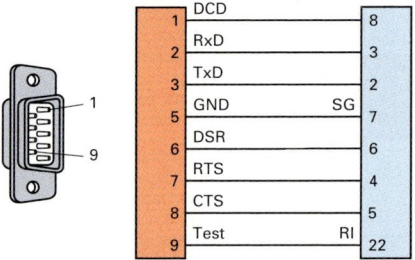

Adapterstecker 9-polig auf 25-polig

V.24-Schnittstelle (RS232C-Schnittstelle)

Die V.24-Schnittstelle (RS-232-C) dient zum Anschluss z.B. einer Maus an einen Computer oder zum Datenaustausch zwischen Computern. Die Bitraten sind meist einstellbar auf Werte zwischen 110 bit/s und 19,2 kbit/s. Mit der größten Bitrate können bis zu 30 m überbrückt werden, mit der kleinsten Bitrate bis zu 150 m. Das Signal mit dem Wert 1 liegt zwischen -3 V und -15 V, das Signal mit dem Wert 0 zwischen $+3$ V und $+15$ V.

Im einfachsten Fall kann bei kurzen Strecken die Übertragung mit den drei Leitern 2, 3 und 7 erfolgen.

TxD	Transmit Data, Sendedaten
RxD	Receive Data, Empfangsdaten
SG	Signal Ground, Masse (GND Ground, Masse)
RTS	Request To Send, Sendeaufforderung
CTS	Clear To Send, Sendebereitschaft
DTR	Data Terminal Ready, Betriebsbereitschaft
DSR	Data Set Ready, Sendedaten vorhanden
RI	Ring Indicator, ankommender Ruf
DCD	Data Channel Received Line Signal Detector, Empfangssignalpegel

Bei der Übertragung eines Zeichens, z.B. des Buchstaben G, werden bei asynchroner Übertragung zuerst ein Startbit, dann das Zeichen in ASCII und zuletzt ein oder bis zwei Stoppbits übertragen.

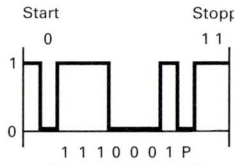

Daten (Buchstabe G)

Die 20-mA-Schnittstelle wird auch Linienstromschnittstelle oder TTY-Schnittstelle (TTY = Teletype, Fernschreiber) genannt. Der aktive Teilnehmer der Verbindung besitzt einen eingeprägten Strom von 20 mA. Dieser Strom entspricht dem Signalwert 1, ein Strom bis 2,5 mA dem Signalwert 0. Die Übertragung erfolgt bis zu 100 m bei einer Geschwindigkeit von 19,2 kbit/s. Die Schnittstelle wird dort eingesetzt, wo Störpegel auftreten, die bei der V.24-Schnittstelle Datenverluste bewirken.

Bei den verbundenen Geräten gibt es wegen der fehlenden Masseverbindung kein gemeinsames Bezugspotenzial, sodass diese völlig galvanisch getrennt sind.

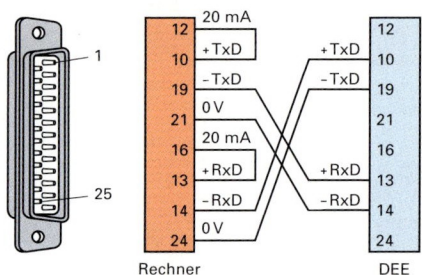

Rechner   DEE

20-mA-Schnittstelle

TxD	Transmit Data, Sendedaten
RxD	Receive Data, Empfangsdaten

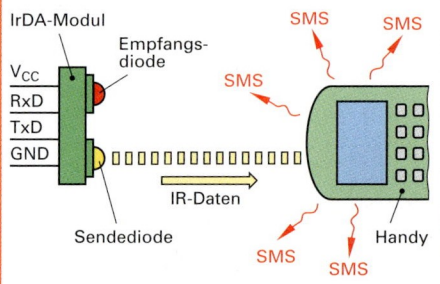

IrDA-Modul
Empfangs-diode
V_{CC}
RxD
TxD
GND
IR-Daten
Sendediode
Handy
SMS

IrDA-Schnittstelle

Die Infrarotschnittstelle bezeichnet man mit IrDA (von Infrared Data Association = Vereinigung zur Standardisierung der Übertragung von Infrarotdaten). Zur Datenübertragung müssen Sender und Empfänger mit Sichtverbindung direkt aufeinander ausgerichtet werden. Die Entfernung kann dabei bis zu etwa 1 m betragen. Mir IrDA können z.B. Daten von einem Laptop oder von einer mobilen Messeinrichtung auf ein Handy übertragen werden und dann als SMS weiterverschickt werden.

Die Bitrate r_B und die Taktfrequenz f hängen bei IrDA von der Betriebsart ab, welche meist im BIOS des Computers einstellbar und abwärtskompatibel ist:

- SIR (Slow IR): r_B bis 115 kbit/s $f = 2$ MHz
- MIR (Middle IR): r_B bis 1,15 Mbit/s $f = 8$ MHz
- FIR (Fast IR): $r_B = 4$ Mbit/s $f = 24$ MHz
- VIR (Very FIR): $r_B = 16$ Mbit/s $f = 72$ MHz

Art	Aufbau, Ablauf, Programm	Bemerkungen

Datenaustauschverfahren, Betriebsart

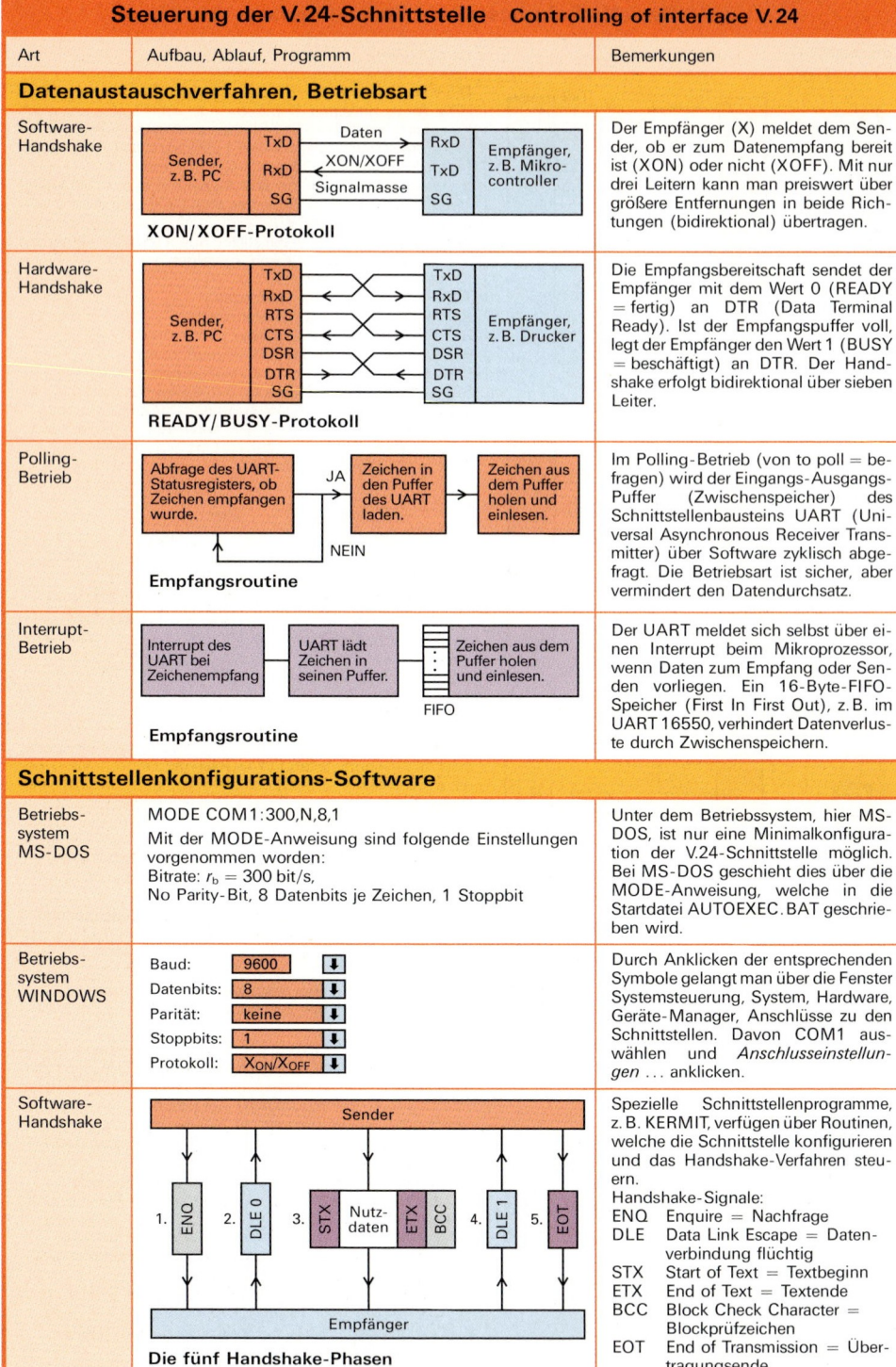

Software-Handshake

XON/XOFF-Protokoll

Der Empfänger (X) meldet dem Sender, ob er zum Datenempfang bereit ist (XON) oder nicht (XOFF). Mit nur drei Leitern kann man preiswert über größere Entfernungen in beide Richtungen (bidirektional) übertragen.

Hardware-Handshake

READY/BUSY-Protokoll

Die Empfangsbereitschaft sendet der Empfänger mit dem Wert 0 (READY = fertig) an DTR (Data Terminal Ready). Ist der Empfangspuffer voll, legt der Empfänger den Wert 1 (BUSY = beschäftigt) an DTR. Der Handshake erfolgt bidirektional über sieben Leiter.

Polling-Betrieb

Empfangsroutine

Im Polling-Betrieb (von to poll = befragen) wird der Eingangs-Ausgangs-Puffer (Zwischenspeicher) des Schnittstellenbausteins UART (Universal Asynchronous Receiver Transmitter) über Software zyklisch abgefragt. Die Betriebsart ist sicher, aber vermindert den Datendurchsatz.

Interrupt-Betrieb

Empfangsroutine

Der UART meldet sich selbst über einen Interrupt beim Mikroprozessor, wenn Daten zum Empfang oder Senden vorliegen. Ein 16-Byte-FIFO-Speicher (First In First Out), z.B. im UART 16550, verhindert Datenverluste durch Zwischenspeichern.

Schnittstellenkonfigurations-Software

Betriebssystem MS-DOS

MODE COM1:300,N,8,1

Mit der MODE-Anweisung sind folgende Einstellungen vorgenommen worden:
Bitrate: $r_b = 300$ bit/s,
No Parity-Bit, 8 Datenbits je Zeichen, 1 Stoppbit

Unter dem Betriebssystem, hier MS-DOS, ist nur eine Minimalkonfiguration der V.24-Schnittstelle möglich. Bei MS-DOS geschieht dies über die MODE-Anweisung, welche in die Startdatei AUTOEXEC.BAT geschrieben wird.

Betriebssystem WINDOWS

Baud: 9600
Datenbits: 8
Parität: keine
Stoppbits: 1
Protokoll: X_{ON}/X_{OFF}

Durch Anklicken der entsprechenden Symbole gelangt man über die Fenster Systemsteuerung, System, Hardware, Geräte-Manager, Anschlüsse zu den Schnittstellen. Davon COM1 auswählen und *Anschlusseinstellungen …* anklicken.

Software-Handshake

Die fünf Handshake-Phasen

Spezielle Schnittstellenprogramme, z.B. KERMIT, verfügen über Routinen, welche die Schnittstelle konfigurieren und das Handshake-Verfahren steuern.
Handshake-Signale:
ENQ   Enquire = Nachfrage
DLE   Data Link Escape = Datenverbindung flüchtig
STX   Start of Text = Textbeginn
ETX   End of Text = Textende
BCC   Block Check Character = Blockprüfzeichen
EOT   End of Transmission = Übertragungsende

Anschlüsse der Schnittstellen Centronics und IBM

Stift-Nr. bei 36 Pins	Stift-Nr. bei 25 Pins	Anschluss	Erklärung
1	1	STROBE	Strobe = Blitz. Impuls, der mit L-Pegel Daten an den Drucker übergibt. Impulsbreite > 0,5 µs.
2…9	2…9	DATA1 bis DATA8	Daten eines 8 bit breiten Datenwortes, welches bei STROBE mit L-Pegel an den Drucker übergeben wird.
10	10	ACKNLG (Acknowledge)	Acknowledge = Anerkennung, Empfangsbestätigung. Impuls, welcher in etwa 8 µs mit L-Pegel die Empfangsbereitschaft des Druckers für das nächste Datenwort signalisiert.
11	11	BUSY	Signal des Druckers, welches mit H-Pegel (5 V) anzeigt, dass der Drucker beschäftigt und damit nicht empfangsbereit ist. Busy hat H-Pegel, wenn z. B. gedruckt wird, Daten empfangen werden, ein Druckfehler auftrat oder sich der Drucker im OFF-LINE-Modus befindet (busy = beschäftigt).
12	12	PE (Paper empty)	PE erhält H-Pegel, wenn kein Papier im Drucker eingelegt ist.
13	13	SLCT (Select)	Das Signal meldet mit H-Pegel, wenn der Drucker vom Rechner ausgewählt (selektiert) worden ist. Wird ohne SLCT gearbeitet, muss an Pin 13 ständig der Pegel + 5 V anliegen (to select = auswählen).
14	14	Auto Feed XT	Hat das Signal L-Pegel, führt der Drucker nach jeder Zeile einen automatischen Zeilenvorschub durch (feed = Fütterung).
15		NC (Not Connected)	Nicht verbunden.
16		0 V	0-Volt-Anschluss für die Betriebsspannung (Masse).
17		FG (Frame Ground)	Masse des Druckergehäuses (frame = Rahmen).
18		NC (Not Connected)	Nicht verbunden.
19…30	19…25	GND (Ground)	Masseleitungen für die Signale an den Pins 1 bis 12.
31	16	INIT (Initialize Printer)	Hat dieses Signal z. B. 50 µs lang L-Pegel, wird der Drucker eingestellt (initialisiert).
32	15	FAULT, ERROR	Mit L-Pegel dieses Signals meldet der Drucker, dass er kein Papier mehr hat, nicht ausgewählt (selektiert) ist oder dass er einen Fehler erkannt hat.
33	18	GND (Ground)	Masse, Betriebserde.
34		NC (Not Connected)	Nicht verbunden.
35		5 V	+ 5 Volt
36	17	SLCT IN (Select Input)	Hat dieses Signal L-Pegel, so wird der Drucker vom Computer selektiert (ausgewählt, input = Eingabe).

Verbindung, Signalverlauf

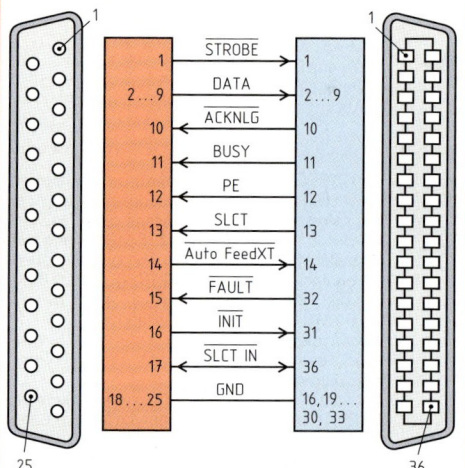

25-polige Buchse nach dem IBM-Format zum Anschluss an einen Computer

36-polige Centronics-Buchse zum Anschluss an einen Drucker

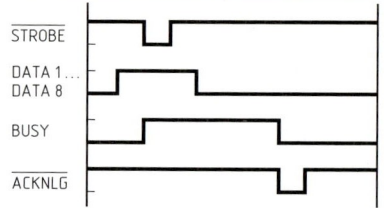

Das Signal am Anschluss STROBE tritt mit L-Pegel mittig zu den Datensignalen an DATA1 bis DATA8 auf und schickt diese gleichzeitig zum Drucker. Während der Datenübernahme sendet der Drucker ein Signal an BUSY (beschäftigt) aus. Danach meldet der Drucker mit einem Signal mit L-Pegel an ACKNLG die Bereitschaft zum Empfang weiterer Daten.

Die Schnittstelle dient zur byteseriellen Datenübertragung. Bei hoher Übertragungsrate ist die Reichweite klein, z. B. 1 MB/s auf 1 m. Typische Längen für Druckerkabel sind 1,80 m oder 5 m.

Neben der beschriebenen Betriebsart für einfache Drucker, kann die parallele Schnittstelle im BIOS des Rechners auf erweiterte Betriebsarten umgestellt werden, z. B. auf EPP (von Enhanced Parallel Port = erweiterte parallele Schnittstelle). Dies ist z. B. beim Anschluss eines Scanners notwendig.

Begriff	Ansicht	Erklärungen
Topologie	Segment 1 – max. 5 m – PC – USB-Maus; Segment 2 – max. 5 m – USB-Hub 1, USB-Scanner, USB-Drucker; Segment 7 – USB-Hub 6, digitale Kamera, USB-Verlängerungskabel, tragbarer MP3-Spieler	Der USB (Universeller Serieller Bus) ist eigentlich kein Bus, denn er wird sternförmig mit bis zu 7 Ebenen (Segment 1 bis Segment 7) vernetzt. Nach einer maximalen Leitungslänge von 5 m bildet ein Hub (Sternverteiler) den Sternpunkt. Die Steuerung der angeschlossenen Geräte wird vom USB-Controller vorgenommen, der im Chipsatz auf dem PC-Mainboard integriert ist. In den Hubs werden die Datensignale regeneriert und die angeschlossenen Endgeräte mit Strom versorgt (max. 500 mA). Insgesamt kann die USB-Vernetzung 35 m Länge mit 127 Geräten betragen, denn so viele können adressiert werden. Kombigeräte, wie Fax-Drucker, werden über zwei Geräteadressen verwaltet. USB-Geräte sind hot-plugging-fähig (hot = heiß und plug = stöpseln), d. h. sie werden vom laufenden Betriebssystem beim Anschließen sofort erkannt und können unter Windows XP sofort bedient werden. Bei älteren Betriebssystemen, muss dagegen der PC neu gestartet werden, wenn z. B. eine USB-Maus angeschlossen wird. Beim ersten Betrieb eines USB-Gerätes muss oft ein Gerätetreiber installiert werden. Die Datenübertragung erfolgt beim USB paketorientiert in einer von vier anwendungsabhängigen Verfahrensarten.
Anschlüsse	Stecker Typ A, Stecker Typ B, Stecker Typ B mini, USB-Symbol	Beim Vernetzen von USB-Geräten, muss bei der Kabelauswahl auf die beidseitig richtige Steckerbelegung geachtet werden. Man unterscheidet Stecker vom Typ A und Stecker vom Typ B, welche alle das USB-Symbol tragen. Für spezielle Geräte, wie manche digitalen Kameras, sind Sonderstecker vom Typ B mini erforderlich. Die USB-Kabel sind 4-adrig und sind abgeschirmt. Die Verbindung erfolgt über folgende Signale: 1: SV-Spannung für USB-Geräte V_{CC} 2: Masse GND 3: Datensignal $-S_D$ 4: Datensignal $+S_D$ 5: Abschirmung
Standards	Kennzeichnung von USB 1.1, Kennzeichnung von USB 2.0, USB 2.0-Pendrive (Memory-Stick)	Bei USB werden zwei Standards unterschieden. Beim USB1.1 erfolgt die Datenübertragung bei langsameren Geräten, wie Maus oder Tastatur, mit bis zu 1,5 Mbit/s (= 0,125 MB/s) und bei schnelleren Geräten, z. B. Drucker oder Scanner, mit bis zu 12 Mbit/s (= 1,5 MB/s). Bei USB2.0 ist die Bitrate mit maximal 480 Mbit/s (= 60 MB/s) 40 mal schneller als beim USB1.1. Die für die Standards ausgelegten Geräte und Kabel sind mit verschiedenen Symbolen gekennzeichnet. Rechner mit USB2.0-Controller erkennen USB1.1-Geräte und übertragen im langsameren USB1.1-Modus. Werden beim USB2.0 an einem Hub ein USB1.1-Gerät und ein USB2.0-Gerät gleichzeitig betreiben, müssen sich die Geräte die langsamere Bitrate von 0,125 MB/s teilen. USB2.0 ist wegen der hohen Bitrate auch für Multimedia-Anwendungen geeignet.

Begriff	Ansicht	Erklärungen

Firewire

Symbole für IEEE 1394

Firewire (fire = Feuer und wire = Draht) ist ein serieller Hochleistungsbus, der unter der Bezeichnung IEEE 1394 genormt ist (IEEE von Institute of Electrical and Electronics Engineers). Er wird auch unter den Firmenbezeichnungen iLink oder Lynx geführt.

Topologie

PC

IEEE 1394-Drucker

Daisy-Chain-Strang mit bis zu 17 Geräten

Firewire-Hub

IEEE 1394-Scanner

IEEE 1394-CD-Recorder

IEEE 1394-Festplatte

digitaler Camcorder

IDE-Festplatte im IEEE 1394-Rahmen

Aufbau eines Bus-Segments

Segment 1   Bridge   Segment 2   Bridge   Segment 1023

Firewire-Bus mit 1023-Segmenten

IEEE-1394-Geräte haben in der Regel zwei IEEE-1394-Anschlüsse, sodass die Geräte zu einem Daisy-Chain-Strang (daisy chain = Gänseblümchenkette) verschaltet werden können. Zwischen den Geräten darf die Kabellänge maximal 4,5 m betragen. Bei 17 Geräten erhält man eine Gesamtlänge von maximal 72 m. Werden in die Gerätekette Firewire-Hubs geschaltet, können weitere Daisy-Chain-Stränge abgezweigt werden, die aber nicht zu Schleifen verschaltet werden dürfen. Man erhält so ein Bus-Segment mit Baumstruktur, in dem bis zu 63 Geräte untereinander kommunizieren. Insgesamt können 1023 Bussegmente jeweils mit einer Bridge (Brücke) verbunden werden, so dass am gesamten Firewire-Bus maximal 64449 Geräte angeschlossen werden können.

Im Gegensatz zur hostzentrierten USB-Vernetzung können die IEEE-1394-Geräte unabhängig von einem PC Daten an andere Geräte im Bus versenden (peer-to-peer-orientierte Verbindung). So kann z. B. vom Rechner aus ein digitaler Camcorder gesteuert werden, während dieser seine Aufnahme direkt an einen digitalen Videorecorder zur Aufzeichnung sendet. Dabei wird der datenintensiveren Übertragung eine höhere Bitrate auf dem Bus zugewiesen, die für die ganze Übertragungsdauer konstant gehalten wird. Man nennt dies isochroner Übertragungsmodus (isochron = gleichzeitig ablaufend). Steuersignale werden grundsätzlich asynchron übertragen, d. h. die Datenpakete, die zuerst auf den Bus gelangen, werden zuerst übertragen.

Standards, Vergleich mit USB2.0

Standard	IEEE-1394b	IEEE-1394a	USB2.0
Bitrate mit Cu-Kabeln	800 Mbit/s	400 Mbit/s	480 Mbit/s
Stromversorgung	8 V bis 40 V/1,5 A		5 V/0,5 A
Isochroner Datentransfer	ja		nein
Anwendung	PC-Peripheriegeräte, Video, Multimedia		PC-Peripheriegeräte

Beim Firewire-Bus werden der Standard IEEE-1394 (IEEE-1394a) und IEEE-1394b unterschieden. Mit dem Standard IEEE-1394b ist bei gleichen Übertragungsmedien eine mindestens doppelt so hohe Bitrate möglich. Darüber hinaus können z. B. mit optischen Übertragungsmedien Bitraten bis 1,6 Gbit/s auf eine Entfernung von 100 m erreicht werden. Damit könnte man alle 3,25 s den Inhalt einer CD über ein Fußballfeld übertragen.

Anschlüsse

1394a   1394a   1394b

4-polig   6-polig   9-polig

Steckerformen bei Firewire

Versorgungsspannung
Steuerleitung (Twisted pair)
Datenleitung (Twisted pair)
Masse

Aufbau des 6-poligen Kabels

IEEE-1394a hat 6-polige und 4-polige Anschlüsse. In beiden Fällen sind je ein Adernpaar für den Datentransfer und eines für Steuersignale vorgesehen. Beim 6-poligen Anschluss erfolgt über die zwei übrigen Pins die Stromversorgung der Geräte.
IEEE-1394b hat 9-polige Anschlüsse. Beim Beta-Anschluss können nur Geräte des IEEE-1394b-Standards angeschlossen werden. Der Bilingual-Anschluss (bilingual = zweisprachig) ist abwärtskompatibel und somit für beide Fire-wire-Standards geeignet.

PC-Netzteilstecker 1   PC Power supply plugs 1

Begriff	Stecker	Erklärung, Übersetzung
ATX	 **20-poliger ATX-Stecker** **24-poliger ATX-Stecker**	MPC von Main Power Connector = Stecker für Hauptstromversorgung ATX von **A**dvanced **T**echnology e**X**tended = fortgeschrittene, erweiterte Technik. PWR_OK von Power ok = Leistung ok. PWR_ON von Power on = Leistung an. SB von Stand-By = Gerät betriebsbereit. Sense = Abtaster. VDC von Voltage DC
ATX12V	 **ATX12V-Stecker**	Für Mikroprozessoren mit hoher Leistung wird die Betriebsspannung aus der Spannung 12 V durch Spannungswandler auf der Hauptplatine erzeugt.
PPC	 **PPC-Stecker**	PPC von Power Peripheral Connector = Stromversorgung für Peripherie-Geräte. Dient zur Versorgung von Geräten mit 5,25"-Medien, z. B. Festplatten und DVD- oder CD-ROM.
FDPC	 **FDPC-Stecker**	FDPC von Floppy Disk Power Connector = Floppy-Disk-Stromversorgungs-Stecker. Dient zur Versorgung von Geräten mit 3,5"-Medien, z. B. Disketten.
APC	 **APC-Stecker**	APC von Auxiliary Power Connector = Hilfs-Stromversorgungs-Stecker. Stecker liefert Spannungen, die auf Serverhauptplatinen zusätzlich benötigt werden.
S-ATA	 **Serial-ATA-Stecker**	SATA von Serial AT Attachment = serieller AT Anschluss. Wird benötigt, wenn S-ATA-Geräte angeschlossen werden sollen. Der S-ATA-Stromversorgungsstecker hat 15 Pins. Es sind jeweils drei nebeneinanderliegende Pins miteinander verbunden, so dass fünf Leiter benötigt werden.
Y-Steckverbinder	 **Y-Steckverbindung**	Y-Steckverbindungen werden für den Anschluss von zusätzlichen Geräten mit PPC-Steckern verwendet.

Begriff	Stecker		Erklärung, Übersetzung

BTX

Pinbelegung des BTX-Stromsteckers

Farbe	Signal	Pin	Pin	Signal	Farbe
Orange	+3,3 VDC	1	13	−3,3 VDC	Orange/Braun
Orange	+3,3 VDC	2	14	−12 VDC	Blau
Schwarz	Masse	3	15	Masse	Schwarz
Rot	+5 VDC	4	16	PS_ON	Grün
Schwarz	Masse	5	17	Masse	Schwarz
Rot	+5 VDC	6	18	Masse	Schwarz
Schwarz	Masse	7	19	Masse	Schwarz
Grau	PWR_OK	8	20	Reserviert	nicht belegt
Violett	+5 VSB	9	21	+5 VDC	Rot
Gelb	+12 V1DC	10	22	+5 VDC	Rot
Gelb	+12 V1DC	11	23	+5 VDC	Rot
Orange	+3,3 VDC	12	24	Masse	Schwarz

Pinbelegung Stecker links:
+3,3 V / +3,3 V · −12 V / +3,3 V · GND / GND · PWR_ON / +5 V · GND / +5 V · GND / GND · GND / GND · reserviert / PWR_OK · +5 V / +5 V Dauer · +5 V / +12 V · +5 V / +12 V · GND / +3,3 V

BTX-MP-Stecker, 24-polig

BTX von Balanced Technology eXtended = ausgeglichene erweiterte Technologie.
MP von Main Power = Hauptstromversorgung.
Der Stecker ist mechanisch vor Verpolung geschützt.
PWR_ON von Power On = Leistung ein, schaltet Netzteil vom Motherboard ein.
StBy von Stand-By = Gerät betriebsbereit, Leitung führt +5 V, auch wenn das Netzteil ausgeschaltet ist, z. B. für Modem, Netzwerkkarte oder RAM-Bausteine.
Pwr_OK von Power Ok = Netzteil ist betriebsbereit, auch Power Good genannt.

PPC

Farbe	Signal	Pin	Pin	Signal	Farbe
Schwarz	Masse	1	5	+12 V1DC	Gelb
Schwarz	Masse	2	6	+12 V1DC	Gelb
Schwarz	Masse	3	7	+12 V1DC	Gelb
Schwarz	Masse	4	8	+12 V1DC	Gelb

PPC-Stecker (EPS12V)

PPC von Processor Power Connector = Prozessor-Stromversorgungsstecker.
EPS12V von Extended Power Supply 12 V = Erweiterte Stromversorgung 12 V.
Es gibt zwei Ausführungen:
PPC-Common-Plane (gemeinsame Ebene), Pin 5 bis Pin 8 werden von einer Netzteileinheit versorgt.
PPC-Split-Plane (getrennte Ebene), Pin 5, Pin 6, Pin 7 und Pin 8 haben je eine eigene Netzteileinheit, z. B. für Zwei-Prozessor-Motherboards.

WPC

Farbe	Signal	Pin	Pin	Signal	Farbe
Orange	+3,3 VDC	1	4	Masse	Schwarz
Orange	+3,3 VDC	2	5	Masse	Schwarz
Gelb	+12 V2DC	3	6	+12 V2DC	Gelb

WPC-Stecker

WPC von Workstation Power Connector = Arbeitsstations-Stromversorgungsstecker.
Wird für die Versorgung von Grafikkarten mit großem Stromverbrauch verwendet.

PCI-E

Farbe	Signal	Pin	Pin	Signal	Farbe
Schwarz	Masse	1	4	+12 V1DC	Gelb
Schwarz	Masse	2	5	+12 V1DC	Gelb
Schwarz	Masse	3	6	+12 V1DC	Gelb

PCI-E-Stecker

PCI-E von Peripheral Component Interconnect Express = Express-Verbindungsbus für Erweiterungskarten.
Dient zur Stromversorgung von Grafikkarten mit höherem Leistungsbedarf.

Art	Ansicht	Bemerkungen
Cinch		Cinch-Steckverbindungen (Cinch = Sattelgurthalter), zur Eingabe und Ausgabe von analogen Audiosignalen (Tonsignalen). S/P-DIF-Steckverbindungen (von Sony/Philips Digital Interface Format), für die digitale Verarbeitung analoger Signale im PC.
Centronics		Centronics-Schnittstelle (Firmenname) oder parallele Schnittstelle, auch LPT-Port (Line Printer) genannt, 36-polig und 25-polig, zur byteweisen Übertragung. Anschluss von Druckern oder Streamern mit Bitraten von z. B. 2 MB/s. Ersatz durch USB und FireWire.
Composite		Composite IN (composite = Mischung), zur Eingabe eines Farbbild-Austast-Synchronisiersignals (FBAS-Signal) zur Synchronisation von Video-Bildern. Siehe auch S-Video.
DVI		DVI (Digital Visual Interface = digitale Bildschnittstelle), dient zur digitalen Übertragung des Videosignals von der Grafikkarte zum TFT-Display, 17-polig bis 29-polig. Das Übertragungsprotokoll ist TMDS (= Transmission Minimized Differential Signalling). DVI-A (Analoge Übertragung): C1 bis C4, C5 Masse DVI-D (Digitale Übertragung): Pin1 bis Pin24 DVI-I (I von Integrated, analoge und digitale Übertragung)
FireWire	1 Power 4 B− 2 Masse 5 A− 3 B+ 6 A+	FireWire (= Feuerdraht), auch i.Link, ist eine serielle Schnittstelle nach IEEE1394 zur Übertragung digitaler Daten bis 400 Mbit/s. Für Computer- und Videogeräte, 4-polig (ohne Betriebsspannung, 6-polig (mit Betriebsspannung).
PS/2		PS/2 (von Personal System 2). Serielle Schnittstelle, an die z. B. Maus (grün) und Tastatur (violett oder orange) angeschlossen werden.
RJ11, RJ45	1…4 1 … 6 1 … 8 RJ-11 RJ-12 RJ-45	RJ-Steckverbindung (Regular Jack = Normsteckverbindung). RJ11 (4-polig) und RJ12 (6-polig) für Telekommunikationsgeräte, RJ45 für den Anschluss eines lokalen Netzwerkes (LAN), manchmal auch für Modems, 8-polig.
S-Video		S-Video (S von Separated = getrennt), dient in Verbindung mit dem Composite IN-Signal zum Digitalisieren von Videos.
USB	Form A Form B	USB (Universal Serial Bus), zum Anschließen der Tastatur, Maus, Scanner, digitale Kamera, USB-Hubs in Netzwerken. Für Bitraten bei USB 1.1 bis 12 Mbit/s und USB 2 bis 480 Mbit/s. Pin1: V_{CC}, Pin2: $-S_D$, Pin3: $+S_D$, Pin4: GND
V.24, RS232	5 1 9 6	Serielle Schnittstelle V.24 (auch RS232), auch COM-Port genannt, meist 9-polig für Bitraten bis 19,2 kBit/s. Oft nur drei Anschlüsse verwendet: Senden Pin2, Empfangen Pin3, Masse Pin5.

Art, Prinzip	Erklärung	Typische Daten
Platte des Festplattenspeichers	Trägerplatte aus Aluminium oder Glaskeramik, auf beiden Seiten mit Eisenoxid beschichtet. Die Magnetschichten der Platte werden in Spuren (tracks) und Sektoren eingeteilt (**Bild**). Die Information wird in den Spuren gespeichert. Schreibköpfe und Leseköpfe schreiben bzw. lesen berührungslos auf der Platte. Eine oder mehrere Platten bilden eine Speichereinheit (Laufwerk).	Plattengröße: 5,25″, 3,5″, 2,5″ und 1″. C_M 2 GB bis 180 GB n 3800/min bis 10000/min r_b 1 MB/s bis 16 MB/s t_z 8 ms bis 26 ms L_{pR} etwa 30 dB (A) L_{pB} etwa 35 dB (A) Plattenzahl je Laufwerk: 1 bis 8 Lebensdauer: $\geq$ 5 Jahre
Wechselfestplattenlaufwerk	Plattenaufbau wie bei den Festplattenspeichern. Speichereinheiten bestehen aus ein oder zwei Platten, vom Laufwerkgehäuse aus angetrieben. Sie werden für den Datentransport oder die Datensicherung verwendet.	C_M 750 MB bis 400 GB n 4600/min bis 5400/min r_b bis 6 MB/s beim Lesen r_b bis 1,6 MB/s beim Schreiben t_z 10 ms bis 18 ms Lagerzeit: 4 bis 6 Jahre
Längsspuraufzeichnung beim Magnetband	**Längsspurverfahren mit QIC** (QIC von Quarter Inch Cartridge = ¼″-Kassette). Die Spuren werden nacheinander benutzt. An den Bandenden erfolgt ein Richtungswechsel.	**Längsspurverfahren:** C_M 40 MB bis 15 GB r_b 500 kB/s t_z $\leq$ 500 s Spurenzahl: 14 bis 72 je Richtung m 250 Lagerzeit: 10 Jahre
Schrägspuraufzeichnung beim Magnetband	**Schrägspurverfahren (DAT)** (DAT von Digital Audio Tape-Digitales Audioband.) Das Band wird mit einem Winkel von 6° an einer Magnetkopftrommel mit je einem Lesekopf und Schreibkopf vorbeigeführt.	**Schrägspurverfahren:** C_M 1,3 GB bis 20 GB r_b 180 kB/s bis 4 MB/s t_z 62 s Bandlänge 90 m bis 120 m m 25 Kopfdrehzahl n 2000/min bis 8500/min Lagerzeit: $\geq$ 10 Jahre
Prinzip der Zip-Diskette	**HD-Diskette** (HD von High Density = hohe Dichte.) Datenträger ist eine dünne mit Eisenoxid zweiseitig beschichtete 3,5″-Scheibe aus Polyesterfolie. Beim Lesen und Schreiben berühren die Magnetköpfe den Datenträger. **Zip-Diskette** Datenträger sind zwei zweiseitig mit Eisenoxid beschichtete Scheiben aus Polyesterfolie. Die Drehbewegung im Zip-Laufwerk erzeugt eine Luftströmung, welche die Scheiben in Kopfrichtung drückt (Bernoulli-Effekt). Das Schreiben und das Lesen erfolgt berührungslos.	HD-Diskette: C_M 1,41 MB n 300/min r_b 60 kB/s t_z 80 m Zip-Diskette: 3,5″-Scheibe Abstand der Scheiben vom Schreib-Lesekopf: 0,6 µm M 100 MB, 250 MB, 750 MB n 2968/min r_b 800 kB/s t_z 29 ms

L_{pB}	Laufgeräusch in Betrieb	n	Drehzahl, Umdrehungsfrequenz	m	Anzahl der Aufzeichnungen je Band
L_{pR}	Laufgeräusch in Ruhe	r_b	Bitrate, Übertragungsrate	R	Index für in Ruhe
C_M	Speicherkapazität	t_z	mittlere Zugriffszeit	B	Index für in Betrieb

Art	Ansicht, typische Werte	Erklärungen

Aufbau

Zugriffs-arm
Schreib-/Lesekopf
Datenkabelanschluss
Spannungsversorgungsanschluss
Fest-platten

Bauart	internes Laufwerk	externes Laufwerk	
Größen	2,5″; 3,5″	2,5″; 3,5″	2,5″; 1,8″
An-schluss	EIDE, SCSI, S-ATA	USB, Firewire	USB, PCMCIA

EIDE   von Enhanced Integrated Disk Electronic = verbesserte Laufwerkselektronik

SCSI   von Small Computer System Interface = Kleincomputer-Systemschnittstelle

S-ATA   von Serial Advanced Technology Attachment = serieller verbesserter Technologiezugriff

USB   = universeller serieller Bus

Firewire   = Feuerdraht

PCMCIA   von Personal Computer Memory Card International Association = internationale Vereinigung für PC-Speicherkarten

Platten-einteilung

Sektor   Spur (Track)   Zugriffsarm
Cluster
Zylinder (6 Spuren)
Schreib-Lesekopf

Ein Festplattenlaufwerk enthält 2 oder mehrere Festplatten. Die durch einen Schrittmotor gesteuerten Schreib/Leseköpfe erzeugen kreisförmige Spuren und tasten diese ab. Denkt man sich die Platten weg, bilden die gleichzeitig abgetasteten Spuren einen Zylinder im Raum. Die Plattenflächen werden in Sektoren (Kreissegmente) eingeteilt.
Da bei großen Plattenkapazitäten ein Sektor nicht mehr adressierbar ist, werden mehrere Sektoren zu einem Cluster (Haufen, kleinste adressierbare Einheit) zusammengefasst.

Kenn-größen

Festplatten-art	EIDE	S-ATA	LVD-SCSI	SCA-SCSI
Zahl der Anschlüsse	40	7	68	80
Übertra-gungsart	parallel	seriell	parallel	parallel
Speicherka-pazität in MB	40 bis 400	40 bis 400	18 bis 150	18 bis 150
Cachespei-cherkapa-zität in MB	2 / 8	2 / 8	4 / 8	4 / 8
Umdrehun-gen je Minute	5400 / 7200	7200 / 10000	10000 / 15000	10000 / 15000
Bitrate in MB/s	100 / 133	150 / 300	160 / 320	160 / 320
Standards	ATA100 ATA133	SATA150 SATA300	U160SCSI U320SCSI	U160SCSI U320SCSI
Zugriffszeit in ms	8 bis 12	5,2 bis 9	3,2 bis 4,5	3,6 bis 4,5

LVD-SCSI   von Low Voltage Differential SCSI = SCSI mit differenzieller Niederspannung

SCA-SCSI   von Single Connector Attachment SCSI = SCSI mit Einzelstecker-Zugriff

U320SCSI   von Ultra 320 SCSI = SCSI mit hoher Bitrate

Wegen Laufzeitunterschieden bei parallelen Leitern, geht man dazu über, Festplatten mit seriellem Anschluss herzustellen. Für SCSI ist der Anschluss SAS von Serial Attachment SCSI = SCSI mit seriellem Zugriff mit einer Bitrate von 640 MB/s angekündigt.
Serielle Datenkabel behindern die zur Kühlung notwendige Luftzirkulation im PC weniger als breite Flachbandkabel.
Die höheren Bitraten der SCSI-Festplatten gegenüber den ATA-Festplatten kommen vor allem durch die höheren Drehzahlen zu Stande.
Die Zugriffszeit (Access time) einer Festplatte ist die Zeit vom Anfordern einer Datei bis zum Lesen der Datei durch die Schreib/Leseköpfe. Da die Schreib/Leseköpfe beim Positionieren je nach zu lesender Datei unterschiedlich lange Wege zurücklegen müssen, erhält man auch unterschiedliche Zugriffszeiten. Deshalb sind die vom Festplattenhersteller angegebenen Zeiten mittlere Zeitwerte. Durch das Speichern von Daten im Cachespeicher lassen sich die Zugriffe auf die Festplatte minimieren.

Begriff, Vorgang	Ansicht	Erklärung
Partitionieren	50 GB · 30 GB · 2 · 1 · 3 · 4 · 40 GB · 80 GB	Aufteilen eines physikalischen Datenträgers in verschiedene logisch selbstständige Teile, die unabhängig voneinander verwaltet werden. Die Partitionierungssoftware legt Anfang und Ende der Partitionen fest. Diese Information wird in der FAT (File Allocation Table = Dateizuordnungstabelle) des Festplattenlaufwerks gespeichert und dort von jedem beliebigen Betriebssystem erkannt.
Arten von Partitionen	**primäre Partition** Sie dient zum Booten, zur Programminstallation oder auch nur als Ablage für Dateien. / **erweiterte Partition** Nicht bootfähig. Sie kann in logische Laufwerke aufgeteilt werden. / **aktive Partition** Ist diejenige primäre Parition, von welcher aus der PC gestartet worden ist.	Jedes Betriebssystem kann bis zu vier Partitionen verwalten, z. B. drei primäre Partitionen und eine erweiterte Partition. Erweiterte Partitionen lassen sich in viele logische Laufwerke unterteilen, unter Windows bis zum Laufwerksbuchstaben Z. Jede primäre Partition und jedes logische Laufwerk werden getrennt voneinander formatiert, d. h. zum Abspeichern von Dateien vorbereitet. Dabei wird eine Partition oder ein logisches Laufwerk für ein Dateisystem nutzbar gemacht.
Dateisysteme	primäre Partitionen · erweiterte Partition mit 3 logischen Laufwerken · C: D: E: F: · NTFS unter WinXP · FAT16 unter DOS · SWAP unter LINUX · FAT32 · EXT	Die Verwaltung von Dateien erfolgt unter DOS mit dem Dateisystem FAT16, ab Windows 9X mit FAT32 und ab Windows XP mit NTFS (New Technology File System = Dateisystem mit neuer Technologie). Mit FAT16 lassen sich Laufwerke bis zu eine Größe von 2 GB verwalten, andere Dateisysteme verwalten > 2 GB. Unter DOS und Windows werden Laufwerke mit Buchstaben bezeichnet, unter LINUX mit Namen. LINUX verwendet die Dateisysteme SWAP und EXT.
Nutzung von Partitionen	alles NTFS · C: D: E: F: G: · WinXP, Programme · Dateien privat · Dateien beruflich · Ehegatte · Kinder	Auf das Laufwerk C: wird meist das Betriebssystem und Programme installiert. Die anderen Partitionen werden meist mit Daten beschrieben. Es können auch Partitionen für bestimmte Personen oder Personengruppen reserviert werden. Das Formatieren des Laufwerks Kinder hat somit keine Auswirkungen auf Dateien anderer Laufwerke.
Verwalten von Partitionen	Verschieben der Partitionsgrenze mit der Maus · C: · D: · belegt · freier Bereich von C: · belegt	Zum Verwalten von Partitionen dienen Partitionierungsprogramme, z. B. PQM (Powerquest Partition Magic). Mit diesen können z. B. Partitionsgrößen im laufenden Rechnerbetrieb verändert werden. Beim Verkleinern einer Partition, z. B. C:, muss dafür entsprechend viel unbelegter Speicherplatz auf der Partition oder dem Laufwerk vorhanden sein.
Wählen einer Bootpartition	C: · C: · D: E: · primäre Partition C mit WinXP · primäre Partition C mit Win98 · zwei primäre Partitionen D und E · **Bootmanager** Name / WinXP / Win98 / Zeitlimit: 10 s ↑/↓ ENTER · Auswahlfenster des Bootmanager	Auf einem Festplattenlaufwerk kann man auch zwei bootfähige Partitionen C: anlegen, z. B. die erste mit Windows XP und die zweite mit Windows98, DOS oder LINUX. Mithilfe eines Bootmanagers, z. B. xfdisk, kann man nach dem Laden der BIOS-Einstellungen über ein Fenster auswählen, mit welchem Betriebssystem der Rechner gestartet werden soll, z. B. mit Windows XP. Die zweite Partition C: wird dabei vom Bootmanager versteckt. Sie wird vom Datei-Explorer von Windows XP nicht erkannt. Beide Betriebssysteme können aber, wenn sie aktiv sind, auf alle restlichen Laufwerke zugreifen. Die zweite Bootpartition, z. B. mit LINUX, kann zum Schutz vor Viren für den Internetzugang genutzt werden, da die meisten Viren nur Windows XP befallen.

Begriff	Ansicht	Erklärung
Prinzip		Chipkarten (Smartcards) sind Kunststoffkarten mit Datenträger (Chip). Die notwendige Energie für die Kommunikation zwischen Schreib-/Leseeinheit und Chip wird durch ein elektromagnetisches Feld aufgebaut. Ausleseentfernung: 5 cm bis 100 cm. Anwendungsgebiete: ● Identifikation ● Zugangskontrolle ● Zeiterfassung ● Bezahlvorgänge Vorteile: ● Datenträger sind völlig wartungsfrei: keine Kontakte oder Batterien ● Hoher Bedienungskomfort (Hands free) Sendefrequenzen: 100 kHz bis 135 kHz oder 13,56 MHz
Karten-abmessung	 **Abmessungen Chipkarte**	Nach ISO 7816 standardisiert. Größen: ID-1: Das größte und am weitesten verbreitete Format (85,60 mm × 53,98 mm). Für z. B. EC-Karten, Telefonkarten und Krankenversicherungskarten. ID-00: Das mittlere Format hat bisher keine größere Anwendung gefunden. ID-000: Das kleinste der Formate findet vor allem bei SIM-Karten in Mobiltelefonen Verwendung.
Synchrone Chipkarten	 **Aufbau synchrone Chipkarte**	Bestehen aus Speichern, zum Ausgelesen oder Beschreiben. Über die I/O-Schnittstelle ist es möglich, sequenziell auf die einzelnen Speicherzellen zuzugreifen. Reine Datenspeicherung, kein Datenschutz. Einsatz: Telefonkarte
Asynchrone Chipkarten	 **Aufbau asynchrone Chipkarte**	Asynchrone Chipkarten (ISO 7816), verfügen über einen Mikroprozessor, über den man auf die gespeicherten Daten zugreifen muss. Dies ermöglicht kryptographische Verschlüsselung der Daten. Einsatz: Geldkarte, Krankenversicherungskarte, Firmenausweis. Mit signiertem 128-Bit-Schlüssel als TV-Decoderkarte.

Speicherkarten Memory cards

Bezeichnung	Ansicht	Bemerkungen, Daten, Verwendung
SecureDigital Karte, SecureDigital Card, SD	**SecureDigital Karte**	Größe: 24 mm × 32 mm × 2,1 mm Gewicht: 2 Gramm Anschlüsse 9 Pins Datenbusbreite 4 Bit Bustakt bis 50 MHz Transferraten 12,5 MB/s (25 MHz), 25 MB/s (50 MHz) Betriebsspannung 3 V Verwendung in MP3-Spielern, Palmtops, Handys und digitalen Kameras.
Mini SecureDigital Karte, Mini SecureDigital Card, Mini-SD	**Mini SecureDigital Karte**	Größe: 21,5 mm × 20 mm × 1,4 mm Gewicht: 1 Gramm Anschlüsse 9 Pins Datenbusbreite 4 Bit Bustakt bis 25 MHz Transferraten 12,5 MB/s Betriebsspannung 3 V Verwendung in MP3-Spielern, Palmtops, Handys und digitalen Kameras.
Multimedia Karte, Multimedia Card, MMC	**Multimedia Karte**	Größe: 24 mm × 32 mm × 1,4 mm Gewicht: 1,5 Gramm Anschlüsse 7 Pins Datenbusbreite 1 Bit Bustakt bis 20 MHz Transferraten 2,5 MB/s Betriebsspannung 3 V und 1,8 V Verwendung in MP3-Spielern, Palmtops, Handys und digitalen Kameras.
Reduced Size Multimedia Karte, Reduced Size Multimedia Card, RS-MMC	**Reduced Size Multimedia Karte**	Größe: 24 mm × 18 mm × 1,4 mm Gewicht: 1 Gramm Anschlüsse 7 Pins Datenbusbreite 1 Bit Bustakt bis 20 MHz Transferraten 2,5 MB/s Betriebsspannung 3 V und 1,8 V Verwendung in MP3-Spielern, Palmtops, Handys und digitalen Kameras.
Compact Flash-Karte, Compact Flash-Card, CF-Karte	**CompactFlash Karte**	Größe: 42,8 mm × 36,4 mm × 3,3 mm Gewicht: 2 Gramm Anschlüsse 50 Pins Datenbusbreite 8 Bit Bustakt bis 20 MHz Transferraten 4 MB/s Betriebsspannung 3 V Die CompactFlash-Karte gibt es als Typ I mit einer Dicke von 3,3 mm und als Typ II mit einer Dicke von 5 mm. Typ I und Typ II sind zueinander nicht kompatibel. Für CompactFlash-Karten gibt es Adapter für PCMCIA-Laufwerke. Verwendung in MP3-Spielern, Palmtops, Handys und digitalen Kameras.

Die Speicherkarten unterscheiden sich durch ihre Abmessungen, die Anzahl der verwendeten Anschlüsse, die Speicherkapazität und die Art der Datenübertragung. Speicherkarten gibt es mit 64 MB, 128 MB, 256 MB, 512 MB, 1 GB, 2 GB oder 4 GB Speicherkapazität.

PCMCIA   PCMCIA

Begriff	Erklärung, Daten	Ansicht
PCMCIA	PCMCIA (Personal Computer Memory Card International Association) beschreibt einen Standard für Erweiterungskarten. Grundfläche im Scheckkartenformat Schnittstelle: 68 Pins Schnittstellentyp Punkt-zu-Punkt, asynchron nur Slave Bitrate: 8–20 MB/s; Datenbusbreite: 16 Bit; Adressierung: 26 Bit; Betriebsspannung: 5 V, 3,3 V	

Typ	Anwendung
I	Speicherkarten z. B. SRAM, Flash
II	I/O-Karten z. B. ISDN-Karte, Netzwerkkarte
III	Laufwerke z. B. Festplatte

Card-Bus	Schnittstelle: 68 Pins Schnittstellentyp: Punkt-zu-Punkt, synchron Master/Slave Bitrate: 132 MB/s; Datenbusbreite: 32 Bit; Adressierung: 32 Bit; Betriebsspannung: 5 V; 3,3 V

Beschriftungsfeld

85,6 mm

68-Pin-Anschluss

54 mm

Anschlussbelegung der Karten

Nr.	Signal, Bezeichnung	Kurzzeichen	Richtung	Nr	Signal, Bezeichnung	Kurzzeichen	Richtung
1	Masse	GND		42	Karte aktiviert 2	CE2	E(L)
2..6	Datenbit 3 bis 7	D3...D7	E/A	43	Auffrischen	RFSH	E
7	Karte aktiviert 1	CE1	E(L)	44,45	Reserviert	RFU	E
8	Adressbit 10	A10	E	46..50	Adressbit 17...21	A17...A21	E
9	Ausgang aktiviert	OE	E(L)	51	Versorgungsspannung	U_b (VCC)	
10..14	Adressbit 11,9,8,13,14	A11,A9,A8, A13,A14	E	52	Programmierspannung	U_{PGM} (VPP)	
15	Schreibfreigabe	WE/PGM	E(L)	53..56	Adressbit 22..25	A22..A25	E
16	Bereit/Belegt	RDY/BUSY	A(L/H)	57, 60	Reserviert	RFU	
17	Versorgungsspannung	VCC		58	Kartenrücksetzung	RESET	E(H)
18	Programmierspannung 1	VPP		59	Buszyklus verlängern	WAIT	A(L)
19..29	Adressbit 16, 15, 12, 7..0	A16, A15, A12, A7...A0	E	60	Reserviert	RFU	
30..32	Datenbit 0..2	D0...D2	E/A	61	E/A-Zugriff	REG	E(L)
33	Schreibschutz	WP	A(H)	62,63	Batteriespannung gefunden	BVD2, BVD1	A
34, 35	Masse	GND		64...66	Datenbit 8...10	D8..D10	E/A
36	Karte gefunden	CD1	A(L)	67	Karte gefunden	CD2	A(L)
37..41	Datenbit 11...15	D11..D15	E/A	68	Masse	GND	

Anschlussbelegung Speicherkarten

16	Unterbr.Anforderung	IREQ	A(L)	60	Eingabebestätigung	INPACK	A(L)
33	16 Bit E/A	IOIS16	A(L)	62	Lautsprecher	SPKR	A(L)
44,45	E/A-Lesen, E/A-Schreiben	IORD, IOWR	E(L)	63	Statuswechsel	STSCHG	A(L)

Speicher- und I/O-Karten

Nur-Speicher-Karten

Nur-Speicher-Karten

Speicher- und I/O-Karten

PCMCIA-Slotbelegung

Begriff	Beschreibung	Besonderheiten, Erklärung
ISO 9660	Internationaler CD-Standard, der das für CD wohl wichtigste Dateisystem beschreibt, weil er von vielen Betriebssystemen unterstützt wird (DOS, Apple Macintosh, UNIX). Der ISO 9660-Standard weist eine ganze Reihe von Einschränkungen auf.	Dateinamen bestehen aus: Name mit 1-8 Zeichen, „." (immer), Erweiterung mit 0-3 Zeichen („.8.[3]"). Zulässige Zeichen: „A"…„Z" (nur Großbuchstaben), „0"…„9", „_". Verzeichnisnamen sind maximal 8 Zeichen lang (keine Erweiterung).
Joliet	Von der Firma Microsoft entwickelte Erweiterung des ISO-9660 Standards. Verwendet einen 16-Bit-Zeichensatz namens Unicode. Damit sind fast alle denkbaren Zeichen in Dateinamen erlaubt, die maximal 64 Zeichen lang sein und auch Leerzeichen enthalten dürfen. CD im Joliet-Format enthalten zwei Dateisysteme.	Die meisten Systeme akzeptieren auch nichtkonforme Dateinamen und Verzeichnisnamen (Kleinbuchstaben, Verzeichnisnamen mit Erweiterung). Ein ISO 9660 konformes Dateisystem wahrt die Kompatibilität, während Joliet nur von Microsoft-Betriebssystemen gelesen werden kann.
Dateisystem HFS	Das Dateisystem HFS (Hierarchical File System) von Apple verfügt über das ISO-9660-Format hinausführende Eigenschaften. Es wird nur von Macintosh-Systemen unterstützt.	Erlaubt sind z. B. lange Dateinamen. Ein Macintosh-Rechner kann auch CD des ISO-9660-Standards lesen.
Hybrid-CD mit ISO-9660- und HFS-Dateisystem	Eine Hybrid-CD enthält sowohl Datenbereiche mit ISO-9660-Dateisystem wie auch mit HFS-Dateisystem.	Eine Hybrid-CD ist sowohl an einem Apple-Macintosh-Rechner wie auch an einem Microsoft-PC lesbar.
UDF Universal Disk Format	Von OSTA (von Optical Storage Technology Association = Vereinigung der optischen Speichertechnologie) entwickeltes Dateisystem mit Paketaufzeichnung. Ein Format, das vor allem das drag-and-drop-Verfahren beim Brennen von CD und DVD vereinfacht.	Eine RW-CD kann mit Explorer wie eine Festplatte verwaltet werden. Erlaubt Dateinamen bis 64 Zeichen mit Sonderzeichen und beliebige Verzeichnisstruktur. Wird auch als ISO 9660 Level 3 bezeichnet.
CLV	Beim CLV-Verfahren (von Constant-Linear-Velocity = konstante Lineargeschwindigkeit), legt der Schreib-Lese-Kopf in einer bestimmten Zeiteinheit immer eine konstante Strecke zurück, ganz gleich, ob er sich am inneren oder äußeren Rand der CD befindet.	Da das CLV-CD-ROM-Laufwerk seine Drehgeschwindigkeit permanent ändern muss, weist es im Vergleich zu CAV-Laufwerken größere Zugriffszeiten auf.
CAV	Festplatten und Disketten, die in einzelne Spuren und Sektoren unterteilt sind, arbeiten nach dem CAV-Prinzip (von Constant-Angular-Velocity = konstante Winkelgeschwindigkeit) mit konstanter Drehzahl. Das CAV-Verfahren findet bei CD-Laufwerken keine Anwendung.	Die Bitrate nimmt bei CAV-Laufwerken von innen nach außen zu.
PCAV	Beim PCAV-Verfahren (von Partial-Constant-Angular-Velocity = teilweise konstante Winkelgeschwindigkeit) bleibt im inneren Bereich der CD wie beim CAV-Verfahren die Geschwindigkeit gleich. Im äußeren Bereich bremst das Laufwerk die Umdrehungsgeschwindigkeit, sodass wie beim CLV-Verfahren eine konstante Bitrate erfolgt.	Bei 50-facher Geschwindigkeit (50 mal 150 kB/s = 7,5 MB/s) liegt die mittlere Zugriffszeit bei 80 ms. Die 50-fache Bitrate wird nur im äußeren Drittel der CD erreicht. Im inneren Bereich liegt die reale Bitrate bei 50% der maximal möglichen.

CLV-Verfahren   PCAV-Verfahren

Bild, Ansicht	Beschreibung	Besonderheiten, Erklärung
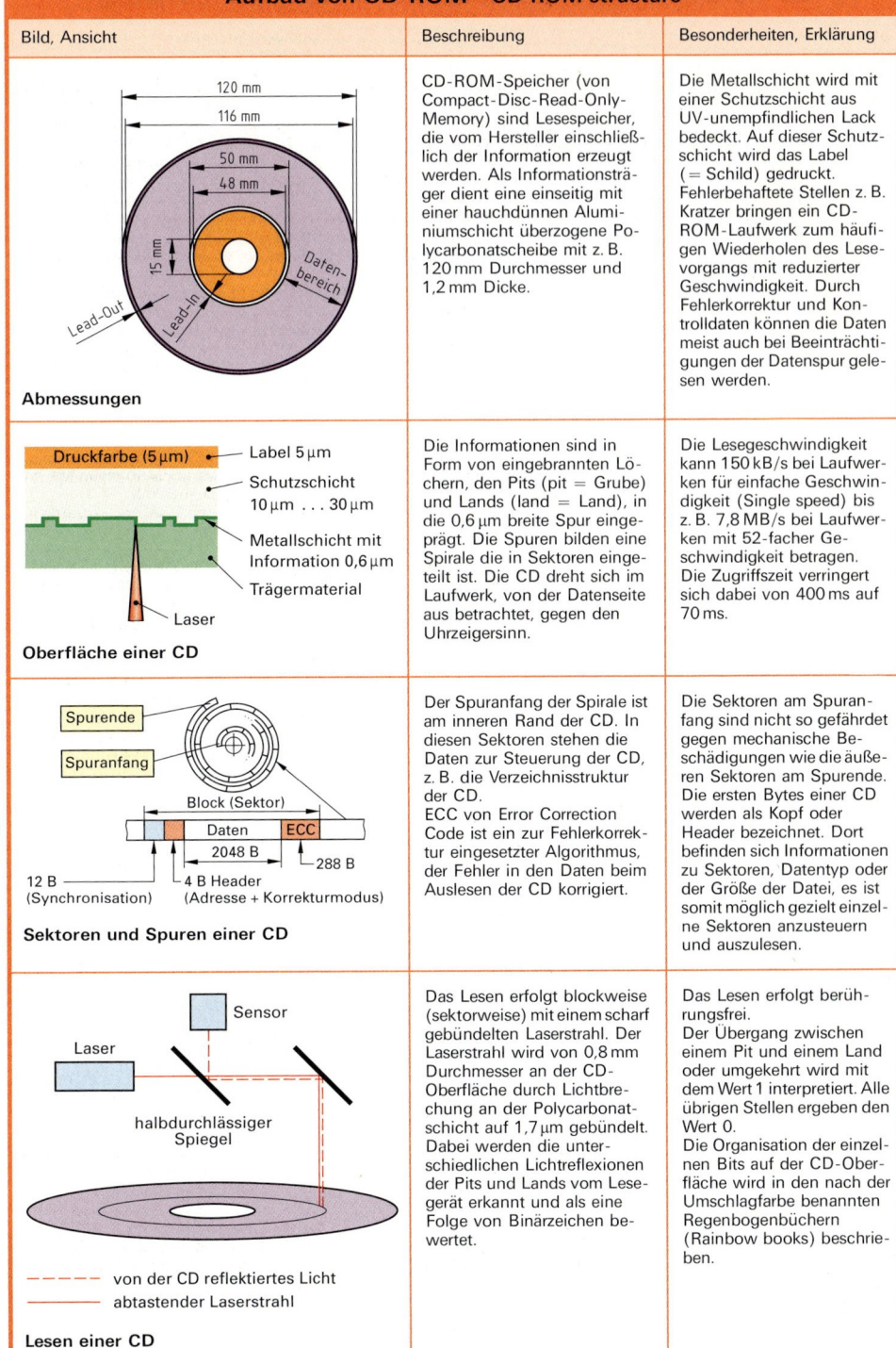 **Abmessungen**	CD-ROM-Speicher (von Compact-Disc-Read-Only-Memory) sind Lesespeicher, die vom Hersteller einschließlich der Information erzeugt werden. Als Informationsträger dient eine einseitig mit einer hauchdünnen Aluminiumschicht überzogene Polycarbonatscheibe mit z. B. 120 mm Durchmesser und 1,2 mm Dicke.	Die Metallschicht wird mit einer Schutzschicht aus UV-unempfindlichen Lack bedeckt. Auf dieser Schutzschicht wird das Label (= Schild) gedruckt. Fehlerbehaftete Stellen z. B. Kratzer bringen ein CD-ROM-Laufwerk zum häufigen Wiederholen des Lesevorgangs mit reduzierter Geschwindigkeit. Durch Fehlerkorrektur und Kontrolldaten können die Daten meist auch bei Beeinträchtigungen der Datenspur gelesen werden.
Oberfläche einer CD	Die Informationen sind in Form von eingebrannten Löchern, den Pits (pit = Grube) und Lands (land = Land), in die 0,6 µm breite Spur eingeprägt. Die Spuren bilden eine Spirale die in Sektoren eingeteilt ist. Die CD dreht sich im Laufwerk, von der Datenseite aus betrachtet, gegen den Uhrzeigersinn.	Die Lesegeschwindigkeit kann 150 kB/s bei Laufwerken für einfache Geschwindigkeit (Single speed) bis z. B. 7,8 MB/s bei Laufwerken mit 52-facher Geschwindigkeit betragen. Die Zugriffszeit verringert sich dabei von 400 ms auf 70 ms.
Sektoren und Spuren einer CD	Der Spuranfang der Spirale ist am inneren Rand der CD. In diesen Sektoren stehen die Daten zur Steuerung der CD, z. B. die Verzeichnisstruktur der CD. ECC von Error Correction Code ist ein zur Fehlerkorrektur eingesetzter Algorithmus, der Fehler in den Daten beim Auslesen der CD korrigiert.	Die Sektoren am Spuranfang sind nicht so gefährdet gegen mechanische Beschädigungen wie die äußeren Sektoren am Spurende. Die ersten Bytes einer CD werden als Kopf oder Header bezeichnet. Dort befinden sich Informationen zu Sektoren, Datentyp oder der Größe der Datei, es ist somit möglich gezielt einzelne Sektoren anzusteuern und auszulesen.
Lesen einer CD	Das Lesen erfolgt blockweise (sektorweise) mit einem scharf gebündelten Laserstrahl. Der Laserstrahl wird von 0,8 mm Durchmesser an der CD-Oberfläche durch Lichtbrechung an der Polycarbonatschicht auf 1,7 µm gebündelt. Dabei werden die unterschiedlichen Lichtreflexionen der Pits und Lands vom Lesegerät erkannt und als eine Folge von Binärzeichen bewertet.	Das Lesen erfolgt berührungsfrei. Der Übergang zwischen einem Pit und einem Land oder umgekehrt wird mit dem Wert 1 interpretiert. Alle übrigen Stellen ergeben den Wert 0. Die Organisation der einzelnen Bits auf der CD-Oberfläche wird in den nach der Umschlagfarbe benannten Regenbogenbüchern (Rainbow books) beschrieben.

Labels in figures:
- 120 mm, 116 mm, 50 mm, 48 mm, 15 mm
- Datenbereich, Lead-Out, Lead-In
- Druckfarbe (5 µm), Label 5 µm, Schutzschicht 10 µm ... 30 µm, Metallschicht mit Information 0,6 µm, Trägermaterial, Laser
- Spurende, Spuranfang, Block (Sektor), Daten, ECC, 2048 B, 288 B, 12 B (Synchronisation), 4 B Header (Adresse + Korrekturmodus)
- Sensor, Laser, halbdurchlässiger Spiegel, von der CD reflektiertes Licht, abtastender Laserstrahl

Format, Standard	Beschreibung	Erklärungen
Audio-CD, Digital-Audio-CD, CD-DA Audio-CDs **RED BOOK**	Dieser Standard legt die primäre Organisation von Daten auf einer CD fest (physikalische Struktur, Codierung, Fehlerkorrektur, Sektoren). Alle nachfolgenden Festlegungen basieren auf diesem Standard, der entwickelt wurde, um Audiodaten digital auf CD speichern zu können. Am Anfang der CD befindet sich eine Inhaltstabelle, die Informationen über die Lage und Länge der einzelnen Tracks beinhaltet. Im Red Book ist ein ECC Standard (von Error Correction Code = Fehler Korrektur Code) und ein EDC Standard (von Error Detection Code = Fehler Erkennungs Code) beschrieben.	Die Tracks werden vom Aufbau unterteilt in Sektoren, die 1/75 Sekunden entsprechen. Audio-Daten werden auf einer Audio-CD in 2352 Byte großen Sektoren gespeichert und grundsätzlich über Zeitangaben adressiert. Die Adressinformationen werden zusammen mit Fehlererkennungs-Codes und Fehlerkorrektur-Codes gespeichert. Eine Audio-CD enthält mindestens eine und maximal 99 direkt anspringbare Spuren. Ein Musikstück entspricht einer Spur. Die maximale Laufzeit einer CD mit 120 mm Durchmesser beträgt 74 Minuten. Mit 16-Bit-Auflösung beträgt das SNR (von signal-to-noise-ratio = Signal-Rausch-Verhältnis) CD 96 dB.
Daten-CD, CD-ROM **YELLOW BOOK**	Daten-CDs beschreiben die grundsätzliche Organisation von Daten. Es werden zwei Sektor-Typen unterschieden. Beide Sektor-Typen können nicht zusammen in einer Spur verwendet werden, die gleichzeitige Wiedergabe von Computer-Daten und Audio-/Video-Daten ist also nicht möglich. Das Dateisystem der CD-ROM wird auch als ISO-9660 oder als High Sierra bezeichnet.	Für einzelne Dateien führen die Sektoren genaue Adressierungsinformationen am Anfang von jedem Sektor. Mode-1-Sektoren haben zusätzliche Fehlererkennungsverfahren und Fehlerkorrekturverfahren (CIRC, Layered EDC/ECC). Die Sektoren sind in logische Blöcke unterteilt. Diese Blöcke werden über den Sektor adressiert. Zwei Sektor-Typen werden unterschieden: Mode 1 für die Computer-Daten (2048 B), Mode 2 für komprimierte Audio- und Video-/Bild-Daten (2336 B). Beide Sektor-Typen können nicht zusammen in einer Spur verwendet werden – die gleichzeitige Wiedergabe von Computer-Daten und Audio-/Video-Daten ist also nicht möglich.
CD-Interactive Compact Disk Interactive **GREEN BOOK**	CD-Interactive ist für interaktive Multimedia-Anwendungen konzipiert.	Eine CD-I kann nur mit einem entsprechenden Abspielgerät wiedergegeben werden. Es gibt Abspielgeräte für mehrere Formate.
CD-ROM-XA (Multimedia-CD) **YELLOW BOOK XA**	Multimediale Darstellungen werden durch den CD-ROM-XA Standard (von Extended Architure = erweiterte Architektur) ermöglicht. Multimediale Anwendungen erfordern die gleichzeitige und genau abgestimmte Wiedergabe von Audio-, Video- und Computer-Daten. Der Standard legt eine Differenzierung der Mode-2-Sektoren aus dem Yellow Book fest: Mode 2 Sektor für Computer-Daten mit /Form 1: Fehlerkorrektur-Mechanismen (2048 Byte) Mode 2 Sektor für komprimierte Audio-/Vi-/Form 2: deo-Daten (2324 B)	Jeder Sektor besitzt ein Submode-Byte. Dieses legt die Attribute des Sektors fest und spezifiziert die Art der Information (Daten, Audio, Video). Die Daten können nun zusammen mit Audio Daten (interleaved = verschränkt) in einer Spur gespeichert werden und synchron abgespielt werden. Sie werden durch ADPCM (Adaptive Puls Code Modulation) codiert. Eine CD-ROM-XA-Erweiterung enthält Spezifikationen für MPEG-Video und GEO (Generic Operation Environment) zur Identifizierung des Rechnersystems.

CD-Formate 2   CD types 2

Format, Standard	Beschreibung	Erklärungen
Video-CD WHITE BOOK	Video-CDs können von CD-I-Spielern, speziellen Video-CD-Spielern oder am Computer auf CD-Laufwerken mit CD-ROM-XA-Unterstützung (Standard) und MPEG-Dekoder oder eigener Video-CD-Software abgespielt werden.	MPEG-Dekoder sind Standard bei Microsoft Betriebssystemen ab Windows 98 oder bei aktuellen Browsern.
CD-WO, CD-MO ORANGE BOOK	Der Nutzer kann auf CD-WO (von CD-Write-Once = einmal beschreibbar) selbst Daten aufzeichnen. Der Orange Book Standard besteht aus zwei Teilen. Der erste befasst sich mit einer magneto-optischen Methode (CD-MO) und der zweite mit einmal beschreibbaren CD (CD-WO). Der zweite Teil des Orange Book Standard beschreibt die einzelnen Bereiche einer CD. So enthält z. B. der Datenbereich einen PCA (von Program Calibration Area = Programm Kalibrierungsbereich), welcher einen Test-Bereich darstellt, um den Aufzeichnungslaser später zu kalibrieren. Danach folgt der PMA (von Program Memory Area = Programm Speicherbereich), der die Tracknummern sowie die Startpunkte und Anfangspunkte enthält. Als nächstes folgt die Lead-In Area, die für die später zu erstellende TOC (Table of Contents = Inhaltsverzeichnis) vorgesehen ist. Wenn Daten aufgezeichnet wurden, folgt an deren Ende ein Lead-Out Bereich, der das Ende der Session markiert.	Der Standard des Orange Book beinhaltet das Schreiben von mehreren Sitzungen (Write-Once-Sessions, WO-Sessions) auf eine CD. Dies ermöglicht die Erstellung von Multi-Session-CDs. Jede Sitzung besitzt eine Einleitung (Lead-In) mit Inhaltsverzeichnis (TOC), einen Datenbereich und einen Abspann (Lead-Out). Daten werden grundsätzlich von innen nach außen aufgezeichnet, d. h. die inneren Spuren der CD werden zuerst beschrieben.
Enhanced CD, CD Plus, CD Extra BLUE BOOK	Der im Blue Book festgelegte Standard beschreibt zwei Sessions, eine mit Daten und eine mit Audioinformation. Eine CD-Extra nutzt das Konzept der Multi-Session-CD. Dieses Format soll verhindern, dass Hifi-Anlagen beim Versuch einen Datentrack zu lesen, beschädigt werden. Daher wird im Blue Book festgelegt, dass der erste Track eine dem Red Book entsprechende Audio-Session sein muss (Nur die erste Session kann von normalen CD-Playern gelesen werden).	Aufbau: Erste Spur: Ein ISO-9660-Dateisystem mit den Verzeichnissen CDI (u. a. mit dem Abspielprogramm), MPEGAV und VCD. Weitere Spuren: CD-Rom/XA-Sektoren des Typs Mode 2/Form 2 mit den MPEG-kodierten Audio-/Video-Sequenzen, die in MPEGAV aufgelistet sind. Die nachfolgende Session entspricht der CD-ROM-XA und muss im ISO-9660 gespeicherte Daten enthalten. Weitere Sessions sind möglich, ebenso, wie Hybrid-Tracks und CD-I-Daten.
Bootfähige CD	Von bootfähigen CD kann ein Betriebssystem geladen werden. Die IDE- bzw. SCSI-Firmware des Rechners muss dazu in der Lage sein.	Eine bootfähige CD besitzt eine Boot-Spur und eine optionale ISO-9660-Spur. Zum Schreiben einer bootfähigen CD ist eine Boot-Partition oder eine entsprechende Image-Datei nötig.

CD-ROM-Laufwerke können, auch wenn sie grundsätzlich multi-session-fähig sind, eine CD-Extra eventuell nicht abspielen. Wenn die CD mit einer Audio-Spur beginnt, behandeln sie diese als Audio-CD. Da jedoch eine Audio-CD prinzipiell eine Single-Session-CD ist, sucht das CD-Laufwerk gar nicht nach weiteren Sitzungen (Sessions).

Vorgang	Aufbau, Bildschirmausdruck	Erklärungen
CD-RW-Brenner einbauen	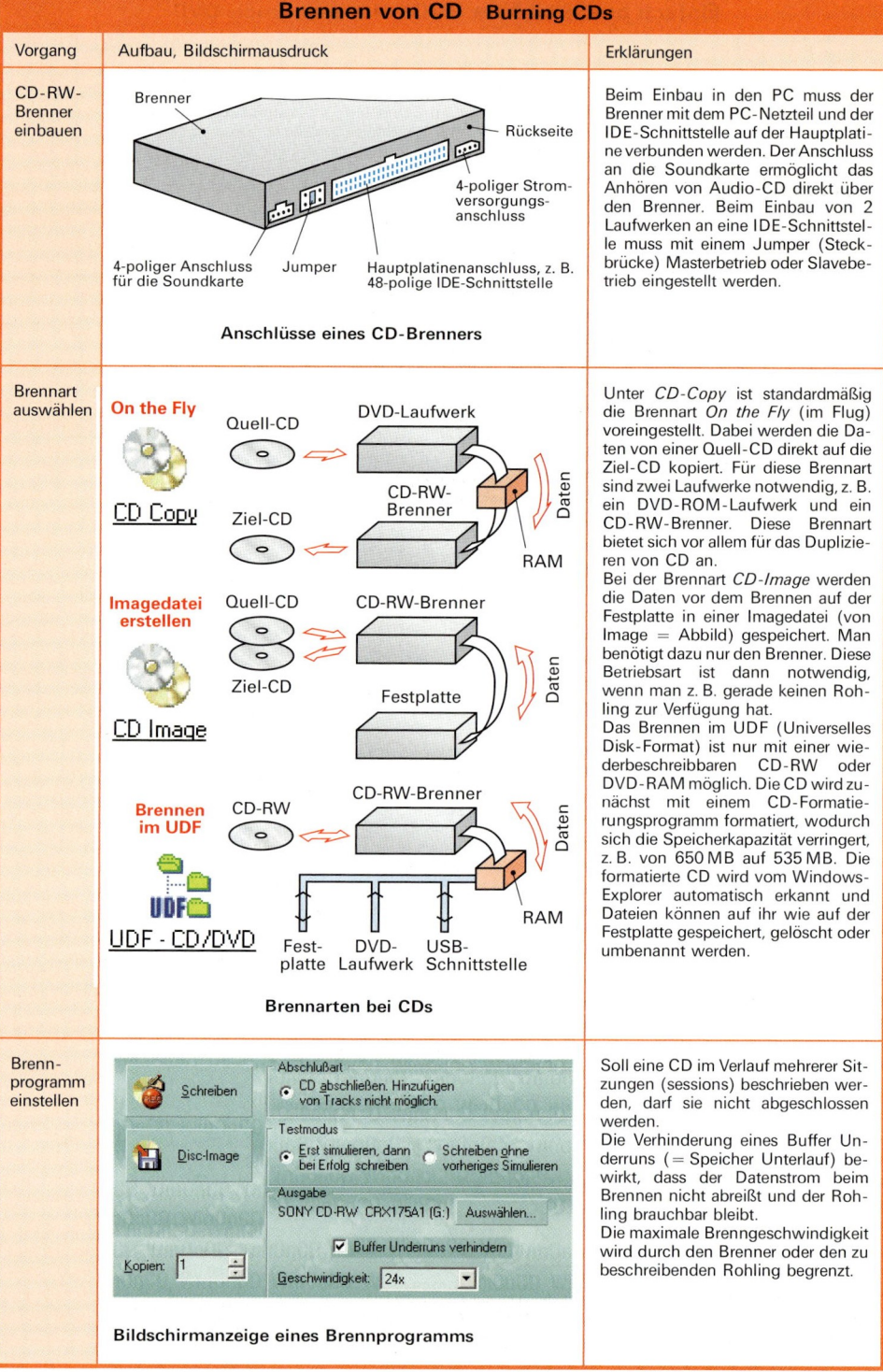 **Anschlüsse eines CD-Brenners**	Beim Einbau in den PC muss der Brenner mit dem PC-Netzteil und der IDE-Schnittstelle auf der Hauptplatine verbunden werden. Der Anschluss an die Soundkarte ermöglicht das Anhören von Audio-CD direkt über den Brenner. Beim Einbau von 2 Laufwerken an eine IDE-Schnittstelle muss mit einem Jumper (Steckbrücke) Masterbetrieb oder Slavebetrieb eingestellt werden.
Brennart auswählen	**Brennarten bei CDs**	Unter *CD-Copy* ist standardmäßig die Brennart *On the Fly* (im Flug) voreingestellt. Dabei werden die Daten von einer Quell-CD direkt auf die Ziel-CD kopiert. Für diese Brennart sind zwei Laufwerke notwendig, z. B. ein DVD-ROM-Laufwerk und ein CD-RW-Brenner. Diese Brennart bietet sich vor allem für das Duplizieren von CD an. Bei der Brennart *CD-Image* werden die Daten vor dem Brennen auf der Festplatte in einer Imagedatei (von Image = Abbild) gespeichert. Man benötigt dazu nur den Brenner. Diese Betriebsart ist dann notwendig, wenn man z. B. gerade keinen Rohling zur Verfügung hat. Das Brennen im UDF (Universelles Disk-Format) ist nur mit einer wiederbeschreibbaren CD-RW oder DVD-RAM möglich. Die CD wird zunächst mit einem CD-Formatierungsprogramm formatiert, wodurch sich die Speicherkapazität verringert, z. B. von 650 MB auf 535 MB. Die formatierte CD wird vom Windows-Explorer automatisch erkannt und Dateien können auf ihr wie auf der Festplatte gespeichert, gelöscht oder umbenannt werden.
Brennprogramm einstellen	**Bildschirmanzeige eines Brennprogramms**	Soll eine CD im Verlauf mehrerer Sitzungen (sessions) beschrieben werden, darf sie nicht abgeschlossen werden. Die Verhinderung eines Buffer Underruns (= Speicher Unterlauf) bewirkt, dass der Datenstrom beim Brennen nicht abreißt und der Rohling brauchbar bleibt. Die maximale Brenngeschwindigkeit wird durch den Brenner oder den zu beschreibenden Rohling begrenzt.

Standard	Bild	Beschreibung, Aufbau, technische Daten
DVD-ROM, DVD-Read Only Memory	Schutzschicht mit Label (oben) Durchsichtige Folie Reflexionsschicht Polykarbonatschicht Schutzschicht (unten) **DVD-ROM**	**DVD-5:** Einseitig beschichteter Träger. **DVD-10:** Jede Hälfte besteht aus zwei Trägerschichten und jede enthält zwei Aufzeichnungsschichten, die durch eine dünne Schicht getrennt sind. Das Trägermaterial besitzt auf beiden Oberflächen Aufzeichnungsschichten. Um beide Seiten der DVD abzuspielen, muss sie im DVD-Laufwerk gewendet werden. **DVD-9:** Besitzt zwei Datenebenen, die ein Laserstrahl von einer Seite aus lesen kann. Die erste Datenebene muss halbdurchlässig sein, die zweite vollreflektierend. Als vollreflektierende Schicht wird Aluminium auf eine Halbseite aufgetragen. Die halbdurchlässige Ebene besteht aus Gold (Au) oder Silizium (Si). Die halbdurchlässige Schicht bezeichnet man als Layer 0. Sie liegt der Leseoberfläche näher als die vollreflektierende Datenebene Layer 1. **DVD-18:** Zum Lesen beider übereinander liegenden Datenebenen einer DVD-18 kann der Laser durch das halbdurchlässige (semitransparente) Material auf die darunter liegende Aufzeichnungsschicht fokussieren. Für das Lesen der zweiten DVD-Seite muss das Medium wie eine DVD-10 gewendet werden.

Bezeichnung	Maximale Kapazität
DVD-5	4,7 GB
DVD-10	9,4 GB
DVD-9	8,5 GB
DVD-18	17 GB

Standard	Bild	Beschreibung, Aufbau, technische Daten
DVD+R, DVD+ Recordable, DVD-R, DVD-Recordable.	Bonding Layer 0 Layer 1 0,6 mm 0,055 mm 0,6 mm Reflexionsschicht Dye Land-Pre-Pit Wobble Polycarbonat Pregroove **DVD-R-Aufbau**	Eine DVD+R oder DVD-R speichern 4,7 GB Daten. Bei einmal beschreibbaren Rohlingen werden die Informationen durch den Laser in eine Schicht aus organischer Farbe eingebrannt. Die vorher durchsichtigen Stellen werden hierbei lichtundurchlässig und absorbieren das Laserlicht. So entstehen beim Brennen eines Rohlings eine Reihe von unterschiedlich reflektierenden Stellen. An den erhitzten Stellen verfärbt sich die organische Farbe, diese reflektiert den Laserstrahl weniger stark als ein transparenter Bereich. Der Laser erzeugt eine Wellenlänge von 650 nm. DVD+R wurde als Alternative zu DVD−R durch eine Gruppe von Herstellern definiert.

Standard	Bild	Beschreibung, Daten
DVD-RW, DVD-rewriteable,	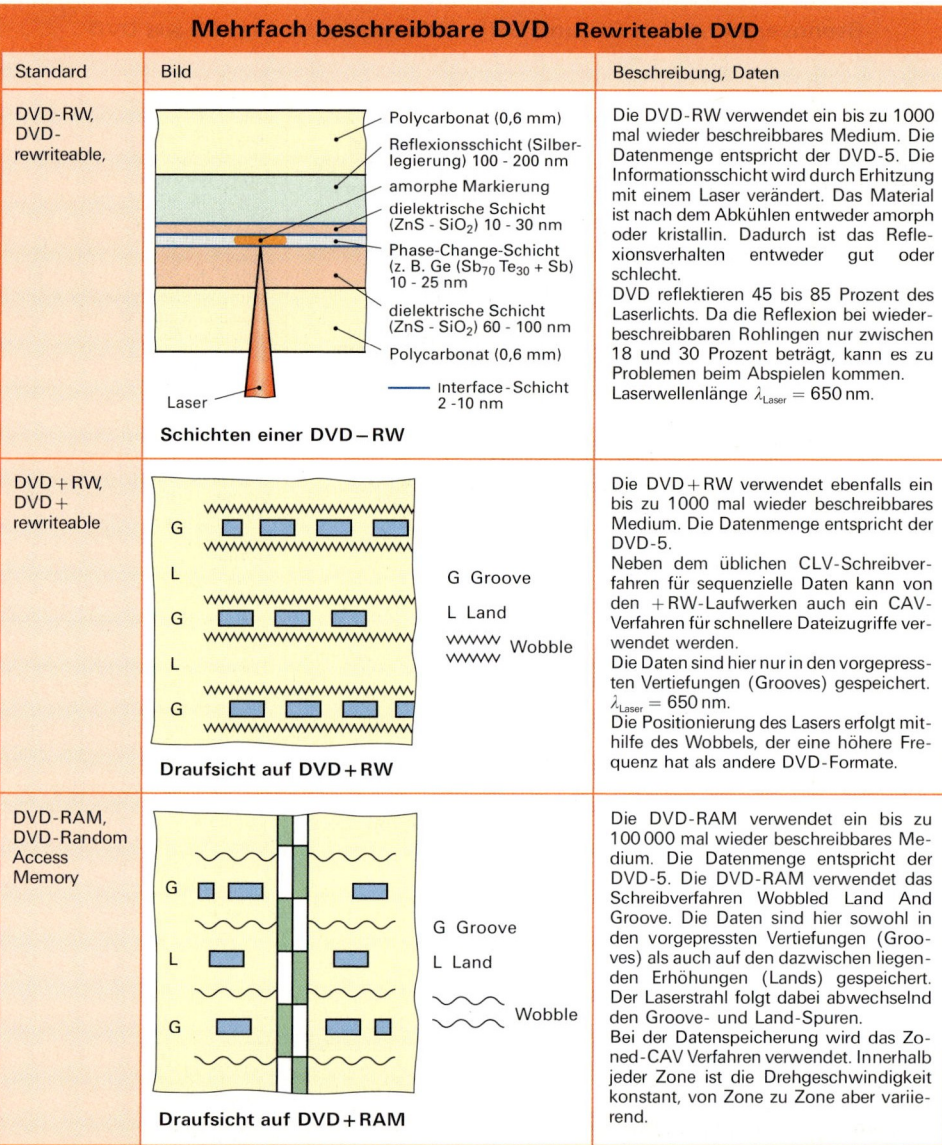 Polycarbonat (0,6 mm) Reflexionsschicht (Silberlegierung) 100 - 200 nm amorphe Markierung dielektrische Schicht (ZnS - SiO₂) 10 - 30 nm Phase-Change-Schicht (z. B. Ge (Sb₇₀ Te₃₀ + Sb) 10 - 25 nm dielektrische Schicht (ZnS - SiO₂) 60 - 100 nm Polycarbonat (0,6 mm) Laser ——— Interface - Schicht 2 -10 nm **Schichten einer DVD – RW**	Die DVD-RW verwendet ein bis zu 1000 mal wieder beschreibbares Medium. Die Datenmenge entspricht der DVD-5. Die Informationsschicht wird durch Erhitzung mit einem Laser verändert. Das Material ist nach dem Abkühlen entweder amorph oder kristallin. Dadurch ist das Reflexionsverhalten entweder gut oder schlecht. DVD reflektieren 45 bis 85 Prozent des Laserlichts. Da die Reflexion bei wiederbeschreibbaren Rohlingen nur zwischen 18 und 30 Prozent beträgt, kann es zu Problemen beim Abspielen kommen. Laserwellenlänge $\lambda_{Laser} = 650$ nm.
DVD+RW, DVD+ rewriteable	G Groove L Land 〜〜〜 Wobble **Draufsicht auf DVD+RW**	Die DVD+RW verwendet ebenfalls ein bis zu 1000 mal wieder beschreibbares Medium. Die Datenmenge entspricht der DVD-5. Neben dem üblichen CLV-Schreibverfahren für sequenzielle Daten kann von den +RW-Laufwerken auch ein CAV-Verfahren für schnellere Dateizugriffe verwendet werden. Die Daten sind hier nur in den vorgepressten Vertiefungen (Grooves) gespeichert. $\lambda_{Laser} = 650$ nm. Die Positionierung des Lasers erfolgt mithilfe des Wobbels, der eine höhere Frequenz hat als andere DVD-Formate.
DVD-RAM, DVD-Random Access Memory	G Groove L Land 〜〜〜 Wobble **Draufsicht auf DVD+RAM**	Die DVD-RAM verwendet ein bis zu 100 000 mal wieder beschreibbares Medium. Die Datenmenge entspricht der DVD-5. Die DVD-RAM verwendet das Schreibverfahren Wobbled Land And Groove. Die Daten sind hier sowohl in den vorgepressten Vertiefungen (Grooves) als auch auf den dazwischen liegenden Erhöhungen (Lands) gespeichert. Der Laserstrahl folgt dabei abwechselnd den Groove- und Land-Spuren. Bei der Datenspeicherung wird das Zoned-CAV Verfahren verwendet. Innerhalb jeder Zone ist die Drehgeschwindigkeit konstant, von Zone zu Zone aber variierend.

Vergleich der Standards

Die Form der Datenspeicherung stimmt bei allen beschreibbaren Formaten (außer der DVD-RAM) überein: Bei der Herstellung wird jedem Rohling eine Spur (ein so genannter Groove) eingeprägt. Diese Spur verläuft spiralförmig von innen nach außen, nimmt beim Brennen die Daten auf und hält den Laser radial in der Spur. Zwischen den Grooves verläuft das Land, das wegen des Groove-Verlaufs ebenfalls spiralförmig verläuft. Ab hier beginnen die Unterschiede zwischen den Formaten.

Zur Bestimmung der Umdrehungsgeschwindigkeit ist der Groove in einer Sinuskurve gewellt (Wobble). Diese Welle kann ausgelesen werden und erzeugt abhängig von der Geschwindigkeit eine Schwingung.

Anhand der Frequenz dieser Wobble-Schwingung kann das Laufwerk die Umdrehungsgeschwindigkeit bestimmen und konstant halten.

Die Positionierung innerhalb der Spur unterscheidet sich je nach Format. Das DVD-R-Format und das DVD-RW-Format verwendet zur Positionierung Pre-Pits. Diese Pits werden bei der Herstellung des Rohlings in das Land gepresst und enthalten Informationen über die Position im Groove.

Bei der DVD+RW verwendet man zur Positionierung den höherfrequenten Wobble, der noch mit einem zusätzlich aufmodulierten Signal versehen ist.

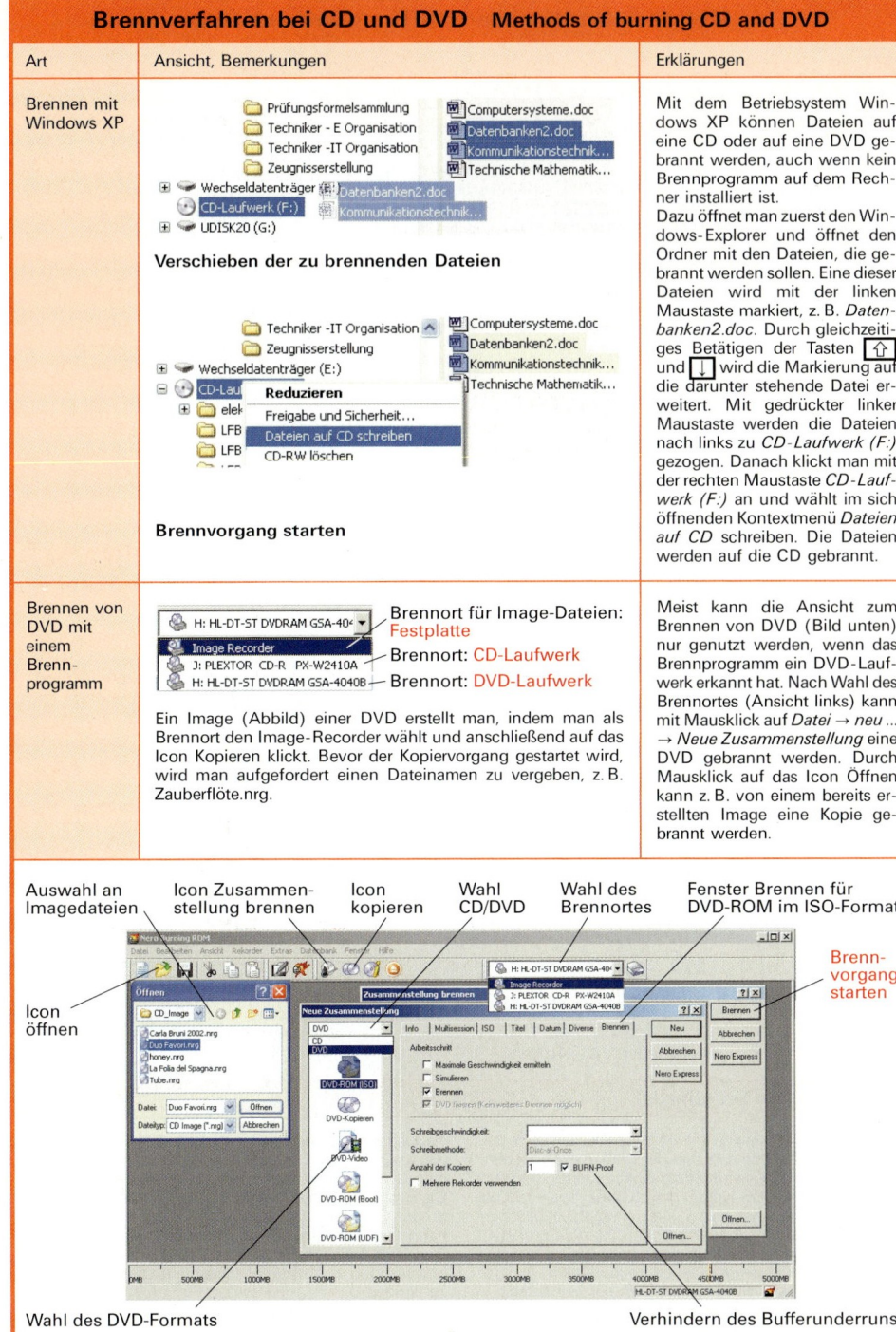

Art	Ansicht, Bemerkungen	Erklärungen

Brennen mit Windows XP	📁 Prüfungsformelsammlung
	📁 Techniker - E Organisation
	📁 Techniker -IT Organisation
	📁 Zeugniserstellung
	⊞ Wechseldatenträger (E:) Datenbanken2.doc
	◉ CD-Laufwerk (F:) Kommunikationstechnik...
	⊞ UDISK20 (G:)
	
	📄 Computersysteme.doc
	📄 Datenbanken2.doc
	📄 Kommunikationstechnik...
	📄 Technische Mathematik...
	
	Verschieben der zu brennenden Dateien
	
	📁 Techniker -IT Organisation
	📁 Zeugniserstellung
	⊞ Wechseldatenträger (E:)
	⊟ ◉ CD-Lau...
	  ⊞ 📁 elek... **Reduzieren**
	  📁 LFB Freigabe und Sicherheit...
	  📁 LFB **Dateien auf CD schreiben**
	  📁 LFB CD-RW löschen
	
	📄 Computersysteme.doc
	📄 Datenbanken2.doc
	📄 Kommunikationstechnik...
	📄 Technische Mathematik...
	
	Brennvorgang starten
		Mit dem Betriebssystem Windows XP können Dateien auf eine CD oder auf eine DVD gebrannt werden, auch wenn kein Brennprogramm auf dem Rechner installiert ist.
		Dazu öffnet man zuerst den Windows-Explorer und öffnet den Ordner mit den Dateien, die gebrannt werden sollen. Eine dieser Dateien wird mit der linken Maustaste markiert, z. B. *Datenbanken2.doc.* Durch gleichzeitiges Betätigen der Tasten ⇧ und ↓ wird die Markierung auf die darunter stehende Datei erweitert. Mit gedrückter linker Maustaste werden die Dateien nach links zu *CD-Laufwerk (F:)* gezogen. Danach klickt man mit der rechten Maustaste *CD-Laufwerk (F:)* an und wählt im sich öffnenden Kontextmenü *Dateien auf CD* schreiben. Die Dateien werden auf die CD gebrannt.

Brennen von DVD mit einem Brennprogramm	◉ H: HL-DT-ST DVDRAM GSA-40◄ ▼
	  Image Recorder **Brennort für Image-Dateien: Festplatte**
	  J: PLEXTOR CD-R PX-W2410A **Brennort: CD-Laufwerk**
	  H: HL-DT-ST DVDRAM GSA-4040B **Brennort: DVD-Laufwerk**
	
	Ein Image (Abbild) einer DVD erstellt man, indem man als Brennort den Image-Recorder wählt und anschließend auf das Icon Kopieren klickt. Bevor der Kopiervorgang gestartet wird, wird man aufgefordert einen Dateinamen zu vergeben, z. B. Zauberflöte.nrg.
		Meist kann die Ansicht zum Brennen von DVD (Bild unten) nur genutzt werden, wenn das Brennprogramm ein DVD-Laufwerk erkannt hat. Nach Wahl des Brennortes (Ansicht links) kann mit Mausklick auf *Datei → neu ... → Neue Zusammenstellung* eine DVD gebrannt werden. Durch Mausklick auf das Icon Öffnen kann z. B. von einem bereits erstellten Image eine Kopie gebrannt werden.

Auswahl an Imagedateien   Icon Zusammenstellung brennen   Icon kopieren   Wahl CD/DVD   Wahl des Brennortes   Fenster Brennen für DVD-ROM im ISO-Format

Brennvorgang starten

Icon öffnen

Wahl des DVD-Formats   Verhindern des Bufferunderruns

Fenster des Brennprogramms

Begriff	Erklärungen	Kennwerte, Bemerkungen, Beispiele

Diskette

Typen

Man unterscheidet drei Typen von Disketten:
- Floppy Disk (= schlaffe Scheibe).
- ZIP-Diskette. Im Gegensatz zur Floppy Disk liegt der Schreib/Lesekopf nicht auf der Diskettenoberfläche auf.
- LS120-Diskette, LS von Laser Servo. Sie wird auch als Superdisk bezeichnet. LS-Laufwerke enthalten einen Schreib/Lesekopf für Floppy Disks und einen zweiten für LS-Disketten. Die Laser-Servo-Einheit führt die Schreib/Leseköpfe auf die entsprechenden Spuren der Disketten.

Kenngröße	Floppy	ZIP750	LS120
Kapazität M	1,44 MB	744 MB	120 MB
Anschlüsse	Floppy Disk Controller	EIDE, USB, Firewire	EIDE, USB
Zugriffszeit t	84 ms	24 ms	65 ms
Bitrate r	0,006 MB/s	8 MB/s	0,6 MB/s
Drehzahl n	360 min/1	2980 min/1	720 min/1

Speicherstift

Aufbau

Ein Speicherstift (memory stick) besteht aus einer Platine mit USB-Anschluss, auf welcher sich zwei integrierte Schaltkreise befinden:
- Der *Steuerchip* kommuniziert mit dem USB-Controller auf der Hauptplatine (Mainboard) des PC. Er sendet z. B. Herstellerdaten an den PC und steuert die Schreib/Lesevorgänge.
- Der *Speicherchip* ist ein Flash-EEPROM (flash = Blitz). Seine Speicherzellen bestehen aus Feldeffekttransistoren.

Manche Speicherstifte sind zusätzlich ausgestattet:
- mit einem Passwortschutz,
- mit einem MP3-Player, was eine Batterie erfordert,
- mit integrierter einfacher Kamera (DigiCam),
- mit einem Kartenleser oder
- mit einer Uhr, z. B. Armbanduhr.

Kennwerte

Wichtige Kennwerte sind Speicherkapazität M und die Bitraten r. Die tatsächlichen Bitraten sind produktabhängig und liegen unter den theoretischen Maximalwerten. Hohe Bitraten werden nur erreicht, wenn sowohl der USB-Controller des PC als auch der Speicherstift eine USB2.0-Schnittstelle besitzen. Die Kompatibilität eines USB1.1-Stiftes zu USB2.0 reicht nicht aus.

Kenngröße	USB1.1	USB2.0
Speicherkapazität M	z. B. 128 MB	bis zu 4 GB
Bitrate Lesen r	max. 1 MB/s	max. 14 MB/s
Bitrate Schreiben r	max. 0,6 MB/s	max. 9 MB/s

Handhabung im Vergleich mit Disketten

Speicherstifte
- sind leicht, klein, besser portabel,
- sind mechanisch weniger anfällig,
- haben höhere Speicherkapazitäten und Bitraten,
- sind hot-plug-fähig ab Windows 2000, d.h. sie werden bei laufendem PC beim Einstecken in den USB-Slot vom Betriebssystem automatisch erkannt,
- der Speicherinhalt hält doppelt so lang, ca. 10 Jahre.

Wird ein Speicherstift bei laufendem PC in den USB-Slot eingesteckt, wird ihm vom Betriebssystem der Laufwerksbuchstabe zugeteilt, der sich an die physikalisch angeschlossenen Laufwerke alphabetisch anschließt, z. B. G. Sollte dieser Buchstabe durch ein Netzlaufwerk belegt sein, kann auf den Speicherinhalt des Stiftes erst zugegriffen werden, wenn der Buchstabe des Speicherstiftes mithilfe von Windows geändert wird. Rechte Maustaste auf *Arbeitsplatz* → *Verwalten* → *Datenträgerverwaltung* → rechte Maustaste auf Laufwerk → *Laufwerkbuchstabe und -pfade ändern* → *Ändern* ...

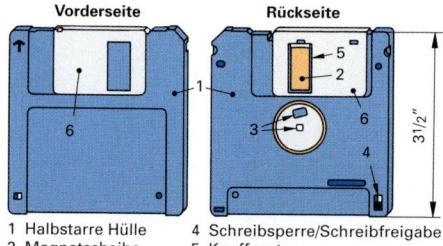

Vorderseite   **Rückseite**

1 Halbstarre Hülle
2 Magnetscheibe
3 Zentrier- und Antriebsöffnungen
4 Schreibsperre/Schreibfreigabe
5 Kopffenster
6 Kopffenster-Verschluss (Shutter)

Aufbau der Floppy Disk

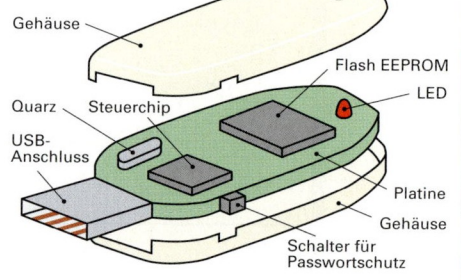

Gehäuse · Flash EEPROM · LED · Quarz · Steuerchip · USB-Anschluss · Platine · Gehäuse · Schalter für Passwortschutz

Aufbau des Speicherstiftes

Begriff	Erklärung	Begriff	Erklärung
Bus-schnitt-stelle	Über die Busschnittstelle gelangen Bilddaten sowie Steuersignale vom Mainboard auf die Grafikkarte. Man unterscheidet zwei Busschnittstellen. Beim **AGP** (von Accelerated Grafics Port = beschleunigter Grafikanschluss) erfolgt der Datentransfer mit bis zu 2,1 GB/s und beim **PCIE** (von Peripheral Component Interconnect Express = periphere Bauelement-Eil-Zwischenverbindung) mit bis zu 8 GB/s. Der Chipsatz des PC stellt eine direkte Verbindung zum Arbeitsspeicher des PC her.	Ausgänge	Die Grafikkarte kann die Bildsignale analog über die **VGA**-Schnittstelle (von Video Grafics Array) und oft auch digital über die **DVI**-Schnittstelle (von Digital Visual Interface) oder die **DFP**-Schnittstelle (von Digital Flat Panel) ausgeben. Spezielle DVI-Anschlüsse haben sowohl eine digitale als auch eine analoge Ausgabe. Der **S-Video**-Anschluss ermöglicht sowohl die Bildausgabe auf ein Fernsehgerät oder einen Videorekorder, als auch die Aufnahme von einer Videoquelle. Die Farbdaten werden dabei von Helligkeitsdaten getrennt übertragen. Der Composite-Video-Anschluss überträgt dagegen alle Videosignale auf nur einer Leitung.
Grafikchip	Der Grafikchip ist für den Bildaufbau zuständig. Er berechnet und beschleunigt dreidimensionale Darstellungen (3D). Dazu gehört z. B. das *Rendering* (von to render = gestalten) oder das Anti-Aliasing (von griech. anti = gegen und lat. alias = anders). *Rendering* ist der Aufbau einer 3D-Szene in mehreren Schritten. *Anti-Aliasing* ist das Verwischen von Pixeln (Bildpunkten) bei einer Treppenbildung beim Darstellen schräger Linien.	VGA-BIOS	Das VGA-BIOS (VGA-Basic Input Output System) ermöglicht den Bildaufbau beim Systemstart und bei Systemfehlern, wenn Windows im abgesicherten Modus startet. Die Darstellung erfolgt im VGA-Standard-Modus, d. h. 640 × 480 Pixel mit 16 Farben (4 bit Farbtiefe) und einer Bildwiederholfrequenz von 50 Hz.
Grafik-karten-speicher	Mit einer hohen Speicherkapazität, z. B. 256 MB, lässt sich das Monitorbild in einer hohen Auflösung, z. B. 1280 × 1024, mit großer Farbtiefe, z. B. 32 bit, und einer hohen Bildwiederholfrequenz, z. B. 120 Hz, darstellen. Wird bei der Auswahl der Einstellungen das Leistungsvermögen des Monitors überschritten, erhält man kein Bild.	Geräte-treiber	Er wird beim Systemstart geladen und ermöglicht die Bilddarstellung in höheren Videomodi als im Standard-VGA-Modus. Die Einstellung erfolgt über das Betriebssystem mit Start → Systemsteuerung → Anzeige → Einstellungen → Erweitert → Grafikkarte.
RAM-DAC	Im RAM-DAC (Random Access Memory – Digital Analog Converter) werden die digitalen Videosignale in analoge umgewandelt. Der RAM-DAC einer leistungsfähigen Grafikkarte hat eine hohe Pixelfrequenz, z. B. 500 MHz.	DirectX	DirectX ist eine Software-Schnittstelle, die es Programmierern bei der Erstellung von Multimedia-Anwendungen ermöglicht, mit API-Funktionen auf die Hardware der Grafikkarte zuzugreifen. Deshalb benötigt man bei vielen Multimedia-Programmen und auch Spielen das Tool DirectX.

Aufbau einer Grafikkarte

Modus	Erklärung	Auflösung	Pixel-anzahl	Seiten-ver-hältnis	Farb-tiefe	Anzahl an verschiedenen Farben	Theoretischer Mindestspei-cherbedarf	Praktischer Mindest-speicher-bedarf
VGA	Video Grafics Array	640 × 480	307 200	4 : 3	4 bit 8 bit	16 256	150 KB 300 KB	256 KB 512 KB
SVGA	Super VGA	800 × 600	480 000	4 : 3	8 bit 16 bit 24 bit	256 65 536 16 777 216	468,75 KB 937,50 KB 1,4 MB	512 KB 1 MB 2 MB
XGA	Extended GA	1024 × 768	786 432	4 : 3	16 bit 24 bit 32 bit	65 536 16 777 216 4 294 967 296	1,5 MB 2,25 MB 3 MB	2 MB 4 MB 4 MB
SXGA	Super XGA	1280 × 1024	1 310 720	5 : 4	16 bit 24 bit 32 bit	65 536 16 777 216 4 294 967 296	2,5 MB 3,75 MB 5 MB	4 MB 4 MB 8 MB
XWGA	Extended Wide GA	1280 × 800	1 024 000	16 : 10	16 bit 24 bit 32 bit	65 536 16 777 216 4 294 967 296	2 MB 3 MB 4 MB	2 MB 4 MB 4 MB
UXGA	Ultra XGA	1600 × 1200	1 920 000	4 : 3	24 bit 32 bit	16 777 216 4 294 967 296	5,5 MB 7,32421875 MB	8 MB 8 MB
SUXGA, QXGA	Super UXGA, Quad XGA	2048 × 1536	3 145 728	4 : 3	24 bit 32 bit	16 777 216 4 294 967 296	9 MB 12 MB	16 MB 16 MB
QUXGA	Quad UXGA	3200 × 2400	7 680 300	4 : 3	24 bit 32 bit	16 777 216 4 294 967 296	21,98 MB 29,3 MB	32 MB 32 MB

Anschluss	Ansicht	Pinbelegung					

VGA-Anschluss

15-poliger analoger Videoanschluss

Pin	Belegung	Pin	Belegung	Pin	Belegung
1	Videosignal Rot	6	Signalmasse Rot	11	Masse
2	Videosignal Grün	7	Signalmasse Grün	12	DDC-Daten (nur für LCD)
3	Videosignal Blau	8	Signalmasse Blau	13	Horizontal-Synchronisierung
4	Masse	9	5 V für DDC (nur für LCD)	14	Vertikal-Synchronisierung
5	DDC-Masse (nur für LCD)	10	Masse Synchronsignale	15	DDC-Taktsignal (nur für LCD)

DVI-Anschluss

24-poliger Dual-Link-DVI-Anschluss

29-poliger Dual-Link-DVI-Anschluss

Pin	Belegung	Pin	Belegung	Pin	Belegung
1	TMDS Data 2−	11	TMDS Data 1/3 Abschirmung	21	TMDS Data 5+
2	TMDS Data 2+	12	TMDS Data 3−	22	TMDS Takt Abschirmung
3	TMDS Data 2/4 Abschirmung	13	TMDS Data 3−	23	TMDS Takt +
4	TMDS Data 4−	14	+5 V	24	TMDS Takt −
5	TMDS Data 4+	15	0 V		Analogsignale
6	DDC Takt	16	HPD	C1	Videosignal Rot
7	DDC Data	17	TMDS Data 0−	C2	Videosignal Grün
8	Vertikal-Synchronisation	18	TMDS Data 0+	C3	Videosignal Blau
9	TMDS Data 1−	19	TMDS Data 0/5 Abschirmung	C4	Horizontal-Synchronisation
10	TMDS Data 1+	20	TMDS Data 5−	C5	Videosignal Masse

TMDS von Transmission Minimized Differential Signal = minimiertes Übertragungsdifferenzsignal, Data = Daten, DDC von Display Data Channel = Anzeigedatenkanal, HPD von Hot Plug Detect = Erkennung beim Einstecken, Pin 8 ist beim 24-poligen Anschluss nicht belegt.

Begriff	Ansicht	Erklärung
Anschlüsse	RJ-45-Fassung LED AUI-Buchse **Bild 1: Teil einer Netzwerkkarte mit RJ-45-Anschluss und AUI-Buchse** BNC-Buchse LED **Bild 2: Teil einer Netzwerkkarte mit BNC-Anschluss und AUI-Buchse**	Netzwerkkarten verbinden PC oder Drucker durch steckbare Leitungen miteinander. Für die verschiedenen Leitungen gibt es verschiedene Verbindungssysteme. Bei Verwendung von Twisted-Pair-Leitungen, z. B. in sternförmigen Netzwerken, werden RJ-45-Steckverbindungen verwendet **(Bild 1)**. Eine 15-polige AUI-Buchse kann zum Testen verwendet werden. Netzwerkkarten für z. B. Thin-Ethernet werden mit Koaxialkabel über BNC-Stecker verbunden. Zwischen den beiden Anschlüssen befinden sich zwei Aktivitäts-LED: Die Link-LED signalisiert eine korrekte Verbindung zum Hub oder einer anderen Workstation. Die Activity-LED zeigt, wenn Daten gesendet oder empfangen werden. Fast-Ethernet-Karten 10/100 verfügen meist über eine dritte LED, die anzeigt: die Karte arbeitet im 100-Mbit-Modus.
Aktive Netzwerkkarte		Aktive Netzwerkkarten haben im Gegensatz zu passiven Netzwerkkarten eine physikalische Anpassung des Endgeräte-Bussystems an das Netzwerk. Der lokale Prozessor und Speicher entlastet die PC-CPU. Medientyp: 10 BASE-T/100 BASE-TX/ 1000 BASE-T Anschluss: RJ-45 Bus: 32-/64-bit, 33/66 MHz PCI; 32-/64-bit, 33/66/100/133 MHz PCI-X Reichweite: 10 BASE-T, Category 3, 4, 5, 5e UTP bis 100 m ; 100 BASE-TX / 1000 BASE-T, Category 5, 5e UTP bis 100 m Systemvoraussetzungen: PCI 2.2 oder PCI-X 1.0
WLAN-Netzwerkkarte	**WLAN-PCI-Netzwerkkarte** **WLAN-PCMCIA-Netzwerkkarte**	WLAN-Netzwerkkarten ermöglichen eine drahtlose Netzwerkanbindung. Sie stehen als PCI-Adapter, PCMCIA-Adapter oder als USB-Adapter zur Verfügung **(Bild)**. Bitraten z. B. 22 Mb/s, 54 Mb/s z. B. nach IEEE-Standards 802.11b, 802.11g Art der Verschlüsselung: WPA, WEP Reichweite bis 500 m

Vorgang	Aufbau, Bildschirmausdruck	Erklärungen
Scanner auswählen und anschließen	**Flachbett-scanner** USB-Kabel E-Mail Texteditierung Kopieren Fax File Steuerung **Durchlichtaufsatz für Dias** **Diascanner** Leitung zum Netzteil Einschub für Dias **Geräte zum Scannen**	Zum Scannen von gedruckten Bildern oder Texten, z. B. im Format DIN A4, benötigt man einen Flachbettscanner. Für Dias eignen sich Flachbettscanner nur, wenn sie mit einer Durchlichteinheit ausgestattet sind. Diese kann als Scanner-Aufsatz oder als in den Scannerdeckel integrierte Einheit ausgeführt sein. Spezielle Dia- und Filmscanner liefern eine hohe Qualität für z. B. Dias im Format 24×36 mm. Scanner werden mit dem PC an einem USB-Anschluss, dem Druckeranschluss oder der SCSI-Schnittstelle verbunden. Beim Anschluss an USB wird oft der Scanner vom Computer mit Strom versorgt. Scanner mit Anschluss für die Druckerschnittstelle besitzen einen parallelen Eingangsport sowie einen parallelen Ausgangsport zur Weiterleitung von Daten an den Drucker. Zur Installation eines Flachbettscanners benötigt man einen Gerätetreiber, z. B. Twain (Technology without any interesting name), und eine Texterkennungssoftware, z. B. Textbridge oder Omni Page Pro. Von manchen Scannern lassen sich Funktionen, z. B. Kopieren, über Tasten direkt ausführen.
Bilder scannen	**Bildschirmdialoge zum Scannen**	Bilder werden von einem Bildbearbeitungs- oder Textverarbeitungsprogramm aus aufgerufen, z. B. von Paint Shop Pro im Menü Datei mit Import → TWAIN → Einlesen. Zunächst wird eine Bildvorschau mit grober Auflösung gescannt. Mit einem gestrichelten Rahmen wird der zu scannende Bildausschnitt markiert. Im Feld Einstellungen wird z. B. Farbe und die Auflösung 1200 dpi gewählt. Das Programm berechnet den Speicherbedarf für den Bildausschnitt, z. B. 5,56 MB. Die Speicherkapazität hängt von den vorgenommenen Einstellungen und der Farbtiefe des Scanners ab, z. B. 48 bit, d. h. der Scanner unterscheidet $2^{48} = 281{,}5$ Billionen verschiedene Farben. Zur Weiterbearbeitung sind Bilder mit höchstens der halben Arbeitsspeicherkapazität des PCs einzuscannen.
Texte scannen und erkennen	**TextBridge Classic** Wählen Sie den zu installierenden Scannertreiber aus: HP AccuPage ISIS TWAIN Fortfahren Beenden Hilfe **TextBridge Classic** **Bildschirmdialoge zur Texterkennung**	Zuerst wird z. B. im Programm Textbridge im Menü Datei unter Quelle wählen → TWAIN der am PC angeschlossene Scanner aktiviert. Mit Mausklick auf die Schaltfläche GO werden die Scannereinstellungen geöffnet. Im Feld Einstellungen wählt man LineArt. Textbridge scannt den ausgewählten Text, führt die Texterkennung OCR (von Optical Character Recognition) durch und speichert den Text unter Program Files → Textbridge Classic → Tiffs als Textdatei im Format rtf (Rich Text Format) ab. Mit dem Programm WORD kann diese Textdatei geöffnet und weiterbearbeitet werden.

Begriff, Merkmale	Wirkungsweise	Erklärung, Daten

Arten und Fehler

Begriff, Merkmale	Wirkungsweise	Erklärung, Daten
Fingerbild	Ein Sensor erfasst das Muster der Papillarlinien (= Warzenlinien) eines Fingers.	Sensoren: Optischer Sensor mit CCD, Widerstandssensor, kapazitiver Sensor.
Handbild	Die charakteristischen Umrisse einer Hand werden ausgewertet.	Optischer Sensor mit CCD.
Iris	Es wird ein Bild der Iris (Regenbogenhaut im Auge) erstellt.	Eine Spezialkamera nimmt das Bild auf.
Gesicht	Merkmale, wie Nase, Stirnhöhe, Mund, Kinn werden in einem Gitterbild erfasst.	Kopfdrehungen werden durch elastische Gitterlinien erkannt.
Stimme	Die Erkennung erfolgt durch Analyse des Stimmspektrums.	Durch gesprochene Lerntexte kann die Erkennung verbessert werden.
Schrift, Unterschrift	Zusätzlich zum (fälschbaren) Formbild werden dynamische Schreibmerkmale ausgewertet.	Auswertung von Schreibdruck, Schreibpausen und Richtungsvektoren.

Fehlerraten	 **Fehlerarten**	**FAR:** Fälschliche Akzeptanz einer unberechtigten Person wird als FAR (False Acceptance Rate) bezeichnet. **FRR:** Rückweisung eines Berechtigten wird als FRR (False Rejection Rate) bezeichnet. **Sicherheitsstufe = 1:** Alle legitimen Nutzer werden erkannt und alle nicht autorisierten Personen werden zurückgewiesen **(Bild)**.

Wichtige Verfahren

Finger	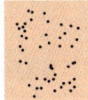 Kapazitiver Sensor ① ② ③ ④ **Auswertung des Fingerabdrucks**	Der Fingerabdruck erfolgt z. B. mit einem kapazitiven Sensor **(Bild)**. **Verarbeitung:** ① Originalabdruck ② Verfeinerung der Linien ③ Auswertung der Rillen, Abzweigungen und Kurven zu charakteristischen Punkten. ④ Die charakteristischen Punkte (Minuzien = Kleinigkeiten) werden erfasst, ihre Lage zueinander vermessen und auf Chip-Karte oder in einer Datenbank gespeichert.
Iris	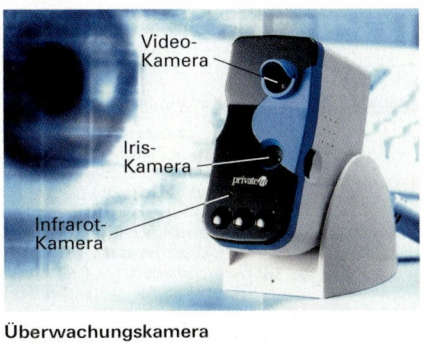 Video-Kamera Iris-Kamera Infrarot-Kamera **Überwachungskamera**	Die Iris enthält 200 verschiedene Merkmale, die sich zur Identifizierung nutzen lassen. Die Wahrscheinlichkeit für gleiche Irismerkmale liegt bei $1:10^{78}$. Die Kamera muss das Auge finden und dann das Zentrum und die Abgrenzungen der Iris bestimmen. Lidbewegungen, Wimpern und Lichtreflexe erschweren die Erkennung. Die anschließende Bildverarbeitung filtert die Merkmale und erzeugt durch Vektorisierung der Bilddaten Bitvektoren mit der Größe von 256 Byte. Es können mehrere Millionen Datensätze in der Minute mit dem Bitvektor verglichen werden.

Art	Aufbau	Bemerkungen
CRT-Bild-schirme	**3 Elektronenstrahlen**, **Lochmaske**, **Leucht-stoffröhre**, **Gewölbter Bildschirm** **Lochmaskenröhre**	Bei CRT-Bildschirmen (von Cathode Ray Tube = Katodenstrahlröhre) unterscheidet man Lochmaskenröhren, z. B. Precision-Inline-Röhre und Schlitzmaskenröhren, z. B. Trinitron-Röhre. Hinter der Lochmaske treffen die Strahlen auf den phosphorbeschichteten Bildschirm. Der Punktabstand (dot pitch) zwischen den Löchern beträgt meist zwischen 0,26 mm und 0,28 mm. Damit lassen sich bei einem 17″-Bildschirm (17 Zoll = 43 cm) bis zu 1600×1280 Bildpunkte darstellen (Super-VGA-Modus). Je kleiner die Bildauflösung ist, desto größer kann die Bildwiederholfrequenz gewählt werden. Die Bildwiederholfrequenz liegt bei 50 Hz bis 160 Hz. Mit zunehmender Frequenz wird das Flimmern vermindert. Beim Betrieb von CRT-Bildschirmen treten Röntgenstrahlen, niederfrequente elektrische Felder und magnetische Felder sowie elektrostatische Felder auf.
Flach-Bild-schirme	**Laut-sprecher**, **Bedien-tasten**, **VGA-Anschluss**, **DVI-Anschluss**, **Netzteil** **LCD-Bildschirm**	Flachbildschirme für Computer enthalten eine Flüssigkristallanzeige (LCD von Liquid Crystal Display). Die einzelnen Bildpunkte werden gleichzeitig angesteuert und beim Bildwechsel werden nur Bildänderungen neu aufgebaut. Die Reaktionszeit auf die Spannungsänderung beträgt dabei meist zwischen 2 ms und 36 ms. Gegenüber CRT-Bildschirmen sind Flachbildschirme platzsparender, flimmerfrei, strahlungsarm, leichter, langlebiger, haben eine geringere Leistungsaufnahme und ein verzerrungsfreies Bild. Manche Bildschirme haben außer dem VGA-Anschluss zusätzlich einen DVI-Anschluss (von Digital Video Interface = digitale Videoschnittstelle). Über diesen müssen die Bildsignale zur Übertragung nicht in Analogsignale umgewandelt werden. Flachbildschirme haben die beste Bildqualität bei ihrer größtmöglichen Auflösung. Das Kontrastverhältnis beträgt zwischen 200:1 und 2000:1, die Leuchtdichte zwischen 250 cd/m² und 450 cd/m².
LCD-Zellen	**Licht**, **Glasplatte mit Polarisationsfilter**, **G**, **U**, **Flüssigkristall-molekül**, **Glasplatte mit Polarisationsfilter** **TN-Flüssigkristall-Zelle** **Glasplatte mit Polarisationsfilter**, **Farbfilter**, **Dünnschicht-transistor**, **Bildpunktelement**, **Glasplatte mit Polarisationsfilter**, **rückseitige Lichtquelle** **TFT-Aktivmatrixzelle**	LCD-Zellen enthalten stäbchenförmige Moleküle, welche sich bei Temperaturen zwischen $-20\,°C$ und $+85\,°C$ parallel ausrichten, aber in ihrer Längsrichtung drehbar sind. Über 85 °C bewegen sich die Moleküle im flüssigen Zustand ungeordnet und unter $-20\,°C$ verharren die Moleküle unbeweglich im kristallinen Zustand. In einer TN-Zelle (von Twisted Nematic = gedrehte Stäbchen) werden bei nicht angelegter Spannung die Moleküle parallel zu den Polarisationsebenen gedreht. Dazwischen ordnen sich die Stäbchen wendeltreppenförmig an. Dadurch wird das einfallende, polarisierte Licht im Flüssigkristall um 90° gedreht, sodass es beide Polarisationsfilter durchdringt. Der Bildpunkt erscheint somit dunkel, da der Lichtstrahl an der unteren Polarisationsebene nicht reflektiert wird. Unter Spannung werden die Moleküle wie abgebildet senkrecht ausgerichtet. Das polarisierte Licht wird nicht gedreht und an der unteren Polarisationsebene reflektiert. Der Bildpunkt erscheint hell. Bei TFT-Anzeigen (von Thin Film Transistor = Dünnfilmtransistor) wird jede Zelle durch einen eigenen Transistor gesteuert. Parallel zu jeder Zelle ist ein Bildpunktkondensator geschaltet, welcher mit dem Amplitudenwert des Videosignals geladen wird. Die Speicherkapazität ist mehrfach größer als die Signalwiederholfrequenz. Dadurch entsteht ein flimmerfreies Bild. Eine rückwärtig eingebaute Beleuchtung gewährleistet auch im Dunkeln helle, gut erkennbare, hochauflösende Bilder. Anwendung: Handys, GPS, Palmtops

Begriff	Ansicht	Erklärung, Werte

DLP-Beamer

DLP Chip — Prozessor — Projektionslinse — Speicher — DMD — Optik — Linse — Farbrad — Lichtquelle — Linse — Bildschirm

Prinzip DLP-Beamer

DLP-Beamer (DLP von Digital Light Processor = digitaler Lichtprozessor) verwenden mikroskopisch kleine Spiegel, welche auf einem DMD-Chip (DMD von Digital Micromirror Device) angebracht sind. Das Licht aus der Projektorlampe wird durch ein Farbrad, das sich mit großer Geschwindigkeit dreht, gelenkt. Das so in rote, grüne und blaue Impulse zerteilte Licht trifft dann auf den DMD-Chip. Jeder Bildpunkt wird von einem eigenen Spiegel abgelenkt.
Für XGA-Auflösung benötigt man 1024 × 768, ca. 786 000 Spiegel, für SXGA-Auflösung, 1280x1024, ca. 1.3 Millionen Spiegel.
Die Spiegel besitzen zwei stabile Endzustände, zwischen denen sie schnell hin- und herbewegt werden. Durch die Neigung der einzelnen Mikro-Spiegel auf dem DMD-Chip wird das Licht entweder direkt zur Optik reflektiert oder zu einem Absorber geleitet. Durch die Ansteuerung der Spiegel mittels Pulsweitenmodulation werden verschiedene Helligkeitsstufen der einzelnen Bildpunkte erzeugt.

Vorteil	Nachteil
• höhere Ausgangslichtleistungen • weichere Bildrasterung hohe Kontrastwerte	• Regenbogeneffekt bei raschen Bildänderungen • teuer

LCD-Beamer

Projektions-Optik — G-LCD — B-LCD — R-LCD — Dichroitischer Spiegel — Lampe

Beim LCD-Beamer (LCD von Liquid Crystal Display = Flüssigkristall-Anzeige) trifft das von der Projektorlampe erzeugte Licht auf ein mehrschichtiges LCD. Dieses besteht aus mehreren Schichten. Zwischen zwei Polarisationsfiltern befinden sich Flüssigkristalle (LC) in kleinen Zellen. Jede Zelle kann über einen TFT (Thin-Film-Transistor = Dünnfilm-Transistor) einzeln geschaltet werden. Je nach Spannung durchdringt das Licht die einzelnen Zellen mehr oder weniger oder wird darin geblockt. Durch einen RGB-Farbfilter (Rot-Grün-Blau) erhalten die Pixel ihre Farbe.

Vorteil	Nachteil
• geringere Ausgangslicht-leistungen • geringere Kontrastwerte	• teuer • begrenzte Lebensdauer der Projektionslampe

Beameranschlüsse

1 S-VIDEO IN
2 VIDEO IN
3 DVI D/ RGB IN
4 RGB IN 2
5 SERVICE PORT
6 USB
7 AUDIO IN
8 Netzkabel
9 Diebstahlschutzbohrung

Art	Aufbau	Wirkungsweise	Anwendung, Kennwerte
Mikrofone			
Kondensator-mikrofon	Gegen-elektrode / Metall-membran / Anschluss	Membran und Gegenelektrode bilden einen durch den Schall veränderbaren Kondensator. **Hochfrequenzschaltung:** Der Kondensator ist Teil eines Oszillatorschwingkreises. Es entsteht eine Frequenzmodulation, aus der die Signalspannung gewonnen wird. **Niederfrequenzschaltung:** Es wird eine hohe Gleichspannung über einen Widerstand $(R > 100\,M\Omega)$ angeschlossen. Der Strom im Kondensator ist der Signalspannung proportional.	Übertragungsfaktor $$T = \frac{U}{p} = \frac{4\,mV}{2\,Pa} = 2\,\frac{mV}{Pa}$$ $f = 20\,Hz$ bis $20\,kHz$ $d < 0,1\%$ $Ce \approx 100\,pF$, meist Hilfsspannung erforderlich. Für hochwertige Aufnahmen, Messmikrofone in Schallmessgeräten.
Kristallmikrofon	Membran / Verbindungs-steg / Kristall-plättchen	Ein Piezokristall wird durch Schallwellen verformt. Durch den Piezoeffekt wird die Signalspannung erzeugt.	$T = 1\,\frac{mV}{Pa}$ bis $15\,\frac{mV}{Pa}$ $Z = 2\,M\Omega$ $Ce \approx 1\,nF$ Tonaufzeichnungen, Kleinstmikrofone, Körperschallmikrofone.
Tauchspul-mikrofon	Schwing-spule / Membran / Dauermagnet	Eine Schwingspule wird durch die Schallwellen im Magnetfeld eines Dauermagneten bewegt. Dadurch entsteht in ihr eine Induktionsspannung.	$T = 2\,\frac{mV}{Pa}$ $f = 50\,Hz$ bis $12\,kHz$ $d < 1\%$ $Z \approx 200\,\Omega$ Für hochwertige Musikaufnahmen, Diktiergeräte, Fernsprecher, Headset-Mikrofon. Headset = Kombination aus Mikrofon und Ohrhörer
Lautsprecher			
Dynamischer Lautsprecher	Schwingspule / Membran / Polkern / Ferritmagnet	Eine Schwingspule, die mit einer Membran verbunden ist, befindet sich im Luftspalt eines Dauermagneten. Durch Anlegen einer Wechselspannung an die Schwingspule wird diese entsprechend der Signalspannung bewegt.	$Z \approx 5\,\Omega$ P_n bis $50\,W$ großer Übertragungsbereich, hoher Wirkungsgrad. Für Rundfunk- und Fernsehempfänger, Surroundsysteme, PC-Lautsprecher, Verstärkeranlagen, hochwertige Kopfhörer.
Elektrostatischer Lautsprecher	gelochte Festelektrode / Metall-membran	Eine dünne Metallmembran wird durch einen Dauermagneten angezogen. Auf die Membran wirkt zusätzlich das Magnetfeld einer Spule, die an die Signalspannung angeschlossen ist.	Niedriger Wirkungsgrad, für hohe Frequenzen (Hochtonlautsprecher), geringe Leistung, Betriebsspannung notwendig.
Kristall-lautsprecher	Piezo-kristall / Metall-folie	Ein Piezokristallplättchen bewegt sich bei Anlegen einer Signalspannung.	$Z \approx 30\,k\Omega$ Einfacher Hochton-Lautsprecher.

Ce Eigenkapazität des Mikrofons, d Klirrfaktor, f Frequenz, P_n Bemessungsbelastbarkeit, p Schalldruck, T Übertragungsfaktor, Z Impedanz (Scheinwiderstand)

Art	Darstellung	Erklärung, Daten
Surround-Systeme, Heimkino	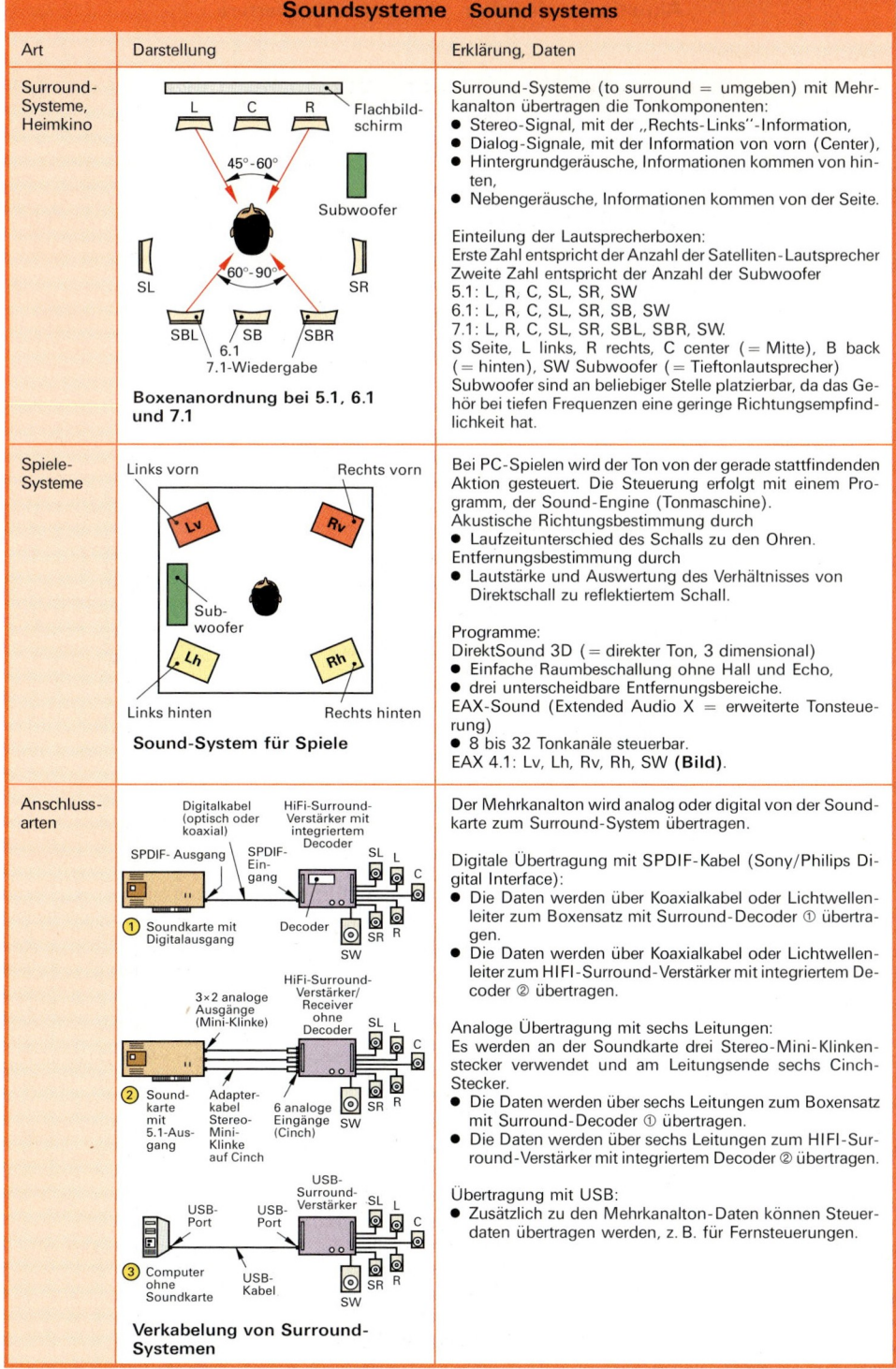 **Boxenanordnung bei 5.1, 6.1 und 7.1**	Surround-Systeme (to surround = umgeben) mit Mehrkanalton übertragen die Tonkomponenten: ● Stereo-Signal, mit der „Rechts-Links"-Information, ● Dialog-Signale, mit der Information von vorn (Center), ● Hintergrundgeräusche, Informationen kommen von hinten, ● Nebengeräusche, Informationen kommen von der Seite. Einteilung der Lautsprecherboxen: Erste Zahl entspricht der Anzahl der Satelliten-Lautsprecher Zweite Zahl entspricht der Anzahl der Subwoofer 5.1: L, R, C, SL, SR, SW 6.1: L, R, C, SL, SR, SB, SW 7.1: L, R, C, SL, SR, SBL, SBR, SW. S Seite, L links, R rechts, C center (= Mitte), B back (= hinten), SW Subwoofer (= Tieftonlautsprecher) Subwoofer sind an beliebiger Stelle platzierbar, da das Gehör bei tiefen Frequenzen eine geringe Richtungsempfindlichkeit hat.
Spiele-Systeme	**Sound-System für Spiele**	Bei PC-Spielen wird der Ton von der gerade stattfindenden Aktion gesteuert. Die Steuerung erfolgt mit einem Programm, der Sound-Engine (Tonmaschine). Akustische Richtungsbestimmung durch ● Laufzeitunterschied des Schalls zu den Ohren. Entfernungsbestimmung durch ● Lautstärke und Auswertung des Verhältnisses von Direktschall zu reflektiertem Schall. Programme: DirektSound 3D (= direkter Ton, 3 dimensional) ● Einfache Raumbeschallung ohne Hall und Echo, ● drei unterscheidbare Entfernungsbereiche. EAX-Sound (Extended Audio X = erweiterte Tonsteuerung) ● 8 bis 32 Tonkanäle steuerbar. EAX 4.1: Lv, Lh, Rv, Rh, SW **(Bild)**.
Anschlussarten	**Verkabelung von Surround-Systemen**	Der Mehrkanalton wird analog oder digital von der Soundkarte zum Surround-System übertragen. Digitale Übertragung mit SPDIF-Kabel (Sony/Philips Digital Interface): ● Die Daten werden über Koaxialkabel oder Lichtwellenleiter zum Boxensatz mit Surround-Decoder ① übertragen. ● Die Daten werden über Koaxialkabel oder Lichtwellenleiter zum HIFI-Surround-Verstärker mit integriertem Decoder ② übertragen. Analoge Übertragung mit sechs Leitungen: Es werden an der Soundkarte drei Stereo-Mini-Klinkenstecker verwendet und am Leitungsende sechs Cinch-Stecker. ● Die Daten werden über sechs Leitungen zum Boxensatz mit Surround-Decoder ① übertragen. ● Die Daten werden über sechs Leitungen zum HIFI-Surround-Verstärker mit integriertem Decoder ② übertragen. Übertragung mit USB: ● Zusätzlich zu den Mehrkanalton-Daten können Steuerdaten übertragen werden, z. B. für Fernsteuerungen.

Begriff	Darstellung	Erklärung
Arbeits-platz-ergonomie	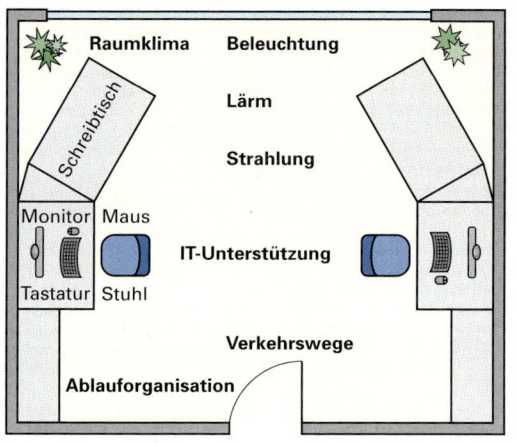	Für die menschgerechte Gestaltung und Optimierung von Arbeitsbedingungen sollten folgende Punkte beachtet werden: <ul><li>Psychische Überforderung durch schlechte Organisation oder Arbeitsmittel vermeiden.</li><li>Psychische Unterforderung z. B. durch Monotonie vermeiden.</li><li>Motivierendes Rollenverständnis der Mitarbeiter fördern.</li><li>Unproduktive Mitarbeiter-Systemabhängigkeiten vermeiden.</li><li>Unnötige Belastung der Sinne, z. B. durch schlechte Bildschirme, schlechte Beleuchtung, Lärm und Strahlungen und Schadstoffemissionen vermeiden.</li><li>Arbeitshaltungen und Bewegungsabläufe optimieren.</li><li>Hohen Wert auf gute Gestaltung der IT-Arbeitsmittel legen.</li><li>Positives Raumklima durch z. B. Pflanzen erzeugen.</li></ul> Wirkungen ungünstiger Arbeitsbedingungen sind z. B.: <ul><li>schnelle Ermüdungen,</li><li>Abgeschlagenheit,</li><li>Kopfschmerzen, Nackenschmerzen und Gelenkschmerzen,</li><li>Schlaflosigkeit und Gereiztheit,</li><li>Verdauungsschwierigkeiten und</li><li>Herz- Kreislauferkrankungen.</li></ul>
Software-ergonomie	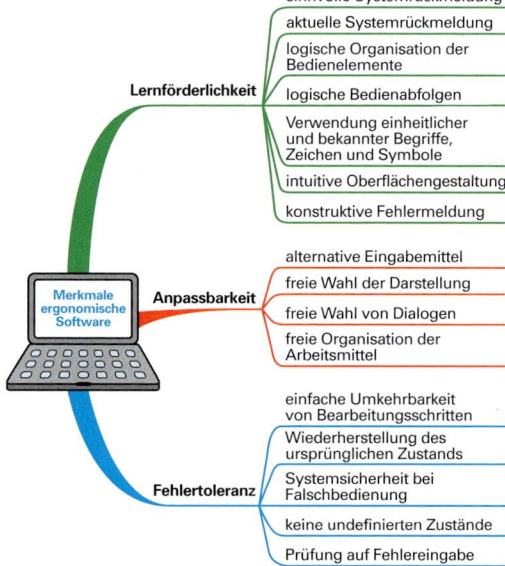	Software ist ergonomisch, wenn sie an die individuellen Erwartungen und Bedürfnisse eines Anwenders anpassbar und aufgabengerecht ist. Das Ausmaß, inwiefern ein Produkt für einen bestimmten Benutzer geeignet ist, ein bestimmtes Ziel effektiv und effizient zu erreichen, nennt man Usability (= Nutzbarkeit). Faktoren für die Gestaltung der Arbeitsoberfläche sind z. B.: <ul><li>allgemeine Gestaltungsrichtlinien der Arbeitswissenschaft,</li><li>unternehmenseigene Gestaltungsregeln (style guides aus dem CI),</li><li>Gestaltungsrichtlinien der GUI (von Graphic User Interface = grafische Nutzerschnittstelle). GUI sind für die Verwaltung und Steuerung der Arbeitsoberflächen verantwortlich und</li><li>Softwareeinstellungsmöglichkeiten und Betriebssystemeinstellungsmöglichkeiten.</li></ul>

Begriff	Darstellung, Beispiel	Erklärung

Bild-schirm

- Die sichtbare Bildschirmdiagonale muss der Arbeitsaufgabe angemessen sein. Z. B. für Textverarbeitung 17 Zoll, Grafikanwendung 19 Zoll oder CAD-Anwendung 21 Zoll.
- Der Bildschirm muss flimmerfrei sein. Dazu gehört z. B., dass beim Blick auf den Bildschirm kein Flimmern wahrnehmbar ist und die Bildwiederholfrequenz deutlich über 75 Hz liegt.
- Die Aufstellung des Bildschirms sollte dem Blickwinkel der Person individuell angepasst werden können, ein Verdrehen des Kopfes und erzwungene feste Sehabstände sollten vermieden werden. Die oberste Monitorzeile sollte unterhalb der Augenhöhe sein.
- Der Bildschirm ist blendungsfrei aufzustellen. Es dürfen sich, unabhängig davon, in welchem Winkel er betrachtet wird, weder Lampen noch Fenster auf dem Bildschirm spiegeln.

Beleuchtung
Die Beleuchtung muss folgende Anforderungen erfüllen:
- Es besteht eine Sichtverbindung nach außen.
- Die Lichtfarben der Lampen ist einheitlich.
- Die Helligkeitsverteilung im Raum variiert wenig.
- Die Leuchtdichteunterschiede sind nicht zu groß.
- Raumleuchten sind parallel zum Fenster angeordnet.
- Leuchten sind parallel zur Blickrichtung angeordnet.
- Es werden Prismen- oder Spiegelrasterleuchten verwendet.
- Wände und Flächen hinter dem Bildschirmgerät haben Reflexionswerte zwischen 30 und 50%.
- Die Beleuchtungsstärke sollte an die individuelle Sehstärke und Arbeitsaufgabe anpassbar sein. Die Sehleistung wird von der Beleuchtungsstärke beeinflusst. Eine hohe Beleuchtungsstärke verbessert die Sehleistung für Vorlagen und verschlechtert die Sehleistung am Bildschirm. Für viele Arbeitsplätze liegt die optimale Beleuchtungsstärke E_{opt} zwischen 400 und 1000 Lux.

Monitor und Tastatur

Sehwinkel

Die Qualität der Wahrnehmung ist bei TFT-Bildschirmen stark von der Sehrichtung abhängig. Die Norm ISO 13406 unterscheidet dazu 4 Klassen, z. B.
- Klasse IV: Monitor ist bei fixierter Kopfposition für einen Benutzer und eine Sehrichtung geeignet (privacy screen).
- Klasse I: Der LCD-Monitor ist bei beweglicher Kopfposition für mehrere Benutzer geeignet.

Die Tastatur sollte
- unabhängig vom Bildschirm aufstellbar und verschiebbar sein.
- einen Neigungswinkel bis zu 15° aufweisen,
- eine rutschhemmende Unterseite haben,
- eine Bauhöhe in der mittleren Tastenreihe von ca. 3 cm haben,
- eine matte und helle Oberfläche haben,
- ausreichend große Tasten mit Mulde, abriebfesten und deutlichen Tastenbeschriftung haben,
- einen leichten, aber spürbaren Tastenanschlag haben.

Vor der Tastatur sollten 10 cm Handballenauflagefläche sein.

Arbeits-plätze

Arbeitsplätze sollen mindestens 1,30 m² zusammenhängende Arbeitsfläche mit genügend Beinraum für entspanntes und abwechslungsreiches Sitzen bieten.
Der Sehabstand sollte individuell wählbar sein und bei aufrechter Sitzhaltung zwischen Augen und Bildschirm, Augen und Tastatur, Augen und einem Vorlagenhalter jeweils zwischen 45 und 65 cm betragen.

Richtmaße für den Arbeitsplatz sind
- Verstellbare Tischhöhe zwischen 65 und 80 cm oder feste Höhe von 72 cm.
- Mindestens 160 cm Tischbreite, bei reinen Dateneingabetätigkeiten 120 cm.
- Mindestens 80 cm Tischtiefe.

Prüf-zeichen

ECO-Kreis Prüfzeichen des TÜV Rheinland

TCO-Prüfzeichen
(von Tjänstemänns Central-Organisation = Gewerkschaft der Angestellten und Beamten in Schweden)

Das ECO-Kreis Prüfzeichen des TÜV Rheinland stellt die höchsten Anforderungen aller Prüfsiegel für IT-Arbeitsplätze. Die Anforderungen werden jährlich aktualisiert und berücksichtigen auch z. B. Vorgaben von MPR II, GS-Zeichen für eklektrische und mechanische Sicherheit, Ergonomie geprüft, CE-Zeichen zur elektromagnetischen Verträglichkeit, ISO 14024:1999 und Blauer Engel.
Es werden z. B. folgende Kriterien überprüft: Bildschirmstrahlung, Bildschirmergonomie, Software-Ergonomie, Betriebssicherheit, Lärmemission, Recyclingfähigkeit, Energiesparfunktion und die Umweltverträglichkeit.

Begriff	Beschreibung	Bild, Beispiele, Bemerkung
Betriebssystem	Das Betriebssystem ist das Bindeglied zwischen der Hardware eines Computers und dem Nutzer. Ein Betriebssystem hat zahlreiche Aufgaben zu bewältigen. ● **Prozessorverwaltung:** Koordination aller Rechenprozesse mit dem Prozessor. ● **Speicherverwaltung:** Verwaltung des Arbeitsspeichers. ● **Geräteverwaltung:** Koordination aller an den Computer und im Computer befindlichen Komponenten ● **Dateisystem:** Bereitstellen der Grundlage für das Speichern von Daten. ● **Sicherheit:** Schutz der Daten einzelner Nutzer vor ungewolltem Zugriff.	Beispiele für Betriebssystem sind: Windows, Linux, Unix, OS/2, MS-DOS
Aufbau	Ein Betriebssystem besteht aus einer Vielzahl von Programmen. Der Teil des Betriebssystems, der die Hardware steuert, wird Kernel (= Kern) genannt. Die Anwendungen, die der Nutzer gestartet hat, werden von einem weiteren Teil des Betriebssystems verwaltet.	
Single-User-System	Mit einem Single-User-System kann nur ein Nutzer gleichzeitig arbeiten.	Windows, MS-DOS sind Single-User-Systeme. single user = einzelner Nutzer
Multi-User-System	Viele Nutzer können zur gleichen Zeit am gleichen Computer arbeiten.	Windows XP, Linux sind Multi-User-Systeme. multi-user = viele-Nutzer
Single-Tasking-System	Bei der Betriebsart Single-Tasking wird ein neues Programm nur nach Beendigung des vorherigen Programms ausgeführt. Es kann nur mit einem Programm gearbeitet werden. Ein Task ist bei Windows ein Prozess und kann damit z. B. ein Programm sein.	 single tasking = einzelne Aufgabe
Multi-Tasking-System	Bei der Betriebsart Multi-Tasking kann mehr als ein Programm zur selben Zeit ausgeführt werden.	Windows und Linux sind Multi-Tasking-Systeme. multi-tasking = viele-Aufgaben
Kooperatives Multi-Tasking-System	Beim kooperativen Multi-Tasking bestimmt jedes laufende Programm seine beanspruchten Prozessorzeiten selber und gibt nach einer gewissen Zeitspanne den Prozessor für andere Programme wieder frei. Es treten Probleme auf, wenn ein Programm abstürzt und den Prozessor nicht mehr wieder freigeben kann.	
Preemptives Multi-Tasking-System	Beim preemptiven Multi-Tasking wird die Prozessorzeit vom Betriebssystem und nicht von den laufenden Programmen bestimmt. Die Prozessorleistung wird jedem ausgeführten Anwendungsprogramm für eine gewisse Zeit zur Verfügung gestellt, anschließend wieder entzogen und einem anderen Programm übertragen. Ein Programmabsturz hat keine Auswirkungen auf andere Programme oder das Betriebssystem.	 to preempt = im Voraus mit Beschlag belegen
Multithreading	Programmteile, sogenannte Threads, können gleichzeitig abgearbeitet werden. Dies geht nur bei multithreadingfähigen Anwendungsprogrammen.	Windows ist ein multithreadingfähiges Betriebssystem. (Seite Scheduling)

DOS Disk Operating System

Datei/Kommando	Bedeutung, Aufgabe	Beispiel, Erklärung

Systemdateien und DOS-Kommandos

Datei/Kommando	Bedeutung, Aufgabe	Beispiel, Erklärung
IO.SYS	Input Output System. Passt DOS an die verwendete Hardware an.	IO.SYS und MSDOS.SYS sind versteckte (hidden) Dateien.
MSDOS.SYS	Microsoft DOS System. Lädt Routinen für die Eingabe, Ausgabe, Fehlererkennung und Anwenderfunktionen.	Zuerst wird IO.SYS, dann wird MSDOS.SYS geladen. Anschließend wird COMMAND.COM von MSDOS.SYS geladen.
COMMAND.COM	Befehlsinterpreter (Nutzerschnittstelle)	Der Befehlsinterpreter enthält die wichtigsten DOS-Kommandos.
CD	Change Directory = Verzeichniswechsel	CD D:\ wechselt zur Festplatte D.
COPY	Copy = kopieren	COPY TEST1.TXT TEST2.TXT
DEL	Delete = löschen, entfernen	DEL *.BAK löscht alle Backup-Dateien.
DIR	Directory = Verzeichnis	Zeigt Inhalte von Verzeichnissen oder Unterverzeichnissen.
FORMAT	Format = mit einem Format versehen, formatieren	FORMAT A:/S. Formatiert die Diskette im Laufwerk A und versieht sie mit den Systemdateien.
HELP	Help = Hilfe	Help Kommando /?. Zeigt Informationen zum Kommando.
MD	Make Directory = Verzeichnis erzeugen	Z. B. MD TEMP.
RD	Remove Directory = Verzeichnis löschen	Z. B. RD TEMP. Löscht nur das leere Verzeichnis TEMP.
REN	Rename = Umbenennen	Z. B. RENAME TEST1.BAK TEST1.TXT.
TREE	Tree = Baum	Zeigt Verzeichnisstrukturen an z. B. TREE C: .
XCOPY	Extended Copy = Erweitertes Kopierkommando	Kopiert einschließlich der Unterverzeichnisinhalte.
ATTRIB	Attribut	Zusatz, der im Inhaltsverzeichnis eines Datenträgers an einen Dateinamen angehängt wird. Es gibt die Attribute schreibgeschützt, versteckt, Archiv und System.
CLS	Clear Screen = Bildschirm löschen.	Löscht den Inhalt des Bildschirmspeichers.
DELTREE	Delete Tree = lösche Baum.	Z. B. DELTREE TEMP löscht das Verzeichnis TEMP mit allen Unterverzeichnissen.

Stapelprogrammkommandos

Datei/Kommando	Bedeutung, Aufgabe	Beispiel, Erklärung
@	@ (= Attention). Unterdrückt die Ausgabe des folgenden Kommandonamens.	@ECHO OFF. Schaltet die Ausgabe von Kommandos aus. Einschließlich des Textes ECHO OFF.
ECHO	Echo. Ausgabe von Meldungen und Anzeige von Kommandos auf dem Bildschirm.	ECHO AUFPASSEN! Zeigt AUFPASSEN auf dem Bildschirm an.
PAUSE	Unterbricht die Ausführung des Stapelprogramms und kann Text ausgeben. Weiter mit beliebiger Taste.	PAUSE Diskette bereitlegen! Darunter steht die Meldung: Eine beliebige Taste drücken, um fortzufahren.
REM	REMARK = Bemerkung. Mit REM beginnende Zeilen werden auf dem Bildschirm nicht ausgegeben.	REM dient zur Kommentierung von Stapelprogrammen.
GOTO	Go to = Gehe zu.	GOTO ENDE, Sprung zur Marke ENDE:
IF ...	If = wenn. Verzweigung zwischen zwei Auswahlmöglichkeiten. Es gibt verschiedene Parameter die IF folgen können.	Z. B. IF EXIST AUTOEXEC.BAT ECHO Datei existiert!

DOS-Editor

In Windows: Start → Programme → Zubehör → Eingabeaufforderung → OK	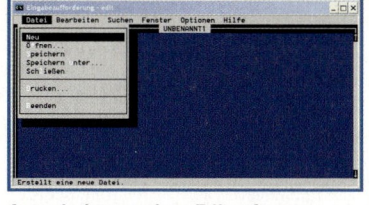 **Ausschnitt aus dem Editorfenster**	Für die Erzeugung von Stapelprogrammen (Batch files) kann jeder beliebige Texteditor verwendet werden, z. B. der DOS-Editor EDIT, der Editor PROTON oder das Programm WordPad. Wichtig ist, dass an den Namen des Stapelprogramms die Extension .BAT angefügt werden kann. Nach Aufruf eines Stapelprogramms arbeitet das Betriebssystem die Kommandos nacheinander ab.

Begriff	Bild	Bemerkungen
BIOS	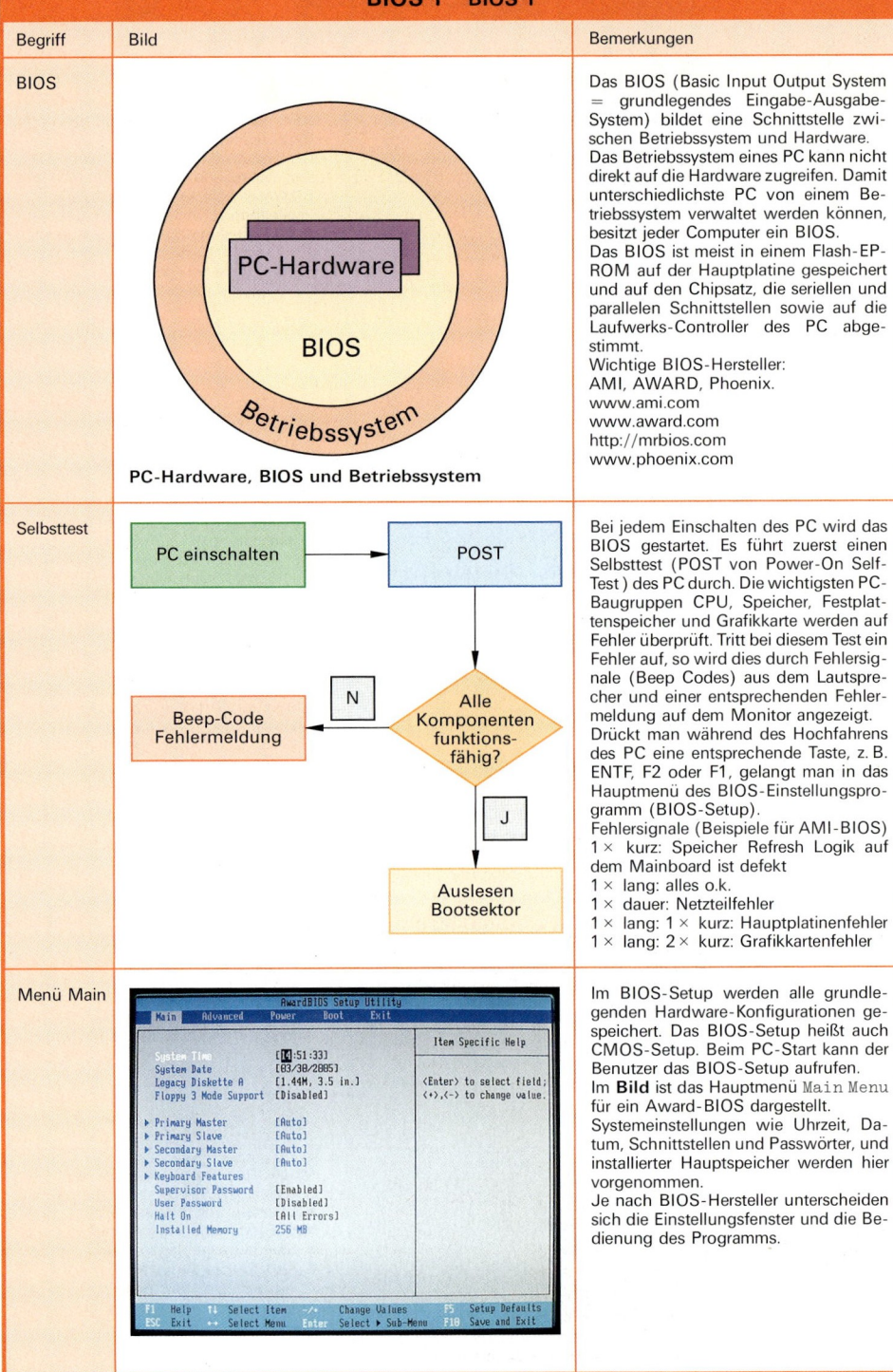 **PC-Hardware, BIOS und Betriebssystem**	Das BIOS (Basic Input Output System = grundlegendes Eingabe-Ausgabe-System) bildet eine Schnittstelle zwischen Betriebssystem und Hardware. Das Betriebssystem eines PC kann nicht direkt auf die Hardware zugreifen. Damit unterschiedlichste PC von einem Betriebssystem verwaltet werden können, besitzt jeder Computer ein BIOS. Das BIOS ist meist in einem Flash-EPROM auf der Hauptplatine gespeichert und auf den Chipsatz, die seriellen und parallelen Schnittstellen sowie auf die Laufwerks-Controller des PC abgestimmt. Wichtige BIOS-Hersteller: AMI, AWARD, Phoenix. www.ami.com www.award.com http://mrbios.com www.phoenix.com
Selbsttest		Bei jedem Einschalten des PC wird das BIOS gestartet. Es führt zuerst einen Selbsttest (POST von Power-On Self-Test) des PC durch. Die wichtigsten PC-Baugruppen CPU, Speicher, Festplattenspeicher und Grafikkarte werden auf Fehler überprüft. Tritt bei diesem Test ein Fehler auf, so wird dies durch Fehlersignale (Beep Codes) aus dem Lautsprecher und einer entsprechenden Fehlermeldung auf dem Monitor angezeigt. Drückt man während des Hochfahrens des PC eine entsprechende Taste, z. B. ENTF, F2 oder F1, gelangt man in das Hauptmenü des BIOS-Einstellungsprogramm (BIOS-Setup). Fehlersignale (Beispiele für AMI-BIOS) 1 × kurz: Speicher Refresh Logik auf dem Mainboard ist defekt 1 × lang: alles o.k. 1 × dauer: Netzteilfehler 1 × lang: 1 × kurz: Hauptplatinenfehler 1 × lang: 2 × kurz: Grafikkartenfehler
Menü Main		Im BIOS-Setup werden alle grundlegenden Hardware-Konfigurationen gespeichert. Das BIOS-Setup heißt auch CMOS-Setup. Beim PC-Start kann der Benutzer das BIOS-Setup aufrufen. Im **Bild** ist das Hauptmenü Main Menu für ein Award-BIOS dargestellt. Systemeinstellungen wie Uhrzeit, Datum, Schnittstellen und Passwörter, und installierter Hauptspeicher werden hier vorgenommen. Je nach BIOS-Hersteller unterscheiden sich die Einstellungsfenster und die Bedienung des Programms.

Selbsttest Diagramm:
- PC einschalten → POST
- POST → Alle Komponenten funktionsfähig?
- N → Beep-Code Fehlermeldung
- J → Auslesen Bootsektor

Begriff	Bild	Bemerkungen
Menü Advanced	CPU Speed **[1700MHz]** CPU Frequency Multiple [17x] CPU External Frequency (MHz) [100] Memory Frequency [Auto] AGP/PCI Frequency Setting [Auto] CPU Vcore Setting [Auto] CPU Vcore [1.750V] CPU Level 1 Cache [Enabled] CPU Level 2 Cache [Enabled] BIOS Update [Disabled] PS/2 Mouse Function Control [Auto] USB Legacy Support [Auto] OS/2 Onboard Memory > 64M [Disabled] ▶ Chip Configuration ▶ I/O Device Configuration ▶ PCI Configuration	Im Menü für die Frequenz- und Spannungskontrolle werden die Werte bereits vom Hersteller richtig gesetzt bzw. vom BIOS richtig erkannt. Die Option BIOS Update dient dazu, den Mikrocode der CPU mithilfe des BIOS per Software zu aktualisieren. Einstellung AUTO bewirkt die automatische Einstellung durch die Software. Enabled = Eingeschaltet Disabled = Ausgeschaltet
Menü Power	**Power Management** [User Defined] **Video Off Option** [Suspend -> Off] **Video Off Method** [DPMS OFF] **HDD Power Down** [Disabled] **ACPI Suspend To RAM** [Disabled] **Suspend Mode** [Disabled] **PWR Button < 4 Secs** [Soft Off] ▶ **Power Up Control** ▶ **Hardware Monitor**	Power Management Einstellungen: Disabled (es wird keine Energiesparfunktion benutzt), Min Saving (Mit dieser Einstellung, beginnend ab 40 Minuten geringste Energieeinsparung), Max Saving (Mit dieser Einstellung ist die höchste Energieeinsparung aktiviert, User Defined (Individuelle Einstellungen). Es gibt bei allen Einstellungen je nach BIOS und Board die unterschiedlichsten Zeiten. Video Off: Viele Monitore sind VESA-DPMS-fähig (Display Power Management Signaling oder Energy Star). Einstellung des Video-Off-Modus, mit der Grafikkarte oder über Windows z. B. Eigenschaftenmenü des Desktops.
Menü Boot	1. Removable Device **[Disabled]** 2. IDE Hard Drive [Maxtor 2B020H1] 3. ATAPI CD-ROM [Disabled] 4. Other Boot Device [Disabled] Plug & Play O/S [Yes] Reset Configuration Data [No] Boot Virus Detection [Enabled] Quick Power On Self Test [Enabled] Boot Up Floppy Seek [Enabled] Full Screen Logo [Enabled] Interrupt Mode [APIC]	Menü für die Einstellung der Bootoptionen, bootfähige Hardware. Boot Virus Detection: Erkennt Viren, die den Bootsektor infizieren. Quick Power On Self Test: Wenn diese Option eingeschaltet (Enabled) ist, startet der Rechner bis zu 50 Sekunden schneller. Es werden dabei allerdings nicht alle Tests des POST durchlaufen. Boot Up Floppy Seek: Beim Starten wird das Diskettenlaufwerk getestet. Interrupt Mode: Diese Option kontrolliert die IRQ-Struktur.
Menü Exit	Exit & Save Changes Exit & Discard Changes Load Setup Defaults Discard Changes Save Changes	Möglichkeiten um das BIOS-Setup zu beenden sind: ● Beenden und Abspeichern, ● Beenden ohne Abspeichern, ● Standardwerte laden, ● Änderungen verwerfen, ● Änderungen speichern.

Fehler	Erklärung	Bemerkung, Abhilfe
Fehler		
No System Disk, Disk Error, Dateiladefehler	Keine Systemdiskette, Diskettenfehler	Diskette aus dem Laufwerk nehmen und beliebige Taste für Neustart betätigen oder Diskette mit den Betriebssystemdateien IO.SYS, MSDOS.SYS und COMMAND.COM verwenden.
PC bootet nicht.	PC lädt Betriebssystem nicht.	Festplatte im BIOS[1] als Bootlaufwerk anmelden, oder fehlende Betriebssystemdateien auf die Festplatte kopieren.
Bildschirm dunkel, LED leuchten nicht, Festplatte läuft nicht.	Keine Stromversorgung oder Netzteil arbeitet nicht.	Steckdose und Netzleitung prüfen. Vom Netzteil intern die einzelnen Baugruppen ausstecken, bis Lüfter zu laufen beginnt.
PC läuft nicht hoch, Fehlercode erscheint.	Drei- bis fünfstellige Zahl, POST-Fehlermeldung[2], z.B. 201.	Beim Selbsttest nach dem Einschalten ist ein Fehler aufgetreten. Die Zahl 201 bedeutet z.B. Speicherfehler.
CMOS Configuration Error	CMOS-RAM-Einstellungsfehler	Hardware-Ausstattung stimmt mit den BIOS-Einträgen nicht überein. Nach Einbau z.B. einer Festplatte muss diese mit dem Setup-Programm[3] im BIOS angemeldet werden.
CMOS Checksum Error – Run Setup	CMOS-RAM-Prüfsummenfehler – Einrichtungslauf.	Batterie des CMOS-RAM ist entladen oder defekt. Batterie auswechseln und BIOS-Daten mit Setup-Programm neu eingeben.
Keyboard Error	Tastaturfehler	Während des Hochlaufens des PC wurde versehentlich eine Taste betätigt.
No Keyboard present	Keine Tastatur vorhanden,	Tastatursteckersitz überprüfen.
Bildschirm dunkel, PC piepst.	Schwerwiegender Fehler beim Selbsttest (POST).	Meist Fehler auf der Systemplatine. Die Anzahl der Töne oder die Tonfolge geben die Fehlerart an.

Beispiele für Fehlertonsignale (herstellerabhängig und versionsabhängig)

Töne je Tonfolge	BIOS-Hersteller	Erklärung	Bemerkung, Abhilfe
1	AMI	Refresh Failure = Auffrischfehler bei dynamischen RAM.	Speicherbestückung prüfen, RAM-Speicher Module auf Funktion überprüfen. Z.B. Speichertestprogramm ausführen.
	AWARD	Kein Fehler, System OK.	
2	AMI	Parity Error = Paritätsfehler	RAM-Prüfsummenfehler. Abhilfe wie bei Tonfolge 1.
3	AMI	Speicherfehler im ersten 64-KB-Speichersegment.	Abhilfe wie bei Tonfolge 1.
4	AMI	Timer defekt.	Hauptplatine auswechseln.
5	AMI	Processor Error = CPU defekt.	CPU falsch eingesteckt. CPU in anderem PC prüfen.
6	AMI	A20-Fehler. BIOS kann CPU nicht in die virtuelle Betriebsart schalten.	Meist Tastatur defekt. Tastatur an anderem PC prüfen.
7	AMI	Exception-Interrupt-Fehler	CPU löst Ausnahmeinterrupt aus. CPU prüfen.
8	AMI	Display-Memory-Fehler	Grafikspeicherfehler.
9	AMI	ROM Checksum Error = ROM Prüfsummenfehler	ROM-Prüfsumme stimmt nicht mit der Prüfsumme des BIOS überein. BIOS austauschen.
10	AMI	CMOS-Speicher defekt.	Austausch der Hauptplatine.
2 × kurz	AMI, AWARD	Hardware test failed = Hardware-Test fehlgeschlagen.	Hardware-Komponenten des PC überprüfen.
1 × lang, 2 × kurz	AMI, AWARD	Video Failure = Videofehler (AMI-BIOS und AWARD-BIOS)	Prüfsummenfehler im Video-ROM. Grafikkarte falsch eingesteckt oder Wackelkontakt.
1 × lang, 3 × kurz	AMI	Video Failure = Videofehler	Grafikkarte defekt.

[1] BIOS von Basic Input Output System = Basis-Eingangs-Ausgangs-System
[2] POST von Power On Self Test = Selbsttest nach dem Einschalten
[3] Setup = Einstellung.
AMI, AWARD amerik. BIOS-Hersteller.

Begriff	Beschreibung	Beispiel, Bemerkungen
Prozess	Als Prozess wird eine Aufgabe bezeichnet, die ein Computer zu bewältigen hat. Prozesse können untereinander Daten austauschen und weitere Prozesse auslösen. Die neu entstandenen Prozesse werden Kindprozesse genannt. Prozess und Kindprozesse können in einem Strukturbaum dargestellt werden (**Bild**).	**Prozess P1** → **Prozess P2**, **Prozess P3** → **Prozess P4** Kindprozesse: P2, P3, P4
Thread	Ein Thread (= Faden) ist Teil eines Prozesses und damit ein Programmfragment. Mehrere Threads können in einem Programm vorhanden sein.	**Prozess 1** — Thread a / Thread b
Scheduling	Die Prozessoren müssen mithilfe einer Tabelle (= schedule) den zu bearbeitenden Prozessen und Threads zugewiesen werden, sofern nicht für jeden Prozess ein eigener Prozessor vorhanden ist. Die vorhandene Prozessorzeit muss aufgeteilt werden. Dabei werden zu bearbeitende Prozesse unterbrochen und andere Prozesse weitergeführt. Nutzer nehmen ein „gleichzeitiges" Abarbeiten der Prozesse wahr. Die Prozessorzeiten werden vom Scheduler nach verschiedenen Algorithmen zugeteilt. Es gibt non-preemptive Algorithmen, die einen einmal gestarteten Prozess komplett abarbeiten und preemptive Verfahren, die gerade zu bearbeitende Prozesse unterbrechen.	Aufteilung der Prozessorzeit auf die zu bearbeitenden Prozesse **Tabelle:** | Prozess	Prioritäten	Ankunftszeit	Laufzeit
---	---	---	---
1	2	0	1
2	4	0	2
3	3	1	2
4	3	1	1
5	4	5	1	
Regeln beim Scheduling	Der Scheduler teilt den Prozessen die Prozessorzeit nach folgenden Kriterien zu: ● **Fairness:** Die Prozessorzeit wird gerecht auf die Prozesse verteilt. ● **Effizienz:** Der Prozessor ist stets beschäftigt. ● **Durchsatz:** Es werden innerhalb einer gewissen Zeit möglichst viele Prozesse erledigt.	Die einzelnen Regeln beim Scheduling können sich auch widersprechen.
First Come First Served FCFS	Der Prozessor wird so lange von einem einzigen Prozess in Beschlag genommen, bis der Prozess abgearbeitet ist. Wer zuerst kommt (first come), wird zuerst bedient (first served).	1 2 3 4 5 — 0 1 2 3 4 5 6 7 Taktzeit ⟶
Highest Priority First HPF-n	Die zu erledigenden Prozesse erhalten eine Priorität und nach Ende eines Prozesses wird der Prozess mit der größten Priorität ausgewählt und als nächstes bearbeitet.	2 3 4 5 1 — 0 1 2 3 4 5 6 7 Taktzeit ⟶
Shortest Job First SJF	Es wird immer der kürzeste Prozess (= shortest job) als erstes abgearbeitet. Dies gilt immer nur für Prozesse, die gleichzeitig in die Warteschlange gelangen.	1 2 4 3 5 — 0 1 2 3 4 5 6 7 Taktzeit ⟶
Round Robin RR	Round Robin (von round rob-in = Turnier, bei dem jeder gegen jeden antritt) erlaubt das Unterbrechen gerade auszuführender Prozesse. Jeder neu zu bearbeitende Prozess gelangt an das Ende einer Warteschlange. Der an erster Stelle in der Warteschlange befindliche Prozess wird als nächstes ausgeführt. Dieser Prozess erhält eine feste Prozessorzeit zugewiesen. Falls der Prozess mehr Prozessorzeit benötigt, muss er sich wieder an das Ende der Warteschlange einreihen.	1 2 3 4 2 3 5 — 0 1 2 3 4 5 6 7 Taktzeit ⟶
Highest Priority First HPF-p	Bei der HPF-p Strategie wird jedem Prozess eine gewisse Prozessorzeit zugeteilt. Eine zugeordnete Priorität entscheidet, welcher der wartenden Prozesse als nächstes abgearbeitet wird. Bei gleicher Priorität, wird nach der Round-Robin-Strategie zwischen den Prozessen gewechselt. Ein Prozess mit geringer Priorität wartet unter Umständen länger auf die Prozessorzeit.	2 2 3 4 3 5 1 — 0 1 2 3 4 5 6 7 Taktzeit ⟶

Dateisystem   File system

Begriff	Beschreibung	Bild, Beispiel, Bemerkung
Datei	Eine Datei entspricht einer Sammlung logischer Daten, die auf einem Speichermedium abgelegt ist.	lebenslauf.doc, photo.jpg
Dateisystem	Das Dateisystem registriert die Lage und Aufteilung der Dateien und Ordner. Je nach Betriebssystem werden verschiedene Dateisysteme verwendet.	FAT, FAT16, FAT32, NTFS, NTFS5, Reiser FS, EXT2 Win FS (Windows Future Storage), ein neu geplantes Dateisystem für Windows XP und Nachfolger Windows Vista
Logische Struktur	Die logische Struktur zeigt, wie sich das Dateisystem dem Nutzer darstellt. Dies beinhaltet die Anordnung von Dateien in einer Verzeichnisstruktur, Dateibezeichnungen und Zugriffsberechtigungen.	Bei Windows z. B. die hierarchische Baumstruktur, die mit dem Windows Explorer angesehen werden kann.
Physische Struktur	Die physische Struktur zeigt, wie die Dateien auf dem Datenträger ablegt werden. Zur physischen Struktur gehören auch die Zugriffsverfahren. Es werden grundlegend drei verschiedene Verfahren unterschieden: 1. Interne Verkettung 2. Externe Verkettung 3. Indexblock	Die physische Struktur umfasst die Zuordnung von Datenblöcken zu Dateien, die Verwaltung der Verzeichnisse, das Verwalten der ungenutzten Speicherbereiche und das Vermeiden von fehlerhaften Datenblöcken.
Dateisystem mit interner Verkettung	In einem Verzeichnis steht nur der erste Block einer Datei. Im Speicherblock selbst steht dann zusätzlich der Verweis auf den nächsten Speicherblock. Verwaltungsinformationen sind nicht vorhanden. Bei diesem Verfahren ist nur sequenzielles Lesen möglich.	
Dateisystem mit externer Verkettung	Neben dem Verzeichnis und dem Speicherbereich gibt es eine Hilfstabelle. In der Tabelle ist für jeden Speicherblock ein Feld vorhanden. Im Eintrag des Feldes ist die Adresse des nächsten Speicherblocks vermerkt. Das Dateiende wird durch den NULL-Zeiger angegeben. Die Hilfstabelle muss permanent aktualisiert werden. Ist die Hilfstabelle zerstört, liegt ein großer Datenverlust vor. Das Dateisystem mit externer Verkettung arbeitet ineffizient, da bei jedem Zugriff ein Lesevorgang in der Hilfstabelle notwendig ist. Die Hilfstabelle befindet sich meist am Anfang der Partition.	 Windows verwendet z. B. ein Dateisystem mit externer Verkettung.
Dateisystem mit Indexblock	Neben einem Verzeichnis und Speicherbereich gibt es ein Array, in dem die aufeinanderfolgenden Speicherblöcke vermerkt sind. Bei einer großen Datei können mehrere Indexblöcke miteinander verkettet sein. Ein Indexblock ist nur dann im Speicher, wenn mit der Datei gearbeitet wird.	 Unix verwendet z. B. ein Dateisystem mit einem I-Node genannten Indexblock.

Begriff	Beschreibung	Beispiel, Bemerkung
Definition	Ein Deadlock (Blockierung) ist eine Verklemmung von Prozessen. Bei einem Deadlock warten mindestens zwei Prozesse darauf, dass sie ein bestimmtes, dem anderen Prozess zugeteiltes Betriebsmittel des Computers benutzen dürfen.	Dem Prozess P1 wurde der Bildschirm zugeteilt. Er benötigt aber noch den Drucker. Der Prozess P2 belegt den Drucker, benötigt aber auch den Bildschirm. Eine Verklemmung ist eingetreten.
Betriebsmittel	Betriebsmittel sind Komponenten eines Computersystems, die ein Prozess benötigt. Die Betriebsmittel werden durch das Betriebssystem verwaltet und den einzelnen Prozessen zugeteilt.	Betriebsmittel sind z. B. Speicherbereiche, Dateien oder Hardwarekomponenten wie Drucker und Bildschirm. Es gibt unterbrechbare und nichtunterbrechbare Betriebsmittel.
Ununterbrechbare Betriebsmittel	Ununterbrechbare Betriebsmittel dürfen einem Prozess nicht entfernt werden. Nur bei Verwendung von ununterbrechbaren Betriebsmitteln treten Deadlocks auf.	Hat ein Prozess den Drucker belegt und druckt gerade ein Dokument aus, ist es nicht sinnvoll, das Betriebsmittel Drucker diesem Prozess zu entziehen und einem anderen Prozess zuzuweisen.
Voraussetzungen zur Entstehung von Deadlocks	Es gibt 4 alternative Voraussetzungen, die dazu führen, dass Deadlocks entstehen: • Die Prozesse geben die Betriebsmittel frei, ein anderer Prozess kann nicht unterbrechen (no preemption). • Die Prozesse fordern Betriebsmittel an und geben andere Betriebsmittel nicht mehr ab (hold and wait). • Die Prozesse haben exklusiven Zugriff auf die Betriebsmittel (mutual exclusion). Kein Betriebsmittel wird mit anderen Prozessen geteilt. • Mindestens zwei Prozesse warten in einem geschlossenen System (circular wait).	Deadlocks treten bei Multi-Tasking-Systemen auf, bei denen die Reihenfolge der Betriebsmittelvergabe nicht festgelegt ist. no preemption = kein Vorkaufsrecht hold and wait = Halten und Warten mutual exclusion = gegenseitiger Ausschluss circular wait = kreisförmiges Warten
Verhinderung von Deadlocks	Ein Betriebssystem muss präventive Maßnahmen anwenden, um Deadlocks abzuwenden. Das Betriebssystem muss deshalb dafür sorgen, dass eine der vier Bedingungen für die Entstehung von Deadlocks nicht erfüllt wird. • Betriebsmittel können einem Prozess weggenommen und einem anderen zuteilt werden. • Der Prozess muss erst alle Betriebsmittel freigeben, um auf andere Betriebsmittel zugreifen zu können. • Die Betriebsmittel werden allen Prozessen zur Verfügung gestellt und exklusive Zugriffe vermieden. • Betriebsmittel werden nach Nummern aufsteigend vergeben.	Ist nur ein Prozess in einem System vorhanden, so kann dieser nie verklemmen, unabhängig davon wieviel Betriebsmittel er benötigt. Ein Prozess, der nur ein Betriebsmittel benötigt, kann an keinem Deadlock beteiligt sein.
Beseitigung von Deadlocks	Ein Neustart des Computersystems sorgt für die Beseitigung von Deadlocks. Dadurch werden alle laufenden Prozesse zerstört.	Der Nutzer des Computersystems kann auch versuchen, einzelne Prozesse zu vernichten, z. B. das Kommando kill bei Unix oder Linux oder den Taskmanager bei Windows benutzen. Das Computersystem kann dann aber instabil werden.

Begriff	Beschreibung	Beispiel, Bemerkungen
Aufgabe	Die Speicherverwaltung teilt den einzelnen Systemprogrammen und Anwendungen Arbeitsspeicher zu. Meist reicht der vorhandene Arbeitsspeicher für die gestarteten Programme nicht aus, Programmteile oder Daten müssen ausgelagert werden.	Eine wichtige Aufgabe des Betriebssystems ist die Speicherverwaltung.
Direkte Adressierung	Einfache Betriebssysteme verwalten den Arbeitsspeicher als Block, in dem ein Teil für das Betriebssystem reserviert ist und ein anderer Teil den Nutzerbereich darstellt. Es besteht ein Problem bei mitzuladenden Bibliotheksprogrammen, weil diese bei der Speicherplatzzuteilung nicht berücksichtigt werden.	Einem Programm bzw. Prozess wird ein zusammenhängendes Stück im Nutzerbereich zur Verfügung gestellt.
Verschiebung, Relocation	Bei Bibliotheksroutinen muss es möglich sein, den von ihnen benötigten Speicherplatz erst beim Ladezeitpunkt festzulegen. Dazu wird ein „verschiebender Lader" (Relocating Loader) benötigt (**Bild**). Bei den Programmen müssen für die Maschinenbefehle die absoluten bzw. relativen Adressen angegeben sein. Der verschiebende Lader addiert zu den relativen Adressangaben einen konstanten Offset. So wird für jede relative Adresse eine absolute Adresse angegeben.	Das Programm kann nicht mehr verschoben werden, wenn es sich im Arbeitsspeicher befindet.
Overlay-Technik	Ist ein Programm zu groß für den Arbeitsspeicher, wird es in Teile zerlegt und einzelne Teile ausgelagert. Die einzelnen Programmteile muss der Programmierer festlegen. Die ausgelagerten Teile werden zur Laufzeit nachgeladen. Dabei muss ein vorher im Arbeitsspeicher vorhandener Programmteil überlagert, d. h. überschrieben werden. Ein Programm, das für die Overlay-Technik geeignet ist, besteht aus – einem speicherresidenten Programmteil, – Unterprogrammen, – gemeinsamen Daten Die Unterprogramme können z. B. auf die Festplatte ausgelagert werden.	Arbeitsspeicher / Gemeinsame Daten / Overlay-Bereich — Ausgelagerter Bereich auf Festplatte. Die Overlay-Technik wird langsam, wenn die ausgelagerten Teile häufig aufgerufen werden.
Bank-Switching	Beim Bank-Switching (= Speicherbank-Umschaltung) werden Blöcke, die Speicherbänke, zu 64 KB eingeteilt. Ein Speicherbank-Selektor schaltet zwischen den einzelnen Speicherbänken um. Es ist immer nur eine Speicherbank angewählt.	Speicherbänke — Speicherbank-Selektor
Virtueller Speicher	Ist ein Programm in den Arbeitsspeicher geladen, können nicht benötigte Programmteile in den virtuellen Speicher verschoben werden. Der virtuelle Arbeitsspeicher befindet sich auf der Festplatte. Der virtuelle Arbeitsspeicher kann mittels zweier Verfahren eingeteilt werden. **Segmentierung:** Der virtuelle Speicher wird in Segmente, d. h. Bereiche, unterschiedlicher Größe abhängig vom geladenen Programm eingeteilt. Die minimale und maximale Größe ist vom Betriebssystem abhängig. Eine Segmenttabelle enthält die Anfangsadressen der Segmente. Sind mehrere Prozesse offen, so muss ein vom Prozess abhängiger Wert zur Segmentnummer dazuaddiert werden. **Paging:** Der virtuelle und der reale Adressraum werden in Bereiche, sogenannte Pages (= Seiten) entsprechender Größe gegliedert. Diese Bereiche können gegeneinander getauscht werden.	Zugriff — Realer Speicher — Virtueller Speicher

	Komponente und Icon		Erklärung
Zubehör-programme	Editor	notepad	Das Programm Editor dient zur Bearbeitung einfacher Dokumente. Der Text kann nicht formatiert werden. Skriptdateien, Webseiten können mit dem Editor bearbeitet werden.
	Eingabeaufforderung	cmd	In der Eingabeaufforderung wird die MS-DOS-Umgebung auf einem 32-Bit-System emuliert. Es können damit MS-DOS-Kommandos in der Eingabeaufforderung eingegeben werden.
	Paint	mspaint	Mit dem Zeichenprogramm Paint können einfache Zeichnungen erstellt werden. Die Zeichnungen werden entweder als BMP-Datei oder als GIF-Datei abgespeichert.
	Windows-Explorer	explorer	Der Windows-Explorer zeigt die hierarchische Ordnung der Ordner und Dateien ausgehend von den vorhandenen Laufwerken. Zusätzlich hat man Zugriff auf das Netzwerk und den Papierkorb.
	Word-Pad	wordpad	Das Programm WordPad dient zum Erstellen einfacher Textdateien. Einfache Formatierungen und das Einfügen von Grafiken sind möglich.
	Imaging	kodakimg	Mit dem Zubehörprogramm Imaging können Bilder angezeigt und einfache Veränderungen durchgeführt werden.
System-steuerung	System	System	Das Programm System dient z. B. dazu, die Hardware- und Geräteeinstellungen zu ermitteln, die Arbeitsspeicherausnutzung zu steuern und die Netzidentifikation des Computers zu ändern.
	Hardware	Hardware	Der Hardwareassistent dient dazu, neue Hardwarekomponenten hinzuzufügen und Probleme mit der Hardware zu beseitigen.
	Software	Software	Das Programm Software übernimmt die Installation von neuen Programmen und das Löschen von Programmen. Zusätzlich können Systemkomponenten des Betriebssystems dazugeladen oder entfernt werden.
	Drucker	Drucker und Faxgeräte	Mit dem Dienstprogramm Drucker können die am PC angeschlossenen Drucker verwaltet und neue Drucker installiert werden.
	Anzeige	Anzeige	Über Anzeige lassen sich die Anzeigeeinstellungen des Desktops und des Monitors einstellen. Die Farbeinstellungen lassen sich an den eigenen Geschmack anpassen, die Bildschirmauflösung kann gewählt werden.
	Ordneroptionen	Ordner-optionen	Die Ordneroptionen dienen dazu, das Erscheinungsbild der Ordner, z. B. im Explorer, zu ändern. So wird hier eingestellt, ob Ordnerinhalte stets im selben Fenster geöffnet werden, aber auch ob versteckte Dateien angezeigt werden sollen.
	Schriftarten	Schriftarten	Hier sind alle installierten Schriften aufgelistet. Neue Schriften werden über das Menü Datei eingebettet. Windows unterstützt Konturschriftarten (wie TrueType, OpenType und Typ 1), sowie die älteren Vektorschriftarten und Rasterschriftarten.
	Verwaltung	Verwaltung	Unter dem Punkt Verwaltung sind alle Verwaltungsprogramme aufgelistet. Dazu gehören u. a. Komponentendienste, ein Programm zur Computerverwaltung, ein Systemmonitor und ein Diensteverwaltungsprogramm.
System-programme	Datenträger-bereinigung	cleanmgr.exe	Die Datenträgerbereinigung gibt Speicherplatz auf einem Laufwerk frei. Das Progamm durchsucht das Laufwerk und zeigt eine Liste nicht mehr benötigter Dateien an, z. B. den Inhalt des Papierkorbs oder temporäre Internet-Dateien.
	Defragmentierung	dfrg.msc	Mit dem Programm Defragmentierung kann eine Optimierung des Datenträgers durchgeführt werden. Durch die Ausführung der Defragmentierung werden zuvor fragmentierte Dateien in hintereinanderliegende Speicherbereiche geschrieben.
	System-informationen	msinfo32.exe	Die Systeminformationen geben Auskunft über die Konfiguration und die Hardwareressourcen des Computers.

Thema	Erklärung	Bild, Bemerkung

Menüs und Leisten

Thema	Erklärung	Bild, Bemerkung
Startmenü ①	Über das Startmenü lassen sich alle installierten Programme starten. Das Startmenü ist abhängig vom angemeldeten Benutzer.	
Bootmenü	Ein Bootmenü wird vor Starten des Betriebssystems angezeigt, sofern mehrere Betriebssysteme auf einem PC installiert sind.	
Taskleiste ③	Die Taskleiste beinhaltet die Schaltfläche Start und zeigt die geöffneten Programme. Sie befindet sich standardmäßig am unteren Rand des Desktops.	
Schnellstart-leiste ②	Über die Schnellstartleiste können häufig benötigte Anwendungen schnell gestartet werden.	Ausschnitt Windows-Oberfläche

Benutzer und Rechte

Thema	Erklärung	Bild, Bemerkung
Benutzer	Benutzer werden in Benutzerkonten verwaltet. Windows erlaubt dem Administrator das Anlegen von Benutzern mit Passwort.	Der Administrator hat auf einem Computer uneingeschränkten Zugriff.
Gast	Benutzer, die kein eigenes Benutzerkonto haben, können als Gast am Computer arbeiten.	Für den Gast ist kein Kennwort erforderlich.
Benutzer-rechte	In Windows werden hauptsächlich an Gruppen Rechte erteilt. Ist ein Benutzer Mitglied einer Gruppe, bekommt er auch die Rechte dieser Gruppe zugewiesen. Die Rechte legen fest, welche Aktionen jeder Benutzer auf dem Computer ausführen darf.	Der Benutzer darf auf bestimmte Ressourcen zugreifen, Dateien und Ordner lesen, Anwendungen starten oder sogar anderen Benutzern Rechte vergeben.
Erstellen eines Benutzer-kontos	1. Öffnen Sie die Systemsteuerung und klicken auf Benutzerkonten. 2. Klicken Sie auf den Link „Neues Konto erstellen". 3. Geben Sie den Benutzernamen ein und klicken Sie auf die Schaltfläche „Weiter". 4. Wählen Sie den Kontotyp. Es ist ein Benutzer mit Administratorrechten oder mit eingeschränkten Rechten möglich. 5. Klicken Sie auf „Konto erstellen". Um ein Passwort zuzuweisen, muss der Link „Konto ändern" geklickt werden. Nur ein Administrator oder ein Benutzer innerhalb einer Administratoren-Gruppe kann Benutzerkontos anlegen.	 Ausschnitt Benutzerkonten
Gruppe	Eine Gruppe ist eine Zusammenfassung mehrerer Benutzerkonten. Dadurch erleichtert sich das Zuweisen von Rechten. Windows bietet bei der Installation mehrere vordefinierte Gruppen an. Benutzer können Mitglieder mehrerer Gruppen sein.	„Gäste" und „Benutzer" dürfen keine Änderungen am System durchführen. Die „Administratoren" können alle Verwaltungsaufgaben durchführen.
Ausgewählte Gruppen	**Administrator.** Ein Mitglied dieser Gruppe kann alle gewünschten Arbeiten am Computer ausführen. **Hauptbenutzer.** Der Hauptbenutzer kann Programme installieren, die die Betriebssystemdateien nicht verändern, die Drucker konfigurieren, Datum/Uhrzeit verändern und Energieoptionen stellen. Außerdem kann er lokale Benutzerkonten und Gruppen erstellen und verändern. **Benutzer.** Ein Benutzer kann Programme ausführen und keine Einstellungen am Betriebssystem vornehmen. Von einem Benutzer können lokale Gruppen erstellt werden, die er auch verwalten darf. **Sicherungs-Operator.** Ein Mitglied dieser Gruppe kann Dateien auf dem Computer sichern und wiederherstellen. Die Datei muss nicht dem Sicherungs-Operator gehören.	 Auswahl an Gruppen
Erstellen von Gruppen	Gruppen werden in Lokale Benutzer und Gruppen angelegt. Die Gruppen werden im Fenster Benutzerkonten nicht angezeigt.	→ Systemsteuerung/Verwaltung/ Computerverwaltung/Lokale Benutzer und Gruppen/Gruppen

Dateisysteme von Windows   Windows file systems

Begriff	Erklärung	Daten, Beispiel

FAT 32

Bei Windows 98/ME. Die FAT 32 (File Allocation Table Dateizuordnungstabelle) kann 2^{28} Cluster verwalten. Ein Cluster hat 4 bis 64 Sektoren und ein Sektor stets eine Größe von 512 Byte.

Damit das Betriebssystem eine Datei findet, wird im Dateisystem festgehalten, in welchem Cluster diese Datei beginnt. Dazu befinden sich nach dem Volume Boot Record zwei FAT-Kopien und anschließend das Hauptverzeichnis (Root Directory). Die FAT gibt tabellarisch die Lage der Datei auf der Partition an. In der FAT gibt es dazu für jeden Cluster einen Eintrag. Das Hauptverzeichnis enthält den Dateinamen und die Clusteradresse, an der die Datei beginnt.

Der Aufbau des FAT-Dateisystems führt zu verschiedenen Problemen:

Fragmentierung der Festplatte: Als Fragmentierung wird das Aufteilen der Dateien auf verschiedene Bereiche der Partition bezeichnet. Dadurch können sich Geschwindigkeitsprobleme beim Lesen der Datei ergeben.

Verlorener Cluster: Diese Cluster wurden in der FAT nicht als frei gekennzeichnet, obwohl keine Datei mehr darauf zugreift.

Defekter Cluster: Defekte Cluster haben den Inhalt FFF7.

Cluster-größe	Partitionsgröße bei FAT16	Partitionsgröße bei FAT32
2 KB	128 MB	
4 KB	256 MB	8 GB
8 KB	512 MB	16 GB
16 KB	1 GB	32 GB
32 KB	2 GB	> 32 GB

Aufbau Partition

Sektor	Aufgabe	Inhalt
0	Bootsektor	System-bereich
1-9	FAT	
10-18	Kopie FAT	
19-32	Hauptverzeichnis	
33-2879	Cluster 0001	Daten
	Cluster 0002	
	...	

Hauptverzeichnis

Dateiname	win.doc	xx.doc	...	...
Cluster-Adresse	0001	0004	...	...

FAT

Cluster	0001	0002	0003	0004	0005
Inhalt	0002	0003	EOF	0008	0006

NTFS

Bei Windows NT/2000/XP. Die NTFS (New Technology File System) nutzt 64 bit und kann demnach Partitionen mit ca. 17 Milliarden GB verwalten. Die Hauptstruktur einer NTFS-Partition ist die MFT (Master File Table).

MFT: Für die MFT wird bei einem neuen Speichermedium die Hälfte des Speicherplatzes reserviert. Ist die andere Hälfte komplett mit Daten gefüllt, wird der Speicherplatz für die MFT halbiert.

Jede Datei erhält in der MFT einen Eintrag der Größe 1 KB. Kleine Dateien werden so vollständig in die MFT aufgenommen. Die Einträge umfassen den Header, Informationen z. B. über Erstellungsdatum, den Dateinamen, die Zugriffsrechte und die eigentlichen Daten.

Für große Dateien werden zum Auffinden der Daten Verweise auf die Lage der Daten auf dem Speichermedium angegeben. Der VCN gibt dabei die Clusternummer auf dem Speichermedium an, über die Größe ergibt sich die Anzahl der zusammenhängenden Cluster.

NTFS 5: Bei Windows 2000. Die NTFS 5 hat gegenüber NTFS weitere Komponenten. Zu ihnen zählen die Quota, mit der der Festplattenplatz eines Benutzers eingeschränkt werden kann und das Führen einer Log-Datei. Dort werden alle noch nicht vollständig ausgeführten Befehle gespeichert. Stürzt das Betriebssystem ab, werden diese Befehle rückgängig gemacht.

Clustergröße	Partitionsgröße bei NTFS
2 KB	1 GB–2 GB
4 KB	> 2 GB

Aufbau Partition

Boot-Block | Bios Parameter Block | Verweis auf MFT | Variabler Bereich | MFT | Variabler Bereich | MFT-Kopie | Variabler Bereich

Daten kleiner 1 KB:

Header | Information | Dateiname | Rechte | Daten

Daten größer 1 KB:

Header | Information | Dateiname | Rechte

VCN	LCN	Größe
0	765	4
4	1534	3
7	899	2
9	912	4

VCN von Virtual Cluster Number = Virtuelle Cluster Nummer
LCN von Logical Cluster Number = Physikalische Cluster Nummer

Windows Registry Windows Registry

Dateien	Erklärung	Bemerkungen, Inhalte
Systemdateien	Die Registry ist eine Datenbank mit drei Systemdateien. In ihr sind die Systemkonfigurationen gespeichert. Die Registry besteht aus den Systemdateien user.dat, system.dat und policy.pol. Die Einträge erfolgen in fünf Ordner, die mit HKEY (Hauptschlüssel) beginnen.	user.dat mit benutzerspezifischen Einträgen, z. B. Desktop-Einstellungen, Startmenü und Informationen zur Benutzeranmeldung. system.dat mit Einträgen zur verwendeten Software und Hardware, z. B. zum BIOS oder Einstellungen installierter Programme.
Schlüsseldatei HKEY_LOCAL_MACHINE	In diesem Schlüssel speichert Windows Informationen für die komplette Hardware- und Softwarekonfiguration des PC und angeschlossener Geräte.	Enthält die Unterschlüssel ● Enum, ermittelt die verfügbare Hardware, mit Unterschlüsseln für das PLUG&PLAY-BIOS. ● CLASSES, entspricht dem Hauptschlüssel HKEY_LOCAL_MACHINE.
Schlüsseldatei HKEY_USERS	Hier speichert Windows die Einstellungen aller Benutzer, z. B. die persönlichen Einstellungen jedes Benutzers.	Enthält die Unterschlüssel ● DEFAULT mit den verwendeten Voreinstellungen, z. B. Tastatur-Layout, ● Software mit einer Liste der installierten Software.
Schlüsseldatei HKEY_CLASSES_ROOT	In diesem Schlüssel sind alle Verknüpfungen zwischen Dateien und den zugehörigen Programmen gespeichert. Ist eine Kopie eines Teilbereichs von HKEY_LOCAL_MACHINE.	Enthält ● Dateierweiterungen aller registrierten Dateitypen, z. B. *.doc, ● Eigenschaften der registrierten Dateitypen, sowie deren Befehle, ● Class ID Code zur Bezeichnung von Objekten.
Schlüsseldatei HKEY_CURRENT_USER	Enthält die persönlichen Programmeinstellungen des gerade angemeldeten Benutzers.	Enthält Unterschlüssel ● AppEvents, z. B. Systemklänge, Klangdateien, ● Control Panel, z. B. Bildschirmfarben, ● RemoteAccess, für den Fernzugriff, ● Software, Einstellungen von Programmen des aktuellen Benutzers.
Schlüsseldatei HKEY_CURRENT_CONFIG	In diesem Schlüssel wird das aktuelle Hardware-Profil gespeichert. Wird bei jedem Start von Windows neu erstellt.	Enthält die Unterschlüssel ● Software, mit Informationen zur Internet-Konfiguration von Windows, ● System, mit einer Liste der installierten Drucker, Faxmodems und ISDN-Faxprogrammen.

Registrierungseditor

Wichtig für das Arbeiten an der Registry:
● Für die Bearbeitung der Registry ist ein besonderes Programm, ein Registrierungseditor nötig, z. B. Regedit.
● Aufgerufen wird Regedit in der Zeile Ausführen... des Startmenüs.
● Regedit erstellt keine automatischen Sicherungskopien der Registry-Datei.
● Änderungen werden direkt in die Datei eingetragen.
● Vor dem Aufruf von Regedit sollte man die Registry sichern, z. B. durch Ausführen von Systemwiederherstellung im Menü Systemprogramme.

HKEY von HotKey = heißer Schlüssel, Registry = Registrierung, Anmeldung

Aufgabe	Erklärung	Bemerkungen, Ansicht
Datenträger-bereinigung	Start → Programme → Zubehör → System-programme → Datenträgerbereinigung → Laufwerk wählen → OK → Im Fenster Berei-nigen des Datenträgers → Zu löschende Da-teien markieren → Dateien anzeigen anklicken → Prüfen ob diese Dateien gelöscht werden sollen → OK-Button betätigen. Anschließend werden die Dateien gelöscht.	Durch die Datenträgerbereinigung werden nicht mehr benötigte Dateien z. B. von der ein-gebauten Festplatte oder einer externen Fest-platte entfernt. Nach Wahl des Laufwerks komprimiert das Programm alte Dateien und zeigt im Fenster Bereinigen des Datenträgers eine Liste der löschbaren Dateien und den freigebbaren Speicherplatz an.
Defragmentierung	Start → Programme → Zubehör → System-programme → Defragmentierung → im Fens-ter Defragmentierung eine Festplatte wählen → Defragmentieren anklicken → Die Defrag-mentierung wird durchgeführt. Die Defrag-mentierung größerer Festplatten kann lange dauern. Durch die Defragmentierung wird das Lauf-werksverzeichnis neu geordnet und es wer-den Leerstellen auf dem Laufwerk mit Daten aufgefüllt. Dadurch wird der Zugriff auf die Daten schneller.	**Vor der Defragmentierung** **Nach der Defragmentierung** Fragmentierte Dateien Nicht verschieb-bare Dateien Zusammenhän-gende Dateien Freier Speicherplatz
System-informationen	Start → Programme → Zubehör → System-programme → Systeminformation → im Fens-ter Systeminformationen z. B. Komponenten auswählen → CD anklicken → Es werden z. B. Laufwerksbuchstabe, Hersteller, Medientyp und z. B. Treiber aufgelistet.	Systemübersicht ⊞ Hardwareressourcen ⊞ Komponenten ⊞ Softwareumgebung ⊞ Interneteinstellungen ⊞ Office 10-Anwendungen ⊞ Office 2003-Anwendungen Ordner der Systemübersicht
Systemwieder-herstellung	Start → Programme → Zubehör → System-programme → Systemwiederherstellung → im Fenster Systemwiederherstellung → Computer zu einem früheren Zeitpunkt wiederherstellen anklicken, → Weiter → im Kalender ein fett markiertes Datum auswählen → OK → Computer wird neu gestartet und es werden die Sys-temeinstellungen dieses Datums geladen. oder → Einen Wiederherstellungspunkt erstellen anklicken, → Weiter → Namen eingeben → Start ankli-cken → Wiederherstellungspunkt festle-gen dieser wird in den Kalender eingetra-gen.	Mit der Systemwiederherstellung können feh-lerhaft durchgeführte Änderungen am Com-puter rückgängig gemacht werden.
Übertragen von Dateien und Einstellungen	Start → Programme → Zubehör → System-programme → Übertragen von Dateien und Einstellungen anklicken → Ziel und Quelle auswählen → Weiter → Übertragungsmethode wählen, z. B. → Direktes Kabel oder → Anderer Datenträger, z. B. austauschbares Laufwerk oder Netzlaufwerk wählen. → Weiter → Start.	Es können Dateien von z. B. einem älteren Computer auf einen neuen Computer übertra-gen werden. Diese Dateien und Einstellungen können auf einem Laufwerk oder in einem Ordner auf dem Computer gespeichert wer-den. Bei Verwendung eines Kabels werden die se-riellen Anschlüsse beider Computer verwen-det.

Tasten	Erklärungen	Bemerkungen
Strg + C	Kopieren	Kopieren eines markierten Bereichs in z. B. einem Dokument.
Strg + X	Ausschneiden	Markierten Bereich ausschneiden, dieser ist in der Zwischenablage.
Strg + V	Einfügen	Einfügen des Inhaltes aus der Zwischenablage.
Strg + Z	Rückgängig	Letzten Schritt rückgängig machen.
Alt + F4	Aktives Programm beenden.	Beendet das aktive Programm.
Alt + ⇆	Zwischen geöffneten Programmen wechseln.	Auswählen eines Programms aus der Liste geöffneter Programme.
Alt + Esc	Zwischen geöffneten Fenstern umschalten.	Schaltet z. B. zwischen Excel-Fenster und Word-Fenster um.
Strg + Esc	Startmenü anzeigen.	Zeigt die Programme des Startmenüs.
Alt + unterstrichener Buchstabe	Entsprechenden Befehl ausführen.	ALT + X öffnet das Extras-Menü.
F5	Aktives Fenster aktualisieren.	Zeigt z. B. neuen Dateinamen nach erstmaligen Speichern im Explorer an.
←	In die nächst höhere Dateiebene wechseln.	Von einer Datei oder einem Verzeichnis in die nächste Ebene wechseln.
⇧ beim Einlegen der CD ins Laufwerk	CD nicht automatisch wiedergeben.	Shift-Taste betätigt halten.
Strg + ⇆	Vorwärts durch die Registerkarten bewegen.	Menü Extras → Optionen → Karteireiter anwählen (von links nach rechts).
Strg + ⇧ + ⇆	Rückwärts durch die Registerkarten bewegen.	Richtungsänderung bei der Auswahl eines Karteireiters.
⇆	Vorwärts durch die Optionen bewegen.	In einem Menü werden die Wahlmöglichkeiten nacheinander angewählt.
⇧ + ⇆	Rückwärts durch die Optionen bewegen.	Richtungsänderung für Optionen.
Alt + Druck	Screenshot vom aktiven Fenster erstellen.	Bildschirmabdruck des aktiven Fensters in die Zwischenablage kopieren.
Druck	Screenshot erstellen.	Bildschirmabdruck des gesamten Bildschirms in die Zwischenablage kopieren.
⊞	Startmenü ein- oder ausblenden.	Zum Öffnen weiterer Programme.
⊞ + Pause	Dialogfeld Systemeigenschaften anzeigen.	Zeigt die Systemeigenschaften an, z. B. 2. Betriebssystem.
⊞ + M	Alle Fenster minimieren.	Buttonansicht in der Taskleiste.
⊞ + E	Arbeitsplatz öffnen.	Zeigt Arbeitsplatz-Dateistruktur im Explorer.
⊞ + F	Eine Datei oder einen Ordner suchen.	Wie Suchen im Startmenü.
⊞ + R	Dialogfeld „Ausführen" öffnen.	Wie Ausführen im Startmenü.
⊞ + Q	Zwischen den Benutzern wechseln.	Wechsel zwischen eingerichteten Nutzern bei Windows XP.

Begriff	Erklärung	Beispiel, Bild
Distribution	Eine Distribution ist eine Sammlung von Dateien, die eine Firma verkauft. Sie umfasst sowohl das Betriebssystem als auch verschiedene Anwendungsprogramme mit Dokumentation.	SuSE, RedHat, Unbuntu sind Linux-Distributionen.
Partition	Eine Festplatte kann in bis zu vier primäre Partitionen eingeteilt sein. Reichen diese Partitionen nicht aus, so kann eine primäre Partition als erweiterte Partition angelegt werden und bis zu vier logische Partitionen beinhalten.	
Bezeichnung der Festplatten	Die ersten beiden Buchstaben kennzeichnen den Festplattentyp. EIDE-Festplatten werden dann mit hd bezeichnet, SCSI-Festplatten mit sd. Die Nummer der Festplatte gibt ein weiterer Buchstabe an. Die nachfolgende Ziffer kennzeichnet die Partition. Die Ziffern eins bis vier geben primäre Partitionen und die Ziffern fünf bis acht logische Partitionen an.	hda1: erste primäre Partiton der ersten EIDE-Festplatte sdb5: erste logische Partition der zweiten SCSI-Festplatte hdb3: dritte primäre Partition der zweiten EIDE-Festplatte hda6: zweite logische Partition der ersten EIDE-Festplatte
Einteilung Festplatte	**Swap-Partition:** Die Swap-Partition wird genutzt, um Dateien zur Laufzeit auszulagern. Die Swap-Partition muss zwischen 64 MB und 128 MB groß sein. **Root-Partition:** Die Root-Partition beinhaltet das Root-Verzeichnis mit allen Dateien für das Betriebssystem und die Anwenderdaten. **Boot-Partition:** Liegt die Root-Partition über dem Zylinder 1024 der Festplatte, wird eine Boot-Partition benötigt, um Linux zu starten. Die Boot-Partition muss komplett unterhalb der Grenze Zylinder 1024 liegen. **Windows-Partition:** Soll Windows installiert werden, so muss als Windows-Partition die erste primäre Partition der ersten Festplatte verwendet werden, z. B. hda1.	
Dateisystem Hierarchie	Das root-Verzeichnis ist das übergeordnete Verzeichnis und wird mit einem Slash / bezeichnet. In Linux werden Geräte, z. B. CD-ROM oder Festplatten, in das Dateisystem eingebunden. Über das root-Verzeichnis kann auf die Geräte zugegriffen werden. Das Einbinden der Geräte nennt man Mounten. Im root-Verzeichnis sind dann Mountpoints vorhanden, z. B. dev (von device) für die Festplatten, über die die Geräte angesprochen werden. Im Verzeichnis bin sind die ausführbaren Betriebssystemdateien vorhanden. Das Verzeichnis etc beinhaltet Programme und Daten zur Systemverwaltung.	
EXT2	Das Dateisystem, das am häufigsten bei Linux eingesetzt wird, ist EXT2, von Extended File System (= erweitertes Dateisystem).	EXT2 unterstützt lange Dateinamen bis 255 Zeichen.
Linux-Loader LILO	Der **Linux-Loader** ist ein Programm, das beim Bootvorgang die Auswahl eines installierten Betriebssystems ermöglicht.	Der Linux-Loader ist z. B. in der SuSE Distribution enthalten.

Begriff	Erklärung	Beispiel, Bild
Installation	1. Grundsätzliche Einstellungen wie Maus und Tastatur werden vorgenommen. 2. Die Festplatte wird ausgewählt und wenn nötig, partitioniert. 3. Die zu installierende Software wird ausgewählt. Verschiedene Software-Pakete werden angeboten. 4. Der Startvorgang wird eingestellt und der Linux Loader konfiguriert. 5. Die Nutzer werden erzeugt und ihre Arbeitsumgebungen angelegt. 6. Die ausgewählte Software wird installiert. 7. Der Monitor wird ausgewählt und die Grafikkarte konfiguriert. Soll eine grafische Benutzeroberfläche benutzt werden, wird das System X Window kurz X11 benötigt. 8. Die Systemkomponenten wie Drucker oder Internet werden konfiguriert.	Installation von Linux–Festplatte vorbereiten
KDE-Desktop	Der KDE-Desktop (KDE von Kool Desktop Environment) ist eine für Linux angebotene grafische Benutzeroberfläche. Es können bis zu acht verschiedene Desktop-Einstellungen zur selben Zeit genutzt werden. Die gewünschte Desktop-Einstellung wird über die Steuerleiste ausgewählt. Die Steuerleiste beinhaltet auch das Startmenü. Am oberen Bildschirmrand kann in der Prozessleiste zwischen den gestarteten Programmen gewechselt werden. Auf dem Desktop sind Icons für häufig genutzte Programme abgelegt.	KDE Desktop
KFM-Dateimanager	Der KFM-Dateimanager (KFM von K File Manager) gehört zum KDE Desktop. Mit dem KFM-Dateimanager werden Dateien ähnlich dem Windows-Explorer kopiert, verschoben, umbenannt und gelöscht.	KFM Dateimanager
| Zugriffsrechte | In Linux können Verzeichnisse und Dateien gegenüber Zugriff von Fremden geschützt werden. Der Schutz wird durch Setzen der Zugriffsrechte erreicht.<br>Es gibt drei verschiedene Zugriffsmöglichkeiten:<br>● r  für Read (Lesen)<br>● w für Write (Schreiben)<br>● x  für Execute (Ausführen)<br>Die Zugriffsmöglichkeiten werden für jeweils den Besitzer der Datei, die Gruppe, in der der Besitzer zugeordnet ist, und die übrigen System-Benutzer angegeben.<br>Ein weiterer Buchstabe gibt an, ob es sich um eine Datei „-'', ein Verzeichnis „d'' oder ein Gerät „b'' oder „c'' handelt. | Der Administrator root hat auf alle Dateien vollen Zugriff.<br><br>```
heike@linux:~> ls-l

insgesamt 4

drwxr-xr-x     2 heike     users
drwxr-xr-x     2 heike     users
drwx------     3 heike     users
drwxr-xr-x     2 heike     users
-rw-r--r--     1 heike     users
```<br>d  – Verzeichnis<br>rwx – Der Besitzer hat alle Rechte<br>r-x  – Die Gruppe hat Lese und Ausführungsrecht<br>r-x  – Die Anderen dürfen Lesen und Ausführen |
```

Key parts	Explanation	English	German
Hardware	The term hardware describes the different types of electronic and mechanical parts or devices which make up a computer system. Hardware comprises three components ● the motherboard and central processing unit, ● the main memory and ● the peripheral equipment.	device memory motherboard term to comprise to describe processing unit	Gerät Speicher Hauptplatine Ausdruck umfassen beschreiben Recheneinheit
Software	Software refers to information in the form of data and programs	to refer to	sich beziehen auf
Central processing unit (CPU)	The central processing unit, or CPU, is the brain of the computer. Its main function is to execute program instructions and to control the activities of all the other units.	brain to control to execute	Gehirn steuern ausführen
Main memory	The main memory holds the instructions and data which the computer processes.	to process	verarbeiten
Peripherals	The third component, peripheral equipment, is used for 3 purposes – firstly, to give information to the computer as input; secondly, to store information for the future; and thirdly, to get information from the computer as output. Peripheral equipment, can be divided into ● input devices, ● storage devices and ● output devices.	input output purpose storage to divide to store	Eingabe Ausgabe Zweck Speicherung teilen speichern
Input devices	Input devices enable data to go into the computer's memory. The most common input devices are the mouse and the keyboard. The keyboard consists of a typewriter keyboard connected to the other parts of the system.	common keyboard mouse to connect to enable	gebräuchlich Tastatur Maus verbinden ermöglichen
Storage devices	Storage devices, such as floppy, hard and optical disks, provide a permanent storage of data as well as programs. On the front and rear sides of the computer there are several ports which a wide range of peripherals can be plugged – modems, scanners, fax machines, optical drives, memory sticks.	as well as permanent port rear side several to plug into to provide	und auch dauerhaft Anschluss Rückseite mehrere einstecken bereitstellen
Output devices	Output devices enable the user to extract the finished product from the computer system. A printer, for example, prints the results onto paper and the monitor, a visual display unit or VDU, shows the output.	finished printer to extract visual display unit	fertig gestellt Drucker entnehmen visuelles Anzeigegerät

A computer system

- monitor
- disk drive
- laser printer
- floppy disk
- memory
- speaker
- CD-Rom
- CD-Rom drive
- keyboard
- mouse
- modem

OS	Explanation	English	German
General information	The operating system software, such as DOS, tells the computer how to interpret commands, manage data, and process input and output. Operating system software is automatically loaded into memory when the computer is booted (started). It remains there so it can process commands from both the user and other programs.	command memory to boot to load to process to remain	Befehl Speicher hochfahren laden verarbeiten bleiben
MS-DOS	*MS-DOS* is a text-based operating system developed by Microsoft in 1981 for all IBM compatibles. Today it is used only in old PCs. In this text-based OS, the user communicates with the computer by typing commands that exist within its library.	compatibles library to exist to type	kompatible Rechner Bibliothek existieren eingeben
Windows	**Windows 2000** has a graphical interface and supports multimedia applications. It is based on the Windows NT architecture and is designed for business uses. **Windows XP** is an update to all Windows versions with a new visual design. It is more secure and reliable. It offers support for the latest technologies. **Windows Longhorn or Vista** is Microsoft's codename for the new 64-bit version of its Windows operating system, to follow on from Windows XP SP3. It contains a graphics engine called Avalon, a technology called Indigo that enables programs on different computers or devices to communicate, and an indexed, searchable data storage layer called WinFS.	application interface latest layer most recent reliable searchable secure support to contain to enable to include to offer update	Anwendung Schnittstelle neueste, -r, -es Schicht neueste, -r, -es verlässlich durchsuchbar sicher Unterstützung enthalten ermöglichen einschließen anbieten Aktualisierung
Unix	**Unix**, designed by Bell Laboratories, is a multi-tasking operating system which is written in C language. It is an operating environment for software development and is available for any type of computer. It is widely used for advanced CAD programs.	advanced available environment widely	fortgeschritten verfügbar Umfeld verbreitet
Linux	**Linux** is an open-source, cooperatively-developed multitasking operating system which is based on POSIX. It is used as a fully-functional UNIX workstation for applications ranging from internet servers to reliable work group computing.	cooperatively reliable source to range	gemeinsam verlässlich Quelle reichen
OS/2 Warp	**OS/2 Warp** is the world's most sophisticated OS. It is a true multitasking operating system which allows a program to be divided into "threads" many of which can be run at the same time. Programs not only run simultaneously but also perform numerous tasks at the same time.	numerous simultaneously sophisticated thread to perform to run	zahllos gleichzeitig entwickelt Befehlsfolge durchführen betreiben
Mac OS	**Mac OS** is an operating system most of whose code is in the ROM chips. These contain hundreds of routines which perform such tasks as starting up the computer etc. Large parts of the Mac OS are also inside the System File and the Finder. The Finder displays the Macintosh desktop and enables the user to work with disks, programs and files.	to contain to display to enable	enthalten zeigen ermöglichen
Solaris	**Solaris** is a Unix-based operating program which has been developed by Sun Microsystems. It is designed to run on SPARC workstations as well as on many Pentium servers. It supports multi-processing – many CPUs and processes on a single system. It also includes Java technology, which allows web pages to display animation, play music and interact with information.	as well as page single to allow to include	und auch Seite einzige, -es, -er erlauben einschließen

Program	Explanation	Examples of screenshots
Word processors	A word processing program, e. g. Microsoft Word, is designed especially for working with text, so it is easily possible to create and edit letters, reports, mailing lists, tables, or any other word-based communication. The files you create and save in Word are called documents. The strength of word processing lies in the ability to store, retrieve and change information. Typing is still necessary to put information into the computer, but once it is in, the need to retype only applies to new information. There are four major steps to produce a document: create → edit → format → print	
Spreadsheet programs	A spreadsheet program, e. g. Microsoft Excel, helps you record, analyze and present quantitive information. You can track and analyze sales, organize finances, create budgets and perform a variety of business tasks. It is divided into columns and rows. Each column is labelled with a letter and each line is labelled with a number. The point where a column and a line intersect is called a cell. For example, you can have cells A1, B2, C4. A cell can hold three types of information: text, numbers and formulas. For example, the word "sales" has been keyed into cell A2 and the values 769, 452 and 163 have been entered into cells B2, B3 and B4 respectively. So when the formula ' = B2 + B3 + B4' is keyed into cell B5 the program automatically calculates and displays the result.	
Presentation graphics programs	A presentation graphics program, e. g. PowerPoint, is software that helps you create a slide show presentation. It is made up of a series of slides that contain charts, graphs, bulleted lists, eye-catching text, multimedia video and sound clips, and more. To help you create a presentation, PowerPoint features two kind of templates. Design templates include professionally designed colors, graphics, and other visual elements you can apply to your presentation. Content templates, on the other hand, contain both design and content. Masters, available for each part of your presentation – slides, handouts, and speaker's notes – contain the formatting information for each slide in your presentation. A presentation's color scheme is a set of eight balanced colors that coordinates your presentation's text, border, fills, backgrounds, and so on.	
Database programs	Databases are software tools which are used to store and retrieve information. They are large and complex programs. The most common form in current use is the relational database which stores and indexes information in multiple interrelated tables. Relationships are visualized by lines (**Figure**). Information is entered on a database via fields. Each field holds a separate piece of information, and the fields are collected together into records. For example, a record about an employee may consist of the emplyee's name, address, telephone number, age, salary and length of employment. Records are grouped together into files. These files hold large amounts of information. Files can easily be updated: you can always change fields, add new records or delete old ones. With the right database software it is possible to keep track of stock, sales, market trends, orders, invoices and many more details.	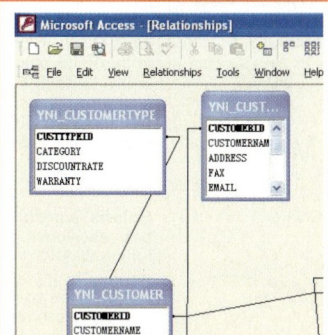

A

A

Begriff	Darstellung	Erklärung
Projekt-definition		Projekte haben als Kennzeichen die im Bild genannten Merkmale und grenzen sich damit vom Betriebsalltag ab. Aufgrund dieser besonderen Merkmale ist es notwendig, für die Durchführung der Projekte eine eigene Projektorganisation einzurichten und Projektmanagementmethoden anzuwenden.
Projekt-zielde-finition		Bevor die Lösungswege und Methoden für ein Projekt ausgewählt werden, sollte man die Projektziele festlegen.

Projekt-definition diagram:
- zeitliche Begrenzung
- finanzielle Begrenzung (Budget)
- projektspezifische Zielsetzung
- **Projekt**
- Abgrenzung zu anderen Vorhaben
- projektspezifische Organisation
- Komplexität und Neuigkeitsgrad

Projekt-zieledefinition diagram:

Sekundäre Projektziele
- Optimierte Prozesse
- Kreatives Umfeld
- Effiziente Arbeitsmethoden
- Positiver Eindruck bei den Kunden

Primäre Projektziele
- Kosten
- Qualität
- Termine
- Quantität

- Effektive Arbeitsmethoden
- Selbstevaluation
- Entwicklung wiederverwertbarer Methoden

In den Projekten selbst werden meistens nur primäre Projektziele definiert.
Sekundäre Projektziele stehen beispielsweise oft im CI des Unternehmens.
In der Praxis spricht man z. B. auch von smarten Projektzielen:

Die Erfüllung der *primären Projektziele* dient hauptsächlich der Beurteilung des Beitrags zum kurzfristigen Unternehmenserfolg.

Die *sekundären Projektziele* sind wichtig für den mittelfristigen und langfristigen Erfolg des Unternehmens.

Die Projektziele sollten
- allen Beteiligten bekannt sein,
- anspruchsvoll, aber erreichbar sein (realistisch),
- vom Projektleiter und den Teammitgliedern akzeptiert sein und
- schriftlich fixiert werden,
- lösungsneutral beschrieben sein,
- vollständig beschrieben sein,
- nach Muss-Zielen, Soll-Zielen und Kann-Zielen unterschieden werden und
- klar, verständlich und messbar formuliert sein.

S	„simple" Zieldefinitionen selbst beeinflussbare Ziele	Ist das Ziel verständlich formuliert? Ist die Zielerreichung weitgehend vom Projektteam beeinflussbar?
M	messbare (operationalisierte) Zieldefinitionen	Woran wird gemessen, ob und inwieweit das Ziel erreicht ist?
A	attraktive Ziele	Lohnt es sich für die Beteiligten, sich für dieses Ziel zu engagieren?
R	realistische Ziele	Liegen die Ziele im Bereich des „Möglichen"?
T	timing	Wie ist der Zeitplan für die Zielerreichung?

Projekt-manage-ment		Das Projektmanagement besteht aus der Gesamtheit der Führungsaufgaben, der Führungsorganisation und den Führungstechniken für die Abwicklung eines Projektes. Entsprechend vielfältig sind die Anforderungen an einen Projektleiter auf Sachebene, Methodenebene und Beziehungsebene.

Projektmanagement diagram:

Sachebene
- klare und operationalisierte Zieldefinitionen,
- hohe Zielorientierung
- gute Projektumfeldorganisation
- angemessene Budgetierung

Methodenebene
- Methoden und Techniken zur Projektplanung
- Projektdurchführung
- Projektkontrolle

Beziehungsebene
- Umgang der Projektbeteiligten miteinander
- Kommunikation
- Motivation
- Konfliktlösung
- Führung

Begriff	Darstellung	Erklärung
Zuständigkeiten in der Projektorganisation	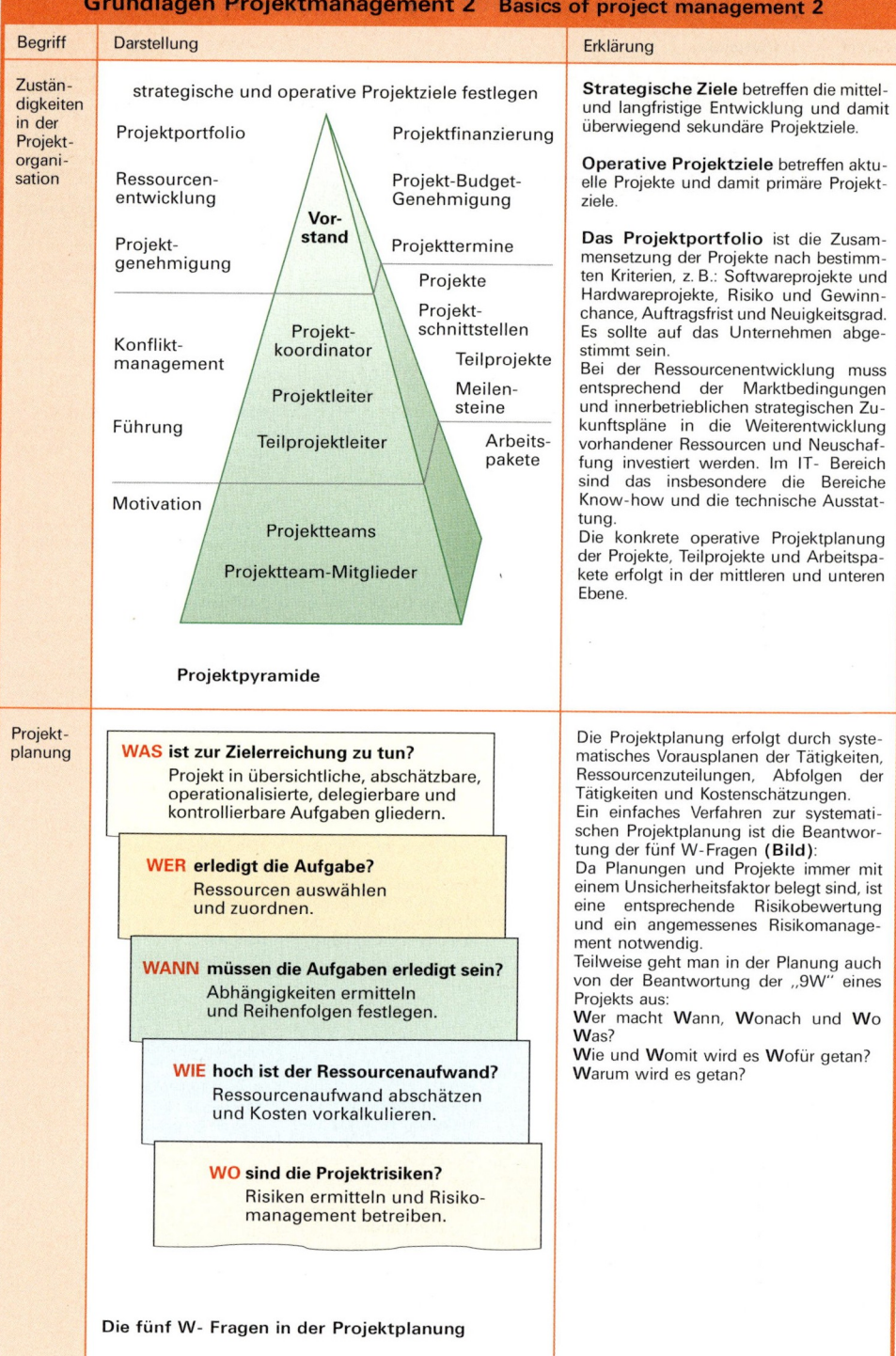 strategische und operative Projektziele festlegen Projektportfolio — Projektfinanzierung Ressourcenentwicklung — Projekt-Budget-Genehmigung Projektgenehmigung — **Vorstand** — Projekttermine — Projekte Konfliktmanagement — **Projektkoordinator** — Projektschnittstellen **Projektleiter** — Teilprojekte Führung — **Teilprojektleiter** — Meilensteine — Arbeitspakete Motivation — **Projektteams** — **Projektteam-Mitglieder** **Projektpyramide**	**Strategische Ziele** betreffen die mittel- und langfristige Entwicklung und damit überwiegend sekundäre Projektziele. **Operative Projektziele** betreffen aktuelle Projekte und damit primäre Projektziele. **Das Projektportfolio** ist die Zusammensetzung der Projekte nach bestimmten Kriterien, z. B.: Softwareprojekte und Hardwareprojekte, Risiko und Gewinnchance, Auftragsfrist und Neuigkeitsgrad. Es sollte auf das Unternehmen abgestimmt sein. Bei der Ressourcenentwicklung muss entsprechend der Marktbedingungen und innerbetrieblichen strategischen Zukunftspläne in die Weiterentwicklung vorhandener Ressourcen und Neuschaffung investiert werden. Im IT- Bereich sind das insbesondere die Bereiche Know-how und die technische Ausstattung. Die konkrete operative Projektplanung der Projekte, Teilprojekte und Arbeitspakete erfolgt in der mittleren und unteren Ebene.
Projektplanung	**WAS ist zur Zielerreichung zu tun?** Projekt in übersichtliche, abschätzbare, operationalisierte, delegierbare und kontrollierbare Aufgaben gliedern. **WER erledigt die Aufgabe?** Ressourcen auswählen und zuordnen. **WANN müssen die Aufgaben erledigt sein?** Abhängigkeiten ermitteln und Reihenfolgen festlegen. **WIE hoch ist der Ressourcenaufwand?** Ressourcenaufwand abschätzen und Kosten vorkalkulieren. **WO sind die Projektrisiken?** Risiken ermitteln und Risikomanagement betreiben. **Die fünf W- Fragen in der Projektplanung**	Die Projektplanung erfolgt durch systematisches Vorausplanen der Tätigkeiten, Ressourcenzuteilungen, Abfolgen der Tätigkeiten und Kostenschätzungen. Ein einfaches Verfahren zur systematischen Projektplanung ist die Beantwortung der fünf W-Fragen **(Bild)**: Da Planungen und Projekte immer mit einem Unsicherheitsfaktor belegt sind, ist eine entsprechende Risikobewertung und ein angemessenes Risikomanagement notwendig. Teilweise geht man in der Planung auch von der Beantwortung der „9W" eines Projekts aus: **W**er macht **W**ann, **W**onach und **W**o **W**as? **W**ie und **W**omit wird es **W**ofür getan? **W**arum wird es getan?

A

A

Begriff	Darstellung	Erklärung

Projektplanungsschritte

Basis der Projektplanung
Basis einer umsetzbaren Planung ist immer die klare Vorgabe aller Projektziele (Muss-Soll- und Kann-Ziele) und Unternehmensziele von Auftraggeber und Auftragnehmer.

Dilemma[1] der Projektplanung
Für eine gute Projektplanung ist z. B. eine exakte Anforderungs-Zielbeschreibung und eine genaue Kenntnis des Ressourcenaufwandes notwendig. Beides entsteht aber oft erst im Laufe des Projektablaufes. Projektpläne müssen deshalb üblicherweise ergänzt und fortgeschrieben werden.

Ziele der Projektplanung
Die Projektplanung soll alle notwendigen Vorgaben für eine erfolgreiche Projektabwicklung erzeugen.
Grundsätzliche Anforderungen an die Vorgaben sind Transparenz, Dokumentation und Angemessenheit des Planungsaufwandes im Verhältnis zum Gesamtprojekt.
Transparenz wird z. B. durch grafische Darstellungen in Form von Diagrammen, Tabellen und Beschreibungen erreicht.
Beispiele für häufig vorkommende Dokumente sind im Bild dargestellt.

[1] Dilemma = Situation mit zwei Wahlmöglichkeiten, die beide zu Problemen führen.

Kalkulation und Kostenbeeinflussbarkeit

Mit zunehmendem Projektfortschritt werden die Kalkulationen und Planungen genauer. Aber auch die Beeinflussbarkeit z. B. der Kosten nimmt ab (**Bild**).

Dilemma Projektplanung

Wird in ein laufendes Projekt z. B. zur Reduzierung der Kosten eingegriffen, so muss beachtet werden, dass der Eingriff meistens mehrere Zielgrößen beeinflusst.

Magisches Viereck der Projektsteuerung

Projekte haben oft einen hohen Neuigkeitsgrad und viele unbekannte Einflussgrößen.

Die Kostenkalkulation und Zeitplanung in frühen Projektphasen ist dadurch schwierig und mit großen Unsicherheiten verbunden.

Nachplanungen, Fortschreibungen der bisherigen Planungen, Verfeinerungen der Planung und Korrekturen sind deshalb normal.

Wenn die Projektkosten im Projektverlauf das geplante Projektbudget übersteigen, muss z. B. bei gleicher Quantität oft auf bestimmte Qualitätsmerkmale verzichtet werden.

Begriff	Darstellung	Erklärung
Projekt-risiko-analyse	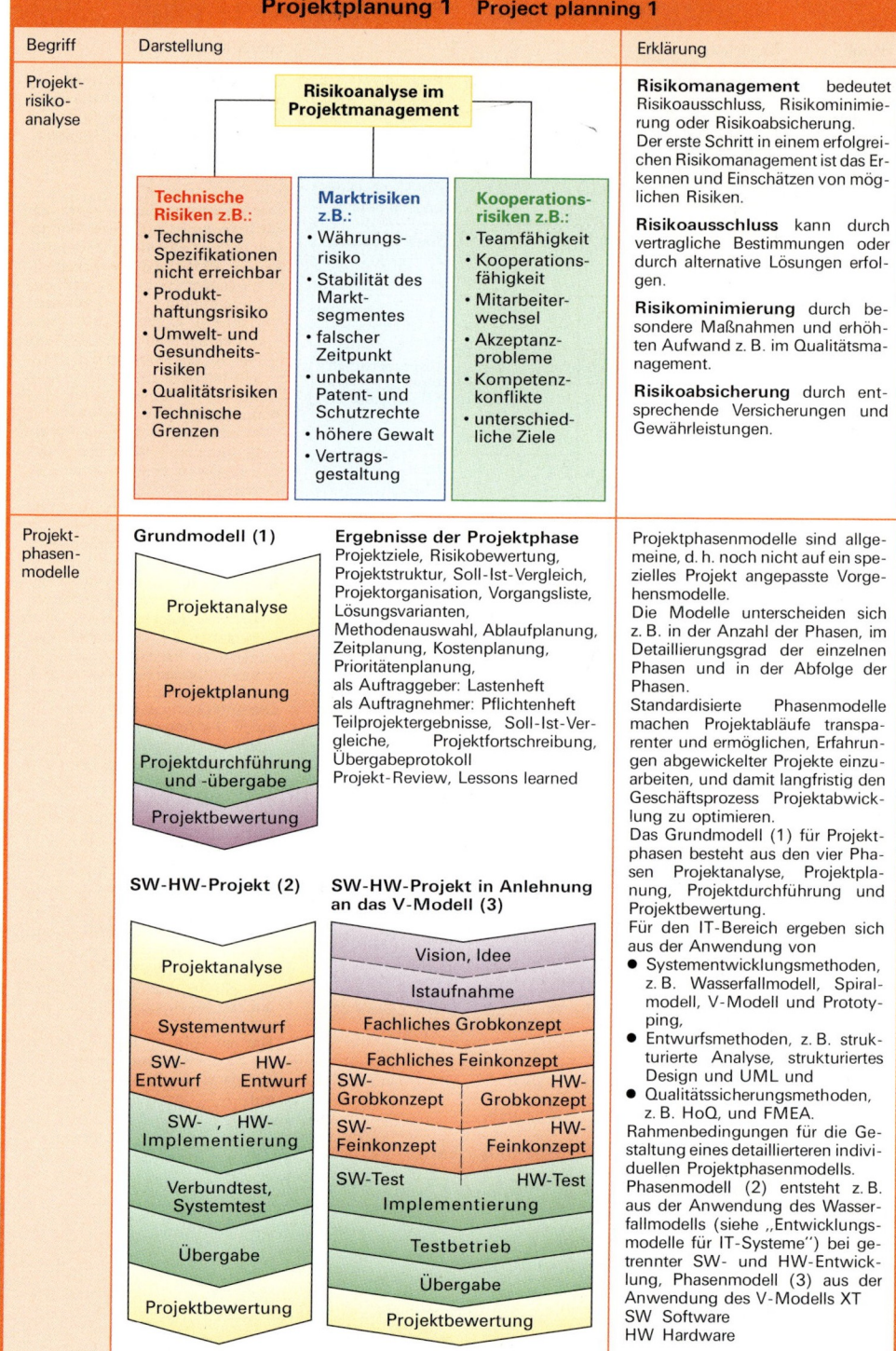	**Risikomanagement** bedeutet Risikoausschluss, Risikominimierung oder Risikoabsicherung. Der erste Schritt in einem erfolgreichen Risikomanagement ist das Erkennen und Einschätzen von möglichen Risiken. **Risikoausschluss** kann durch vertragliche Bestimmungen oder durch alternative Lösungen erfolgen. **Risikominimierung** durch besondere Maßnahmen und erhöhten Aufwand z. B. im Qualitätsmanagement. **Risikoabsicherung** durch entsprechende Versicherungen und Gewährleistungen.
Projekt-phasen-modelle		Projektphasenmodelle sind allgemeine, d. h. noch nicht auf ein spezielles Projekt angepasste Vorgehensmodelle. Die Modelle unterscheiden sich z. B. in der Anzahl der Phasen, im Detaillierungsgrad der einzelnen Phasen und in der Abfolge der Phasen. Standardisierte Phasenmodelle machen Projektabläufe transparenter und ermöglichen, Erfahrungen abgewickelter Projekte einzuarbeiten, und damit langfristig den Geschäftsprozess Projektabwicklung zu optimieren. Das Grundmodell (1) für Projektphasen besteht aus den vier Phasen Projektanalyse, Projektplanung, Projektdurchführung und Projektbewertung. Für den IT-Bereich ergeben sich aus der Anwendung von ● Systementwicklungsmethoden, z. B. Wasserfallmodell, Spiralmodell, V-Modell und Prototyping, ● Entwurfsmethoden, z. B. strukturierte Analyse, strukturiertes Design und UML und ● Qualitätssicherungsmethoden, z. B. HoQ, und FMEA. Rahmenbedingungen für die Gestaltung eines detaillierteren individuellen Projektphasenmodells. Phasenmodell (2) entsteht z. B. aus der Anwendung des Wasserfallmodells (siehe „Entwicklungsmodelle für IT-Systeme") bei getrennter SW- und HW-Entwicklung, Phasenmodell (3) aus der Anwendung des V-Modells XT SW Software HW Hardware

A

Darstellung Risikoanalyse:

Risikoanalyse im Projektmanagement

Technische Risiken z.B.:
- Technische Spezifikationen nicht erreichbar
- Produkthaftungsrisiko
- Umwelt- und Gesundheitsrisiken
- Qualitätsrisiken
- Technische Grenzen

Marktrisiken z.B.:
- Währungsrisiko
- Stabilität des Marktsegmentes
- falscher Zeitpunkt
- unbekannte Patent- und Schutzrechte
- höhere Gewalt
- Vertragsgestaltung

Kooperationsrisiken z.B.:
- Teamfähigkeit
- Kooperationsfähigkeit
- Mitarbeiterwechsel
- Akzeptanzprobleme
- Kompetenzkonflikte
- unterschiedliche Ziele

Grundmodell (1)
- Projektanalyse
- Projektplanung
- Projektdurchführung und -übergabe
- Projektbewertung

Ergebnisse der Projektphase
Projektziele, Risikobewertung, Projektstruktur, Soll-Ist-Vergleich, Projektorganisation, Vorgangsliste, Lösungsvarianten, Methodenauswahl, Ablaufplanung, Zeitplanung, Kostenplanung, Prioritätenplanung, als Auftraggeber: Lastenheft als Auftragnehmer: Pflichtenheft Teilprojektergebnisse, Soll-Ist-Vergleiche, Projektfortschreibung, Übergabeprotokoll Projekt-Review, Lessons learned

SW-HW-Projekt (2)
- Projektanalyse
- Systementwurf
- SW-Entwurf / HW-Entwurf
- SW-, HW-Implementierung
- Verbundtest, Systemtest
- Übergabe
- Projektbewertung

SW-HW-Projekt in Anlehnung an das V-Modell (3)
- Vision, Idee
- Istaufnahme
- Fachliches Grobkonzept
- Fachliches Feinkonzept
- SW-Grobkonzept / HW-Grobkonzept
- SW-Feinkonzept / HW-Feinkonzept
- SW-Test / HW-Test
- Implementierung
- Testbetrieb
- Übergabe
- Projektbewertung

Begriff	Darstellung						Erklärung

Vorgangsliste (Taskliste)

Vorgangsname	PSP-Code	Aufwand	Dauer	Ressourcen, Verantwortlicher
EDV-Projekt WSS-81	WSS-81	20 t		
Fachliche Planung	WSS-81.1	4 t	2 t	Abteilungsleiter, Lagerverwalter
DV-Planung	WSS-81.2	3 t	1 t	Abteilungsleiter, IT-Fachkraft SW; IT-Fachkraft HW;
SW-Entwurf	WSS-81.3	2 t	2 t	IT-Fachkraft SW
Codierung	WSS-81.4	1 t	1 t	IT-Fachkraft SW
HW-Umbau und Erweiterungen	WSS-81.5	4 t	4 t	IT-Fachkraft HW
Systemtest	WSS-81.6	2 t	1 t	IT-Fachkraft SW; IT-Fachkraft HW
Einweisung und Übergabe	WSS-81.7	4 t	1 t	Abteilungsleiter, IT-Fachkraft SW; IT-Fachkraft HW; Lagerverwalter;

Die Dauer des Projekts ist im Beispiel noch nicht bestimmbar, da noch nicht festgelegt ist, in welcher Reihenfolge und Anordnung die Vorgänge bearbeitet werden.

Erklärung: Die Vorgangsliste ist die Auflistung aller zur Zielerfüllung notwendigen Vorgänge in einem Projekt. Vorgänge sind je nach Betrachtungsebene Projekte, Teilprojekte oder Arbeitspakete.

Die Vorgangsliste kann durch zusätzliche projektspezifische Angaben ergänzt werden, z. B. durch
- den PSP-Code (Projektstrukturplancode) zur eindeutigen Identifizierung des Vorganges. Der PSP-Code besteht meist aus einem Präfix, z. B. WSS der hier auf die Firma oder das Projekt hinweist und einer durchlaufenden Nummerierung.
- den geplanten Aufwand in Manntagen, z. B. bedeutet der Einsatz von 3 Mitarbeitern über eine Dauer von 2 Tagen einen Aufwand von 6 Manntagen,
- die Dauer des Vorganges, die sich aus dem Aufwand und der Anzahl der eingesetzten Ressourcen ergibt oder
- die zugeteilten Ressourcen und den Vorgangsverantwortlichen. Als Ressourcen können neben Personen z. B. Budgets, Rechnerzeiten, Fahrzeuge und Laboreinrichtungen reserviert werden.

A

Anordnung der Vorgänge nach Abhängigkeiten

Vorgangsname	PSP-Code	Vorgänger	AOB	Nachfolger
EDV-Projekt WSS-8	WSS-81			
Fachliche Planung	WSS-81.1			WSS-81.2
DV-Planung	WSS-81.2	WSS-81.1	EA0	WSS-81.3 und WSS-81.5
SW-Entwurf	WSS-81.3	WSS-81.2	EA0	WSS-81.4
Codierung	WSS-81.4	WSS-81.3	EA0	WSS-81.6
HW-Umbau und Erweiterungen	WSS-81.5	WSS-81.2	EA0	WSS-81.6
Systemtest	WSS-81.6	WSS-81.4 und WSS-81.5	EA0	WSS-81.7
Einweisung und Übergabe	WSS-81.7	WSS-81.6	EA0	

Erklärung: Die Anordnung der Vorgänge kann durch die Angabe der Vorgänger oder der Nachfolger angegeben werden. Die Methode ist frei wählbar und orientiert sich an der Problemstellung.
Die Anordnungsbeziehung AOB gibt die zeitliche Abhängigkeit der Vorgänge genau an. EA0 bedeutet z. B. für den Vorgang WSS-81.2, dass er erst nach dem Ende des Vorganges WSS-81.1 starten kann und ein Zeitabstand von 0 Arbeitstagen einzuhalten ist.
Tritt bei der Angabe der Vorgänger der gleiche Vorgänger mehrfach auf, so treten parallele Vorgänge auf.
Hat ein Vorgang bei der Angabe der Nachfolger mehrere Nachfolger, dann treten parallele Vorgänge auf.

AOB = Anordnungsbeziehung (siehe folgende Seite)
EA0 = Ende- Anfangsbeziehung (siehe folgende Seite)
HW = Hardware
SW = Software
t = Arbeitstage

Begriff	Darstellung	Erklärung

Anordnungsbeziehungen AOB

Di	Mi	Do	Fr	Sa	So	Mo	Di
8	9	10	11	12	13	14	15

Vorgang 1 — EA0 — Vorgang 2

Vorgang 1 — EA+2 — Vorgang 2

Vorgang 1 — EA-1 — Vorgang 2

Vorgang 2 / Vorgang 1 / Vor.2 — EE-1

AA0: Vorgang 1 / Vorgang 2

AA+1: Vorgang 1 / Vorgang 2

Durch die Anordnungsbeziehung AOB wird festgelegt, in welcher Reihenfolge die Vorgänge abgearbeitet werden und wie die Vorgänge zueinander angeordnet sind. Die AOB kann durch die Angabe der Vorgänger oder der Nachfolger angegeben werden.

Normalfolge EA0
EA0 bedeutet Ende-Anfang-Beziehung mit 0 Arbeitstagen Abstand. Der Nachfolgevorgang beginnt also sofort mit dem Ende des Vorgängers.

Normalfolge EA + n
EA + 2 bedeutet, dass der Nachfolgevorgang 2 Arbeitstage nach dem Ende des Vorgängers startet.

Normalfolge EA-n
EA-1 bedeutet, dass der Nachfolger 1 Tag vor dem Ende des Vorgängers startet.

Endefolge EE-1
Vorgang 2 startet so, dass er einen Tag vor Vorgang 1 endet.

Anfangsfolge AA0
Bei einer Anfangsfolge AA0 starten beide Vorgänge zeitgleich in Abhängigkeit von einem gemeinsamen Vorgänger.

Anfangsfolge AA + n
AA + 1 bedeutet, dass Vorgang 2 in Abhängigkeit von einem gemeinsamen Vorgänger startet und zwar 1 Arbeitstag später als Vorgang 1.

Projektstrukturplan PSP

Ebene 1 Projektebene

Ebene 2 Teilprojektebene

Ebene 3 Arbeitspaketebene

WSS-8 Neueinrichtung Entwicklungsbüro
- WSS-8.1 Möbel
- WSS-8.2 EDV
  - Drucker
  - Rechner
- WSS-8.n Klimatisierung

objektorientierter PSP

WSS-8 Neueinrichtung Entwicklungsbüro
- WSS-8.1 Büro planen
- WSS-8.2 EDV planen
  - System planen
  - Software auswählen
- WSS-8.n Büro übergeben

funktionsorientierter PSP

Im PSP wird die komplexe Aufgabenstellung eines Projektes hierarchisch in Teilprojekte und Arbeitspakete (Vorgänge, Tasks) aufgegliedert und grafisch dargestellt. Die Anzahl der Ebenen, Teilprojekte und Arbeitspakete richtet sich nach der Komplexität und der Größe des Projekts.

Projektstrukturplan [DIN 69901]

Ziel und Zweck
Die Aufgliederung ermöglicht in der Projektplanungsphase eine bessere Übersicht und Abschätzbarkeit des zeitlichen und finanziellen Aufwandes für das Projekt.
In der Planungsphase und Ausführungsphase erleichtert der PSP den Überblick bezüglich der Zuständigkeiten, Schnittstellen und der zeitlichen und inhaltlichen Erfüllung und Überprüfung von Teilaufgaben.

Sortierung der Teilprojekte und Arbeitspakete
Projektstrukturpläne können nach verschiedenen Kriterien sortiert sein, z. B. objektorientiert, funktionsorientiert und ablauforientiert. Innerhalb einer Ebene des PSP darf nur ein Sortierkriterium angewendet werden.

AA	Anfangsfolge,
AOB	Anordnungsbeziehung,
EA	Ende-Anfangbeziehung,
EE	Ende-Ende-Beziehung.

Begriff	Darstellung	Erklärung

A

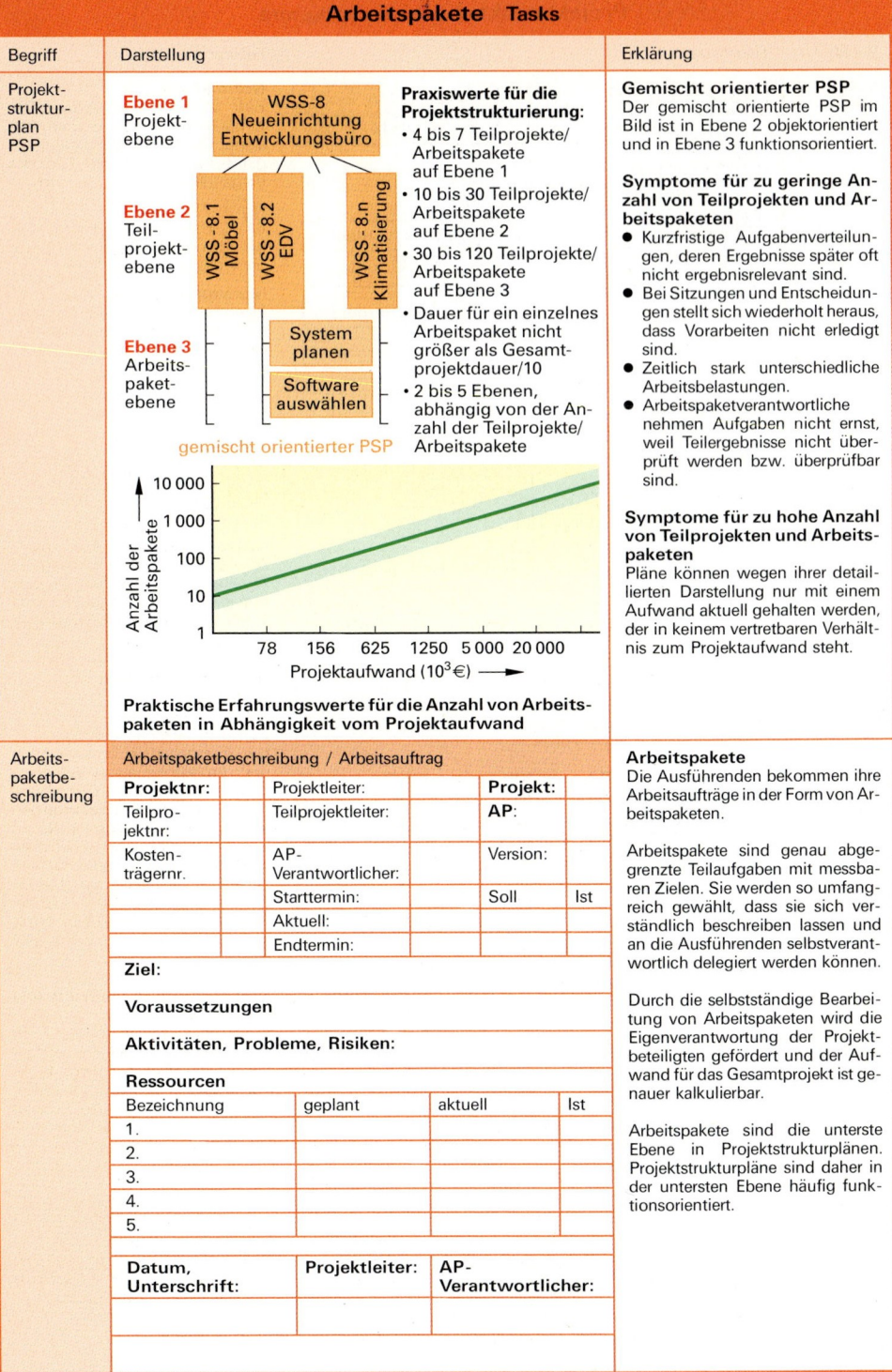

Projektstrukturplan PSP

Ebene 1 Projektebene — WSS-8 Neueinrichtung Entwicklungsbüro

Ebene 2 Teilprojektebene — WSS-8.1 Möbel | WSS-8.2 EDV | WSS-8.n Klimatisierung

Ebene 3 Arbeitspaketebene — System planen / Software auswählen

gemischt orientierter PSP

Anzahl der Arbeitspakete: 10 000 / 1 000 / 100 / 10 / 1

Projektaufwand (10³ €): 78   156   625   1250   5 000   20 000

Praktische Erfahrungswerte für die Anzahl von Arbeitspaketen in Abhängigkeit vom Projektaufwand

Praxiswerte für die Projektstrukturierung:
- 4 bis 7 Teilprojekte/ Arbeitspakete auf Ebene 1
- 10 bis 30 Teilprojekte/ Arbeitspakete auf Ebene 2
- 30 bis 120 Teilprojekte/ Arbeitspakete auf Ebene 3
- Dauer für ein einzelnes Arbeitspaket nicht größer als Gesamtprojektdauer/10
- 2 bis 5 Ebenen, abhängig von der Anzahl der Teilprojekte/ Arbeitspakete

Gemischt orientierter PSP
Der gemischt orientierte PSP im Bild ist in Ebene 2 objektorientiert und in Ebene 3 funktionsorientiert.

Symptome für zu geringe Anzahl von Teilprojekten und Arbeitspaketen
- Kurzfristige Aufgabenverteilungen, deren Ergebnisse später oft nicht ergebnisrelevant sind.
- Bei Sitzungen und Entscheidungen stellt sich wiederholt heraus, dass Vorarbeiten nicht erledigt sind.
- Zeitlich stark unterschiedliche Arbeitsbelastungen.
- Arbeitspaketverantwortliche nehmen Aufgaben nicht ernst, weil Teilergebnisse nicht überprüft werden bzw. überprüfbar sind.

Symptome für zu hohe Anzahl von Teilprojekten und Arbeitspaketen
Pläne können wegen ihrer detaillierten Darstellung nur mit einem Aufwand aktuell gehalten werden, der in keinem vertretbaren Verhältnis zum Projektaufwand steht.

Arbeitspaketbeschreibung

Arbeitspaketbeschreibung / Arbeitsauftrag

Projektnr:	Projektleiter:		Projekt:	
Teilprojektnr:	Teilprojektleiter:		AP:	
Kostenträgernr.	AP-Verantwortlicher:		Version:	
	Starttermin:		Soll	Ist
	Aktuell:			
	Endtermin:			

Ziel:

Voraussetzungen

Aktivitäten, Probleme, Risiken:

Ressourcen

Bezeichnung	geplant	aktuell	Ist
1.			
2.			
3.			
4.			
5.			

Datum, Unterschrift:	Projektleiter:	AP-Verantwortlicher:

Arbeitspakete
Die Ausführenden bekommen ihre Arbeitsaufträge in der Form von Arbeitspaketen.

Arbeitspakete sind genau abgegrenzte Teilaufgaben mit messbaren Zielen. Sie werden so umfangreich gewählt, dass sie sich verständlich beschreiben lassen und an die Ausführenden selbstverantwortlich delegiert werden können.

Durch die selbstständige Bearbeitung von Arbeitspaketen wird die Eigenverantwortung der Projektbeteiligten gefördert und der Aufwand für das Gesamtprojekt ist genauer kalkulierbar.

Arbeitspakete sind die unterste Ebene in Projektstrukturplänen. Projektstrukturpläne sind daher in der untersten Ebene häufig funktionsorientiert.

Begriff	Darstellung	Erklärung

Balkendiagramm

Vorgangs-name	–1w			0w				1w
	Fr	Mo	Di	Mi	Do	Fr	Mo	Di	Mi
▾ IT-Projekt								
Kick-off			◇ WSS-21.1					
Konzeption								
Einarbeitung HW					WSS-21.2			
Einarbeitung SW						WSS-21.3		
Aufbau						WSS-21.4		
Implementierung			WSS-21.5					
Review			WSS-21.7					

▨ gesamter Puffer   ▮ nicht kritischer Vorgang
▨ freier Puffer   ▮ fertig
▬ kritischer Vorgang   ▬ Datumslinie
▭ übergeordneter Vorgang   – – – Verschiebung

Balkenpläne
Balkendiagramme (Balkenpläne, Gantt-Diagramme) zeigen die Dauer von Vorgängen als Balken. Sie haben den Vorteil, dass sie leicht zu verstehen und zu erlernen sind. Die Rasterung des Balkenplanes orientiert sich an der Projektdauer. Üblich sind Monats-, Wochen- und Tageeinteilungen. Durch unterschiedliche Farben und Muster zur Balkendarstellung können weitere Informationen, z. B. Pufferzeiten und Soll-Ist-Verläufe für das Projektmonitoring dargestellt werden.

Terminplanung im Balkendiagramm

Vorgangs-name	PSP-Code	Dauer	Frühester Anfang	Frühestes Ende	Vorgangsmanager
▾ IT-Projekt	WSS-21	6t	11.17.03	11.24.03	Abt.-Leiter
Kick-off	WSS-21.1	0t	11.17.03	11.17.03	Abt.-Leiter
Konzeption		1t	11.17.03	11.17.03	Abt.-Leiter
Einarbeitg. HW	WSS-21.2	1t	11.18.03	11.18.03	IT-FKr. HW
Einarbeitg. SW	WSS-21.3	1t	11.19.03	11.19.03	IT-FKr. SW
Aufbau	WSS-21.4	4t	11.18.03	11.21.03	Fremdverg.
Implementierg.	WSS-21.5	1t	11.24.03	11.24.03	IT-FKr. HW
Review	WSS-21.7	0t	11.24.03	11.24.03	Abt.-Leiter

0w					
17	18	19	20	21	24

Die Terminplanung kann auf zwei Arten erfolgen:
• progressiv, dann ist der Starttermin und die Dauer gegeben und der Endtermin wird berechnet (Vorwärtsrechnung), oder
• retrograd, dann ist der Endtermin vorgegeben und der Starttermin wird berechnet (Rückwärtsrechnung).

Ziel der Ablaufplanung ist z. B.
• die Ermittlung der Dauer von Vorgängen,
• die Ermittlung der Reihenfolge von Vorgängen, z. B. welche Aufgaben müssen erfüllt sein, damit ein bestimmter Vorgang gestartet werden kann.
• die Ermittlung der frühesten Anfangs- und Endtermine für Vorgänge und
• die Ermittlung der spätesten Anfangs- und Endtermine.
Aus Kostengründen (Kapitalbindung) sollten, insbesondere im produktiven Bereich, Leistungen nicht zu früh erbracht werden.

Ergebnis der Ablaufplanung ist eine Vorgangstabelle, die z. B. den PSP-Code (Identifikationsnummer) des Vorganges, eine Kurzbeschreibung des Vorgangs und die Dauer enthält.

A

Meilensteine

Vorgangs-name	Dauer	0w		1w						2w						3w			
		-1t	0t	1t	2t	3t	4t	5t	6t	7t	8t	9t	10t	11t	12t	13t	14t	15t	16t
EDV-Projekt W	16t																		
Fachliche Plang.	4t																		
Audit	0t					◇ Meilenstein													
DV-Planung	2t																		
Audit	0t							◇ Meilenstein											
SW-Entwurf	4t																		
Codierung	2t																		
HW-Anpassung	8t																		
Systemtest	1t																		
Audit	0t															◇ Meilenstein			
Einweisung u. U	1t																		

Meilensteinpläne sind Projektpläne, die nur Meilensteine enthalten und keine Vorgänge. Sie werden z. B. bei großen Entwicklungsprojekten auf der Entscheiderebene angewendet. Meilensteine sind oft mit Audits (Anhörungen), z. B. Abnahme-Audit, Genehmigungs- Audit und Entscheidungs-Audit verbunden.

Meilensteine
• dienen zur Überprüfung des Projektfortschritts und kennzeichnen den Abschluss wichtiger Phasen und Teilphasen eines Projektes.
• sind oft Entscheidungspunkt z. B. für das weitere Fortführen des Projekts, für die Freigabe der nächsten Projektphase und die Freigabe weiterer Mittel.
• dienen zur Teilabnahme von Projekten und können als Zahlungstermin für Abschlagszahlungen vereinbart werden.

Begriff	Darstellung						Erklärung

Kritischer Weg und Puffer

Vorgangs-name	FAZ	Dauer	FEZ	Nach-folger	Puffer

Projektplan mit Endtermin und kritischem Weg (ohne Puffer für Projektende)

Vorgangs-name	FAZ	Dauer	FEZ	Nach-folger	Puffer
V1	05.05.	2t	06.05.	V2, V4	0t
V2	07.05.	2t	08.05.	V3	2t GP
V3	09.05.	1t	09.05.	V5	2t FP
V4	07.05.	5t	13.05.	V 5	0t
V5	14.05.	2t	15.05.		0t

Projektplan mit Endtermin und freiem Puffer für Projektende

Vorgangs-name	FAZ	Dauer	FEZ	Nach-folger	Puffer
V1	05.05.	2t	06.05.	V2, V4	2t GP
V2	07.05.	2t	08.05.	V3	4t GP
V3	09.05.	1t	09.05.	V5	2t FP, 2t GP
V4	07.05.	5t	13.05.	V 5	2t FP
V5	14.05.	2t	15.05.		2t GP

gesamter Puffer GP
freier Puffer FP
kritischer Vorgang
nicht kritischer Vorgang
fertig

Bei Projektmanagementsoftware und in der Literatur ist die Berechnung und Anzeige des FEZ produktabhängig.

Beispiel:
Startdatum 5.5., Dauer 2 Tage

Angabe Software A
$FEZ_{Vorgänger}$ 6.5.
$FAZ_{Nachfolger}$ 7.5.,
der Fertigstellungstag wird als FEZ angegeben.

FAZ_{V1} FEZ_{V1} FAZ_{V2}
Software A
5.5.   6.5. 7.5.

Angabe Software B
$FEZ_{Vorgänger}$ 7.5.
$FAZ_{Nachfolger}$ 7.5.,
der mögliche Anfangstermin für den Folgevorgang wird als FEZ des Vorgängers angegeben.

Software B
5.5.   7.5. 7.5.

Vorgang
Vorgänge können, je nach Betrachtungsebene, Teilprojekte oder Arbeitspakete sein.

Puffer
Alle Vorgänge, bei denen Verzögerungen nicht zu einer Verschiebung anderer Vorgänge oder des Fertigstellungstermins führen, haben einen Puffer.

Freie Puffer
Freie Puffer entstehen bei parallelen Vorgängern mit unterschiedlicher Bearbeitungszeit. Wird der freie Puffer eines Vorganges genutzt, ist kein anderer Vorgang betroffen.

Gesamtpuffer
Gesamtpuffer entstehen, wenn der Endtermin eines Vorganges so liegt, dass alle Vorgänge terminlich verschiebbar sind. Wird der gesamte Puffer genutzt, so hat dieses keine Verschiebung des Endtermins zur Folge.

Kritischer Weg
Wird für ein Projekt ein Fertigstellungstermin vorgegeben und gibt es eine Abfolge von Vorgängen, bei denen jede Verzögerung zu einer Verschiebung des Fertigstellungstermins führt, so hat das Projekt einen kritischen Weg (kritischen Pfad). Alle Vorgänge auf dem kritischen Weg haben keinen Puffer und jede Verzögerung führt zu einer Verschiebung des Fertigstellungstermins.

$$FEZ = FAZ + \text{Dauer} - 1$$

$$SEZ = SAZ + \text{Dauer} - 1$$

$$FP = FAZ_{Nachfolger} - FEZ_{Vorgänger}$$

$$GP = SAZ - FAZ = SEZ - FEZ$$

FAZ frühester Anfangszeitpunkt
FEZ frühester Endzeitpunkt
FP freier Puffer
GP Gesamtpuffer
SAZ spätester Anfangszeitpunkt
SEZ spätester Endzeitpunkt

Im Beispiel gilt für Software A:
$FAZ_{V1} = 5.5. + 2$ Tage $- 1 = 6.5.$
und für Software B:
$FAZ_{V1} = 5.5. + 2$ Tage $= 7.5.$

A

Begriff	Darstellung	Erklärung

Ressourcen-ausgleich

Vorgangs-name	Dau-er	Ressour-cennamen	Fr Mo Di Mi Do Fr Mo 9 12 13 14 15 16 19	Fr Mo Di Mi Do Fr Mo 9 12 13 14 15 16 19
Start	0t			
Vorgang 1	1t	Mitarb. 1		
Vorgang 2	2t	Mitarb. 2		
Vorgang 3	4t	Mitarb. 3		
Vorgang 4	1t	Mitarb. 4		
Übergabe	0t			

Ressourcen Gesamt Histogramm

3,00
2,50
2,00
1,50
1,00
0,50
0,00

Menge in Tagen

✗ Aktiver Vorgang
▮ Alle Vorgänge
— Verfügbarkeit

Während und nach der Zuteilung von Ressourcen zu Vorgängen muss deren Gesamtbelastung überprüft werden. Zur Beseitigung der Überlastung gibt es zwei grundsätzlich Methoden: die ressourcentreue Planung und die termintreue Planung.

Ressourcentreue Planung
Bei der ressourcentreuen Planung werden keine zusätzlichen Ressourcen eingesetzt. Die Beseitigung der Überlastungen erfolgt durch zeitliches Verschieben von Vorgängen.

Termintreue Planung
Bei der termintreuen Planung werden bei Bedarf zusätzliche Ressourcen eingeplant.

Im Beispiel ist die Ressource Mitarbeiter A den nichtkritischen Vorgängen 1 und 2 zugeordnet und ein Fremdarbeiter dem kritischen Vorgang 3. Obwohl der Mitarbeiter A am Montag nichtkritischen Vorgängen zugeordnet ist, liegt eine hundertprozentige Überlastung vor. Im Beispiel erfolgt der Ausgleich ressourcentreu unter Ausnutzung von freiem Puffer. Vorgang 2 wird einen Tag nach hinten geschoben. Die ursprüngliche Planung wird dabei im Balkenplan sichtbar gemacht.

A

Netzplan-technik

WSS 7.1	0t
Kick-off	
24.1.	24.1.
25.1.	25.1.
0t	0t

WSS 7.1	1t
Konzeption	
24.1.	24.1.
24.1.	24.1.
0t	0t

WSS 7.1	1t
Einarbeitung HV	
25.1.	25.1.
27.5.	27.5.
0t	2t

WSS 7.1	1t
Einarbeitung SW	
26.1.	26.1.
28.5.	28.5.
2t	2t

Legende:

ID	Dauer
Vorgangsname	
FAZ	FEZ
SAZ	SEZ
FP	GP

WSS 7.1	4t
Aufbau	
25.1.	28.1.
25.1.	28.1.
0t	0t

WSS 7.1	1t
Implementierung	
31.1.	31.1.
31.1.	31.1.
0t	0t

WSS 7.1	0t
Review	
31.1.	31.1.
31.1.	31.1.
0t	0t

Der Inhalt und Aufbau der Knoten kann den jeweiligen Erfordernissen angepasst werden. Kritische Wege werden z.B. durch eine andere Farbe des Knotenrahmens markiert.

Vorgangsknotennetz
Beim VKN werden Vorgänge in Knoten beschrieben und durch Pfeile die Abfolge und Abhängigkeit der Vorgänge dargestellt.

Netzplantechnik
Alle Verfahren, die unter Berücksichtigung von Zeit, Kosten, Einsatzmittel und weitere Einflussgrößen zur Analyse, Beschreibung, Planung, Steuerung und Überwachung von Abläufen dienen, gehören nach DIN 69900 zur Netzplantechnik.

Vorgangsknotennetze (VKN, **Bild**) bieten im Vergleich zu anderen Methoden den Vorteil, dass sie
● leichter und schneller zu zeichnen sind,
● sich die zur Beschreibung des Vorgangs notwendigen Informationen, wie Vorgangsbeschreibung, Vorgangsnummer, Kostenstellennummer, Dauer, Puffer, früheste und späteste Anfangszeiten und Endzeiten leichter unterbringen lassen,
● leichter zu ändern sind,
● auch die Darstellung sehr komplexer Zusammenhänge zulassen und
● gut mit Methoden der Prozesskostenrechnung harmonieren.

ID	Identifikationskennzeichen
FAZ	frühester Anfangszeitpunkt
FEZ	frühester Endzeitpunkt
SAZ	spätester Anfangszeitpunkt
SEZ	spätester Endzeitpunkt
FP	freier Puffer
GP	gesamter Puffer

A

Begriff Lastenheft und Pflichtenheft	Darstellung	Erklärung

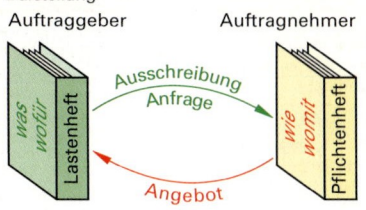

Auftraggeber — Auftragnehmer

was wofür Lastenheft — *wie womit* Pflichtenheft

Ausschreibung / Anfrage

Angebot

berücksichtigt
• Gesetze
• Vorschriften
• Know How
• organisatorische, finanzielle und zeitliche Möglichkeiten

Im Lastenheft beschreibt der Auftraggeber, was gemacht werden soll und wofür es genutzt werden soll, also welche Funktionalitäten und Ziele erwartet werden.

Im Pflichtenheft beschreibt der Auftragnehmer wie und womit er alle Forderungen des Lastenheftes konkret realisieren möchte.

Erklärung
Lastenheft
Das Lastenheft (requirements specification) enthält alle Forderungen des Auftraggebers an die Leistungen und Lieferungen des Auftragnehmers, die er innerhalb eines Auftrages fordert.

Pflichtenheft
Bei der Umsetzung des Lastenheftes (system specification) in das Pflichtenheft müssen vom Auftragnehmer alle gültigen Gesetze und Vorschriften berücksichtigt werden.

Lastenheft und Pflichtenheft werden Vertragsbestandteil.

Projektantrag

Thema, Inhalt, Problem — EUROPA LEHRMITTEL

Projekt-Bezeichnung — Projekt-Nr.

Kurzbeschreibung

Zweck Erwartungen, Ziele

Start-Termin:

Abschluss-Termin:

Kosten: €

Ressourcen:

Genehmigt:

Kostenstelle:

Beauftragt:

Ein schriftlicher Projektantrag enthält z. B.
● einen Überblick über die Aufgaben, die innerhalb des Projektes erfüllt werden sollen,
● eine Nutzenvorausschau, die es erlaubt, die Wirtschaftlichkeit des Projektes abzuschätzen,
● Konsequenzen für den Fall, dass das Projekt nicht oder erst später gestartet wird und
● den Ressourcenaufwand und die Kostenvorausschau für die Durchführung des Projektes.

Für größere Projekte werden vor der Projektentscheidung verschiedene Varianten auf Risiken, Machbarkeit und Chancen bewertet.

Der Projektauftrag beschreibt die konkrete Umsetzung, z. B. Ziele, Qualitätskriterien, finanzieller und zeitlicher Rahmen, Meilensteine, Ressourcen und Organisation für die Durchführung.

Projektaufwand

Zur Planung des Projektaufwandes ist viel Erfahrung und Fachwissen notwendig. Zur Unterstützung gibt es verschiedene Berechnungs- und Schätzmethoden. Wesentliche Einflussgrößen auf den Aufwand sind im Bild dargestellt.

Größe und Komplexität
Komplexität
Funktionsumfang
Anzahl
Befehlszeilen

Qualitätsforderungen
Zuverlässigkeit
Benutzerfreundlichkeit
Portabilität
Wartungsfreundlichkeit

Projektaufwand in IT-Projekten

Projektdauer
Anzahl
Teammitglieder
Zeitrahmen

Produktivität
Verfügbarkeit
Projektmanagementqualität
Personenqualität

Die Ermittlung der leistungsfähigsten Teamgröße ist ein Beispiel für die Optimierung des Projektaufwandes.

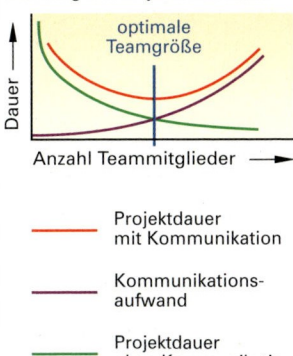

optimale Teamgröße

Dauer →

Anzahl Teammitglieder →

—— Projektdauer mit Kommunikation

—— Kommunikationsaufwand

—— Projektdauer ohne Kommunikation

Begriff	Darstellung, Methoden		Erklärung
Analyse Soll- und Ist-Zustand	**Methode**	**Bemerkungen**	Für eine fundierte Entwicklung ist die genaue Aufnahme des Ist-Zustandes und die detaillierte Planung des Soll-Zustandes notwendig. Durch die Analyse von Interviews, Fragebögen, Selbstbeobachtungen, Dokumentationen und Diagrammauswertungen lassen sich Anforderungen für das zu entwickelnde System ableiten.
	Interview	Mit offenen Fragen können auch schwierige Zusammenhänge erfasst werden. Die Auswertung ist jedoch sehr aufwändig.	
	Fragebogen	Standardisierte Fragebögen liefern kostengünstige Informationen und erleichtern die Ist-Aufnahme.	Für die Darstellung des Ist-Zustandes und des Soll-Zustandes werden häufig grafische Methoden, z. B. Datenflussdiagramme, Data-Flow-Diagramme, ereignisgesteuerte Ereignisketten und UML-Darstellungen verwendet.
	Beobachtung	Je nach Absicht kann offen oder verdeckt, dauernd oder stichprobenartig, aktiv teilnehmend oder passiv beobachtet werden.	
	Selbstdokumentation	Selbstdokumentation erfasst die täglichen Erfahrungswerte der verschiedenen Ebenen ohne Bewertungen.	
	Dokumentenauswertungen und Diagrammauswertungen	Insbesondere bei prozessorientierten und zertifizierten Unternehmen liefern Dokumente und Diagramme vielfältige Informationen über den Aufbau und die Abläufe im Unternehmen.	

Projektmanagementhandbuch

Auswertungen, Darstellungen und Zusammenführen aller Projekterfahrungen

PM-Handbuch

- Höhere Qualität durch einheitliches methodisches Vorgehen.
- Höhere Qualität durch optimiertes Vorgehen.
- Höhere Ablauftransparenz mit verbesserten Regelungsmöglichkeiten.
- Besseres Risikomanagement durch systematisches und frühzeitiges Erkennen von Risiken und Fehlentwicklungen.

Das **Projektmanagementhandbuch** (PM-Guide) dient zur unternehmensweiten Vereinheitlichung bei der Projektdurchführung.

Zu den wichtigsten Methoden gehören Anleitungen, Phasen- und Ablaufmodelle und Formularvorlagen.

Projektkultur
Die Projektkultur entsteht aus der Gesamtheit der angewendeten und gelebten Werte, Planungs- und Kontrollmethoden, Kommunikationsformen, Normen, Regeln und Verhaltensweisen der Projektmitglieder.

A

Grundsätzliche Entwurfsprinzipien

Top-Down-Entwicklung

Gesamtsystem

Teilsystem 1 Finanzbuchhaltung

Teilsystem 2 Warenwirtschaftssystem

Funktionalität 1 | Funktionalität 3
Funktionalität 2 | Funktionalität 4

Anwendungsentwickler passen Module an

Anwender definieren Anforderungen und/oder wählen Module nach Funktionalität aus.

Modul 1 | Modul 2 | Modul 3
Modul 4 | Modul 5 | Modul 6 | Modul ...

Bottom-Up-Entwicklung

Top-Down (von oben nach unten) und Bottom-Up (vom Grund nach oben) sind grundlegende Entwurfsprinzipien.

Bei der Top-Down-Methode werden die Anforderungen vom Groben und Übergeordneten zum Feinen und Untergeordneten definiert und erarbeitet.

Bei der Bottom-Up-Methode definieren die Endanwender auf der unteren Ebene ihre Erfordernisse und das Gesamtsystem wird schrittweise erarbeitet, d. h. aus einer Gesamtauswahl von Modulen zusammengestellt und angepasst.

Projektorganisation   Project organisation

Begriff	Darstellung			Erklärung
Projekt-organisa-tions-formen	**Reines Projekt-management**	**Matrix-Projekt-organisation**	**Einfluss-Projekt-organisation**	**Projektorganisation** Die Form der Projektorganisation legt fest, welche Aufgaben, Befugnisse und Verantwortungen der Projektleiter für die Dauer des Projektes erhält.
	Merkmal			
	• Projektleiter hat alle Kompetenzen.	• Es gibt nur einen Projektverantwortlichen.	• Keine personellen Veränderungen.	**Reines Projektmanagement** Der Projektleiter trägt die gesamte Verantwortungist für das Projekt und ist mit entsprechenden Befugnisen ausgestattet.
	Vorteile			**Matrix-Projektmanagement** Der zuständige Abteilungsleiter und der Projektleiter teilen sich die Verantwortung.
	• die Verantwortung ist eindeutig geregelt, • Projektteam kann schnell reagieren und • gute Identifizierung der Mitarbeiter mit dem Projekt.	• Fachwissen einzelner Fachabteilungen kann in Projekte einfließen und • die Mitarbeiter können sich in der Linienorganisation fortlaufend weiterqualifizieren.	• Mitarbeiter nicht projektgebunden und flexibel einsetzbar, • Führungsstruktur bleibt und • Know-how der Fachabteilungen kann genutzt werden.	**Einfluss-Projektmanagement** Die Fachabteilungen tragen die Verantwortung und delegieren Projekte und Projektaufgaben an Projektkoordinatoren. Reines Projektmanagement ist häufig bei externen Projekten, d. h. bei der Ausführung von Kundenaufträgen.
	Nachteile			Das Matrixprojektmanagement findet man oft in Großunternehmen und Konzernen. Einflussprojektmanagement praktizieren Firmen mit flachen Hierarchien und hoher Mitarbeiterverantwortung.
	• Geringer Informationsaustausch (Synergieverlust), • nach Projektabschluss geht oft Know-how verloren und • Teammitglieder müssen wieder in die Linienorganisation eingegliedert werden.	• Der Projektverantwortliche trägt die Verantwortung, mit eingeschränkten Befugnissen, • die Planung muss auf Projekt- und Linienorganisation abgestimmt sein und • großes Konfliktpotenzial.	• Linienaufgaben werden oft mit höherer Priorität bearbeitet als Projektaufgaben, • Der Projektstatus ist oft unklar und • Entscheidungen orientieren sich an den Interessen der Fachabteilungen.	

Projekt-leiter	**Projektleiterrolle** • Erfolgreiche Projektleiter haben z. B. Fähigkeiten als Berater, Stratege, Fachmann, Lehrer, Moderator, Diplomat, Manager, Teamentwickler, Controller und Seelsorger.		**Projekt-Controlling** Zu den Aufgaben des Projektcontrolling gehört • die Feststellung des Projektstatus, die Vereinbarung und Vorname von regelmäßigen Maßnahmen, • die Neuvereinbarung und Fortschreibung von Projektzielen und • die Erstellung von Fortschrittsberichten und Projektmarketingmaßnahmen.
	Projektkoordination Zu den Aufgaben der Projektkoordination gehört, • die laufende Sicherung des Projektfortschritts, der Information der Projektmitglieder und Vertreter des relevanten Projektumfeldes, • die Unterstützung der Teilprojektverantwortlichen und der Arbeitspaketverantwortlichen, • die Disposition von Projektressourcen und • das Projektmarketing. **Methoden der Projektkoordination** sind z. B. To-Do-Listen, Besprechungsprotokolle, Abnahmeprotokolle und Qualitätsnachweise.	**Projektmarketing** Projekte haben aufgrund der Komplexität, Neuigkeit und Einmaligkeit einen besonders hohen Erläuterungsbedarf gegenüber den Interessengruppen. Der erforderliche Projektaufwand muss gegenüber den Entscheidern gerechtfertigt werden und die Ergebnisse müssen den Kunden verkauft werden. **Methoden der Projektmarketing** sind alle Marketinginstrumente und Marketingmethoden.	**Methoden des Projekt-Controlling** sind • Soll- Ist- Vergleiche, z. B. der Zeitplanung und Kostenplanung und • Adaptierung (Vorwegnahme) von Projektzielplanungen und Risikoanalysen, um bereits im Vorfeld Probleme zu verhindern und Erfahrungen aus anderen Projekten nutzenbringend anzuwenden.

A

Inhalt	Darstellung, Erklärungen

Die Projekteinführung soll das Verständnis der Projektbeteiligten für das Projekt und das Projektumfeld verbessern.
Dazu beschreibt es Hintergründe zur Projektauslösung, technische, betriebswirtschaftliche und volkswirtschaftliche Zusammenhänge, Gruppeninteressen, die Einbindung in strategische und operative Planungen des Unternehmens und den Umfang und die Bedeutung des Projekts für das Unternehmen.

Durch die Beschreibung des Ausgangszustandes soll eine bessere Projektplanung und Projekt-vorab-Beurteilung möglich sein. Quantitative und qualitative Ziele werden durch die Beschreibung von Abläufen, Organisationsstrukturen, Datenmengen, Datenflüssen, vorhandenen Geräten und Systemen deutlicher. Notwendige Daten- und Funktionsschnittstellen und Kooperationen werden erkennbar. Der Umfang der Veränderungen und zu erwartenden Widerstände und Risiken für die Einführung sind ableitbar.

Alle Projektbeteiligten benötigen eine ihrer Projektfunktion entsprechende Form und Aktualität der Projektberichte. In vielen Unternehmen gibt es standardisierte Formen von Projektberichten.

In der Ablauforganisation wird die Eingliederung des Projektteams in die Unternehmensorganisation festgelegt und bestimmte Rahmenbedingungen für die Zusammenarbeit zwischen Auftraggeber und Auftragnehmer geschaffen.

Der Umfang und Inhalt der Beschreibung der Aufgabenstellung ist stark themenabhängig. Die nebenstehende Inhaltsübersicht zeigt typische Aufgabeninhalte für ein IT-Projekt. Die vollständige Formulierung aller gewünschten Ziele in überprüfbarer und messbarer Form ist bei der Aufgabenstellung besonders wichtig. Die Aufgabenstellung wird dabei für alle möglichen Betriebszustände beschrieben, nicht nur für den Normalbetrieb. Auch beabsichtigte oder zu erwartende zukünftige Aufgabenstellungen, Systemerweiterungen und Systemergänzungen werden berücksichtigt. Teilweise wird eine Aufgliederung in Muss-, Soll- und Kann-Kriterien vorgenommen. Auftragnehmer können damit erkennen, wie wichtig dem Auftraggeber bestimmte Merkmale sind. Werden Musskriterien von einem Anbieter nicht erfüllt, scheidet er aus dem Auswahlverfahren aus, man spricht deshalb auch von KO-Kriterien.

A

Vollständige Schnittstellenbeschreibungen sind wichtig für die Berücksichtigung der Interessen aller Beteiligten bereits in der Planungsphase. Nicht entsprechend berücksichtigte Interessen sind z. B. oft Auslöser von Akzeptanzproblemen. Das Vorhandensein aller notwendigen Daten- und Funktionsschnittstellen ist wesentlich für den wirtschaftlichen Einsatz der Software. Selbst funktional sehr ähnliche Systeme können sich durch die Berücksichtigung von speziellen Anforderungen, z. B. der Einbindung in unterschiedliche Gesamtsysteme, stark unterscheiden.

Die Bewertung, Effizienz und Akzeptanz von IT-Systemen hängt stark von der Einbindung und Abstimmung mit dem organisatorischen Umfeld ab. Daher ist es notwendig, entsprechende Forderungen an das Umfeld zu formulieren.

In zertifizierten Unternehmen ist ein geordnetes, nachvollziehbares und nachweisbares Qualitätsmanagement vorgeschrieben, in allen anderen Unternehmen eine sinnvolle und langfristig rentable Forderung.
In der Projektabwicklung wird das Projektmanagement und die Zusammenarbeit zwischen Auftraggeber und Auftragnehmer festgelegt.
Zur Vermeidung von Missverständnissen und zur besseren Verständlichkeit werden Begriffe definiert und Abkürzungen erläutert.

Begriff	Inhalt	Darstellung, Erklärung
Pflichten-heft	**Inhaltsverzeichnis Pflichtenheft** **1 Gesamtlösung** 1.1 Normalbetrieb 1.2 Störbetrieb 1.3 Einrichtbetrieb **2 Lösungskomponenten** 2.1 Kommunikationssystem 2.2 Eingesetzte Software 2.3 Eingesetzte Hardware 2.4 Datenverarbeitung 2.5 Datenverwaltung 2.6 Datenbank 2.7 Gesamtsystem **3 Anhang** 3.1 Gesetze, Normen, Richtlinien 3.2 Begriffe und Definitionen 3.3 Abkürzungen 3.4 Nomenklatur	Das Pflichtenheft enthält, abhängig von der konkreten Aufga-benstellung, Angaben zu folgenden Punkten: ● Fähigkeiten und vorgesehener Einsatzbereich des Gerätes, der Anlage, der Software, ● Beschreibung der Funktionsweise, ● technische Daten, z. B. über Leistungsfähigkeit, Antwortzei-ten, Betriebsspannung, Betriebstemperatur, zulässige Umge-bungstemperatur, Ein- und Ausgangssignale und Ausgangs-leistung, ● Beschreibung der Funktionsschnittstellen, Datenschnittstel-len und Anschlussmöglichkeiten, ● Angaben zu Gewicht, Größe und Aussehen, ● Beschreibung der Bedienungs- und Anzeigeelemente, ● anzuwendende Sicherheitsbestimmungen und Normen, ● Kosten und ● zeitlichem Ablauf und Organisation der Projektdurchführung. Die Formulierung des Pflichtenheftes ist im IT-Bereich aufgrund des sich schnell ändernden Projektumfeldes schwierig. Geset-zesänderungen, Outsourcing von Teilaufgaben und neue Kun-denanforderungen erfordern ständig die flexible Einarbeitung neuer Ziele. Dies gelingt am besten bei iterativen Vorgehens-weisen, die eine verstärkte Mitwirkungs- und Entscheidungs-pflicht des Auftraggebers erfordern.
Projekt-bezie-hungen	**Beziehung von Projekten zur Unternehmensstrategie** Für die Projektbedeutung ist wichtig, wie gut es in die Unternehmensstra-tegie passt, ob es die zukünftige Un-ternehmensstrategie beeinflussen kann und welchen Beitrag es zu den Unternehmenszielen beitragen kann. **Projekt als Geschäftsfall** Jedes Projekt sollte kurz oder lang-fristig seinen Beitrag zum Unterneh-menserfolg leisten. Zur Bewertung verwendet man z. B. die Kapitalwert-methode und die Annuitätenmetho-de. **Projektumwelt** Projekte sind in eine soziale Umwelt eingebunden und werden von dieser beeinflusst. Kunden, Lieferanten, Projektmitglieder, Medien, Abteilun-gen, Anteilseigner und Banken ha-ben individuelle Erwartungen an das Projekt und müssen häufig berück-sichtigt werden. **Beziehung zu anderen Projekten** Andere im Unternehmen laufende Projekte können bezüglich Ziele, Me-thoden und Ressourcen synergetisch oder konkurrierend sein. Das Wissen um diese Situation kann der Projekt-organisation helfen.	 Die Projektvorgeschichte sollte allen Projekt-beteiligten bekannt sein. Oft enthält sie Fak-toren, die den Projekterfolg fördern oder hem-men können. So kann z. B. die Projektent-scheidung durch einen ranghohen Entschei-dungsträger oder Förderer viele Erleichterun-gen bringen. Aus konkreten Auslösesituatio-nen kann deutlich werden, welche Projektzie-le vorrangig erfüllt werden sollten. Für die Projektnachphase ist es sinnvoll den Projektmitgliedern frühzeitig Perspektiven für Nachfolgeprojekte zu eröffnen. Falls sie in traditionelle Aufbauorganisationen zurückkehren, ist für eine entsprechende Würdigung der Projektleistung zu sorgen.

A

Begriff	Darstellung				Erklärung
Entwicklungsmodelle für IT-Systeme	**Prozessmodell**	**Besonders betonte Ziele**	**Nutzerbeteiligung**	**Entwicklungsmerkmale**	Aus Optimierungsgründen sollten Systementwicklungen und Softwareentwicklungen in einem festgelegten, wiederholbaren und optimierbaren organisatorischen Rahmen, einem Prozess, stattfinden. Durch festgelegte Entwicklungsmodelle
	Wassserfallmodell	Einfach, geringer Projektmanagementaufwand	Gering, nur zu Anfang	Streng sequenziell, kein Risikomanagement	• lassen sich Fehler besser vermeiden, • sind Redundanzen besser erkennbar,
	V-Modell	Hohe Qualität durch integrierte Qualitätssicherung	Anfangs, Entwicklung wird aber oft validiert	Sequentiell, vielfache Verifikation und Validierung	• kann man Lernprozesse besser integrieren, • kann die Prozessqualität und Automatisierung gesteigert werden und
	Spiralmodell	Risikominimierung	Wiederholt	Wiederholte Entscheidungen, jeweils am Zyklusbeginn.	• sind Grundlagen zur Zertifizierung und Vertragsgestaltung geschaffen.
	Prototypenmodell	Risikominimierung	Dauernd	Es werden jeweils nur Teilsysteme entwickelt.	Hierzu gibt es eine Reihe bewährter Standardmodelle, die als Vorgangsmodell oder Systementwicklungsmodell bezeichnet werden. Bekannte Modelle sind z. B.
	Evolutionäres Modell, z. B. RUP	Kurze Entwicklungszeit	Wiederholt	Kernsystem wird sofort entwickelt, Komponenten nach und nach.	• das Wasserfallmodell, • das V-Modell, • das Spiralmodell,
	Inkrementelles Modell	Minimierung von Entwicklungszeit und Risiko	Wiederholt	Konzeption für Gesamtsystem, Kernsystem und Teilsysteme werden nach und nach entwickelt.	• das Prototypenmodell, • das evolutionäre Modell, • das inkrementelle Modell und • RUP (von Rational Unified Process).
	In Entwicklungsmodellen wird empfohlen, welche Aktivitäten in welcher Reihenfolge von welchen Personen erledigt werden sollten und welche Teilergebnisse dabei entstehen sollten. Die Grundaktivitäten sind Analyse, Entwurf, Implementierung und Evolution.				Entwicklungsmodelle siehe folgende Seiten.
Kosten im Softwarelebenszyklus	Entwicklungskosten 20% bis 40% — Wartungskosten und Betriebskosten 60% bis 80 % — **SDLC**				Der Softwarelebenszyklus SDLC (von Software Development Life Cycle) umfasst alle Abschnitte eines Softwareproduktes von der Produktidee bis zur Ablösung des Systems. Er zeigt, wie wichtig die Berücksichtigung der Betriebskosten und Wartungskosten ist.

A

Betroffenheitsanalyse		Betreuer	Anwender	Kunden		Geschäftsleitung	Bei erfolgreichen Projekten werden möglichst alle Stakeholder (betroffene Personen, Gruppen, Abteilungen und Institutionen), für die das Projekt ein Risiko oder eine Chance darstellt, möglichst frühzeitig beteiligt. Durch eine Gewichtung der Interessen können den Projektzielen Präferenzen zugeordnet werden und die Interessen der Betroffenen berücksichtigt werden.
	Aufgabenzuordnung	++ +0 −− ?	++ +0 −− ?	++ +0 −− ?	...	++ +0 −− ?	
	Entscheidungsspielraum	++ +0 −− ?	++ +0 −− ?	++ +0 −− ?	...	++ +0 −− ?	
	Zugangsrechte	++ +0 −− ?	++ +0 −− ?	++ +0 −− ?	...	++ +0 −− ?	
	...	++ +0 −− ?	++ +0 −− ?	++ +0 −− ?	...	++ +0 −− ?	

A

Begriff	Darstellung	Erklärung
V-Modell XT	Systementwicklungsprojekt – Auftraggeber Projekt genehmigt und definiert · Anforderungen festgelegt und ausgeschrieben · Projekt beauftragt · Abnahme erfolgt · Projekt abgeschlossen Lastenheft · Pflichtenheft · Änderungsplan festlegen · Change request = Vertragserweiterungen Projekt genehmigt · Projekt definiert · Angebot abgegeben · Projekt beauftragt · Abnahme erfolgt · Projekt abgeschlossen Systementwicklungsprojekt Auftragnehmer System spezifiziert · System entworfen · Feinentwurf abgeschlossen · Lieferung durchgeführt · System integriert · Systemelemente realisiert Projektleiter · Projektmitarbeiter · Qualitätsverantwortlicher · alle V-Modell-Mitarbeiter Teil 3: V-Modell-Referenz Tailoring · Teil 4: V-Modell-Referenz Rollen · Teil 5: V-Modell-Referenz Produkte · Teil 6: V-Modell-Referenz Aktivitäten · Teil 7: V-Modell-Referenz Konventionsabbildungen · Teil 8: V-Modell-Referenz Anhang · Teil 9: V-Modell-Referenz Vorlagen Teil 2: Eine Tour durch das V-Modell Teil 1: Grundlagen V-Modell	Das V-Modell XT (Vorgangsmodell des Bundes[1]) regelt detailliert, **Wer-Wann-Was** in einem Projekt zu tun hat. Das V-Modell ist vorgesehen für ● Systementwicklungsprojekte eines Auftraggebers, ● Systementwicklungsprozesse eines Auftragnehmers und ● die Einführung und Pflege eines organisationsspezifischen Vorgehensmodells. Das Anpassen des Modells (Tailoring) für spezifische Projekte ist vorgesehen und soll durch den modularen Aufbau erleichtert werden. Projektmanagement, Qualitätssicherung, Problem- und Änderungsmanagement sowie Konfigurationsmanagement müssen in allen Projekten angewendet werden. Die Module nennt man Vorgehensbausteine. In jedem Vorgehensbaustein ● ist definiert, welche Produkte (Ergebnisse) der Baustein zu liefern hat. Z. B. muss der Baustein „Anforderungen festlegen und ausschreiben" das Ergebnis Lastenheft erzeugen. ● ist die Qualität der Produkte messbar vorgegeben. ● werden Rollen definiert und ● Verantwortlichkeiten für die Produkte festgelegt. Der modulare Aufbau und die Rollenverteilung vereinfachen das Anpassen und Erweitern des Modells und ermöglichen, dass nicht jeder Beteiligte alles wissen muss. Der V-Modell-XT-Projektassistent und der V-Modell-XT-Editor stehen im Internet als Open-Source-Software zur Verfügung.
eXtreme Programming XP	Der Prozess bei eXtreme Programming XP besteht aus vielen kleinen Inkrementen (= Zuwächsen). ● Die Iterationszeiträume (Entwicklungszeiträume) betragen 1 bis 3 Wochen. ● Die Entwicklung ist streng evolutionär, der Code wird ständig verbessert und lauffähig gehalten. ● Analyseergebnisse werden sofort als Programmcode dokumentiert. ● Die Qualitätssicherung erfolgt durch automatisches und diszipliniertes Testen. ● Die Nutzer sind Teil des Entwicklungsteams.	XP ist eine Reaktion auf den IT-Markt mit seinen sich schnell ändernden Anforderungen. In einer permanenten Weiterentwicklung werden im lauffähigen System ständig neue Teilfunktionen nach vom Kunden formulierten Forderungen erstellt.

[1] Das Projekt V-Modell XT ist von der Koordinierungs- und Beratungsstelle der Bundesregierung für Informationstechnik in der Bundesverwaltung.
XT von extreme tailoring = extrem anpassbar,
XP von extreme programming = Extremprogrammierung.

Begriff	Darstellung		Erklärung
Spiral-modell	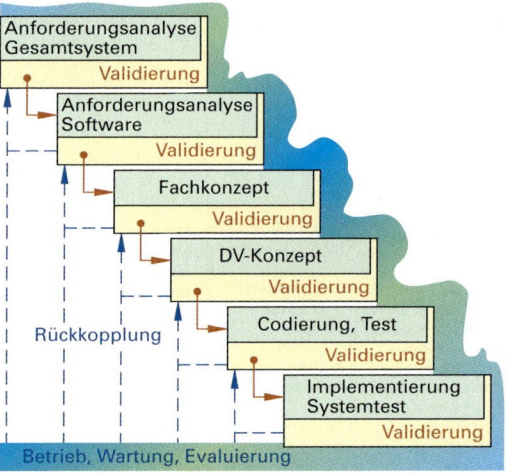		Im Spiralmodell erfolgt die Software-entwicklung evolutionär, d. h. Stufe für Stufe. Jeder Umlauf der Spirale stellt einen iterativen (sich wiederholenden) Zyklus mit allen Teilschritten dar.

Spiralmodell

(Darstellung)

Ziele, Alternativen, Randbedingungen

Evaluieren der Alternativen, Risikomanagement

Lastenheft, Pflichtenheft

Bewertung der Alternativen

Risikomanagement

Audits und Zustimmung für nächste Entwicklungsstufe

Anforderungsplan

Konzept

Prototyp

Pilot-system

Simulation, Benchmark

Entwurf

Codierung

Entwicklungsplan

Integrations- und Testplan

Validierung Verifizierung Akzeptanztest Implementierung

Soll-Ist-Vergleich, Planung der nächsten Entwicklungsphase

Erstellen, Verbessern, Verifizieren, Validieren

Um das Risiko zu minimieren werden im Spiralmodell die Projektrisiken und Projektalternativen durch wiederholte Prototypentests und Prototypenauswertungen besonders und mehrfach berücksichtigt.

Erklärung (Spiralmodell)

Vorteile
- Für jeden Zyklus kann der Prozessablauf, z. B. in Abhängigkeit von erkannten Risiken, angepasst werden.
- Bei jedem Zyklus werden Qualitätsziele überprüft.
- Fehler und ungeeignete Alternativen können frühzeitig und wiederholt eliminiert werden.
- Neue Anforderungen können leicht eingebracht werden.

Nachteil
- Hoher Managementaufwand.

Anwendung
Das Spiralmodell wird z. B. bei komplexen Projekten mit erhöhtem Risiko angewendet, z. B. für WEB-Anwendungen.

Wasserfallmodell

(Darstellung)

Anforderungsanalyse Gesamtsystem

Validierung

Anforderungsanalyse Software

Validierung

Fachkonzept

Validierung

DV-Konzept

Validierung

Rückkopplung

Codierung, Test

Validierung

Implementierung Systemtest

Validierung

Betrieb, Wartung, Evaluierung

Das Wasserfallmodell geht von einer rein sequentiellen Abarbeitung der Projektphasen aus und schließt jede Phase mit einer Validierung (= Gültigkeitserklärung) ab. Sie soll teuere Überarbeitungen über mehrere Stufen hinweg vermeiden. Am Ende jeder Phase steht ein fertiges Dokument, man spricht deshalb auch von einem dokumentengetriebenen Modell.

Erklärung (Wasserfallmodell)

Vorteil
- Das Wasserfallmodell ist einfach und benötigt wenig Managementaufwand.

Nachteile
- Anwender und Kunden werden nur am Anfang beteiligt.
- Das Modell sieht keine permanenten Qualitätssicherungsmaßnahmen vor.
- Es gibt keine Möglichkeiten Teilschritte parallel auszuführen, um das Verfahren zu beschleunigen.
- Kein Change-Request vorgesehen. Das Team lernt nicht mit Änderungen umzugehen.
- Es dauert sehr lange bis ein lauffähiger Prototyp vorhanden ist.
- Fehler und Korrekturen, die erst bei der Implementierung festgestellt werden, sind schwierig zu beseitigen.
- Die Phaseneinteilung macht es schwierig, Entwicklungsteams gleichmäßig zu beschäftigen.

Anwendung
Für einfache Systeme mit, in der Anforderungsanalyse, klar definierten Abläufen angewendet, z. B. Steuerung einfacher Automaten.

A

A

Begriff	Darstellung			Erklärung

Rational Unified Process RUP

Worker – Rollenkonzept im RUP:
1. **Analytiker:** Use-Case-Spezifizierer, Geschäftsprozessanalytiker, Geschäftsprozessdesigner, Systemanalytiker, Geschäftsprozessmodellgutachter und Anforderungsgutachter.
2. **Manager:** Projektleiter, Projektgutachter, Prozessmanager, Verteilungsmanager und Konfigurationsmanager.
3. **Entwickler:** Datenbank-Designer, Software-Entwickler, Systemintegrator, Architektur-Gutachter, Design-Gutachter und Code-Gutachter.
4. **Tester:** Testdesigner, Systemtester, Integrationstester und Performance-Tester

Arbeits-schritte	Inception (Vorbe-reitung)	Elabo-ration (Ausar-beitung)	Construc-tion (Konstruk-tion)	Transition (Um-setzung)
Geschäfts-prozesse definieren				
Anforde-rungen definieren				
Analyse und Entwurf				
Integration				
Test				
Installation				

Configurations- und Change-Management, Projekt-management und Umfeldmanagement als dauernde Unterstützungsprozesse.

Der Entwicklungsprozess in RUP ist iterativ und inkrementell, findet also in wiederholenden Entwicklungsschritten mit kleinen Zuwächsen statt.
Es wird frühzeitig eine Architektur für das Gesamtsystem entwickelt, an der sich einzelne Funktionen orientieren.

Erklärung (RUP):

RUP (von Rational Unified Modell) unterscheidet sechs grundlegende Arbeitsschritte je Iteration (je Entwicklungsphase, **Bild**):
1. Geschäftsprozessanalyse
2. Anforderungsermittlung
3. Analyse und Entwurf
4. Implementierung
5. Test
6. Installation

Parallel zu den Entwicklungsschritten laufen Unterstützungsprozesse, z. B. Konfigurations- und Change-Management, Projektmanagement und Umfeldmanagement.

RUP unterteilt die Iterationsschritte in vier Phasen, die jeweils mit einem Meilenstein enden:
1. Inception (= Vorbereitung), dazu gehört das Analysieren und Eingrenzen der Problemstellung.
2. Elaboration (= Ausarbeitung), das Erstellen des Architekturkonzepts, Entwickeln des Projektplanes und das Risikomanagement.
3. Construction (= Konstruktion), Entwickeln, Integrieren und Testen der Komponenten.
4. Transition (= Umsetzen), das Einsetzen und die Inbetriebnahme beim Kunden.

RUP basiert auf der universellen Beschreibungssprache UML.

Der Entwicklungsprozess orientiert sich an Anwendungsfällen (Szenarien).

Ursachen für Projekt-fehlent-wicklun-gen

		Personelle Ursachen	Organisatori-sche Ursachen	Technische Ursachen
	ver-meid-bar	• mangelnde Kenntnisse und Wissen der Mitar-beiter, • überforderte Projektleiter, • mangelnde Motivation der Team-mitglieder,	• fehlende oder unklare Zielangaben und Ziel-prioritäten, • falsche Auf-gabenver-teilung, • Überlas-tung,	• mangelnde Toolnut-zung, • Planungs-fehler,
	kaum oder nicht ver-meid-bar	• Überlastung • Fluktuation und • Krankheit.	• Termin-druck, • unklare oder unpassende Kompeten-zen.	• Vertragsän-derungen, • technische Grenzen.

Der Soll-Stand und der Ist-Stand von Projekten bezüglich Projektkosten, Teilzielerreichung und Terminplan ist im Rahmen des Projektcontrollings ständig durchzuführen.
Reviews (Überdenken) durchgeführter Projekte helfen, in zukünftigen Projekten Fehlerquellen auszuschließen, Fehlentwicklungen frühzeitig zu erkennen und durch geeignete Maßnahmen gegenzulenken.

Begriff	Darstellung	Erklärung

Regelkreis

Projektziele

Maßnahmen zur Beseitigung der Abweichung

Überprüfbare Zielerreichungskriterien für Kosten, Termine und Qualität.

Analysieren der Ursachen von Abweichungen

Soll-Ist-Vergleich

Vorgaben für Arbeitspakete und Teilziele

Messen und Überprüfen der Zielerreichung

Projektabwicklung

→ Projektabwicklung → Projekt-Führungskreis → Eskalation

Voraussetzung für ein wirksames Projektcontrolling sind überprüfbare und messbare Teilziele und Ziele. Die Projektleitung muss dafür geeignete Kriterien definieren und dem Projektteam vermitteln.

Im Berichtswesen des Projektes werden Inhalte, Häufigkeiten und Informationswege der Zielvorgaben und Zielrückmeldungen festgelegt.

Der ständige Soll-Ist-Vergleich dient als Frühwarnsystem. Bei Abweichungen werden stufenweise vorausgeplante Maßnahmen eingeleitet, die im Eskalationsplan festgelegt sind.

Projektkosten

Projektebene	Kostenträger: WSS Kostenstelle: 22101	Projekt WSS 22 16 T€			
Teilprojektebene		Teilprojekt 22.1 10 T€		Teilprojekt 22.2 6 T€	
Arbeitspaketebene	AP 22.1.1 4 500€	AP 22.1.2 1 500€	AP 22.1.3 4 500€	AP 22.2.1 2 000€	AP 22.2.2 4 000€
Materialkosten	500€	200€	2 000€	300€	2 800€
Personalkosten	3 000€	1 000€	2 000€	300€	600€
Sonderkosten	1 000€				
Sonstige Kost.		300€		1 400€	600€

Die Projektkosten werden für Arbeitspakete ermittelt und für die Teilprojekte und das Gesamtprojekt addiert. Meist wird dem Projektleiter dafür ein Projektbudget selbstverantwortlich zugeteilt.

Für die Kostenzurechnung bekommt jedes Projekt eine Kostenstellennummer. Für genauere Vorkalkulation und Nachkalkulationen ist eine differenzierte Aufteilung der Kosten nach Kostenarten sinnvoll.

A

Projektfortschrittsbericht

Projekt:/Teilprojekt/AP	22.1.1	Datum:	19.04.20xx
Verantwortlicher	Schremp	KW	16
Kurzbeschreibung Ziel:	Softwaremodul B		
Projektfortschritt			

	Planung	Rückmeldung			
	Soll	schlechter als Plan	im Plan	besser als Plan	Begründung
Termine	Ende KW 16	Ende KW 17			MA Klein krank
Kosten	3 000€	4 000€			
Qualität			X		
Gesamtkosten	10 000€				
Störungen, Probleme, Risiken	MA Klein für 14 Tage krank gemeldet				
Notwendige Entscheidungen	Neue Software xy netto 860€		Termin: 20.04.20xx		
Besonderheiten:	keine				
Unterschrift	Kärte				

Ein geplantes und organisiertes Berichtswesen ist Voraussetzung für gutes Projektcontrolling. Für die ständige Aktualisierung der Projektdaten sind Arbeitspaketverantwortliche, Teilprojektleiter und Projektleiter verantwortlich.

Die Projektfortschrittsberichte werden z. B. mit MTA (von Meilensteintrendanalyse) oder KTA (von Kostentrendanalyse) dargestellt und ausgewertet und sollen als Frühwarnsystem rechtzeitig Fehlentwicklungen erkennen (siehe folgende Seite).

Für das Berichtswesen sollte z. B. festgelegt werden
- wer den Bericht schreibt,
- wer den Bericht prüft,
- wer den Bericht bekommt,
- wo der Bericht abgelegt wird,
- welche Inhalte er hat (z. B. Fortschrittsbericht, Abnahmebericht, Problembericht, Änderungswünsche und Aktennotizen) und
- wie oft und wann er erstellt wird.

A

Begriff	Darstellung	Erklärung
Meilensteintrendanalyse MTA	In der MTA (von Meilensteintrendanalyse) wird die Abweichung der prognostizierten (vorausgesagten) Fertigstellungstermine von Meilensteinen veranschaulicht. Zur schnellen Übersicht zeigen Projektampeln, welche Teilprojekte ● aktuell gut im Plan liegen → grüne Ampel, ● gefährdet sind → gelbe Ampel und ● bereits stark abweichen → rote Ampel.	Aus dem dauernden Vergleich der geplanten mit aktuell prognostizierten Fertigstellungsterminen leitet die MTA notwendige Eingriffe in den Projektablauf und die Projektorganisation ab.

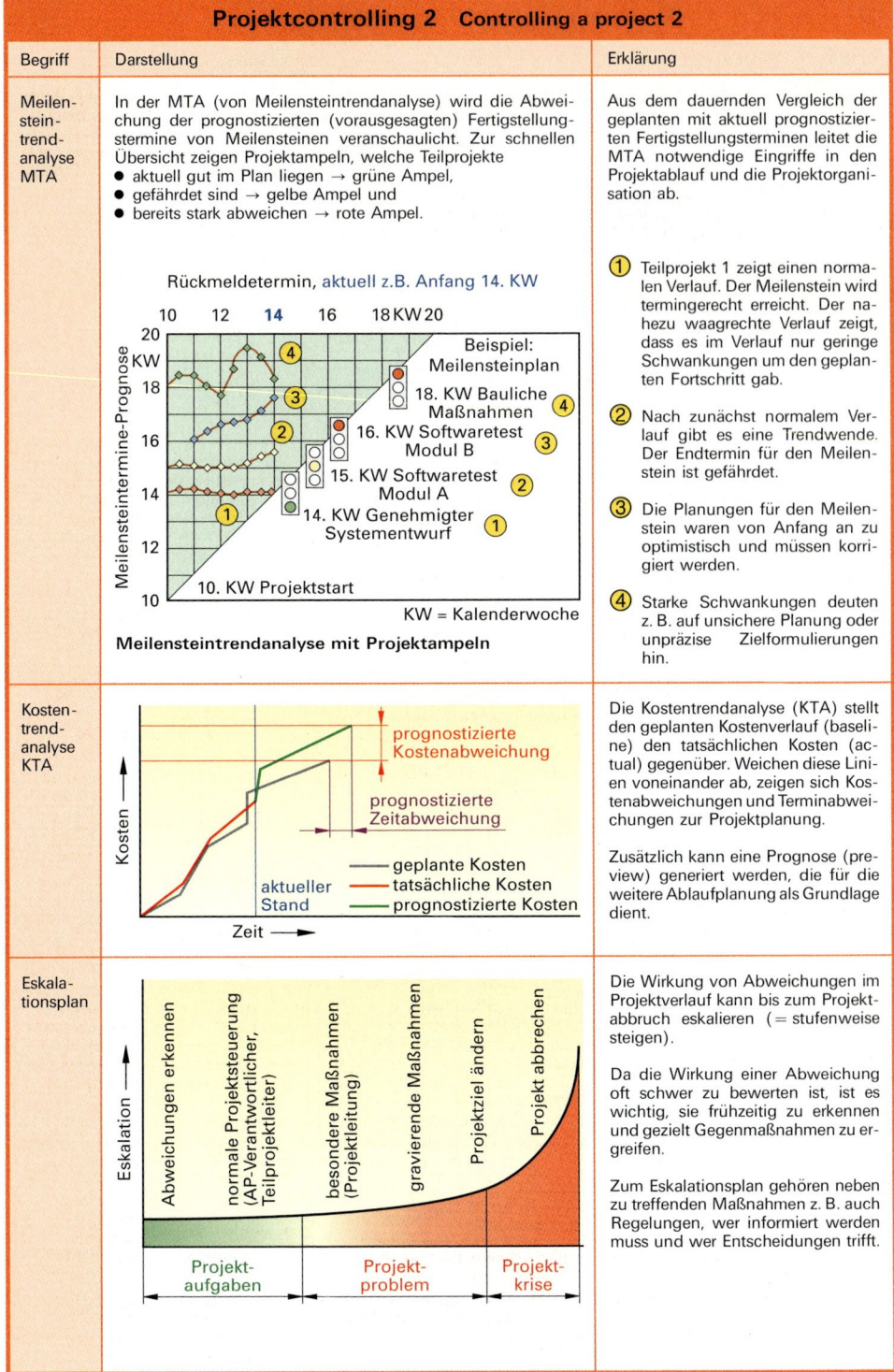

Rückmeldetermin, aktuell z.B. Anfang 14. KW

Meilensteintrendanalyse mit Projektampeln

Beispiel: Meilensteinplan
- 18. KW Bauliche Maßnahmen
- 16. KW Softwaretest Modul B
- 15. KW Softwaretest Modul A
- 14. KW Genehmigter Systementwurf
- 10. KW Projektstart

KW = Kalenderwoche

① Teilprojekt 1 zeigt einen normalen Verlauf. Der Meilenstein wird termingerecht erreicht. Der nahezu waagerechte Verlauf zeigt, dass es im Verlauf nur geringe Schwankungen um den geplanten Fortschritt gab.

② Nach zunächst normalem Verlauf gibt es eine Trendwende. Der Endtermin für den Meilenstein ist gefährdet.

③ Die Planungen für den Meilenstein waren von Anfang an zu optimistisch und müssen korrigiert werden.

④ Starke Schwankungen deuten z. B. auf unsichere Planung oder unpräzise Zielformulierungen hin.

Begriff	Darstellung	Erklärung
Kostentrendanalyse KTA	prognostizierte Kostenabweichung prognostizierte Zeitabweichung aktueller Stand geplante Kosten tatsächliche Kosten prognostizierte Kosten Kosten — Zeit	Die Kostentrendanalyse (KTA) stellt den geplanten Kostenverlauf (baseline) den tatsächlichen Kosten (actual) gegenüber. Weichen diese Linien voneinander ab, zeigen sich Kostenabweichungen und Terminabweichungen zur Projektplanung. Zusätzlich kann eine Prognose (preview) generiert werden, die für die weitere Ablaufplanung als Grundlage dient.
Eskalationsplan	Eskalation Abweichungen erkennen normale Projektsteuerung (AP-Verantwortlicher, Teilprojektleiter) besondere Maßnahmen (Projektleitung) gravierende Maßnahmen Projektziel ändern Projekt abbrechen Projektaufgaben — Projektproblem — Projektkrise	Die Wirkung von Abweichungen im Projektverlauf kann bis zum Projektabbruch eskalieren (= stufenweise steigen). Da die Wirkung einer Abweichung oft schwer zu bewerten ist, ist es wichtig, sie frühzeitig zu erkennen und gezielt Gegenmaßnahmen zu ergreifen. Zum Eskalationsplan gehören neben zu treffenden Maßnahmen z. B. auch Regelungen, wer informiert werden muss und wer Entscheidungen trifft.

Projektmanagement Project managament

Key words	Explanation	English	German
Project	A project is a temporary effort to create a unique product or service. Projects usually include constraints and risks regarding cost and schedule or performance outcome.	effort constraint performance temporary	Anstrengung Begrenzung Leistung zeitweilig
Project management	Project management is a set of principles, practices, and techniques applied to lead project teams and control project schedule, cost, and performance risks to result in satisfied customers.	schedule set to apply to lead	Plan Satz, Reihe anwenden führen

Project Management Principles

Rule 1	**Figure out what business you are in.** Make sure your business is viable. Select projects that are good for your business. Understand the business value in your project and watch for changes. Be diligent in your chosen business, learning and applying best practices. Define what is inside and outside your area of responsibility.	change diligent responsibility to figure out to select value viable	Veränderung tüchtig Verantwortung herausfinden auswählen Wert rentabel
Rule 2	**Understand and document the customer's requirements** and obtain customer agreement in writing. Requirements management is the leading success factor for systems development projects.	agreement customer requirement to obtain	Zustimmung Kunde Bedürfnis erhalten
Rule 3	**Prepare a plan** that defines the scope, schedule, cost, and approach for a reasonable project. Involve task owners in developing plans and estimates, to ensure feasibility. If your plan is just barely possible at the beginning, you do not have a reasonable plan.	approach estimate feasibility scope	Ansatz Schätzung Durchführbarkeit Umfang
Rule 4	**Build a good team with clear ownership.** Get good people and trust them. Establish clear ownership of well-defined tasks; ensure they have the tools and training needed; and provide timely feedback.	ownership to ensure to establish to trust	Zuordnung sicherstellen erstellen vertrauen
Rule 5	**Track project status and give it wide visibility.** Track progress and conduct frequent reviews. Provide wide visibility and communications of team progress, assumptions, and issues. Conduct methodical reviews of management topics to help manage customer expectations, improve quality, and identify problems before they get out of hand.	assumption expectation progress review to conduct to track visibility	Annahme Erwartung Fortschritt Überprüfung durchführen verfolgen Sichtbarkeit
Rule 6	**Establish baselines** for the product using configuration management and for the project using cost and schedule tracking.	baseline to establish to track	Grundlinie erstellen verfolgen
Rule 7	**Document requirements, plans, procedures, and evolving designs**. Documenting thoughts allows them to evolve and improve. Without documentation it is impossible to have baseline controls, reliable communications, or a repeatable process.	reliable repeatable thoughts to evolve to improve	verlässlich wiederholbar Gedanken sich entwickeln verbessern
Rule 8	**Develop test cases** early to help with understanding and verification of the requirements. Use early testing to verify critical items and reduce technical risks. Testing is a profession; take it seriously.	items seriously test case verification	Punkte Ernst Testfall Prüfung
Rule 9	**Ensure Customer Satisfaction.** Keep the customer's real needs and requirements continuously in view. Undetected changes in customer requirements are sure paths to project failure.	continuously failure undetected	ständig Versagen unentdeckt
Rule 10	**Take initiative** and be active in applying these principles and identifying and solving problems as they arise. Periodically address project risks and confront them openly.	periodically to address to arise to solve	regelmäßig ansprechen entstehen lösen

A

Objektorientierter Softwareentwicklungsprozess
Object Oriented Softwaredevelopment process

Begriff	Erklärung	Beispiel
Phasen	Der Entwicklungsprozess verläuft in Phasen. Jede Phase wird mit einem gewissen Dokumentationsstand abgeschlossen.	Je nach dem gewählten Vorgehensmodell sind dies die Phasen Anforderungsbeschreibung, Analyse, Entwurf, Implementierung, Test, Einsatz und Demissionierung.
Anforderungsbeschreibung	Die Anforderungsbeschreibung hat das Ziel, die Kundenwünsche zu verstehen. In ersten Diagrammen, z. B. Anwendungsfalldiagramm, Anwendungsfallbeschreibung, Aktivitätsdiagramm und Klassendiagramm, wird das Problem modelliert. Diese Modelle werden mit dem Kunden diskutiert und verfeinert.	Bei einer Verwaltungssoftware eines Betriebes mit mehreren Standorten lautet z. B. ein Anwendungsfall „Umsatz bestimmen". Dieser Anwendungsfall wird in einer Anwendungsfallbeschreibung ausformuliert. Aus der Beschreibung werden Klassen und ihre Beziehungen für das Klassendiagramm abgeleitet.
Analyse (OOA) (Object Oriented Analysis)	Die in der Anforderungsbeschreibung gefundenen Klassen mit Informationsfunktion werden um Klassen mit Schnittstellenfunktion und Kontrollfunktion erweitert. Die dynamischen Abläufe der Anwendungsfälle werden auf dieser Grundlage erneut in Sequenzdiagrammen modelliert. Bis hier hin ist die Modellierung möglichst unabhängig von einer konkreten Programmiersprache durchzuführen.	In der Regel wird für jeden Anwendungsfall eine Kontrollklasse angelegt. Wird der Anwendungsfall ausgelöst, so wird ein Objekt dieser Klasse erzeugt, das den Ablauf sicherstellt. Die Kommunikation mit den Akteuren, z. B. über die grafische Oberfläche, erfolgt über Schnittstellenobjekte, die vom Kontrollobjekt erzeugt werden.
Entwurf (OOD) (Object Oriented Design)	In der Entwurfsphase wird eine geeignete Programmiersprache und Entwicklungsumgebung ausgewählt. Modellelemente, die in der gewünschten Programmiersprache nicht implementiert werden können, werden angepasst. Es wird entschieden, wie die Assoziationen umgesetzt werden.	Hier entscheidet sich das Entwicklerteam z. B. für die Programmiersprache Java in Verbindung mit der Entwicklungsumgebung Eclipse. Eine Mehrfachvererbung wird durch die Implementierung eines Interfaces umgangen. Die 1:* Assoziationen werden über die Containerklasse ArrayList umgesetzt.
Implementierung (Implementation)	In der Implementierungsphase werden die Modelle in Quelltext übertragen. Dabei werden zuerst die statischen Modelle, z. B. Klassendiagramme, und dann die dynamischen Modelle, z. B. Sequenzdiagramme, implementiert.	Die Quelltextrümpfe werden durch die Entwicklungsumgebung aus den Modellen erstellt. Der Ablauf wird in den Methoden von Hand in Anlehnung an die Anwendungsfallbeschreibungen programmiert.
Test (Test)	Die einzelnen Komponenten des Projekts werden zusammengefügt und gegen die Anforderungsbeschreibung geprüft.	Für den oben erwähnten Anwendungsfall wird geprüft, ob der Gesamtumsatz richtig berechnet wird.
Einsatz (Deployment)	Die Software befindet sich beim Kunden im Einsatz. Die jeweiligen Updates werden in den Dokumentationsständen geeignet nachgezogen.	Der Kunde meldet z. B. Probleme und zusätzliche Anforderungen, die durch Updates behoben bzw. realisiert werden.
Demissionierung	Der Lebenszyklus eines Softwareproduktes endet mit der Abmeldung der Unterstützung zu diesem Produkt.	Der Kunde erfährt rechtzeitig über die weitere Verfügbarkeit und Wartung und kann so entsprechend seinen Bedürfnissen planen.

A

Schichttrennung   Separation of layers

Begriff	Erklärung	Beispiel
Schicht (Layer)	Eine Software wird in Schichten aufgeteilt, vergleichbar mit dem OSI-Schichtmodell. Eine untere Schicht bietet einer höheren Schicht Dienste an. Eine untere Schicht hat keine Kenntnis einer oberen Schicht. Änderungen sind in der Regel auf einzelne Schichten begrenzt.	Typische Client-Server Anwendungen bestehen aus einer grafischen Benutzeroberfläche (GUI), die auf Client-Rechnern betrieben wird. Die eigentliche Programmlogik liegt zentral auf einem Server, der auf eine Datenbank zugreift.
GUI-Schicht (Graphical User Interface Layer)	Diese Schicht erlaubt es den Nutzern, über eine grafische Benutzeroberfläche mit dem System in Kontakt zu treten. Sie verarbeitet alle Ereignisse und löst die zugehörigen Anwendungsfälle in der Fachkonzeptschicht aus. Diese Schicht enthält jedoch keine Methoden für z. B. einen Datenbankzugriff.	Bei einem konkreten Projekt kann es sich um Eingabefelder (Text fields) und Schaltflächen (Buttons) handeln, in denen der Benutzer Eingaben vornimmt. Mit dem Ereignis „Knopfdruck" wird z. B. ein zugehöriger Anwendungsfall gestartet. Der Client kann in Java mit RMI über ein Netzwerk mit dem Server kommunizieren **(Bild)**.
Fachkonzeptschicht	Die Fachkonzeptschicht enthält die eigentliche Programmlogik, die sie der GUI-Schicht anbietet. Das Fachkonzept hat keine Kenntnis von der Art der Oberfläche. So kann die Oberfläche verändert werden, ohne dass im Fachkonzept oder in der Datenbanksystemschicht Änderungen vorgenommen werden müssen.	Das Fachkonzept ermittelt z. B. Kundendaten und greift dabei auf die Datenbank zu. Wird das Datenbanksystem gewechselt, so müssen nur im Fachkonzept, nicht aber in der GUI-Schicht Änderungen vorgenommen werden. In Java lassen sich Datenbanken über die JDBC-ODBC Schnittstelle anbinden.
Datenbanksystemschicht	Die Datenbanksystemschicht stellt der Fachkonzeptschicht Dienste zum Schreiben und Lesen von Daten zur Verfügung.	In der Datenbank werden z. B. über SQL-Statements Kundendaten dauerhaft abgelegt.

A

Typische Client-Server-Anwendung

DBS (Datenbanksystem)   Server   Client-Computer   Client-Computer

LAN / WAN

GUI

unter Java z.B. über RMI

Fachkonzept

unter Java z.B. über JDBC-ODBC

Datenbanksystem

RMI (remote method invocation) Methoden eines entfernten Objektes über das Netzwerk aufrufen.

JDBC-ODBC (Java database connectivity-open database Connectivity) Zugriff auf Datenbanken, die in der ODBC-Schnittstelle des Betriebssystems angemeldet sind.

Verteiltes 3-Schicht-Design

Kontrollstrukturen   Control structures

Art	Programmablaufplan PAP	Struktogramm STG	Erklärung, Beispiel in C, C++
Verarbeitung, allgemein	Anweisung		● Verarbeitung allgemein, ● Aufgabenbeschreibung, ● Namen von Unterprogrammen, ● Anweisung, Blockname.

Sequenz	Anweisung 1 / Anweisung 2 / Anweisung 3	Anweisung 1 / Anweisung 2 / Anweisung 3	{
			 Anweisung1;
			 Anweisung2;
			 Anweisung3;
			 }
			
			 Eine Sequenz wird auch als Block oder Strukturblock bezeichnet.

Fallabfrage	Bedingung — Nein / Ja / Anweisung 1 / Anweisung 2	Bedingung / Ja — Nein / Anwei-sung 1 — Anwei-sung 2	Zweiseitige Fallabfrage:
			 if (Bedingung)
			 Anweisung1
			 else
			 Anweisung2;
			
			 Einseitige Fallabfrage:
			 if (Bedingung)
			 Anweisung1;
			 Die Anweisung2 entfällt.

Mehrfach-fallabfrage	Ausdruck / Anwei-sung(en) 1 — Anwei-sung(en) 2 — Anwei-sung(en) 3	Ausdruck / Fall 1 — 2 — 3 / Anwei-sung(en) 1 — Anwei-sung(en) 2 — Anwei-sung(en) 3	switch (Ausdruck) { case '1': Anweisung1; break; case '2': Anweisung2; break; default : Anweisung3; { Nach break wird an das Blockende gesprungen. Treffen die Fälle 1 und 2 nicht zu, wird die Anweisung3 nach default ausgeführt. Ausdruck muss hier vom Datentyp char sein, da '1' als Zeichen gedeutet wird.

Wieder-holungsblock mit Anfangs-bedingung	Bedingung — Nein / Ja / Verarbeitung a	Wiederhole, solange Bedingung erfüllt ist / Anweisung 1 / Anweisung 2
		
		 Wiederhole / Anweisung 1 / Anweisung 2
			while (Bedingung)
			 {
			 Anweisung1;
			 Anweisung2;
			 }
			
			 Sonderfall for-Schleife:
			 Anzahl der Schleifendurchgänge z. B. i von 1 bis 10 liegt von Anfang an fest.
			 for (i=1; i<=10; i=i+1)
			 {
			 Anweisung1;
			 Anweisung2;
			 }

Wieder-holungsblock mit Ende-bedingung	Verarbeitung a / Bedingung — Ja / Nein	Anweisung 1 / Anweisung 2 / Wiederhole, bis Bedingung erfüllt ist	do { Anweisung1; Anweisung2; } while (Bedingung);

A

Symbole[1]	Erklärung	Beispiel

Klassendiagramm

Klasse
Attribute
Methoden

Eine **Klasse** besteht neben dem Klassennamen (fett gedruckt) aus Attributen und Methoden.

Buch
−ausgeliehen:boolean
+ausleihen():boolean

Assoziation zwischen Klasse A und Klasse B.

| Klasse A |——| Klasse B |

Kardinalität: Ein Objekt der Klasse A „kennt" beliebig viele Objekte der Klasse B.

*

| Klasse A |——*| Klasse B |

Aggregation zwischen einem Ganzen und einem Teil.

| Teil |——◇| Ganzes |

Komposition zwischen einem Ganzen und einem Teil.

| Teil |——◆| Ganzes |

Vererbung von einer Superklasse auf eine Subklasse.

| Sub |——▷| Super |

Objektdiagramm

Objekt
Attribut

Ein **Objekt** besitzt Attribute. Der Objektname wird unterstrichen.

b1
ausgeliehen = wahr

Verbindungslinie zwischen Objekten, die eine Beziehung haben.

Anwendungsfalldiagramm

☥ **Akteur** im Anwendungsfalldiagramm (Use Case Diagram).

(Use Case) **Anwendungsfall** (Use Case) im Anwendungsfalldiagramm.

Verbindung zwischen Akteur und zugehörigem Anwendungsfall.

— — — → **Include-** oder **Extend**-Beziehung zwischen Anwendungsfällen.

Umrandung Anwendungsfalldiagramm, beinhaltet zu entwickelnde Softwareanteile.

Anwendungsfalldiagramm

A

Sequenzdiagramm

☥ **Akteur** im Sequenzdiagramm.

| Objekt | **Objekt mit Lebenslinie** im Sequenzdiagramm. Diesem Objekt können „Nachrichten geschickt" (Methodenaufruf) werden.

——→ **Methodenaufruf.** Der Pfeil ist auf das angesprochene Objekt gerichtet. Der Methodenname wird an die Linie geschrieben.

— — — → **Antwort nach Methodenaufruf.** Der Pfeil ist auf das aufrufende Objekt gerichtet. Ein Rückgabewert kann an die Linie geschrieben werden.

Selbstmethodenaufruf. Ein Objekt schickt sich selbst eine Nachricht.

{ … } **Statement.** Ergänzung des Sequenzdiagramms durch Bemerkungen, z. B. Quelltextauszüge.

| b1 |

ausleihen()

Sequenzdiagramm

| Objekt |

abgleichen()

Sequenzdiagramm

UML	Unified Modeling Language	Assoziation	Beziehung zwischen zwei Klassen
OMG	Object Management Group, www.omg.org	Kardinalität	Vielfachheit der Assoziation
Klasse	Bauplan für die Objekterzeugung	Assoziationsname	Bezeichnung der Assoziation
Objekt	Instanz einer Klasse	Notation	Definierte Schreibweise, z. B. UML-Notation
Attribut	Eigenschaft eines Objekts/einer Klasse		
Methode	Verhalten eines Objekts/einer Klasse		

[1] OMG Version UML 2.0

Situation	UML-Diagramm	Notation
Die Klasse Kunde Objekte mit gleichen Eigenschaften (Attributen) und gleichem Verhalten (Methoden) werden in Klassen zusammengefasst.	**Kunde**	Eine Klasse wird durch einen fett gedruckten Klassennamen, der von einem Rechteck umrandet wird, dargestellt.
Attribute und Methoden der Klasse Kunde Ein Kunde ist gekennzeichnet z. B. durch seinen Vornamen und Nachnamen. Ein für alle Kunden geltender Rabatt kann festgelegt werden. Der Vorname lässt sich setzen und auslesen.	Klasse — Klassenname **Kunde** — Objektattribute Vorname: String Nachname: String Rabatt: Integer — Klassenattribut setVorname(s:String) — Objektmethode getVorname():String setRabatt(i:Integer) — Klassenmethode Argument mit Typangabe	Attribute werden in einem zweiten Rechteck unterhalb des Klassennamens aufgelistet. Wenn bereits bekannt, kann der Datentyp des Attributs angegeben werden. Unterhalb der Attribute werden die Methoden mit dem Typ der Argumente und des Rückgabewertes angegeben.
Objekte der Klasse Kunde Hans Schmidt, Anne Nord und Jens Werner sind Kunden. Ein Objekt nimmt in der Regel individuelle Werte für seine Attribute an. Hier wird jede Person aus der realen Welt durch genau ein Objekt der Modellwelt repräsentiert. Die Person Hans Schmidt wird z. B. in der Modellwelt durch das Objekt k1 dargestellt.	k1 — Objektname Vorname = "Hans" Nachname = "Schmidt" — Objektattribute Objekt :Kunde Vorname = "Anne" Nachname = "Nord" k7:Kunde Vorname = "Jens" Nachname = "Werner"	Ein Objekt wird durch seinen Objektnamen, z. B. k1, den Namen der zugehörigen Klasse, z. B. :Kunde, mit vorangestelltem Doppelpunkt oder beidem zusammen in einem Rechteck dargestellt. In jedem Fall ist diese Bezeichnung unterstrichen. In einem weiteren Rechteck werden die Attribute mit Werten angegeben, soweit sie bekannt sind. Im Quelltext ist ein Objekt unter seinem Objektnamen ansprechbar.
Assoziation Ein Kunde vergibt mehrere Aufträge. Ein Auftrag ist genau einem Kunden zugeordnet. Eine Assoziation drückt eine Beziehung zwischen zwei Klassen aus. Hier wird die Beziehung von Kunden und Aufträgen modelliert. Eine Assoziationsbeziehung muss immer auf Objektebene gelesen werden. Ein Objekt der Klasse Kunde vergibt beliebig viele Aufträge (Kardinalität * bei Klasse Auftrag). Ein Objekt der Klasse Auftrag gehört zu genau einem Kunden (Kardinalität 1 bei Klasse Kunde).	**Klassendiagramm** Ein Kunde vergibt mehrere Aufträge. Kunde — vergibt ▶ — Auftrag * Ein Auftrag gehört zu genau einem Kunden. Kunde ◀— Auftrag 1 Die beiden Teildiagramme lassen sich in einem Diagramm zusammenfassen. Assoziation Assoziationsname Leserichtung  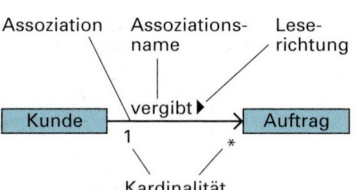 Kunde — vergibt ▶ — Auftrag 1 * Kardinalität	Die Assoziation zwischen zwei Klassen wird durch eine Verbindungslinie zwischen den beiden Klassen ausgedrückt. Der Assoziationsname, hier „vergibt", wird mittig an die Linie der Assoziation geschrieben. Ein Dreieck kennzeichnet die Leserichtung für den Assoziationsnamen. Die Pfeilrichtung der Assoziation gibt an, in welcher Richtung die Assoziation navigierbar ist. Im ersten Fall „kennt" ein Kunde die Aufträge, die er vergibt. Der Auftrag „kennt" jedoch die Kunden nicht, zu denen er gehört. Die Kardinalität gibt an, wie viele Objekte der einen Klasse in Beziehung mit einem Objekt der anderen Klasse stehen.

A

Situation	UML Diagramm	Notation
Assoziation – Objekt-diagramm Hans Schmidt vergibt die Auf-träge „Altstadt Projekt" und „Stadtpark" mit Fälligkeit zum 15.03.20xx bzw. 10.02.20xx. Anne Nord vergibt den Auftrag „Feuerwache" mit Fertigstellung bis zum 20.12.20xx. Der Auftrag „Renovierung OvM" ist bis zum 14.05.20xx fertig-zustellen und wird von Jens Werner vergeben. Hieraus ergeben sich drei Objekte der Klasse Kunde und vier Objekte der Klasse Auftrag. Die im Text getroffene Zuordnung zwischen Kunde und Auftrag entspricht der Assoziation zwischen der Klasse Kunde und der Klasse Auftrag des Klassendiagramms. Diese Beziehungen werden im Objektdiagramm konkret für die einzelnen Objekte eingetragen.	**Objektdiagramm** 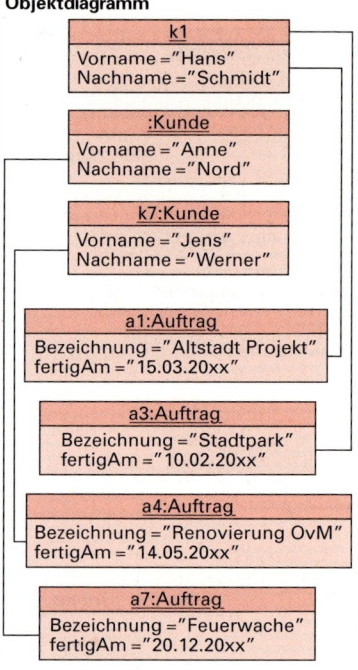	Im Objektdiagramm werden die Assoziationen zwischen Objekten durch Verbindungslinien dargestellt, die in der Regel nicht näher beschrieben werden (z. B. keine Assoziationsnamen und keine Angabe von Kardinalitäten). Das Objektdiagramm kann nur Verbindungen aufweisen, die vom Klassendiagramm ausdrücklich erlaubt sind. Hier kann z. B. kein Auftrag zu zwei Kunden gehören, da laut Klassendiagramm ein Auftrag genau einem Kunden zugeordnet ist. Laut Klassendiagramm ist es erlaubt, dass ein Kunde, hier Hans Schmidt, mehrere Aufträge vergibt. Das Objektdiagramm ist eine Momentaufnahme, die Attribute der Objekte und Beziehung zwischen den Objekten (Assoziationen) enthält. In der Regel ändert sich das Objektdiagramm im Laufe der Programmausführung.
Assoziation – Kardinalität Assoziationen sind im Klassendiagramm auf Objektebene zu lesen. Dabei wird auf der Startseite immer von genau einem Objekt ausgegangen. Die Kardinalität auf der gegenüberliegenden Seite legt fest, zu wie vielen Objekten der anderen Klasse eine Beziehung bestehen kann.	**Klassendiagramm** Klasse1 ——— 1 ——— Klasse2 Klasse1 ——— 0,1 ——— Klasse2 Klasse1 ——— 0,4,7…9 ——— Klasse2 Klasse1 ——— * ——— Klasse2	Eine Assoziation zwischen zwei Klassen wird durch die Angabe einer Kardinalität näher beschrieben. Zu einem Objekt von Klasse1 gehört genau ein (1) Objekt von Klasse2. Zu einem Objekt von Klasse1 gehört kein (0) oder ein (1) Objekt von Klasse2. Zu einem Objekt von Klasse1 gehört kein, 4 oder 7 bis 9 Objekte von Klasse2. Zu einem Objekt von Klasse1 gehören beliebig viele (auch kein) Objekte von Klasse2.
Gerichtete Assoziation Ein Kundenobjekt „kennt" die ihm zugehörigen Aufträge. Ein Objekt der Klasse Auftrag „weiß" jedoch nicht, von welchem Kundenobjekt es vergeben wurde.	**Klassendiagramm** Kunde ——vergibt ▶——→ Auftrag *	Eine gerichtete Assoziation wird durch eine Verbindungslinie mit Pfeilspitze verdeutlicht.

A

Situation	UML-Diagramm	Notation
Assoziation – Rollennamen Ein Konto hat genau einen Kontobesitzer und kann mehrere Kontoberechtigte haben. Kontobesitzer und Kontoberechtigte sind Kunden. Ein Kunde tritt einem Konto gegenüber in mehreren Rollen auf, z. B. als Kontoinhaber und Kontoberechtigter. Zu jeder Rolle gibt es eine Assoziation zwischen Kunde und Konto.	**Klassendiagramm** 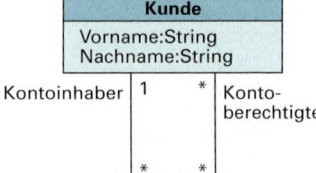	Der Rollenname beschreibt, in welcher Rolle ein Objekt einer Klasse eine Assoziation zu Objekten einer anderen Klasse besitzt. Der Rollenname wird an die Assoziationslinie geschrieben. Er steht nahe bei der Klasse, deren Rolle er beschreibt. Bestehen zwischen zwei Klassen mehr als eine Assoziation, so ist die Angabe von Rollen- bzw. Assoziationsnamen notwendig, wenn z. B. ein Konto sowohl von Kunden als Kontoinhaber als auch weitere Kunden als Kontoberechtigte hat.
Reflexive Assoziation Ein Ordner kann mehrere Unterordner aufnehmen. Ein Ordner hat genau einen Oberordner. Hierbei handelt es sich um eine Beziehung von Objekten einer Klasse untereinander, hier Ordnerobjekte mit Ordnerobjekten.	**Klassendiagramm** 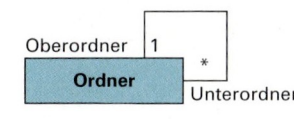 **Objektdiagramm** 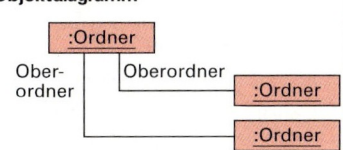	Bei einer reflexiven Assoziation wird eine Klasse mit sich selbst über eine Linie in Beziehung gesetzt (**Bild**). Der Rollenname beschreibt, in welcher Rolle ein Objekt dieser Klasse eine Beziehung zu einem anderen Objekt dieser Klasse besitzt. Bei einer reflexiven Assoziation ist die Angabe von Rollennamen notwendig.
Oder-Zusicherung Ein Mitarbeiter kann entweder der Entwicklungsabteilung oder dem Vertrieb zugeordnet werden. Aus der Oder-Zusicherung {oder} folgt, dass ein Mitarbeiter entweder einer Entwicklungsabteilung oder einer Vertriebsabteilung zugeordnet ist. Es kann keinen Mitarbeiter geben, der einer Vertriebs- und einer Entwicklungsabteilung zugeordnet ist. Das verbietet die Oder-Zusicherung. Die Kardinalität 1 z. B. bei der Klasse Vertrieb verhindert weiter, dass ein Mitarbeiter in mehreren Vertriebsabteilungen beschäftigt ist. Dies würde nicht durch die Oder-Zusicherung verhindert. Im Objektdiagramm sind 7 Mitarbeiter dargestellt, die in 3 Abteilungen arbeiten.	**Klassendiagramm** 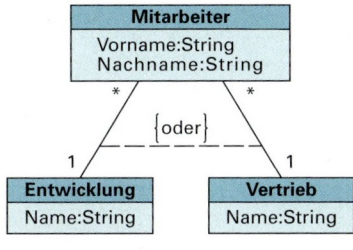 **Objektdiagramm** 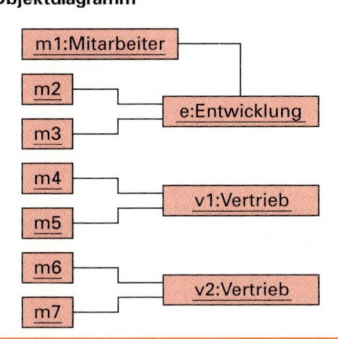	Die beiden betreffenden Assoziationen werden mit einer gestrichelten Linie verbunden. Die Linie wird durch die Bezeichnung {oder} als Oder-Zusicherung gekennzeichnet. Im Objektdiagramm kann nur eine der beiden Assoziationen konkret vorliegen. Im Objektdiagramm erfolgt keine gesonderte Markierung. Es ist lediglich darauf zu achten, dass die Beziehungen der Objekte untereinander der Oder-Zusicherung gerecht werden. Hier bedeutet das, dass jedes Objekt der Klasse Mitarbeiter entweder über eine Beziehung zu einem Objekt der Klasse Vertrieb oder über eine Beziehung zu einem Objekt der Klasse Entwicklung verfügt.

A

Situation	UML-Diagramm	Notation

Untermengenzusicherung
Einem Kunden sind mehrere Servicemitarbeiter als Sachbearbeiter fest zugeordnet. Einer dieser Servicemitarbeiter ist der verantwortliche Servicemitarbeiter.

Das Objektdiagramm zeigt vier Servicemitarbeiter und zwei Kunden. Kunde k1 stehen die Servicemitarbeiter s1 und s2 als Sachbearbeiter zur Verfügung.
Servicemitarbeiter s1 ist für diesen Kunden der Verantwortliche. Der verantwortliche Servicemitarbeiter gehört auch zur Gruppe der Sachbearbeiter dieses Kunden. Dies verlangt die Untermengenzusicherung {Untermenge}.
Es kann keinen Servicemitarbeiter geben, der für einen Kunden zwar Verantwortlicher aber kein Sachbearbeiter ist.

Klassendiagramm

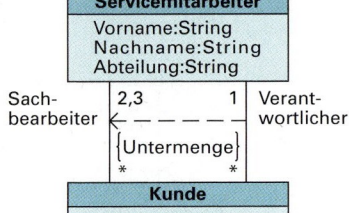

Objektdiagramm

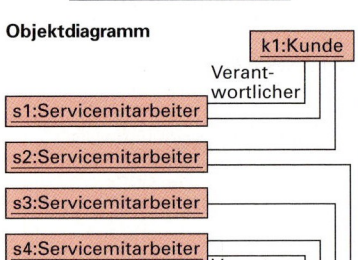

Die unterschiedlichen Arten von Servicemitarbeitern (Sachbearbeiter und verantwortlicher Servicemitarbeiter) sind über Rollennamen modelliert. Die gestrichelte Pfeillinie gibt an, dass ein verantwortlicher Servicemitarbeiter zur Gruppe der Sachbearbeiter gehört, die einen Kunden betreuen. Die Untermengenzusicherung zwischen den Assoziationen wird zusätzlich mit der Bezeichnung {Untermenge} gekennzeichnet.
Im Objektdiagramm gibt es Objekte der Klasse Servicemitarbeiter, die über zwei Assoziationen zu einem Kundenobjekt verfügen, z. B. Servicemitarbeiter s1. Er ist Sachbearbeiter und Verantwortlicher für den Kunden k1. Im Objektdiagramm wird hier nur die Rolle des Verantwortlichen zur besseren Lesbarkeit hervorgehoben. Damit ist klar, dass alle anderen Linien für Servicemitarbeiter in der Rolle Sachbearbeiter stehen.

Komposition – Spezialfall der Assoziation:
Ganzes-Teile-Beziehung
Lebensdauer: Die Lebensdauer des Teilobjekts (Objekt der Teilklasse) richtet sich nach der Lebensdauer des Aggregationsobjekts (Objekt der Aggregationsklasse). Wird das Aggregationsobjekt gelöscht, so wird auch das Teilobjekt gelöscht.
Eigentümerschaft: Ein Teilobjekt gehört zu genau einem Aggregationsobjekt.

Klassendiagramm

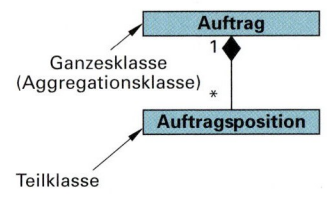

Eine Komposition wird durch eine ausgefüllte Raute an der Aggregationsklasse (Klasse, die das Ganze repräsentiert) dargestellt.
Ein Auftrag, z. B. „Stadtpark", setzt sich aus mehreren Auftragspositionen, z. B. „Rasen mähen, Laub kehren", zusammen. Eine Auftragsposition ist Teil von genau einem Auftrag. Wird der Auftrag gelöscht, so werden auch alle zugehörigen Auftragspositionen gelöscht.

Aggregation – Spezialfall der Assoziation:
Ganzes-Teile-Beziehung
Lebensdauer: Die Lebensdauer des Teilobjekts (Objekt der Teilklasse) ist in der Regel unabhängig von der Lebensdauer des Aggregationsobjekts (Objekt der Aggregationsklasse).
Eigentümerschaft: Ein Teilobjekt kann zu mehreren Aggregationsobjekten gehören.

Klassendiagramm

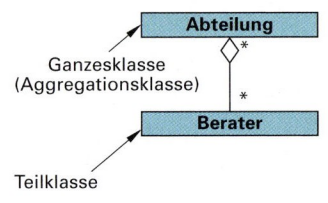

Eine Aggregation wird durch eine nicht ausgefüllte Raute an der Aggregationsklasse (Klasse, die das Ganze repräsentiert) dargestellt.

Ein Berater ist Teil einer Abteilung. Eine Abteilung beschäftigt mehrere Berater. Ein Berater kann in mehreren Abteilungen tätig sein. Die Lebensdauer eines Beraters ist unabhängig von der Lebensdauer der Abteilung.

A

Situation	UML-Diagramm	Notation
Implementierungsvererbung Unter den Mitarbeitern verfügen die Außendienstmitarbeiter zusätzlich über Mobiltelefone. Mitarbeiter werden mittels E-Mail über Neuigkeiten benachrichtigt. Hier handelt es sich um Implementierungsvererbung, da die Unterklasse AußendienstMA die Attribute E-Mail und Name sowie die Methode benachrichtigen( ) von der Oberklasse Mitarbeiter erbt.	**Klassendiagramm** Oberklasse (Superklasse) Unterklasse (Subklasse) 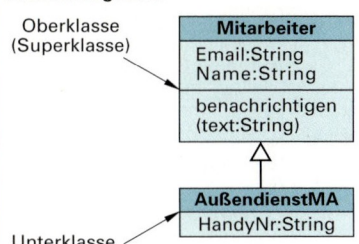	Vererbung wird durch ein nicht ausgefülltes Dreieck mit einer Linie zwischen Oberklasse (Superklasse) und Unterklasse (Subklasse) symbolisiert. Die Pfeilrichtung weist von der Unterklasse zur Oberklasse. Eine Vererbungsbeziehung kennzeichnet eine „ist wie"-Beziehung zwischen zwei Klassen. Ein Außendienstmitarbeiter „ist wie" ein Mitarbeiter.
Vererbung Ein Unternehmen ist an mehreren Standorten in unterschiedlichen Städten angesiedelt. Zu jedem Standort gehören mehrere Mitarbeiter. Die Mitarbeiter, die alle über ein E-Mail-Konto verfügen, werden regelmäßig via E-Mail über Neuigkeiten am Standort benachrichtigt. Die Standorte beschäftigen auch Außendienstmitarbeiter, die über Mobiltelefone verfügen. Ein Mitarbeiter im Außendienst erhält zusätzlich zur E-Mail eine SMS-Benachrichtigung. Hier reicht eine reine Implementierungsvererbung nicht aus. Die Methode benachrichtigen( ) muss bei Außendienstmitarbeitern zusätzlich den Versand einer SMS veranlassen. Daher wird die Methode benachrichtigen( ) in der Klasse Außendienstmitarbeiter überschrieben. So wird der Aspekt der Polymorphie (Vielgestaltigkeit) bei einer Vererbung eingesetzt. Polymorphie ist mit Blick auf Vererbung bei weitem von größerer Bedeutung als der Aspekt der Implementierungsvererbung.	**Klassendiagramm** 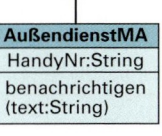 **Objektdiagramm** 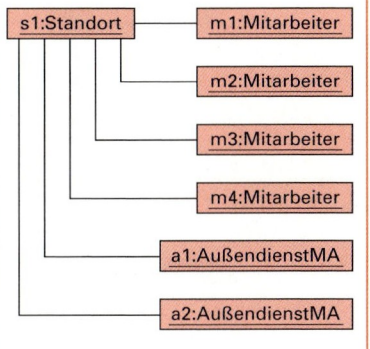	**Die Unterklasse erbt von der Oberklasse:** ● Alle Eigenschaften (Attribute) der Oberklasse, ● das Verhalten, d. h. alle Methoden, der Oberklasse, ● alle Beziehungen (Assoziationen) der Oberklasse. Ein Außendienstmitarbeiter verfügt somit über die Attribute E-Mail und Name von der Klasse Mitarbeiter. Die Methode benachrichtigen( ) wird in der Klasse Außendienstmitarbeiter überschrieben, um Außendienstmitarbeitern neben einer E-Mail auch mit einer SMS zu benachrichtigen. Werden von einem Standortobjekt aus alle Mitarbeiter (also auch Außendienstmitarbeiter) über ein Ereignis benachrichtigt, so wird automatisch sichergestellt, dass Außendienstmitarbeiter zusätzlich eine SMS auf ihrem Mobiltelefon erhalten. Zur Laufzeit des Programms wird die richtige Methode aufgerufen (late binding), je nachdem ob das Objekt zur Klasse Mitarbeiter oder Klasse Außendienstmitarbeiter gehört.

A

Situation	UML-Diagramm	Notation

Anwendungsfalldiagramm

Mithilfe einer Software kontrolliert ein Unternehmen die Fertigung verschiedener Erzeugnisse an seinen Standorten. Ein typischer Anwendungsfall ist die Berechnung des Umsatzes an allen Standorten, die von Mitarbeitern der Buchhaltung durchgeführt wird. Die Eröffnung neuer Standorte wird von Managern in der Software vorgenommen. Die Software bildet Anwendungsfälle ab. Die Entwicklung der Software orientiert sich daher an diesen Anwendungsfällen. Hierunter wird eine anwendungsfallgetriebene Softwareentwicklung verstanden.

Anwendungsfalldiagramm

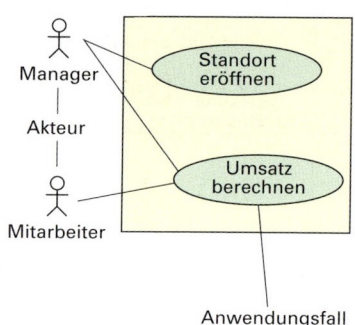

Im Anwendungsfalldiagramm werden die typischen Anwendungsfälle der zu erstellenden Software festgehalten. Durch Akteure wird dargestellt, wer Anwendungsfälle auslöst bzw. von ihnen angesprochen wird. Es kann auch nichtmenschliche Akteure, z. B. ein externes Buchhaltungssystem, geben. Aus den Schnittpunkten der Linien zwischen den Akteuren, dem Anwendungsfall und dem Rahmen des Diagramms ergeben sich die notwendigen Schnittstellen, z. B. ein GUI, über das die Software verfügen muss.
Das Diagramm zeigt z. B. vier zu berücksichtigende Schnittstellen.

Anwendungsfall

Löst der Mitarbeiter den Anwendungsfall „Umsatz berechnen" aus, so wird die Methode berechneUmsatzGesamt( ) für ein Objekt der Klasse Zentrale aufgerufen. In dieser Methode spricht das Objekt alle zugeordneten Objekte der Klasse Standort an. Jedes Standortobjekt ermittelt von seinem Erzeugnisobjekt die Anzahl und den Preis des jeweiligen Erzeugnisses. Danach liefert das Standortobjekt den Standortumsatz an das Objekt der Klasse Zentrale zurück. Dieser Vorgang wird für alle Standorte wiederholt.

Klassendiagramm

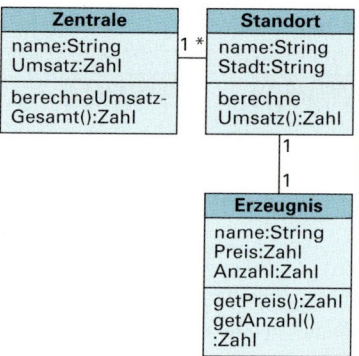

A

Aus Anwendungsfällen werden in der Regel Methoden, die den Ablauf der Software bestimmen. Sie legen die dynamische Struktur fest, die sich im Rahmen der statischen Struktur des Klassendiagramms bewegen kann. In der dynamischen Struktur wird z. B. die Kommunikation zwischen Objekten oder die Veränderung der Zuordnung der Objekte untereinander beschrieben. Die Anwendungsfälle werden in einer standardisierten Form in Anwendungsfallbeschreibungen formuliert.

Die Anwendungsfallbeschreibung beinhaltet:

- Beschreibung des Ablaufes,
- Vorbedingungen,
- Nachbedingungen,
- Standardablauf,
- Alternativer Ablauf,
- Verhalten im Fehlerfall.

Im Objektdiagramm ist eine konkrete Unternehmensstruktur angegeben. Der Zentrale sind zwei Standorte mit je einem Produkt zugeordnet. Nach Beendigung des Anwendungsfalls liegt im Objekt z1 der Klasse Zentrale der gesamte Umsatz mit 1 03.680 Euro vor. Der Anwendungsfall ist abgeschlossen.

Objektdiagramm

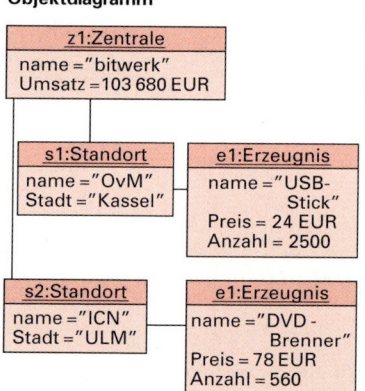

Das Objektdiagramm ist eine Momentaufnahme der Eigenschaften der Objekte, d. h. der Werte der Attribute, und der Beziehungen der Objekte untereinander. Der Anwendungsfall beschreibt, wie sich dieser Zustand mit der Zeit verändert.

Situation	UML-Diagramm	Notation
Sequenzdiagramm – Methodenaufruf Zur Berechnung des Umsatzes löst der Akteur den Anwendungsfall „Umsatz berechnen" aus. Hierzu wird die Methode berechneUmsatzGesamt( ) für das Objekt z1 aufgerufen.	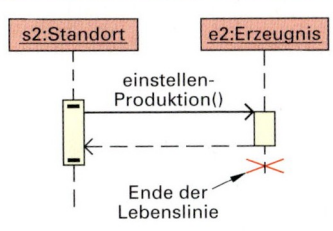	Ein Methodenaufruf wird durch eine waagerechte, gerichtete Linie auf das angesprochene Objekt hin dargestellt. An dieser Linie wird der Name der Methode notiert. Die zur Abarbeitung der Methode benötigte Zeit wird durch ein Rechteck symbolisiert. Die Zeit schreitet nach unten hin fort. Ist die Methode abgearbeitet, so geht die Bearbeitung des Programms in der aufrufenden Methode weiter. Rückgabewerte können an der gestrichelten Linie angegeben werden. Die Lebenslinie drückt aus, dass ein Objekt verfügbar ist.
Sequenzdiagramm – Erzeugung von Objekten Das Hinzufügen eines neuen Standortes beinhaltet die Erzeugung eines Objektes von der Klasse Standort.		Wird ein Objekt neu erzeugt, so ist der Methodenaufruf direkt auf das Objekt selbst gerichtet. Hierzu wird in der Regel eine Konstruktormethode aufgerufen.
Sequenzdiagramm – Löschen von Objekten Die Schließung eines Standortes beinhaltet die Einstellung der Produktion des zugehörigen Erzeugnisses.		Die Löschung eines Objektes wird durch den Abschluss der Lebenslinie mit einem Kreuz symbolisiert. Das Objekt kann zu späteren Zeitpunkten keine Methodenaufrufe mehr entgegennehmen.

Sequenzdiagramm für den Anwendungsfall „Gesamtumsatz berechnen"

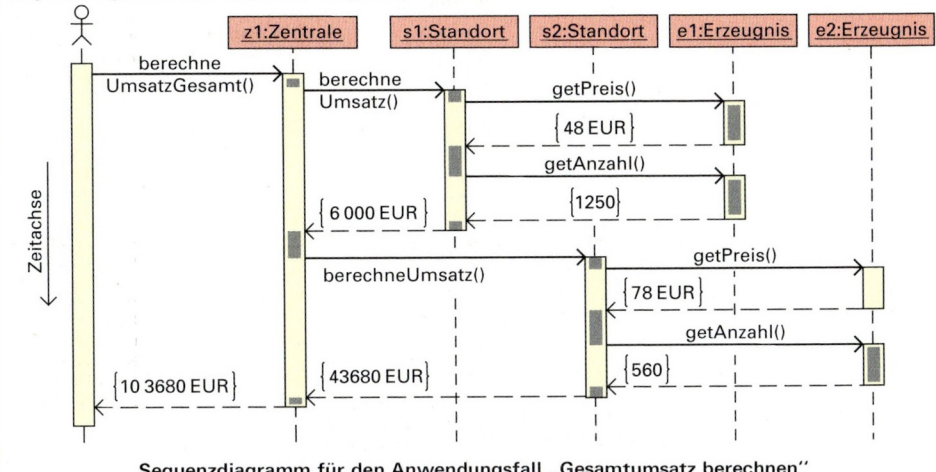

Sequenzdiagramm für den Anwendungsfall „Gesamtumsatz berechnen"

Situation	UML-Diagramm / Quelltext	Notation
Ausschnitt des Klassendiagramms der COM-Komponente FileSystemObject Im Dateisystem soll zum Laufwerk mit dem Laufwerksbuchstaben E: die aktuelle Laufwerksbezeichnung ausgegeben werden. Zur Ausgabe soll die statische Methode MsgBox des Windows Scripting Hostes verwendet werden.	**FileSystemObject** +drives:Drives 1 **Drives** +count:Long +item(key:Object):Drive * **Drives** +driveLetter:String +volumeName:String	Das Klassendiagramm zeigt die Klasse FileSystemObject als zentralen Zugang zum Filesystem eines lokalen Computers. Über das öffentliche Attribut drives ist ein Container mit allen Laufwerken (Drive-Objekte) des lokalen Rechners verfügbar. Die Methode item( ) erlaubt es, ein Laufwerk aus dem Container zu entnehmen. Als Argument ist der Laufwerksbuchstabe als Argument key anzugeben. Die Eigenschaften einzelner Laufwerke sind über die Attribute der Drive Objekte verfügbar.
Anfertigen eines VBScript-Skript VBScripte werden als Textdateien mit der Endung vbs gespeichert. Sie lassen sich durch einen Doppelklick auf Rechnern mit Microsoft Betriebssystem direkt ausführen. VBScripte erlauben den Einsatz von COM (Component Object Model) Komponenten. Mit COM Komponenten lassen sich Datenbankzugriffe, Betriebssystemadministration oder die Fernsteuerung von Anwendungsprogrammen realisieren. Im Beispiel wird das Dateisystem behandelt.	*'auslesenVolumeName.vbs* *'FileSystemObject erzeugen.* **Set lokalesFS = _ CreateObject("Scripting.FileSystem_ Object")** *'Zugriff auf das Attribut drives.* **Set meinContainer = lokalesFS.drives** *'Aufruf der Methode item( )* **Set meinLaufwerk = meinContainer.item("E")** *'Ausgabe des Volume Names in einer* *'MessageBox* **MsgBox meinLaufwerk.volumeName**	• Kommentare werden mit einem Hochkomma für eine Zeile gekennzeichnet. • Objekte von COM Komponenten lassen sich mit der Methode CreateObject( ) erzeugen. Als Argument muss das Paket und die Klasse angegeben werden. Die erste Zuweisung eines Objekts wird durch das Schlüsselwort Set gekennzeichnet. • Ausgabe von Text über die Methode MsgBox. ■ In einem VBScript werden bei Methoden ohne Rückgabewert, z. B. MsgBox( ), keine Klammern um die Argumente gesetzt.
Zugriff auf ein Attribut Ist ein Attribut öffentlich, so kann direkt über das zugehörige Objekt auf dieses Attribut zugegriffen werden. **objektName.attributName**	**Deklaration eines Attributs im Klassendiagramm** 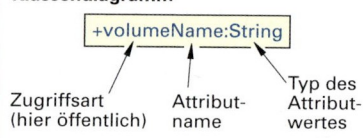 Zugriffsart (hier öffentlich) Attributname Typ des Attributwertes	Im Beispiel ist das Attribut *volumeName* öffentlich und vom Datentyp her eine Zeichenkette (String). Ein privates Attribut würde durch ein vorangestelltes Minuszeichen ausgedrückt.
Zugriff auf eine Methode Eine öffentliche Methode wird über das zugehörige Objekt unter Angabe der notwendigen Argumente aufgerufen. **objektName.methodeName(attributWert1, ...)**	**Deklaration einer Methode im Klassendiagramm** Name des Arguments Typ des Arguments 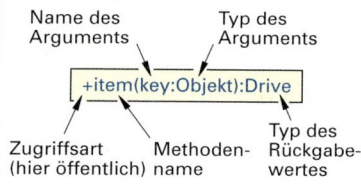 Zugriffsart (hier öffentlich) Methodenname Typ des Rückgabewertes	Die Deklaration zeigt die öffentliche Methode *item( )*, der als Attribut ein Objekt *key* der Klasse *Object* übergeben wird. Die Methode liefert ein Objekt der Klasse *Drive* zurück. Es kann auch Methoden ohne Rückgabewert geben. Dies kann durch das Schlüsselwort *void* besonders hervorgehoben werden.

A

Zeichen, Datentypen und Operatoren von C
Characters, data types and operators in C

Ausdruck, Schlüsselworte	Herkunft, Worterklärung	Beispiel	Bemerkungen, Wertebereich
Zeichen			
( )	Runde Klammern	main( )	Kennzeichnet eine Funktion mit Parameterliste, z. B. main( ) als Hauptprogramm für den C-Compiler.
{…}	Geschweifte Klammern	{… Anweisungsteil …}	Kennzeichnet Beginn und Ende des Anweisungsteils eines Hauptprogramms, einer Funktion und von Blöcken.
[ ]	Eckige Klammern	[i], [i] [j]	Kennzeichnet Vektoren und Vektorfelder.
/*…*/	Kommentarzeichen	/*Kommentar*/	Kommentar steht zwischen den Sternen.
*	Asterix, Stern	*Z 3*5	Indirekter Variablenzugriff bei Zeigern, Multiplikationsoperator.
#	Nummerzeichen	#define MAX 333	Im ganzen Programm gilt MAX=333.
'	Hochkomma	'M'	Darstellung eines Zeichens, z. B. M, mit dem Datentyp char.
.	Punkt	3.17 Monat.Mai	Dezimalpunkt (Dezimalkomma) Mai ist Komponente des Verbundes Monat.
,	Komma	zahl1, zahl2	Trennung von Variablen, z. B. in Aufzählungen.
\	Backslash	\n	Zeilenvorschub, ESCAPE-Zeichen.
⟨…⟩	Winkelklammern	#include ⟨stdio. h⟩	Fügt die Standard-Eingabe- und -Ausgabefunktionen beim Compilieren ein.
Datentypen			
char	character (Zeichen)	char Alpha;	Der Variablen Alpha wird z. B. ein 7-Bit-ASCII-Zeichen zugeordnet.
unsigned char	unsigned, o. Vorzeichen	unsigned char Alpha;	0 bis $255 \cong 1$ B
signed int	integer (ganze Zahl)	signed int Zahl;	-32768 bis $+32767 \cong 2$ B
unsigned int	integer ohne Vorzeichen	int Zahl;	0 bis $65535 \cong 2$ B
long int	lange Integerzahl	long int Zahl;	-2147483648 bis $+2147483647 \cong 4$ B
unsigned long int	Vorzeichenlose lange Integerzahl	unsigned long int zahl;	0 bis $4294967295 \cong 4$ B
float	fließend; Gleitpunktzahl	float x;	$\pm 3.4 \cdot 10^{-38}$ bis $\pm 3.4 \cdot 10^{+38} \cong 4$ B
double	zweifache Genauigkeit	double z;	$\pm 1.7 \cdot 10^{-308}$ bis $\pm 1.7 \cdot 10^{+308} \cong 8$ B
Operatoren			
+,−,*,/,%	Arithmetische Operatoren	3*4=12, 4/8=0.5, 9%4=1	% liefert z. B. den Teilerrest.
=	Zuweisung	a=3	Die Konstante a erhält den Wert 3.
+=, −=, *=, %=	Kurzschreibweisen für Zuweisungen mit arithmetischen Operatoren.	a+=3 $\cong$ a=a+3 b*=4 $\cong$ b=b*4	Zu a wird die Zahl 3 addiert. Die Zahl b wird mit 4 multipliziert.
<, <=, >, >=	Vergleichsoperatoren	a>=b	Vergleicht, ob a≥b.
==, !=	gleich, ungleich	a==b, c!=d	Prüft auf Gleichheit. Prüft auf Ungleichheit.
++ −−	Inkrement Dekrement	a=++i, a=i++ b=−−i, b=i−−	Zuweisung erfolgt nach oder vor dem Inkrementieren (Dekrementieren) von i.
~	Bitkomplement (Einerkomplement)	a=10110011 ~a=01001100	Aus 0 wird 1 und umgekehrt.
& |	bitweise UND bitweise ODER	a=10101010, b=1110000, a&b=10100000, a|b=11111010	bitweise UND-Verknüpfung, bitweise ODER-Verknüpfung
&& ||	logisches UND logisches ODER	a≠0, b≠0: a&&b=1, a=0, b≠0: a|b=1	Haben die Zahlen a und b beide einen Wert >0, ist das Ergebnis 1 bei && sowie bei ||.
≪, ≫	links schieben, rechts schieben	a≪4	Den Inhalt von a um 4 Binärstellen nach links schieben.

A

Ausdruck, Schlüsselwort	Herkunft, Worterklärung	Beispiel	Bemerkungen
Ausdrucksanweisung, Verbundanweisung und Strukturanweisungen			
;	Der Strichpunkt beendet eine einfache Anweisung.	a=400; wert=a/(z+2);	Ein Ausdruck wird durch Anfügen eines Strichpunktes zur Anweisung.
{...; ...; ...;}	Verbundanweisung	{a=2; b=2∗x; c=x+y;}	Die Anweisungen werden der Reihe nach ausgeführt.
if ... ...;	wenn	if (a<b) c=0;	Ist die Bedingung a<b erfüllt, wird c=0.
if ... ...; else ...;	wenn ... dann	if (a<b) c=0; else c=1;	Ist die Bedingung a<b erfüllt, wird c=0, andernfalls wird c=1.

switch ... case ...	Schalter ... (für den) Fall ...	switch (a)
		{case'1': print(" \n Fall1"); break;
		 case'2': print(" \n Fall2"); break;
		}
			Fallunterscheidung, je nach Wert von a wird entsprechend Fall 1 oder Fall 2 ausgewählt. Mit break wird an das Ende der switch-Anweisung gesprungen.

while ...	während, solange	a=3; while(a>0) a=a−1;	Während a>0 wird die Variable a dekrementiert. Bei a=0 wird die Schleife nicht ausgeführt.
do ... while	tue ... während (solange)	i=3; do − −i; while (i>0);	Schleife wird bearbeitet, solange i>0. Also mindestens einmal.

for (...; ...; ...)...;	für	n=2;
		for (x=1.2; x<=n; x+=0.2)
		x=x∗x;
			Vom Anfangswert 1.2 bis zum Endwert 2 wird mit einer Schrittweite von 0.2 die Zahl x quadriert (1.44, 1.96, 2.56, ...).

goto ...	gehe zu ...	if (fehler) goto error; {...; Anweisungen; ...;} error: /∗Fehlerbehandlung∗/;	Wenn die Variable fehler=0 ist, wird zur Marke (kenntlich an :) error gesprungen.

break	unterbrechen	for (i=0; i<n; i++)
		{
		 if (a[i]=10) break;
		}
			Bricht eine Schleife ab oder springt an das Ende einer switch-Anweisung.

continue	fortsetzen	for (i=0; i<n; i++)
		{
		 if (c==3) {break;}
		 if (a[i]<b) continue;
		}
			Hat c den Wert 3 wird der Schleifendurchgang abgebrochen und die Schleife wird mit dem nächsten i-Wert fortgesetzt.

Zeiger, Vektoren, Felder und Speicherklassen			
∗p, &i	Zeigervariable p, Adressoperator &	int i=5, ∗p; p=&i;	p ist eine Integer-Zeigervariable. Der Zeiger p zeigt auf die Speicheradresse der Variablen i mit dem Inhalt 5. Es ist dann auch ∗p=5.
a[i]	Vektor	int a[4]; int a[ ]={1,2,−1,−2};	Reserviert 4 Plätze, Indizes von 0 bis 3. Belegt 4 Plätze und legt damit die Größe fest.
b[i] [j]	Vektorfeld	int b[5] [10];	Reserviert 50 Plätze, Indizes von 0 bis 4, 0 bis 9.
Speicherklassen			
auto	automatisch	auto float faktor;	Kennzeichnet lokale Variablen.
static	statisch	static int zaehler;	Lokale Variable, die zwischen den Aufrufen ihren Wert behält.
extern	extern	extern double x;	Vereinbarung von x befindet sich in einer anderen Programmdatei.

A

C-Schlüsselworte 2   Keywords in C 2

Ausdruck, Schlüsselworte	Herkunft, Worterklärung	Beispiel	Bemerkungen

Struktur und Union

struct ...;	Struktur	struct adr
		{
		  int PLZ;
		  char Name[12];
		}
			Es wird die Struktur adr vereinbart. Sie hat die Komponenten PLZ und Name. Der Aufruf der Komponenten kann erfolgen mit adr.PLZ und adr.Name. Jede Komponente erhält einen eigenen Speicherplatz.

union ...;	Vereinigung	union adr
		{
		  int PLZ;
		  char Name[12];
		}
			Es wird die Union adr vereinbart. Sie hat die Komponenten PLZ und Name. Der Aufruf der Komponenten kann erfolgen mit adr.PLZ und adr.Name. Alle Komponenten benutzen den gleichen Speicherplatz.

Eingabefunktionen und Ausgabefunktionen (aus der Bibliotheksdatei stdio.h)

getchar( )	Zeichen holen	c=getchar( );	Ordnet der Variablen c ein Zeichen von der Tastatur zu. Bestätigung mit Eingabetaste, ohne Darstellung auf dem Bildschirm.
getch( )	Zeichen holen	c=getch( );	Ordnet der Variablen c ein Zeichen von der Tastatur zu, ohne Darstellung des Zeichens auf dem Bildschirm.
getche( )	Zeichen holen	c=getche( );	Ordnet der Variablen c ein Zeichen von der Tastatur zu, mit Darstellung des Zeichens auf dem Bildschirm.
char *gets(s)	String holen	char *gets(s);	Liest eine Zeichenkette von der Tastatur ein und speichert sie in der Variablen s.
printf("...", ...)	formatiert drucken	printf(" \nHallo");	Schreibt Hallo in eine neue Zeile.
putchar( )	Zeichen ausgeben	char c='A'; putchar(c);	Gibt das in der Variablen c gespeicherte Zeichen A aus.
char...puts(s)	String ausgeben	char s[ ] ="ABC"; puts(s);	Gibt die im String s gespeicherte Zeichenkette ABC aus.
scanf("...", ...)	formatiert abfragen	int k; scanf("%d", &k);	Mit %d wird eine dezimale Ganzzahl eingelesen und der Variablen k zugewiesen.

Dateibearbeitung

FILE *fp	Datei	FILE *fp;	Enthält Informationen über die Datei, wie Name, aktuelle Datenzeigerposition, Schreib-Lesepuffer und Zugriffsart.
fopen(name, zugriffsart)	File öffnen	FILE *fp; fp=fopen("Daten.txt", "r");	Datei Daten.txt für z.B. Lesen (r) öffnen. r=read, w=schreiben, a=anfügen, r+=öffnen einer vorhandenen Datei.
fclose(...)	File schließen	fclose(fp);	Schließt die geöffnete Datei fp.
fgets(...,...,...)	Zeichenkette aus einer Datei lesen	char *str; FILE *fp; fgets(str, 80, fp);	Aus der Datei fp werden 79 Zeichen gelesen und ab str gespeichert.
fputs(...,...)	Zeichenkette in Datei schreiben	char *str; FILE *fp; fputs(str,fp);	Der String str wird nach der mit fp bezeichneten Datei geschrieben.
fprint(...,"...",...)	Formatiert in eine Datei schreiben	fp=fopen("LISTE","a"); fprint(fp,"%5d,%14s",PLZ, Name);	Hängt einen Datensatz aus 5-stelliger PLZ und 14-stelligem Namensstring an die Datei LISTE an.
fscanf(...,"...",...)	Formatiert aus einer Datei lesen	fp=fopen("LISTE","a"); scanf(fp,"%5d,%14s",PLZ, Name);	Liest einen Datensatz aus z.B. 5-stelliger PLZ und 14-stelligem Namensstring aus der Datei LISTE.

Präprozessor (Preprocessor)

#define	festlegen, bestimmen	#define MAX 5	Weist der Variablen MAX den Wert 5 zu.
#include	einschließen	#include "Datei1"	Der Compiler fügt an dieser Stelle die Datei1 in das Programm ein.
		#include 〈DOS.H〉	Der Compiler bindet die Bibliotheksdatei DOS am Programmanfang (H von Header=Kopfzeile) in das Programm ein.

A

Begriff	Name, Worterklärung	Beispiel	Bemerkungen
Operatoren			
\	Backslash, Schrägstrich nach links geneigt	"Zeichenkette geht \ über zwei Zeilen"	Zwei aufeinanderfolgende Zeilen werden als eine Einheit betrachtet.
//	Doppelschrägstrich	// Kommentar bis Zeilenende	Ein Kommentar kann an beliebiger Stelle beginnen und endet am Zeilenende.
$\gg$	Extraktionsoperator, (auch rechts schieben)	Objekt $\gg$ x	Liest die Daten eines Objektes (z. B. Konstante, Variable, Feldelement) von einer Eingabeeinheit, z. B. Tastatur, in die Variable x ein.
$\ll$	Einfügeoperator, (auch links schieben)	Objekt $\ll$ x	Gibt die Daten eines Objektes x auf einer Ausgabeeinheit, z. B. dem Bildschirm, aus.
->	Stilisierter Pfeil	monat -> Tag = 12;	Indirekte Komponentenauswahl. Tag wird der Wert 12 zugewiesen. Die Adresse von Tag enthält die Zeigervariable monat.
::	Zweifachdoppelpunkte, Bezugsoperator	const max = 100; … max = max + 1; if (wert > :: max) break;	Zugriff auf den globalen Wert erhält man durch den Bezugsoperator :: .
.*	Punkt, Zeigerkennung, Klassenobjektoperator	datum.tag	Zeiger auf die Komponente tag der Struktur datum.
-> *	Pfeil, Zeigerkennung, Zeiger auf Klassenobjekte	datum -> woche [3]	Zeiger auf die Funktionskomponente mit dem Argument 3 der Struktur von datum.
…	Ellipse (griech. = Auslassung)	mittel (int a, int b, …); mittel (3, 5, "Mittelwert");	Die Argumente der Funktion sind zwei Integerwerte und eine beliebige Anzahl von Variablen unbekannten Datentyps.
~	Tilde, Zeichen für 1. Destruktor 2. bitweises Komplementieren	~ string ( );	Gibt den Speicherplatz der Elemente des Objekts string ( ) frei.
Datentypen und Zeiger			
class	class, Klasse	class bildschirm { public: void home ( ); char pos (int z, int sp); private: zeilenzahl, spaltenzahl; }	Mit class wird ein Datentyp bildschirm vereinbart. Hier sind die Funktionen home und pos für alle Aufrufe öffentlich zugänglich (public), die Zeilenzahl und die Spaltenzahl aber nicht (private).
new	new, neu	int *zeiger = new int;	new liefert einen Zeiger (Adresse) auf ein Objekt, mit dem zeiger vorbelegt wird.
delete	delete, zerstören, löschen	delete zeiger;	Löscht die Belegung von zeiger und gibt den belegten Speicherbereich wieder frei.
Eingabe- und Ausgabefunktionen (aus der Bibliotheksdatei IOSTREAM[1])			
cin	c in (sprich: c in), c ein	int Zahl1, Zahl2; cin $\gg$ Zahl1 $\gg$ Zahl2;	Es werden zwei durch Blank getrennte Zahlen von der Tastatur eingelesen und den Variablen Zahl1 und Zahl2 zugewiesen.
cout	c out (sprich: c aut), c aus	cout $\ll$ Zahl1 $\ll$ Zahl2; cout $\ll$ "Zwei Zahlen:" $\ll$ Zahl1 $\ll$ Zahl2;	Gibt zwei Zahlen aus. Gibt den Text "Zwei Zahlen:" und in der gleichen Zeile die Werte für Zahl1 und Zahl2 aus.
cerr	c error (sprich: c Ärror), c Fehler	if (index < 0) cerr $\ll$ "Index < 0!"	Ist der Wert von index kleiner 0, wird der Text Index < 0! ausgegeben.
clog	c log (sprich: c Log), c Tagebuch	clog $\ll$ file fehler;	Schreibt die Fehlermeldungen in die Datei fehler, sonst wie cerr.

[1] IOSTREAM von Input-Output-Stream = Eingabe-Ausgabe-Strom

A

A

Begriff	Name, Erklärung	Beispiel	Bemerkung, Wertebereich
Bindung, frühe	Frühe Bindung = Zuordnung eines Objektes an eine aufrufende Methode während des Compilerlaufs.	class String { public: lesen ( ) ; } ; main ( ) { String S[20]; S.lesen ( ) ; }	Im Programm ist eine feste Zuordnung, z. B. die Stringlänge festgelegt. Die Methode lesen ( ) ist z. B. im Programm global definiert. Eine *Methode* in C++ entspricht weitgehend der *Funktion* in C. Eine Funktion benennt eine Folge von Anweisungen mit einem Namen. Die Zuordnung der Methode lesen ( ) zur aufrufenden Klasse String erfolgt erst während des Programmlaufs durch den Gültigkeitsoperator :: .
Bindung, späte	Späte Bindung wird durch das Schlüsselwort virtual (= scheinbar) gekennzeichnet.	class String { public: virtual void lesen ( ) ; }; main ( ) { void String::lesen ( ) ; }	
Klasse mit den Klassenkomponenten private, protected und public	Eine Klasse beschreibt gleichartige Objekte. Datenstrukturen und Funktionen werden mit Klassenkomponenten unter einem Klassennamen zusammengefasst (gekapselt). private = privat protected = geschützt public = öffentlich	class String { private: char S[20]; protected: char T[80]; public: char element(int i) { return S[i]; } };	Private: Auf die Daten S[] darf nur durch Methoden der Klasse String zugegriffen werden. Das Schlüsselwort private kann auch entfallen. Protected: Auf die Daten T[] dürfen auch Methoden von abgeleiteten Klassen der Klasse String zugreifen. Public: Diese Komponenten stehen allen Methoden zur Verfügung.
Konstruktor	constructor = Erzeuger. Zuweisungen von Variablen des gleichen Typs in einer Klasse.	class Zahl { int zaehler; int nenner ; public: Zahl (int z, int n); } ;	Zahl (int z, int n) wird als Konstruktor bezeichnet. Auch Anfangswerte sind so zuweisbar. Der Compiler weist Speicherplatz zu.
Destruktor	engl. destructor = Zerstörer. Wird mit der Tilde (~) gekennzeichnet.	... ~Zahl ( ); ...	~Zahl ( ) wird als Destruktor bezeichnet. Der vom Konstruktor belegte Speicherbereich wird wieder freigegeben.
Objekte (Instanzen)	Objekte sind Variablen eines Klassentyps. Objekte bestehen aus Methoden und einem privaten Datenbereich.	s.lesen ( ); zeile.elem(3);	Der Zugriff auf die Komponenten einer Klasse erfolgt mit dem Punktoperator.
Methode	Methoden sind Funktionen eines Klassentyps, die auf die privaten Daten eines Objektes zugreifen können.	s.lesen ( );	Der Zugriff der Methode lesen ( ) auf z. B. den String S erfolgt mit dem Punktoperator.
Überlagern (Überladen)	Mehrfachverwendung von Methoden	class A { void lesen ( ); void lesen (znummer: int); }	Überlagern heißt: Es kann viele Methoden gleichen Namens in einer Klasse geben. Die Anzahl der Argumente muss sich unterscheiden.
Vererbung	Übergabe von Komponenten einer Klasse oder mehrerer Klassen (Elternklassen) an eine andere Klasse oder mehrere Klassen (Kindklassen). Es können auch Komponenten von Kindklassen an davon abgeleitete Klassen (Enkelklassen) übergeben werden.	class Kind_String: public String { private: char s[20]; char t[80]; protected: char n[80]; public: char element(int i) {return s[i];} }; class Enkel_String: public String { private: ... };	Erweiterung der neuen Klasse um neue Objekte und Methoden. Von der Klasse String (siehe oben) wird die Klasse Kind_String abgeleitet. In der abgeleiteten Klasse darf auf S[] und T[] nur von Methoden der Klasse String zugegriffen werden. Auf N[] dürfen auch wieder Methoden abgeleiteter Klassen, z. B. Enkel_String, zugreifen. Die Komponenten unter public sind wieder für alle Methoden verfügbar.

Struktogramm	Programmteil in C++	Erklärungen

Struktogramm:

Übergabe des Array a

Zähle i von 2 bis n

Zähle j abwärts von n bis i

a[j−1] > a[j] ?
Ja — Nein

Vertausche Elemente

Programmteil in C++:

```cpp
typedef int Element; //Element, Eintrag
typedef Element Array[N+1];
// N: max. Anzahl der Elemente
void Bubblesort(Array a, int n) {
/* Es wird der Bereich a[1] bis a[n]
sortiert */
  int i, j;
  for (i=2; i<=n; i++)
    for (j=n; j>=i; j−−)
      if (a[j−1] > a[j])
        swap(&a[j−1], &a[j]);
}
```

Austauschen
(Bubblesort)
Es werden nacheinander jeweils zwei benachbarte Elemente (im Programm Zahlen) miteinander verglichen. Ist das vorhergehende Element größer als das folgende Element, wird der Feldinhalt ausgetauscht. Dieses Verfahren heißt auch Bubble-Sort (bubble = Blase, to sort = sortieren).

Struktogramm:

Übergabe des Array

Zähle i von 1 bis n−1

Element a[i] merken

Zähle j von i+1 bis n

Kleineres Element gefunden ?
Ja — Nein

Element merken

Element ans Ende

Programmteil in C++:

```cpp
typedef int Element; //Element, Eintrag
typedef Element Array[N+1];
// N: max. Anzahl der Elemente
void Selectionsort(Array a, int n) {
/* Es wird der Bereich a[1] bis a[n]
sortiert */
  int i, j, k;
  Element x;
  for (i=1; i<n; i++) {
    k = i; x = a[i];
    for (j=i+1; j<=n; j++)
      if (a[j] < x) {
        k = j; x = a[k];
      }
    a[k] = a[i]; a[i] = x;
  }
}
```

Auswählen
(Selectionsort)
Aus dem Elementefeld (Integer-Zahlenfeld) wird z.B. das kleinste Element gesucht und am Ende des Feldes angefügt. Danach wird der Feldrest entsprechend weiter durchsucht und wieder das nun kleinste Element am Ende des Feldrestes angefügt. Entsprechend wird das immer kleiner werdende Restfeld bearbeitet.

A

Struktogramm:

Übergabe des Array

Vertauschungsprozedur (links, rechts)

Mittleres Element x bestimmen

Solange linkes Element < x

Elementnummer i erhöhen

Solange x < rechtes Element

Elementnummer j verkleinern

i ≤ j ?
Ja — Nein

Elemente vertauschen

Wiederhole bis i > j

links < j ?
Ja — Nein

Vertauschungsprozedur für linke Hälfte

i < rechts ?
Ja — Nein

Vertauschungsprozedur für rechte Hälfte

Aufruf Prozedur (1, n)

Programmteil in C++:

```cpp
typedef int Element; //Element, Eintrag
typedef Element Array[N+1];
// N: max. Anzahl der Elemente
void qusort(Array a, int left, int right) {
/* Es wird der Bereich a[1] bis a[n]
sortiert */
  int l, r;
  int x;
  l = left; r = right;
  x = a[(l+r)/2];
  do {
    while (a[l] < x) l++;
    while (x < a[r] r−−;
    if (l <= r) {
      swap(&a[l], &a[r]); l++; r−−;
    }
  } while (l <= r);
  if (left < r) qusort(a, left, r);
  if (l < right) qusort(a, l, right);
}

void Quicksort(Array a, int n) {
  qusort(a, l, n);
}
```

Quicksort
Quicksort (quick = schnell) ist ein sehr schnelles Sortierverfahren.
Es wird ein mittleres Element ME bestimmt und dann werden die größeren Elemente der linken (vorderen) Hälfte, mit den kleineren Elementen der rechten (hinteren) Hälfte vertauscht. Jetzt liegen links vom ME nur noch kleinere Elemente und rechts größere, aber nicht geordnet. Das Ergebnis wird in zwei Bereiche unterteilt. Für jeden Bereich wird wieder das gleiche Verfahren angewendet.
Dieses Unterteilen und Vertauschen erfolgt, bis keine weitere Unterteilung mehr möglich ist. Das Array a und die Elementeanzahl N werden an die Funktion Quicksort() übergeben. Diese ruft die Funktion qusort() auf, die sich wieder selbst aufruft (Rekursion).

Java-Begriffe Java notions

Allgemeines zu Java

Begriff	Erklärung, Beispiel	Erklärungen
API	Application Programming Interface = Anwendungs-Programmier-Interface	Sammelbegriff für die Klassenbibliotheken von z. B. Java.
Applet	Von little application = kleine Anwendung	Programmteil, der in ein HTML-Programm eingebunden wird.
Application	Application = Anwendung	Mit einem Interpreter ausführbares Programm mit der Extension .class.
Applet-Viewer	Applet-Viewer = Applet-Betrachter	Eigenständiges Windows-Programm zum Ausführen von Applets.
Byte-Code	Datei besteht aus Bytes.	Byte-Code wird aus der Quelldatei durch Kompilieren erzeugt.
Browser	to browse = schmökern	Windows-Programm zum Interpretieren von Byte-Code, z. B. Netscape oder Internet-Explorer.
Java	amerik. Java = Kaffee, sprich: tschawa	Objektorientierte Sprache, ähnlich C++. Der erzeugte Bytecode ist für alle PC-Systeme (Rechnerplattformen) gleich.
Java-Compiler	Ausführbare Datei dateiname.class, z. B.: javac HalloJava.java	Aus der Quelldatei HalloJava.java wird Byte-Code HalloJava.class erzeugt. Aufruf von DOS aus.
Java-IDE	von Integrated Development Environment = Integrierte Entwicklungsumgebung	IDE verbindet Benutzeroberflächen mit dem JDK, z. B.: JBuilder, Visual J++ oder Visual Cafe.
Java-Interpreter	Ausführbare Datei, z. B. dateiname.class, z. B.: java HalloJava	Der Byte-Code HalloJava.class wird interpretiert. Aufruf von DOS aus.
JDK	von Java Development Kit = Java Entwicklungswerkzeug	Programmsammlung zum Schreiben von Anwendungen und Applets.

Java-Klassenbibliotheken

java.awt	AWT von Abstract Windows Toolkit = abstrakte Fenster-Werkzeugsammlung. import java.awt.*;	Enthält die GUI-Klassen (Grafical User Interface) für grafische Benutzerschnittstellen, wie Fenster, Rollbalken, oder Schaltflächen.
java.swing	Erweiterung des AWT	Die Erweiterungen sind in Klassen von JComponent enthalten.
java.applet	import java.applet.Applet; import java.applet.*;	Wird benötigt, um eigene Applets zu erzeugen.
java.awt.event (Unterklasse von awt)	Event = Ereignis import java.awt.event;	Klassen zur Ereignissteuerung, z. B. Mausklick auf Schaltfläche.
java.awt.image (Unterklasse von awt)	Image = Bild import java.awt.image;	Grafikklassen für die Darstellung von Bildern.
java.io	von Input-Output = Eingabe-Ausgabe import java.io.*;	Klassen für die Dateneingabe und Datenausgabe, z. B. für Tastatur, Monitor.
java.lang	von Language = Sprache import java.lang.*; // Alle Unterklassen werden mit geladen, // z. B. auch java.math	Enthält die Grundklassen von Java, z. B. die Klasse Object, von der alle Klassen abgeleitet werden.
java.math (Unterklasse von lang)	von Mathematik import java.lang.math; // Nur die Klasse java.math wird geladen.	Enthält mathematische Funktionen, wie z. B. Wurzelfunktion oder Sinusfunktion.
Java.net	von Network = Netzwerk import java.net*;	Klassen für Netzwerkprotokolle, z. B. für FTP, Sockets, Telnet und WWW.
java.util	von Utility = Nutzen import java.util;	Enthält z. B. eine Klasse zur Bearbeitung des Datums.

* ist Platzhalter für beliebige Zeichen; // kennzeichnet Kommentare bis zum Zeilenende

A

Anwendungen von Java   Java applications

Programmart	Beispiel	Erklärung, Bemerkungen
| Application | ```java
package Hallo1;

class HalloJava
{
    public static void main(String[] args)
    {
        System.out.println("Hallo Java-Freunde");
    }
}
``` | Eine Application (Applikation, Anwendung) entsteht durch Kompilieren z. B. einer Quelldatei mit javac[1] HalloJava.java zur Datei HalloJava.class. Eine Application ist ein mit einem Java-Interpreter ausführbares Programm. Im DOS-Fenster von Windows kann das Programm durch Eingabe von java HalloJava[1] gestartet werden. Applikationen haben oft auch grafische Oberflächen |
| Applet | ```java
import java.awt.Graphics;

public class HalloJavaApplet extends Applet
{
    public void paint(Graphics g)
    {
        g.drawString("Hallo Java-Freunde !",50,50);
    }
}
``` | Ein Applet (little application = kleine Anwendung) entsteht durch Kompilieren z. B. einer Quelldatei mit javac HalloJava.Applet.java[2] zur Datei HalloJava.Applet.class. Zum Testen werden Applets mit einem Applet-Viewer (Appletbetrachter) ausgeführt. Üblich werden Applets von HTML-Seiten aufgerufen. Benötigt wird dann ein Browser, z. B. Netscape, Opera, Firefox oder der Internet-Explorer. |
| Aufruf von Applets mit HTML-Datei | ```html
<html>
  <head>
    <title>Einführungsbeispiel</title>
  </head>
  <body>
    <applet code="HalloJavaApplet.class"
                      width=300 height=100>
    </applet>
  </body>
</html>
``` | Eine HTML-Datei wird z. B. mit dem Editor Wordpad geschrieben und als HTML-Datei HalloJavaApplet.html gespeichert.<br><br>Nach Start des Browsers lädt man die HTML-Seite.<br><br>Moderne Browser können auch Applets mit Swing-Klassen darstellen (JDK1.3). |
| Javascript | ```html
<script language="Javascript">
document.write("Hallo, dies ist auch Java!");
</script>
``` | Ein Javascript wird z. B. mit dem Editor Wordpad geschrieben und als HTML-Datei Script.html gespeichert. Nach Start des Browsers lädt man die HTML-Seite. Es gibt auch andere Skriptsprachen, z. B. VB-Script. |

Ausführen einer Application

Ausführung eines Applets

[1] javac ruft den Compiler auf, [2] java ruft den Interpreter auf.

A

Situation	UML-Diagramm	Notation

1:1 Assoziation
Zur Abrechnung von Überstunden besitzt jeder Mitarbeiter ein Arbeitszeitkonto. Ein Konto ist genau einem Mitarbeiter zugeordnet. Ein Mitarbeiterobjekt „kennt" somit ein Kontoobjekt als Arbeitszeitkonto und ein Kontoobjekt „kennt" einen Mitarbeiter als Inhaber.

Klassendiagramm

```
        Mitarbeiter
-----------------------------
 −name:String
-----------------------------
 getName():String
 setName(:String)
-----------------------------
      1  │ Inhaber
         │
   ▼besitzt
         │
      1  │ Arbeitszeitkonto
-----------------------------
         Konto
-----------------------------
 −stunden:Zahl
-----------------------------
 getStunden():Zahl
 setStunden(z:Zahl)
-----------------------------
```

Das Klassendiagramm zeigt die 1:1-Assoziation zwischen den Klassen Mitarbeiter und Konto. Die 1:1-Assoziation beinhaltet weitere Attribute und Methoden zu ihrer Umsetzung, die erst in der Designphase zum Modell hinzugefügt werden. Als Vorbereitung ist es sinnvoll, Rollennamen anzugeben. Hier tritt ein Mitarbeiter einem Konto gegenüber als Inhaber auf. Das Konto ist einem Mitarbeiter als Arbeitszeitkonto zugeordnet. Es ergeben sich die Rollen Inhaber und Arbeitszeitkonto.

A

Abbildung der 1:1-Assoziation
Eine 1:1-Assoziation wird durch jeweils ein Attribut, das einen Verweis auf das Partnerobjekt beinhaltet, abgebildet. Für die Benennung dieser Verweisattribute eignen sich die jeweiligen Rollennamen. Da diese Attribute in der Regel privat sind, d.h. nicht direkt zugänglich sind (Geheimnisprinzip), müssen für den Zugriff zusätzlich geeignete Methoden angelegt werden. Angepasste Konstruktormethoden stellen die 1:1-Beziehung her. Sie setzen die Verweisattribute auf das jeweilige Partnerobjekt.

Klassendiagramm

```
                Mitarbeiter
 -------------------------------------------
  −arbeitszeitKonto: Konto  ←
 -------------------------------------------
  +Mitarbeiter(k:Konto):Mitarbeiter
  +getArbeitszeitKonto():Konto
  +setArbeitszeitKonto(k:Konto)
 -------------------------------------------
          1  │ Inhaber
  Assoziation │                Assoziation
  zum         ▼besitzt          zum Konto
  Mitarbeiter │
          1  │ Arbeitszeit-
             │ konto
 -------------------------------------------
                 Konto
 -------------------------------------------
  −inhaber:Mitarbeiter
 -------------------------------------------
  +Konto()Konto
  +getinhaber():Mitarbeiter
  +setinhaber(m:Mitarbeiter)
 -------------------------------------------
```

In der Klasse Mitarbeiter verweist das Attribut arbeitszeitKonto auf das zu einem Mitarbeiter gehörende Konto. Mit den get-Methoden und set-Methoden lässt sich dieses Attribut lesen und setzen. Der Konstruktor Mitarbeiter() stellt bei der Erzeugung eines Mitarbeiterobjekts sicher, dass diesem Mitarbeiter ein Konto zugeordnet wird. Dieses Konto erhält der Konstruktor als Argument. Er weist dem Konto im Attribut Inhaber den Mitarbeiter in der Rolle Inhaber zu.

Deklaration einer Klasse in Java
Eine Klasse wird in Java durch das Schlüsselwort class gefolgt vom Klassennamen deklariert. Eine Klasse wird in einem Textfile mit dem Dateinamen der Klasse und der Endung java gespeichert. Der Dateiname muss mit dem Klassennamen exakt übereinstimmen. Eine Klasse wird mit dem Kommando javac kompiliert. Es entsteht eine Datei mit der Endung class. Handelt es sich um eine ausführbare Klasse, d.h. sie enthält eine Methode main(), so lässt sie sich nach dem Kompilieren mit dem Kommando java gefolgt von dem Klassennamen ohne Endung starten.

Die Klasse Mitarbeiter im UML-Klassendiagramm.

```
        Mitarbeiter
-----------------------------
 −name:String
-----------------------------
 +getName():String
 +setName(:String)
-----------------------------
```

Quelltext für die Klasse Mitarbeiter in der Programmiersprache Java

Dieser Quelltext muss in der Datei Mitarbeiter.java gespeichert werden.

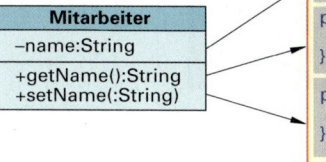

```java
public class Mitarbeiter

  private String name;

  public String getName(){
     return name;
  }

  public void setName(String s){
     this.name= s;
  }

}
```

Situation	Quelltext in Java	Erklärung
Die 1:1-Assoziation in Java Am Beispiel der Mitarbeiter-Konto Beziehung (siehe Klassendiagramm) wird die Implementierung einer 1:1-Assoziation in Java vorgestellt. Die Anteile des Quelltextes, die zur Abbildung der 1:1-Assoziation benötigt werden, sind grau hinterlegt.	**Klasse Mitarbeiter**	Die 1:1-Assoziation zwischen zwei Klassen wird durch zwei private Verweisattribute abgebildet, auf die über je ein Paar von get-Methode und set-Methoden zugegriffen wird. Ein Konstruktor ermöglicht den automatischen Aufbau der 1:1-Beziehung im Zuge der Objekterzeugung. Für diesen Moment gilt die vom Klassendiagramm geforderte 1:1-Assoziation noch nicht streng, da das zuerst erzeugte Objekt für einen Moment über kein Partnerobjekt verfügt. Dies ist allerdings kein Verstoß gegen das Klassendiagramm. Von da an fordert das Klassendiagramm, dass einem Objekt der einen Klasse genau ein Objekt der anderen Klasse zugeordnet ist. Bei der Navigation der 1:1-Assoziation kann sich der Programmierer darauf verlassen, dass ein Partnerobjekt zur Verfügung steht. Bei einer 1:(0,1)-Assoziation muss vor dem Zugriff auf das Partnerobjekt immer zuerst geprüft werden, ob ein Partnerobjekt vorliegt. Erst dann darf die Assoziation navigiert werden. Der Quelltext im Beispiel wurde weitgehend automatisch mit der Softwareentwicklungsumgebung Eclipse auf der Grundlage des Klassendiagramms erzeugt.

Klasse Mitarbeiter
```java
public class Mitarbeiter {
    private String name;
    private Konto arbeitszeitKonto;
    public Mitarbeiter(Konto k) {
        this.arbeitszeitKonto = k;
        k.setInhaber(this);
    }
    public String getName() {
        return name;
    }
    public void setName(String name) {
        this.name = name;
    }
    public Konto getArbeitszeitKonto() {
        return arbeitszeitKonto;
    }
    public void setArbeitszeitKonto(Konto.
            arbeitszeitKonto) {
        this.arbeitszeitKonto=arbeitszeitKonto;
    }
}
```

Klasse Konto
```java
public class Konto {
    private int stunden;
    private Mitarbeiter inhaber;
    public int getStunden() {
        return stunden;
    }
    public void setStunden(int stunden) {
        this.stunden = stunden;
    }
    public Mitarbeiter getInhaber() {
        return inhaber;
    }
    public void setInhaber(Mitarbeiter _
            inhaber) {
        this.inhaber = inhaber;
    }
}
```

Klassendiagramm

Objektdiagramm
Die Verweisattribute zur Abbildung der 1:1-Assoziation sind grau hinterlegt.

Aufbau und Navigation einer 1:1 Assoziation – Ausführbare Java Klasse
Mithilfe der ausführbaren Klasse Ablauf wird zuerst die im Objektdiagramm gezeigte Objektstruktur einer 1:1-Assoziation aufgebaut. Im zweiten Schritt wird die Assoziation navigiert, d.h. zu einem Objekt wird das Partnerobjekt ermittelt und angesprochen. Einem Objekt ist das Partnerobjekt über das Verweisattribut bekannt. Die Verweisattribute sind im Objektdiagramm grau hinterlegt.

Klasse Ablauf
```java
public class Ablauf {
    public static void main(String[] args) {
        //Konto erzeugen:
        Konto k1 = new Konto();
        //Stunden setzen:
        k1.setStunden(0);
        //Mitarbeiterobjekt erzeugen:
        Mitarbeiter m1 = newMitarbeiter(k1);
        //Name setzen:
        m1.setName("Berthold");
        //Navigation der 1:1 Assoziation.
        System.out.println("Konto gehört _
          Herrn "+k1.getInhaber().getName());
        System.out.println("Arbeitszeitkonto_
          stand für Herrn "+m1.getName()+_
          m1.getArbeitszeitkonto()._
          getStunden());
    }
}
```

Bei einer ausführbaren Klasse wird zuerst die Methode main() ausgeführt.
In Java werden Objekte mit dem Schlüsselwort new gefolgt von einem Konstruktor der jeweiligen Klasse erzeugt. Das so erzeugte anonyme Objekt wird in der Regel einem benannten Objekt zugewiesen. Diesem Objekt ist der Klassenname vorangestellt.

Konto k1 = newKonto();

Ein Methodenaufruf besteht aus dem Objekt gefolgt von der zu sendenden Methode verbunden durch den Punktoperator.

m1.setName("Berthold");

A

Situation	UML-Diagramm	Notation

A

1 : *-Assoziation

Ein Betrieb fertigt Waren an verschiedenen Standorten. Eine Zentrale verwaltet mehrere Standorte. Ein Standort wird von einer Zentrale verwaltet.

Klassendiagramm

```
            Zentrale
        –name:String
        getName():String
        setName(s:String)
                │ 1
         verwaltet
                ▼ *
            Standort
        –name:String
        getName():String
        setName(s:String)
```

Das Klassendiagramm zeigt die 1 : *-Assoziation zwischen den Klassen Zentrale und Standort. Die Zuordnung, dass ein Standort genau eine Zentrale verwaltet, wird durch ein Attribut vom Typ Zentrale erreicht. In der Rückrichtung reicht ein Attribut allein nicht aus, da eine Zentrale mehrere Standorte verwaltet. Es ist auch nicht praktikabel, für jeden Standort ein eigenes Verweisattribut anzulegen, da die Anzahl der Standorte beliebig sein soll. Das Verweisattribut wird deshalb als Container angelegt.

Abbildung der 1 : *-Assoziation

Der „zu 1" Teil der 1 : *-Assoziation wird durch ein Attribut, das einen Verweis auf das Partnerobjekt beinhaltet, abgebildet. Der „zu *" Teil lässt sich nicht durch ein einfaches Verweisattribut darstellen. Hier wird ein Objekt einer Containerklasse benutzt, das die Partnerobjekte aufnimmt und verwaltet.
Konstruktormethoden eignen sich, um die 1 : *-Beziehung herzustellen. Sie setzen die Verweisattribute auf das jeweilige Partnerobjekt.

Klassendiagramm

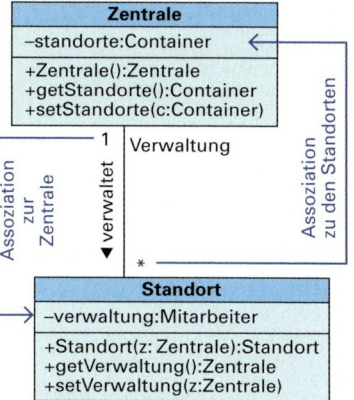

Die Beziehung, dass ein Standort zu einer Zentrale gehört, wird wie bei der 1 : 1-Assoziation durch ein Verweisattribut umgesetzt, hier durch das Attribut „verwaltung". In der Rückrichtung nimmt das Attribut „standort", das vom Typ her ein Container ist, beliebig viele Standortobjekte auf. Es gibt in objektorientierten Sprachen eine Vielzahl von verschiedenen Containerklassen, z. B. die Klasse ArrayList in Java, die dem Benutzer spezialisierte Verwaltungsfunktionen für die zugeordneten Objekte anbieten. Wie bei der Abbildung der 1 : 1-Assoziation wird auf die privaten Verweisattribute über öffentliche Methoden zugegriffen.

Die Aufgabe des Containers

Der Container übernimmt die Verwaltung der zugeordneten Objekte. Der Container ermöglicht z. B. die sortierte Ablage der Objekte. Hierbei muss der Anwender keine eigenen Sortieralgorithmen schreiben. Er benutzt die in den Verwaltungsmethoden des Containers implementierte Funktionalität. Hier ist für die Klasse exemplarisch eine Methode add( ) gezeigt, die das im Argument übergebene Objekt dem Container hinzufügt.

Klassendiagramm

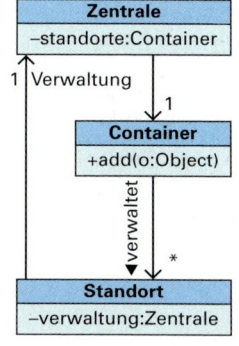

Die Beziehung von der Zentrale zu den * Standortobjekten kann durch die eingefügte Containerklasse genauer dargestellt werden. Die Zentrale greift so über den Container auf die Standorte zu. Der Konstruktor der Klasse Standort bekommt als Argument das zugehörige Objekt der Klasse Zentrale übergeben. Der Konstruktor Standort( ) ordnet dem neuen Standortobjekt diese Zentrale im Verweisattribut zu. Er greift über das Verweisattribut auf den Container zu (Methode getVerwaltung( )) und fügt das neue Standortobjekt dem Container hinzu, hier mit der Methode add( ). Der Konstruktor sorgt somit für die Umsetzung der 1 : * Assoziation.

Situation	Quelltext in Java	Erklärung

Klasse Zentrale
Dieser Quelltext wurde bis auf die grau hinterlegten Teile mit der Entwicklungsumgebung Eclipse aus dem Klassendiagramm der Modellansicht automatisch erzeugt. Die Containerklasse ArrayList wurde im Dialog zur Assoziation vom Benutzer ausgewählt.
	``java
	import java.util.ArrayList;
	public class Zentrale {
	    private String name;
	    private ArrayList Standorte;
	    public String getName() {
	        return name; }
	    public void setName(String name) {
	        this.name = name; }
	    public ArrayList getStandorte() {
	        return Standorte; }
	    public void setStandorte(ArrayList _
	            Standorte) {
	        this.Standorte = Standorte; }
	    Zentrale() {
	        Standorte = new ArrayList(); }
	}
	``
		Die zugehörigen Objekte der Klasse Standort werden in dem Attribut Standorte festgehalten. Dieses Attribut ist vom Typ her ein Objekt der Klasse ArrayList (eine Containerklasse in Java). Über die Methoden getStandorte() und setStandorte() wird auf den Container zugegriffen. Im Konstruktor Zentrale() wird im Zuge der Objekterzeugung auch ein Objekt der Klasse ArrayList erzeugt und dem Verweisattribut Standort zugewiesen. Mit dem import Befehl werden benötigte Klassen importiert.

Klasse Standort
Dieser Quelltext wurde bis auf die grau hinterlegten Teile mit der Entwicklungsumgebung Eclipse aus dem Klassendiagramm der Modellansicht automatisch erzeugt.
	``java
	public class Standort {
	    private String name;
	    private Zentrale Verwaltung;
	    public String getName() {
	        return name;
	    }
	    public void setName(String name) {
	        this.name = name;
	    }
	    public Zentrale getVerwaltung() {
	        return verwaltung;
	    }
	    public void setVerwaltung(Zentrale _
	            verwaltung) {
	        this.verwaltung = verwaltung;
	    }
	    public Standort(Zentrale z) {
	        verwaltung = z;
	        z.getStandorte().add(this);
	    }
	}
	``
		Einem Objekt der Klasse Standort ist genau eine Zentrale zugeordnet. Daher wird hier diese Beziehung gleich im Konstruktor Standort() aufgebaut. Dem Konstruktor wird das zugehörige Objekt der Klasse Zentrale als Argument übergeben. Der Konstruktor weist das Argument z seinem Verweisattribut Verwaltung zu. Danach fügt er das gerade angelegte Standortobjekt dem Containerobjekt Standorte des zugehörigen Zentraleobjektes hinzu. Hierzu wird über den Aufruf z.getStandorte() der Container angesprochen. Über die Methode add() lassen sich einer ArrayList Objekte hinzufügen.

Klasse Ablauf
Ein Container der Klasse ArrayList wird mit einem Iterator in einer While-Schleife Objekt für Objekt durchlaufen.
Beim Einsatz von Iteratoren ist zu beachten, dass den Objekten, die über die Methode next() dem Container entnommen werden, ein geeigneter Typ zugeordnet wird (Cast Operation). Hier sind die Objekte, die sich im Container befinden, Objekte der Klasse Standort. Daher wird hier ein Cast auf die Klasse Standort vorgenommen:
(Standort)it.next()
	``java
	import java.util.ArrayList;
	import java.util.Iterator;
	public class Ablauf {
	    public static void main(String[] args) {
	    // Objekt der Klasse Zentrale anlegen.
	    Zentrale z1 = new Zentrale();
	    z1.setName("CityShop");
	    // Standort erzeugen und zuordnen.
	    Standort s1 = new Standort(z1);
	    s1.setName("Kassel");
	    // Ausgabe aller Standorte.
	    System.out.println("Standorte von "+_
	            z1.getName() + ":");
	    ArrayList cont = z1.getStandorte();
	    Iterator it = cont.iterator();
	    while(it.hasNext()) {
	        String name = ((Standort)it.next())._
	                getName();
	        System.out.println(name); }
	    }
	}
	``
		Die ausführbare Klasse Ablauf erzeugt zunächst ein Objekt der Klasse Zentrale und danach mehrere Objekte der Klasse Standort (hier nur eines).
		Im zweiten Schritt werden alle Standorte einer Zentrale ausgegeben. Hierzu wird zuerst der Container der Zentrale in der Variablen cont gespeichert. Danach wird mit der Methode iterator() ein Iterator it am Container cont angemeldet. In der While-Schleife werden über den Iterator mit it.next() die Objekte einzeln aus dem Container entnommen, solange über it.hasNext() festgestellt wird, dass sich weitere Objekte im Container befinden.

A

Begriff	Erklärung	Am Beispiel von Eclipse
Entwicklungsumgebung (IDE Integrated Development Environment)	Der Softwareentwicklungsprozess wird durch eine Entwicklungsumgebung unterstützt. In ihr lassen sich sowohl Modelle, z. B. UML-Klassendiagramme, als auch Quelltext eingeben.	Eclipse (www.eclipse.org) ist eine frei verfügbare, in Java programmierte Entwicklungsumgebung, die sich durch eine Vielzahl von Modulen auf die Bedürfnisse eines Entwicklers anpassen lässt.
Modellsicht (Model View)	Die Modellsicht erlaubt die Eingabe von Modellen. Hier stehen für UML z.B. Werkzeuge zur Erstellung für Klassendiagramme zur Verfügung. Die Entwicklungsumgebung erzeugt aus den Modellen Teile des Quelltextes. Aus dem Modell kann die zugehörige Quelltextstelle angesprungen werden.	Das Modul (Plug-in) Omondo (www.omondo.org) ermöglicht die Eingabe von UML-Modellen in Eclipse. In der Abbildung ist das Klassendiagramm einer 1:* Assoziation dargestellt. Durch Doppelklick springt der Fokus an die entsprechende Quelltextstelle.
Programmausgabe (Program Output)	Die Entwicklungsumgebung kompiliert und führt Klassen aus. Die Programmausgabe wird in einem Fenster angezeigt. Bei grafischen Anwendungen sind Konsolenausgaben zur Unterstützung der Ablaufkontrolle hilfreich.	Das Fenster gibt die Konsolenausgaben wieder. Hier ist die Ausgabe der Klasse Ablauf aus dem Beispiel der 1:* Assoziation Zentrale-Standort gezeigt.
Navigation	Eine Softwareentwicklung wird in einem Projekt zusammengefasst. In einem Navigator stellt die Entwicklungsumgebung die verfügbaren Projekte dar. Für ein Projekt listet sie alle Projektbestandteile, z.B. Klassen, auf.	Für das Projekt Verwaltung sind die Klassen Standort, Zentrale und Ablauf gezeigt. Über einen Doppelklick auf eine dieser Klassen zeigt der Navigator die Attribute und Methoden der Klasse an.

A

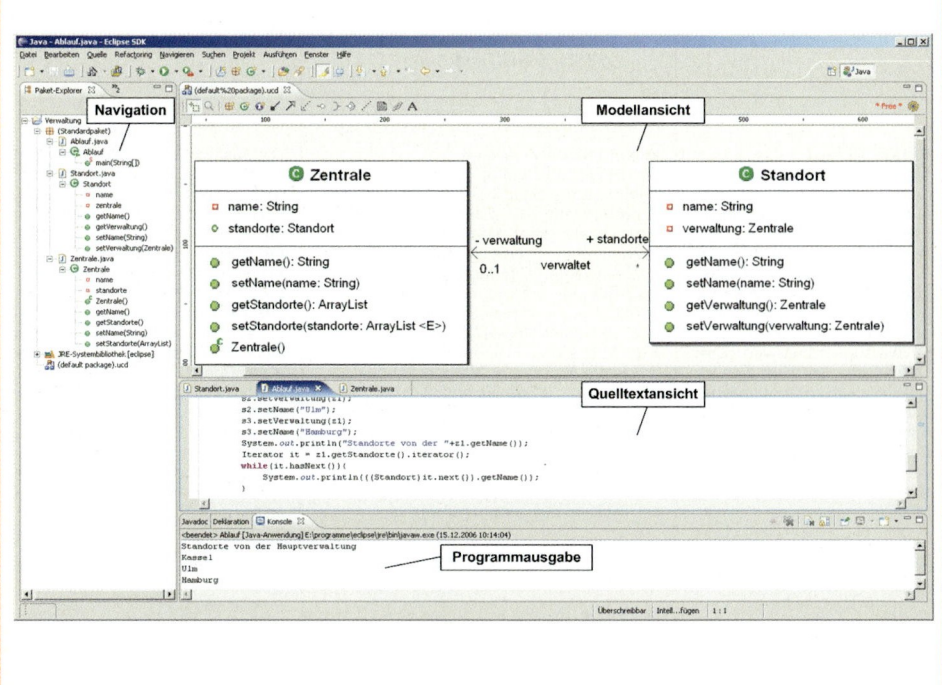

Elemente der IDE-Eclipse	Beschreibung
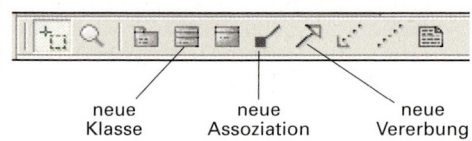 neue Klasse neue Assoziation neue Vererbung **Werkzeugleiste der Modellsicht**	Die Werkzeugleiste der Modellsicht des Eclipse Moduls Omondo bietet z.B. die Elemente zur Erstellung eines Klassendiagramms. Ein Klick auf das Klassensymbol erstellt eine neue Klasse im aktuellen Klassendiagramm und öffnet einen Dialog zur Eingabe der Eigenschaften und Methoden der Klasse. Weitere Elemente der Werkzeugleiste erlauben die Erstellung von Assoziationen und Vererbungen.
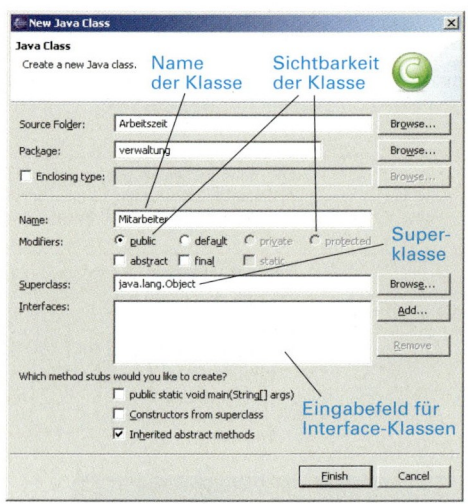 **Dialog zur Erstellung einer Java-Klasse**	Der Dialog zur Erstellung einer Klasse wird z.B. über die Modellansicht ausgelöst. Je nach Einstellung der Entwicklungsumgebung erfragt der Dialog die spezifischen Eigenschaften der Klasse in der gewählten Programmiersprache. Hier ist als Programmiersprache Java gewählt. In dem Dialog wird im ersten Absatz der Projektordner, der Paketname und der Klassenname eingegeben. Die Klasse wird über Schlüsselworte, z.B. public, abstract oder final, näher beschrieben. Eine Klasse kann eine Vererbungsbeziehung zu einer Superklasse zugeordnet werden. Standardmäßig wird eine Klasse von der Klasse Object vererbt, die die oberste Klasse in der Klassenhierarchie darstellt. In Java ist keine Mehrfachvererbung erlaubt. Im folgenden Feld werden die Interface-Klassen angegeben, die in der Klasse implementiert werden. Mehrfachvererbung wird auf die Implementierung von Interfaces abgebildet. Im letzten Abschnitt lassen sich der Klasse typische Methoden hinzufügen, z.B. die Methode main( ) für ausführbare Klassen.
Name des Verweisattributes Klasse des Verweisattributes Kardinalität der Assoziation **Dialog zur Erstellung einer Assoziation**	Über die Werkzeugleiste des Klassendiagramms in der Modellsicht werden die beiden Klassen, die durch eine Assoziation verknüpft werden sollen, durch einen Klick ausgewählt. Der Dialog zeigt eine Auswahl der Einstellungsmöglichkeiten einer Assoziation. Unter Name wird der Name des Verbindungsattributs eingetragen, das dem Rollennamen entspricht. Das Feld Type gibt an, zu welcher Klasse das Verbindungsattribut gehört. Bei der * Seite einer 1:* Assoziation ist hier die gewünschte Containerklasse auszuwählen, z.B. die Klasse ArrayList. Über den Browse Knopf lässt sich die Klasse des Verbindungstyps auch aus den verfügbaren Klassen auswählen. Im Feld Multiplicity wird die Kardinalität eingetragen. Im Feld Association Type ist es möglich, die Spezialfälle der Assoziation, Komposition oder Aggregation auszuwählen. Diese Einstellungen werden für beide Assoziationsenden getrennt eingegeben.

A

Aufgabe	Aktionen	Erklärung, Beispiel
Makro aufzeichnen	Excel-Tabelle öffnen → Extras → Makro aufzeichnen... → Makronamen eingeben → OK **Aufzeichnungsbeginn** → Tabellenelemente markieren → auszuführende Arbeitsschritte nacheinander ausführen → Schaltfäche Aufzeichnung beenden anklicken oder → Extras → Makro → Aufzeichnung beenden. **Aufzeichnungsende** → Makro und Arbeitsblatt speichern.	Makros (Anweisungsfolgen) dienen zur Automatisierung von sich wiederholenden Arbeitsabläufen, z.B. Schrift halbfett (Bold) setzen, Zellenfarbe ändern. Tabellenelemente lassen sich auch mathematisch verknüpfen. Die Aufzeichnung der Schritte (Klicks, Eingaben, Berechnungen) erfolgt sequenziell.
Schaltfläche für Makro-Aufruf erstellen	→ Extras → Anpassen... → Befehle → Makros → Befehle → Symbol in die Menüleiste ziehen.	Der Aufruf eines Makros ist auch über eine Schaltfläche in der Menüleiste möglich.
Makro anwenden	Excel-Tabelle öffnen → Extras → Makros... (ALT + F8) → Gewünschtes Makro wählen → Ausführen.	Die in einem Makro aufgezeichneten Arbeitsabläufe werden durch Aufruf des Makros automatisch ausgeführt.

Makro bearbeiten	Excel-Tabelle öffnen → Extras
	→ Gewünschtes Makro wählen → Bearbeiten
	→ Im Editorfenster Quelltext bearbeiten oder ergänzen
	→ Makro speichern
	→ Ausführen (F5)
	oder wie Schritt Makro anwenden.
		Beispiel: Ergänzen Sie Makro1 so, dass die Zellen A2 bis C4 gelb hinterlegt werden.
		Quelltext:
		Range(„A2:C4").Select
		  With Selection.Interior
		    .ColorIndex = 6
		    .Pattern = xlSolid
		  End With

A

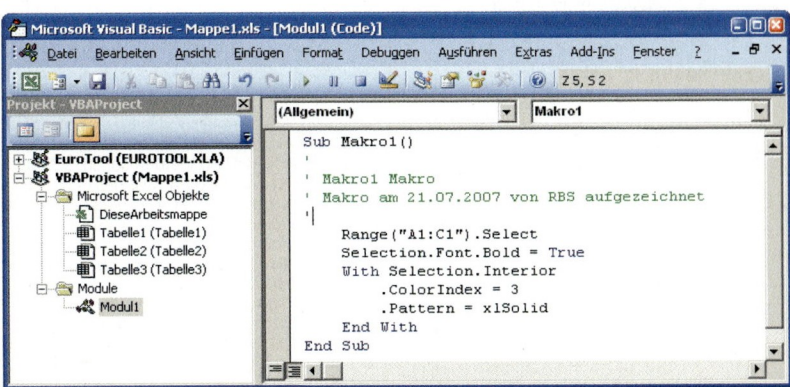

VBA- Entwicklungsumgebung mit Projektfenster und Editorfenster

	A	B	C	D
1	**Arbeitspaket-Nr.**	**Verantwortlicher**	**Zeit in Wochen**	
2	1	Maier	2	
3	2	Müller	1	
4	3	Heinz	4	
5				
6				

Mit Makro geänderte Excel-Mappe (Ausschnitt)

VBA von Visual Basic for Applications

Aufgabe	Quellcode	Darstellung, Erklärung
Uhrzeit in Message-Box	```Sub Uhr( )
MsgBox „ Heute ist der „ _
& Format(Date, „DD.MM.YYYY (DDDD)")
End Sub

DDDD gibt den Wochentag aus.``` | **Microsoft Excel** ☒

Heute ist der 31.07.2007 (Dienstag)

OK |

Sonderzeichen einfügen

```
Sub Erledigt( )
Dim Zelle As Range
Set Zelle = ActiveCell
With Zelle
    .Value = Chr(252)
    .Font.Name = „Wingdings"
    .HorizontalAlignment = xlCenter
End With
End Sub
```

	A	B	C
1	**ToDo-Liste:**	Priorität:	
2	1. Einkaufen	A	✓
3	2. Aufräumen	B	
4	3. Zimmer putzen	C	
5	4. Hausaufgaben machen	A	✓
6	5. E-Mails lesen	B	

Zeichentabelle ausgeben

```
Sub ZeichenTabelle( )
Dim i As Integer
Sheets(„Tabelle2").Activate
Range(„A2").Select
For i = 0 To 255
    With ActiveCell
        .Font.Name = „Wingdings"
        .Value = Chr(i)
        .Offset(0, 1).Value = i
        .HorizontalAlignment = xlCenter
        .Offset(1, 0).Select
    End With
Next i
End Sub
```

56	⌛	54
57	📱	55
58	🖱	56
59	🖲	57
60	💻	58
61	⌨	59
62	💾	60

A

Heutiges Datum suchen

```
Sub Datum( )
Dim heutDat As Date
heutDat = Range(„A2").Value
Sheets(„Tabelle2").Activate
Range(„A2").Select
Do Until Date = ActiveCell.Value
    ActiveCell.Offset(0, 1).Select
Loop
End Sub
```

	A	B	C	D
1	Heute:	21.07.2007		
2	21.07.2007	20.07.2007	21.07.2007	22.07.2007
3				

Bedingte Summierung

```
Sub BedingtSum( )
Range(„E4").Value = _
Application.WorksheetFunction.SumIf _
(Range(„B1:B9"), „Ja", Range(„A1:A9"))
Range(„E6").Value = _
Application.WorksheetFunction.SumIf _
(Range(„B1:B9"), „Nein", Range(„A1:A9"))
End Sub
```

	A	B	C	D	E
1	**Wert**	**Ja / Nein**			
2	35	Ja			
3	12	Nein			
4	23	Ja		Gesamtwert Ja	512
5	9	Nein			
6	432	Ja		Gesamtwert **Nein**	295
7	237	Nein			
8	22	Ja			
9	37	Nein			
10					

Zeichen ersetzen

```
Sub Telefon( )
Dim Zelle As Range
Sheets(„Tabelle1").Activate
For Each Zelle In Selection
If InStr(Zelle, „-") Then
Zelle.Offset(0, 1).Value = _
Application.Substitute(Zelle, „-", „/")
End If
Next Zelle
End Sub
```

	A	B	C
1	**Vorher**	**Nachher**	
2	0711-234222	0711/234222	
3	0731-25499	0731/25499	
4	0731-9386201	0731/9386201	
5	089-5667	089/5667	
6	0201-33889944	0201/33889944	
7	045-890432	045/890432	
8	0204-69160	0204/69160	
9			

Tag	Beschreibung	Beispiel, Bild

HTML-Seiten-Grundgerüst, Abbildungen, Links

Tag	Beschreibung	Beispiel, Bild
`<!-- ... -->` `<!-- ..//-->`	Ein Kommentar beginnt mit dem Tag `<!--`, danach folgt der Kommentartext, dieser wird abgeschlossen mit dem Tag `-->`. Kommentare werden von Browsern ignoriert. Ein mehrzeiliger Kommentar endet mit dem Tag `//-->`	`<html>` `<!-- Kommentartext einzeilig -->` `<head>` `<title>` Verlag Europa-Lehrmittel `</title>` `</head>` `<body>` `<img src =` „bilder/europalogo.jpg"> `<hr>` `<p align = center>` `<h1>Willkommen im Informa-tionssystem des ` Verlags Europa-Lehrmittel. `</h1>` `</p>` ` ` `<h2>Schularten </h2>` `<a href="bs.htm">` Berufliche Schulen</a> `</body>` `</html>`
`<html>` `</html>`	Der gesamte Inhalt einer HTML-Datei wird zwischen dem einleitenden Tag `<html>` und dem abschließenden Tag `</html>` eingeschlossen. Hinter dem einleitenden HTML-Tag folgt der einleitende Tag für den Kopf. Nach dem abschließenden Tag des Body `</body>` folgt das abschließende HTML-Tag.	
`<head>` `</head>`	Im Kopf eines HTML-Dokuments stehen allgemeine Angaben zur Datei selbst, z. B. Titel. Er beginnt mit dem `<head>` und schließt mit dem `</head>` ab.	
`<title>` `</title>`	Jedes HTML-Dokument benötigt einen Titel. Der Titel erscheint in der Titelzeile des Browsers und im Verlauf der besuchten Webseiten.	
`<body>` `</body>`	Innerhalb des Body (Körper) steht der Text des Dokuments, einschließlich aller Überschriften, Absätze, Listen, Bilder und Verknüpfungen.	
`<img src = ...>`	Fügt eine Abbildung in ein Dokument ein. Hinter „src=" steht der Dateiname bzw. die URL der Abbildung.	
`<a href = ...>` text `</a>`	Das Anker-Tag stellt die Verbindung zu dem hinter „href=" genannten anderen Dokument her. Der Text zwischen den Anker-Tags ist hervorgehoben. Wenn der Text angewählt wird, wird das benannte Dokument aufgerufen.	
` `	Erzwingt einen Zeilenumbruch	
`<p> Text...` `</p>`	Textabsätze, End-Tag ist nicht zwingend erforderlich, aber empfehlenswert.	
`<p align = center> ...` `</p>`	Textabsätze werden mit dem Tag `<p align = center>` mittig ausgerichtet. Außer center (mittig) steht noch left (links), right (rechts) und justify (passend) zur Verfügung	

Schriftgrößen, Farben, Grafiken

Tag	Beschreibung	Beispiel, Bild
`<body bgcolor = #rgb text=#rgb link=#rgb vlink=#rgb alink=#rgb >`	Definiert dateiweit die Hintergrundfarbe (bgcolor von Background colour), Textfarbe (text) und Linkfarbe. Links sind Verweise, die zu noch nicht aufgerufenen Textstellen (link) oder zu bereits aufgerufenen Textstellen (vlink von visited link) führen, oder Verweise, die gerade angeklickt sind (alink von actual link). r = Rotwert, hexadezimal von 00 bis FF g = Grünwert, hexadezimal von 00 bis FF b = Blauwert, hexadezimal von 00 bis FF	`<body bgcolor = #5D7EEB (blau)` text = #000000 (schwarz) link = #FF0000 (rot) vlink = #33FF00 (grün) alink = #FFFF33 (gelb)>
`<body background= "......">`	Fügt ein Hintergrundbild z. B. kacheln.gif ein. Das Bild wird über das ganze Anzeigefenster immer wiederholt. Es entsteht ein Tapeteneffekt (wallpaper).	`<body background=` „kacheln.gif">
`<basefont size=...> </basefont>`	Definiert die Basisschriftgröße. Es stehen sieben Basis-Schriftgrößen (size) von 1 bis 7 zur Verfügung. Voreingestellt ist die Schriftgröße 3.	`<!-- Basisschriftgröße 5 -->` `<basefont size = 5>` `</basefont>`
`<font size=...> </font>`	Das `<font size>`-Tag legt die Darstellungsgröße der Schrift fest. Der Wert kann absolut in Zahlen von 1 bis 7 angegeben werden, oder relativ im Verhältnis zur Normalschriftgröße 3. Mit `</font>` wird der Abschnitt mit anderer Schriftgröße beendet.	`<font size = 5>` `<font size = +2>` `<font size = -1>`
`<font color=#rgb </font>`	Definiert die Schriftfarbe für beliebige Textabschnitte.	`<!-- Schriftfarbe rot -->` `<font color = #FF0000>` Roter Text `</font>`
`<h1>... </h1>`	Die Überschriften-Tags (heading) `<h1>` bis `<h6>` beschreiben sechs Hierarchiestufen von Überschriften.	`<h1>Willkommen</h1>` `<h2>Schularten</h2>`

`<tag>` In spitze Klammern eingeschlossenes Befehlswort

A

Tag	Beschreibung	Beispiel

Tabellen

Tag	Beschreibung	Beispiel
<table border=... width=... height=... </table>	Tabellen mit sichtbaren Gitternetzlinien werden mit <table border="..."> eingeleitet und mit </table> beendet. Der Zahlenwert gibt die Dicke der Gitternetzlinie in Pixel an. Nicht sichtbare Gitternetzlinien werden nur mit <table>...</table> erzielt. Browser ermitteln die Größe der Tabelle anhand der Größe des aktuellen Fensters und anhand der Menge der Tabelleninformation. Die Breite der Tabelle wird durch width angegeben, z. B. width="100%" erzeugt eine Tabelle, die so breit wie das Anzeigefenster ist **(Bild)**. Width=70 erzeugt eine 70 Pixel breite Tabelle. Mit Height=... kann die Höhe der Tabelle in Prozent vom Anzeigefenster, oder absolut in Pixel vorgegeben werden.	<html> <head> <title>Tabelle mit drei Spalten und zwei Zeilen</title> </head> <body> <table border="1" width="100%"> <tr> <td width="33%"> Spalte 1</td> <td width="33%"> Spalte 2</td> <td width="34%"> Spalte 3</td> </tr> <tr> <td width="33%"> Zellentext 1</td> <td width="33%"> Zellentext 2</td> <td width="34%"> Zellentext 3</td> </tr> </table> </body> </html>
<tr>...</tr>	Tabellenzeilen werden mit <tr> (table row) eingeleitet und mit </tr> beendet.	
<td>...</td>	<td> (table data) leitet eine Datenzelle ein. Der Inhalt ist standardmäßig linksbündig ausgerichtet. Der Inhalt der Zelle wird hinter dem Tag angegeben, z.B. Spalte1, Zellentext 2. Die Zellen können Text, Grafiken und geschachtelte Tabellen enthalten. Mit width und height kann die Breite der Zelle relativ zur Gesamttabelle oder absolut in Pixel vorgegeben werden.	
<th>...</th>	Eine Tabelle kann Kopfzellen (table header) enthalten. Text in Kopfzellen werden mit <th> eingeleitet und standardmäßig zentriert und fettgedruckt dargestellt.	

Tabelle mit drei Spalten und zwei Zeilen - Microsoft Internet Explorer

Datei Bearbeiten Ansicht Favoriten Extras ?

Zurück · · Suchen Favoriten Medien

Links

| Spalte 1 | Spalte 2 | Spalte 3 |
| Zellentext 1 | Zellentext 2 | Zellentext 3 |

Browserfenster zu Beispiel

Listen

Tag	Beschreibung	Beispiel
<ul> <li>Listenelement 1</li> <li>Listenelement 2</li> ... </ul>	Eine unsortierte Liste wird mit <ul> (unsorted list) eingeleitet. Hinter den einzelnen <li>-Tags steht der aufzulistende Text. Im Browser wird oft standardmäßig ein Punkt dargestellt. Die Auflistung wird mit </ul> abgeschlossen. Eine geordnete Liste kann mit <ol> (ordered list) und </ol> erzeugt werden. Eine geordnete Liste wird automatisch mit 1., 2., 3. durchnummeriert.	<html> <head> <title>Seite mit Listenelementen</title> </head> <body> <ul> <li>Listenelement 1</li> <li>Listenelement 2</li> <li>Listenelement 3</li> </ul> </body> </html>
<ul type=...> <li>...</li> ... </ul>	Listen können mit <ul type=...> mit anderen Bullets als einem Punkt dargestellt werden. <ul type=square> quadratisches Aufzählungszeichen <ul type=circle> kreisförmiges Aufzählungszeichen	

Seite mit Listenelementen - Microsoft Internet Explorer

Datei Bearbeiten Ansicht Favoriten Extras ?

Zurück · · Suchen Favoriten Medien

Links

- Listenelement 1
- Listenelement 2
- Listenelement 3

Browserfenster zu Beispiel

A

Begriffe	Erklärungen	Bemerkungen, Beispiele
PHP	PHP = **P**HP **H**ypertext **P**reprocessor Eine in HTML eingebettete Skriptsprache, die im Server interpretiert wird.	Geeignet zur Gestaltung von dynamischen Webseiten, insbesondere zum Anbinden von Datenbanken wie MySQL.
PHP als CGI-Programm	*(Diagramm: Client mit Browser, HTML-Code <html> <head> <title>PHP</title> </head> <body> php-Test </body>; Server mit PHP als CGI-Programm, HTTP-Webserver, Common Gateway Interface (CGI), DB, z.B. MySQL; PHP-Skript <?php $str="php-Test"; if($var==$erg) { echo $str; } ?>)*	Werden von einem Client HTML-Seiten angefordert, die PHP-Code enthalten, so muss dies an der Erweiterung *.php erkennbar sein. Sie werden zunächst vom Webserver an den PHP-Interpreter gesendet. Der PHP-Interpreter sendet das Ergebnis z. B. einer Datenbankanfrage als HTML-Code zurück an den Webserver, der es als HTML-Code zum Browser des Client weitergibt. Der Browser erhält somit reinen HTML-Code und kommt mit den PHP-Befehlen nicht in Berührung. Vorteile: ● Keine besondere Fähigkeit des Browsers erforderlich. ● Kein Skript-Diebstahl möglich. Nachteil: ● Größere Belastung des Servers.
Einbindung in HTML	PHP-Skripte stehen zwischen den Tags <?php und ?>. Die Funktion echo gibt den folgenden Inhalt als Text am Bildschirm aus. Kommentare bis zum Zeilenende werden mit // eingeleitet. Mehrzeilige Kommentare stehen zwischen /* und */.	Beispiel: <html> <head> <title></title> </head> <body> <?php // Hier beginnt der PHP-Code echo ,,Dies ist PHP-Code"; ?> // Hier endet der PHP-Code </body> </html>
Variablen	Variablennamen werden durch ein vorangestelltes $-Zeichen gekennzeichnet. Auf Groß- und Kleinschreibung ist zu achten (case-sensitive).	$zahl = 5; $ZAHL = 9; echo $zahl; // Die Zahl 5 wird ausgegeben.

Anweisungen
 	
Anweisungsblöcke
	Eine Anweisung ist ein Befehl oder eine Wertzuweisung, gefolgt von einem Semikolon (;).
	Mit { und } werden mehrere Anweisungen zu einem Anweisungsblock verbunden.
		echo "Bildschirmausgabe";
		{
		    Anweisung 1;
		    Anweisung 2;
		}

Funktionen	Mit Funktionen werden Programme in kleine, abgrenzbare und mehrfach verwendbare funktionale Einheiten zerlegt. Sie werden mit dem Schlüsselwort function eingeleitet, gefolgt von dem Funktionsnamen und der in runden Klammern angegebenen Liste der erwarteten Parameter.
	Der Rückgabewert wird mit return gekennzeichnet.
	
	Aufgerufen wird eine Funktion durch den Funktionsnamen. Zu übergebende Variablen werden in runden Klammern angefügt.
		function quadrat($z, $ergebnis)
		{
		    $ergebnis = $z * $z;
		    return $ergebnis;
		}
		
		$zahl = 5;
		$ergebnis = 0;
		quadrat ($zahl, &$ergebnis);
		echo 'Das Quadrat von ', $zahl, ' ist ', $ergebnis, '.';

Call by value	Der Funktion werden Kopien der aktuellen Parameter übergeben. Die ursprünglichen Variablen werden nicht verändert.	quadrat ($zahl, ...) Die Zahl 5 wird durch die Funkton nicht verändert.
Call by reference	Der Funktion werden die Speicheradressen der aktuellen Parameter übergeben. Die Parameterwerte können durch die Funktion dauerhaft verändert werden. Dazu wird der zu übergebenden Variablen im Funktionsaufruf der Operator & vorangestellt.	quadrat (..., &$ergebnis);

A

Datentyp	Erklärung	Bemerkung, Wertebereich, Beispiel
Boolean	Der Wahrheitswert kann TRUE oder FALSE sein.	TRUE/FALSE, 0/1
Integer	Ganzzahlen, int	-2147483648 bis $+2147483647$
Double	Gleitpunktzahlen (mit doppelter Genauigkeit)	$-1{,}7 * 10^{-308}$ bis $\pm 1{,}7 * 10^{+308}$ $a = 1.234;$ $b = 7E\text{-}4;$
String	Textvariable, enthält alphanumerische Zeichen. Der Inhalt wird in Hochkomma (' ', single quoted) oder in Anführungszeichen (" ", double quoted) gesetzt.	$text1 = "Dies ist ein String";$ $text2 = 'Dies ist ebenfalls ein String';$
Array	Felder, die mehrere Variablen (auch unterschiedlichen Datentyps) enthalten. Numerisch: Die Adressierung der Array-Elemente erfolgt über fortlaufende Zahlen, beginnend bei 0. Assoziativ: Adressierung über Feldnamen (keys).	$adresse[0] = 1;$ $adresse[1] = "Müller";$ $adresse[2] = "Andreas";$ $adresse[KdNr] = 1;$ $adresse[Nachname] = "Müller";$ $adresse[Vorname] = "Andreas";$
Object	Objekte sind konkrete Einheiten (Instanzen) einer bestehenden Klasse.	class Warenkorb ... $Korb1 = new Warenkorb;$

Die Zuweisung eines Datentyps geschieht in PHP automatisch. Zahlen ohne Dezimalpunkt werden als Integer interpretiert, Zahlen mit Dezimalpunkt als Double. Variablen, die Buchstaben enthalten, werden als String gespeichert.

Funktionen zum Arbeiten mit einer MySQL-Datenbank	Beschreibung	Beispiel
mysql_connect( )	Öffnen einer Verbindung zum Datenbankserver. Es werden die Rechte des Users zum Verbinden mit dem Datenbankserver geprüft.	$host = 'localhost';$ $user = 'admin';$ $passwd = 'ghgU7f4';$ $conn = mysql\_connect ($host, $user, $passwd);$
mysql_select_db( )	Auswahl einer MySQL-Datenbank.	$database = 'dbWebshop';$ mysql_select_db($database);
mysql_query( )	Sendet eine SQL-Anfrage an den MySQL-Server. Das Ergebnis wird als Array in der Variablen $ergebnis gespeichert.	$sql = 'SELECT * FROM tblKunden';$ $ergebnis = mysql\_query($sql);$
mysql_close( )	Schließt eine Verbindung zum Datenbankserver.	mysql_close($conn);
mysql_fetch_array( )	Liefert einen Datensatz eines Abfrageergebnisses als Array zurück. $type gibt den Typ des Array an: MYSQL_ASSOC: assoziativ, MYSQL_NUM: numerisch, MYSQL_BOTH: beides.	$type = MYSQL\_ASSOC;$ $datensatz = mysql\_fetch\_array($ergebnis, $type);$
mysql_result( )	Gibt den Inhalt eines Feldes aus dem Abfrageergebnis zurück.	$erg = mysql\_result($res, $row, $field);$
mysql_num_fields( );	Liefert die Anzahl der Felder in einem Abfrageergebnis.	$anzfields = mysql\_num\_fields($result);$
mysql_num_rows( );	Liefert die Anzahl der Zeilen in einem Abfrageergebnis.	$anzrows = mysql\_num\_rows($result);$
mysql_field_name( )	Liefert den Feldnamen an der Stelle $i in einem Abfrageergebnis.	echo mysql_field_name($result,$i);
mysql_field_len( )	Liefert die Länge eines Feldes.	for ($i = 0; $i < mysql\_field\_len($result; $i++$)$ {...};
mysql_field_type( )	Liefert den Datentyp einer Spalte.	echo mysql_field_type($res);

A

A

Begriff	Erläuterung, Darstellung	Beispiel, Bemerkung
CMS	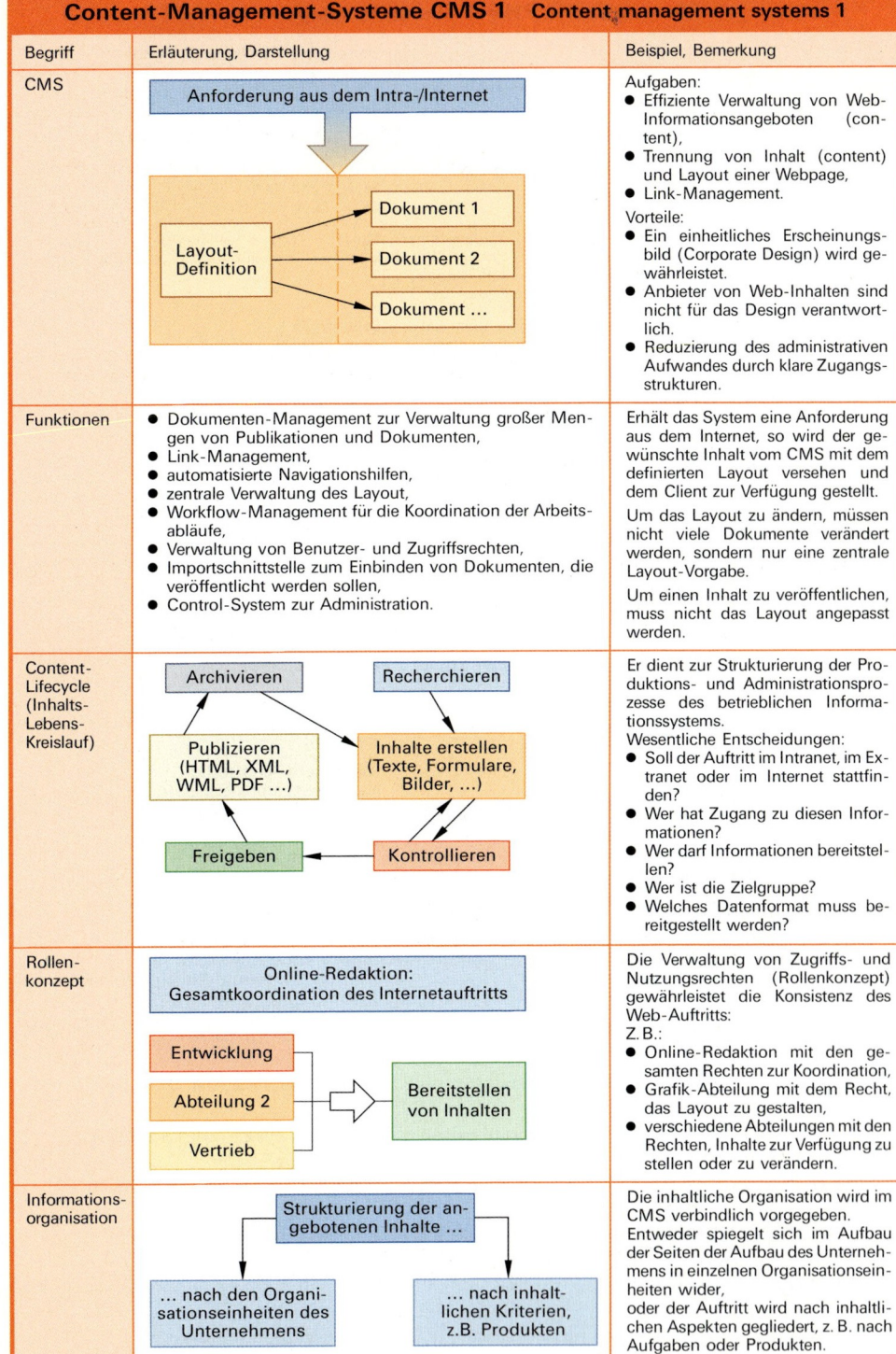	Aufgaben: • Effiziente Verwaltung von Web-Informationsangeboten (content), • Trennung von Inhalt (content) und Layout einer Webpage, • Link-Management. Vorteile: • Ein einheitliches Erscheinungsbild (Corporate Design) wird gewährleistet. • Anbieter von Web-Inhalten sind nicht für das Design verantwortlich. • Reduzierung des administrativen Aufwandes durch klare Zugangsstrukturen.
Funktionen	• Dokumenten-Management zur Verwaltung großer Mengen von Publikationen und Dokumenten, • Link-Management, • automatisierte Navigationshilfen, • zentrale Verwaltung des Layout, • Workflow-Management für die Koordination der Arbeitsabläufe, • Verwaltung von Benutzer- und Zugriffsrechten, • Importschnittstelle zum Einbinden von Dokumenten, die veröffentlicht werden sollen, • Control-System zur Administration.	Erhält das System eine Anforderung aus dem Internet, so wird der gewünschte Inhalt vom CMS mit dem definierten Layout versehen und dem Client zur Verfügung gestellt. Um das Layout zu ändern, müssen nicht viele Dokumente verändert werden, sondern nur eine zentrale Layout-Vorgabe. Um einen Inhalt zu veröffentlichen, muss nicht das Layout angepasst werden.
Content-Lifecycle (Inhalts-Lebens-Kreislauf)	Archivieren — Recherchieren — Publizieren (HTML, XML, WML, PDF …) — Inhalte erstellen (Texte, Formulare, Bilder, …) — Freigeben — Kontrollieren	Er dient zur Strukturierung der Produktions- und Administrationsprozesse des betrieblichen Informationssystems. Wesentliche Entscheidungen: • Soll der Auftritt im Intranet, im Extranet oder im Internet stattfinden? • Wer hat Zugang zu diesen Informationen? • Wer darf Informationen bereitstellen? • Wer ist die Zielgruppe? • Welches Datenformat muss bereitgestellt werden?
Rollenkonzept	Online-Redaktion: Gesamtkoordination des Internetauftritts Entwicklung Abteilung 2 → Bereitstellen von Inhalten Vertrieb	Die Verwaltung von Zugriffs- und Nutzungsrechten (Rollenkonzept) gewährleistet die Konsistenz des Web-Auftritts: Z. B.: • Online-Redaktion mit den gesamten Rechten zur Koordination, • Grafik-Abteilung mit dem Recht, das Layout zu gestalten, • verschiedene Abteilungen mit den Rechten, Inhalte zur Verfügung zu stellen oder zu verändern.
Informationsorganisation	Strukturierung der angebotenen Inhalte … … nach den Organisationseinheiten des Unternehmens … nach inhaltlichen Kriterien, z.B. Produkten	Die inhaltliche Organisation wird im CMS verbindlich vorgegeben. Entweder spiegelt sich im Aufbau der Seiten der Aufbau des Unternehmens in einzelnen Organisationseinheiten wider, oder der Auftritt wird nach inhaltlichen Aspekten gegliedert, z. B. nach Aufgaben oder Produkten.

Begriff	Erläuterung, Darstellung	Beispiel, Bemerkung
Meta-informationen	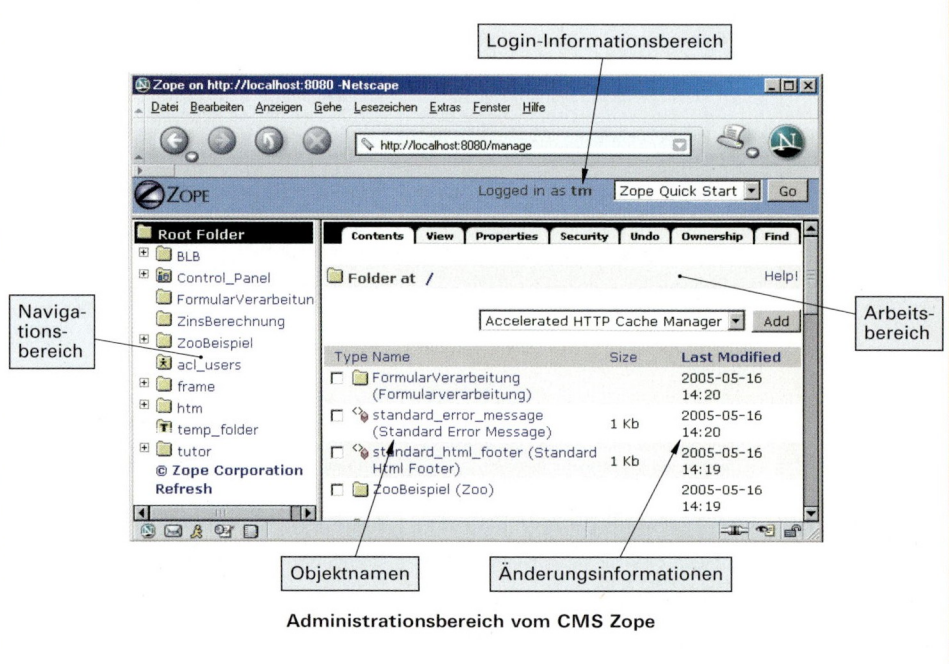	Es kann genau nachverfolgt werden, wer wann welchen Inhalt zur Verfügung gestellt hat. Zu einem bestimmten festzulegenden Zeitpunkt kann der Inhalt automatisch vom CMS entfernt werden. Veraltete Informationen (z. B. Einladung für vergangene Veranstaltungen) werden vermieden.
Versions-management	CMS ermöglicht die Archivierung vergangener Inhalte zur Recherche über die Entwicklungsgeschichte des Contents.	Es muss z. B. nachvollziehbar sein, welche verschiedenen Versionen eines Formulars bisher bereits vorhanden waren.
Link-management	Um Links zu vermeiden, die zu keiner gültigen Seite führen. Links werden im CMS dynamisch zum Anforderungszeitpunkt generiert.	Vermeidung von „toten" Links wirkt sich positiv auf die Zufriedenheit von Mitarbeitern, Partnern und vor allem Kunden aus.
Vorgehen zum Anlegen eines CMS	1. Zahl und Art der zu verwaltenden Projekte festlegen. 2. Wie viele Redakteure haben Zugriffsrechte? 3. Wie viele Seiten sollen verwaltet werden? 4. Welche Datenbanksysteme und welche Skriptsprachen sollen verwendet werden? 5. Wie soll das CMS erweitert werden können?	Zu klären ist, welche Hardware- und Software-Ressourcen zur Verfügung stehen. Provider bieten serverseitig unterschiedliche CMS an. Bei der Ausführung muss auf Barrierefreiheit geachtet werden.

A

Administrationsbereich vom CMS Zope

Begriffe	Erklärungen	Bemerkungen, Beispiele
Datenbanksystem DBS	Es besteht aus einer oder mehreren Datenbanken und einem Datenbank-Verwaltungssystem.	Ein Beispiel ist das Programmpaket Access zusammen mit der Datei Auftragsverwaltung.mdb
Datenbankverwaltungssystem, database management system (DBMS)	Programmpaket, das die Daten einer Datenbank verwaltet. Seine Funktionen sind: • Erstellen der Datenbank, Abfrage, Auswahl und Manipulation der Daten; • Organisation des Mehrbenutzerbetriebes mittels individueller Zugriffsrechte, Koordination bei gleichzeitigem Zugriff mehrerer Benutzer; • Datensicherung und Wiederherstellung, um die Datenkonsistenz zu erhalten.	**Datenbankenauswahl:** • MySQL, • Access • Oracle, • Sybase, • PostgreSQL, • Informix, • SQL-Server
Datenbank, (database) DB	Sammlung von Daten. Sie sind in einem Format abgelegt, welches vom DBMS vorgegeben ist und von ihm interpretiert werden kann.	Bei Access mit *.mdb oder *.mde. Bei MySQL: Verzeichnisse, die Dateien mit der Extension *.frm, *.myd und *.myi enthalten.
Datenbanktabelle	Sammlung von Daten konkreter, gleichartiger Objekte oder Entitäten. Jedes Objekt wird mit verschiedenen Attributen des jeweils gleichen Datentyps beschrieben.	Attr. 1 Attr. 2 Attr. 3 KdNr / Name / Vorname / ... 8245 / Maier / Herbert / ... ← Objekt 1 8246 / Müller / Hubert / ...
Domäne	Wertebereich, Menge aller zulässigen Werte, die ein Attribut annehmen kann.	Geschlecht: w (weiblich) / m (männlich) PLZ: 01000 ... 99999
Datensatz, Tupel	Zeile einer Tabelle, Menge der Attribute eines Objektes, die in der Tabelle gespeichert sind.	8245 / Maier / Herbert / ...
Relation	Menge von gleich strukturierten Datensätzen, die den Anforderungen (Eigenschaften, Wertebereichen) einer Tabelle genügen. Wird oft mit einer Tabelle gleichgesetzt.	Alle relevanten Kundendaten eines Unternehmens werden in der Relation *Kunden* gespeichert.
Relationale Datenbank	Menge von Relationen, die in einem logischen Zusammenhang stehen. Die Beziehungen zwischen den Daten werden über „gemeinsame" Attribute (Schlüssel) gekennzeichnet.	Der Auftrag Nr. 15830 vom 27. 04. 2005 mit der Kundennummer 8246 gehört zum Kunden Hubert Müller, der die Kundennummer 8246 hat.
Datenkonsistenz	Forderung, dass die Daten der Datenbank frei von Widersprüchen sind. Dies muss auch nach dem Eingeben, Löschen oder Verändern von Daten gelten.	Jede Bestellung muss genau eine aktuell gültige Lieferadresse besitzen. Jeder Auftrag muss genau einem Kunden zugeordnet sein.
Redundanz	Mehrfachhaltung von Daten innerhalb einer Datenbank. Sie kann leicht zu Dateninkonsistenzen führen. Sie ist zu vermeiden oder möglichst gering zu halten, damit sich die Daten nicht widersprechen.	In der Tabelle „Kunden" wird der Wohnort von Herrn Maier mit „Leonberg" angegeben, in der Tabelle „Aufträge" ist Herrn Maiers Wohnort ebenfalls vermerkt.
Prozessdaten	Daten, die durch einen Rechenprozess gebildet werden. Sie sind in einer relationalen Datenbank zu vermeiden, da sie schnell „veraltern".	Es ist nicht sinnvoll das Alter von Herrn Maier mit „23" zu speichern, da dies nach spätestens einem Jahr nicht mehr gültig ist. Sinnvoll: Geburtsdatum speichern und Alter jeweils berechnen.
Nutzer, User	Datenbankanwender, der in der Datenbank vermerkt ist und dem bestimmte Rechte z. B. zum Zugriff oder zur Veränderung der Daten zugewiesen sind. Benutzer mit ähnlichen Aufgaben und Rechten können zu Benutzergruppen, z. B. Gast, zusammengefasst werden.	Aufgabe des Administrators: Einstellen und Bearbeiten des Datenbankverwaltungsprogramms; Rechte der Nutzergruppe Gast: Abfragen von allgemein zugänglichen Daten.

A

Begriffe	Erklärung	Bemerkungen, Beispiele
Schlüssel	Bestimmte eindeutige Attribute oder Attributkombinationen, die Zuordnungen zwischen einzelnen Objekten der Datenbank ermöglichen.	Primärschlüssel, Fremdschlüssel
Primärschlüssel	Eindeutig identifizierendes Attribut oder eindeutige Attributkombination eines Datensatzes. Jede Tabelle muss einen Primärschlüssel enthalten. In einer Tabelle kann nur ein Primärschlüssel definiert werden. Die Anzahl der Attribute des Primärschlüssels sollte so gering wie möglich gehalten werden.	Bei einem Primärschlüssel aus einem Attribut darf jeder Attributwert innerhalb der Tabelle nur einmal auftreten. Bei zusammengesetztem Primärschlüssel darf jede Wertekombination nur einmal auftreten.
Fremdschlüssel	Attribute einer Tabelle, die sich auf den Primärschlüssel einer anderen Tabelle beziehen und dadurch logische Beziehungen der Objekte beschreiben.	Der Auftrag Nr. 15830 vom 27. 04. 2007 mit der Kundennummer 8246 gehört zum Kunden Hubert Müller, d. h., die Kundennummer ist in der Tabelle Auftrag Fremdschlüssel und bezieht sich auf das Feld Kundennummer (Primärschlüssel) in der Tabelle Kunden.
Referenzielle Integrität	Gültigkeitsregel, die festlegt, dass für jeden Wert eines Fremdschlüssels ein entsprechender Primärschlüsselwert gegenüber stehen muss.	Hat ein Auftrag das Attribut Kundennummer = '8246', so muss auch ein Kunde mit dieser Kundennummer in der Datenbank existieren.
Eintrag, auf den sich ein Fremdschlüsselwert bezieht:	Durch diese Regelungen wird die Datenkonsistenz gewährleistet: ● NO ACTION (restrict) Das Löschen des Eintrages wird zurückgewiesen, wenn mindestens ein Fremdschlüsselwert auf diesen Eintrag verweist. ● CASCADE Mit dem Löschen des Eintrages werden auch alle Datensätze gelöscht, die sich auf diesen Eintrag beziehen. ● SET NULL Mit dem Löschen des Eintrages werden alle Fremdschlüsselwerte auf NULL gesetzt, die sich auf den gelöschten Eintrag beziehen.	Es können keine Datensätze mit einem Fremdschlüsselwert existieren, für die es keinen Bezugsdatensatz mit passendem Primärschlüsselwert gibt. Beispiel: Wird der Kunde mit der Kundennummer = '8246' gelöscht, so darf kein Auftrag existieren, der diesem Kunden zugeordnet ist. Zu beachten ist, dass gelöschte Daten unwiederbringlich verloren sind.
Architektur einer relationalen Datenbank: Konzeptionelles Modell, Dreischichtenkonzept	Ziel: Datenunabhängigkeit, d. h. auf einer Schicht sollen Veränderungen vorgenommen werden können, ohne Einfluss auf andere Schichten auszuüben. **Schicht 1: Konzeptionelles Schema** — abzubildende Realwelt **Schicht 2: externes Schema (Nutzersicht)** — Teil der abgebildeten Realwelt, der für einen bestimmten Benutzer wichtig ist. Wird durch die Oberfläche des Anwendungsprogrammes realisiert; z.B. Abfragen, Masken **Schicht 3: internes Schema** — physikalische Datenorganisation. Ziele: • minimale Zugriffszeit • optimale Speicherausnutzung • Sicherheit	In den verschiedenen Nutzersichten werden die Wünsche der einzelnen Datenbankbenutzer berücksichtigt. Dies wird als externe Sicht bezeichnet. Das Datenbankmanagementsystem (DBMS) setzt diese individuellen Sichtweisen um in eine logische Gesamtsicht. Dadurch wird gewährleistet, dass alle wesentlichen Datenaspekte einheitlich gespeichert und zentral koordiniert werden. Die erlaubten Datenoperationen werden festgelegt (z. B. muss die Buchung eines Einkaufs beim Großhändler auch den Bestand des Lagers verändern.). Die Integritätsbedingungen werden zentral überwacht. Vorteile: ● Stabiler Bezugspunkt für alle Anwendungen innerhalb der Datenbank, ● Einheitliche Speicherung aller wesentlichen Daten innerhalb der Datenbank, ● Zentrale Kontrolle der Daten durch das Datenbankmanagementsystem (DBMS).

A

Entwicklung von SQL, Übersicht

SQL-Standards		Sprachbereiche	
1986	SQL-1-Standard	DQL (Data Query Language)	Formulierung von Suchabfragen
1989	SQL-1 mit Integritätserweiterungen	DDL (Data Definition Language)	Festlegen von Tabellen, Feldern und Schlüsseln sowie deren Eigenschaften
1992	SQL-2-Standard: neue Datentypen, temporäre Relationen, dynamisches SQL, standardisierte Katalogrelationen zur Beschreibung der Datenbankstruktur	DML (Data Manipulation Language)	Speichern, Lesen, Ändern und Löschen von Daten
1999	SQL-3: aktuelle Norm, objektorientierte Konzepte	DCL (Data Control Language)	Steuerung der Datensicherheit und Festlegen der Zugriffsberechtigungen

SQL-Wertebereiche und Nullwerte bei DDL

Datentyp	Bereich	Beispiel
INTEGER, INT DECIMAL(p,s), DEC(p,s) REAL NUMERIC(p,s) FLOAT(p), FLOAT	ganze Zahlen p-stellige Dezimalzahlen, s Stellen hinter Komma Gleitkommazahlen entspricht DECIMAL(p,s) Gleitkommazahlen mit p-stelliger Genauigkeit	CREATE TABLE persDat (persNr Integer, name CHAR(20), vname CHAR(20), strasse VARCHAR(25), pleitzahl INT(5), geschlecht CHAR(1), abteilungsNr INT, eintrittsdatum DATE, gehalt DECIMAL(7,2), behindert BOOLEAN, persBild BLOB);
BOOLEAN BIT(n)	Wahrheitswerte Bitfolge der festen Länge n	
CHARACTER CHARACTER(n), CHAR(n) VARCHAR(n)	einzelnes Zeichen Strings der festen Länge n Strings bis zu n Zeichen	
DATE TIME TIMESTAMP	Datumsangabe Jahr, Monat, Tag Zeitangabe Stunde, Minute, Sekunde Kombination Datums- und Zeitangabe	
CLOB BLOB	Character Large Objects Binary Large Objects	
Nullwerte	NULL" bedeutet „Wert ist unbekannt" oder „Wert ist nicht anwendbar". Zwei Nullwerte sind standardmäßig verschiedene Werte. Verbieten von Nullwerten: Schlüsselwort NOT NULL hinter Attribut und Wertebereich. Berechnungen mit Nullwerten: Arithmetische Ausdrücke mit NULL: → NULL als Ergebnis.	Boolesche Ausdrücke mit NULL: Bei Und-Verknüpfung: TRUE / UNKNOWN → UNKNOWN FALSE / UNKNOWN → FALSE UNKNOWN / UNKNOWN → UNKNOWN Bei Oder-Verknüpfung: TRUE / UNKNOWN → TRUE FALSE / UNKNOWN → UNKNOWN UNKNOWN / UNKNOWN → UNKNOWN Bei Nicht-Verknüpfung: UNKNOWN → UNKNOWN

A

Datenbanksprache SQL 2   Database language SQL 2

Definitionsanweisungen bei DDL

Ausdruck, Schlüsselwort	Bemerkung	Beispiel
CREATE TABLE	Definition einer neuen Tabelle inklusive der Attribute, Wertebereiche, Integritätsbedingung. Erzeugung einer leeren Tabelle, ohne Datensätze.	CREATE TABLE Kunde (KdNr INTEGER, KdName CHARACTER(20), KdVorname CHARACTER(20), KdStrasse CHARACTER(30), KdPLZ DECIMAL(5,0), KdTel CHARACTER(20));
PRIMARY KEY	Festlegen eines Primärschlüssels.	CREATE TABLE BestellPosition (PositionsNr INTEGER Not Null, BestellNr INTEGER Not Null, PRIMARY KEY (PositionsNr, BestellNr));
DROP TABLE	Löschen einer Tabelle aus der Datenbank.	DROP TABLE Kunde;
ALTER TABLE	Verändern einer Tabelle. Ändern, Löschen oder Hinzufügen von Attributen.	ALTER TABLE Kunde ADD KdEmail VARCHAR(50);

Data Manipulation Language DML

Ausdruck, Schlüsselwort	Bemerkung	Beispiel
INSERT INTO	Einfügen eines Datensatzes in eine bestehende Tabelle.	INSERT INTO Kunde VALUES (25, 'Maier', 'Hans', 'Auweg 12', 70123, 0711/34567, 'hans.maier@web.de');
DELETE	Löschen eines oder mehrerer Datensätze.	DELETE FROM BestellPosition WHERE BestellDatum < '2007 $\geq$ 02-01';
UPDATE	Verändern von eingetragenen Werten in einer Tabelle.	UPDATE Artikel SET Preis = Preis*1.05;

Data Query Language DQL

Ausdruck, Schlüsselwort	Bemerkung	Beispiel
SELECT [Feldnamen]... FROM [Tabellennamen] ...	Auswahl ausgewählter Attribute (Felder) bestimmter Datensätze aus Tabellen.	SELECT KdNr, KdName, KdVorname FROM Kunde;
SELECT DISTINCT ...	Auswahl bestimmter Daten, wobei doppelte Angaben unterdrückt werden.	SELECT DISTINCT Ort FROM Lieferant;
... WHERE [Bedingung]	Optional, um Datensätze aufgrund bestimmter Bedingungen auszuwählen. Mehrere Bedingungen können mit AND oder OR verbunden werden.	SELECT KdNr, KdName, KdVorname FROM Kunde WHERE ORT LIKE 'Stuttgart' OR Ort LIKE 'Esslingen';
... WHERE [Feldname] IN (Inhalt1, Inhalt2, ...)	Vergleich eines Feldinhalts mit verschiedenen Werten. Trifft einer zu, so wird der Datensatz berücksichtigt.	SELECT KdNr, KdName, KdVorname FROM Kunde WHERE ORT IN ('Stuttgart', 'Esslingen');
... WHERE [Feldname] BETWEEN [Wert 1] AND [Wert 2]	Wählt alle die Datensätze aus, deren Feldinhalt zwischen Wert 1 und Wert 2 liegt.	SELECT KdNr, KdName, KdVorname FROM Kunde WHERE Plz BETWEEN 10000 AND 19999;

A

Entity-Relationship-Modell   Entity relationship model

Begriffe, Symbole	Darstellung, Erklärung	Bemerkung, Beispiel
Entitätstyp, Objektklasse Attribut Beziehung		**Zweck:** Das Entity-Relationship-Modell dient dazu, Objekte und Beziehungen zwischen Objekten der realen Welt so darzustellen, dass sie programmiertechnisch in eine logisch stimmige Modellwelt übersetzt werden können.
Entität (entity)	Eigenständiges Objekt, welches durch den Datensatz einer Tabelle identifiziert wird. Eine Entität wird auch als Einheit, Objekt bezeichnet.	Ein bestimmter Kunde, ein einzelner Auftrag, ein konkreter Artikel, ein definierter Vorgang.
Entitätstyp, Objektklasse	Menge von gleichartigen Objekten, die jeweils durch die gleichen Eigenschaften (Attribute) beschrieben werden und in einer Tabelle zusammengefasst werden können.	Der Datentyp des Kunden.
Entität (starke, schwache)	Eine schwache Entität hängt von einer anderen Entität ab, sie kann ohne die andere Entität nicht existieren. Starke Entität: wenn sie keine schwache Entität ist.	Eine Produktionsdatenbank enthält die Entitäten ‚Produkt' und ‚Fehler'. Produkt ist eine starke Entität. Fehler ist eine schwache Entität, da ohne Produkte keine Fehler existieren. Setzt eine Entität die Existenz einer anderen Entität voraus, so wird sie als schwache Entität bezeichnet. So existiert kein Auftrag (= schwache E.), der nicht einem Kunden (= starke E.) zugeordnet ist.
Subtyp	Eine Entität, die in einer anderen Entität als Untermenge eingeschlossen ist.	Die Entität Abteilungsleiter ist ein Subtyp der Entität Angestellter.
Supertyp	Eine Entität, die andere Entitäten als Untermengen enthält.	Die Entität Angestellter enthält die Entitäten Bereichsleiter und Abteilungsleiter.
Attribut, Eigenschaft	Kennzeichen eines Objekttyps, um die einzelnen Objekte genauer zu beschreiben. Jedem Attribut wird ein Datentyp zugewiesen, z.B. Integer, Real, String, Boolean.	Kundennummer, Name, Vorname, Wohnort.
Attributswert	Wert eines Attributs, der einem bestimmten Objekt der Datenbank zugeordnet ist.	Name des Kunden mit der Kundennummer '256': → 'Maier'.
Schlüssel	Attribut, das eindeutig ein Objekt kennzeichnet.	Jedem Atributswert eines Schlüsselfeldes muss ein eindeutiges Objekt zugeordnet sein.
Beziehung (relationship)	Abhängigkeit zwischen den einzelnen Entitätstypen und damit zwischen den einzelnen Entitäten einer Datenbank. Die Analyse der verschiedenen Beziehungen ist wesentlich beim Entwurf oder der Erweiterung einer Datenbank.	Ein Auftrag steht immer in Beziehung zu einem bestimmten Kunden, da dies für die Lieferung und die Rechnungsstellung notwendig ist.
Geschäftsregeln	Vorgaben, die die möglichen Werte von Attributen oder die möglichen Beziehungen zwischen Entitätsmengen einschränken.	Wichtige Geschäftsregeln sind z.B.: ● Festlegen von eindeutigen Schlüsseln, ● Einschränkung der möglichen Wertebereiche von Attributen, z.B. Postleitzahl < 99999, ● Abhängigkeiten zwischen Attributen, z.B. Einkaufspreis < Verkaufspreis.

A

Begriff, Art	Erklärung, Darstellung	Beispiel, Bemerkung
Kardinalität	Die Kardinalität (Mächtigkeit) einer Beziehung gibt an, wie viele Objekte einer Objektklasse mit einem Objekt einer anderen Objektklasse in Beziehung stehen.	Zu jedem Auftrag gehört genau ein Kunde, ein Kunde ist Auftraggeber für einen oder mehrere Aufträge.
1:1	Einem Objekt einer Klasse wird genau ein Objekt einer anderen Klasse zugewiesen. 	Jedem Mitarbeiter ist genau ein Datensatz in der Tabelle Gehalt zugeordnet. Es ist möglich, die Attribute der schwachen Entität (hier: Gehalt) in die Tabelle der starken Entität aufzunehmen und zu einer einzigen Tabelle zusammenzufügen. Relativ selten ist die Trennung in zwei Tabellen, z. B. aus Datenschutzgründen, sinnvoll.
1:1c (c für conditionally, bedingt)	Einem Objekt einer Klasse wird kein Objekt oder genau ein Objekt einer anderen Klasse zugewiesen. 	Ein Mitarbeiter hat entweder keinen Partner oder genau einen Ehepartner.
1:m (auch 1:∞)	Einem Objekt einer Klasse sind ein oder mehrere Objekte einer anderen Klasse zugewiesen. Die Anzahl der zweiten Klasse kann beliebig sein. 	In einer Abteilung sind mehrere Mitarbeiter beschäftigt. Ein Mitarbeiter ist genau einer Abteilung zugeordnet. Festgelegt wird eine 1:m-Beziehung, indem der Primärschlüssel der Tabelle der 1-Seite als Fremdschlüssel in die Tabelle auf der m-Seite aufgenommen wird. In verschiedenen Datenbanksystemen wird eine 1:m-Beziehung mit den Symbolen 1:∞ dargestellt.
1:mc	Einem Objekt einer Klasse sind kein Objekt, ein oder mehrere Objekte einer anderen Klasse zugewiesen. Die Anzahl der Objekte der zweiten Klasse kann beliebig groß sein. 	Ein Auftrag ist immer genau einem Kunden zugeordnet. Ein Kunde kann bereits mehrere Aufträge erteilt haben. Er wird auch als Kunde aufgenommen, wenn er nur Interesse zeigt aber noch keinen Auftrag erteilt hat.
m:n	Ein Objekt einer Klasse 1 steht mit einem oder mehreren Objekten der Klasse 2 in Beziehung. Umgekehrt steht auch ein einzelnes Objekt der Klasse 2 mit einem oder mehreren Objekten der Klasse 1 in Beziehung. 	Ein Schüler wird von mehreren (n) Lehrern unterrichtet. Ein Lehrer unterrichtet mehrere (m) Schüler.
m:nc	Ein Objekt einer Klasse 1 steht mit keinem, einem oder mehreren Objekten der Klasse 2 in Beziehung. Umgekehrt steht ein einzelnes Objekt der Klasse 2 mit einem oder mehreren Objekten der Klasse 1 in Beziehung. 	Ein Artikel kann in einer oder mehreren (n) Bestellungen enthalten sein. Es gibt auch Artikel, die noch nicht bestellt wurden (c). Eine Bestellung enthält mindestens einen oder mehrere (m) Artikel.
Auflösen von m:n-Beziehungen	m:n-Beziehungen können in relationalen Datenbanksystemen nicht dargestellt werden. Über Zwischentabellen muss die Beziehung aufgelöst werden. 	Ein Artikel ist in einer oder mehreren Bestellpositionen enthalten. Eine Bestellung setzt sich aus einer oder mehreren Bestellpositionen zusammen. Eine Position ist genau einer Bestellung zugeordnet und enthält genau einen Artikel.

A

A

Key expressions	Explanation	English	German
SQL	SQL is an ANSI (American National Standards Institute) standard programming language for accessing and manipulating database systems. SQL statements are used to create, retrieve and update data in a database. SQL works with database programs like MS Access, DB2, Informix, MS SQL Server, Oracle, Sybase, MySQL etc. There are many different versions of the SQL language; if they are based on ANSI, they must support the same major keywords in a similar manner (such as SELECT, UPDATE, DELETE, INSERT, WHERE, and others).	database manner similar to access to delete to manipulate to retrieve to support to update	Datenbank Art und Weise ähnlich zugreifen löschen verändern abrufen unterstützen aktualisieren
SQL Database Tables	A database contains one or more tables. Each table is identified by a name (e. g. „Customers" or „Orders"). Tables contain records (rows) with data. <table><tr><td>ID</td><td>LastName</td><td>FirstName</td><td>Address</td><td>City</td></tr><tr><td>01</td><td>Hansen</td><td>Peter</td><td>Rue 10</td><td>Paris</td></tr><tr><td>02</td><td>Helm</td><td>Susan</td><td>Via 2</td><td>Pisa</td></tr><tr><td>03</td><td>Heath</td><td>Paul</td><td>Cross 2</td><td>Eaden</td></tr></table>	customer each order records row table to contain	Kunde jede,-er,-es Bestellung Datensätze Reihe Tabelle enthalten
SQL Queries The SELECT Statement	With SQL, we can query a database and have a result set returned. Note: Some database systems require a semicolon at the end of the SQL statement. The SELECT statement is used to select data from one or more tables. The tabular result is shown in a result table (called the result set). A query like this `SELECT ID, LastName FROM Persons` gives a result set like this: <table><tr><td>ID</td><td>LastName</td></tr><tr><td>01</td><td>Hansen</td></tr><tr><td>02</td><td>Helm</td></tr><tr><td>03</td><td>Heath</td></tr></table>	query result semicolon set statement to note to query to require to select	Suchanfrage Ergebnis Strichpunkt Satz, Reihe Aussage beachten abfragen benötigen auswählen

The WHERE Clause	To select data from a table, a WHERE clause can be added to the SELECT statement.
	
	`SELECT column FROM table`
	`WHERE column operator value`
	
	With the WHERE clause, the following operators can be used:
	<table><tr><td>**Operator**</td><td>**Description**</td></tr><tr><td>=</td><td>equal</td></tr><tr><td>< ></td><td>not equal</td></tr><tr><td>></td><td>greater than</td></tr><tr><td><</td><td>less than</td></tr><tr><td>> =</td><td>greater than or equal</td></tr><tr><td>< =</td><td>less than or equal</td></tr><tr><td>BETWEEN</td><td>between an inclusive range</td></tr><tr><td>LIKE</td><td>search for a pattern</td></tr></table>
	To select only the persons living in the city „Paris", we add a WHERE clause to the SELECT statement.
	
	`SELECT * FROM Persons`
	`WHERE City = 'Paris'`
	
	Result
	<table><tr><td>ID</td><td>LastName</td><td>FirstName</td><td>Address</td><td>City</td></tr><tr><td>01</td><td>Hansen</td><td>Peter</td><td>Rue 10</td><td>Paris</td></tr></table>
		clause
		column
		equal
		inclusive
		less
		range
		statement
		to add
		value
			Satz
			Spalte
			gleich
			einschließend
			weniger
			Spektrum
			Aussage
			hinzufügen
			Wert

Key expression	Explanation	English	German
The INSERT INTO Statement	The INSERT INTO statement is used to insert new rows into a table.	column	Spalte

The INSERT INTO Statement

The INSERT INTO statement is used to insert new rows into a table.

```
INSERT INTO table_name
VALUES (value1, value2, ...)
```

You can also specify the columns for which you want to insert data:

```
INSERT INTO table_name (column1, column2, ...)
VALUES (value1, value2, ...)
```

To insert a new row into the "persons" table

ID	LastName	FirstName	Address	City
01	Hansen	Peter	Rue 10	Paris
02	Helm	Susan	Via 2	Pisa

this SQL statement with the syntax

```
INSERT INTO Persons
VALUES ('Heath', 'Paul', 'Cross 2', 'Eaden')
```

will insert the new row with the new values:

ID	LastName	FirstName	Address	City
01	Hansen	Peter	Rue 10	Paris
02	Helm	Susan	Via 2	Pisa
03	Heath	Paul	Cross 2	Eaden

English	German
column	Spalte
row	Reihe, Linie, Zeile
statement	Aussage
syntax	Satzbau
table	Tabelle
to insert	einfügen
to specify	angeben
value	Wert

A

The Update Statement

The UPDATE statement is used to modify the data in a table.

Syntax

```
UPDATE table_name
SET column_name = new_value
WHERE column_name = some_value
```

Persons

ID	LastName	FirstName	Address	City
01	Hansen	Peter	Rue 10	Paris
02	Helm	Susan	Via 2	Pisa
03	Heath		Cross 2	Eaden

Update of one column in a row
We want to add a first name to the person with a last name of "Heath":

Syntax

```
UPDATE Person SET FirstName = 'Paul'
WHERE LastName = 'Heath'
```

Result

ID	LastName	FirstName	Address	City
01	Hansen	Peter	Rue 10	Paris
02	Helm	Susan	Via 2	Pisa
03	Heath	Paul	Cross 2	Eaden

English	German
pattern	Muster
to add	hinzufügen
to modify	verändern
to set	einstellen
to update	aktualisieren

A

Begriff, Art	Erklärung	Beispiel, Bemerkung
Normalisierung	Schrittweises Anwenden einzelner Regeln, um einen widerspruchsfreien (= konsistenten) Aufbau der Datenbank zu erreichen. Durch die Normalisierung werden Redundanzen (mehrfache gleiche Einträge oder Felder) mit einander widersprechenden Dateninhalten vermieden. Dies vereinfacht die *Wartung* einer Datenbank.	In der Tabelle Aufträge darf keine Adresse enthalten sein, die dem Adresseintrag in der Tabelle Kunde widerspricht. Zudem darf bei einem Auftrag keine Kundennummer gespeichert werden, die keinem Kunden zugeordnet ist.
Zusammengesetzter Primärschlüssel	Ein Primärschlüssel enthält einen Inhalt, der eindeutig ein Objekt kennzeichnet. Der Primärschlüssel kann aus mehreren Feldern (Attributen) zusammengesetzt sein.	<table><tr><th>CD_ID</th><th>Album</th><th>Interpret</th><th>Track</th><th>Titel</th></tr><tr><td>4711</td><td>Not That Kind</td><td>Anastacia</td><td>1</td><td>Not That Kind</td></tr><tr><td>4711</td><td>Not That Kind</td><td>Anastacia</td><td>2</td><td>I'm Outta Love</td></tr><tr><td>4711</td><td>Not That Kind</td><td>Anastacia</td><td>3</td><td>Cowboys & Kisses</td></tr><tr><td>4712</td><td>Wish You Were</td><td>Pink Floyd</td><td>1</td><td>Shine On You Crazy</td></tr></table> Jeder Titel der CDs wird durch die Kombination aus CD_ID und Track eindeutig gekennzeichnet.
Funktionale Abhängigkeit	Ein Attribut x einer Tabelle ist von einem anderen Attribut y der selben Tabelle funktional abhängig, wenn zu jedem x-Wert höchstens ein y-Wert möglich ist.	Zu jeder CD_ID (Attribut x) gibt es genau einen Album-Namen (Attribut y): 4711 → „Not That Kind".
1. Normalform 1NF	Eine Tabelle ist dann in der 1. Normalform, wenn jedes *Attribut* der *Relation* unteilbar (atomar) ist. Eine Information in einem Attribut ist dann atomar, wenn sie nicht mehr weiter in Einzelinformationen zerlegt werden kann. Als Attributwerte sind keine Aufzählungen oder Listen erlaubt.	<table><tr><th>CD_ID</th><th>Album</th><th>Titelliste</th></tr><tr><td>4711</td><td>Not That Kind (Anastacia)</td><td>Not That Kind, I'm Outta Love, Cowboys & Kisses</td></tr><tr><td>4712</td><td>Wish You Were Here (Pink Floyd)</td><td>Shine On You Crazy Diamond</td></tr></table> ⬇ <table><tr><th>CD_ID</th><th>Album</th><th>Interpret</th><th>Track</th><th>Titel</th></tr><tr><td>4711</td><td>Not That Kind</td><td>Anastacia</td><td>1</td><td>Not That Kind</td></tr><tr><td>4711</td><td>Not That Kind</td><td>Anastacia</td><td>2</td><td>I'm Outta Love</td></tr><tr><td>4711</td><td>Not That Kind</td><td>Anastacia</td><td>3</td><td>Cowboys & Kisses</td></tr><tr><td>4712</td><td>Wish You Were</td><td>Pink Floyd</td><td>1</td><td>Shine On You Crazy</td></tr></table>
2. Normalform 2NF	Eine Tabelle ist in der zweiten Normalform, wenn die Tabelle in der ersten Normalform ist und alle Nichtschlüsselattribute vom gesamten Primärschlüssel voll funktional abhängig sind. Um eine Tabelle in die zweite Normalform zu bringen, sind Felder, die nur von einem Teil des Primärschlüssels abhängen, in eine zweite Tabelle auszugliedern.	<table><tr><th>CD_ID</th><th>Album</th><th>Interpret</th><th>Track</th><th>Titel</th></tr></table> ⬇ ⬇ <table><tr><th>CD_ID</th><th>Album</th><th>Interpret</th></tr><tr><td>4711</td><td>Not That Kind</td><td>Anastacia</td></tr><tr><td>4712</td><td>Wish You Were</td><td>Pink Floyd</td></tr></table><table><tr><th>CD_ID</th><th>Track</th><th>Titel</th></tr><tr><td>4711</td><td>1</td><td>Not That Kind</td></tr><tr><td>4711</td><td>2</td><td>I'm Outta Love</td></tr><tr><td>4711</td><td>3</td><td>Cowboys & Kisses</td></tr><tr><td>4712</td><td>1</td><td>Shine On You Crazy</td></tr></table> Die Felder, die die CD_ID genauer beschreiben, werden in eine eigene Tabelle ausgelagert. Der Titel verbleibt in der ursprünglichen Tabelle, da er von der CD_ID *und* von Track abhängig ist.
3. Normalform 3NF	Eine Tabelle ist in der dritten Normalform, wenn die Tabelle in der zweiten Normalform ist und kein Nicht-Schlüsselfeld von einem anderen Nicht-Schlüsselfeld abhängig ist (keine „transitive Abhängigkeit").	<table><tr><th>CD_ID</th><th>Album</th><th>Interpret</th><th>Gründungsjahr</th></tr><tr><td>4711</td><td>Not That Kind</td><td>Anastacia</td><td>1999</td></tr><tr><td>4713</td><td>Freak Of Nature</td><td>Anastacia</td><td>1999</td></tr><tr><td>4712</td><td>Wish You Were Here</td><td>Pink Floyd</td><td>1965</td></tr></table> Das Gründungsjahr ist nur vom Interpreten abhängig. Es muss in eine weitere Tabelle ausgelagert werden, in der z. B. der Interpret genauer beschrieben wird.

Begriff	Ansicht	Bemerkungen
Programmstart	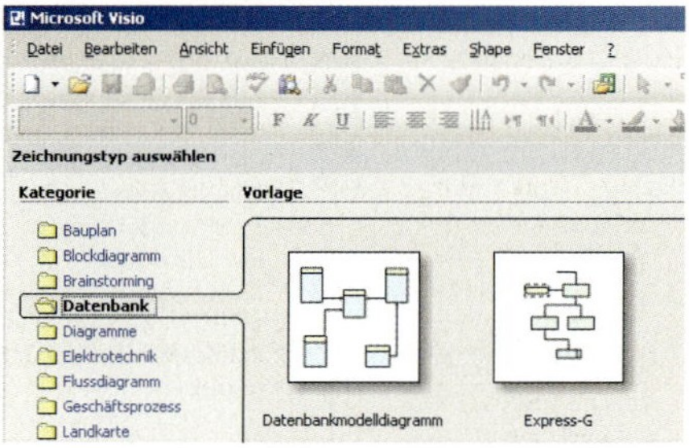	Nach dem Programmstart werden die vorhandenen Kategorien und zu jeder Kategorie die verfügbaren Vorlagen dargestellt. Mit der Vorlage werden eine oder mehrere Schablonen unter Vorlage auf der rechten Seite des Zeichenblattes geöffnet. Die Schablonen enthalten die zum Erstellen des Diagramms erforderlichen Shapes (geometrische Formen).
Zeichnungs-umgebung und Shapes		Nach dem Öffnen einer Vorlage werden die zur Verfügung stehenden Shapes und ein Zeichenblatt dargestellt. Die Shapes in den Schablonen sind für den jeweiligen Zeichnungstyp, z. B. Entitätsbeziehung, entwickelt. Die Zeichnungsumgebung enthält alle Menüs, Symbolleisten, Schablonen mit Shapes und das Zeichenblatt. Das Zeichenblatt stellt die gedruckte Seite dar und enthält ein Gitter zum Positionieren der Shapes. Die Menüs und Symbolleisten sind mit anderen Office-Programmen vergleichbar.
Entitäts-beziehungen	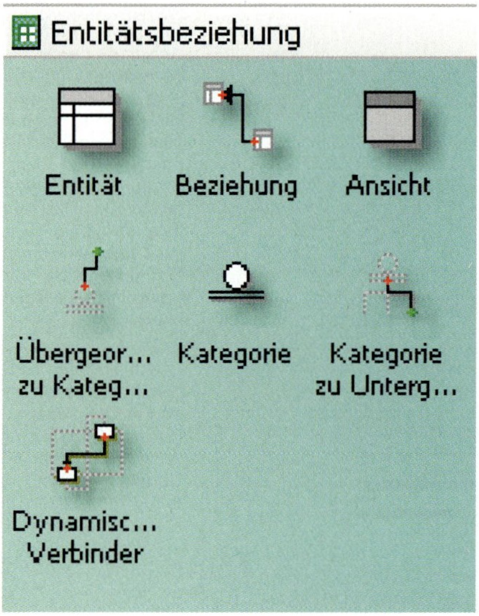	Entitätsbeziehungen werden zum Modellieren relationaler Datenbanken verwendet: • Entitäten-Shapes stellen die Tabellen dar, in denen Daten gespeichert werden. • Beziehungsverbinder-Shapes stellen die Übergeordnet-Untergeordnet-Beziehung zwischen Tabellen dar. Eine untergeordnete Tabelle enthält z. B. ein Fremdschlüsselfeld, das von einer übergeordneten Tabelle abgeleitet wurde. • Ansichts-Shapes enthalten Spalten, die von anderen Tabellen abgeleitet wurden. • Übergeordnet-zu-Kategorie-Verbinder-Shapes verknüpfen eine übergeordnete Tabelle mit einem Kategorie-Shape. • Kategorie-Shapes zeigen die Beziehung mehrerer untergeordneter Tabellen zu einer übergeordneten Tabelle. • Kategorie-zu-Untergeordnet-Verbinder-Shapes verknüpfen eine untergeordnete Tabelle mit einem **Kategorie**-Shape und erstellen Fremdschlüsselbeziehungen zu der übergeordneten Tabelle. • Dynamischer Verbinder-Shapes verbinden Shapes, erstellen aber keine Beziehungen zwischen ihnen.

A

ERM Entity-Relationship-Model = Entitäten-Beziehungs-Modell

A

Begriff	Ansicht	Bemerkungen
Tabelle erstellen		Durch Anklicken und Ziehen des Shapes Entität wird die Tabelle1 auf dem Zeichenblatt erzeugt, der Bereich Datenbankeigenschaften öffnet sich automatisch oder wird durch Doppelklick auf die Tabelle angezeigt. Die so erzeugte Tabelle entspricht einer Entität oder einem Objekt der relationalen Datenbank. Durch Anklicken in der Liste Kategorien **(Bild)** werden z.B. Spalten, Primärschlüssel (Primär-ID) oder Indizes eingegeben.
Spalten eingeben		Durch Anklicken der entsprechenden Zellen können Spaltennamen eingegeben werden. Zum Eingeben des Datentyps steht nach Anklicken der entsprechenden Zelle in der Spalte Datentyp eine Liste zur Verfügung. Das Kontrollkästchen Erforderlich verhindert, dass Nullwerte eingegeben werden. Um die Spalte als Primärschlüssel zu definieren, wird das Kontrollkästchen PK (primary key) aktiviert. Das Datenbankmodelldiagramm wird nach der Dateneingabe aktualisiert.
Beziehungen erstellen		Das Beziehung-Shape ist ein eindimensionaler Verbinder, der zwischen zwei Tabellen eingefügt werden kann, um zwischen diesen eine Fremdschlüsselbeziehung (FK) zu definieren. Hierzu wird das Beziehung-Shape durch Anklicken und Ziehen auf die Tabelle kunde gezogen und dann auf die Tabelle auftraege. Beziehungen zeigen visuell an, wie Tabellen im Datenbankmodelldiagramm miteinander in Beziehung stehen. Der Pfeil zeigt von der Mastertabelle kunde (Primärschlüssel kundennr) zur abhängigen Tabelle auftraege (Fremdschlüssel kundennr).
Reverse Engineering		Durch Reverse Engineering kann eine bereits existierende Datenbank in VISIO importiert werden. Der Assistent für Reverse Engineering erkennt installierte ODBC-Treiber (von Open Database Connectivity) und verbindet die Software mit dem Datenbanksystem. Menü Datenbank – Reverse Engineering
Datenbank-export-Assistent		Mit dem Datenbankexport-Assistenten kann ein in VISIO erstelltes Diagramm in eine ODBC-kompatible Datenbank exportiert werden. Menü Extras → Add-Ons → Visio-Extras → Datenbank-Export-Assistent

Begriff	Erklärung	Beispiel, Bemerkung, Darstellung
Datenfluss-diagramm	Ein **Datenflussdiagramm** stellt den Fluss der Daten in einem Programm dar. Es ist das wesentliche Modellierungsinstrument der Strukturierten Analyse.	
Strukturierte Analyse	Analysemethode mit folgenden Zielen: • einfache, den Kunden verständliche Anforderungsdefinitionen zu erstellen, • Aufteilung schwieriger Sachverhalte in mehrere Ebenen, um die Komplexität zu verringern.	Vorgehen mit der Strukturierten Analyse: • Erstellen eines Diagramms des Hauptprozesses. • Schrittweise Verfeinerung des Prozesses. • Darstellung der Unterprozesse. • Darstellung in z. B. einem Datenflussdiagramm oder Struktogramm. • Erstellen eines Datenlexikons (data dictionary).
Definitionen, Symbole nach DIN 66001	**Datenflüsse** sind vergleichbar mit Pipelines, durch die Daten transportiert werden. **Datenspeicher** bilden eine Ablagemöglichkeit für Daten. Sie werden zu einem anderen Zeitpunkt erstellt als sie gebraucht werden. **Prozesse** haben die Aufgabe, Eingabedaten in Ausgabedaten zu verarbeiten und enthalten die hierfür notwendigen Algorithmen. **Terminatoren** (Schnittstellen): stehen für die Beziehungen des Systems zur Außenwelt. Sie senden oder empfangen Daten, verarbeiten diese jedoch nicht.	Datenfluss Datenspeicher Daba Prozess Terminator
Ebenen des Datenfluss-diagramms	• **Kontextdiagramm**: höchste Ebene, beschreibt Schnittstelle zwischen dem System und der Umwelt. • **Diagramm 0**: Zerlegung des Systems in Subsysteme; Angabe der Daten, welche zwischen den Subsystemen fließen. • **Subdiagramme**: Zerlegung der vorigen Subsysteme in weitere Subsysteme.	Prozesse, Datenspeicher und Datenflüsse sollen mit möglichst aussagekräftigen Namen versehen werden, z. B. „Kundenbeziehung prüfen", aber nicht: „verarbeite Kundendaten" (Welche Daten sind betroffen? – Wie sind sie zu verarbeiten?).
Bestellung abwickeln (Diagramm 0)	
Subdiagramme	

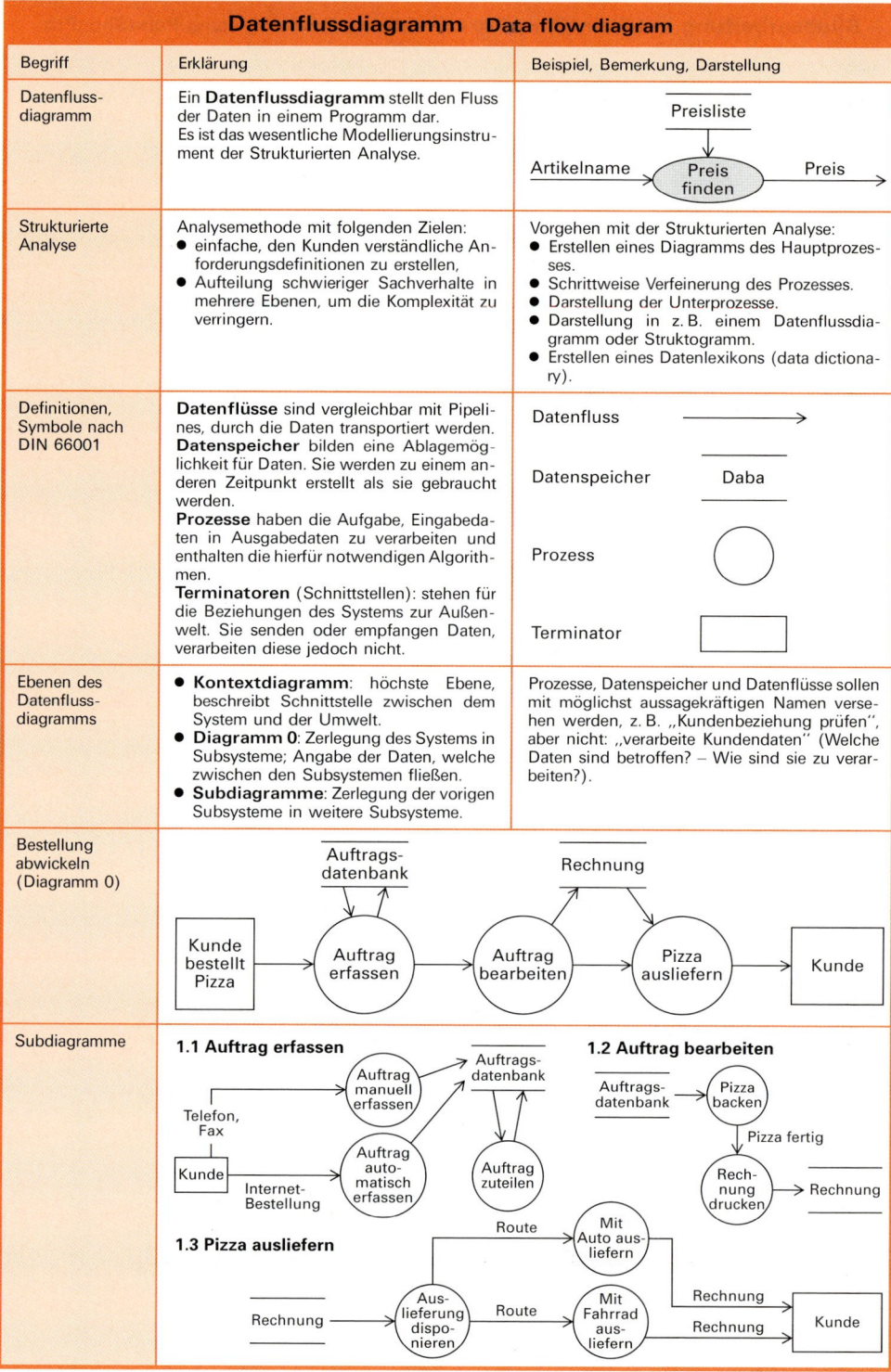

A

A

Aufgabe	Aktionen	Erklärungen
Programm starten	Start → Progamme → Jasc Software → Paint Shon Pro	Im Programmpaket Jasc Software ist außerdem das Programm Animation Shop zur Erstellung von Bildanimationen enthalten.
Bild laden	Datei → Öffnen, dann Bild wählen, z. B. von Digitalkamera → Öffnen	Wird *Vorschau anzeigen* aktiviert, kann das gewählte Bild bereits vor dem Öffnen im Kleinformat betrachtet werden. Es können auch mehrere Bilder gleichzeitig geöffnet werden.
Bild drehen oder spiegeln	Bild, dann Aktion wählen, z. B. Drehen	Hochkant aufgenommene Bilder mit der Digitalkamera müssen um 90° gedreht werden.
Zoomen	Icon Zoom anklicken → Maus auf Bild ziehen und Klicken	Mit linker Maustaste wird schrittweise vergrößert, mit rechter Maustaste verkleinert.
Bildausschnitt wählen und als neues Bild speichern	Icon Markierungsrahmen anklicken → Durch Ziehen mit der Maus Ausschnitt wählen → Icon Kopieren anklicken → Fenster schließen → Bearbeiten → Einfügen als neues Bild → Datei → Speichern unter, dann benennen und Dateiformat wählen → Speichern	Bilder können in unkomprimierten Formaten, z.B. PSP (Paint Shop Pro), BMP (Bitmap), TIFF (Tagged Image File Format), oder in komprimierten Formaten, z.B. JPEG (Joint Picture Expert Groups) gespeichert werden.
Bildausschnitt wählen und in ein Bild kopieren	Icon Markierungsrahmen anklicken → Durch Ziehen mit der Maus Ausschnitt wählen → Icon Kopieren anklicken → Bearbeiten → Einfügen → Als neue Auswahl	Zur Markierung des Bildausschnittes kann anstelle des rechteckigen Markierungsrahmens auch das Lasso oder eine Freihandlinie verwendet werden. Der Bildausschnitt kann auch als neue Bildebene (Layer) in ein Bild wieder eingefügt werden.
Bildfarben automatisch korrigieren	Effekte → Foto-Korrektur, dann weitere Aktion wählen	Kontrast, Farbsättigung und Farbbalance lassen sich automatisch korrigieren.
Hintergrundfarbe verändern	Icon Zauberstab anklicken → Icon Stil-Paletten ein/ausblenden anklicken → Toleranzwert einstellen → Bildhintergrund anklicken → Farben → Farbeinstellungen → Farbton/Sättigung/Helligkeit	Das Blau des Wasser oder des Himmels kann verändert werden. Bei hohem Toleranzwert markiert der Zauberstab unterschiedlich helle Stellen gleichzeitig, bei sehr geringem Toleranzwert werden nur ähnlich helle, zusammenhängende Stellen markiert.
Retuschieren von Details im Bild	Icon Kopierpinsel anklicken → Icon Stilpaletten ein/ausblenden anklicken → Pinselgröße, Schärfe und Deckkraft einstellen → Mit rechter Maustaste neben das störende Bilddetail klicken → Mit gedrückter linker Maustaste das Bilddetail wegwischen	Störende Blätter, Äste oder Kabel lassen sich wegretuschieren. Bei diesem Vorgang kopiert man benachbarte Bildteile auf das zu entfernende Bildelement. Man kann mit dem Kopierpinsel auch Bildelemente duplizieren, z.B. ganze Personen. Sind zwei Bilder gleichzeitig geöffnet, lassen sich Bildelemente von einem Bild auf das andere Bild duplizieren.
Bild mit angepasster Größe drucken	Datei → Druckvorschau → Seitenlayout, dann Maßstab einstellen → OK → Drucken → OK	Der Maßstab wird in Prozent zum Original gewählt. Die Bildplatzierung kann in Hundertstel Millimeter eingestellt werden.

Fenster von PaintShopPro

- PaintShopPro-Bildfenster
- Kopieren
- Stilpaletten ein-/ ausblenden
- Fenster schließen
- Jasc Paint Shop Pro – PSP04.psp
- Datei Bearbeiten Ansicht Bild Effekte Farben Ebenen Objekte Auswahl Masken Fenster
- Menüleiste
- Standard-Symbolleiste
- Originalbild
- **bearbeitetes Bild** mit blauerem Wasser und retuschierten Details
- Werkzeugleiste
- Zeiger
- Zoom
- Markierungsrahmen Zauberstab Kopierpinsel Farbfüllung Text

Begriff	Beschreibung	Beispiel, Bemerkung
Definition	Web-Design beschäftigt sich mit der Gestaltung einer Web-Seite. In die Gestaltung einbezogen werden alle verfügbaren Bestandteile wie Bilder und Texte, deren Anordnung auf dem Monitor und die verwendete Farbkomposition.	
Einflussgrößen	Web-Design ist abhängig von der technischen Ausstattung. Je nach verwendeter Plattform (PC oder Macintosh-Rechner) sehen die verwendeten Farben auf dem Monitor unterschiedlich aus.	Der PC stellt Farben dunkler dar als der Macintosh-Rechner.
HTML-Editor	Mit einem HTML-Editor können HTML-Tags einfach mithilfe von Menüs und Toolboxes eingefügt werden. HTML-Kenntnis ist nötig.	Phase 5
WYSIWYG-Editor	Ein WYSIWYG-Editor (**W**hat **Y**ou **S**ee **I**s **W**hat **Y**ou **G**et) ermöglicht es, das Layout der Web-Seiten schon bei der Erstellung auf dem Monitor zu sehen. WYSIWYG-Editoren setzen wenig bis keine HTML-Programmierkenntnisse voraus.	FrontPage, Dreamweaver
Web-Browser	Web-Browser werden benötigt, um die erstellte Web-Seite zu betrachten. Dabei können unterschiedliche Web-Browser das Design der Web-Seite unterschiedlich wiedergeben.	Microsoft Internet Explorer, Netscape Navigator, Opera, Firefox
Websichere Farben	Um Bilder am Monitor darzustellen, werden jeweils die System-Farbpaletten der verwendeten Plattform benutzt. Die Bilder werden an diese unterschiedlichen Farbpaletten angepasst, Farben können sich verändern. Obwohl die Paletten völlig verschieden aussehen, haben sie aber 216 Farben gemeinsam. Diese Farben werden als **websichere Farben** bzw. als **browserunabhängige Farben** bezeichnet und werden auf allen Computer-Plattformen unabhängig vom Web-Browser und Betriebssystem gleich dargestellt. Die websichere Farben werden zusammengesetzt aus 6 Rotwerten, 6 Grünwerten und 6 Blauwerten, die sich jeweils im Kontrast unterscheiden. Die Schrittweite ist dezimal 51, d.h. als Zahlen sind Kombinationen von 00, 51, 102, 153, 204, 255 möglich.	Hintergrundfarbe und Schriftfarben von Web-Seiten Farbkombinationen: 6 * 6 * 6 = 216 Beispiel Orange: Rot: 255 Grün: 102 Blau: 0
JPG (Joint Photographic Experts Group)	Farbtiefe 24 bit, d.h. $2^{24} = 16{,}7$ Millionen Farben verlustbehaftete Komprimierung (einfarbige Flächen werden zudem bei höherem Kompressionsgrad sehr schlecht komprimiert) keine Transparenz und Animation	Fotografien mit vielen Farbnuancen
PNG (Portable Network Graphics)	Farbtiefe bis 48 bit, verlustfreie Komprimierung, 256 verschiedene Transparenzstufen, Interlacing (to interlace = verflechten) möglich, Animationen (bewegte Bildfolge) nicht möglich.	Fotografien Bei älteren Browsern nur mit Plug-In einsetzbar.
GIF (Grafics Interchange Format)	Farbtiefe 8 bit, d.h. 256 verschiedene Farben verlustfreie Komprimierung Transparenz möglich (bei Standard GIF87a, GIF89a) Interlacing möglich (bei Standard GIF87a, GIF89a) Animation möglich (nur bei Standard GIF89a)	Strichgrafiken und Illustrationen, Zeichnungen ohne Farbverläufe, Navigationselemente
Texte	Texte sind am Monitor anstrengender zu lesen als auf dem Papier. Ursachen dafür sind die geringe Zeichenauflösung von 72 dpi und der Blick in eine Lichtquelle. Deswegen sollten Texte zum Lesen am Monitor kurz und prägnant sein und Stichwörter hervorgehoben sein.	Bildschirmschriftarten: Georgia, Verdana

A

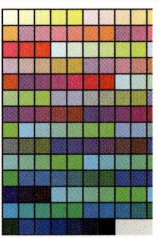

Beispiel für
GIF-Format, 7,81 kB

Beispiel für JPG-Format
19,8 kB

Beispiel für PNG-Format
29,8 kB

websichere Farben

Begriff	Beschreibung	Bild, Bemerkungen
Aufgabe	Eine Autorensoftware ermöglicht das Zusammensetzen einzelner Daten zu Multimedia-Produkten, z. B. Computerspiele, Nachschlagewerke.	Meist sind Animation und Interaktion enthalten. Macromedia Director oder Mediator sind Beispiele für eine Autorensoftware.
Besetzung	Im Fenster Besetzung befinden sich die Darsteller. Darsteller können Texte, Bilder, Fotos, Ton und Videos sein. Jeder Darsteller kann über seinen Namen oder über eine fortlaufende Kennzahl angesprochen werden. Ein Darsteller kann öfters und gleichzeitig auf der Bühne auftreten, da tatsächlich nur Kopien der Darsteller auftreten, die Sprites. Dies hat den Vorteil, dass dann diese Kopien verändert werden können ohne das Original, den Darsteller, zu verändern.	\n\n**Besetzung**
Bühne	Die Bühne ist die wichtigste Komponente des Programms. Auf der Bühne treten die Sprites auf. Man erkennt ihre räumliche Lage und ihre Bewegungen. Auf der Bühne werden die erstellten Filme vorgeführt. Einstellungen, die die Bühne betreffen, werden über den Menüpunkt Modifizieren → Film → Eigenschaften vorgenommen. Die Bühnengröße, die Lage der Bühne auf dem Bildschirm und die Bühnenfarbe können dort eingestellt werden.	\n\n**Bühne**
Drehbuch	Im Drehbuch wird festgelegt, welcher Sprite wann und wie lange auftritt. Hier werden die Animationen festgehalten und die Übergänge von einem Zeitpunkt zum nächsten eingestellt. Waagerecht ist der zeitliche Ablauf des Films angegeben. Senkrecht ist Platz, mehrere Sprites gleichzeitig auftreten zu lassen. Dafür sind bis zu 1 000 Kanäle vorgesehen. In einem Kanal können nacheinander auch mehrere Sprites vorhanden sein. Der Sprite im höheren Kanal überdeckt dabei Sprites in einem niedrigeren Kanal.	\n\n**Drehbuch**
Malfenster	Das Malfenster wird z. B. über den Menüpunkt Malen im Menü Fenster geöffnet. Im Malfenster können einfache Darsteller gezeichnet werden. Es kann nur immer ein Schritt rückgängig gemacht werden. Die gezeichneten Darsteller liegen als Bitmap im Besetzungsfenster vor, sodass im Malfenster geschriebene Texte nachträglich nicht verändert werden können. Durch Klick auf die Schaltfläche + kann ein neuer Darsteller gezeichnet werden. Durch Klick auf die Schaltflächen ◄ ► kann in der Besetzung vor oder zurück gesprungen und der entsprechende Darsteller betrachtet werden. Es werden nur Bitmap-Dateien angezeigt.	\n\n**Malfenster**
Textfenster	Das Textfenster wird z. B. über den Menüpunkt Text im Menü Fenster geöffnet. Im Textfenster kann Text erstellt werden, der über das Menü Modifizieren → Schrift formatiert wird. Der Text kann hier jederzeit geändert werden. Die Texte liegen dann als Darsteller im Besetzungsfenster vor.	\n\n**Textfenster**

A

Begriff	Beschreibung	Bild, Bemerkungen
Einfache Animation	1. Den Mittelpunkt des Sprites auf der Bühne mit gedrückter linker Maustaste nehmen und an die neue Position ziehen. Eine Gerade mit mehreren Zwischenpunkten erscheint. Die Darstellung im Drehbuch verändert sich. 2. Einen Zwischenpunkt der Kurve berühren und bei gedrückter Alt-Taste und gedrückter linker Maustaste die Maus ziehen. Aus der Geraden wird eine Kurve. Die Darstellung im Drehbuch verändert sich, indem ein weiteres Schlüsselbild eingefügt wird. 3. Die Animation wird sichtbar, sofern in der Symbolleiste die Schaltfläche ▶ betätigt wird. Der Sprite bewegt sich vom grünen zum roten Punkt auf der gegebenen Kurve.	 **Animation eines Balls**
Einfügen von Bildern, Ton und Video	Bild, Ton und Video können als Darsteller in die Besetzung über das Menü Datei → Importieren eingefügt werden. Es öffnet sich ein Fenster, in dem die gewünschte Datei gewählt werden kann. Wird bei Media „Standardimport" gewählt, so wird die Datei in die Besetzung übernommen. Wird „Mit externer Datei verknüpfen" angeklickt, so wird nur ein Verweis zur Datei gespeichert. Als Bildformat eignet sich z.B. tif, gif, jpg und psd. Tondateien müssen z.B. im Format wav oder mp3 vorliegen. Videos werden als avi oder mov-Format importiert.	 **Besetzung mit Bild, Ton und Video**
Einbinden von Ton	Während Bilder und Videos im Drehbuch in die allgemeinen Kanäle eingebunden werden, gibt es für den Ton zwei Soundkanäle. Die Soundkanäle werden durch Klick auf den Button „Effektkanäle ein-/ausblenden" sichtbar. Der Ton wird mit der Maus aus der Besetzung in einen Soundkanal gezogen und so angeordnet. Ist in beiden Soundkanälen Ton platziert, so wird beides gleichzeitig abgespielt.	 **Drehbuch mit Effektkanälen**
Erstellen der selbstablaufenden Datei (Projektor)	Damit der Film auch ohne die Autorensoftware ablaufen kann, muss eine selbstablaufende Datei erstellt werden. Dies wird über das Menü Datei → Projektor erstellen … eingeleitet. Die erstellte Datei wird angeklickt und hinzugefügt. Durch Klicken auf die Schaltfläche Erstellen erscheint ein Fenster, in dem der Speicherort für den Projektor und dessen Name angegeben werden muss. Wird Speichern angeklickt, wird der Projektor erstellt und alle notwendigen Dateien eingebunden.	Über die Schaltfläche Optionen kann der Projektor konfiguriert werden. Wird Vollbild ausgewählt, so füllt der Projektor den gesamten Monitor aus. Ist die Bühne zu klein, so wird der Rand in der Bühnenfarbe eingefärbt. Über Zentrieren wird der Film in der Mitte des Monitors platziert.
Lingo	Die Programmiersprache, mit der in Macromedia Director einfache Skripte erstellt werden, heißt Lingo. Lingo-Skripte werden z.B. im Skript-Fenster, das über das Menü Fenster → Skript aufgerufen werden kann, erstellt. Skripte können an einen Darsteller, an einen Sprite, an einen ganzen Film oder an einen bestimmten Zeitpunkt gebunden werden. Im Bild wird das Skript an einen Zeitpunkt gebunden. Das Skript wird über einen Doppelklick an die gewünschte Stelle im Drehbuch aufgerufen. Die erste und die letzte Zeile werden automatisch erzeugt. Über den Befehl „go to 1" wird ein Sprung zum Anfang des Films ermöglicht.	 **Skript im Drehbuch und in der Besetzung**
Interaktion	Interaktion ermöglicht es einem Benutzer in den Ablauf des Programms einzugreifen. Interaktion wird über Lingo-Skripte erzeugt.	Soll eine Schaltfläche erstellt werden, wird das Skript an den Darsteller oder an den Sprite gebunden.

A

Office-Paket   Office programs

Programm	Fenster	Aufgabe, Eigenschaften
Textverarbeitung Word processing	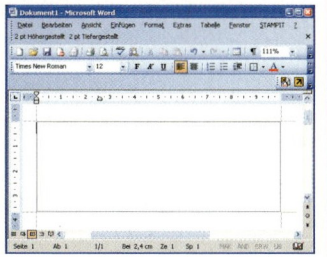	**Textprogramm:** Mit einem Textprogramm (Editor-Programm) werden Texte geschrieben, bearbeitet und gespeichert. **Textverarbeitung:** Durch Ergänzen mit zusätzlichen Funktionen wird das Textprogramm zur Textverarbeitung. Dokumentvorlagen, Formulare ● Formatierung von Texten, ● Rechtschreibprüfung, ● Textbausteine, ● Bilder in Texte einbinden, ● Spracheingabe und ● Internet-Editor.
Tabellenkalkulation Spreadsheet	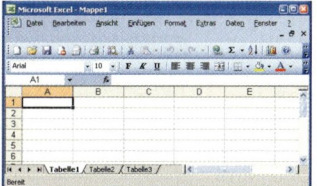	Durch eine Tabellenstruktur lassen sich beliebige Werte übersichtlich anordnen. Mit einem Tabellenkalkulationsprogramm kann man: ● Terminpläne erstellen, ● statistische Auswertungen vornehmen, ● Daten in Tabellen sortieren, ● Berechnungen mit mathematischen Formeln durchführen, ● Funktionen verwenden, ● optische Auswertung von Daten vornehmen.
Datenbank Database	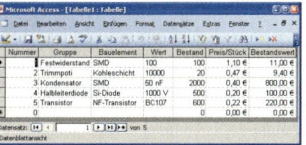	Datenbanken dienen zur Verwaltung großer Datenmengen. Oft werden relationale Datenbanken verwendet, die die Daten in mehreren miteinander verknüpften Tabellen verwalten. Datenbanken enthalten: ● Tabellen mit den zu verwaltenden Daten, ● Fenster (Formulare) für die Auswertung von Daten, ● Abfragen, zur Darstellung von Daten eines Datenfeldes, ● Berichte, Auswertungen von Tabellen und Abfragen als Text, ● Makros zur Steuerung von Berichten und Formularen.
Präsentation Presentation		Für die Präsentation von Daten mit PC und z.B. Beamer. Unterschiedliche, grafisch aufgebaute Einzelseiten werden als Folien bezeichnet. ● Gliederung von Folien, ● Folien sind beliebig zu ordnen, ● Folien können nacheinander als Präsentation abgespielt werden, ● Verwaltung von Sprechernotizen, ● Verwaltung von Teilnehmerunterlagen.
Terminplanung Scheduling	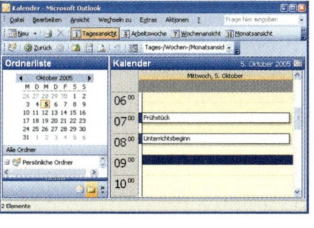	Terminplaner dienen zur Verwaltung von Informationen. Terminplaner werden als Personal Information Manager (PIM) eingeordnet. ● Terminerfassung, ● Kalender, ● Koordination von Terminen, ● Aufgabenverwaltung für geschäftliche und private Kontakte, ● Zeitablaufdiagramme für Änderungsdaten und Bearbeitungsdauern.

A

Grundlagen der Netze, Netzwerk-Praxis, Übertragungstechnik, weitere Netzwerke

Begriffe der Netzwerktechnik   Networking terms

Begriff	Erklärung
Adressauflösung	Verfahren für die Zuordnung von Vermittlungsschicht-Adressen (Schicht 3) zu Sicherungsschicht-Adressen (Schicht 2).
Backbone	Der Teil eines Netzwerks, der als primärer Pfad für den Datenverkehr dient, der meistens aus anderen oder an andere Netzwerke gesendet wird.
Backoff	Die Wartezeit vor einer erneuten Übertragung beim Auftreten einer Kollision.
Basisband	Eine Übertragungstechnik, bei der das Datensignal in der ursprünglichen Frequenz übertragen wird, z. B. Ethernet.
BNC-Stecker	Koaxialstecker, mit dem ein IEEE 802.3 10 Base2-Koaxialkabel an eine Netzwerkkarte angeschlossen wird.
Broadcast-Adresse	Eine spezielle Adresse, die für das Versenden einer Nachricht an alle Stationen reserviert ist. In der Regel ist eine Broadcast-Adresse eine MAC-Zieladresse mit lauter Einsen.
DNS	Domain Naming System. Ein System zur Übersetzung von Netzwerkknoten-Namen in Adressen.
FCS	Frame Check Sequence, Rahmenprüfsumme, die zur Fehlerkontrolle in einen Frame aufgenommen werden. Wird in Protokollen der Sicherungsschicht verwendet.
Header	Steuerungsinformationen, die den Benutzerdaten beim Kapseln der Daten für die Netzwerkübertragung vorangestellt werden.
IEEE	Institute of Electrical and Electronics Engineers entwickelt Kommunikations- und Netzwerkstandards, z. B. 802.3.
Kapselung	Das Verpacken von Daten in einem Protokoll-Header (encapsulation). Beispielsweise werden Ethernet-Daten vor der Netzwerkübertragung in einen Ethernet-Header verpackt.
Leitungsvermittlung	Während der Dauer der Datenübertragung ist ein festgelegter physikalischer Kommunikationspfad vorhanden, wird z. B. im Telefonnetz eingesetzt.
MAC-Adresse	Genormte Adresse der Sicherungsschicht, die für jedes Gerät, das mit einem LAN verbunden ist, benötigt wird. MAC-Adressen (Hardware-Adressen, physikalische Adressen) sind 6 B lang, die ersten 3 B werden vom IEEE verwaltet.
MAU	Media Attachment Unit wird in Ethernet- und IEEE 803.3-Netzwerken als Schnittstelle zwischen dem AUI-Port einer Station und dem gemeinsamen Medium des Ethernets verwendet. Wird der ISO-OSI-Schicht 1 zugeordnet. Wird auch als Media Access Unit oder als Transceiver bezeichnet.
Mikrosegmentierung	Aufteilung eines Netzwerks in kleinere Segmente, um die Gesamtbandbreite der Netzwerkkomponenten zu erhöhen.
Multicast	Ein Datenpaket, das an eine Untergruppe von Netzwerkadressen gesendet werden. Diese Adressen werden im Feld für die Zieladresse angegeben.
Netzanalysator	Gerät zur Überwachung des Netzwerkstatus und der einzelnen angeschlossenen Geräte. Z. T. können Netzwerkprobleme nicht nur ermittelt, sondern auch behoben werden.
NIC	Network Interface Card = Netzwerkkarte ermöglicht die Kommunikation von und zu einem Computer-System.
Port	1. Die Schnittstelle an einem Netzkopplungsgerät. 2. Ein Prozess einer höheren Schicht, der mit niedrigeren Schichten kommuniziert. 3. Eine Buchse an einem Rangierfeld, in die Patch-Kabel gesteckt werden können, um Computer miteinander zu verbinden, die an das Rangierfeld angeschlossen sind.
Protokoll	Regeln und Konventionen, die den Datenaustausch zwischen den Komponenten eines Netzwerks festlegen.
Protokoll-Stack	Ein Protokollstapel sind zusammengehörige Kommunikationsprotokolle, welche die Kommunikation auf mehreren Schichten des OSI-7-Schichtenmodells regeln (z. B. TCP/IP). Nicht alle Protokoll-Stacks haben jede einzelne Schicht des Modells implementiert.
RFC	Request For Comments sind Dokumente, die für die Verbreitung von Informationen zum Internet verwendet werden. Einige RFCs sind als Internet-Standards festgelegt.
SAP	Service Access Point (Dienstzugangspunkt) ist nach IEEE-Norm ein festgelegtes Feld, das zu einer Adressangabe gehört. Man unterscheidet DSAP (Destination-SAP) und SSAP (Sender-SAP).
Segment	1. Bereich eines Netzwerks, der durch Netzwerkgeräte begrenzt wird. 2. Eine physikalische Bustopologie die über Verstärker mit anderen derartigen Segmenten verbunden ist. 3. Informationseinheit der Transportschicht.
Unicast	Nachricht, die nur an ein Ziel im Netzwerk gesendet wird.
Workgroup	Workstations und Server in einem LAN, die miteinander kommunizieren und Daten austauschen.

N

OSI-7-Schichtenmodell mit englischen Erklärungen
OSI-7-Layermodel with english expressions

Art	Schicht	Bezeichnung	Beschreibung	English expressions
Anwendungsprotokolle	7	Anwendungsschicht, Application Layer	Die Anwendungsschicht ist die OSI-Schicht, mit der der Benutzer in Berührung kommt. Den Anwendungen des Benutzers werden Netzdienste zur Verfügung gestellt. Sie stellt keiner anderen OSI-Schicht Dienste zur Verfügung, sondern nur den Anwendungen z. B. Tabellenkalkulations- und Textverarbeitungsprogrammen. Sie realisiert die Verfügbarkeit von Kommunikationspartnern, synchronisiert Prozeduren und sorgt für die Einigung auf Verfahren zur Fehlerbehebung und Steuerung der Datenintegrität.	The Application Layer provides network services to application processes.
	6	Darstellungsschicht, Presentation Layer	Die Darstellungsschicht gewährleistet, dass Daten, die von der Anwendungsschicht eines Systems gesendet werden, von der Anwendungsschicht eines anderen Systems gelesen werden können (Übersetzerfunktion in ein verständliches Datenformat).	Data is readable, format of data, data structures, negotiates data transfer syntax for application layer.
	5	Sitzungsschicht, Kommunikations-Steuerungsschicht, Session Layer	Die Sitzungsschicht baut die Sitzungen zwischen zwei kommunizierenden Hosts auf, verwaltet und beendet diese. Sie synchronisiert Dialoge zwischen den Darstellungsschichten der beiden Hosts und verwaltet den stattfindenden Datenaustausch. Die Sitzungsschicht bietet Möglichkeiten für die effiziente Datenübertragung und die Dienstgüte (Quality of Service).	The Session Layer establishes, manages and terminates sessions between applications.
	4	Transportschicht, Transport Layer	Die Transportschicht segmentiert vom sendenden Host-System empfangene Daten und setzt sie auf dem System des empfangenden Host wieder zu einem Datenstrom zusammen (Realisierung eines zuverlässigen Datentransports zwischen zwei Hosts). Virtuelle Verbindungen werden aufgebaut, verwaltet und ordnungsgemäß beendet. Transportfehler können erkannt und behoben und der Datenfluss gesteuert werden.	End-to-end connection, transportation between hosts, reliability, establishes, maintains, terminates virtual circuits, fault detection and recovery, flow control.
Transportprotokolle	3	Vermittlungsschicht, Netzwerkschicht, Network Layer	Die Vermittlungsschicht sorgt für den Verbindungsaufbau und die Pfadauswahl (Routing) zwischen zwei Hostsystemen, die sich in Netzen an verschiedenen geografischen Standorten befinden können (Internetworking). Sie stellt die Adressierung der Zielsysteme (IP-Adressen, logische Adressen) sicher.	Address and best path, provides connectivity and path selection, routing.
	2	Sicherungsschicht, Data Link Layer	Die Sicherungsschicht sorgt für die zuverlässige Übertragung der Daten über eine physikalische Verbindung. Sie ist für die physikalische Adressierung (MAC-Adressen), die Netztopologie, den Netzzugang, die Benachrichtigung bei Fehlern, die Übertragung der Frames in der richtigen Reihenfolge und die Flusskontrolle zuständig.	Access to reliable transfer of data across media, physical addressing, network topology, error notification, flow control media.
	1	Bitübertragungsschicht, physikalische Schicht, Physical Layer	Die Bitübertragungsschicht definiert die elektrischen, mechanischen, prozeduralen und funktionalen Spezifikationen für die Aktivierung, Aufrechterhaltung und Deaktivierung der physikalischen Verbindung zwischen Endsystemen. Hierzu gehören Spannungspegel, Datenraten, Entfernungen, Anschlüsse.	Binary transmission wires, connectors, voltages, data rates.

Um die Kompatibilität und Kommunikation von Netzen untereinander zu gewährleisten, hat die ISO (International Standardization Organisation) das OSI-7-Schichtenmodell (Open Systems Interconnection) der Kommunikation in offenen Systemen entwickelt.

Auf der Grundlage des 7-Schichten Netzmodells können die Hersteller Netze anbieten, die mit anderen Netzen kompatibel sind.

Jede Schicht (Layer) im OSI-7-Schichtenmodell nutzt Dienste der darunter liegenden Schichten und stellt den höheren Schichten Dienste zur Verfügung.

OSI-7-Schichtenmodell

7	Anwendungsschicht	Browser, FTP, HTTP
6	Darstellungsschicht	JPG, ASCII, MPEG
5	Sitzungsschicht	NFS, RPC, SQL
4	Transportschicht	TCP, UDP, SPX
3	Vermittlungsschicht	IP, IPX
2	Sicherungsschicht	IEEE 802.3, ATM, HDLC
1	Bitübertragungsschicht	EIA/TIA 232, RJ45, NRZ

Physikalische Topologien   Physical topologies

Art	Grafische Darstellung	Beschreibung	Vorteile/Nachteile
Bustopologie	Host Host Host Kabelstrecke Host Drucker	Die Bustopologie nutzt eine einzelne Kabelstrecke, an die alle Hosts direkt angeschlossen werden. In dieser Topologie sind diejenigen Geräte die Schlüsselgeräte, die es dem Host ermöglichen, sich an das gemeinsame Medium anzukoppeln. Host: Computer in einem Netzwerk.	Vorteil: Alle Hosts sind miteinander verbunden und können direkt miteinander kommunizieren. Flexible Veränderbarkeit. Geringer Verkabelungsaufwand. Nachteil: Durch eine Unterbrechung der Kabelverbindung wird die Verbindung der Hosts untereinander unterbrochen.
Ringtopologie		Eine Ringtopologie ist ein physikalisch geschlossener Ring, der aus Knoten und Verbindungen besteht, wobei jeder Knoten nur mit den zwei Nachbarknoten verbunden ist.	Vorteil: Garantierte Bandbreite. Nachteil: Hohe Kosten.
Sterntopologie	Client Server Netzdrucker Switch Client Client	Die Sterntopologie verbindet alle Netzleitungen mit einem zentralen Mittelpunkt z. B. Hub, Switch. Die erweiterte Sterntopologie (extended star) verknüpft einzelne Sterne miteinander. So lässt sich die Länge und Größe des Netzes erweitern.	Vorteil: Alle Knoten können problemlos miteinander kommunizieren. Nachteil: Bei einer Störung des zentralen Knotens bricht das ganze Netz zusammen.
Hierarchische Topologie		Die hierarchische Topologie wird ähnlich wie eine erweiterte Sterntopologie erstellt. Anstatt jedoch die Teilnetze miteinander zu verknüpfen, wird das System an einen Computer gekoppelt, der den Verkehr innerhalb der Topologie steuert.	Vorteil: Datenfluss erfolgt hierarchisch. Nachteil: Komplexität
Vermaschte Topologie		Die vermaschte Topologie (fully meshed) wird verwendet, wenn es absolut keine Unterbrechung der Kommunikation geben darf. Jeder Host hat eigene Verbindungen zu allen anderen Hosts (vgl. Internet).	Vorteil: Hohe Gesamtbandbreite, hohe Ausfallsicherheit, da redundante Verbindungen, Daten werden auf verschiedenen Wegen im Netz transportiert. Nachteil: Hoher Bedarf an Leitungen.

N

Die Topologie definiert die Struktur eines Netzes. Man unterscheidet physikalische und logische Topologien. Die Verkabelung der Netzwerkgeräte untereinander bezeichnet man als physikalische Topologie.

Bezeichnung	Erklärung	Anwendungen
CSMA/CD 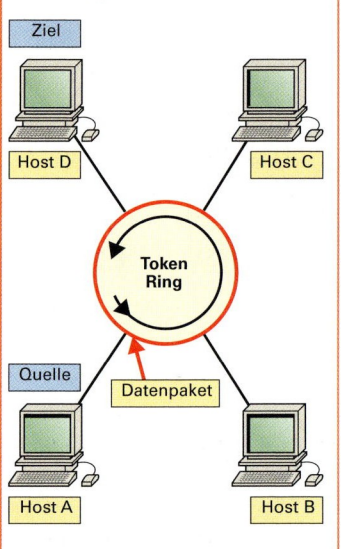	Das Zugriffsverfahren CSMA/CD erfüllt drei Funktionen: 1. Übertragen und Empfangen von Datenframes 2. Decodieren von Datenframes und deren Überprüfung auf gültige Adressen, bevor die Daten an die höheren Schichten des OSI-Referenzmodells weitergegeben werden. 3. Ermitteln von Fehlern in Datenframes oder im Netz. Beim CSMA/CD-Zugriffsverfahren hören die Netzkopplungselemente den Übertragungskanal erst ab, bevor sie ihre Daten über das Netzmedium übertragen (Carrier Sense). Wenn keine Übertragung stattfindet, beginnt ein Gerät mit seiner Übertragung. Während es seine Daten in Form von Signalen übermittelt, hört das Gerät weiterhin den Übertragungskanal ab. Nach Abschluss der Datenübertragung wechselt es wieder in den Abhörmodus. Senden zwei Geräte gleichzeitig, kommt es zu einer Kollision. Durch ein 32-Bit-langes JAM-Signal wird sichergestellt, dass alle Geräte die Kollision bemerken. Nachdem alle Geräte im Netz die Kollision bemerkt haben, ruft jedes Gerät einen Algorithmus auf. Nachdem alle Geräte im Netz eine Übertragungspause von einer bestimmten Zeit (die für jedes Gerät unterschiedlich ist) gemacht haben, kann jedes Gerät erneut versuchen, Zugang zum Netzmedium zu erlangen.	Ethernet – logische CSMA/CD Bustopologie (Informationsfluss in einem linearen Bus) und physikalischer Stern oder erweiterter Stern.
Token-Ring Ziel Host D Host C **Token Ring** Quelle Datenpaket Host A Host B	Netze mit Token-Zugriff lassen einen kleinen Frame, der als Token bezeichnet wird, im Netz kreisen. Der Besitz des Tokens gewährt das Recht zur Datenübertragung. Wenn ein Knoten, der das Token erhält, keine Daten zu übermitteln hat, gibt er das Token an die nächste Station weiter. Jede Station kann das Token für eine bestimmte Höchstdauer behalten. Die sendende Station nimmt das Token in Besitz und ändert ein Bit. Das Token wird zur Frame-Startsequenz. Die zu übertragenden Informationen werden an die Startsequenz angehängt und gesendet. Andere Stationen im Ring können zu diesem Zeitpunkt keine Übertragungen vornehmen. Bei Token-Ring-Netzen kommt es zu keinen Kollisionen. Der Informations-Frame wird auf dem Ring so lange von Station zu Station übertragen, bis er die gewünschte Zielstation erreicht. Diese kopiert dann die Informationen, um sie weiterzuverarbeiten. Der Informations-Frame kreist anschließend weiter auf dem Ring, bis er die sendende Station erreicht und dort vom Ring genommen wird. Die sendende Station kann überprüfen, ob die Zielstation den Frame erhalten und die Informationen kopiert hat. Netze mit Token-Zugriff sind deterministisch. Das heißt, man kann die maximale Zeit berechnen, die jede Endstation warten muss, bevor sie eine Übertragung vornehmen kann.	**Token-Ring** logische Ringtopologie (der Informationsfluss wird innerhalb eines Rings gesteuert) und physische Sterntopologie. **FDDI** (Fiber-Distributed Data Interface) logische Token-Ringtopologie (der Informationsfluss wird innerhalb eines Rings gesteuert) und physische Doppelringtopologie. Token-Ring-Netze eignen sich für Anwendungen, bei denen Verzögerungen berechenbar sein müssen und robuster Netzbetrieb eine große Rolle spielt, z. B. in der Produktionsautomatisierung.

N

Die logische Topologie definiert den Zugriff auf Medien und bestimmt, wie die Hosts über diese kommunizieren.

Kapselung von Daten mit OSI-7-Schichtenmodell
Data encapsulation with OSI-7-layer model

Schritt	Beschreibung	Beteiligte OSI-Schichten	Bezeichnung
1 Daten erzeugen.	Ein Benutzer, der z. B. eine E-Mail schreibt und versendet, erzeugt alphanumerische Zeichen. Diese werden in Daten, die auf dem Netzwerk transportiert werden können, gewandelt.	5 Sitzungsschicht 6 Darstellungsschicht, 7 Anwendungsschicht,	Daten, data
2 Daten für den Transport packen.	Die Daten werden für den Ende-zu-Ende-Transport in Segmente verpackt. Durch die Segmentierung garantiert die Transportschicht, dass Sender und Empfänger zuverlässig miteinander kommunizieren können.	4 Transportschicht	Segmente, segments
3 Netzwerk-adressen hinzufügen.	Die Segmente werden in ein Paket, das die Netzwerkadressen der Quelle und des Senders enthält, eingepackt. Die Pakete werden auch Datagramme genannt. Durch die Netzwerkadressen können die Netzwerkkomponenten einen Pfad zum Versenden bestimmen.	3 Netzwerkschicht	Pakete, packets
4 MAC-Adressen hinzufügen.	Jede Netzwerkkomponente packt die Pakete in einen Rahmen, welcher die Ziel-MAC-Adresse und die Sender-MAC-Adresse enthält. Der Rahmen ermöglicht eine Verbindung zum nächsten direkt angeschlossenen Netzwerk.	2 Datenverbindungs-schicht	Rahmen, frames
5 Konvertierung in Bits.	Die im Rahmen enthaltenen Daten werden in Bits konvertiert. Die elektrischen und mechanischen Spezifikationen für die Aktivierung, Aufrechterhaltung und Deaktivierung der physikalischen Verbindung zwischen den beiden Endsystemen werden definiert und die einzelnen Bits werden über das Medium versandt.	1 Physikalische Schicht	Bits

N

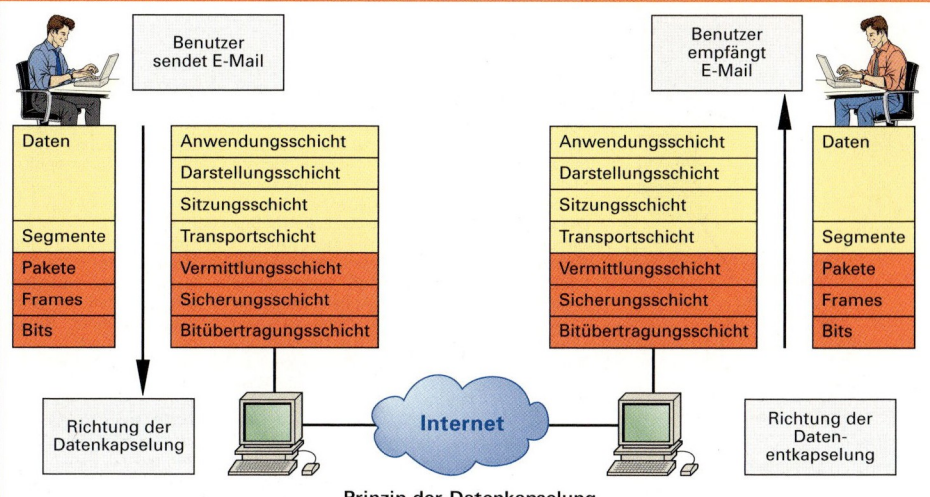

Prinzip der Datenkapselung

Wirkungsweise der Datenkapselung
Bei der Datenkapselung werden die Daten mit den Protokollinformationen vor der Datenübertragung über das Medium eingepackt. Jede OSI-Schicht fügt hierbei Protokollinformationen an den Anfang (Header) und Protokollinformationen an das Ende (Trailer) an und reicht anschließend die gesamte Informationen eine Schicht weiter nach unten. Die Header und Trailer enthalten Protokollinformationen für Netzwerkkomponenten und Empfänger, um den Datentransport zu ermöglichen.

Horizontale Kommunikation
Damit Datenpakete von der Quelle zum Ziel übertragen werden, muss jede Schicht des Senders mit der gleichrangigen Schicht des Zieles kommunizieren. Diese Art der Kommunikation wird als horizontale Kommunikation bezeichnet.
Jede Schicht tauscht hierbei Protokoll-Dateneinheiten (PDU = Protocol-Data-Unit) mit der gleichrangigen Schicht aus.

Bezeichnung	Darstellung, Symbol	Beschreibung
Network Interface Card, NIC, Netzwerkkarte		Eine Netzwerkkarte ist eine Steckkarte, die auf dem Motherboard in einen Erweiterungssteckplatz gesteckt wird. Laptop- und Notebook-Computer können externe Netzwerkkarten z. B. als PCMCIA-Karte haben. Die Netzwerkkarte stellt eine Verbindung zwischen Rechner und Netzwerkmedium her. Jede Netzwerkkarte hat eine eindeutige 6 B große MAC-Adresse (Media Access Control = Medien-Zugriffskontrolle). Mit der MAC-Adresse wird die Datenkommunikation für den Rechner im Netz gesteuert. Netzwerkkarten werden der Schicht 2 zugeordnet.
Repeater, Regenerationsverstärker	Eingangssignal u $t \longrightarrow$ Repeater regeneriertes Ausgangssignal u $t \longrightarrow$	Mit einem Repeater kann ein Netzwerk über die maximal erlaubte Kabellänge hinaus erweitert werden. Damit Netzwerksignale eine weitere Entfernung im Medium zurücklegen können, werden sie mit einem Repeater aufgefrischt und synchronisiert. Repeater haben zwei Anschlüsse (Ports), von denen einer als Eingangs- und der andere als Ausgangsport bezeichnet wird. Repeater werden im OSI-Modell der Schicht 1 zugeordnet, da sie nur auf Bitebene arbeiten und keine anderen Daten auswerten.
Hub, Sternverteiler		Ein schwaches Sendersignal an Port 1 ① wird an allen angeschlossenen Ports ② . . . ⑧ verstärkt und regeneriert ausgegeben. Ein Hub wird häufig auch als Multiport-Repeater bezeichnet. Hubs werden verwendet, um einen Verbindungspunkt für die Verkabelungsmedien zu schaffen und die Zuverlässigkeit des Netzes zu verbessern. Die Zuverlässigkeit des Netzes lässt sich erhöhen, indem man sicherstellt, dass das gesamte Netz beim Ausfall eines einzelnen Kabels ohne Unterbrechung weiterarbeiten kann. Hubs werden der Schicht 1 zugeordnet, da sie lediglich das Signal vom Eingangsport auffrischen und an alle anderen Anschlüsse (Netzwerkverbindungen) senden.
Bridge, Brücke	 MAC PC11 Bridge MAC PC21 MAC PC12 Filtertabelle MAC PC22 LAN1 LAN1 | LAN2 LAN2 MAC PC11 | MAC PC21 MAC PC12 | MAC PC22	Eine Bridge verbindet zwei LAN-Segmente miteinander. Der Verkehr in einem LAN wird hierbei gefiltert. Die Bridge stellt sicher, dass sich lokaler Datenverkehr auch nur innerhalb lokaler Grenzen bewegt. Gleichzeitig ermöglicht sie aber die Verbindung zu anderen Teilen (Segmenten) des LAN für Daten, die dorthin gesendet wurden. Die Bridge speichert welche MAC-Adressen sich an welchem Anschluss befinden und trifft die Entscheidungen auf der Basis der Filtertabelle. Jedes Netzwerkgerät z. B. PC, Drucker, besitzt eine eindeutige MAC-Adresse auf der Netzwerkkarte. Da Bridges die MAC-Adresse verwenden, werden sie der Schicht 2 zugeordnet.

N

Bezeichnung	Darstellung, Symbol	Beschreibung
Switch, Verteiler	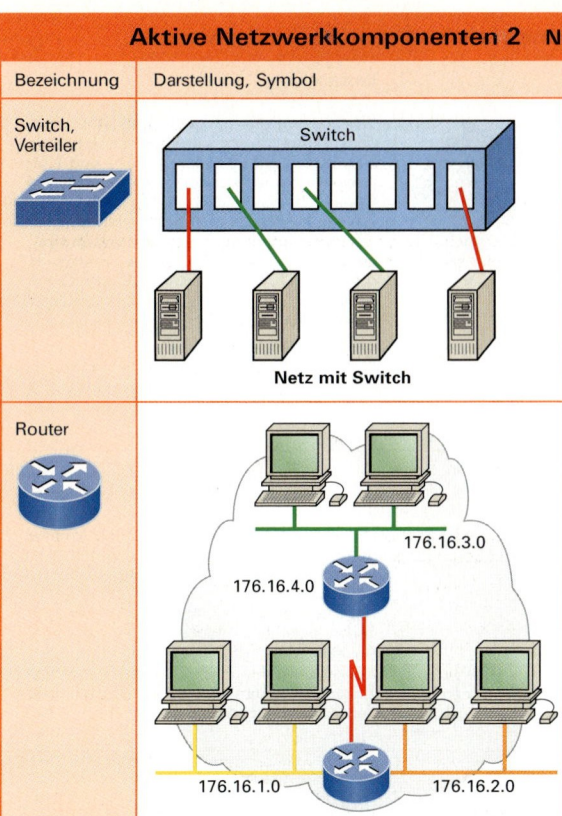 **Netz mit Switch**	Ein Switch wird auch als Multiport-Bridge bezeichnet. Switches treffen Entscheidungen auf der Basis von MAC-Adressen. Daten werden nur an den Port weitergeleitet, an den der entsprechende Host angeschlossen ist. Switches besitzen viele Verbindungsports und ermöglichen den Anschluss vieler Geräte an einen Punkt im Netz. Ein Switch leitet Datenpakete von den Eingängen an die Ausgänge weiter und stellt dabei jedem Anschluss die maximal mögliche Bandbreite von z. B. 100 Mbit zur Verfügung.
Router	176.16.3.0 176.16.4.0 176.16.1.0 176.16.2.0 **Netz 176.16.0.0**	Der Router ist ein Gerät der OSI-Vermittlungsschicht (Schicht 3), das Subnetze miteinander verbindet. Vermittlungsentscheidungen werden auf der Grundlage von IP-Adressen getroffen (im Gegensatz zu einzelnen MAC-Adressen der Schicht 2). Router können auch verschiedene Technologien der Schicht 2, z. B. Ethernet, Token-Ring und FDDI, verbinden. Router finden Wege für Pakete durch Auswertung der Schicht 3-Adresse. Ein Router überprüft ankommende Datenpakete (Schicht 3-Daten), wählt den besten Pfad innerhalb des Netzes (Routing) und leitet sie dann zum richtigen Ausgangsport weiter (Switching). Ein Router kann verschiedene Arten von Schnittstellenanschlüssen z. B. serielle Anschlüsse, Anschlüsse für WAN-Verbindungen, besitzen.

N

Zuordnung der aktiven Netzwerkkomponenten zum OSI-7-Schichtenmodell

Norm	Erklärung	Beschreibung
802.1	Higher Level Interface (HLI). Regelt den Austausch von Daten unterschiedlicher Netzwerke.	Hier werden Angaben über die Netzwerk-Architektur auf der ersten Schicht des OSI-Modells gemacht (z. B. Adressierung, Management, Internetworking).
802.1Q	Higher Level Interface Standard für den Einsatz virtueller LAN (VLAN).	Mit Software z. B. auf Switches programmierte Verbindungen von Rechnern in verschiedenen LAN-Segmenten.
802.2	Mit diesem Standard (LLC = Logical Link Control, MAC = Media Access Control) wird eine Definition für das Protokoll auf Layer 2 festgelegt.	Unterscheidung zwischen verbindungslosen und verbindungsorientierten Diensten.
802.3	Neben der Topologie, dem Übertragungsmedium und der Übertragungsgeschwindigkeit wird auch ein ganz spezielles Zugriffsverfahren beschrieben.	Es handelt sich dabei um CSMA/CD. Innerhalb dieses Standards werden weitere Definitionen festgelegt, die sich mit dem Einsatz des Übertragungsmediums befassen (z. B. 10 Base-2, 10 Base-5, 10 Base-T, 100 Base-T). Bekannt als Ethernet 2.
802.3ab	Einsatz von Gigabit-Ethernet.	Mit UTP-Kabeln (Twisted Pair) der Kategorie 5.
802.3ac	MAC-Spezifikationen und Vorgaben für das Management des Ethernet-Basisstandards.	Vor allem für den Einsatz in virtuellen LAN (VLAN).
802.3z	Festlegung des Standards für Gigabit-Ethernet.	Ethernet mit 1000 Mbit/s, mit LWL oder Twisted-Pair, Vollduplexübertragung.
802.4	Definition des Token-Bus-Standards.	Die Stationen eines solchen Netzwerks werden (physikalisch) an einen Bus angeschlossen, werden jedoch von der logischen Seite her als Ring behandelt. Als Zugriffsverfahren kommt dabei das Token-Passing-Verfahren zum Einsatz.
802.5	Definition für den Token-Ring. Dazu zählt Topologie, Routing, Übertragungsmedium und Übertragungsgeschwindigkeit.	Verkabelung nicht in einem Ringsystem, sondern sternförmig. Durch entsprechende Komponenten (Ringverteiler) bleibt das Netzwerk logisch immer ein Ring.
802.6	Einsatz von MAN (Metropolitan Area Network).	Verwendet das gleiche Frame-Format wie ATM.
802.7	Einsatz der Breitbandtechnologie (Broadband Technical).	Breitbandübertragung in lokalen Netzen (LAN).
802.8	Einsatz von Lichtwellenleitern bzw. Glasfaserkabeln (Fiber Optic) innerhalb eines Netzwerks.	Einsatz von FDDI (von Fiber Distributed Data Interface = über LWL übertragene Schnittstelle).
802.9	Integrated Voice and Data Networks. Sprachübertragung in der allgemeinen Kommunikation.	In einem ISLAN (Integrated Services LAN) sollen alle Datenendgeräte, z. B. Rechner, Drucker, Telefon, Fax an einer einzigen LAN-Schnittstelle oder ISDN-Schnittstelle betrieben werden können.
802.10	Generelle Sicherheitsfragen im LAN.	Verabschiedung von SILS (Standard for Interoperable LAN Security), z. B. Einsatz von Firewall-Software.
802.11	Einsatz drahtloser LAN (Wireless LAN).	
802.12	100 Base-VG = 100 MBit-Verfahren für den Multimedia-Einsatz. Dieses Verfahren trägt den Namen DP (von Demand Priority = Zugriff verlangen).	Hier handelt es sich um ein Zugriffsverfahren (vergleichbar mit CSMA/CD aus 802.3), bei dem die einzelnen Datenendgeräte mit dem Polling-Verfahren nach Übertragungswünschen abgefragt werden.
802.14	CATV (Cable Television = Kabelfernsehen).	Standards und Normen für Datenübertragung in Kabelnetzen.
802	Das LAN-Standardisierungsgremium innerhalb IEEE.	

IEEE 802

802.1			OSI-Schicht 3
802.2			OSI-Schicht 2
802.3	802.4	802.5	802.6	OSI-Schicht 1
802.3	802.4	802.5	802.6	

N

Ethernet Standards   Ethernet standards

Standard	MAC Spezifikation	Kabeltyp	Max. Leitungslänge	Adernpaare	Steckverbinder	Physikalische Topologie	Leitungscode
10 Base5	802.3	Dickes Koaxialkabel, 50 Ohm	500 m	-	AUI	Bus	Manchester-Code
10 Base2	802.3	Dünnes Koaxialkabel, 50 Ohm	185 m	-	BNC	Bus	Manchester-Code
10 BaseT	802.3	UTP, Kategorie 3, 4 oder 5	100 m	2	RJ45	Stern	Manchester-Code
10 BaseFL (Fiber Link)	802.3j	Multimode Glasfaser 62,5 µm/125 µm	2000 m	1	Duplex-MIC (ST)	Stern	Manchester-Code
10 BaseFB (Fiber Backbone)	802.3j	Multimode Glasfaser 62,5 µm/125 µm	2000 m	1	Duplex-MIC (ST)	Stern	Manchester-Code
10 BaseFP (Fiber Passive)	802.3j	Multimode Glasfaser 62,5 µm/125 µm	1000 m	1	Duplex-MIC (ST)	Stern	Manchester-Code
100 BaseTx	802.3u	UTP, Kategorie 5	100 m	2	RJ45	Stern	MLT3
100 BaseT4	802.3u	UTP, Kategorie 3, 4 oder 5	100 m	4	RJ45	Stern	8B6T, NRZ
100 BaseT2	802.3u	UTP, Kategorie 3, 4 oder 5	100 m	2	RJ45	Stern	PAM5
100 BaseFx	802.3u	Multimode Glasfaser 62,5 µm/125 µm	400 m – 2000 m	1	Duplex-MIC (SC)	Stern	4B5B, NRZI
100 BaseFx	802.3u	Monomode Glasfaser	10000 m	1	Duplex-MIC (SC)	Stern	4B5B
1000 BaseSx	802.3z	Multimode Glasfaser (770 nm-860 nm)	220 m – 550 m	1	Duplex-MIC (SC)	Stern	8B10B
1000 BaseLx	802.3z	Monomode Glasfaser (10 µm) oder Multimode Glasfaser (1270 nm-1355 nm)	3000 m	1	Duplex-MIC (SC)	Stern	8B10B
1000 BaseCX	802.3ab	Twinax-Cu-Kabel	25 m	2	RJ45	Stern	8B10B
1000 BaseTx	802.3ab	UTP Kategorie 5	100 m	2	RJ45	Stern	PAM5
10 GbaseEX	802.3ae	Monomode Glasfaser (1550 nm)	40000 m	1	Duplex-MIC (SC)	Stern	64B66B für LAN
10 GbaseLW	802.3ae	Monomode Glasfaser (1310 nm)	10000 m	1	Duplex-MIC (SC)	Stern	64B66B für WAN
10 GbaseEX	802.3ae	Monomode Glasfaser (1310 nm)	10000 m	1	Duplex-MIC (SC)	Stern	64B66B für LAN
10 GbaseLX	802.3ae	Monomode Glasfaser (1550 nm)	40000 m	1	Duplex-MIC (SC)	Stern	64B66B für WAN

N

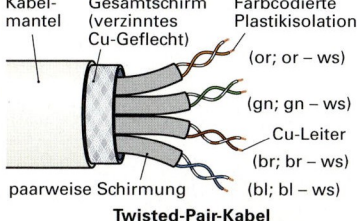

Kabelmantel — Gesamtschirm (verzinntes Cu-Geflecht) — Farbcodierte Plastikisolation

(or; or – ws)
(gn; gn – ws)
Cu-Leiter
(br; br – ws)
paarweise Schirmung
(bl; bl – ws)

Twisted-Pair-Kabel

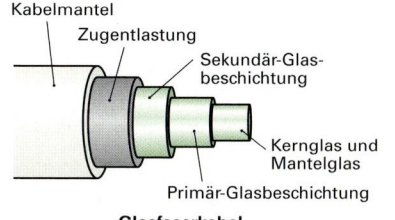

Kabelmantel
Zugentlastung
Sekundär-Glasbeschichtung
Kernglas und Mantelglas
Primär-Glasbeschichtung

Glasfaserkabel

AUI Attachment Unit Interface
BNC Bajonet Nut Connector
MIC Media Interface Connector

SC Single Connector
ST Straight Tip

Protokoll	Bezeichnung	Beschreibung	RFC
IP, IPv4, IP Version 4	Internet Protocol	Ein Layer-3-Protokoll, das zusammen mit TCP einen verbindungslosen Datagramm-Dienst zur Verfügung stellt. IP übernimmt keine Aufgaben zur Datensicherung. Es bietet flexible Adressierbarkeit. In einem Netzwerk können eine Station (Unicast), mehrere Stationen (Multicast) oder alle Stationen (Broadcast) angesprochen werden. Da Datagramme nicht bestätigt werden, ist eine hohe Übertragungsgeschwindigkeit möglich. Die Wegewahl zwischen kommunizierenden Stationen ist nicht festgelegt (variables Routing), d. h. bei Leitungsstörungen können Alternativrouten benutzt werden.	791

Feld	Bezeichnung	Beschreibung	Länge
Versionsfeld	version	Dient zur Kennzeichnung der Protokollversion, hier der Wert 4.	4 bit
Header-Länge	header length	Gibt die Gesamtlänge des IP-Headers in 32-Bit-Einheiten an.	4 bit
Type of Service	tos	Feld, in dem die Dienstleistung mit ihren netzwerkrelevanten Übertragungsparametern festgelegt wird. In dem Dienstleistungsfeld werden verschiedene Parameter für die vorrangige Behandlung von Datagrammen, die Durchsatzart sowie die Belegung von Ressourcen in den Routern festgelegt.	8 bit
Datagramm-Länge	total length	Länge in Byte, kann maximal 64 KB betragen.	16 bit
Identifikator-Felddienst	identification	Dient der Identifizierung einzelner Datenpakete.	16 bit
Fragmentierung	fragmentation	Die Fragmentierungs-Bits zeigen an, ob die Datagramme fragmentiert sind und, ob somit ein Anordnen (Reassemblieren) im Empfänger stattfinden muss.	3 bit
Fragment-Offset-Feld	fragment offset	Das Fragment-Offset-Feld gibt die Lage der Fragmentdaten in Bezug auf den Anfang des Datenblocks an.	13 bit
Time-to-Live	ttl	Damit Datagramme mit fehlerhaften Angaben nicht unnötig im Netzwerk herumirren und somit unnötigen Datenverkehr generieren, stattet man sie mit einer Lebensdauerangabe aus. Das Time-To-Live-Feld dient der Angabe der Lebensdauer des Datagramms.	8 bit
Protokolltyp	protocol	Das Feld bestimmt den Protokolltyp der nächsthöheren Schicht.	8 bit
Prüfsumme	ip header checksum	Der IP-Header kann anhand einer Prüfsummenberechnung auf Fehler überprüft werden.	16 bit
Quell-Adress-Feld	ip source address	Hier wird die IP-Adresse des Netzknotens eingetragen, der das IP-Datagramm abgesendet hat.	32 bit
Empfänger-Adress-Feld	ip destination address	Hier wird die IP-Adresse des Netzknotens eingetragen, der das IP-Datagramm empfangen soll.	32 bit
Optionsfeld	options	Dient dazu, Dienste den höheren Protokollen anzupassen, z. B. Sicherheitsanforderungen, welche die Empfangseite erfüllen muss. Wird durch das Hinzufügen von Füllzeichen (Padding-Bits) immer auf ein Vielfaches von 32 bit aufgefüllt.	variable Länge, $n \times 32$ bit

N

IP-Datagramm mit IP-Header

RFC (von Request For Comment) ist eine fortlaufend durchnummerierte Dokumentensammlung, unter Verwaltung des IAB (von Internet Architecture Board), zur Entwicklung und Bewertung von Internet-Protokollen.

IPv6 IPv6

Begriff	Bezeichnung	Beschreibung	RFC, Länge
IPv6, IP Version 6	Internet Protocol Version 6	Die Beschränkungen von IPv4, z. B. begrenzter Adressraum, starre Klasseneinteilung, und das rasche Wachstum des Internet führen zu Engpässen bei der Adressvergabe. Durch die Einführung der Version 6 sollen die Beschränkungen beseitigt werden. Wegen der Größe des Internet ist ein Wechsel von IPv4 zu IPv6 an einem Stichtag nicht möglich. Deshalb müssen die beiden Versionen über längere Zeit nebeneinander existieren. Dafür gibt es zwei Möglichkeiten: • Beim Tunneln werden IPv6-Pakete durch IPv4 unverändert weitergegeben. Die Pakete werden also nur in Routern ausgewertet, die auf IPv6 ausgelegt sind. • Bei der parallelen Implementierung von IPv4 und IPv6 (dual stack operation) können die Systeme mit beiden Protokollversionen kommunizieren, da beide Protokollstapel zur Verfügung stehen. Ein Wechsel von IPv4 zu IPv6 ist für einzelne Systeme, unabhängig von ihrer Umgebung, möglich.	1883
Versionsfeld	version	Dient zur Kennzeichnung der Protokollversion, hier der Wert 6.	4 bit
Verkehrsklasse	traffic class	Gibt die Dringlichkeit des Pakets an.	8 bit
Flussangabe	flow label	Zur Angabe des Typs der enthaltenen Daten.	16 bit
Länge der Nutzlast	payload length	Länge der Nutzdaten im Feld, das auf den Header (die Extension Headers) folgt. Die Länge wird in Byte angegeben. Der maximale Wert beträgt 64 KByte. Durch ein Erweiterungsfeld (mit Extension Header des Typs Fragmentation) sind größere Werte möglich.	16 bit
Nächster Header	nh (next header)	Zahl, definiert den Typ eines nächsten Headers, der unmittelbar nach dem Feld Zieladresse folgen kann.	8 bit
Sprunglimit	hl (hop limit)	Zahl (anfänglicher Maximalwert ist 254), die in jedem Zwischensystem dekrementiert (um 1 verringert) wird. Das Datagramm wird vernichtet, falls der Wert 0 wird, bevor das Ziel erreicht ist.	8 bit
Quellenadresse und Zieladresse	source address and destination address	Die Länge der Adressen beträgt 16 Byte (128 bit), damit beträgt die Größe des Adressraums $3,4 \cdot 10^{38}$ Adressen. Die Adressen sind hierarchisch aufgebaut um den Routing-Aufwand zu verringern. Cluster-Adressen bezeichnen eine geografische Region des Netzes.	je 128 bit
Erweiterungs-Header	extension header	Zusätzliche Information kann in bis zu sechs weiteren Headern angegeben werden. Dafür stehen sechs mögliche Typen zur Verfügung: • Hop-by-Hop Options: Diese müssen von jedem Router ausgewertet werden. • Routing: Für Source Routing (analog zu IP4), bis zu 24 IPv6-Adressen können angegeben werden. • Fragmentation: identifiziert ein Fragment aus einer Folge von Fragmenten (analog zu IPv4). • Authentification: enthält eine Prüfsumme, zur Authentifikation des Senders. • ESP: (von Encapsulating SecurePayload = verschlüsselte sichere Nutzdaten) enthält die Schlüsselnummer und die verschlüsselten Nutzdaten	16 bit
Zieloptionen	destination options	Die Zieloptionen sind nur für den Empfänger interessant. Die Header müssen, falls vorhanden, in einer bestimmten Reihenfolge angegeben werden. Jeder Header verweist in seinem Feld NH auf den Typ des nächsten Headers, der sich unmittelbar anschließt. Im letzten Extension Header steht im Feld NH die Nummer des auf der Transportschicht verwendeten Protokolls (analog zum Protokollfeld in IPv4).	16 bit

N

Bits

4	8	12	16	20	24	28	32
Versionsfeld	Verkehrsklasse			Flussangabe			
Länge der Nutzlast				Nächster Header		Sprunglimit	

Quellenadresse

Zieladresse

Daten

IP-Header IPv6

Protokoll	Bezeichnung	Beschreibung	RFC
Transmission Control Protocol	TCP	Ist ein verbindungsorientiertes Protokoll, das den Datenfluss mit Sliding Windows steuert. Durch Sequenznummern und Bestätigungen erreicht man eine große Zuverlässigkeit bei der Übertragung. TCP sendet alle nicht empfangenen Daten erneut und stellt eine virtuelle Verbindung zwischen Endbenutzeranwendungen zur Verfügung. Der Vorteil von TCP besteht in der garantierten Übertragung der Segmente. TCP bildet die Grundlage zahlreicher Anwendungsprotokolle (TELNET, FTP, SMTP). Der TCP-Header ist 20 B lang und setzt unmittelbar auf dem IP-Header auf.	793

Feld	Bezeichnung	Beschreibung	Länge
Quellport-Nummer	source port	Ist die Port-Nummer des Senders, über die das Multiplexen der TCP-Pakete erfolgt.	16 bit
Zielport-Nummer	destination port	Ist die Port-Nummer des Empfängers über die das Multiplexen der TCP-Pakete erfolgt.	16 bit
Sequenznummer	sequence number	In dem Feld Sequenznummer sind die Sequenznummern (aufeinander folgende Nummern) der gesendeten Pakete für die virtuelle Verbindung eingetragen.	16 bit
Bestätigungsnummer	acknowledgement number	Mit der Bestätigungsnummer werden empfangene TCP-Datenpakete bestätigt.	16 bit
Header Länge	header length	Das Feld gibt die Länge des Headers in 32-Bit-Worten an.	4 bit
Kontrollflagfeld	control flag field	Hier können insgesamt sechs Flags gesetzt werden (ACK, URG, PSH, RST, SYN, SQN, FIN). Diese Flags dienen der Bestätigung, dem Pointer, dem unverzögerten Weiterleiten, dem Rücksetzen einer Verbindung, der Synchronisation der Sequenznummer und dem Hinweis für die Beendigung der Übertragung.	1 bit
Fenstergröße	window	Über die Fenstergröße erfolgt die Flusskontrolle, z. B. durch eine Geschwindigkeitsanpassung an die Aufnahmefähigkeit des Empfängersystems.	16 bit
TCP-Prüfsumme	TCP checksum	Mit der TCP-Prüfsumme erfolgt eine Prüfsummenkontrolle der Headerdaten.	16 bit
Dringlichkeitszeiger	urgent pointer	Über den Dringlichkeitszeiger erfolgt eine Prioritätensteuerung für Dringlichkeitsdaten.	16 bit
MSS	maximum segment size	Dient der Bestimmung der maximalen Länge des TCP Paketes.	16 bit
Optionsfeld	options	Dient dazu, Dienste den höheren Protokollen anzupassen. So können in diesem Feld z. B. bestimmte Sicherheitsanforderungen festgelegt werden, welche die Empfangsseite erfüllen muss. Wird durch das Padding immer auf ein Vielfaches von 32 bit aufgefüllt.	Variable Länge, $n \times 32$ bit

N

Bits

01	02	03	04	05	06	07	08	09	10	11	12	13	14	15	16
Quellport-Nummer																
Zielport-Nummer																
Sequenznummer																
Bestätigungsnummer																
Prüfsumme																
Header Länge						Reservation				URG	ACK	PSH	RST	SYN	FIN
Fenstergröße																
TCP-Prüfsumme																
Dringlichkeitszeiger																
Optionsfeld																
Daten																

TCP-Header

TCP/IP-Protokollstapel   TCP/IP protocol stack

N

Wichtige Protokolle	Abkür-zung	Beschreibung	RFC
File Transfer Protocol	FTP	Anwendungsprotokoll, das innerhalb aller Betriebssysteme zum Übertragen von Dateien zwischen Netzwerkknoten über TCP verwendet wird. Eine typische FTP-Session besteht aus den 5 Phasen Verbindungsaufbau, Generierung der Datenverbindung, Datenübertragung, Einleitung Übertragungsende und Ende der Datenübertragung.	959
TELNET		Standard-Remote-Login-Dienst. Ermöglicht den Zugriff auf einen entfernten Rechner. Das Bearbeiten von Dateien und der Start von Anwendungen ist ebenso möglich wie die Nutzung entfernter Peripherie.	854
HyperText Transfer Protocol	HTTP	Dienst im Internet und Intranet zur Web-Kommunikation. Übernimmt den Transport von HTML-Seiten zwischen Web-Servern und Web-Client. HTTP unterstützt viele unterschiedliche Dateitypen wie Text-, Grafik-, Audio- und Videodateien. Der Standard definiert den Prozess, mit dem Webbrowser Informationsanforderungen erstellen, die sie an Webserver senden.	2616
Simple Mail Transfer Protocol	SMTP	Stellt E-Mail-Dienste zur Verfügung. Client-Server- Konzept, der Anwender bedient eine Mail-Software und übergibt die Nachricht an einen Mail-Prozess (Sender), welcher die Nachricht zwischenspeichern kann (spooling). Über TCP wird eine bidirektionale Verbindung zum Empfangsprozess auf dem entfernten Host aufgebaut.	821
Dynamic Host Configuration Protocol	DHCP	Ein Dienst, der für die Administration von IP-basierten Netzwerken, z. B. Vergabe neuer IP-Adressen, Löschen von IP-Adressen, Netzwerk-konfiguration von IP-Clients zuständig ist. Für die Verwendung von DHCP ist lediglich ein festgelegter Bereich von IP-Adressen auf einem DHCP-Server erforderlich. Wenn Hosts den Online-Betrieb aufnehmen, kontaktieren sie den DHCP-Server und fordern eine Adresse an. Der DHCP-Server wählt eine Adresse aus und ordnet sie dem Host zu. Mit DHCP kann die gesamte Konfiguration des Computers in einer einzigen Nachricht abgerufen werden.	1541
Domain Name Service	DNS	Ein im Internet und Intranet verwendetes System zur Übersetzung von Netzwerkknoten-Namen in IP-Adressen. Statische oder dynamische Zuweisung ist möglich. Bei dynamischer Zuweisung spricht man von Domain Name System. Unterteilung in toplevel-domains z. B. org, net, com oder Country-Codes z. B. de, us, it als oberste Hierarchiestufe.	1032, 1034
Trivial File Transfer Protocol	TFTP	Verwendet zum Übertragen von Dateien zwischen Netzwerkknoten mit geringen Sicherheitsstandards. Grundlagenprotokoll über UDP.	
Internet Control Message Protocol	ICMP	Internet-Protokoll der Netzwerkschicht, das Fehler meldet und weitere Informationen zur Verarbeitung von IP-Paketen liefert. Dieses Protokoll wird von Geräten verwendet, um ein Problem an den Absender einer Nachricht zu melden. Falls beispielsweise ein Router ein Paket empfängt, das er nicht übertragen kann, benachrichtigt er den Absender des Pakets. ICMP prüft mithilfe eines Ping-Tests einer Echo-Anforderung/Echo-Antwort Komponente, ob ein Paket ein Ziel erreichen kann (Siehe Seite Netzwerk-Tools 1).	792
Border-Gateway-Protocol	BGP	Ein Interdomain-Routing-Protokoll, das mehrere große unabhängige Netzwerke miteinander verbindet.	1163
Address Resolution Protocol	ARP	Internet-Protokoll, mit dessen Hilfe einer IP-Adresse eine MAC-Adresse zugeordnet wird.	826
Reverse Address Resolution Protocol	RARP	Internet-Protokoll, mit dessen Hilfe einer MAC-Adresse eine IP-Adresse zugeordnet wird. Somit können Netzwerkgeräte Daten kapseln, bevor sie über das Netz gesendet werden. Netzwerkgeräte, wie z. B. laufwerklose Arbeitsstationen, kennen möglicherweise ihre MAC-Adresse, nicht aber ihre IP-Adresse. Für Geräte, die das RARP-Protokoll verwenden, ist ein RARP-Server im Netz erforderlich.	768
User Datagram Protocol	UDP	Ein verbindungsloses Transportprotokoll, das nicht überprüft, ob alle Segmente übertragen wurden. Der Vorteil von UDP ist seine hohe Übertragungsrate. UDP arbeitet nicht mit Bestätigungen, die Übertragung ist nicht sicher. Vorteil: Es herrscht weniger Verkehr im Netzwerk, und die Übertragung erfolgt schneller.	793

RFC (von Request For Comment) ist eine fortlaufend durchnummerierte Dokumentensammlung, unter Verwaltung des IAB (von Internet Architecture Board), zur Entwicklung und Bewertung von Internet-Protokollen.

IP-Adressierung   IP-adressing

Netzwerkklassen

Klasse	Werte des ersten Oktetts	Gültige Netzwerknummern	Anzahl möglicher Netzwerke	Anzahl Hosts je Netzwerk	Standard Subnetzmaske, Größe von Netzwerkanteil und Hostanteil.
A	Dezimal 1 bis 126, dual 0XXXXXXX	1.0.0.0 bis 126.0.0.0	2^7 minus zwei spezielle Fälle[1]	2^{24} minus zwei spezielle Fälle[1]	255.0.0.0, 8 bit Netzwerkanteil, 24 bit Hostanteil.
B	Dezimal 128 bis 191, dual 10XXXXXX	128.1.0.0 bis 191.254.0.0	2^{14} minus zwei spezielle Fälle[1]	2^{16} minus zwei spezielle Fälle[1]	255.255.0.0 16 bit Netzwerkanteil, 16 bit Hostanteil.
C	Dezimal 192 bis 223, dual 110XXXXX	192.0.1.0 bis 223.255.254.0	2^{21} minus zwei spezielle Fälle[1]	2^8 minus zwei spezielle Fälle[1]	255.255.255.0 24 bit Netzwerkanteil, 8 bit Hostanteil.

[1] Zwei Adressen können jeweils nicht verwendet werden. IP-Adressen mit lauter Nullen im Hostanteil repräsentieren die Netzwerkadresse, IP-Adressen mit lauter Einsen im Hostanteil repräsentieren die Broadcastadresse für das Teilnetz. Klasse D Netzwerke sind Multicast-Adressen, das erste Oktett ist immer 1110XXXX.
Klasse E Netzwerke sind experimentelle Adressen, die zu Testzwecken von den Betreibern des Internets verwendet werden, das erste Oktett ist immer 1111XXXX.

Adressbegriffe

Begriff	Erklärung, Festlegung
IP-Adresse	32-Bit-Wort, das ein Netz-Interface eines Computers eindeutig identifiziert. Üblicherweise in Dezimalform mit Punkten getrennt z. B. 117.100.2.5.
Netzwerk	Zusammenfassung einer Gruppe von Hosts.
Netzwerkadresse, Netzwerknummer	32-Bit-Wort, das ein Netzwerk identifiziert. Im Gegensatz zur IP-Adresse kann die Netzwerknummer nicht einem einzelnen Computer zugewiesen werden. Der Hostanteil der Netzwerknummer hat binär immer die Werte 0.
Broadcastadresse	32-Bit-Wort, das alle Hosts in einem Netzwerk bezeichnet. Der Hostanteil der Broadcastadresse hat binär immer den Wert 1.
Subnetz	Eine Gruppe von Hosts, die eine Unterabteilung eines Netzwerkes bilden.
Subnetzadresse, Subnetznummer	32-Bit-Wort, das alle Hosts in einem Subnetz repräsentiert. Die Subnetznummer kann nicht als IP-Adresse verwendet werden.
Subnetzmaske, Netzwerkmaske	32-Bit-Wort, mit dem der Computer die Netzwerkadresse einer gegebenen IP-Adresse berechnet. Dies geschieht bitweise durch die Verundung von IP-Adresse und Subnetzmaske. Durch die Subnetzmaske ist außerdem die Anzahl der Hostbits festgelegt.
Standard-Subnetzmaske	Subnetzmaske für ein Netzwerk, wenn keine Subnetze verwendet werden (Tabelle Netzwerkklassen).
Private IP-Adressen	Private IP-Adressen sind IP-Adressen, die im Internet nicht weitergeleitet (gerouted) werden. Diese können im eigenen Netzwerk an die Hosts verteilt werden. Zur Verbindung von Hosts mit privaten IP-Adressen mit dem Internet kann eine Network Address Translation (NAT) verwendet werden. Klasse A: 10.0.0.0 bis 10.255.255.255. Klasse B: 172.16.0.0 bis 172.31.255.255. Klasse C: 192.168.0.0 bis 192.168.255.255.
Network Address Translation (NAT)	NAT ermöglicht Hosts mit privaten Adressen den Zugang zum Internet. NAT verwendet eine gültige Adresse in einem registrierten Netzwerk im Internet. Die Quell-IP-Adresse des Paketes wird beim Verlassen des privaten Netzwerkes durch eine gültige IP-Adresse ersetzt.
Classless Internet Domain Routing (CIDR)	CIDR (sprich: kaider) verwendet Routingprotokolle, die ohne Netzwerkklassen auskommen. Statt eine Subnetzmaske zu verwenden, wird beim CIDR der IP-Adresse nach einem Schrägstrich (Slash) die Dezimalzahl mitgegeben z. B. 198.0.0.0/8. Der Wert 8 legt fest, dass die ersten 8 Bit den Netzteil darstellen und die letzten 24 Bit zu Adressierung der Hosts verwendet werden. CIDR senkt die Anzahl der registrierten IP-Netzwerknummern und erlaubt verschiedene Netzwerknummern zu einer einzigen Routing-Einheit zusammenzufassen, was die Routing-Einträge der Internet-Router erheblich reduziert.
Loopback-Adresse	Adressen der Form 127.X.X.X dienen zum Funktionstest der eigenen Netzwerkkarte an einem Computer.

N

Begriff	Darstellung, Rechenweg	Bemerkungen
Subnetting		Mit der Bildung von Subnetzen (Subnetting) kann ein physikalisches Netz in mehrere Unternetze geteilt werden. Z.B. Bereiche und/oder Räume eines Unternehmens. Die IP-Adresse bestehend aus einem Netzwerkanteil N und einem Hostanteil H wird hierbei weiter unterteilt. Betrachtet wird beim Subnetting nur der Hostanteil der Subnetzmaske.

N

Firma A ohne Subnetting   Firma A mit Subnetting

Bemerkungen (Fortsetzung):

- Subnetting ermöglicht das Routing innerhalb von großen Teilnetzen.
- Aufteilung in Subnetze ist für den Rest des Internets unsichtbar.
- Die Hosts der einzelnen Subnetze werden weiterhin von externen Hosts und Routern als Teile des Klasse-B-Netzes 139.12.0.0 betrachtet.
- Andere Router müssen nicht umkonfiguriert werden.

Subnetzberechnung für RFC 950:

$$k = 2^m - 2 \text{ Subnetze}$$

RFC 1878:

$$k = 2^m \text{ Subnetze}$$

m Anzahl der für den Netzwerkanteil genutzten Bits des Hostanteils.
k Subnetzzahl

Beispiel mit Lösung nach RFC 1878

Dezimal: 192.168.0.1
Dual: 11000000.10101000.00000000.00000001

Dezimal: 255.255.255.0
Dual: 11111111.11111111.11111111.00000000
————Netzanteil-N————————.Hostanteil-H

1 Bit aus Hostanteil 2^1 = 2 Subnetze
2 Bit aus Hostanteil 2^2 = 4 Subnetze

Die Subnetzmaske lautet:
Dual: 11111111.11111111.11111111.**11**000000
Dezimal: 255.255.255.**192**

Netz1:
Subnetzadresse: 11000000.10101000.00000000.**00**000000
(192.168.0.0)
verfügbare Hosts: 192.168.0.0-192.168.0.62
Broadcastadresse: 11000000.10101000.00000000.**00**111111
(192.168.0.63)

Netz2:
Subnetzadresse: 11000000.10101000.00000000.**01**000000
(192.168.0.64)
verfügbare Hosts: 192.168.0.65–192.168.0.126
Broadcastadresse: 11000000.10101000.00000000.**01**111111
(192.168.0.127)

Netz3:
Subnetzadresse: 11000000.10101000.00000000.**10**000000
(192.168.0.128)
verfügbare Hosts: 192.168.0.129–192.168.0.190
Broadcastadresse: 11000000.10101000.00000000.**10**111111
(192.168.0.191)

Netz4:
Subnetzadresse: 11000000.10101000.00000000.**11**000000
(192.168.0.192)
verfügbare Hosts: 192.168.0.193–192.168.0.254
Broadcastadresse: 11000000.10101000.00000000.**11**111111
(192.168.0.255)

Private IP-Adresse Klasse C

zugehörige Standard-Subnetzmaske

Die Anzahl der benötigten Subnetze legt fest, wie viele Bits von der Standard-Subnetzmaske geliehen werden. Es sollen 4 Subnetze eingerichtet werden. 2 Bits mit den möglichen Kombinationen 00, 01, 10, 11 werden von der Standard-Subnetzmaske geliehen.

Die Anzahl der Subnetze legt auch die möglichen Hosts je Subnetz fest.

Beim Hinzunehmen von Bits des Hostanteils werden die Bits von links nach rechts genommen (links höherwertigstes Bit, rechts niederwertigstes Bit).

Es bleiben 6 Bits für die Adressierung von Hosts, somit ergeben sich $h = 2^6 - 2 = 62$ mögliche Rechner je Subnetz,
zwei Adressen sind belegt, alle Hostbits 0 ist die Subnetzadresse, alle Hostbits 1 ergibt den Broadcast für das Subnetz.

$$h = 2^a - 2$$

h Hostzahl
a Adressierbits

Begriff	Rechenweg	Bemerkungen
Beispiel mit Lösung nach RFC 950	Dezimal: 192.168.0.1 Dual: 11000000.10101000.00000000.00000001	Private IP-Adresse Klasse C, dezimal und binär.

Dezimal: 255.255.255.0
Dual: 11111111.11111111.11111111.00000000

zugehörige Standard-Subnetzmaske dezimal und binär.

$2^1 - 2 = 0$ Subnetze
$2^2 - 2 = 2$ Subnetze
$2^3 - 2 = 6$ Subnetze

Die Subnetzmaske lautet:
Dual: 11111111.11111111.11111111.**111**00000
Dezimal: 255.255.255.**224**

Die Anzahl der benötigten Subnetze legt fest, wie viele Bits von der Standard-Subnetzmaske geliehen werden. Sollen z. B. 6 Subnetze eingerichtet werden, werden 3 zusätzliche Bits benötigt.

Netz 1:
Subnetzadresse: 11000000.10101000.00000000.**001**00000
(192.168.0.32)
verfügbare Hosts:192.168.0.33–192.168.0.62
Broadcastadresse: 11000000.10101000.00000000.**001**11111
(192.168.0.63)

Beim Hinzunehmen von Bits des Hostanteils werden die Bits von links nach rechts genommen (links höherwertigstes Bit, rechts niederwertigstes Bit).

Netz 2:
Subnetzadresse: 11000000.10101000.00000000.**010**00000
(192.168.0.64)
verfügbare Hosts:192.168.0.65–192.168.0.94
Broadcastadresse:11000000.10101000.00000000.**010**11111
(192.168.0.95)

Netz 3:
Subnetzadresse:11000000.10101000.00000000.**011**00000
(192.168.0.96)
verfügbare Hosts:192.168.0.97–192.168.0.126
Broadcastadresse:11000000.10101000.00000000.**011**11111
(192.168.0.127)

Es ergeben sich $n = 2^5 - 2 = 30$ mögliche Rechner je Subnetz, zwei Adressen sind belegt, alle Hostbits 0 ist die Subnetzadresse, alle Hostbits 1 ergibt die Broadcastadresse für das Subnetz Bei Subnetzberechnung nach RFC 950 werden die Subnetze bei denen alle Subnetzbits 0 oder 1 sind nicht verwendet. Bei Subnetzberechnung nach RFC 1878 können diese verwendet werden, d. h. nur 2 Bits werden von der Standard-Subnetzmaske geliehen.

$$h = 2^a - 2$$

h Hostzahl
a Adressierbits

Netz 4:
Subnetzadresse:11000000.10101000.00000000.**100**00000
(192.168.0.128)
verfügbare Hosts:192.168.0.129–192.168.0.158
Broadcastadresse:11000000.10101000.00000000.**100**11111
(192.168.0.159)

Netz 5:
Subnetzadresse:11000000.10101000.00000000.**101**00000
(192.168.0.160)
verfügbare Hosts:192.168.0.161–192.168.0.190
Broadcastadresse:11000000.10101000.00000000.**101**11111
(192.168.0.191)

$$k = 2^m - 2$$

k Subnetzzahl
m Anzahl genutzter Hostbits für den Netzwerkanteil

N

Netz 6:
Subnetzadresse:11000000.10101000.00000000.**110**00000
(192.168.0.192)
verfügbare Hosts:192.168.0.193–192.168.0.222
Broadcastadresse:11000000.10101000.00000000.**110**11111
(192.168.0.223)

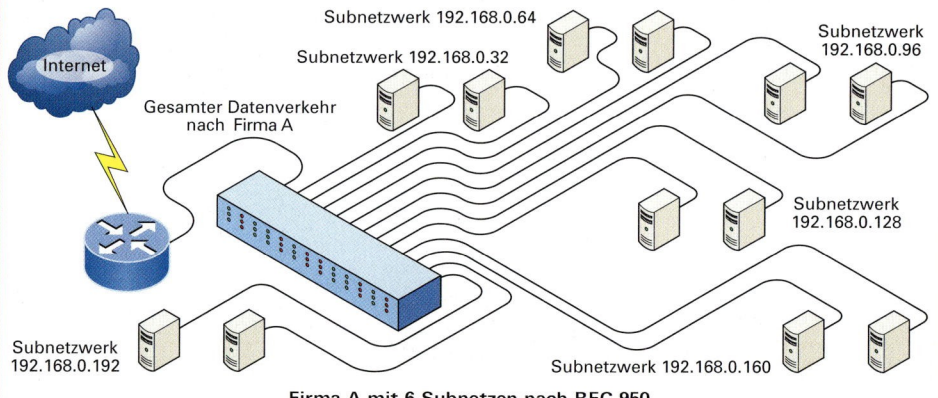

Firma A mit 6 Subnetzen nach RFC 950

Klasse A Subnetztabellen 1   Class A subnetting tables 1

N

Sub-netz n	Geborgte Bits m		Sub-netz-zahl	Hostzahl	Binärer Host-bereich	Host-adressen	Subnetz-werk-adresse	Broadcast-adresse	Subnetz-maske 255.
	Dez.	Binär							
0		00			000000 .00000000 .00000001	o.o.1 bis .63.255.254	.0.0.0	.63.255.255	
1	2	01	2	4194302	bis	.64.0.1 bis .127.255.254	.64.0.0	.127.255.255	.192.0.0
2		10			111111 .11111111 .11111110	.128.0.1 bis .191.255.254	.128.0.0	.191.255.255	
3		11				.192.0.1 bis .255.255.254	.192.0.0	.255.255.254	
0		000			00000 .00000000. 00000001	0.0.1 bis .31.255.254	.0.0.0	.31.255.255	
1		001			bis	.32.0.1 bis .63.255.254	.32.0.0	.63.255.255	
. . . .	3	. . . .	6	2097150	11111 .11111111. 11111110	. . .	. . . .	. . . .	.224.0.0
6		110				.192.0.1 bis .223.255.254	.192.0.	223.255.255	
7		111				.224.0.1 bis 255.255.254	.224.0.0	255.255.255	
0		0000			0000 .00000000	.0.0.1 bis .15.255.254	.0.0.0	.15.255.255	
1		0001			.00000001	.16.0.1 bis .31.255.254	.16.0.0	.31.255.255	
	4		14	1048574	bis		.k*16.0.0		.240.0.0
14		1110			1111	.224.0.1 bis 239.255.254	.224.0.0	.239.255.255	
15		1111			.11111111 .11111110	.240.0.1 bis 255.255.254	.240.0.0	.255.255.255	
0		00000			000 .00000000	.0.0.1 bis .7.255.254	.0.0.0	.7.255.255	
1		00001			.00000001	.8.0.1 bis .15.255.254	.8.0.0	.15.255.255	
	5		30	524286	bis		.k*8.0.0		.248.0.0
30		11110			111	.240.0.1 bis 247.255.254	.240.0.0	.247.255.255	
31		11111			11111111 .11111110	.248.0.1 bis 255.255.254	.248.0.0	.255.255.255	
0		000000			00 .00000000	.0.0.1 bis .3.255.254	.0.0.0	.3.255.255	
1		000001			.00000001	.4.0.1 bis .7.255.254	.4.0.0	.7.255.255	
	6		62	262142	bis		.k*4.0.0		252.0.0
62		111110			11	.248.0.1 bis 251.255.254	.248.0.0	.251.255.255	
63		111111			.11111111 .11111110	.252.0.1 bis 255.255.254	.252.0.0	.255.255.255	
0		0000000			0 .00000000	.0.0.1 bis .1.255.254	.0.0.0	.1.255.255	
1		0000001			.00000001	.2.0.1 bis .3.255.254	.2.0.0	.3.255.255	
	7		126	131070	bis		.k*2.0.0		254.0.0
126		1111110			1	.252.0.1 bis 253.255.254	.252.0.0	.253.255.255	
127		1111111			.11111111 .11111110	.254.0.1 bis .255.255.254	.254.0.0	.255.255.255	

n Subnetznummer; m Anzahl der von der Standardsubnetzmaske geborgten Bits, k Subnetzzahl
$k = 2^m - 2$ verwendbare Subnetzzahl, $2^{(24-m)} - 2$ verwendbare Hostzahl, h Hostzahl
.k $*2^{(8-m)}$ .0.0 Subnetzwerkadresse

Sub-netz n	Geborgte Bits m		Subnetz-zahl	Host-zahl	Binärer Host-bereich	Host-adressen	Subnetz-werk-adresse	Broadcast-adresse	Subnetz-maske 255.
	Dez.	Binär							
0		00000000			.00000000	.0.0.1 bis .0.255.254	.0.0.0	.0.255.255	
1		00000001			.00000001	.1.0.1 bis .1.255.254	.1.0.0	.1.255.255	
	8		254	65534	bis		.k.0.0		255.0.0
254		11111110			.11111111	.254.0.1 bis .254.255.254	.254.0.0	.254.255.255	
255		11111111			.11111110	.255.0.1 bis .255.255.254	.255.0.0	.255.255.255	
0		00000000.0			0000000	.0.0.1 bis .0.127.254	.0.0.0	.0.127.255	
1		00000000.1			.00000001	.0.128.1 bis .0.255.254	.0.128.0	.0.255.255	
2						.1.0.1 bis .1.127.254	.1.0.0	.1.127.255	
	9		510	32766	bis		.k/2.Rest ·128.0		.128.0.0
510		11111111.0			1111111	.255.0.1 bis .255.127.254	.255.0.0	.255.127.255	
511		11111111.1			.11111110	.255.128.1 bis .255.255.254	.255.128.0	.255.255.255	
	10		1022	16382					.255.192.0
	11		2046	8190					.255.224.0
	12		4094	4094					.255.240.0
	13		8190	2046					.255.248.0
	14		16382	1022					.255.252.0
	15		32766	510					.255.254.0
	16		65534	254					.255.255.0
	17		131070	126					.255.255.128
	18		262142	62					.255.255.192
	19		524286	30					.255.255.224
	20		1048574	14					.255.255.240
	21		2097150	6					.255.255.248
	22		4194302	2					.255.255.252

N

n Subnetznummer, m Anzahl der von der Standardsubnetzmaske geborgten Bits
$2^m - 2$ verwendbare Subnetzzahl $\quad 2^{(24-m)} - 2$ verwendbare Hostzahl
$k \cdot 2^{(8-m)}$ .0.0 Subnetzwerkadresse
Beispiel: Die IP-Adresse 10.0.0.0 soll in 200 Subnetze unterteilt werden. $n = 200$,
      d. h. binär werden 8 Bit benötigt, $m = 8$,
      aus obiger Tabelle: 65534 verwendbare Hosts je Subnetz, Subnetzmaske 255.255.0.0
      Subnetz 1: 10.0.0.0, Hostadressen 10.0.0.1 bis 10.0.255.254, Broadcast 10.0.255.255
      Subnetz 2: 10.1.0.0, Hostadressen 10.1.0.1 bis 10.1.255.254, Broadcast 10.1.255.255
      Subnetz 3: 10.2.0.0, Hostadressen 10.2.0.1 bis 10.2.255.254, Broadcast 10.2.255.255
      . . . .
      Subnetz k: 10.k.0.0, Hostadressen 10.k.0.1 bis 10.k.255.254, Broadcast 10.k.255.255
      Subnetz 200: 10.200.0.0, Hostadressen 10.200.0.1 bis 10.200.255.254, Broadcast 10.200.255.255

Klasse B Subnetztabellen 1 Class B subnetting tables 1

Subnetz *n*	Geborgte Bits *m* Dez.	Geborgte Bits *m* Binär	Subnetz-zahl	Host-zahl	Binärer Host-bereich	Host-adressen	Subnetz-werk-adresse	Broadcast-adresse	Subnetz-maske 255.255.
0	2	00	2	16382	00 0000.	.0.1 bis .63.254	.0.0	.63.255	.192.0
1		01			0000 0001 bis	.64.1 bis .127.254	.64.0	.127.255	
2		10			111111. 1111 1110	.128.1 bis .191.254	.128.0	.191.255	
3		11				.192.1 bis .255.254	.192.0	.255.255	
0	3	000	6	8190	0 0000. 0000 0001	.0.1 bis .31.254	.0.0	.31.255	.224.0
1		001			bis 1 1111 1111 1110	.32.1 bis.63.254	.32.0	.63.255	
2		010				.64.1 bis .95.254	.64.0	.95.255	
3		011				.96.1 bis.127.254	.96.0	.127.255	
4		100				.128.1 bis .159.254	.128.0	.159.255	
5		101				.160.1 bis .191.254	.160.0	.191.255	
6		110				.192.1 bis .223.254	.192.0	.223.255	
7		111				.224.1 bis .255.254	.224.0	.255.255	
0	4	0000	14	4094	0000. 0000 0001	.0.1 bis .15.254	.0.0	.15.255	.240.0
1		0001			bis 1111. 1111 1110	.16.1 bis . 31.254	.16.0	.31.255	
... 14		... 1110				... .224.1 bis .239.254	.n·16.0 .224.0	... .239.255	
15		1111				.240.1 bis .255.254	.240.0	.255.255	
0	5	00000	30	2046	000. 0000 0001	.0.1 bis .7.254	.0	.7.255	.248.0
1		00001			bis 111. 1111 1110	.8.1 bis .15.254	.8.0	.15.255	
... 30		00100 11110				... .240.1 bis .247.254	.n·8.0 .240.0	... .247.255	
31		11111				.248.1 bis .255.254	.248.0	.255.255	
0	6	000000				.0.1 bis .3.254	.0.0	.3.255	
1		000001	62	1022	00. 0000 0001	.4.1 bis .7.254	.4.0	.7.255	.252.0
... 62		... 111110			bis 11. 1111 1110	... .248.1 bis .251.254	.k·4.0 .248.0	... .251.255	
63		111111				.252.1 bis .255.254	.252.0	.255.255	

n Subnetznummer;   *m* Anzahl der von der Standardsubnetzmaske geborgten Bits
$2^m - 2$ verwendbare Subnetzzahl $2^{(16-m)} - 2$ verwendbare Hostzahl,
$k \cdot 2^{(8-m)}$ .0 Subnetzwerkadresse

N

Klasse B Subnetztabellen 2   Class B subnetting tables 2

Sub-netz n	Geborgte Bits m Dez.	Binär	Subnetz-zahl	Host-zahl	Binärer Host-bereich	Host-adressen	Subnetz-werk-adresse	Broadcast-adresse	Subnetz-maske 255.255.
0		0000000				.0.1 bis .1.254	.0.0	.1.255	
1		0000001			0.00000001	.2.1 bis .3.254	.2.0	.3.255	
2 bis 125	7	...	126	510	bis	...	. k * 2.0	...	.254.0
126		1111110			1.11111110	.252.1 bis .253.254	.252.0	.253.255	
127		1111111				.254.1 bis .255.254	.254.0	.255.255	
0		00000000				.0.1 bis .0.254	.0.0	.0.255	
1 bis 254	8	...	254	254	.00000001 bis	...	. k .0	...	.255.0
255		11111111			.11111110	.255.1 bis .255.254	.255.0	.255.255	
0		00000000.0				.0.1 bis .0.126	.0.0	.0.127	
1 bis 510	9	...	510	126	0000001 bis 1111110	...	. k/2. Rest ·128	...	.255.128
511		11111111.1				.255.129 bis .255.254	.255.128	.255.255	
0		.00000000.00				.0.1 bis .0.62	.0.0	.0.63	
1 bis 1022	10	...	1022	62	000001 bis 111110	...	. k/4. Rest ·64	...	.255.192
1023		11111111.11				.255.193 bis .255.254	.255.192	.255.255	
0		.00000000.000				.0.1 bis .0.30	.0.0	.0.31	
1 bis 2046	11	...	2046	30	00001 bis 11110	...	. k/8. Rest ·32	...	.255.224
2047		11111111.111				.255.225 bis .255.254	.255.224	.255.255	
0		.00000000				.0.1 bis .0.14	.0.0	.0.15	
1 bis 4094	12	...	4094	14	0001 bis 1110	...	. k/16. Rest ·16	...	.255.240
4095		11111111 .1111				.255.241 bis .255.254	.255.240	.255.255	
0		.00000000 .00000				.0.1 bis .0.6	.0.0	.0.7	
1 bis 8190	13	...	8190	6	001 bis 110	...	. k/32. Rest ·8	...	.255.248
8191		11111111 .11111				.255.249 bis .255.254	.255.248	.255.255	
0		.00000000				.0.1 bis .0.2	.0.0	.0.3	
1 bis 16382	14	...	16382	2	01 bis 10	...	. k/64. Rest ·4	...	.255.252
16383		11111111 .111111				.255.253 bis .255.254	.255.252	.255.255	

N

n Subnetznummer,   m Anzahl der von der Standardsubnetzmaske geborgten Bits
$2^m - 2$ verwendbare Subnetzzahl $2^{(16-m)} - 2$ verwendbare Hostzahl
$k \cdot 2^{(8-m)}$ .0 Subnetzwerkadresse

Klasse C Subnetztabellen   Class C subnetting tables

Subnetz n	Geborgte Bits m		Subnetzzahl	Hostzahl	Binärer Hostbereich	Hostadressen	Subnetzwerkadresse	Broadcastadresse	Subnetzmaske 255.255.255
	Dez.	Binär							
0	2	00	2	62	00 0001 bis 11 1110	.1 bis .62	.0	.63	.192
1		01				.65 bis .126	.64	.127	
2		10				.129 bis .190	.128	.191	
3		11				.193 bis .254	.192	.255	
0	3	000	6	30 0 0001 bis 1 1110	.1 bis .30	.0	.0	.224	.224
1		001				.33 bis.62	.32	.63	
2		010				.65 bis .94	.64	.95	
3		011				.97 bis.126	.96	.127	
4		100				.129 bis .158	.128	.159	
5		101				.161 bis .190	.160	.191	
6		110				.193 bis .222	.192	.223	
7		111				.225 bis .254	.224	.255	
0	4	0000	14	14	0001 bis 1110	.1 bis .14	.0	.15	.240
1		0001				.17 bis .30	.16	.31	
2		0010				.33 bis .44	.32	.45	
3		0011				.49 bis .62	.48	.63	
…		…				…	…	…	
14		1110				.225 bis .238	.224	.239	
15		1111				.241 bis .254	.240	.255	
0	5	00000	30	6	001 bis 110	.1 bis .6	.0	.7	.248
1		00001				.9 bis .14	.8	.15	
2		00010				.17 bis .22	.16	.23	
3		00011				.25 bis .30	.24	.31	
…		…				…	$k \cdot 8$	…	
30		11110				.241 bis .246	.240	.247	
31		11111				.249 bis .254	.248	.255	
0	6	000000				.1 bis .2	.0	.3	.252
1		000001	62	2	01 bis 10	.5 bis . 6	.4	.7	
2		000010				.9 bis .10	.8	.11	
3		000011				.13 bis .14	.12	.15	
4		000100				.17 bis .18	.16	.19	
…		…				…	$k \cdot 4$	…	
63		111111				.253 bis . 254	.252	.255	

n Subnetznummer m Anzahl der von der Standardsubnetzmaske geborgten Bits
$2^m - 2$ verwendbare Subnetzzahl
$2^{(8-m)} - 2$ verwendbare Hostzahl $k \cdot 2^{(8-m)}$ Subnetzwerkadresse
Beispiel: Die IP-Adresse 192.168.1.0 soll in 6 Subnetze unterteilt werden. $n = 6$,
    d. h. binär werden 3 Bits benötigt, 6 dezimal = 110 binär, $m = 3$,
    aus obiger Tabelle: 30 verwendbare Hosts je Subnetz, Subnetzmaske 255.255.255.224
    Subnetz 1: 192.168.1.1, Hostadressen 192.168.1.1 bis 192.168.1.30, Broadcast 192.168.1.31
    Subnetz 2: 192.168.1.32, Hostadressen 192.168.1.33 bis 192.168.1.62 Broadcast 192.168.1.63
    Subnetz 3: 192.168.1.64, Hostadressen 192.168.1.65 bis 192.168.1.94, Broadcast 192.168.1.95
    Subnetz 4: 192.168.1.96, Hostadressen 192.168.1.97 bis 192.168.1.126 Broadcast 192.168.1.127
    Subnetz 5: 192.168.1.128, Hostadressen 192.168.1.129 bis 192.168.1.158, Broadcast 192.168.1.159
    Subnetz 6: 192.168.1.160, Hostadressen 192.168.1.161 bis 192.168.1.190 Broadcast 192.168.1.191

N

Begriff	Erklärung	Eigenschaften
VoIP	VoIP (Voice over IP = Sprache über das Internet Protokoll) bietet Echtzeitübertragung von Sprache über IP-basierte Netze.	Es gibt firmeninterne Anwendungen (Enterprise-Telefonie) und IP-Telefonie im öffentlichen Internet (Internet-Telefonie).
Sprachcodierung	PCM (Pulse Code Modulation) ist das am weitesten verbreitete Verfahren zur Analog-Digital-Umsetzung von Sprachsignalen.	PCM umfasst die Abtastung, Quantisierung und Codierung der Signale.
RTP	RTP (Real Time Transport Protocol = Echtzeit-Transportprotokoll) ist das meistverwendete Protokoll für die Übertragung von Echtzeitverkehr über IP-Netzwerke. Zum Transport der Pakete nutzt das Protokoll das verbindungslose UDP.	Das Real Time Transport Protocol wird im RFC 1889 beschrieben. Die schnelle und effiziente Übertragung der Daten steht im Vordergrund. Gehen UDP-Daten im Netz verloren, werden sie nicht wieder angefordert.
RTP Control Protocol	Zur Transportsteuerung nutzt RTP das RTP Control Protocol um Informationen über die Eigenschaften des Transportkanals, z. B. über Paketlaufzeiten oder Paketverluste zu sammeln.	Das RTP Control Protocol wird im RFC 1890 beschrieben.
cRTP	Das cRTP (Compressed Real Time Transport Protocol cRTP = komprimiertes Echtzeit-Transportprotokoll) reduziert den Header auf eine Länge von 2 B oder 4 B. Die Headerdaten für IP, UDP sowie RTP-Header belegen 20 B, 8 B und 12 B.	Hierzu kombiniert der Sender IP-Quelladresse und IP-Zieladresse, UDP-Quellport und UDP-Zielport und weitere Felder zu einer Session Context ID (CID). Anhand der CID können die beteiligten Vermittlungsknoten und Empfänger die Pakete korrekt zuordnen.
RUDP	RUDP (Reliable User Datagram Protocol = zuverlässiges Benutzer Datagrammprotokoll) macht das verbindungslose UDP-Protokoll zuverlässiger. RUDP versieht die Pakete mit redundanten Informationen, z. B. Prüfbits und versendet sie mehrfach.	Durch die Verwendung von RUDP sinkt die Wahrscheinlichkeit von unerkannten Übertragungsfehlern oder nicht übertragenen Paketen.
H.323	Die ITU-T-Empfehlung H.323 beschreibt die Übertragung von Multimediaverkehr über paketvermittelnde Netzwerke. H.323 ist das am weitesten verbreitete Protokoll zur Gesprächssteuerung.	Die aktuelle Implementation ist H.323 Version 4.
IP-Telephony-Gateway	Ein IP-Telephony-Gateway (IP Telefonübergang) ermöglicht die Verbindung zwischen Computernetz und Telefonnetz. Es hat eine LAN-Schnittstelle und eine ISDN-Schnittstelle. Eine direkte Verbindung der Tk-Anlagen steht als weitere Alternative zur Verfügung.	Das IP-Telephony-Gateway stellt zur LAN-Seite den Computer-Telefonie-Arbeitsplatz mit der H.323-Schnittstelle dar. Die komprimierten Sprachdaten aus dem LAN werden dekomprimiert und zum Telefonnetz über ISDN weitergeleitet. Die vom Telefonnetz kommenden Daten werden komprimiert und über das TCP/IP-Protokoll zum Computer übertragen.

VOIP-Netzwerk

N

Begriff	Ansicht	Erklärung
IP-Telefonanlage	**Anschlussmöglichkeiten der FRITZ!Box Fon WLAN 7050** Teilnehmeranschlussleitung Splitter DSL ISDN oder Analoganschluss ISDN-Telefon/TK-Anlage Analoges Telefon LAN LAN USB Analoges Telefon, Fax, ...	Die FRITZ!Box Fon WLAN ist eine Telefonanlage zum Telefonieren über das Internet und das Festnetz. Sie verbindet einen oder mehrere PC mit einem DSL-Anschluss. Jeder angeschlossene Computer kann über die FRITZ!Box Fon WLAN ins Internet gelangen. Als WLAN Access Point bietet die FRITZ!Box Fon WLAN die Möglichkeit, den PC kabellos mit dem DSL-Anschluss zu verbinden. Der Anschluss von analogen Endgeräten und ISDN-Endgeräten ist möglich.
Startcenter	**System** FRITZ!Box Fon WLAN 7050 (UI), Firmware-Version 14.03.58 **Anschlüsse** DSL Aktiv LAN A Getrennt Anschluss 783/145 kBit/s LAN B Aktiv USB Getrennt WLAN Aktiv (verschlüsselt) **Internetverbindung** FRITZ!Box verfügt über Zugangsdaten zu einem Internetanbieter. Status Verbunden IP-Adresse 84.157.39.241 Onlinezeit 10 Stunden 49 Minuten 4 Sekunden **Internettelefonie** FRITZ!Box verfügt über Anmeldedaten zu einem Internettelefonie-Anbieter. Status Internet-Rufnummer 7225: Registriert Aktualisieren Hilfe • Übersicht • Internet • Telefonie • WLAN • System • Hilfe • Einrichtungsassistent	Nach Installation der Zugangs-Software und erfolgreicher Verbindung mit dem Internet kann durch Eingabe der Adresse fritz.box in einen Browser der Status der einzelnen Verbindungen abgerufen werden. Mit der FRITZ!Box sind Anwendungen auf einem PC beziehungsweise im lokalen Netzwerk standardmäßig gegen Zugriff aus dem Internet geschützt.
Internet	**Online-Zähler** FRITZ!Box erfasst die Online-Zeit und das dabei verbrauchte Datenvolumen. Der Online-Zähler ist eine Verbrauchsübersicht und kann von den exakten Abrechnungsdaten Ihres Internetanbieters abweichen. Zeitraum / Online-Zeit (hh:mm) / Datenvolumen gesamt / gesendet/empfangen / Verbindungen Anzahl Heute 14:45 5 MB 861 kB/4 MB 1 Gestern 22:49 22 MB 8 MB/14 MB 5 aktuelle Woche 85:31 80 MB 24 MB/56 MB 13 aktueller Monat 166:16 127 MB 39 MB/88 MB 20 letzter Monat 0:00 0 kB 0 kB/0 kB 0 Hier können Sie die erfasste Online-Zeit und das Datenvolumen auf "0" setzen. Online-Zähler zurücksetzen **Tarifübersicht** FRITZ!Box zeigt Ihnen den aktuellen Verbrauch des enthaltenen Datenvolumens oder der Freistunden Ihres Tarifs an. Es sind keine Tarifinformationen eingetragen. Tragen Sie hier ein, welches Tarifangebot Sie für Ihren Internetzugang nutzen. Tarif festlegen Aktualisieren Hilfe • Übersicht • Internet • Online-Zähler • Zugangsdaten • Portfreigabe • DSL-Informationen • Telefonie • WLAN • System • Hilfe • Einrichtungsassistent	Online-Zähler: Hier werden die Zahl der Internetverbindungen sowie deren Gesamtdauer und Übertragungsvolumina für verschiedene Zeiträume angezeigt. Zugangsdaten: Die Daten, die von einem Internetanbieter erhalten wurden, werden eingetragen. Portfreigabe: Um anderen Teilnehmern aus dem Internet den kontrollierten Zugang auf den Computer zu gestatten, müssen bestimmte Ports für eingehende Verbindungen freigegeben werden.
Internettelefonie	**Internettelefonie** Hier werden die Internet-Rufnummern und die dazugehörenden Anmeldedaten verwaltet. **Liste der Internet-Rufnummern** Aktiv Internet-Rufnummer Anbieter ☑ 7225 1&1 Internet Neue Internet-Rufnummer Übernehmen Abbrechen Hilfe • Übersicht • Internet • Telefonie • Anrufliste • Internettelefonie • ISDN-Endgeräte • Nebenstellen • Wahlregeln • Kurzwahlen • Rufumleitung • WLAN	In diesem Bereich werden die eingerichteten Zugänge für die Internettelefonie dargestellt: Aktiv Aktivieren beziehungsweise deaktivieren einzelner Internetrufnummern. Internet-Rufnummer Rufnummer des Internet-Zugangs Anbieter Internet-Telefonieanbieter des Internet-Zugangs

Begriff	Beschreibung
Wireless LAN	Drahtlose lokale Netzwerke, bei denen die Datenübertragung über Funk stattfindet. Alle Endgeräte sowie ein Zugangspunkt (Access Point) sind mit Funkeinrichtungen ausgerüstet.
Access Point	Der Access Point (Zugangspunkt) verbindet das drahtlose Netz mit kabelgebundenen Netzen. Er kann außerdem die Reichweite erhöhen.
DS	Mehrere Zugangspunkte können über ein festes Netz, das DS (Distribution System = Verteilsystem) verbunden sein.
BSS	BSS (Basic Service Set = Basis Dienst Satz) sind mobile Knoten, die über denselben Access Point kommunizieren.
ESS	Als ESS (Extended Service Set = Erweiterter Dienste Satz) wird das DS und alle zugehörigen BSS bezeichnet.
Kollision	Eine Kollision entsteht, wenn zwei Teilnehmer gleichzeig Daten senden.
CSMA/CA	CSMA/CA (Carrier Sense Multiple Access/Collision Avoidance = Vielfachzugriff mit Trägererkennung/Vermeidung von Kollisionen) kann Kollisionen vermeiden. Eine empfangene Station, die gerade einen Rahmen empfängt, informiert alle umliegenden Knoten mit einem „Besetztton". Weitere, sendebereite Stationen müssen dann warten bis der Kanal frei ist.
Wartezeit (backoff)	Nach der Kollisionsfeststellung muss jede Station eine weitere, zufällig gewählte Wartezeit einhalten, danach darf sie senden.
Reservierungsverfahren	Kollisionen können auch durch ein Reservierungsverfahren verhindert werden. Reservierungen können zentral, z. B. am DS, oder dezentral, z. B. am Access Point, ausgeführt werden.
FHSS-Codierung	Funkübertragung mit FHSS-Codierung (Frequency Hopping Spread Spectrum = Bandspreiztechnik mit Frequenzwechsel) trennt die verschiedenen Netze mit überlappenden Funkbereichen durch Sprungfolgen (Hüpfcode, mit vorgegebener Folge der sequenziell zu verwendenden Frequenzen).
DSSS-Codierung	Funkübertragung mit DSSS (Direct Sequence Spread Spectrum = Bandspreiztechnik mit direkter Folge) ist ein neueres Verfahren das jedem Netzteilnehmer eine codierte Pseudo-Zufallsfolge zuweist. Diese wird mit den zu sendenden Daten verschickt. Das Frequenzspektrum des gesendeten Signals wird so über eine relativ große Bandbreite gespreizt. Alle Sender belegen dieselbe Bandbreite. Der Empfänger verwendet dieselbe Pseudo-Zufallsfolge wie der gewünschte Sender und kann deshalb die Daten rekonstruieren. Da die Nutzsignale auf dem Funkkanal kaum stärker als das Rauschen sind, ist die Erkennung des Signals schwierig. Ohne Kenntnis der verwendeten Pseudo-Zufallsfolge ist die Rekonstruktion des gesendeten Signals fast unmöglich.
Infrarotübertragung	Bei der Infrarotübertragung dient Licht im infraroten Bereich (Wellenlänge 850 nm – 950 nm) als Träger. Die maximale Reichweite beträgt 10 m.
Verschlüsselung	Zur Gewährleistung einer vertraulichen Übertragung werden die Daten verschlüsselt.
Fragmentierung	Bei hohen Bitfehlerraten werden die Daten fragmentiert.
Übertragungsfrequenzen	2,4 GHz für LAN mit 11 Mbit/s nach IEEE-Standard 802.11b 5 GHz für LAN mit 54 Mbit/s nach IEEE-Standard 802.11a
Reichweite	Die Reichweite bei Funkübertragung ist stark abhängig von der Gebäudebeschaffenheit. Üblich sind 20 m bis 200 m innerhalb von Gebäuden und bis 1000 m außerhalb.

N

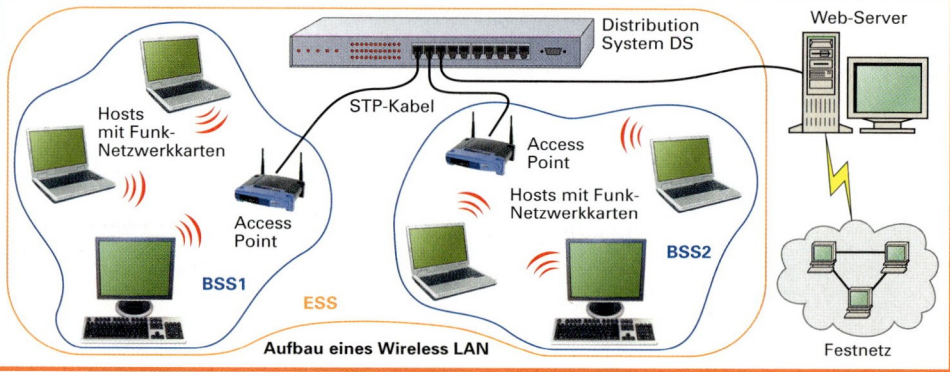

Aufbau eines Wireless LAN

N

Bezeichnung	Bild	Beschreibung, Eigenschaften
SAN	LAN DB-Server File-Server Mail-Server Fibre Channel Raid-System Fibre Channel Band-laufwerk	SAN (Storage-Area Network = Speicherbereich Netzwerk) transportieren Daten zwischen Servern und Datenspeichern. Ein SAN bietet Server-to-Storage, Storage-to-Storage oder Server-to-Server Verbindungen mit hoher Bitrate. SAN verwenden eine eigene Netzwerk-Infrastruktur zur Vermeidung von Problemen mit bereits existierenden Netzwerken. Ein SAN besteht aus den Hostbusadaptern der Server, den Netzwerkkomponenten, wie Hub oder Switch und den Speicherelementen. Die Massenspeicher z. B. Bandlaufwerk, RAID-Systeme sind an ein gemeinsam genutztes Glasfaser-Netzwerk (Fibre Channel Network) angeschlossen. Im SAN wird nur noch ein Speichersystem (Storage system) und ein Bandlaufwerk (Tape library) für alle unterschiedlichen Server und Betriebssysteme benötigt.
NAS	NAS LAN DB-Server File-Server Mail-Server Unix-Client Windows-Client Linux-Client	NAS (Network Attached Storage = netzwerkangebundene Speicherung) stellt schnelle und zentrale Datenspeicherung zur Verfügung. Leistungsfähige Fileserver mit integrierten oder daran angeschlossenen Plattensystemen, kommunizieren mit den Clients über das LAN. Die Anwender greifen über das Netzwerk mit verschiedenen Betriebssystemen, auf die Daten zu. Verwendete Protokolle: CIFS (Common Internet File System = Gemeinsames Internet-Dateisystem) NFS (Network File System = Netzwerk-Dateisystem).
Data Center	Web Hosting, E-Commerce, Streaming, Application Intelligente Netzwerkdienste Netzwerke für Schicht 2 und Schicht 3 Mobil Wireless Kabel ATM/DSL ISDN	Ein Datencenter (Data Center) ist ein Netzwerk, das Informationen des Internets beschleunigt zur Verfügung stellt. Dies wird erreicht durch die Nutzung von Breitband-Übertragungsstrecken des Internet. Somit können Filme in wenigen Minuten aus dem Internet heruntergeladen werden. Mittels Lastenausgleich (Load-Balancing) wird bei der Datenübertragung die Netzlast über das gesamte Netzwerk verteilt.
Intranet, Extranet	Extranet Firma A Tochtergesellschaft Firewall Extranet Firma A Firmenzentrale Intranet Firma B	Auf Intranet Server haben nur autorisierte Nutzer eines Firmennetzes Zugriff. Innerhalb eines Intranet sind Webserver installiert, die üblicherweise einen Webbrowser als Frontend benutzen. Ein Extranet ist ein Intranet, das teilweise zugänglich ist für autorisierten Zugriff außerhalb des Firmennetzes. Firmeninterne Daten können so durch eine Firewall abgeschirmt nach außen zugänglich gemacht werden.

Begriff	Erklärung	Bemerkungen
DNS	DNS (Domain Name System = Domänennamensystem) setzt Computernamen in IP-Adressen um. Die DNS-Datenbank weist eine in Zonen aufgeteilte baumförmige Struktur auf **(Bild)**.	Informationen über eine Domäne findet man, indem man von der Root-Domäne durch die untergeordneten Domänen bis zur Ziel-Domäne geht **(Bild)**.
Top Level Domain	Direkt unterhalb der Root-Domäne befinden sich die Top Level Domains. Man unterscheidet zwei Typen: geographische Top Level Domains, wie beispielsweise .de und organisatorische Top Level Domains.	Top Level Domains sind z. B. ● .com für kommerzielle Unternehmen, ● .org für nicht kommerzielle Organisationen, ● .net für Netzwerkeinrichtungen, ● .mil für militärische Einrichtungen.
Domänennamen	Domänennamen schreibt man von der untersten Ebene, dem Rechnernamen, zur obersten Ebene, der Top Level Domain (Domäne der höchsten Ebene), z. B. www.informatik.uni-ulm.de.	Die höchste Organisation für die Zuweisung von Domänennamen ist ICANN (von Internet Cooperation for Assigned Numbers and Names = Organisation für die Zuweisung von Nummern und Namen im Internet). Für .de-Domänen ist die Denic in Frankfurt zuständig (www.denic.de).
Nameserver	Nameserver enthalten die Informationen der Domänen, für die sie den Name-Service übernehmen.	IP-Adressen und Rechnernamen werden einander zugeordnet.
Root-Server	Jeder Primary Name Server z. B. Server in der .de-Zone, muss die IP-Adressen aller Root-Server gespeichert haben.	Es gibt weltweit 13 Root-Server.

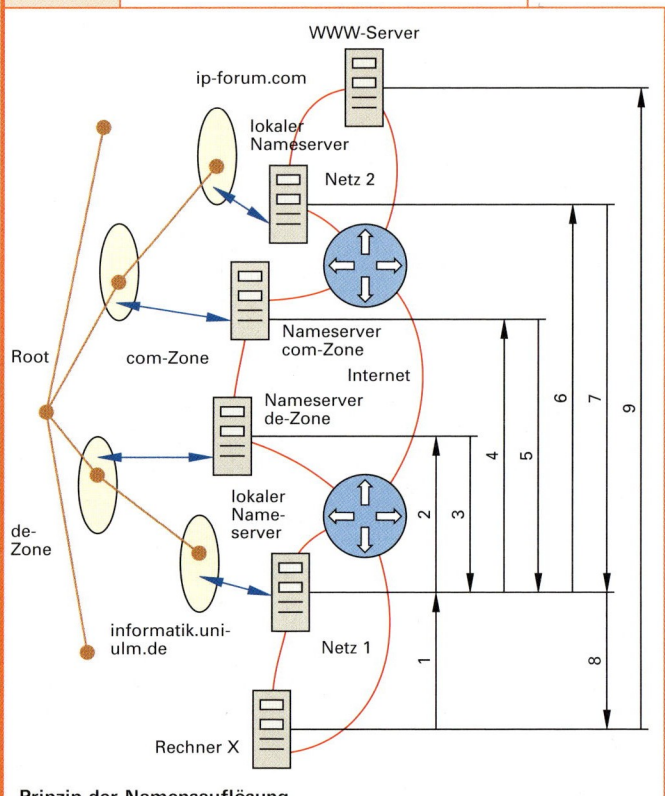

Prinzip der Namensauflösung

Prinzip der Namensauflösung:

1.
Rechner X in der Domain informatik.uni-ulm.de leitet eine Abfrage www.ipforum.com → IP-Adresse? an den lokalen Nameserver.

2.
Lokaler Nameserver findet keine Zuordnung, lokaler Nameserver richtet Anfrage an den übergeordneten Name-Server der de-Zone.

3.
Nameserver der de-Zone antwortet mit Verweis auf den Nameserver der com-Zone.

4.
Lokaler Nameserver richtet die Anfrage an den Nameserver der com-Zone.

5.
Nameserver der com-Zone antwortet mit Verweis auf Nameserver der Domäne ipforum.com.

6.
Lokaler Nameserver richtet die Anfrage an den Nameserver in der Domäne ipforum.com.

7.
Nameserver der Domäne ipforum.com antwortet mit der gesuchten Zuordnung www.ipforum.com → IP-Adresse.

8.
Lokaler Rechner erhält IP-Adresse.

9.
IP-Paket mit der Abfrage an den WWW-Server im Netz 2.

N

Begriff, Übersetzung	Erklärung	Beispiele, Typische Werte, Bild
Bandbreite, bandwidth	Die Bandbreite ist der Frequenzbereich, in dem elektrische Signale übertragen werden.	Je größer die Bandbreite, desto mehr Informationen können theoretisch übertragen werden.
Bandbreiten-Längenprodukt, bandwidth-length product	Das Produkt aus Bandbreite und Länge in MHz·km ist ein entscheidender Parameter von Übertragungsmedien zur Bestimmung von maximal möglicher Leitungslänge und maximal möglichen Übertragungsfrequenzen. Es wird in der Praxis ausschließlich für Lichtwellenleiter angegeben.	Eine Bandbreiten-Längenprodukt von z. B. 400 MHz·km bedeutet, dass ein Signal mit 400 MHz über 1 km Leitungslänge übertragen werden kann. Entsprechend können 800 MHz über 500 m Leitungslänge oder 1 GHz über 400 m Leitungslänge übertragen werden.
Kanal, channel	Nach EN 50173 ersetzt der Kanal die Link-Spezifikation.	Der Kanal berücksichtigt alle Kabel und alle Komponenten einer Tertiärverkabelung.

Kategorie, category	Nach ISO/IEC 11801 zur Klassifizierung von verdrillten Kabeln (Twisted-Pair). In jeder Kategorie sind die Übertragungseigenschaften, z. B. Dämpfung der TP-Kabel, festgelegt. Mit steigender Kategorie verbessern sich die Übertragungseigenschaften.	Cat	Beschreibung	Max. Bitrate
		1	Billigkabel für analoge Sprach-übertragung	<1 Mbit/s
		2	Kabel für mittlere Entfernungen z. B. ISDN.	<4 Mbit/s
		3		10 Mbit/s
		4		20 Mbit/s
		5	UTP/STP Kabel für z. B. Ethernet.	100 Mbit/s
		6		200 Mbit/s
		7		600 Mbit/s
		8		1 Gbit/s

Linkklasse, Link	In ISO/IEC 11801, EIA/TIA 568 und EN 50173 bezeichnet der Link die Ende-zu-Ende-Verbindung einer Übertragungsstrecke. Die Link-Klasse legt das Übertragungsverhalten für eine komplette Übertragungsstrecke bis zur Anschlussdose fest. Dies beinhaltet alle Übertragungsmedien, Steckelemente und Patchfelder. Entscheidend für die Leistungsfähigkeit einer Übertragungsstrecke ist die Linkklasse. TO = Telecommunication Outlet TP = Transition Point PP = Patch Panel CC = Cross Connect	Klasse	Beschreibung	Übertragungs-frequenz
		A	Niedrige Bitraten und Frequenzen, z. B. ISDN-Basisanschluss.	100 kHz
		B	Sprachanwendungen, z. B. ISDN.	1 MHz
		C		16 MHz
		D	Sprach- und Datenübertragung.	100 MHz
		E		200 MHz
		F		600 MHz

N

Tk-Endgerät Übertragungsgerät

TO TP 90 m PP CC

A B C

Link

Kanal (A + B + C < 10 m)

Definition von Link und Kanal

Begriff, Übersetzung	Erklärung	Beispiele, Typische Werte
Patchfeld (Rangierfeld), patch panel	Ein Patchfeld (von to patch = zusammenflicken, hier: Verteilerfeld) dient zum Anschluss und zum Verteilen von Verbindungen. Sie sind im Verteilerraum untergebracht.	Jeder Anschlussdose ist eine eigene Steckverbindung auf dem Patchfeld zugeordnet. Sie sind Bestandteil des Verkabelungssystems und beeinflussen somit die Link-Klasse.
RJ-45-Stecksystem, RJ-45 cabling system	Das RJ-45-Stecksystem (von Regular Jack = Norm-Stecksystem) besteht aus RJ-45-Stecker und RJ-45-Buchse. Das achtpolige Stecksystem wird auch als Western-Stecksystem bezeichnet.	Das Stecksystem wird im Anschlussbereich der Endgeräte und am Patchfeld verwendet. Bei einer strukturierten Verkabelung müssen die Steckereigenschaften denen der Kabel angepasst werden.
Schneidklemmtechnik, LSA Plus, insulation-displacement connection	Die Leitung wird bei LSA Plus (von löt-, schneid- und abisolierfreie Verbindung) nicht abisoliert, sondern auf die Isolierung auf eine Schneidklemme gelegt und mit einem Spezialwerkzeug in die Klemme hineingedrückt.	Die Schneidklemmtechnik ist die gängigste Art, Leiter in RJ-45-Buchsen anzuschließen.
Schirmung, shielding	Die Schirmung ist ein elektrisch leitender Schutzmantel. Sie reduziert elektromagnetische Einstreuungen in das Übertragungsmedium und Interferenzen zwischen den einzelnen Leitern.	Man unterscheidet Folienschirmung und Geflechtschirmung.
Strukturierte Verkabelung, structured cabling	Strukturierte Verkabelung erfolgt nach ISO/IEC 11801 und EN 50137 innerhalb von Hierarchieebenen. Diese werden in horizontale und vertikale Verkabelungsbereiche gegliedert. Die Zukunftssicherheit und die Dienstneutralität des Anschlusspunktes stellt einen wichtigen Aspekt dar. Eine strukturierte Verkabelung integriert alle LAN-Konzepte und auch WAN-Dienste z. B. Videoübertragung. Auf den einzelnen Ebenen werden nach den verschiedenen Standards unterschiedliche Kabelarten zugelassen.	**Primärbereich:** Gebäudeübergreifende, firmenweite Standortverkabelung mittels redundanter Kabeltrassen zur Verbindung von Gebäuden. Üblicherweise werden Lichtwellenleiter eingesetzt. Nach EN 50173 maximale Ausdehnung 3 km. **Sekundärbereich:** Gebäudeinterne Backbone-Verkabelung zur Verbindung der einzelnen Etagenverteiler mit den Gebäudeverteilern. Einzelne Stockwerke werden sternförmig an den Gebäudeverteiler angeschlossen. Die Sekundärverkabelung wird auch als Vertikalverkabelung (vertical cabling) bezeichnet. Üblicherweise werden Lichtwellenleiter eingesetzt. **Tertiärbereich:** Sternförmige Verkabelung auf Etagenebene zur Verbindung der Endgeräte mit den Etagenverteilern.
Verkabelungsstandard, cabling standard	Für die Standardisierung von strukturierten Verkabelungen gibt es zahlreiche internationale, amerikanische, europäische und deutsche Gremien.	• Weltweit: ISO/IEC 11801, Generic Cabling for Customer Premises. • Europaweit: EN 50137 Performance Requirements for Generic Cabling Schemes. • USA-weit: EIA/TIA 568A Commercial Building Telecommunications Wiring Standard. • Deutschlandweit: DIN EN 50173 Anwendungsneutrale Verkabelungssysteme.
Verteilerraum, wiring closet	Der Verteilerraum ist der Übergabepunkt von einem Verkabelungsbereich zu einem anderen. Er ist der Mittelpunkt der Verkabelung und enthält aktive Komponenten, z. B. Router, Bridges, und passive Komponenten, z. B. Patchfelder, Verteilerschränke.	Eine zentrale Lage und leichter Zugang sind vorgeschrieben. Außerdem muss genügend Platz für die Verteilerschränke mit der Möglichkeit des vorderseitigen und rückseitigen Zugangs vorhanden sein.

N

RJ-45-Stecker

RJ-45-Datenbuchse

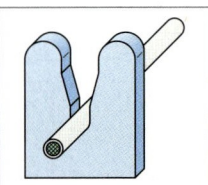
Prinzip LSA Plus

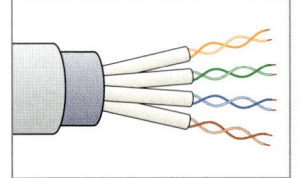
Geschirmte Leitung

Messwert, Formel	Erklärung	Bemerkung, typische Werte in dB,			
ACR	Attenuation to Crosstalk Ratio = Dämpfung-Nebensprech-Verhältnis. Maß für die Qualität eines Übertragungskanals. Gibt das Verhältnis zwischen der Stärke des ankommenden Signals und der Stärke des Rauschens auf der Leitung bei einer bestimmten Frequenz an. Für eine fehlerfreie Übertragung ist ein möglichst großer ACR-Wert erforderlich. $$ACR = 20\,\lg\frac{U_{2F}}{U_n}\ [\text{dB}]$$	Frequenz in MHz	Link-Klasse			
			D	E	F
		100	4,0	20	46,9
		300			25,6
		600			4,0

Messwert, Formel	Erklärung	Bemerkung, typische Werte in dB,
Dämpfung A	Die Dämpfung ist die Abnahme der übertragenen Energie eines Signals im Verlauf einer Übertragungsstrecke. $$A = 20\,\lg\frac{U_{1N}}{U_{1F}}\ [\text{dB}]$$	Die Dämpfung eines metallischen Leiters hängt von der Länge, dem Material und der Bauform ab. Die Dämpfung eines Kabels hat verschiedene Ursachen, z. B. elektrischer Widerstand der Leitung.
ELFEXT	Equal Level Far End Crosstalk = Fernnebensprech-Dämpfung. Verhältnis des übersprechenden Ausgangspegels zum eigentlichen Ausgangspegel. $$ELFEXT = 20\,\lg\frac{U_{2F}}{U_{1F}}\ [\text{dB}]$$	ELFEXT ist unabhängig von der Kanallänge. ELFEXT berechnet für jedes Adernpaar das Verhältnis zwischen FEXT und Dämpfung.
FEXT	Far End Crosstalk = Fernnebensprech-Dämpfung. Nebensprechen bezogen auf das Leitungsende. $$FEXT = 20\,\lg\frac{U_{1N}}{U_{2F}}\ [\text{dB}]$$	Das eingespeiste Signal ist am Leitungsende um die Kabeldämpfung verringert.

Messwert, Formel	Erklärung	Bemerkung, typische Werte in dB,			
NEXT	Near End Crosstalk = Nahnebensprech-Dämpfung. Nebensprechen bezogen auf den Leitungsanfang. Gibt an, wie stark das Signal eines Adernpaares in ein anderes Adernpaar induziert wird. $$NEXT = 20\,\lg\frac{U_{1N}}{U_{2N}}\ [\text{dB}]$$	Frequenz in MHz	Link-Klasse		
			C	D	E
		100	32	44,3	71,1
		300			63,7
		600			60

Messwert, Formel	Erklärung	Bemerkung, typische Werte in dB,
AXTLK	Alien Crosstalk = Fremdnebensprechen tritt bei 10 GBASE-T-Übertragung aufgrund der hohen Frequenzen (4 × 2,5 GHz) auf.)	Benachbarte, nebeneinander verlegte Kabel koppeln Signale ein.

Für zwei Adernpaare gilt:
U_{2F} induzierte Spannung am fernen Ende
U_n Rauschspannung
U_{1N} erzeugte Spannung am nahen Ende
U_{1F} übertragene Spannung am fernen Ende
U_{2N} induzierte Spannung am nahen Ende

Für vier Adernpaare gilt:
U_{1N}, U_{2N}, U_{3N} erzeugte Spannung am nahen Ende
U_{4N} induzierte Spannung am nahen Ende
U_{1F}, U_{2F}, U_{3F} erzeugte Spannungen am fernen Ende
U_{4F} induzierte Spannung am fernen Ende
Z_W Wellenwiderstand der Leitung

N

Messwert	Erklärung, Formel	Bemerkung
PSNEXT	Powersum Near End Crosstalk = Leistungssumme der Nahnebensprech-Dämpfung. $$PSNEXT = 20 \left(\lg \frac{U_{1N}}{U_{4N}} + \lg \frac{U_{2N}}{U_{4N}} + \lg \frac{U_{3N}}{U_{4N}} \right) \text{ [dB]}$$	Bildet die Summe von allen Störsignalen, die in einem Leitungspaar eingekoppelt werden. Bei zweiadrigen Kabeln ist PSNEXT = NEXT, bei mehradrigen Kabeln werden die Unterschiede immer größer.
RL	Return Loss = Rückflussdämpfung. $$RL = 20 \lg \frac{U_{1N}}{U_{Reflexion}} \text{ [dB]}$$	Misst die Differenz zwischen Messsignal und der Signalreflexion. Die RL-Messung zeigt, wie der Wellenwiderstand des Kabels mit dessen Bemessungsimpedanz über einen Frequenzbereich übereinstimmt.
A_n	Signal to Noise Ratio = Signal-Rausch-Verhältnis. $$A_n = 20 \lg \frac{U_{Signal}}{U_n} \text{ [dB]}$$	Bei positiven A_n-Werten kann das Signal klar vom Rauschen getrennt werden. Bei A_n-Werten kleiner 20 dB wird die Bitrate reduziert.
Kanalkapazität	Die Kanalkapazität ist ein Maß für die Anzahl der übertragbaren Bits pro Sekunde. $$C = f_{max} \cdot \lg 2 \,(1 + SNR) \text{ [bit/s]}$$	Für eine zuverlässige Datenübertragung muss die Bitrate unterhalb der Kanalkapazität liegen. Die Kanalkapazität wird auch als Shannon-Limit bezeichnet.

N

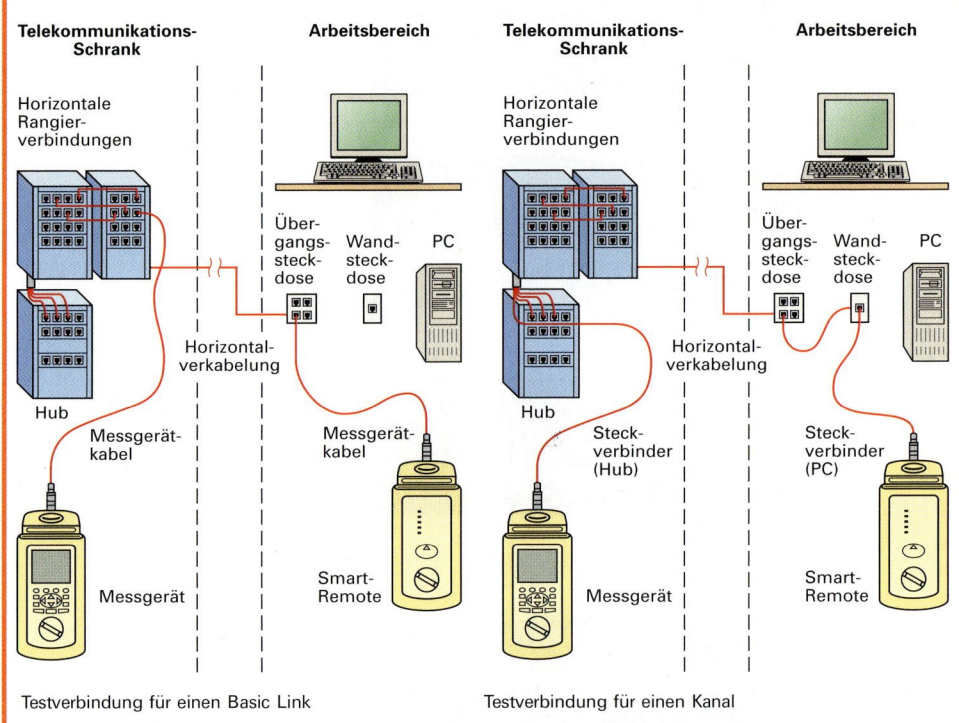

Testverbindung für einen Basic Link   Testverbindung für einen Kanal

A_n	Signal-Rausch-Verhältnis	
C	Kanalkapazität	
RL	Rückflussdämpfung	

$U_{1N}, U_{2N}, U_{3N}, U_{4N}$	erzeugte Spannungen am nahen Ende
U_n	Rauschspannung
U_{Signal}	Signalspannung
f_{max}	größtmögliche Übertragungsrate

Netzwerk-Tools 1   Network tools 1

Kommando	Ausführung, Beispiel	Erklärungen
ping		Ping (von Packet Internet Groper = Internet Paket Grapscher). In Windows wird der Befehl viermal nacheinander ausgeführt (Voreinstellung). Mit dem Befehl ping wird • die Laufzeit eines Paketes vom Sender zur Netzwerkstation bestimmt, • geprüft, ob eine Station Kontakt zur Netzwerkstation oder einer Nachbarstation hat. • festgestellt ob Zugriff auf den localhost (127.0.0.1) möglich ist und ob der TCP/IP-Stack auf der lokalen Station installiert ist.
ipconfig, ipconfig/all		IPconfig (von Internet Protocol Configuration = Internet Protokoll Zusammenstellung). ipconfig liefert die IP-Adresse, die Subnetzadresse und das Gateway. ipconfig/all liefert zusätzlich Hostname, DNS-Server, Knotentyp, NETBIOS-Bereichs-ID und NETBIOS-Auflösung durch DNS. Weiterhin erhält man Informationen zu allen Netzwerkadaptern und Modems, z. B. physische Adresse (Hardware-Adresse), Gültigkeitszeitraum der IP-Adressen.
tracert	 	tracert (von Trace route = Spurverfolgung). Mit tracert wird eine Routenverfolgung über maximal 30 Routenabschnitte vorgenommen und sichtbar gemacht. Anwendungen: • Prüfen, welchen Weg die Datenpakete nehmen. → Ein Umweg kann auf den Ausfall eines Routers hinweisen. • Ermitteln der Laufzeit zwischen den einzelnen Stationen. → Engpässe auf der Übertragungsstrecke. • Ermitteln der ausgefallenen Station, wenn die Daten ihr Ziel nicht erreichen. • Ermitteln fehlerhafter Routing-Einträge. → Kommen Stationen z. B. mehrfach vor, liegt es nahe, dass ein Router durch einen fehlerhaften Routing-Eintrag eine Routing-Schleife verursacht.
arp		ARP (von Address Resolution Protocol = Adressauflösungs-Protokoll). Mit arp -a werden die verwendete Schnittstelle, die IP-Adresse und die physikalische Adresse, d. h. die MAC-Adresse, angezeigt.

N

Die Befehle ping, ipconfig, tracert und arp werden in der Kommandozeile, z. B. Fenster Eingabeaufforderung oder an der Konsole, z. B. bei UNIX oder Linux ausgeführt. Eine Liste der möglichen Parameter erhält man durch Eingabe des Befehls mit folgendem?.

Kommando	Ausführung, Beispiel	Erklärungen
netstat	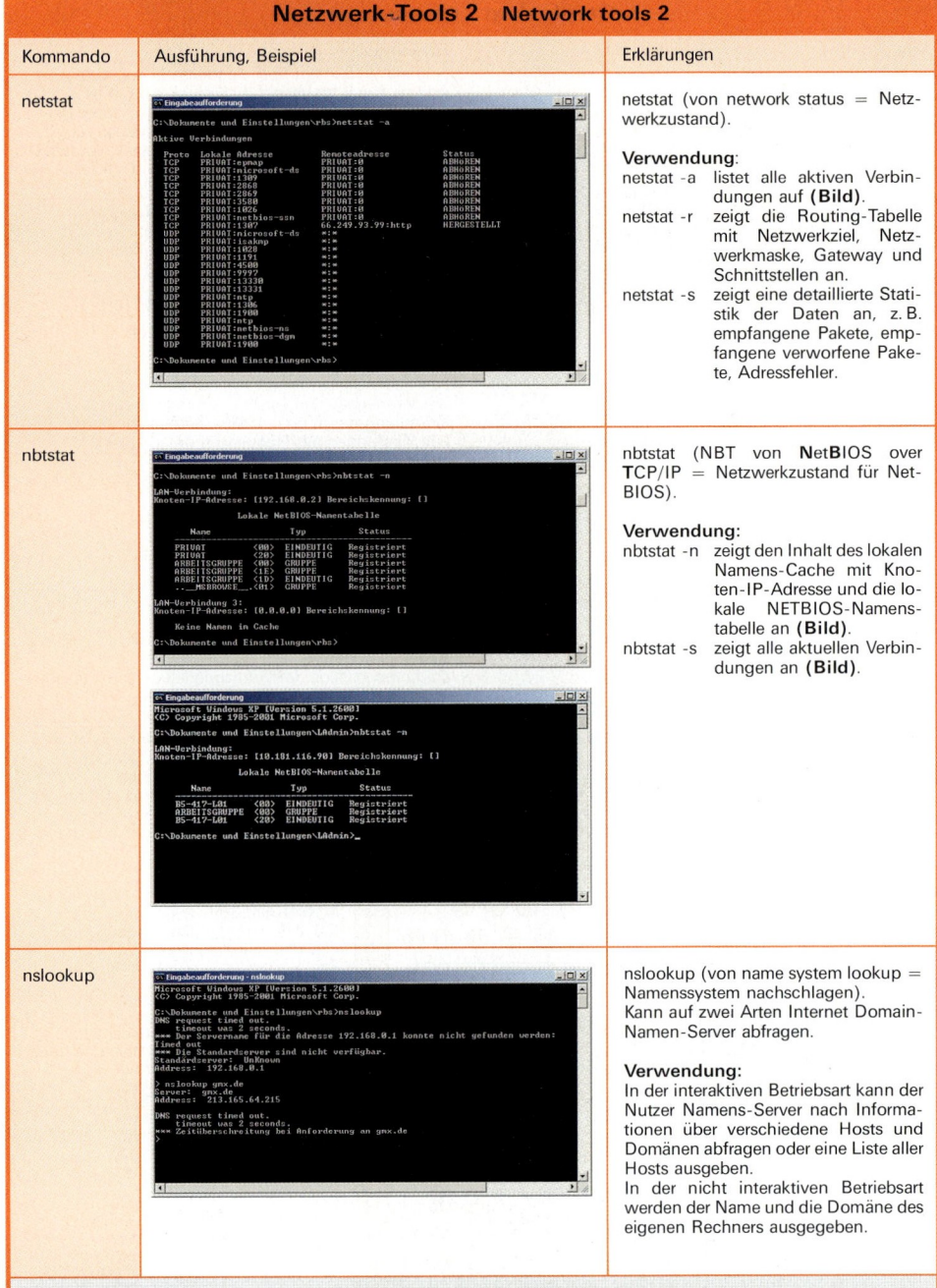	netstat (von network status = Netzwerkzustand). **Verwendung**: netstat -a listet alle aktiven Verbindungen auf **(Bild)**. netstat -r zeigt die Routing-Tabelle mit Netzwerkziel, Netzwerkmaske, Gateway und Schnittstellen an. netstat -s zeigt eine detaillierte Statistik der Daten an, z.B. empfangene Pakete, empfangene verworfene Pakete, Adressfehler.
nbtstat		nbtstat (NBT von **N**etBIOS over **T**CP/IP = Netzwerkzustand für NetBIOS). **Verwendung:** nbtstat -n zeigt den Inhalt des lokalen Namens-Cache mit Knoten-IP-Adresse und die lokale NETBIOS-Namenstabelle an **(Bild)**. nbtstat -s zeigt alle aktuellen Verbindungen an **(Bild)**. **N**
nslookup		nslookup (von name system lookup = Namenssystem nachschlagen). Kann auf zwei Arten Internet Domain-Namen-Server abfragen. **Verwendung:** In der interaktiven Betriebsart kann der Nutzer Namens-Server nach Informationen über verschiedene Hosts und Domänen abfragen oder eine Liste aller Hosts ausgeben. In der nicht interaktiven Betriebsart werden der Name und die Domäne des eigenen Rechners ausgegeben.

Die Befehle netstat, nbtstat und nslookup werden in der Kommandozeile, z. B. Fenster Eingabeaufforderung oder an der Konsole, z. B. bei UNIX oder Linux ausgeführt. Eine Liste der möglichen Parameter erhält man durch Eingabe des Befehls mit folgendem?

Oszilloskop Oscilloscope

Begriffe	Übersetzung	Erklärung
AC (Alternating Current)	Wechselstrom	Eingang wird intern über Kondensator angeschlossen.
ADD (Adder)	Addierer	Addiert Kanal I zu Kanal II (Subtraktion mit INV).
AT/NORMAL (Auto/Normal)	Automatisch/Normal	Auslösung der Zeitablenkung automatisch oder frei.
CAL (Calibrator)	Eich-Generator	Liefert 0,2 V oder 2 V Rechteckausgangsspannung.
CH (Channel)	Kanal	Verstärkt ein Eingangssignal, meist 2 Kanäle vorhanden.
CHOP (Chopper)	Umschalter	Schaltet die Kanäle I und II abwechselnd mit fester Frequenz auf die Einkanalbildröhre.
COMPONENT TESTER	Bauelement-Tester	Testet zweipolig angeschlossene Bauelemente.
DC (Direct Current)	Gleichstrom	Eingang wird galvanisch angeschlossen.
EXT (Extern)	Außerhalb	Erlaubt Ablenkung der Zeitbasis durch Fremdgerät.
FOCUS	Brennpunkt (Mittelpunkt)	Strahlschärfe-Einstellung.
GD (Ground)	Masse (Grund)	Gerätemasse.
HF (High-Frequency)	Hochfrequenz	Für Messungen mit Frequenzen über 10 MHz.
HOR (Horizontal)	Waagerecht	Signaleingänge I, II oder Kanal II als X-Eingang.
INP (Input)	Eingang	Eingang allgemein, z.B. Trigger, X, Y.
INTENS (Intensity)	Stärke	Helligkeitseinstellung für den Katodenstrahl.
INV (Invers)	Umgekehrt	Führt eine Signalinvertierung durch. Positive Werte werden negativ dargestellt und umgekehrt.
LEVEL	Niveau, Ebene	Einstellung des Triggerniveaus bei Normalbetrieb.
LF (Low Frequency)	Niederfrequenz	Für Messungen mit Frequenzen unterhalb 1 kHz.
LINE	Linie, Netz	Triggerung erfolgt mit Netzfrequenz.
MAG (Magnitude)	Größe	Dehnung der x-Achse kann um den Faktor 10 vergrößert werden.
NORM (Normal)	Normal	Triggerniveau wird mit LEVEL eingestellt.
POS (Position)	Stellung	Es lassen sich waagerechte (X) und senkrechte (Y I, II) Bildverschiebungen vornehmen.
POWER on/off	Leistung (Netz) Ein/Aus	Netzschalter.
p-p (Peak-to-Peak)	Spitze-zu-Spitze	Erlaubte Spitzenspannung an den Eingangsbuchsen.
SELECTOR	Wahlschalter	Wahlschalter für die Triggerankopplung.
SLOPE +/−	Flanke (Neigung)	Signaldarstellung beginnt mit steigender (+) oder fallender (−) Flanke.
TR (Trace Rotation)	Strahldrehung	Zur Kompensation des Erdmagnetfeldes. Der horizontale Strahl wird damit waagerecht gestellt.
TRIG (Trigger)	Drücker, Auslöser	Auslösung der Zeitablenkung.
TIME/DIV (Division)	Zeit/Teilung	Zeitmaßstab in ms/Teilung oder µs/Teilung in Stufen. Feineinstellung bis zum 2,5fachen mit ⑩ möglich.
VAR (Variation)	Veränderbarkeit	Stufenlose Veränderung bis 1:2,5 möglich.
VOLTS/DIV (Division)	Spannung/Teilung	Spannungsmaßstab in V/Teilung oder mV/Teilung.
X	Horizontal, waagerecht	Abkürzung für x-Achse.
X-Y	Horizontal-vertikal	XY-Betrieb, die Zeitablenkung ist abgeschaltet. Kanal II ist der X-Eingang.
Y	Vertikal, senkrecht	Abkürzung für die y-Achse.

N

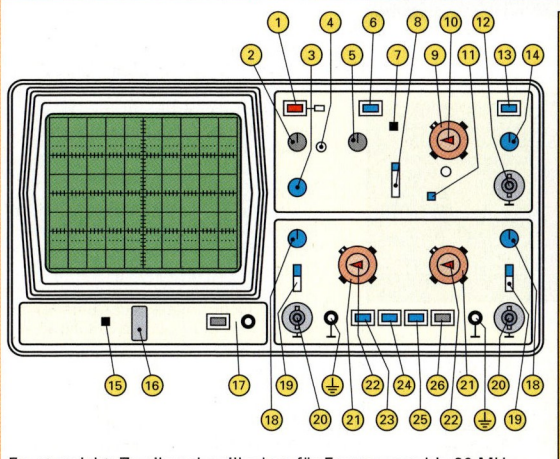

1	POWER on/off	Drucktaste
2	INTENS	Drehknopf
3	FOCUS	Drehknopf
4	TR	Trimmpotentiometer
5	X-Position	Drehknopf
6	X-Y	Drucktaste
7	SLOPE +/−	Drucktaste
8	TRIG	Schiebeschalter
9	TIME/DIV	Drehschalter (18stufig)
10	Variable Zeitbasis	Drehknopf
11	EXT.	Drucktaste
12	TRIG INP	BNC-Buchse
13	AT/NORM	Drucktaste
14	LEVEL	Drehknopf
15	X-MAG X10	Drucktaste
16	CALIBRATOR 0,2 V bis 2 V	Kontaktstift
17	COMPONENT TESTER	Drucktaste und 4-mm-Buchse
18	Y-POS. I, II	Drehknöpfe
19	CH. I, II	Schiebeschalter
20	CH. I, II	BNC-Buchsen mit getrennten Massebuchsen
21	Y-Eingangsteiler	Drehschalter (12stufig)
22	Variable Y-Verstärkung	Drehknopf
23	INV. I	Drucktaste
24	CH I/II-TRIG I/II	Drucktaste
25	DUAL	Drucktaste
26	ADD-CHOP	Drucktaste

Frontansicht: Zweikanaloszilloskop für Frequenzen bis 20 MHz
Zubehör: Tastköpfe 1:1, 10:1, 100:1, 10:1 (HF), auch kombiniert 1:1/10:1
Demodulator-Tastkopf (für AM-Demodulation)
Übergangsadapter: Bananenstecker-BNC

Messschaltung	Schirmbild	Anwendung, Erklärung, Auswertung

Spannungsmessung

Die Messspannung wird zwischen Eingang Y und Masse angeschlossen.

$\hat{u}$ Messspannung (Spitze-Talwert)

s Auslenkung in DIV

A_y Ablenkkoeffizient in y-Richtung in V/DIV

$\hat{u}$ Höchstwert der Spannung

$$\hat{u} = s \cdot A_y$$

Bei AC:

$$\hat{u} = \frac{1}{2} \cdot s \cdot A_y$$

Strommessung

$\hat{i}$ Mess-Strom (Spitze-Talwert)

R_N Normalwiderstand (Messwiderstand mit z.B. 1 Ω)

$\hat{i}$ Höchstwert der Stromstärke

$$\hat{i} = \frac{\hat{u}}{R_N}$$

Bei AC:

$$\hat{i} = \frac{1}{2}\hat{i}$$

Phasenlagenmessung (G erdfrei)

Aus dem Verhältnis des Linienabstandes a ($\triangleq \Delta t$) zur Periodendauer x ($\triangleq T$) wird der Phasenverschiebungswinkel φ berechnet.

Δt Zeitdifferenz

T Periodendauer

a Abstand in Teilen

x Periode in Teilen

φ Phasenverschiebungswinkel

$$\frac{a}{x} = \frac{\Delta t}{T} \qquad \frac{\Delta t}{T} = \frac{\varphi}{360°}$$

$$\varphi = \frac{a}{x} \cdot 360°$$

Frequenzmessung

Aus dem Abstand x wird die Periodendauer t_M berechnet.

t_M zu messende Zeit, z.B. Periodendauer

x Periode in Teilen

A_x Zeitkoeffizient in ms/Teil oder µs/Teil

$$t_M = x \cdot A_x$$

$$f = \frac{1}{t_M}$$

Auf geeichte Zeitbasis-Einstellung achten!

Frequenzvergleich

Verhalten sich die Frequenzen ganzzahlig zueinander, steht das Bild. Aus der Anzahl der Berührpunkte der Seiten wird im Verfahren nach Lissajous[1] die Frequenz bestimmt.

f_1 Messfrequenz

f_N Normalfrequenz

m, n Seitenberührpunkte

$$\frac{f_1}{f_N} = \frac{m}{n}$$

$$f_1 = \frac{m}{n} \cdot f_N$$

$n = 1$

$m = 2$

Kennlinienaufnahme

Die Leuchtspur des Elektronenstrahls zeichnet die Kennlinie mit z.B. 50 Hz. Mit der überlagerten Gleichspannung $U_=$ kann der Arbeitspunkt A auf der Kennlinie verschoben werden. G1, G2 müssen für diesen X-Y-Betrieb erdfrei sein.

invertiert

DIV von Division = Teilung, X Eingang, Y1, Y2 Kanaleingänge   [1] Lissajous, franz. Physiker, 1822 bis 1880

N

N

Verfahren	Darstellung	Erklärungen

Zeitmultiplex		Die Signale mit den Spannungen u_{11}, u_{12}, ... u_{1n} werden zeitlich nacheinander übertragen. Multiplexer (MUX) und Demultiplexer (DMUX, DX) arbeiten synchron mit
		● einer Synchronisationsleitung oder
		● Synchronisationsdaten auf dem Übertragungskanal.
		Die Abtastzeit wird durch die Anzahl der Signale und die Abtastfrequenz festgelegt:
		
		$t_A \leq T_A / n$ T_A Periodendauer der Abtastung
		    t_A Abtastzeit
		$f_A = \dfrac{1}{T_A}$ n Anzahl der Eingänge
		    f_A Abtastfrequenz, Abtastrate
		$f_A > 2 \cdot f_s$ f_s höchste zu übertragende Frequenz des Signals
		
		Anwendung: Pulsamplitudenmodulation

Frequenz-multiplex		Beim Frequenzmultiplex-Verfahren (Frequency Division Multiplex, FDM) werden die Signale im Multiplexer durch Mischung mit gestaffelten Trägerfrequenzen f_{T1} bis f_{T3} und Modulatoren in verschiedene höhere Frequenzbereiche umgesetzt. Am Empfangsort, im Demultiplexer, werden die frequenzmäßig gestaffelten Signale mithilfe von Filtern getrennt, mit Demodulatoren in den ursprünglichen Frequenzbereich umgesetzt und tiefpassgefiltert. $B = n \cdot f_s$ B Bandbreite n Signalzahl f_s höchste zu übertragende Signalfrequenz
Wellenlängen-multiplex mit LWL		Zur Modulation wird die Amplitudenumtastung (Amplitude Shift Keying, ASK) verwendet. Diese wird auch als Intensitätsmodulation bezeichnet. Beim Wellenlängenmultiplex (Wavelength Division Multiplex WDM) erfolgt die Übertragung in unterschiedlichen optischen Fenstern der LWL, z. B. mit den Wellenlängen $\lambda_1 = 850\,\text{nm}$, $\lambda_2 = 1310\,\text{nm}$, $\lambda_3 = 1550\,\text{nm}$. Multiplexer und Demultiplexer arbeiten mit optischen Filtern. Eine Übertragung mit geringfügig unterschiedlichen Wellenlängen ist mit hohem Aufwand möglich.

Pulscodemodulation PCM   Pulse code modulation PCM

Begriffe	Darstellung	Bemerkungen, Erklärungen
Analogsignal Digitalsignal		Zeit- und wertkontinuierliche Signale sind analog, d. h. sie sind mit einem bestimmten Wert vorhanden. Zeit- und wertdiskrete Signale sind digital. Sie sind nur zu einem bestimmten Zeitpunkt mit einem bestimmten Wert vorhanden.
Signal- aufbereitung		① Eine Quelle, z. B. ein Mikrofon, liefert ein analoges, zeitkontinuierliches Signal. ② Mit einer Abtastschaltung wird ein pulsamplituden-moduliertes Signal (PAM-Signal) erzeugt. ③ In einer Quantisierungsstufe werden jeder Pulsamplitude bestimmte Werte zugeordnet. ④ Jeder Amplitudenstufe im Parallel-Seriell-Umsetzer (p/s) wird eine bestimmte Bitfolge zu geordnet.
Sample-and- Hold-Schaltung, Abtast- und Halte-Schaltung, SH-Schaltung, S&H-Schaltung		Ein elektronischer Schalter tastet das Analogsignal ab. Die Abtastung erfolgt periodisch mit der Abtastperiodendauer T_A am SH-Eingang. Der elektronische Schalter wird zum Laden des Kondensators während der Sample-Zeit (to sample = Probe nehmen) geschlossen. Nach Öffnen des Schalters hält der Kondensator die zuvor abgetastete Signalspannung (Hold-Modus).
Abtastperioden- dauer und Abtastzeit		Die Abtastfrequenz $f_A = 1/T_A$ muss nach Shannon größer sein als das Doppelte der höchsten zu übertragenden Signalfrequenz $f_{s\,max}$. $$f_A \geq 2 \cdot f_{s\,max}$$ Die Abtastzeit t_A setzt sich aus der Sample-Zeit $t_{A'}$ und der Haltezeit t_H zusammen. Die Sample-Zeit $t_{A'}$ wird sehr viel größer als die Haltezeit t_H gewählt. Die Abtastung erfolgt zeitdiskret mit der Abtastfrequenz f_A. Durch die Abtastung entsteht ein pulsamplitudenmoduliertes Signal.
PAM-Signal- arten linear quantisiert nichtlinear quantisiert		Die Quantisierung wird im Analog-Digital-Umsetzer (ADU) vorgenommen. Dadurch entsteht die Puls-Amplituden-Modulation (PAM). **Lineare Quantisierung:** Die Quantisierungsstufen sind gleich groß. Ein 3-Bit-Umsetzer hat $2^3 = 8$ gleich große Amplitudenstufen. **Anwendung:** Messtechnik, Video-Signale. **Nichtlineare Quantisierung:** Die Quantisierungsstufen werden verschieden groß gewählt, z. B. im Verhältnis $1:2:4:8$. **Anwendung:** Fernsprechtechnik. Beim Verfahren PCM 30 werden lineare und nichtlineare Quantisierung in 8-Bit-Umsetzern verwendet. GSM-Mobilfunk.
PCM-Signal- Codierung		Das PAM-Signal wird in einem Parallel-Seriell-Umsetzer in eine binär codierte Form umgewandelt. Dies wird als Pulscode-Modulation (PCM) bezeichnet.

N

Zeitfunktion	Frequenzspektrum	Zeigerbild	Bemerkungen
ASK, **Amplitudenumtastung**			**ASK** von Amplitude Shift Keying. Trägersignal: Sinusförmig Modulationssignal: Pulsförmig mit den Werten 0 und 1 Durch die ASK wird die Amplitude des Trägersignals geändert. Statt des Amplitudenwertes 0 kann auch ein abweichender Wert verwendet werden. Dies wird zur Sendepausenkontrolle verwendet. Bei Glasfasern (LWL) wird die ASK als Intensitätsmodulation bezeichnet.
FSK, Frequenzumtastung			**FSK** von Frequency Shift Keying. Trägersignal: Sinusförmig Modulationssignal: Pulsförmig mit den Werten 0 und 1 Durch die FSK wird die Frequenz des Trägersignals geändert. Es werden zwei Frequenzen verwendet. Für fehlerfreien Empfang müssen die Frequenzen einen ausreichend großen Abstand zueinander haben.
PSK, **Phasenumtastung**			**PSK** von Phase Shift Keying. Trägersignal: Sinusförmig Modulationssignal: Pulsförmig mit den Werten 0 und 1 Durch die PSK wird die Phase des Trägersignals geändert (**Bild**). Durch Verwendung von verschiedenen Phasenwinkeln können mehr Zeichen übertragen werden. Mit $\varphi = 90°$ ergeben sich 4 Werte, also die doppelte Zeichenzahl. Bezeichnung: 4-PSK (**Bild**). Mit $\varphi = 45°$ ergeben sich 8 Werte, also die vierfache Zeichenzahl. Bezeichnung 8-PSK. Für kleinere Winkel als 45° ist der Aufwand für PSK auf der Empfangsseite hoch. Es wird dann QAM verwendet.
QAM, Quadratur-Amplitudenmodulation			**QAM** von Quadrature Amplitude Modulation, auch **QPSK** genannt. Trägersignal: Sinusförmige I-Komponente und kosinusförmige Q-Komponente. Modulationssignal: Pulsförmig. Durch die QAM werden Amplitude und Phase des Trägersignals geändert. Die Zahl erreichbarer Zustände steht vor der Abkürzung QAM, z. B. 4-QAM (**Bild**). Verwendet werden 16-QAM (**Bild**), 64-QAM und 256-QAM.

Prinzip des IQ-Modulators

N

DSL-Arten

Bezeichnung	Bitrate in kbit/s	Anwendungen	Bezeichnung	Bitrate in kbit/s	Anwendungen
DSL Digital Subscriber Line	160	Sprache und Daten-kommunikation	T-DSL T-Online Digital Subscriber Line	768 upload, 128 download	T-Online der DTAG
HDSL High Data Rate Digital Subscriber Line	2048	T1/E1-Dienste Zubringernetze, WANs, LAN-Zugriff, Server-Zugriff	VDSL Very High Data Rate Digital Subscriber Line	bis 52 000 upload, bis 2300 download	wie bei ADSL, zusätzlich HDTV
SDSL Single Line Digital Subscriber Line	2048	wie bei HDSL, zusätzlich bevorzugter Zugriff auf symmetrische Dienste	VHDSL Very High Bitrate Digital Subscriber Line	155 000	High Definition Multimedia (noch in Entwicklung)
ADSL Asymmetric Digital Subscriber Line	bis 9000 upload, bis 640 download	INTERNET-Zugriff, Video on Demand, Simplex-Video LAN-Zugriff, interaktives Multimedia	SKYDSL Satelliten-DSL	1500 upload, 192 download	Sky = Himmel upload über Satellit, download mit T-DSL. Pingzeiten bis 500 ms.

ADSL, T-DSL

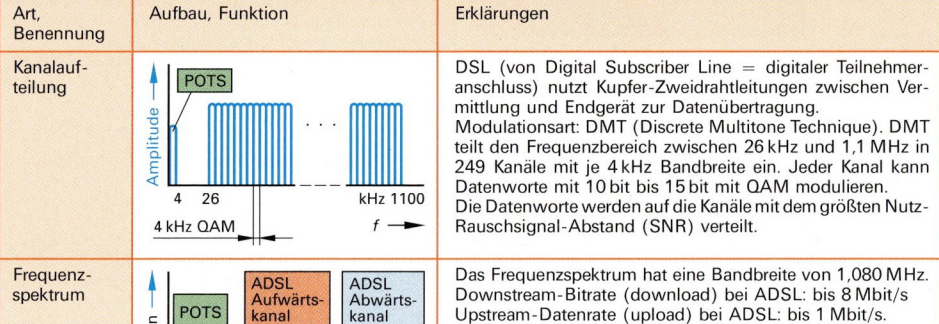

Art, Benennung	Aufbau, Funktion	Erklärungen
Kanalaufteilung		DSL (von Digital Subscriber Line = digitaler Teilnehmeranschluss) nutzt Kupfer-Zweidrahtleitungen zwischen Vermittlung und Endgerät zur Datenübertragung. Modulationsart: DMT (Discrete Multitone Technique). DMT teilt den Frequenzbereich zwischen 26 kHz und 1,1 MHz in 249 Kanäle mit je 4 kHz Bandbreite ein. Jeder Kanal kann Datenworte mit 10 bit bis 15 bit mit QAM modulieren. Die Datenworte werden auf die Kanäle mit dem größten Nutz-Rauschsignal-Abstand (SNR) verteilt.
Frequenzspektrum		Das Frequenzspektrum hat eine Bandbreite von 1,080 MHz. Downstream-Bitrate (download) bei ADSL: bis 8 Mbit/s Upstream-Datenrate (upload) bei ADSL: bis 1 Mbit/s. Reichweite: bis 5,5 km. Downstream-Bitrate bei T-DSL: 768 kbit/s bis 1536 kbit/s. Upstream-Datenrate bei T-DSL: 128 kbit/s. Die Downstream-Bitrate wird meist durch die Bandbreite des Servers begrenzt.
Signaltrennung		Die Trennung der T-DSL-Signale von den POTS-Signalen (POTS von Plain Old Telephone Service = einfacher alter Telefondienst) und von den ISDN-Signalen erfolgt in der BBAE (Breitband-Anschluss-Einheit). Die BBAE wird auch Splitter (to split = trennen) genannt. Der Splitter besteht aus einer Frequenzweiche. Die Frequenzweiche enthält einen Tiefpass und einen Hochpass.
Konfigurationsbeispiel	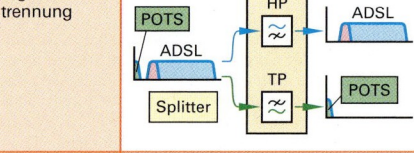	An der TAE-Dose stehen die Signale zur Weiterverarbeitung zur Verfügung: POTS-Signale: Anschluss analoger Telefone oder analoger Tk-Anlagen. ISDN-Signale: NTBA setzt das Zweidrahtsignal in den S₀-Bus um. T-DSL-Signale: NTBBA (Netzwerk-Terminationspunkt-Breitband-Angebot) bereitet die Signale für die Übertragung zur Netzwerkkarte auf. Der NTBBA wird meist ADSL-Modem genannt. Es wird eine Netzwerkkarte mit eigener Adresse, für Ethernet 10BaseT mit einer Bitrate von 10 Mbit/s benötigt. Das Netzwerkkabel muss RJ-45-Anschlüsse aufweisen.

N

ATM-Netze   ATM networks

Art, Benennung	Aufbau, Funktion	Erklärungen
Netzstruktur		ATM von Asynchronous Transfer Mode = asynchrone Übertragungsart. ATM-Netze ermöglichen die gleichzeitige Übertragung von Daten, digitalen Telefonsignalen und digitalen Videosignalen mit Bitraten von 155 Mbit/s, 622 Mbit/s und 2,5 Gbit/s. Es gibt öffentliche und private ATM-Netze **(Bild)**. In ATM-Netze verwendete Schnittstellen: **B-ICI** Broadband Intercarrier Interface = Breitband-Zwischenträger-Schnittstelle. **NNI** Network Node Interface = Netzwerkknoten-Schnittstelle. **P-NNI** Private NNI. **UNI** User Network Interface = Nutzer-Netzwerk-Schnittstelle.
Zellstruktur		Die Nutzdaten werden in kleine Datenpakete gleicher Länge geteilt. Für große Datenmengen müssen sehr viele Datenpakete sehr schnell gesendet werden. Die Datenpakete nennt man ATM-Zellen **(Bild)**. Eine Datenzelle besteht aus 53 Bytes. Jede Zelle besteht aus 48 Datenbytes Nutzdaten, für deren Übertragung der Nutzer bezahlen muss (Payload) und dem Zellkopf (Header) mit 5 Steuer-Bytes, die zur Weglenkung im Netz dienen.
Header		Die 5 Bytes des Headers enthalten folgende Steuerworte: **GFC** Generic Flow Control = Erzeugerflusssteuerung, Identifizierung mehrfacher Nutzer. **VPI** Virtual Path Identifier = virtuelle Pfadkennzeichnung, Weg zum nächsten ATM-Switch. **VCI** Virtual Channel Identifier = virtuelle Kanalkennzeichnung. **PT** Payload-Type = Kostentyp, Kennung Nutzdaten oder Steuerdaten. **CLP** Congestion Loss Priority = Vorrang bei Stauverlusten. **HEC** Header Error Control = Kopfdatenfehlersteuerung, Prüfzahl.
Asynchrones Zeitmultiplexen		Das UNI teilt verschiedene Datenströme mit unterschiedlich großen Bitraten in ATM-Zellen auf. Datenströme mit großer Bitrate erhalten entsprechend mehr ATM-Zellen wie Datenströme mit kleiner Bitrate. Die ATM-Zellen werden also asynchron übertragen. Dies auch, wenn die Daten am Eingang synchron anliegen. Anders als beim Zeitmultiplex mit fester Zuordnung von Zeitfenstern werden bei ATM nur dann Daten übertragen, wenn welche vorhanden sind.
Switch		ATM-Switches (Schalter) bestehen aus vielen Multiplexschaltkreisen. Innerhalb des ATM-Netzes schalten sie die Datenwege. Dazu enthält der Zellkopf die VPI-Nummer, z. B. 10, über die die ATM-Zelle vom Eingang 1 zum Empfänger über den Ausgang 0 gelangt **(Bild)**. Diese Art Übertragung wird virtuell genannt, da keine Leitung für die Übertragung festgelegt ist.

N

Begriff	Beschreibung	Beispiel, Erklärung	
Einführung	DECT (von Digital Enhanced Cordless Telecommunication = digitale erweiterte schnurlose Telekommunikation) ist ein Standard für schnurlose Telefone. Es wurde vom European Telecommunications Standards Institute (ETSI) entwickelt. Die Verbindung zwischen Basisstation und Mobilstationen wird über Funk hergestellt. DECT definiert nur den Zugang zu einem Netz, aber nicht das Netz selber. Bei DECT gibt es keine zentrale Vermittlung. DECT stellt keine Dienste bereit, sondern nur die Möglichkeit einen Dienst zu nutzen.	Verbreitung	In über 100 Ländern im Einsatz
		Frequenz	In Europa: Frequenzbereich 1880 MHz – 1900 MHz 10 Trägerfrequenzen im Abstand von 1728 kHz Toleranz der Trägerfrequenzen ~ 50 kHz
		Leistung	250 mW, Mobilstation ca. 10 mW
		Reichweite	im Gebäude ca. 50 m, im Freien ca. 300 m
Mobilstation	Jede Mobilstation (schnurloses Telefon oder mobile Dateneinrichtung) verfügt über eine eindeutige Identifikation, die ihrer Basisstation bekannt gemacht wird. Damit die Mobilstation mit ihrer Basisstation kommunizieren kann, muss die Mobilstation an das System angemeldet werden. Über den Anmeldevorgang erhält jede Mobilstation ihre Nummer und ein nicht autorisierter Zugriff durch eine fremde Mobilstation auf das Netz ist ausgeschlossen.	Mobilstation / Mobilstation / Einspeisung über ISDN, Analog, U_{p0}	
Einzellensystem, Mehrzellensystem	Ein Einzellensystem besteht aus einer Basisstation. Der Funkbereich ist durch die Sendeleistung der Basisstation beschränkt. Ein Mehrzellensystem besitzt mehrere Basisstationen, um größere Flächen abzudecken, z. B. innerhalb eines großen Gebäudes. Die Mobilstation wählt immer die best mögliche Verbindung über eine zum Netz gehörende beliebige Basisstation aus.	Funkbereich / MS MS MS / MS: Mobilstation	
Rahmen, Zeitschlitz und Burst	Rahmendauer 10 ms. Während dieser Zeit werden alle 24 Zeitschlitze auf allen 10 Trägerfrequenzen und somit 240 Kanäle gescannt. Ein Zeitschlitz ist somit die Zeit für die Übertragung eines Kanals. Die Kanäle werden paarweise zu einem Vollduplex-Kanal verbunden. Jede Sprachverbindung benötigt einen Vollduplex-Kanal. In einem Kanal wird ein Burst gesendet. Ein Burst enthält 424 bit, wobei 320 Nutzdaten enthalten sind.	Zeitschlitz Kanäle / 1,9 GHz / Trägerfrequenzen / 1,88 GHz / von FS nach MS (FS senden) von MS nach FS (FS empfangen) / Rahmenzeit 10 ms / FS: Feststation, MS: Mobilstation	
Datenübertragung	Variante A: konstante Übertragungsrate von 32 kbit/s bei minimaler Fehlererkennung Variante B: Variable Übertragungsrate von max 25,6 kbit/s bei hoher Fehlererkennung. Hier wird eine zusätzliche Fehlererkennung aktiviert. Dazu werden die 320 bit in Stücke zu je 80 bit geteilt, 64 bit Nutzdaten, 16 bit zusätzliche CRC-Prüfung (Fehlererkennung).	320 bit Nutzdaten / Syn Sign CRC Daten CRC ··· Qual Qual / 32 bit 48 bit 16 bit 64 bit 16 bit 4 bit 4 bit / bei DÜ / Daten CRC Daten CRC Daten CRC Daten CRC / 64 bit 16 bit 64 bit 16 bit 64 bit 16 bit 64 bit 16 bit / Syn: Synchronisation Qual: Kanalqualität / Sign: Signalisierung und Steuerung CRC: Fehlererkennung	
Basisstation	Die Basisstationen strahlen die Identifikationen aus. Die Identifikation besteht aus einem Teil, der auf den Dienstanbieter (Access Right Identity = Identifikation der Zugriffsrechte) hinweist und einen Teil, der die Nummer der Basisstation kennzeichnet. Die Access Right Identity beinhaltet die Access Right Class = Klasse der Zugriffsrechte.	**Klasse**	**Kommunikationsweise**
		A	Privatbereich. Bis 7 Basisstationen
		B	Größere Netze. Mehr als 7 Basisstationen
		C	Öffentliche Netze
		D	Erweiterung eines GSM-Netzes
		E	Direktkommunikation zwischen Mobilstationen

N

Begriff	Erklärungen	Bemerkungen, Daten
Anwendung	Bluetooth ist ein WLAN (von Wireless Local Area Network = Lokales Funknetz). Es ersetzt Leitungsverbindungen zwischen Geräten.	Der Name Bluetooth (Blauzahn) erinnert an einen dänischen Wikingerkönig im 10. Jahrhundert.
Netzstruktur		**Piconetz** Maximale Teilnehmerzahl im Piconetz: 260. Zwei bis 7 Geräte (Teilnehmer) können gleichzeitig senden und empfangen. Es können Punkt-zu-Punkt-Verbindungen und Punkt-zu-Mehrpunkt-Verbindungen aufgebaut werden. Alle Teilnehmer eines Piconetzes sind gleichberechtigt. In jedem Piconetz gibt es einen Master. Der Teilnehmer, der mit dem Verbindungsaufbau beginnt, ist der Master. Die anderen Geräte arbeiten als Slaves. Jeder Master kann in einem anderen Piconetz auf einem anderen Kanal am Funkverkehr teilnehmen. **Scatternetz** Ein Scatternetz entsteht, wenn verschiedene Piconetze ein gemeinsames Peripherie-Gerät, z. B. einen Drucker gemeinsam nutzen. Maximal können Teilnehmer von 10 Piconetzen miteinander kommunizieren.
Verbindungs-aufbau	**PARK-Mode** Slave nimmt am Datenverkehr nicht teil. **HOLD-Mode** Slaves sind im Stromsparmodus. **SNIFF-Mode** (to sniff = schnüffeln) Slave hat eine verringerte Abfragerate.	**Standby-Mode** Eingeschaltete Geräte befinden sich im Standby-Mode. Diese Geräte überprüfen alle 1,28 Sekunden, ob eine Suchanfrage von einem Master vorliegt. **Inquiry-Anfrage** Die Anwahl eines solchen Teilnehmers erfolgt durch die Inquiry-Nachricht (Erkundigungsnachricht) und anschließend gesendete Page-Message (Seitennachricht). **Page-Modus** Im Page-Modus sendet der Master alle 1,28 Sekunden 32 gleiche Botschaften an 32 Slaves auf 32 verschiedenen Frequenzen. Antwortet ein Slave, wird er mit dem Piconetz verbunden. Andernfalls wird eine neue Page-Message gesendet, bis das Gerät gefunden ist.
Daten-übertragung		Modulationsart: FSK Kanalzahl: 79 Frequenzwechsel zwischen den Kanälen mit 1600 Sprüngen (Hops)/s. Zeit für einen Zeitschlitz: $1/1600$ s $= 0,625$ ms. Während eines Zeitschlitzes wird ein Datenpaket mit einer Bitrate von 1 Mbit/s übertragen. Die Übertragung von Sprache erfolgt synchron bei gleichbleibenden Zeitschlitzabständen. Digitale Daten werden asynchron übertragen.
Funkmodul		**Bluetooth-Funkmodule** HF-Teil mit Sender und Empfänger, Basisband-Controller und Interface zum Anschluss an das Hostsystem. Es gibt drei Leistungsklassen. **Leistung in dBm und Reichweiten:** Klasse 1: $+4$ dBm $\ldots +20$ dBm, bis 100 m. Klasse 2: -30 dBm $\ldots +4$ dBm, bis 10 m. Klasse 3: -30 dBm $\ldots 0$ dBm, bis 3 m.

N

UMTS Universal mobile telecommunications system

Art	Darstellung, Begriffe	Erklärungen
Netzstruktur	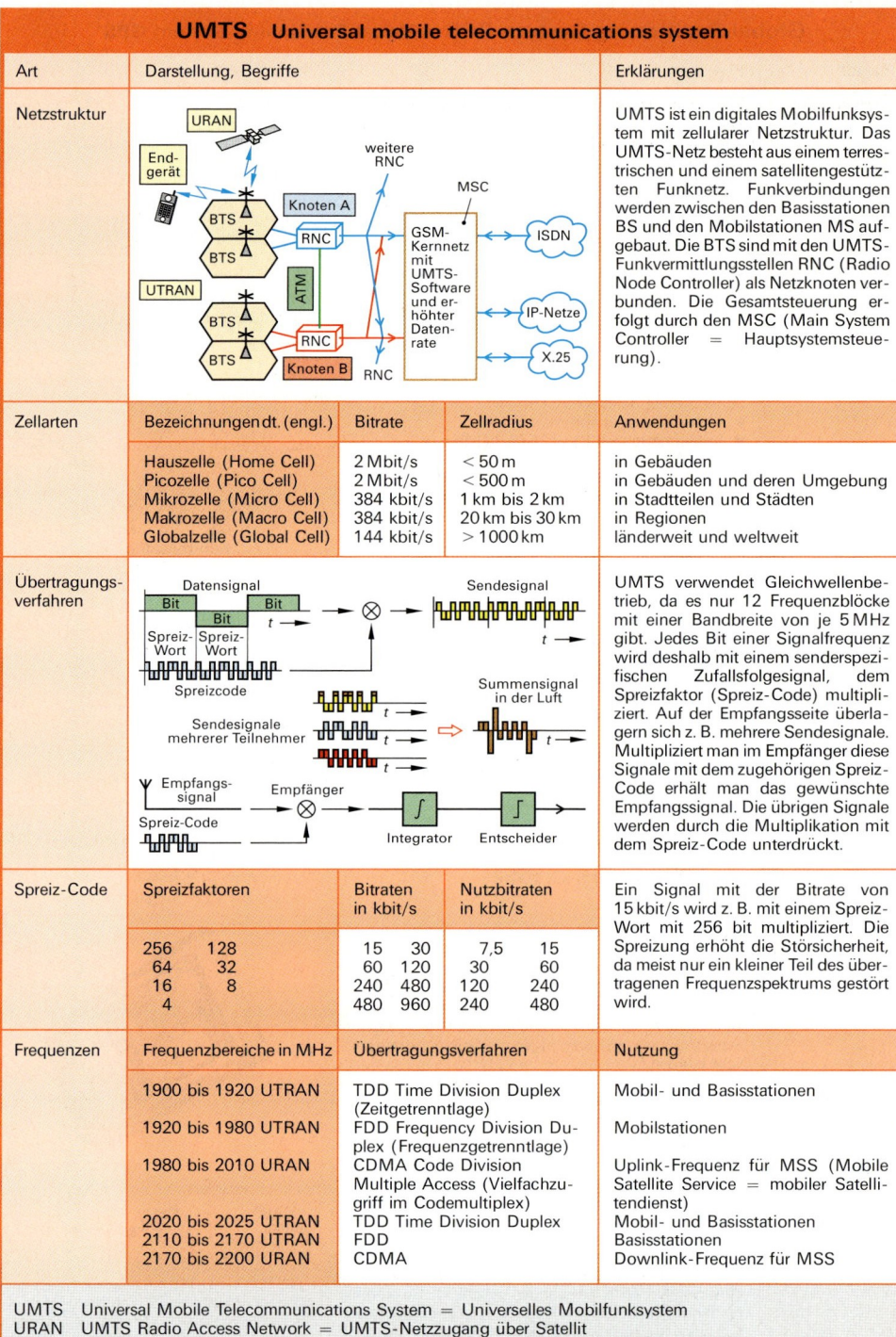	UMTS ist ein digitales Mobilfunksystem mit zellularer Netzstruktur. Das UMTS-Netz besteht aus einem terrestrischen und einem satellitengestützten Funknetz. Funkverbindungen werden zwischen den Basisstationen BS und den Mobilstationen MS aufgebaut. Die BTS sind mit den UMTS-Funkvermittlungsstellen RNC (Radio Node Controller) als Netzknoten verbunden. Die Gesamtsteuerung erfolgt durch den MSC (Main System Controller = Hauptsystemsteuerung).

Zellarten	Bezeichnungen dt. (engl.)	Bitrate	Zellradius	Anwendungen
	Hauszelle (Home Cell)	2 Mbit/s	< 50 m	in Gebäuden
	Picozelle (Pico Cell)	2 Mbit/s	< 500 m	in Gebäuden und deren Umgebung
	Mikrozelle (Micro Cell)	384 kbit/s	1 km bis 2 km	in Stadtteilen und Städten
	Makrozelle (Macro Cell)	384 kbit/s	20 km bis 30 km	in Regionen
	Globalzelle (Global Cell)	144 kbit/s	> 1000 km	länderweit und weltweit

Übertragungsverfahren		Erklärungen
		UMTS verwendet Gleichwellenbetrieb, da es nur 12 Frequenzblöcke mit einer Bandbreite von je 5 MHz gibt. Jedes Bit einer Signalfrequenz wird deshalb mit einem senderspezifischen Zufallsfolgesignal, dem Spreizfaktor (Spreiz-Code) multipliziert. Auf der Empfangsseite überlagern sich z. B. mehrere Sendesignale. Multipliziert man im Empfänger diese Signale mit dem zugehörigen Spreiz-Code erhält man das gewünschte Empfangssignal. Die übrigen Signale werden durch die Multiplikation mit dem Spreiz-Code unterdrückt.

Spreiz-Code	Spreizfaktoren		Bitraten in kbit/s		Nutzbitraten in kbit/s		Erklärungen
	256	128	15	30	7,5	15	Ein Signal mit der Bitrate von 15 kbit/s wird z. B. mit einem Spreiz-Wort mit 256 bit multipliziert. Die Spreizung erhöht die Störsicherheit, da meist nur ein kleiner Teil des übertragenen Frequenzspektrums gestört wird.
	64	32	60	120	30	60	
	16	8	240	480	120	240	
	4		480	960	240	480	

Frequenzen	Frequenzbereiche in MHz	Übertragungsverfahren	Nutzung
	1900 bis 1920 UTRAN	TDD Time Division Duplex (Zeitgetrenntlage)	Mobil- und Basisstationen
	1920 bis 1980 UTRAN	FDD Frequency Division Duplex (Frequenzgetrenntlage)	Mobilstationen
	1980 bis 2010 URAN	CDMA Code Division Multiple Access (Vielfachzugriff im Codemultiplex)	Uplink-Frequenz für MSS (Mobile Satellite Service = mobiler Satellitendienst)
	2020 bis 2025 UTRAN	TDD Time Division Duplex	Mobil- und Basisstationen
	2110 bis 2170 UTRAN	FDD	Basisstationen
	2170 bis 2200 URAN	CDMA	Downlink-Frequenz für MSS

UMTS Universal Mobile Telecommunications System = Universelles Mobilfunksystem
URAN UMTS Radio Access Network = UMTS-Netzzugang über Satellit
UTRAN UMTS Terrestrial Access Network = UMTS-Netzzugang über terrestrische Sender
* Geplante Erweiterungsfrequenzbänder, ab 2010.

N

N

Begriff	Beschreibung	Beispiel, Erklärung
GPS	GPS ist ein satellitengestütztes Funkortungs- und Navigationssystem. Das GPS dient zur weltweiten Standortbestimmung der Nutzer. Der Nutzer erhält Information über seine geographische Lage, wenn eine Funkverbindung zu mindestens drei Satelliten besteht. Darüber hinaus kann mit GPS auch die Zeit übermittelt und die Geschwindigkeit des Nutzers ermittelt werden.	NAVSTAR GPS, von NAVigation System using Time And Ranging – Global Positioning System ist ein amerikanisches GPS. GLONASS (GLObal NAvigation Satellite System) ist das russische Pendant. Galileo ist ein von Europa geplantes Navigationssystem ab 2010.
GPS-System	Ein GPS System besteht aus den Satelliten, den Kontrollstationen am Boden und dem GPS-Empfänger. Bei NAVSTAR GPS gibt es 24 Satelliten, wobei drei Satelliten als Reserve dienen. Die Satelliten befinden sich auf sechs kreisförmigen Bahnen in Erdumlaufbahnen von 20300 km Höhe. Sie umkreisen die Erde zweimal pro Tag. Jeder Satellit beim NAVSTAR GPS hat eine • Abstrahlleistung von max. 50 W • Trägerfrequenzen L1 = 1575,42 MHz, L2 = 1227,60 MHz und • 4 Atomuhren zur exakten Zeitbestimmung Es gibt fünf Kontrollstationen für die GPS-Satelliten, wobei drei der Stationen mit den Satelliten in Kontakt treten können. Alle Stationen dienen der Beobachtung der Satelliten.	Satelliten Empfänger Kontrollstation
Positions-bestimmung	Die Position des GPS-Empfängers, z. B. in einem Auto, wird durch die Laufzeitmessung von Signalen bestimmt. Die Satelliten senden dazu ständig ihre Bahndaten und die genaue Uhrzeit aus. Diese Signale erreichen den Empfänger nach einer bestimmten Zeit. Der Empfänger berechnet die zurückgelegten Wegstrecken der Signale. Aus drei Signalen erhält er eine Position, ein viertes Signal dient zur exakten Positionierung durch Synchronisation von Empfänger- und Satellitenuhren. Für eine zusätzliche Höhenbestimmung des Empfängers wird das Signal eines weiteren Satelliten benötigt.	t_2 t_3 t_4 t_1 gesuchte Position
Selective Availability SA	Selective Availability SA bedeutet, dass dem GPS-System eine künstliche Ungenauigkeit aufgeschaltet ist. Dadurch reduziert sich die Genauigkeit von GPS-Empfängern von 10 m auf 100 m.	Das NAVSTAR-GPS verfügte bis zum 1. Mai 2000 für die zivile Nutzung über eine SA, die vom amerikanischen Militär im Auftrag des Verteidigungsministerium der USA aufgeschaltet wurde.
Einsatz	Im Luftverkehr wird das GPS bei der sichtunabhängigen Landung von Linienflugzeugen genutzt. Der GPS-Empfänger ist hier im sogenannten Flight Management System integriert. Eingebaut in ein Fahrzeug dient es der Wegefindung. Auch in der Seefahrt wird es zur Positionsbestimmung der Schiffe benutzt. In der Landvermessung können Bewegungen der Erdplatten verdeutlicht werden. Da die GPS-Empfänger über keinen Sender verfügen, können sie nicht geortet werden.	
DGPS	Das Differentielle GPS erreicht Messgenauigkeiten von weniger als einem Meter. Dies wird dadurch erreicht, dass ein feststationierter GPS-Empfänger ebenfalls die Satelliten-Signale empfängt und genau feststellen kann, welche Fehler die ausgesendeten Signale haben. Eine Fehlerkorrekturmeldung wird anschließend an den mobilen GPS-Empfänger geschickt. So können nicht nur Fehler, die durch eine ungenaue Empfänger-Uhr zustande kommen, sondern auch Fehler, die durch eine ungenaue Satelliten-Position oder durch atmosphärische Verzögerungen herrühren, beseitigt werden.	genau bekannte Position gesuchte Position

Art	Wirkungsweise	Erklärung, Daten

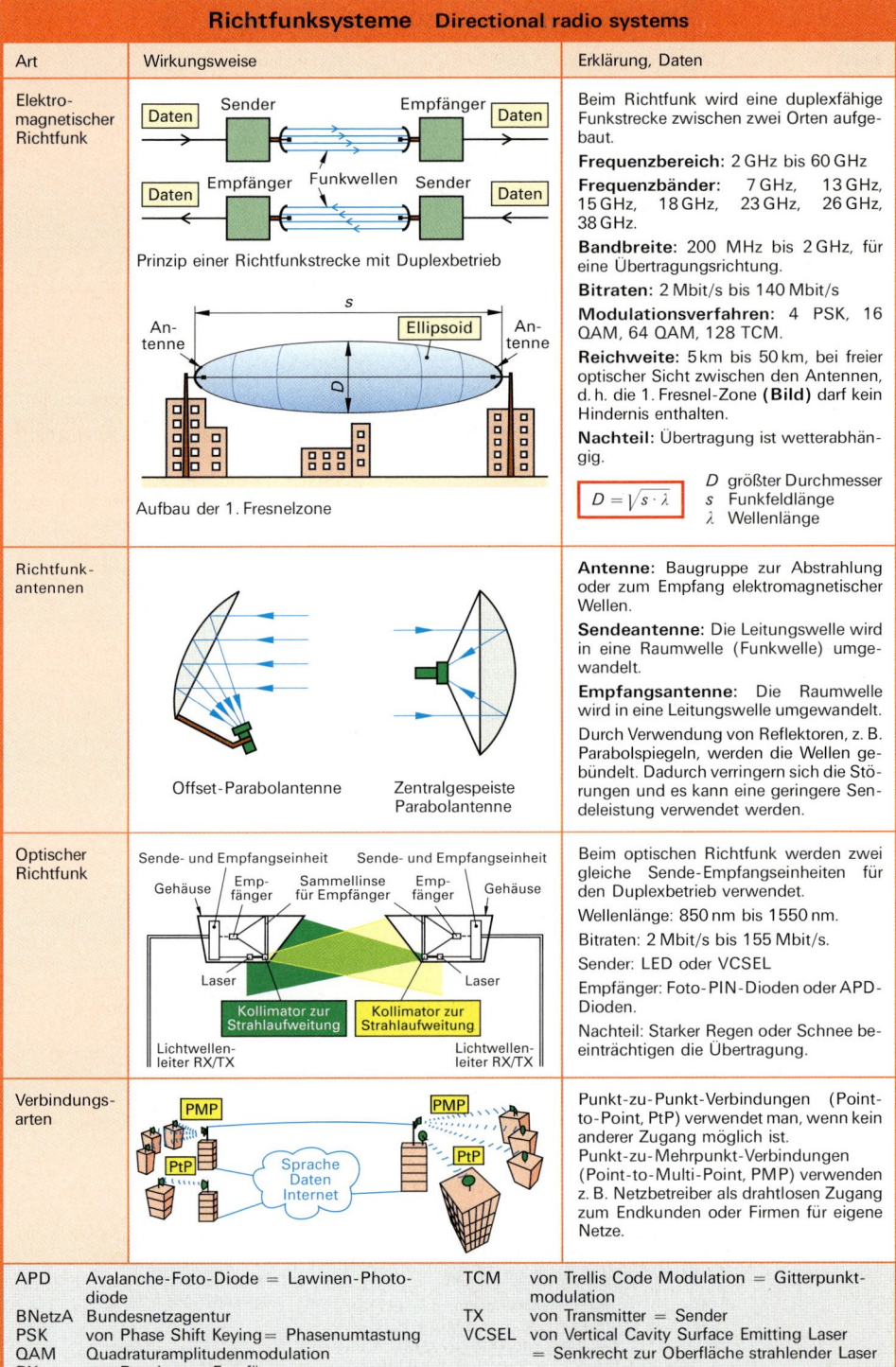

Elektro-magnetischer Richtfunk

Prinzip einer Richtfunkstrecke mit Duplexbetrieb

Daten — Sender — Empfänger — Daten
Funkwellen
Daten — Empfänger — Sender — Daten

Aufbau der 1. Fresnelzone

(s, Antenne, Ellipsoid, Antenne, D)

Beim Richtfunk wird eine duplexfähige Funkstrecke zwischen zwei Orten aufgebaut.

Frequenzbereich: 2 GHz bis 60 GHz

Frequenzbänder: 7 GHz, 13 GHz, 15 GHz, 18 GHz, 23 GHz, 26 GHz, 38 GHz.

Bandbreite: 200 MHz bis 2 GHz, für eine Übertragungsrichtung.

Bitraten: 2 Mbit/s bis 140 Mbit/s

Modulationsverfahren: 4 PSK, 16 QAM, 64 QAM, 128 TCM.

Reichweite: 5 km bis 50 km, bei freier optischer Sicht zwischen den Antennen, d. h. die 1. Fresnel-Zone **(Bild)** darf kein Hindernis enthalten.

Nachteil: Übertragung ist wetterabhängig.

$$D = \sqrt{s \cdot \lambda}$$

D größter Durchmesser
s Funkfeldlänge
λ Wellenlänge

Richtfunkantennen

Offset-Parabolantenne Zentralgespeiste Parabolantenne

Antenne: Baugruppe zur Abstrahlung oder zum Empfang elektromagnetischer Wellen.

Sendeantenne: Die Leitungswelle wird in eine Raumwelle (Funkwelle) umgewandelt.

Empfangsantenne: Die Raumwelle wird in eine Leitungswelle umgewandelt.

Durch Verwendung von Reflektoren, z. B. Parabolspiegeln, werden die Wellen gebündelt. Dadurch verringern sich die Störungen und es kann eine geringere Sendeleistung verwendet werden.

Optischer Richtfunk

Sende- und Empfangseinheit — Sende- und Empfangseinheit
Gehäuse, Emp-fänger, Sammellinse für Empfänger, Emp-fänger, Gehäuse
Laser — Laser
Kollimator zur Strahlaufweitung — Kollimator zur Strahlaufweitung
Lichtwellen-leiter RX/TX — Lichtwellen-leiter RX/TX

Beim optischen Richtfunk werden zwei gleiche Sende-Empfangseinheiten für den Duplexbetrieb verwendet.

Wellenlänge: 850 nm bis 1550 nm.

Bitraten: 2 Mbit/s bis 155 Mbit/s.

Sender: LED oder VCSEL

Empfänger: Foto-PIN-Dioden oder APD-Dioden.

Nachteil: Starker Regen oder Schnee beeinträchtigen die Übertragung.

Verbindungsarten

PMP — PMP
PtP — PtP
Sprache Daten Internet

Punkt-zu-Punkt-Verbindungen (Point-to-Point, PtP) verwendet man, wenn kein anderer Zugang möglich ist.
Punkt-zu-Mehrpunkt-Verbindungen (Point-to-Multi-Point, PMP) verwenden z. B. Netzbetreiber als drahtlosen Zugang zum Endkunden oder Firmen für eigene Netze.

APD	Avalanche-Foto-Diode = Lawinen-Photodiode
BNetzA	Bundesnetzagentur
PSK	von Phase Shift Keying = Phasenumtastung
QAM	Quadraturamplitudenmodulation
RX	von Receiver = Empfänger
TCM	von Trellis Code Modulation = Gitterpunktmodulation
TX	von Transmitter = Sender
VCSEL	von Vertical Cavity Surface Emitting Laser = Senkrecht zur Oberfläche strahlender Laser

ITU-Empfehlungen   ITU recommendations

Begriff	Bemerkung, Beispiel	Bemerkung, Beispiel
International Telecommunication Union ITU	Die ITU ist weltweit zuständig für die Entwicklung der Telekommunikation. Sie organisiert die Verwendung der Frequenzspektren im terrestrischen Bereich und bei geostationären Satelliten. Die ITU erarbeitet Empfehlungen, die in Serien zusammengefasst sind.	ITU beinhaltet u. a. ITU-T = Telecommunication Standardization und ITU-R = Radiocommunication Sector

Datenübertragung über das Telefonnetz V-Serie		
	Serie — **Inhalt**	**Serie** — **Inhalt**
	V.1 ... V.7 — Grundlagen und allgemeine Festlegungen	V.90 — Modem für Übertragungsgeschwindigkeiten bis 56 kbit/s in Empfangsrichtung und 33,6 kbit/s in Senderichtung.
	V.10 ... V32 — Schnittstellen und Modems im Fernsprechband	V.92 — Modem für Übertragungsgeschwindigkeiten bis 56 kbit/s in Empfangsrichtung und 48 kbit/s in Senderichtung und „Modem on hold" Funktion.
	V.35 ... V37 — Breitbandmodems	
	V.38 — Modems für Übertragungsgeschwindigkeiten von 48 kbit/s und 64 kbit/s synchron und duplex. Eine Geschwindigkeitsanpassung ist möglich.	V.100 — Verknüpfung von öffentlichen Datennetzen und Telefonnetzen.
	V.40 ... V.41 — Fehlersicherung	V.110 — Unterstützung von Datenendeinrichtungen mit V-Schnittstellen durch ein ISDN.
	V.50 ... V.57 — Übertragungsqualität und Unterhaltung	

Datenübermittlungsnetze X-Serie		
	Serie — **Inhalt**	**Serie** — **Inhalt**
	X.1 ... X.4 — Dienste und Leistungsmerkmale in Datennetzen.	X.200 ... X.229 — OSI-Modell, Dienste und Protokolle.
	X.20 ... X.32 — Schnittstellen in Datennetzen	X.300 ... X.330 — Zusammenarbeit von verschiedenen Netzen.
	X.40 ... X.87 — Übertragung, Kennzeichengabe und Vermittlung in Datennetzen	X.400 ... X.430 — Nachrichten Behandlungs-Systeme
	X.92 ... X141 — Netzaspekte in Datennetzen	

Telecommunication Standardization ITU-T		
	Serie — **Inhalt**	**Serie** — **Inhalt**
	A — Organisation der Arbeit der CCITT	N — Unterhaltung von Tonübertragungswegen und Fernsehübertragungswegen
	B — Ausdrucksmittel (Definitionen, Vokabular, Symbole, Klassifizierung)	O — Eigenschaften von Messgeräten
	C — Statistiken	P — Fernsprechübertragungsgüte, Teilnehmereinrichtungen und Fernsprechortsnetze
	D — Vermietung internationaler Fernmeldewege	
	E — Fernsprechbetrieb, Tarife	R — Fernsprech-Zeichengabe, Fernsprechvermittlung
	F — Telegrafenbetrieb, Tarife	S — Telegrafenkanäle
	G — Fernsprechübertragung über drahtgebundene Verbindungen, Satelliten- und Funkverbindungen	T — Telegrafieapparate Faksimileapparate und Telematikprotokolle
	H — Einsatz von Leitungen für Telegrafie (einschließlich Bildtelegrafie)	U — Telegrafievermittlung
	I — Diensteintegrierende Netze (ISDN)	V — Datenübertragung über das Fernsprechnetz
	J — Ton- und Fernsehübertragung	X — Datenübertragung über öffentliche Datenübermittlungsnetze
	K — Schutz gegen Störungen	Z — Programmiersprachen für rechnergesteuerte Vermittlungen
	L — Schutz gegen Korrosion	
	M — Unterhaltung von Fernsprechleitungen und Trägerfrequenzsystemen	

N

Network topologies Netzwerktopologien

Key words	Explanation	English	German
Definition	Topology refers to the shape of a network, or the network's layout. How different nodes in a network are connected to each other and how they communicate are determined by the network's topology. Topologies are either physical or logical.	either ... or node shape to determine to refer to	entweder ... oder Knoten Form festlegen beziehen auf
Physical topology	This is the physical layout of devices on a **network**. Every **LAN** has a **topology**, or the way that the devices on a network are arranged and how they **communicate** with each other. The way that the **workstations** are connected to the network through the actual **cables** that transmit data is called the physical topology.	actual device physical to arrange to connect to transmit	tatsächlich Gerät physisch anordnen verbinden übertragen
Logical topology	The logical topology, in contrast, is the way that the signals act on the network media, or the way that the data passes through the network from one device to the next without regard to the physical interconnection of the devices. Logical topologies are bound to the network protocols that direct how the data moves across a network. The Ethernet protocol is a common logical bus topology protocol. Local Talk is a common logical bus or star topology protocol.	across common in contrast interconnection media regard to act to be bound to to direct to pass through	durch gebräuchlich im Gegensatz Verbindung Medien Bezug handeln gebunden sein bestimmen hindurchgehen
Mesh topology	Devices are connected with many redundant interconnections between network nodes. In a true mesh topology every node has a connection to every other node in the network		
Star topology	All devices are connected to a central hub. Nodes communicate across the network by passing data through the hub.		
Bus topology	All devices are connected to a central cable, called the bus or backbone.		
Ring topology	All devices are connected to one another in the shape of a closed loop, so that each device is connected directly to two other devices, one on either side of it.		
Tree topology	A hybrid topology. Groups of star-configured networks are connected to a linear bus backbone.		

N

Key words	Explanation	English	German
Definition	A network is a group of two or more computers which are linked together by cables or wires for the purpose of sharing files, programs, and peripherals, such as printers. A local area network (LAN) is a group of computers and associated devices that share a common communications line or wireless link and typically share the resources of a single processor or server within a small geographic area (for example, within an office building). Usually, the server has applications and data storage that are shared in common by multiple computer users. A local area network may serve as few as two or three users (for example, in a home network) or as many as thousands of users (for example, in a Gigabit Ethernet network).	application associated common device link multiple purpose resources storage to serve to share usually wire wireless within	Anwendung verbunden gemeinsam Gerät Verbindung vielfach Zweck Ressourcen Speicherung dienen teilen gewöhnlich Draht drahtlos innerhalb
Ethernet	Ethernet is the most widely-installed local area network technology. An Ethernet LAN typically uses coaxial cable or twisted pair wires. Ethernet is also used in wireless LANs. The most commonly installed Ethernet systems are called 10 Base-T and provide transmission speeds up to 10 Mbps. Fast Ethernet or 100 Base-T provides transmission speeds up to 100 megabits per second and is typically used for LAN backbone systems, supporting workstations with 10 Base-T cards. Gigabit Ethernet provides an even higher level of backbone support at 1000 megabits per second. 10-Gigabit Ethernet provides up to 10 billion bits per second.	backbone coaxial cable even Mbps megabits speed to provide to support transmission twisted	Rückgrat Koaxialkabel sogar Megabits pro Sekunde 1 Million Bits Geschwindigkeit bereitstellen unterstützen Übertragung verdreht, verdrillt
Token ring	A Token Ring network is a local area network in which all computers are connected in a ring or star topology and a bit- or token-passing scheme is used in order to prevent the collision of data between two computers that want to send messages at the same time. The Token Ring protocol is the second most widely-used protocol on local area networks after Ethernet. The IEEE 802.5 Token Ring technology provides for data transfer rates of either 4 or 16 megabits per second.		
Wireless LAN	A wireless LAN is one in which a mobile user can connect to a local area network through a wireless (radio) connection. A standard, IEEE 802.11, specifies the technologies for wireless LANs. The standard includes an encryption method, the Wired Equivalent Privacy algorithm.	encryption mobile to connect to include to specify	Verschlüsselung beweglich verbinden einschließen angeben

Wireless LAN

N

Marktbeziehungen und Kundenbeziehungen

M

Begriff	Darstellung	Erklärung
Marketing-ziele		

Strategisches Marketing

Märkte   Kunden   Leitbilder
Unternehmensziele
Wettbewerber   Gesellschaft

Situationsanalyse (SWOT)
• eigenes Unternehmen und Wettbewerber,
• Käufer, Absatzmittel, Wiederverkäufer,
  Beeinflusser und Verhinderer
• Umwelt und Gesellschaft

Marketingziele
4 Ws: was, wieviel, wann, wo
• quantitative Ziele
• qualitative Ziele

Marketingsstrategien
• Wettbewerbsstrategien
• Marktbearbeitungsstrategien
• Geschäftsfelder, Zielmärkte
• Positionierung

Operative Planung
• Marketingmix
• Budgets
• Aktionspläne

Umsetzung, Zielkontrolle

Ziele des Marketings sind die Umsetzung der Unternehmensstrategie und der Unternehmensziele am Markt.

Wesentliche Erfolgsfaktoren des Marketing sind z. B.
• das Erkennen und Befriedigen aktueller Kundenwünsche und Kundenbedürfnisse,
• das Erkennen, Beeinflussen und Befriedigen zukünftiger Kundenwünsche,
• der Aufbau einer langfristigen Kundenbeziehung,
• die Ausrichtung aller Unternehmensaktivitäten auf aktuelle und mögliche zukünftige Märkte und Kunden,
• das Erkennen, Beeinflussen und Befriedigen der Stakeholderinteressen (= Anspruchsgruppeninteressen) und
• das Erhöhen der Effektivität und Effizienz bei der Erfüllung der Kundenwünsche.

Einzelne Marketingmaßnahmen und der Marketingmix werden auf Grundlage einer Vielzahl von Marktinformationen, Kundeninformationen und Wettbewerberinformationen ausgewählt.

SWOT-Analyse		

SWOT-Analyse

intern   extern

Stärken – Schwächen-Analyse

Chancen – Risiko-Analyse

• Welche Position haben wir aktuell im Wettbewerb?
• Was machen die Wettbewerber besser oder schlechter und was lernen wir daraus?
• Welche Ziele können wir realistisch erreichen?
• Wodurch können wir die Ziele erreichen?
• Woran können wir erkennen, ob uns die getroffenen Maßnahmen dem Ziel näher bringen?

• Wodurch sind unsere Ziele aktuell oder in Zukunft gefährdet?
• Werden derzeit alle Chancen und Gelegenheiten zur Zielerreichung wahrgenommen?
• Welche Chancen werden sich in Zukunft bieten?
• Wie sind die Risiken abgesichert, und welche Maßnahmen werden zur Risikominimierung ergriffen?

Entscheidung zum Strategischen Marketing

Kernfragen des strategischen Marketing werden z. B. in der SWOT-Analyse (von Strengths, Weaknesses, Opportunities and Threats = Stärken, Schwächen, Chancen und Risiken) ermittelt.

Ansprüche und Veränderungen für das strategische Marketing ergeben sich z. B.
• aus neuen Lebensformen und Arbeitsformen,
• durch soziodemografische Veränderungen,
• durch multikulturelle Gesellschaften,
• Individualisierung,
• Ökologisierung,
• globalen Wettbewerb,
• Konzentrationen,
• neue Schlüsseltechnologien,
• neue Vorschriften, Gesetze und
• die Vernetzung.

M

Begriff	Darstellung	Erklärung
Elemente der Markt- analyse	**Kunden** Wer bildet den Markt? **Kaufbeeinflusser** Wer ist mitbestimmend? **Kaufziele** Warum wird gekauft? **Kaufobjekte** Was wird gekauft? **Kaufprozesse** Wie wird gekauft? **Kaufanlässe** Wann wird gekauft? **Kaufstätten** Wo wird gekauft? *z.B. Jugendliche, Mütter / Controller, Abteilungsleiter / Image, Zusatznutzen / PC, PKW, ... / Spontankauf, Vorratskauf / Problemlösung, Freizeit / Laden, Internet*	Die Marktanalyse und Marktfor- schung untersuchen die Elemente und Bereiche eines Marktes. Die wesentlichen Elemente sind z. B. • die Kunden, • die Kaufobjekte, • die Kaufziele, • die Kaufbeeinflusser, • der Kaufprozess, • der Kaufanlass und • die Kaufstätten. Die wesentlichen Bereiche sind z. B. • der Beschaffungsmarkt für Per- sonal, Kapital, Produktionsgüter und Rechte, • der Absatzmarkt mit Zwischen- händlern, Endkunden und den Wettbewerbern und • die Öffentlichkeit.
Ablauf	**Validität** Definition → Zielsetzung der Studie, Analyse Design → Erstellen, Auswählen der Methoden Datengewinnung → Durchführung Datenanalyse → Statistische Aufbereitung, Auswertung Dokumentation → Konsequenzen, Strategieeinbindung Anwendung → Praktische Konsequenzen **Reliabilität**	**Validität** (von validity = Gültig- keit) ist ein Maß dafür, ob die In- formation bzw. Auswertung über- haupt eine gültige und operationa- lisierte (= messbare und überprüf- bare) Antwort auf die For- schungsfrage gibt. **Reliabilität** (von engl. reliability = Verlässlichkeit) sagt aus, ob sich die Information bzw. Kennzahl zu- verlässig ermitteln lässt.
Methoden der Daten- gewinnung	**Methoden der Datengewinnung in der Marktforschung** **Primärforschung (field research)** — Beobachtung, Experiment, Befragung **Sekundärforschung (desk research)** — interne Informations- quellen, externe Informations- quellen einmalig wiederholt gleiche Personen → Panel wiederholt wech- selnde Personen **Vorteile:** + systematische und zielgerichtete Ermittlung möglich, + aktuelle Daten. **Nachteile:** – großer Aufwand, – begrenztes Einsatzgebiet, – repräsentative Daten- ermittlung aufwendig. **Vorteile:** + kostengünstig, + geringer Zeitaufwand durch Verwendung bestehender Daten. **Nachteile:** – Daten oft nicht aktuell, – mangelnde Detaillierung und Zielgenauigkeit.	Marktforschung ist die systemati- sche Beschaffung und Auswer- tung von Marktinformationen mit wissenschaftlichen Methoden. **Primärforschung** Die Primärforschung (field re- search) gewinnt ihre Daten durch Befragungen, Beobachtungen und Experimente am Markt. **Sekundärforschung** Die Sekundärforschung (desk re- search) bedient sich bestehender interner oder externer Daten. Interne Daten sind z. B. Anfrage- statistiken, Angebotsstatistiken und Umsatzstatistiken, Reklama- tionen, Kostenrechnungsergebnis- se und Kundendaten. Externe Daten sind z. B. öffentliche Statistiken, Warentestergebnisse, Marktstudien, Adressenverzeich- nisse und Publikationen in Fach- zeitschriften.

M

M

Begriff	Darstellung	Erklärung
Markt-auswahl-strategie		

KS1 KS2 KSn PR1 PR2 PRn
TM1 TM2 TM3 TMn
Nischenspezialisierung

KS1 KS2 KSn PR1 PR2 PRn
TM1 TM2 TM3 TMn
Produktspezialisierung

KS1 KS2 KSn PR1 PR2 PRn
TM1 TM2 TM3 TMn
Marktspezialisierung

KS1 KS2 KSn PR1 PR2 PRn
TM1 TM2 TM3 TMn
Selektive Spezialisierung

KS Kundensegment   PR Produkt   TM Teilmarkt

Markt

• moderne Komunikationssysteme,
• steigende Mobilität,
• internationale Firmen,
• Standardisierung, z.B. durch Normen und Zertifizierungen.

• Individualisierung,
• Differenzierungsstreben,
• Liberalisierung der Märkte,
• Überflussgesellschaft,
• steigende Kaufkraft,
• Kreativität und
• Selbstbewusstsein.

Markthomogenisierung

Marktheterogenisierung

Marktauswahlstrategie
Welche Marktauswahlstrategie realisiert werden soll und welche strategischen Geschäftseinheiten gebildet werden, legt das strategische Marketing fest. Mögliche Strategien sind z. B.
● Nischenspezialisierung in einem Kundensegment mit einem Produktsegment,
● Produktspezialisierung auf Produktsegmente,
● Marktspezialisierung auf Marktsegmente und
● selektive Spezialisierung auf verschiedene Produktsegmente, Kundensegmente und Marktsegmente.
Bei der Marktauswahlstrategie ist die ständige Veränderung des Marktes zu berücksichtigen.

Markthomogenisierung
Eigenschaften und Ansprüche von Märkten gleichen sich an. Die Marktversorgung wird dadurch vereinfacht. Für das Marketing wird es meist schwieriger Wettbewerbsvorteile zu erreichen.

Marktheterogenisierung
Eigenschaften und Ansprüche von Märkten werden differenzierter. Die Produktvielfalt und Angebotsvielfalt steigt und Nischenanbieter haben bessere Chancen.

Preis-strategie

Qualität
hoch — **Vorteils-strategie** — **Premium-strategie**
mittel — **Mittelfeld-strategie**
niedrig — **Billig-strategie** — **Über-vorteils-strategie**
niedrig   mittel   hoch
Preis →

Vorteilsstrategie
Hohe Qualität bei gleichzeitig günstigen Preisen.

Übervorteilsstrategie
Produkte mit geringem Nutzen zu überhöhten Preisen.

Markenkäufer, Premiumstrategie
Nutzen durch hohe Qualität, exklusives Image, aufwendige Verpackung, außergewöhnlichen Service. Aufbau des Markenimages z. B. durch hohe Werbeausgaben und Verkauf in Fachgeschäften mit exklusiver Distribution.

Preiskäufer, Billigpreisstrategie
Ausrichtung des Marketings auf niedrigen Preis, zufrieden stellende Produktqualität und geringer Verpackungsaufwand.

Begriff	Darstellung			Erklärung
BCG-Matrix	Normalverlauf eines erfolgreichen Produkts im Produktlebenszyklus			Für Marketingmaßnahmen ist wichtig, welche Marktposition ein Unternehmen erreicht hat und wie diese Position zukünftig verändert werden soll. Das Marktanteil/Marktwachstums-Portfolio der Boston Consulting Group (BCG) gehört zu den bekanntesten Verfahren. Die Größe der Kreisflächen entspricht dem jeweiligen Umsatzbeitrag.

Typ	Merkmal	Strategie	Erklärung (Fortsetzung)
Poor Dogs	Poor Dogs haben ein niedriges oder negatives Marktwachstum und einen niedrigen Marktanteil.	Investitionen sind nicht sinnvoll, Finanzmittel und Kapazitäten sollten Erfolg versprechenden Bereichen zur Verfügung gestellt werden.	**Poor Dogs** Sind z. B. auslaufende Produkte oder gescheiterte Neueinführungen (Flops).
Question Marks	Die Question Marks, die Fragezeichen, besitzen einen niedrigen Marktanteil, jedoch weisen sie ein hohes Marktwachstum auf.	Offensivstrategie, mit zusätzlichem Finanzeinsatz auf dem Markt etablieren und stabilisieren. Desinvestitionsstrategie (Marktaustritt) falls Erfolg nicht absehbar oder unwahrscheinlich ist.	**Question Marks** Question Marks sollen den Markt für die folgenden Geschäftsperioden bringen. **Stars und Cash Cows** Ein Unternehmen sollte bestrebt sein, eine ausreichende Anzahl von Stars und Cash Cows in ihrem Portfolio zu platzieren.
Stars	Geschäftsfelder und Leistungen, die eine hohe Marktattraktivität, starke Wettbewerbsposition oder gute Ertragssituation haben.	Um die Marktposition auszuweiten und zu halten, ist die Stärkung bzw. Sicherung der Wettbewerbsvorteile erforderlich.	Bei nachlassendem Marktwachstum sind Stars die Cash Cows von morgen. Cash Cows sind die wichtigsten Finanzquellen eines Unternehmens, da aufgrund des hohen Marktanteils bedeutende Finanzmittel erwirtschaftet werden können. Mit ihnen finanziert man die Stars und Cash Cows von morgen.
Cash Cows	Cash Cows verfügen über einen hohen Marktanteil und ein niedriges Marktwachstum.	Position halten und ernten (Abschöpfungsstrategie). Bei nachlassendem Ertrag Angebot einstellen.	

Commitment	Kunden mit einem hohen Commitment sind treu und können von Mitwettbewerbern nur sehr schwer abgeworben werden. Damit hat das Commitment besondere Bedeutung, wenn neue Produkte in gesättigte Märkte eingeführt werden sollen.	Commitment ist die emotionale Bindung und Begeisterung des Kunden für ein Produkt oder eine Marke.
Markenwert		Der Markenwert (Brandvalue) ergibt sich z. B. aus der Markenbekanntheit, dem Wiedererkennungswert, dem Vertrauen der Kunden, dem Markenimage, der Markenpräferenz und der Markentreue. Aus einem hohen Markenwert ergibt sich eine zusätzliche Zahlungsbereitschaft der Kunden gegenüber physisch gleichwertigen Produkten. Die gezielte Förderung des Markenwertes nennt man Branding.

M

Begriff	Darstellung	Erklärung
Business Intelligence		

Business Intelligence

unternehmensintern — Finanzen, Personal, Marketing, Produktion

unternehmensextern — Datenbanken, Veröffentlichungen

Transformationsprogramm — Kunden, Produkte, Mitarbeiter, ...

Datawarehouse

Data Mining Prozess
- Auswahl relevanter Daten
- Datenaufbereitung
- Anwendung von Data Mining Methoden
- Interpretation und Evaluation
- Umsetzung und Evaluation

Märkte — Unternehmen — CRM

Business Intelligence BI

Business Intelligence (= geschäftliche Klugheit, Informationen) steht für die Erfassung, Analyse und Nutzbarmachung von geschäftlichem Wissen.

BI entsteht durch das Zusammenwirken von Data Warehouse, Data Mining und Customer Relationship Management (CRM).

Data Warehouse

Data Warehouse ist die Sammlung wichtiger Unternehmensdaten in IT-Systemen, die verschiedene Funktionen, z. B. Vertrieb, Marketing, Controlling und Geschäftsführung schnellen und strukturierten Zugriff auf Informationen ermöglicht.

Data Mining

Data Mining ist eine Abfragetechnik auf Basis von großen Datenbanksystemen wie z. B. Data Warehouse. Sie ermöglicht dem Anwender versteckte Informationen, Trends, Muster, Zusammenhänge und Vorhersagen abzuleiten, um z. B. Kundenprofile zu erstellen und personengenaue Werbeaktionen durchzuführen.

Customer Relationship Management		

Customer Relationship Management

Datawarehouse — Relationsship Manager — Kunden verstehen

- Steigern der Rentabilität
- Steigern des Brandvalue

Datamining — CRM

neue Kunden gewinnen — Kunden verstehen — Kundenbindung stärken

Märkte bearbeiten

Angebot, Marketing und Organisation anpassen

Kundenloyalität erhöhen
Markenwert erhöhen

Customer Relationship Management CRM

CRM hat als primäres Ziel, Unternehmen bei der Verwirklichung von mehr Kundenorientierung zu unterstützen. Es integriert und unterstützt z. B. Anwendungen und Funktionen aus Vertrieb, Marketing und Service.

Die Hauptschritte bei der Umsetzung von CRM sind
- Identifizieren vorhandener und möglicher zukünftiger Kunden,
- Differenzieren der Kunden, z. B. nach Profitabilität und Bedürfnissen,
- Interagieren mit den Kunden und
- Individualisieren erfolgswirksamer Aktivitäten.

M

Begriff	Darstellung		Erklärung

Euro-Socio-Styles®

Euro-Socio-Styles®

Die 8 Euro-Socio-Styles® der Gesellschaft für Konsumforschung GfK zeigen 8 Grundmuster der Wertorientierungen, der Lebensstile und des Kundenverhaltens der Europäer.

- Schutzsuchende (Secure World),
- Träumer (Magic World),
- Abenteurer (Crafty World),
- Behagliche (Cosy Tech World),
- Weltoffen (New World),
- Kritisch (Authentic World),
- Anspruchsvoll (Standing World) und
- Bodenständig (Steady World)

Die Kenntnis dieser Gruppen ermöglicht z. B.
- eine widerspruchsfreie Zielgruppenorientierung,
- eine bessere Abstimmung der Marketingaktivitäten und der Produktauswahl auf die Zielgruppe und
- Konsumtrends und Konsummuster früher und exakter zu erkennen.

Grafisch dargestellt werden die 8 Euro-Socio-Styles® in einer zweidimensionalen Darstellung mit jeweils gegensätzlichen Wertepaaren. Die charakteristische Wertehaltungen und Lebensstile sind in allen an der Analyse beteiligten europäischen Ländern feststellbar. Ein Unterschied gibt es jedoch im Anteil der Bevölkerung an den einzelnen Socio-Styles.

Lebensstil	Merkmal
Schutzsuchende	Materialistisch und Preis orientiert, Suche nach preisgünstigen modisch anerkannten Marken, Schnäppchenjäger.
Träumer	Materialistisch mit starker Markenorientierung, Käufe sind ein wesentlicher Bestandteil der Selbstdarstellung und Selbstbestätigung.
Abenteurer	Hier und jetzt das Leben genießen. Alles was z. B. neu, innovativ, besser oder stärker ist, ist für sie erstrebenswert.
Behaglich	Streben nach Selbstentfaltung auf überdurchschnittlichem Niveau.
Weltoffen	Lifestile orientiert, Qualität orientiert und Ambiente orientiert, wenig preissensibel.
Kritisch	Rationales, Qualität orientiertes Konsumverhalten.
Anspruchsvoll	Bevorzugen auf hohem Konsumniveau hohe Qualität und zeitlose Dinge. Empfinden Einkaufen teilweise als Last.
Bodenständig	Am Bedarf und Preis orientierte zeitlose, Sicherheit fördernde und gesunde Produkte.

Sinus-Milieus®

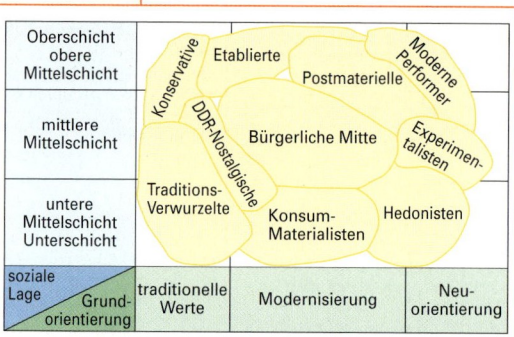

Die Sinus-Milieu®-Landkarte dient der strategischen Zielgruppenplanung und zeigt welche Wertevorstellungen, Erwartungen und Lebensstile vorherrschen.

Sinus-Milieus®

Die Sinus-Milieu®-Landkarte zeigt von untern nach oben die Bevölkerungsgruppen nach sozialer Schicht und von links nach rechts die Grundorientierung dieser Gruppen. Die Charakterisierung und der Anteil der Bevölkerung an den Sinus-Milieu®-Gruppen wird regelmäßig durch neue Analysen aktualisiert und für verschiedene Länder ermittelt. Oben angesiedelte Gruppen stellen die gesellschaftlichen Leitmilieus dar. Links in der Karte findet man traditionell geprägte Milieus, in der Mitte die Mainstream Milieus und rechts die hedonistischen (Hedonismus = Streben nach Lust, Vergnügen) Milieus.

M

Werbebotschaften   Advertising messages

Begriff	Darstellung	Erklärung

Inhalte

Bedürfnisbefriedigung

Nutzen — Markenwert

Zusatznutzen — **Werbebotschaft** — Zusatzleistungen

Status — Erhältlichkeit

usp — Identifikation — Preis

Erklärung:
Die Hauptziele der Inhalte von Werbebotschaften sind
- bekannt machen,
- informieren,
- Werteinstellungen schaffen,
- emotionale Beziehungen schaffen,
- Imagebildung und
- Handlungsauslösung.

Ziele

Aktivierung

Emotionale Reize
Ein Kindergesicht erweckt Zuneigung und weckt den Mutterinstinkt, erotische Emotionen werden durch die Abbildung von Geschlechtsmerkmalen geweckt.

Kognitive Reize
Sie werden z. B. durch gedankliche Konflikte und Widersprüche, Gags, und Unerwartetes ausgelöst.

Auffallende Reize
Durch ungewöhnliche Größe, Farben und Verwendung von Signalfarben erreicht man hohe Aufmerksamkeitswerte.

Emotionen

Freude, Angst, Glück, Übermut oder Ekel.
Bildmotive und Töne in der Werbung können leichter Emotionen auslösen als Sachinformationen, da sie vor allem in der linken Gehirnhälfte verarbeitet werden.

Bedürfnisse

Marketing zielt meist auf mehrere Bedürfnisse. Z. B. spricht Handywerbung oft Sicherheits-, Prestige-, Kontakt-, Leistungs- und Selbstverwirklichungsbedürfnisse an.

Einstellungen

Einstellungen entstehen aus drei Gruppen von Komponenten:

Affektive Komponenten
Sind subjektive Bewertungen, z. B. PCs der Firma xy sind reparaturanfällig.

Kognitive Komponenten
Wissen, das die Bewertung rechtfertigt, z. B. ein Ersatzakku für diesen Laptop kostet xy €.

Konative Komponenten
Handlungstendenzen, die sich aus der Bewertung der affektiven und kognitiven Komponenten ergeben.

Lernen

Der Lernerfolg ist abhängig von der Wiederholrate, der Verstärkungsintensität und der Verstärkungskontinuität der Marketingmaßnahmen und Kundenerfahrungen.

Soziale Einflüsse

Normen basieren auf bestimmten Wertvorstellungen und deren Nichtbefolgen hat Folgen. Z. B.
Mitläufer-Effekt: Man kauft das, was die anderen kaufen.
Snob-Effekt: Man kauft das, was die anderen nicht kaufen.

Erklärung:

Werbebotschaften sollen

Aktivieren
Offene oder versteckte Reize in Marketingmaßnahmen führen zu Reaktionen des Organismus, z. B. zum Nachdenken und Wahrnehmen.

Emotionen wecken
Stimmungen sind langfristige Emotionen, Affekte kurzfristig.
Stimmungen erzielen positive oder negative Wirkungen und haben starken Einfluss auf das menschliche Handeln.

Bedürfnisse wecken und erzeugen
Bedürfnisse sind unangenehme innere Spannungszustände. Das Potenzial eines Gutes oder einer Handlung zur Befriedigung von Bedürfnissen, also zum Abbau des inneren Spannungszustandes, nennt man Nutzen.

Einstellungen verändern
Einstellungen sind innere Haltungen und Überzeugungen. Aufgrund dieser Haltungen reagiert man auf bestimmte Dinge, Sachverhalte, Personen und Situationen positiv oder negativ.

Lernen fördern
Das Verhalten ändert sich aufgrund des Lernens. Lernen ist die systematische Änderung des Wissens und Verhaltens.

Soziale Einflüsse nutzen
Normen sind Verhaltenserwartungen z. B. von Familie, Peer-Group (= Gruppe von Gleichgestellten, Zusammengehörigen) und Gesellschaft an eine Person.

Werbung kann beispielsweise suggerieren, dass man durch das Tragen bestimmter Kleidermarken zu einer Peer-Group gehört.

M

Affektiv = gefühlsbetont   Kognitiv = erkenntnismäßig   Konativ = antriebhaft

Begriff	Darstellung, Erläuterung	Erklärung

Ziel und Kriterien

Voraussetzungen für erfolgreiche Marktsegmentierung

Mess-barkeit	Trag-fähigkeit	Erreich-barkeit	Profitabilität	Stabilität

Geografische Kriterien — Sozialdemografische Kriterien — Psychologische Kriterien

Messbarkeit
Käufereigenschaften und Markteigenschaften müssen hinreichend erfassbar und messbar sein.

Tragfähigkeit
Die Größe und das Potenzial der Marktsegmente müssen erfassbar und messbar sein.

Erreichbarkeit
Das Marktsegment muss durch bestimmte Marketinginstrumente gezielt angesprochen werden können.

Profitabilität
Der erhöhte Aufwand für spezielle Marketingmaßnahmen, Produktionsmaßnahmen und Verteilungsmaßnahmen muss wirtschaftlich sein.

Stabilität
Die Marktsegmente müssen eine ökonomische Mindestzeit erhalten bleiben.

Erklärung:

Marktsegmentierung bedeutet, dass der heterogene Gesamtmarkt in möglichst homogene Teilmärkte zerlegt wird. Die Segmentierung kann nach Produkten oder Marktteilnehmern erfolgen.

Ziele
- Aussagekräftigere Erklärungsmodelle für das Käuferverhalten und Marktverhalten erarbeiten.
- Informationsgewinnung und Informationsverarbeitung treffender durchführen.
- Marketinginstrumente spezifischer auf Kundensegment einsetzen.
- Wettbewerbsvorteile schaffen.

Segmentierungskriterien
- Geografische Kriterien, z. B. Länder, Bundesländer und Regionen.
- Sozialdemografische Kriterien, z. B. Alter, Geschlecht, Bildungsstand, Einkommen und Haushaltsgröße.
- Psychologische Kriterien, z. B. Kaufmotive, Kaufverhalten, Informationsquellen, Markentreue, Wagnisfreudigkeit, Rollen und Einstellungen.

Grundnutzen und Zusatznutzen

Grundnutzen	Beispiel	Bedürfnis
Handy	Sprechen von A nach B	Kommunikation

Zusatznutzen		
Geltungsnutzen	Funktionalitäten, die sich nicht jeder leisten kann	Prestige, Neid, Anerkennung, soziale Anerkennung
Zusatzfunktionslust	Freude am guten Ton und Bild	Selbstverwirklichung
Harmonienutzen	schöne und moderne Form	Ästhetik

Grundnutzen sind z. B. die Qualität (= Gebrauchs- und Funktionstüchtigkeit), die Funktionssicherheit, die Betriebssicherheit, die Störanfälligkeit und Wertbeständigkeit.
Da viele am Markt angebotenen Güter die Grundnutzen erbringen, sind Kaufentscheidungen wesentlich durch Zusatznutzenaspekte beeinflusst.
Zusatznutzen sind z. B. Prestige, Anerkennung, Neid, Selbstverwirklichung und Ästhetik.
Die Wertehaltung des Kunden bestimmt, welche Zusatznutzen kaufentscheidend sind und wie er erfolgreich beworben werden kann.

---

usp

Die herausragende Eigenschaft eines Produkts oder einer Dienstleistung, die einen einmaligen Wettbewerbsvorteil gegenüber den Mitwettbewerbern bringt, kann z. B. begründet sein mit dem Image, der Produktaufmachung, der Innovationskraft oder der Werbepräsenz.
Das Marketing muss diese Alleinstellungsmerkmale zielgruppenorientiert analysieren und umsetzen.

Als Unique Selling Position usp (einmalige Verkaufsposition) bezeichnet man eine sich von anderen Produkten klar unterscheidbare Marktposition, anhand derer Kunden entscheiden, dieses und kein anderes Produkt zu kaufen.

M

M

Begriff	Darstellung	Erklärung
Absatz-politische Instrumente	 Die klassische Marketinglehre unterscheidet vier zentrale Marketingaufgaben: Product, Price, Promotion und Placement. Insbesondere im Dienstleistungsmarketing werden sie durch die Bereiche Personnel, Physical Facilities und Process Management ergänzt.	Im operativen Marketing werden die Marketinginstrumente entsprechend der Marketingstrategie in ein Gesamtkonzept eingebunden. Dazu müssen folgende Hauptaufgaben koordiniert werden: **Product (Produktpolitik)** Welchen Eindruck müssen die Produkte und Leistungen des Unternehmens machen, damit sie den Bedürfnissen der Kunden gerecht werden? **Price (Preisgestaltung)** Wie muss der Preis und die Zahlungsbedingungen bestimmt sein, damit die ausgewählten Kunden erreicht werden. **Promotion (Kommunikationspolitik)** Wie kann man die Kunden und den Markt auf das Produkt aufmerksam machen und zum Kaufen überzeugen? **Placement (Distributionspolitik)** Wie kommt das Produkt möglichst einfach, schnell und kostengünstig zum Kunden? **Personnel (Personalpolitik)** Welche Personalkapazität und Personalqualifizierung ist notwendig? **Physical Facilities (Ausstattungspolitik)** Welche physikalische Ausstattung sollte z. B. in Verkaufräumen vorhanden sein? **Process Management** Welches sind die relevanten Prozesse für die Kundenzufriedenheit und wie sind die Prozesse gestaltet?
Markting-mix		**Marketingmix** ist eine an die Zielgruppen und Marktbedingungen angepasste optimierte Kombination der absatzpolitischen Instrumente. **Qualitatives Marketingmix** Bestimmt welche Instrumente angewendet werden. **Quantitatives Marketingmix** Die quantitative Analyse bestimmt die Gewichtung und den Umfang der ausgewählten Methoden. **Zeitliches Marketingmix** Das zeitliche Marketingmix bestimmt die Dauer und zeitliche Abfolge des Einsatzes der verschiedenen Marketinginstrumente.

Begriff	Darstellung, Erläuterung	Erklärung
Kauf-prozess		

Verhalten nach Kauf · Bedürfnis Problem · Informationssuche · Bewerten der Alternativen · Kauf

Jede Stufe des Kaufprozesses kann durch marketingpolitische Instrumente beeinflusst werden.

Bedürfnis, Problem
Z. B. Bedürfnisse wecken, Mangel herbeiführen, Emotionen aufbauen und zur Bedürfnisbefriedigung aktivieren.

Informationssuche
Informationen, vorteilhafte Testergebnisse und Produktvergleiche bieten.

Bewerten der Alternativen
Zusatznutzen für den Käufer herausstellen, positive Einstellung zum Produkt und zur Marke fördern.

Kauf
Entscheidung aktivieren und den Kauf fördernde Distribution aufbauen.

Verhalten nach dem Kauf
Bestätigung der Kaufentscheidung.

Wiederholungskäufe

aus verminderter Preissensibilität
durch Mund-zu-Mund Empfehlungen
durch geringere Kosten
durch Ersatz- und Folgekäufe
Grunderlös eines Kunden

Beitrag zum Gewinn

1 2 3 4 5 6 Jahre
Kundenbindungsdauer
Aquisitionskosten

Mit zunehmender Dauer der Kundenbindung steigt der Kundenbeitrag zum Unternehmensgewinn. Die höheren Gewinne entstehen z. B. durch
- Verkauf von Zusatzprodukten (Cross Selling),
- Verkauf höherwertiger Folgeprodukte (Up Selling) und
- geringere Kosten für die Kundenberatung, Kundenverwaltung und Kundengewinnung.

Produktlebenszyklus

Erlöse Cash flow

Entwicklung · Einführung · Wachstum · Reife · Sättigung · Degeneration · Relaunch

Zeit

Cash flow = alle dem Produkt zurechenbaren Erlöse und Kosten

Phase	Merkmale
Entwicklung	Markt und Kunden vorbereiten, Unternehmen anpassen.
Einführung	geringe Bekanntheit, kleine Stückzahlen
Wachstum	Steigende Bekanntheit, erfolgreiche Produkte müssen starke Erlössteigerungen erzielen und sollten die Gewinnzone erreichen, eventuell Marktzutritt von Wettbewerbern.
Reife	Wachstum wird geringer, Kampf um Marktanteile, Rationalisierungsmaßnahmen, Gewinn stagniert oder sinkt.
Sättigung	
Degeneration	Umsatzrückgang und Gewinnrückgang. Ursache der Marktverdrängung durch neue Produkte sind technischer Fortschritt, gesetzliche Maßnahmen oder eine Trendwende der Mode.

Entwicklungsphase
Vom Kunden erwartete Qualitätsmerkmale bestimmen und im Produkt und der Organisation umsetzen. Distribution aufbauen und Marktzutritt vorbereiten.

Einführungsphase
Bekanntheitsgrad erhöhen, Erstkäufer gewinnen und Distribution ausbauen.

Wachstumsphase
Wettbewerber fernhalten, z. B. durch geeignete Preispolitik, Distribution anpassen, Qualität optimieren. Die Einführungsphase und Wachstumsphase ist wesentlich für die spätere Marktposition.

Reifephase und Sättigungsphase
Wiederkäufer gewinnen, preispolitische und produktpolitische Maßnahmen zur Absatzstabilisierung ergreifen.

Degenerationsphase
Ausstieg vorbereiten, eventuell einen Relaunch (= wesentliche Überarbeitung eines bereits bestehenden Produktes, um es dem verändernden Kundengeschmack anzupassen) durchführen.

M

M

Begriff	Darstellung, Erläuterung	Erklärung

Entscheidungsbereiche

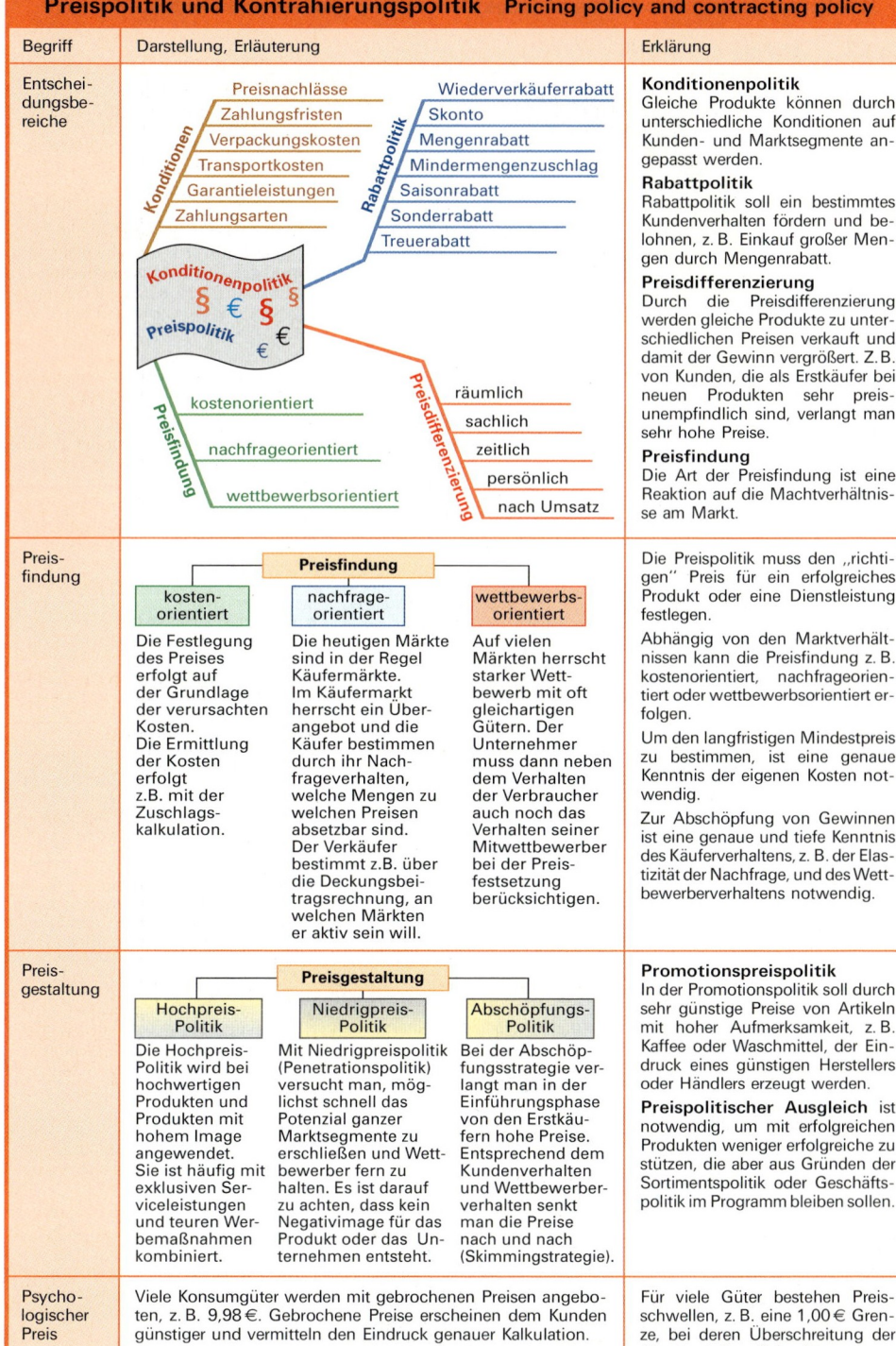

Konditionen: Preisnachlässe, Zahlungsfristen, Verpackungskosten, Transportkosten, Garantieleistungen, Zahlungsarten

Rabattpolitik: Wiederverkäuferrabatt, Skonto, Mengenrabatt, Mindermengenzuschlag, Saisonrabatt, Sonderrabatt, Treuerabatt

Konditionenpolitik § € § §
Preispolitik €

Preisfindung: kostenorientiert, nachfrageorientiert, wettbewerbsorientiert

Preisdifferenzierung: räumlich, sachlich, zeitlich, persönlich, nach Umsatz

Konditionenpolitik
Gleiche Produkte können durch unterschiedliche Konditionen auf Kunden- und Marktsegmente angepasst werden.

Rabattpolitik
Rabattpolitik soll ein bestimmtes Kundenverhalten fördern und belohnen, z. B. Einkauf großer Mengen durch Mengenrabatt.

Preisdifferenzierung
Durch die Preisdifferenzierung werden gleiche Produkte zu unterschiedlichen Preisen verkauft und damit der Gewinn vergrößert. Z.B. von Kunden, die als Erstkäufer bei neuen Produkten sehr preisunempfindlich sind, verlangt man sehr hohe Preise.

Preisfindung
Die Art der Preisfindung ist eine Reaktion auf die Machtverhältnisse am Markt.

Preisfindung

Preisfindung

kostenorientiert	nachfrageorientiert	wettbewerbsorientiert
Die Festlegung des Preises erfolgt auf der Grundlage der verursachten Kosten. Die Ermittlung der Kosten erfolgt z.B. mit der Zuschlagskalkulation.	Die heutigen Märkte sind in der Regel Käufermärkte. Im Käufermarkt herrscht ein Überangebot und die Käufer bestimmen durch ihr Nachfrageverhalten, welche Mengen zu welchen Preisen absetzbar sind. Der Verkäufer bestimmt z.B. über die Deckungsbeitragsrechnung, an welchen Märkten er aktiv sein will.	Auf vielen Märkten herrscht starker Wettbewerb mit oft gleichartigen Gütern. Der Unternehmer muss dann neben dem Verhalten der Verbraucher auch noch das Verhalten seiner Mitwettbewerber bei der Preisfestsetzung berücksichtigen.

Die Preispolitik muss den „richtigen" Preis für ein erfolgreiches Produkt oder eine Dienstleistung festlegen.

Abhängig von den Marktverhältnissen kann die Preisfindung z. B. kostenorientiert, nachfrageorientiert oder wettbewerbsorientiert erfolgen.

Um den langfristigen Mindestpreis zu bestimmen, ist eine genaue Kenntnis der eigenen Kosten notwendig.

Zur Abschöpfung von Gewinnen ist eine genaue und tiefe Kenntnis des Käuferverhaltens, z. B. der Elastizität der Nachfrage, und des Wettbewerberverhaltens notwendig.

Preisgestaltung

Preisgestaltung

Hochpreis-Politik	Niedrigpreis-Politik	Abschöpfungs-Politik
Die Hochpreis-Politik wird bei hochwertigen Produkten und Produkten mit hohem Image angewendet. Sie ist häufig mit exklusiven Serviceleistungen und teuren Werbemaßnahmen kombiniert.	Mit Niedrigpreispolitik (Penetrationspolitik) versucht man, möglichst schnell das Potenzial ganzer Marktsegmente zu erschließen und Wettbewerber fern zu halten. Es ist darauf zu achten, dass kein Negativimage für das Produkt oder das Unternehmen entsteht.	Bei der Abschöpfungsstrategie verlangt man in der Einführungsphase von den Erstkäufern hohe Preise. Entsprechend dem Kundenverhalten und Wettbewerberverhalten senkt man die Preise nach und nach (Skimmingstrategie).

Promotionspreispolitik
In der Promotionspolitik soll durch sehr günstige Preise von Artikeln mit hoher Aufmerksamkeit, z. B. Kaffee oder Waschmittel, der Eindruck eines günstigen Herstellers oder Händlers erzeugt werden.

Preispolitischer Ausgleich ist notwendig, um mit erfolgreichen Produkten weniger erfolgreiche zu stützen, die aber aus Gründen der Sortimentspolitik oder Geschäftspolitik im Programm bleiben sollen.

Psychologischer Preis

Viele Konsumgüter werden mit gebrochenen Preisen angeboten, z. B. 9,98 €. Gebrochene Preise erscheinen dem Kunden günstiger und vermitteln den Eindruck genauer Kalkulation.

Für viele Güter bestehen Preisschwellen, z. B. eine 1,00 € Grenze, bei deren Überschreitung der Absatz stark zurückgeht.

Begriff	Darstellung, Erläuterung	Erklärung
Formen		

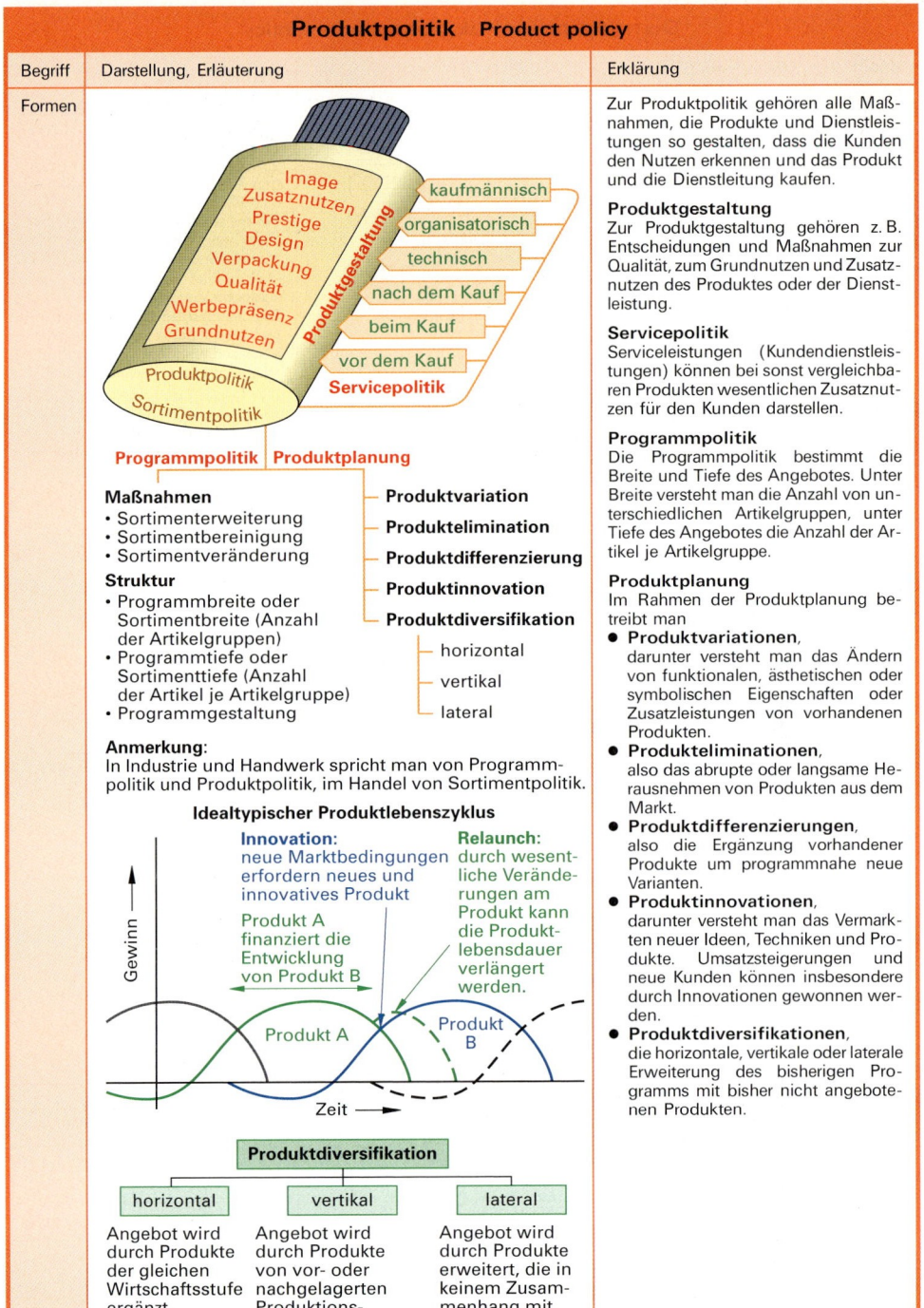

Maßnahmen
- Sortimenterweiterung
- Sortimentbereinigung
- Sortimentveränderung

Struktur
- Programmbreite oder Sortimentbreite (Anzahl der Artikelgruppen)
- Programmtiefe oder Sortimenttiefe (Anzahl der Artikel je Artikelgruppe)
- Programmgestaltung

Produktplanung
- **Produktvariation**
- **Produktelimination**
- **Produktdifferenzierung**
- **Produktinnovation**
- **Produktdiversifikation**
  - horizontal
  - vertikal
  - lateral

Anmerkung:
In Industrie und Handwerk spricht man von Programmpolitik und Produktpolitik, im Handel von Sortimentpolitik.

Idealtypischer Produktlebenszyklus

Innovation: neue Marktbedingungen erfordern neues und innovatives Produkt

Relaunch: durch wesentliche Veränderungen am Produkt kann die Produktlebensdauer verlängert werden.

Produkt A finanziert die Entwicklung von Produkt B

Produkt A   Produkt B

Gewinn —   Zeit —

Produktdiversifikation

horizontal	vertikal	lateral
Angebot wird durch Produkte der gleichen Wirtschaftsstufe ergänzt, z.B. bietet ein PC-Verkäufer auch Laptops und Drucker an.	Angebot wird durch Produkte von vor- oder nachgelagerten Produktionsstufen erweitert, z.B. bietet der Verkäufer den Zusammenbau von PCs an.	Angebot wird durch Produkte erweitert, die in keinem Zusammenhang mit dem bisherigen sind, z.B. verkauft ein Lebensmittelgeschäft PCs.

Zur Produktpolitik gehören alle Maßnahmen, die Produkte und Dienstleistungen so gestalten, dass die Kunden den Nutzen erkennen und das Produkt und die Dienstleitung kaufen.

Produktgestaltung
Zur Produktgestaltung gehören z. B. Entscheidungen und Maßnahmen zur Qualität, zum Grundnutzen und Zusatznutzen des Produktes oder der Dienstleistung.

Servicepolitik
Serviceleistungen (Kundendienstleistungen) können bei sonst vergleichbaren Produkten wesentlichen Zusatznutzen für den Kunden darstellen.

Programmpolitik
Die Programmpolitik bestimmt die Breite und Tiefe des Angebotes. Unter Breite versteht man die Anzahl von unterschiedlichen Artikelgruppen, unter Tiefe des Angebotes die Anzahl der Artikel je Artikelgruppe.

Produktplanung
Im Rahmen der Produktplanung betreibt man
- **Produktvariationen,** darunter versteht man das Ändern von funktionalen, ästhetischen oder symbolischen Eigenschaften oder Zusatzleistungen von vorhandenen Produkten.
- **Produkteliminationen,** also das abrupte oder langsame Herausnehmen von Produkten aus dem Markt.
- **Produktdifferenzierungen,** also die Ergänzung vorhandener Produkte um programmnahe neue Varianten.
- **Produktinnovationen,** darunter versteht man das Vermarkten neuer Ideen, Techniken und Produkte. Umsatzsteigerungen und neue Kunden können insbesondere durch Innovationen gewonnen werden.
- **Produktdiversifikationen,** die horizontale, vertikale oder laterale Erweiterung des bisherigen Programms mit bisher nicht angebotenen Produkten.

M

Begriff	Darstellung	Erklärung
Aquisitorische und physische Distribution	Absatzwege – direkt – indirekt Absatzmittler – Großhandel – Einzelhandel – Handelsvermittler aquisitorische Distribution Distributionspolitik physische Distribution Vertriebssysteme – Vertriebsbindungssystem – Alleinvertriebssystem – Vertragshändlersystem – Franchisingsystem Transportmittel – Schiff – Bahn – LKW – Flugzeug Lagersysteme – zentral/dezentral – Eigenlager/Fremdlager	Ziel der Distributionspolitik ist es, dafür zu sorgen, dass die richtigen Produkte zum richtigen Zeitpunkt, am richtigen Ort und in der richtigen Art und Weise zur Verfügung stehen. Für die **aquisitorische Distribution** muss über Absatzwege, Absatzmittler und die vertragliche Gestaltung der Vertriebssysteme entschieden werden. Die **physische Distribution** organisiert Lade- und Entladevorgänge, Lagerung, Transport und Auslieferung an die Kunden. Die Organisation der Distribution kann ● **funktionsorientiert** sein, z. B. Kommissionierung, Versand und Fakturierung. ● **produktorientiert** sein, z. B. Erzeugnisgruppe A, B und C. ● **kundenorientiert** sein, z. B. gewerbliche Kunden und private Kunden. ● **gebietsorientiert** sein, z. B. Vertriebsgebiet Deutschland und EU.
Absatzwege	**direkt** Hersteller — Endkunde Z. B. wenn ● hoher Erklärungsbedürftigkeit, ● qualifizierte Beratung, ● Auftragsfertigung, ● schnell verderbliche Ware oder ● transportempfindliche Ware vorliegt. **Vorteile** + unmittelbarer Kundenkontakt, + Einsparung von Händlerkosten, + schnelle Belieferung und + direkter Einfluss auf gesamten Vertriebsweg.	**indirekt** Endkunde Händler Hersteller — Endkunde Z. B bei Produkten, bei denen ● ein räumlicher, mengenmäßiger oder zeitlicher Ausgleich zwischen Hersteller und Endverbraucher notwendig ist und ● wenn die Kunden weit verstreut sind und kleine Umsätze machen. **Vorteile** + keine kostenintensive Absatzorganisation und + Lagerkosten geringer.	Bei **zentralem Vertrieb** werden alle Kunden von einem werkseigenen Vertriebssystem über eine zentralen Lagerstelle oder Produktionsstelle versorgt. Bei **dezentralem Vertrieb** erfolgt die Belieferung von mehreren Lagerstellen oder Produktionsstellen durch ● werkseigene Vertriebssysteme, z. B. Verkaufsniederlassungen, Automaten und Handlungsreisende, ● ausgegliederte Vertriebssysteme, z. B. Handelsvertreter, Mehrfirmenvertreter und Kommissionäre oder ● werksgebundene Vertriebssysteme, z. B. Vertragshändler, Einfirmenvertreter und Franchisingnehmer.
Vertragshändler	Der Vertragshändler ist selbstständiger Kaufmann. Er vertreibt die Produkte auf eigenen Namen und auf eigene Rechnung. Der Vertragshändler kann Einfirmenvertreter sein, oder z. B. für komplementäre Güter, auch Mehrfirmenvertreter.		Durch Vertrag wird z. B. bestimmt, welche Kundendienstleistungen und welche Marketingleistungen der Vertragshändler zu erbringen hat.
Franchising	Warenzeichen Lizenz Ausstattung Know-how Konzeption Rechte Warenzeichen Lizenz Ausstattung Know-how Konzeption Franchise-Geber — § — € — Franchise-Nehmer		Der Franchise-Nehmer schließt mit dem Franchise-Geber einen umfangreichen Vertrag. Der Vertrag beinhaltet z. B. die kostenpflichtige Übernahme vorgeschriebener Marketingkonzepte, Verkaufskonzepte und Geschäftsausstattungen.

M

Begriff	Darstellung		Erklärung
Begriff	**Bewusste Auswahl von Informationen an den Markt oder ausgewählte Marktsegmente** **was?** (Werbebotschaft) **unter welchen Bedingungen?** (Situation) **über welche Kanäle?** (Medien, Werbeträger) **zu wem?** (Zielgruppe, Zielperson) **mit welcher Absicht?** (Werbeerfolg) **und bewusste Zielsetzung z.B.:** → Erhaltung, Sicherung und Erweiterung des Marktanteils → Verbesserung des Images und des Bekanntheitsgrades → Bekanntmachen neuer Produkte → Erhöhen des Gewinns		Für jede Werbekampagne muss erneut ein Werbeplan aufgestellt werden, der z. B. die 5 M's beschreibt: ● **Mission**: Ziel der Werbekampagne, z. B. 5% Gewinnsteigerung im nächsten Geschäftsjahr als ökonomisches Ziel. ● **Money**: Wie viel Geld steht für die Werbekampagne zur Verfügung? ● **Message**: Welche Aussage und Botschaften sollen glaubhaft an eine Zielgruppe übermittelt werden? ● **Media**: Welche Medien und Werbemittel, z. B. Bild und Ton, sollen eingesetzt werden? ● **Measurement**: Wie sollen die Ergebnisse der Werbekampagne gemessen und bewertet werden?
AIDA	**A**ttention Wahrnehmung, Aufmerksamkeit hervorrufen **I**nterest Interesse wecken **D**esire Begierde wecken, Überzeugen, Besitzwünsche erzeugen **A**ction Kauf auslösen		Das AIDA-Modell ist ein einfaches Werbewirksamkeitsmodell für die Gestaltung von Werbebotschaften und Verkaufsgesprächen. Neue Werbewirksamkeitsmodelle heben vor allem die Bedeutung der Gefühle und Emotionen in den Vordergrund. Auch zielen manche Werbemaßnahmen bewusst darauf ab, wenig Aufmerksamkeit zu erzeugen und unbewusst wahrgenommen zu werden.
Formen	Clienting	Z. B. durch materielle Anerkennung, Events und Gegengeschäfte wird eine emotionale Beziehung zum Kunden aufgebaut.	Für hohe Wirksamkeit der Kommunikation ist eine inhaltliche, zeitliche und formale Abstimmung aller Kommunikationsmaßnahmen erforderlich. Die gesamte Kommunikation muss ein klares, einheitliches Unternehmensbild und Produktbild ergeben, das sich von Wettbewerbern unterscheidet. **Gesetze** Bei allen Werbemaßnahmen ist das Gesetz gegen den unlauteren Wettbewerb UWG einzuhalten. Es enthält z. B. Vorschriften über Schleichwerbung, vergleichende Werbung, unzulässige Lockangebote, Anwendung psychologischer und rechtlicher Kaufzwänge, Belästigung durch Direktmarketing und Ausnutzen fremder Werbung.
	Corporate Identity CI	Das Selbstverständnis des Unternehmens beeinflusst die Begeisterung und emotionale Bindung der Kunden für das Unternehmen und dessen Produkte.	
	Direkt-marketing	Durch das direkte Ansprechen von kleinen Zielgruppen, z. B. mit Direct-Mailings und Telefon-Marketing, wird die Zielgenauigkeit der Werbemaßnahme erhöht.	
	Event-marketing	Besondere Ereignisse mit hoher Publikumswirksamkeit werden für Werbemaßnahmen genutzt.	
	Product-placement	Produkte werden in Filmen und TV-Sendungen werbewirksam „eingebaut".	
	Public Relation PR	Public relation (Öffentlichkeitsarbeit) sind Werbemaßnahmen zur Erhöhung des Bekanntheitsgrades und zur Verbesserung des Images.	
	Sales Promotion	Zeitlich begrenzte Maßnahmen mit zusätzlichen Kaufanreizen, z. B. Preisausschreiben und Vorteilspackungen.	
	Sponso-ring	Mit Sponsoring unterstützt man Sport-, Kultur- und Sozialprojekte und kann dadurch z. B. das Werbeverbot in öffentlich rechtlichen TV-Sendern umgehen.	

M

Letter parts	Layout	Notes on the letter layout

M

Layout (centre column)

GreenScreen Ltd
22 Finsbury Rd
Preston PN7 5AG
England
Tel. ++44(0)1772 56895
Fax ++44(0)1772 56894
E-mail:Mulligan@greenscreen.co.uk

GS

http://www.greenscreen.co.uk

GB/TJ

10 September 20XX

Messrs Aden & Co
12743 Tower Street
Buda, TX 78611
USA

For the attention of Mr Aden, Despatch Section

Dear Mr Aden

Your order of 3 September 20XX for TFT Screens

Many thanks for the above-mentioned order, which will
be processed by our Despatch Department within the
next five days.

We trust the goods will arrive punctually and in good
condition and look forward to the pleasure of serving
you again in the near future.

Yours sincerely
GreenScreen Ltd

Gordon Brown

Gordon Brown
Managing Director

Enc

cc: T. Jones, Sales Manager

Letter parts (left column)

- Letterhead with logo, postcode, telephone, e-mail and internet address
- Reference initials
- Date
- Inside address
- Attention line
- Salutation
- Subject line
- Body of the letter. The first word has a capital letter.
- Complimentary close with the signature, name and position of the signatory clearly written.
- Enclosure
- Carbon copy for Mr T. Jones

Notes on the letter layout

Date
Remember: The German
12.10.20XX is
12 October in British English,
but 12/10/20XX is
10 December in American English.

Inside address
If the recipient is a person (not a company), the most commonly used titles are as follows:

Title	Example	Used to address
Mrs [misiz]	Mrs Susan Evans	a married woman
Ms [miz]	Ms Sheila Trimble	a woman, married or not
Mr [mistð]	Mr Jeremy Seagal	a man, married or not
Messrs [messðz]		Plural of Mr (normally used for a business partnership)

In American English the titles Mrs., Mr., and Messrs. are followed by a full stop.

Salutation
In North America it is common to put a comma after the salutation, in Britain you don't.

Subject line
It is necessary in business correspondence. In Britain you often find it following the salutation.

Complimentary close
In North America it is common to put a comma after the complimentary close.

Enclosure
The enclosed document is often not specified.

Carbon copy
It shows who else has received a copy of the letter.

Briefteile	Layout	Bemerkungen über das Layout
Anschriftfeld. Die einfache Anschrift beginnt in der 3. Zeile des Anschriftfeldes		**Der linke Seitenrand** beträgt 24,1 mm, **der rechte Seitenrand** beträgt nach DIN mindestens 8,1 mm (gemessen von der rechten Blattkante).
	Herrn Abteilungsleiter *(Anrede & Berufsbezeichnung)*	
	Dr. Johlen *(Titel & Name des Empfängers)*	
	Brunnengasse 2 *(Postfach & Nummer oder Straße – Hausnummer)*	
Zwischen Straße und Ort steht eine Leerzeile.		**Der obere Seitenrand** beträgt bei Bögen ohne Aufdruck 16,9 mm. Der **untere Seitenrand** muss bei Einsatz einer Textverarbeitung die beschreibbare Fläche der verwendeten Bürodrucker berücksichtigen. Gehen Sie von mindestens 10 mm aus für Laser-Drucker.
	70193 Stuttgart *(Postleitzahl & Bestimmungsort)*	
Bezugszeichenzeile oder **Informationsblock** neben Anschriftfeld	Ihr Zeichen – Ihre Nachricht / Unser Zeichen – Unsere Nachricht / Telefon – Name / Datum	
Betreffangabe	Überarbeitung	**Schriftarten und Schriftgrößen** Laut DIN ist die **Schriftgröße** bei Korrespondenz zwischen 10 und 12 pt zu wählen. (Ein pt entspricht etwas 3/8 mm).
Anrede	Sehr geehrter Herr Dr. Johlen,	
Der eigentliche Brieftext	wie schon mit Ihnen besprochen, sollte das von Ihnen und Ihrem Autorenteam erstellte Lehrwerk vor dem Druck der nächsten Auflage überarbeitet werden. Ich schlage Ihnen deshalb vor, sich mit Ihren Buchautoren in naher Zukunft zusammenzusetzen, damit das Lehrwerk noch vor Beginn des neuen Schuljahres zur Verfügung steht.	**Zeilenabstand** Normalerweise wird mit Zeilenabstand 1 geschrieben. Nur Schriftstücke wie Gutachten, Berichte, Stellungnahmen und Schriftsätze dürfen laut DIN größeren Zeilenabstand haben. Durch größeren Zeilenabstand wird die Lesbarkeit eindeutig verbessert.
Grußformel Die Grußformel richtet sich nach der Art der Beziehung, die Sie zu dem Empfänger pflegen.	Mit freundlichen Grüßen Mit freundlichem Gruß Mit besten Grüßen Freundliche Grüße Hochachtungsvoll	**Abstand zwischen Absätzen** Bei Einsatz der Textverarbeitung ist es möglich, statt einer ganzen Zeile nur ca. eine halbe Zeile als Abstand zum nächsten Absatz zu setzen. Das ist optisch schöner.
Unterschrift	*Josef Iserlange*	Nach der Grußformel folgt optional **Unternehmensnamen**, Abteilung, Funktionsbezeichnung und handschriftliche Unterschrift sowie eventuell maschinenschriftliche Angabe von Funktion und Namen des Unterschreibenden.
	J. Iserlange	
Anlagen Der Anlagenvermerk folgt mit einer Leerzeile Abstand auf die eventuelle maschinenschriftliche Wiedergabe des Namens im Unterschriftsblock.	Anlage(n)	In der Regel folgen dann drei Leerzeilen, damit Platz ist für die handschriftliche **Unterschrift**. Vor die Unterschrift kann eine Funktionsbezeichnung gesetzt werden, wie i.A. (im Auftrag), i.V. (in Vertretung), ppa. (per prokura – Handlungsvollmacht).
Verteiler Interne Verteilerangaben im externen Schreiben sollten im Normalfall nicht auf dem Original angegeben werden, sondern nur auf der oder den Kopien, die im Haus bleiben.	**Briefkopf**	

M

Briefkopf

Anschriftenfeld	Informationsblock

Bezugszeichenzeile

Textbereich

Brieffuß = Feld für Geschäftsangaben

Begriff	Darstellung	Erklärung

Beschaffungsziele

Beschaffungsziele

Betriebsmittel, z.B. Rohstoffe, Halbfertigwaren, Maschinen, Anlagen und Werkzeuge.
Arbeitskräfte, z.B. Ingenieure und Facharbeiter.
Dienstleistungen, z.B. Patente und Beratungen.

zur richtigen Zeit	am richtigen Ort	zum richtigen Preis	in der richtigen Menge	in der richtigen Art und Weise

Beschaffungsstrategie

Beschaffungsstrategie

Kostenoptimierung
z.B. durch
• geringe Kapitalbindung,
• geringe Zinskosten,
• geringe Lagerkosten,
• geringe Bestellkosten,
• Mengenrabatte und
• Ausnutzung von Preis- und Währungsschwankungen.

Zielkonflikt

Ertragsoptimierung
z.B. durch
• optimierte Lieferbereitschaft und Dienstleistungsbereitschaft im Handel,
• Gewährleistung eines reibungslosen Produktionsablaufes in der Fertigung und
• geringe Fehlmengenkosten.

Ziel der Beschaffung ist die optimierte Bereitstellung von Mitteln, die der Betrieb zur Realisierung seiner Ziele benötigt.
Als strategische Grundsatzentscheidung muss im Unternehmen entschieden werden, welche Vorteile und Nachteile der Lagerhaltung Vorrang bekommen.
Viele Unternehmen im Produktionsbereich und im Handel arbeiten heute bei kostenintensiven Teilen z.B. nach dem „Just in Time"-Prinzip. Sie minimieren ihr Lagerrisiko und ihre Lagerkosten durch weitgehenden Verzicht auf eigene Lagerhaltung.
Das entstehende Produktions- und Lieferrisiko versuchen sie durch entsprechende Vertragsgestaltung und Lieferantenauswahl klein zu halten.

Planung

Betriebswirtschaftliche Kriterien der Lagerhaltung

Vorteil kleiner (keiner) Lager(-bestände)
● Keine bzw. niedrige Kapitalbindung,
● geringeres Lagerrisiko durch technischen Fortschritt, Schwundmasse, Mode, Modelländerung, Preisschwankungen, Mengenrisiko und
● geringere Kosten für Lagereinrichtungen, Lagerverwaltung und Lagervorräte.

Vorteil großer Lager(-bestände)
● Hohe Lieferbereitschaft (Servicegrad).
● Lieferschwierigkeiten, Fehllieferungen, unerwartete Nachfrageschübe usw., können leicht ausgeglichen werden.
● Störungsfreier Betriebsablauf mit geringen Behinderungskosten.
● Spekulative Ausnutzung von Preis- und Wechselkursschwankungen.

Volkswirtschaftliche und ökologische Kriterien der Lagerhaltung

● Verpackungsaufwand reduzieren, z.B. weniger Verpackung, Mehrwegverpackungen, recycelbares Material und kompostierbares Material.
● Transportaufwand reduzieren, z.B. Zulieferer in räumlicher Nähe, Großmengen abnehmen, gemeinsam einkaufen und Einfluss auf Transportmittel nehmen.
● Entsorgungsfragen für Verpackungen bei Einkaufsverträgen deutlich klären.

Die Lagerhaltungsstrategie wird durch betriebswirtschaftliche, volkswirtschaftliche und ökologische Gesichtspunkte beeinflusst. Betriebswirtschaftlich steht das Streben nach hoher Effektivität und Effizienz im Vordergrund.
Aus gesellschaftlicher Verantwortung und Marketinggründen, z.B. Anwendung eines Umweltmanagementsystems nach
● ISO 14001 und
● EG- Umweltverordnung 1836/93 (EG- ÖKO-Audit Verordnung)
oder weil gesetzliche Bestimmungen vorliegen, z.B.
● Abfallgesetz (AbfG),
● Landesabfallgesetz (LAbfG) und
● Abfallandienungsverordnung, berücksichtigen Unternehmen auch volkswirtschaftliche und ökologische Kriterien.

M

Begriff	Darstellung	Erklärung

Quantitative Lieferantenbewertung

Angebotsvergleich (Beispiel)

Artikel:	Art.-Nr.	Datum:	Bearbeiter:
Speichermodule	242306	16.03.	Hannes

Quantitativ

Lieferer:	ABC Trad.	PC-Spezi	Huber Gbr	Alfred EDV
Angebot vom:	12. 3.	12. 3.	14. 3.	15. 3.
Anfragemenge:	100	100	100	100
Listenverkaufspreis:	121,00 €	112,00 €	90,00 €	150,00 €
./. Wiederverkäuferrabatt	0%	12%	0%	5%
= Rechnungspreis	121,00 €	98,56 €	90,00 €	142,50 €
./. sonstige Rabatte				
Zieleinkaufspreis	121,00 €	98,56 €	90,00 €	142,50 €
./. Liefererskonto	2%	4%	0%	3%
Bareinkaufspreis	118,58 €	94,62 €	90,00 €	138,23 €
+ Verpackungskosten	10,00 €	15,00 €	34,00 €	12,00 €
+ Transportkosten	7,00 €	7,00 €	12,00 €	5,00 €
Einstandspreis	135,58 €	116,62 €	136,00 €	155,23 €
Rangfolge	2	1	3	4

Qualitativ   sehr gut = 1 … sehr schlecht = 10

Lieferer:	ABC Trad.	PC-Spezi	Huber Gbr	Alfred EDV
Liefertreue	2	2	3	2
Fehlerteile	1	2	1	2
Termintreue	1	3	2	2
Reklamationshandling	2	3	4	2
Sondermengen	2	3	2	1
Kompetenz	1	2	2	2
Support	1	2	2	2
Abrechnung	2	2	2	2
Schnitt:	1,50	2,38	2,25	1,88
Rang Preis (1x)	2	1	3	4
Qualität: (3x)	4,50	7,13	6,75	5,63
Gesamturteil:	**3,88**	5,59	5,81	5,22

Bei der quantitativen Auswahl wird der Einstandspreis der benötigten Ware bestimmt:

Listenpreis
— Wiederverkäuferrabatt
= Rechnungspreis
— sonstige Rabatte
= Zieleinkaufspreis
— Skonto
= Bareinkaufspreis
+ Bezugskosten
= **Einstandspreis**

Qualitative Lieferantenbewertung

In der qualitativen Lieferantenbeurteilung erfolgt eine Beurteilung ausgewählter innerer und äußerer Qualitätsmerkmale des Lieferanten nach einem Punkteschlüssel oder Notenschlüssel. Beide Bewertungen werden gewichtet und zu einem Gesamtergebnis zusammengefügt. Die Gewichtung ist vom Verwendungszweck und Einfluss auf die Kundenzufriedenheit abhängig. Bei Komponenten, die sicherheitsrelevante oder wichtige Funktionen erfüllen, wird die Qualität hoch bewertet, z. B. 3-fach. Die Lieferanten mit den besten Bewertungsergebnissen werden A-Lieferant (Vorzugslieferant).

Lieferantenauswahl

Lieferanten
mögliche Lieferanten
qualitativ und quantitativ bewertete Lieferanten
qualifizierte Lieferanten
Vorzugslieferanten
A-Lieferanten

Die Lieferantenauswahl erfolgt in mehreren Stufen. In einer Vorauswahl werden mögliche Lieferanten ausgewählt und nach qualitativen und quantitativen Merkmalen bewertet.
Um nicht von einem einzelnen Lieferanten abhängig zu sein, werden meist mit mehreren Lieferanten Verträge abgeschlossen.

M

Wertschöpfungskettenmanagement

Lieferant des Lieferanten → Lieferant → Unternehmen → Kunde

Wertschöpfungskette

Mit geringer werdender Fertigungstiefe werden immer weniger Teile selbst produziert.
Das Management unternehmensübergreifender Wertschöpfungsketten (SCM von Supply Chain Management) mithilfe moderner Informationstechnologie nimmt zu.

Begriff	Darstellung		Erklärung

ABC-Analyse

Tabelle zur ABC- Analyse

Material	Gesamtver-brauch GV	Mengenanteil	Einstands-preis P_E in €	Verbrauchswert in €	Verbrauchswert-anteil	Summe Verbrauchs-wertanteile	ABC-Klasse
1	50	4,8%	190	9500	34,7%	34,7%	A
4	50	4,8%	162	8100	29,5%	64,2%	A
5	60	5,7%	72	4320	15,8%	80,0%	A
8	90	8,6%	30	2700	9,8%	89,8%	B
3	50	4,8%	25	1250	4,6%	94,4%	B
2	80	7,7%	10	800	2,9%	97,3%	B
10	400	38,3%	1	400	1,5%	98,8%	C
9	10	1,0%	6	60	0,2%	99,0%	C
6	250	23,9%	1	250	0,9%	99,9%	C
7	4	0,4%	8	32	0,1%	100,0%	C
Σ	1044			27412			

A-, B- und C-Artikel (Lorenzkurve)

Die Grenzen für A-, B- und C- Artikel werden betriebs-spezifisch festgelegt. Typisch ist z. B.

Klasse	Wertanteil	Mengenanteil
A	60–85%	10%
B	10–25%	20–30%
C	5–15	70–80%

Die ABC-Analyse setzt man in der Betriebswirtschaft häufig als Werkzeug zur Bestimmung der Bedeutung bestimmter Aufgaben und Probleme ein.

Auf die Lagerhaltung angewendet untersucht die ABC-Analyse den Zusammenhang zwischen Umsatzmengenanteil und Umsatzwertanteil.

Typisch ist, dass die meisten Betriebe und Unternehmen mit einer geringen Anzahl von Warenarten oder Dienstleistungen einen Großteil des wertmäßigen Umsatzes erzielen. Z. B. mit 20% der Waren 80% des Umsatzes (Pareto-Prinzip, 80–20-Regel).

A-Artikel
Sie erzielen bei einem geringen Mengenanteil einen großen Wertanteil. Das rechtfertigt einen großen Aufwand bei der Beschaffung, z. B.
• regelmäßige Beschaffungsanalysen,
• genaue Lagerbestandskontrollen,
• Entnahmeüberwachungen und
• Sichern der Verfügbarkeit durch langfristige Lieferverträge.

C-Artikel haben nur unbedeutende Wertanteile am Umsatz. Sie sind für die Produktion aber nötig oder müssen aus Marktgründen im Sortiment sein. Man versucht daher, den Beschaffungsaufwand und den Lagerhaltungsaufwand möglichst gering zu halten. Da aber auch fehlende C-Artikel eine Produktion verhindern können, muss auch hier der Bestand überwacht werden.

B-Artikel sind mittelwichtig für den Umsatz.

M

XYZ-Analyse

X-, Y- und Z- Artikel

X-Artikel: Der Absatz unterliegt nur geringen Schwankungen im Jahresdurchschnitt und der Bedarf ist gut kalkulierbar, z. B. DVD- Rohlinge.

Y-Artikel: Starke Absatzschwankungen im Jahresverlauf, z. B. Heizöl.

Z-Artikel: Unterliegen extremen Absatzschwankungen, z. B. Weihnachtsbäume. Soweit offensichtliche Gründe für die Schwankungen vorliegen, z. B. bei Saisonware, wird die Bestellmenge an den Absatzverlauf angepasst.

Begriff	Darstellung	Erklärung, Formel
Mengen-planung	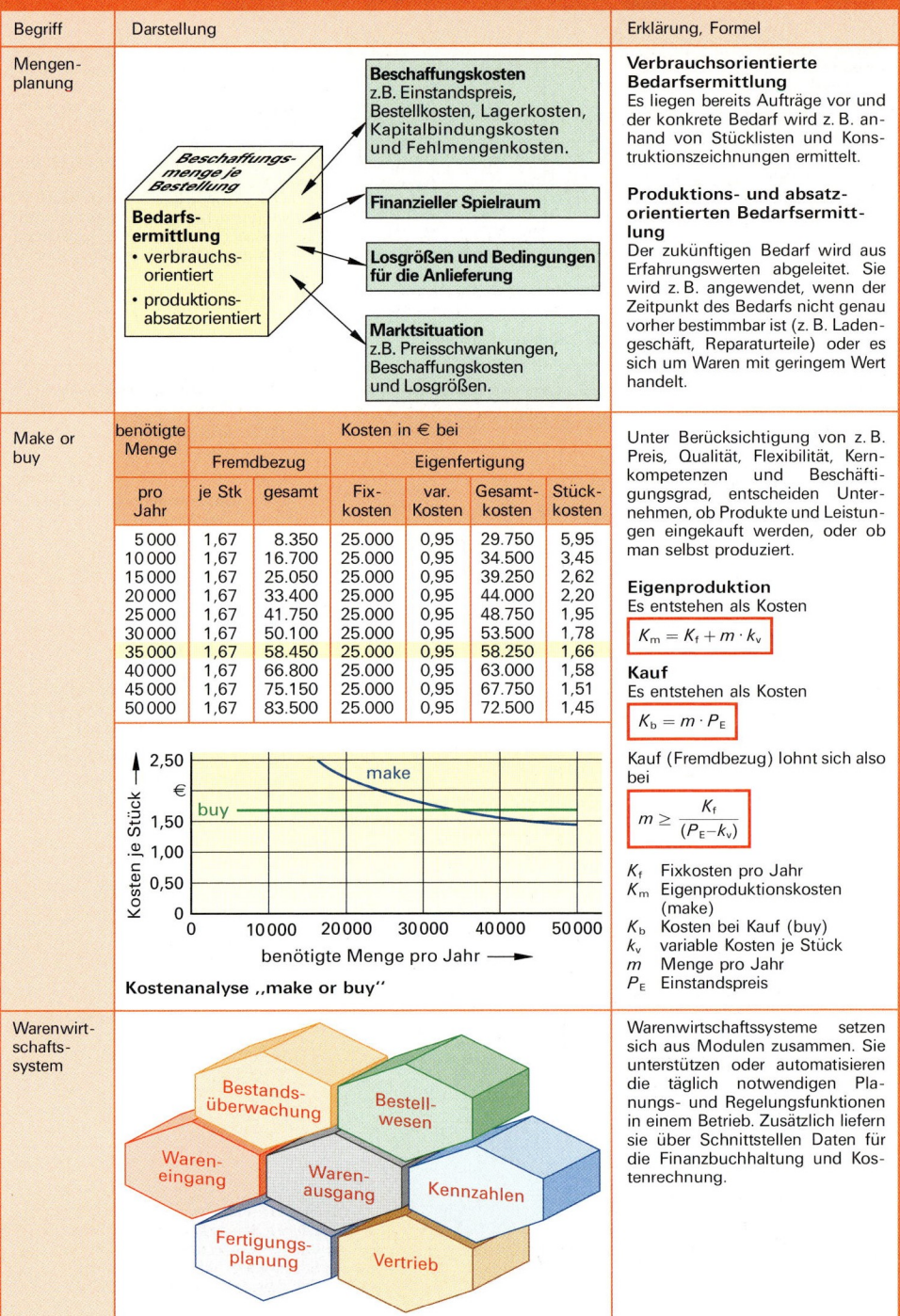	**Verbrauchsorientierte Bedarfsermittlung** Es liegen bereits Aufträge vor und der konkrete Bedarf wird z. B. anhand von Stücklisten und Konstruktionszeichnungen ermittelt. **Produktions- und absatzorientierten Bedarfsermittlung** Der zukünftigen Bedarf wird aus Erfahrungswerten abgeleitet. Sie wird z. B. angewendet, wenn der Zeitpunkt des Bedarfs nicht genau vorher bestimmbar ist (z. B. Ladengeschäft, Reparaturteile) oder es sich um Waren mit geringem Wert handelt.

Beschaffungskosten z.B. Einstandspreis, Bestellkosten, Lagerkosten, Kapitalbindungskosten und Fehlmengenkosten.

Beschaffungsmenge je Bestellung

Bedarfsermittlung
• verbrauchsorientiert
• produktions-absatzorientiert

Finanzieller Spielraum

Losgrößen und Bedingungen für die Anlieferung

Marktsituation z.B. Preisschwankungen, Beschaffungskosten und Losgrößen.

Make or buy

benötigte Menge pro Jahr	Kosten in € bei						Erklärung
	Fremdbezug		Eigenfertigung				
	je Stk	gesamt	Fix-kosten	var. Kosten	Gesamt-kosten	Stück-kosten	
5 000	1,67	8.350	25.000	0,95	29.750	5,95	
10 000	1,67	16.700	25.000	0,95	34.500	3,45	
15 000	1,67	25.050	25.000	0,95	39.250	2,62	
20 000	1,67	33.400	25.000	0,95	44.000	2,20	
25 000	1,67	41.750	25.000	0,95	48.750	1,95	
30 000	1,67	50.100	25.000	0,95	53.500	1,78	
35 000	1,67	58.450	25.000	0,95	58.250	1,66	
40 000	1,67	66.800	25.000	0,95	63.000	1,58	
45 000	1,67	75.150	25.000	0,95	67.750	1,51	
50 000	1,67	83.500	25.000	0,95	72.500	1,45	

Unter Berücksichtigung von z. B. Preis, Qualität, Flexibilität, Kernkompetenzen und Beschäftigungsgrad, entscheiden Unternehmen, ob Produkte und Leistungen eingekauft werden, oder ob man selbst produziert.

Eigenproduktion
Es entstehen als Kosten

$$K_m = K_f + m \cdot k_v$$

Kauf
Es entstehen als Kosten

$$K_b = m \cdot P_E$$

Kauf (Fremdbezug) lohnt sich also bei

$$m \geq \frac{K_f}{(P_E - k_v)}$$

K_f Fixkosten pro Jahr
K_m Eigenproduktionskosten (make)
K_b Kosten bei Kauf (buy)
k_v variable Kosten je Stück
m Menge pro Jahr
P_E Einstandspreis

Kostenanalyse „make or buy"

M

Warenwirt-schafts-system		Warenwirtschaftssysteme setzen sich aus Modulen zusammen. Sie unterstützen oder automatisieren die täglich notwendigen Planungs- und Regelungsfunktionen in einem Betrieb. Zusätzlich liefern sie über Schnittstellen Daten für die Finanzbuchhaltung und Kostenrechnung.

Bestandsüberwachung · Bestellwesen · Wareneingang · Warenausgang · Kennzahlen · Fertigungsplanung · Vertrieb

M

Begriff	Darstellung, Formel	Erklärung
Bestell-punkt-verfahren	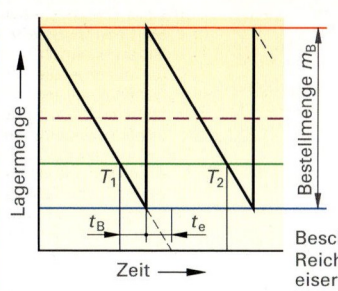 Lager-Höchstbestand LB_H Lager-Durchschnittsbestand $\varnothing LB$ Lager-Meldebestand LB_M Eiserner Lagerbestand LB_e Beschaffungszeit t_B Reichweite des eisernen Bestandes t_e Bestellzeitpunkte T_1, T_2 **Lagerkenngrößen und Lagerkennzahlen**	Beim Bestellpunktverfahren wird beim Erreichen des Meldebestandes LB_M bestellt. Der Meldebestand ist so gewählt, dass bei normalen Verbrauchsmengen das Lager bis zum regulären Lieferzeitpunkt bis auf den eisernen Bestand LB_e abnimmt. Die zu berücksichtigende Beschaffungszeit t_B ergibt sich aus der Bestelldauer, Lieferzeit des Lieferanten und internen Prüf- und Transportzeiten.
Lager-kennzahlen zur Lager-führung	Eiserner Lagerbestand LB_e (Sicherheitsbestand, Mindestbestand) $$LB_e = t_e \cdot \varnothing V$$ Lager-Meldebestand [Stück] LB_M $$LB_M = LB_e + t_B \cdot \varnothing V$$ Bestellmenge je Bestellung m_B $$m_B = LB_H + LB_e$$ durchschnittlicher Lagerbestand $\varnothing LB$ $$\varnothing LB = LB_e + \frac{m_B}{2}$$ Bei Jahresinventur $$\varnothing LB = \frac{LB_A + LB_E}{2}$$ Allgemein $$\varnothing LB = \frac{LB_A + \sum_{i=1}^{n} LB_{Ei}}{n+1}$$ bei jährlicher Erfassung n = 1, bei monatlicher Erfassung n = 12 Lagerumschlagshäufigkeit LUH $$LUH = \frac{GV}{\varnothing LB}$$ Durchschnittliche Lagerdauer $\varnothing LD$ $$\varnothing LD = \frac{360}{LUH}$$	$\varnothing V$ Durchschnittsverbrauch [Stück/Tag] $\varnothing LB$ durchschnittlicher Lagerbestand [Stück] $\varnothing LD$ durchschnittliche Lagerdauer [Stück] GV Gesamtverbrauch pro Jahr [Stück] LB_A Anfangsbestand [Stück] LB_e eiserner Lagerbestand (Sicherheitsbestand, Mindestbestand) [Stück] LB_{Ei} Endbestand (am Ende eines Erfassungszeitraumes) [Stück] LB_H Lager-Höchstbestand [Stück] LB_M Lager-Meldebestand [Stück] LUH Lagerumschlagshäufigkeit LB_E Endbestand (am Ende des Erfassungszeitraumes) [Stück] m_B Bestellmenge je Bestellung [Stück] t_B Beschaffungsdauer [Tage] t_e Reichweite des eisernen Bestandes [Tage]
JIT Just-in-time	**Optimierung bestehender Prozesse** Outsourcing TQM Logistik-ketten JIT Prozesse Prozesse	JIT ist Bestandteil Beherrschung und Optimierung von Prozessen in der Fertigung und Beschaffung. Auf Lagerhaltung wird soweit wie möglich verzichtet. Die in der Produktion notwendigen Rohstoffe und Halbfertigwaren werden genau zu dem Zeitpunkt angeliefert, zu dem sie gebraucht werden.

Begriff	Darstellung		Erklärung

Optimale Bestellmenge

Lagerhaltungskostensatz $LHKS$		25% vom $\varnothing LW$
Jahresbedarf M_a		520
Kosten je Bestellung k_B		40 €
Eiserner Bestand LB_e		4

Anzahl der Bestellungen n_B	Bestellmenge je Bestellung m_B	Einstandspreis P_E in €	Bestellkosten K_B in €	Durchschnittlicher Lagerbestand $\varnothing LB$	Durchschnittlicher Lagerwert $\varnothing LW$ in €	Lagerhaltungskosten LHK in €	Beschaffungskosten BK in €
52	10,0	87,00	2080	9,0	783	196	2276
48	10,8	87,00	1920	9,4	819	205	2125
44	11,8	87,00	1760	9,9	862	216	1976
40	13,0	87,00	1600	10,5	914	229	1829
36	14,4	87,00	1440	11,2	976	244	1684
32	16,3	87,00	1280	12,1	1055	264	1544
28	18,6	87,00	1120	13,3	1156	289	1409
24	21,7	87,00	960	14,8	1291	323	1283
20	26,0	87,00	800	17,0	1479	370	1170
16	32,5	87,00	640	20,3	1762	441	1081
12	43,3	87,00	480	25,7	2233	558	1038
8	65,0	87,00	320	36,5	3176	794	1114
4	130	87,00	160	69,0	6003	1501	1661

Optimale Bestellmenge

Bei laufend benötigten Teilen ist zu überlegen, in welchen Stückzahlen bestellt werden soll, damit die Beschaffungskosten BK minimiert werden.

Große Bestellmengen und Lagermengen bedeuten hohe Lagerhaltungskosten z. B.
- höheres Lagerrisiko und damit z. B. höhere Versicherungsprämien,
- höhere Kosten für Mieten, Energie, Ein-, Aus- und Umlagern,
- Lagerverwaltung, Lagerinventur und Lagerbuchhaltung und
- höhere kalkulatorische Lagerzinsen LZ durch langfristigere und höhere Kapitalbindung.

Die Zinsen LZ für das im Lager gebundene Kapital werden mit dem im Unternehmen angewendeten kalkulatorischen Zinssatz z_{kL} berechnet:
Der Lagerhaltungskostensatz $LHKS$ wird auch als Lagerzinssatz bezeichnet.

$\varnothing LB$	durchschnittlicher Lagerbestand
$\varnothing LW$	Durchschnittlicher Lagerwert [€]
BK	Beschaffungskosten [€]
k_B	Kosten je Bestellung [€]
K_B	Bestellkosten (pro Jahr) [€]
LHK	Lagerhaltungskosten [€]
$LHKS$	Lagerhaltungskostensatz [%], Lagerzinssatz [%]
LHZ	Lagerhaltungszinssatz [%]
LK	Lagerkosten [€]
LKS	Lagerkostensatz [%]
LZ	Lagerzinsen [€]
M_a	Jahresbedarf
m_B	Bestellmenge je Bestellung
n_B	Anzahl der Bestellungen
P_E	Einstandspreis [€]
z_{kL}	kalkulatorischer Lagerzinssatz [%]
z_{kLD}	kalkulatorischer Lagerzinssatz für Lagerdauer

Lagerkennzahlen zur Beschaffung

Beschaffungskosten
$$BK = LHK + K_B$$

Lagerhaltungskostensatz
$$LHKS = \frac{(LK + LZ) \cdot 100}{\varnothing LW}$$

Lagerhaltungskosten
$$LHK = LK + LZ$$

Lagerkostensatz
$$LKS = \frac{LK \cdot 100}{\varnothing LW}$$

kalkulatorischer Lagerzinssatz für durchschnittliche Lagerdauer
$$z_{kLD} = \frac{z_{kL} \cdot \varnothing LD}{360} = \frac{Z_{kLD}}{LUH}$$

Bestellkosten (pro Jahr)
$$K_B = n_B \cdot k_B = \frac{M_a}{m_B} \cdot k_B$$

durchschnittlicher Lagerbestand
$$\varnothing LB = LB_e + \frac{m_B}{2}$$

Lagerzinsen
$$LZ = \varnothing LB \cdot P_E \cdot z_{kL}$$

M

Begriff	Darstellung	Erklärung
Lagerkenn-zahlen	Auszug aus einer elektronischen Lagerkarte	Lagerkennzahlen sind die in der Praxis am häufigsten ermittelten Kennzahlen.

Artikel-Nr.: 12 873 45   PC-Elektronik WSS
Bezeichnung: Controller   Typ: 17 NMC UW
Lieferant:

Datum	Einstands-preis in €	Zugang (Stück)	Abgang (Stück)	Monats-endbe-stand (Stück)
Anfangs-bestand	52,00 €			12
31.01.xx	52,00 €	28	20	20
28.02.xx	52,00 €	20	10	30
31.03.xx	52,00 €	10	0	40
30.04.xx	52,00 €	0	40	0
31.05.xx	52,00 €	35	0	35
30.06.xx	52,00 €	0	24	11
31.07.xx	52,00 €	24	20	15
30.08.xx	52,00 €	20	15	20
31.09.xx	52,00 €	15	15	20
30.10.xx	52,00 €	15	0	35
30.11.xx	52,00 €	0	16	19
31.12.xx	52,00 €	15	18	16
Gesamtverbrauch			178	

Kalkulatorischer Lagerkostensatz	20%
Durchschnittlicher Lagerbestand $\varnothing LB$:	21,0
Lagerumschlagshäufigkeit LUH:	8,5
Durschnittliche Lagerdauer $\varnothing LD$:	42,5
kalk. Lagerhaltungszinssatz für durchschn. Lagerdauer	2,36%
Lagerhaltungskosten pro Controller LZ:	1,23 €

Lagerkennzahlen sind die in der Praxis am häufigsten ermittelten Kennzahlen.

Die Lagerhaltungskosten LHK setzen sich aus den Lagerkosten LK, das sind z. B. Mietkosten und Energiekosten, und den Lagerzinsen LZ für das im Lager gebundene Kapital zusammen.

Der Lagerhaltungskostensatz gibt das Verhältnis von Lagerhaltungskosten zum darin durchschnittlich gebunden Kapital an.

Einen wesentlichen Einfluss auf die Lagerhaltungskosten hat die durchschnittliche Lagerdauer $\varnothing LD$.

Aus der durchschnittlichen Lagerdauer und dem kalkulatorischen Lagerhaltungskostensatz $LHKS$ ergeben sich die je Artikel zu berücksichtigenden Lagerhaltungskosten LHK.

Das Produkt aus durchschnittlichem Lagerbestand $\varnothing LB$ und Einstandspreis P_E ergibt den Lagerwert. Der durchschnittliche Lagerwert multipliziert mit dem kalkulatorischen Lagerzinssatz z_k ergibt die Lagerkosten.

Das Produkt aus Einstandspreis P_E und Lagerzinssatz z_k ergibt die bei der Preiskalkulation zu berücksichtigenden Lagerkosten je Teil.

| Lieferbereit-schaftsgrad | | Mangelnde Lieferbereitschaft verursacht Fehlmengenkosten, das sind z. B.
● entgangener Gewinn,
● Verlust von Aufträgen,
● Konventionalstrafen,
● Imageverlust und
● höhere Kosten für Ersatzbeschaffungen.

LBG Lieferbereitschaftsgrad
LHK Lagerhaltungskosten
FMK Fehlmengenkosten |

$$LBG = \frac{erfüllte\_Bedarfsanforderungen}{Anzahl\_Bedarfsanforderungen}$$

M

Begriff	Inhalt		Erklärung

Anfrage-Angebot-Vertrag

Anfrage
- Grund der Anfrage,
- gewünschte Ware, Dienstleistung, …
- Menge, Qualität, …
- Preise, Lieferbedingungen, …
- Liefertermine

Angebot
- Bezug auf Anfrage,
- Art, Preis, Menge und Qualität
- Liefertermin, Liefer- und Zahlungsbedingungen,
- Einschränkungen und Vorbehalte

Bestellung (Willenserklärung 2) ⇐ Übereinstimmung §⇒ **Angebot** (Willenserklärung 1)

Vertrag

Anfragen
Anfragen dienen zur Geschäftsanbahnung und Information. Sie sind juristisch unverbindlich.

Angebot
Im Gegensatz zur Anfrage führen Angebote (Anträge) zu rechtlichen Pflichten. Der Anbieter bleibt so lange an das Angebot gebunden, wie unter verkehrsüblichen Umständen eine Antwort eingehen kann. Oft ist die Gültigkeitsdauer im Angebot angegeben. Übereinstimmende Willenserklärungen von Käufer und Verkäufer führen zu einem gültigen Kaufvertrag.

Transportkosten und Transportrisiko

Anfuhr und Verladen   Versandstation   Fracht   Empfangsstation   Zufuhr

Beförderungskosten				
Rollgeld bzw. Hausfracht	Beladungskosten	Fracht	Entladekosten	Rollgeld bzw. Hausfracht
ab Werk …,	ab Lager …,			*
△	unfrei …, ab hier …, gesetzliche Regelung im BGB			*
	△	frei Waggon …, frei Schiff …		*
		△	frei, frei dort …	*
			△ frei Haus, frei Lager	*
				△ frei Aufstellort *

Wie und wo der Käufer die Ware und das Transportrisiko übernehmen muss ist gesetzlich und oft auch vertraglich geregelt.

⇒ *

Bezahlung und Verantwortung liegt beim Käufer.

⊏⇒ △

Bezahlung und Verantwortung liegt beim Verkäufer.
Im internationalen Handel werden für die Lieferungsmodalitäten häufig die INCOTERMS (von International Commercial Terms) verwendet. Die INCOTERMS regeln verbindlich, welche Pflichten und Kosten der Exporteur übernehmen muss und wer für die Geschäftsabwicklungen, z. B. Zollerklärungen usw. verantwortlich ist.

Rechtsfolgen bei Leistungsstörungen

Leistungsstörung
- Ausbleiben der Leistung, verspätete Leistung,
- Mangelhafte Lieferung (in der Art, in der Menge, in der Qualität)
- Annahmeverzug

+

Nebenbedingungen
Damit Rechtsfolgen eintreten, müssen je nach Leistungsstörung bestimmte Voraussetzungen zusätzlich geprüft werden und erfüllt sein, z.B.
- Fälligkeit und angemessene Fristsetzung,
- Verschuldung und anfängliche oder nachträgliche Unmöglichkeit,
- Unzumutbarkeit oder
- ernsthafte und endgültige Verweigerung durch Verkäufer.

=

Rechtsfolgen
- Ersatzlieferung
- Schadenersatz und Leistung
- Schadenersatz statt Leistung
- Minderung
- Rücktritt

§ 275 BGB Ausschluss der Leistungspflicht
§ 280 BGB Schadensersatz wegen Pflichtverletzung
§§ 281 bis 283 BGB Schadensersatz statt Leistung
§ 286 BGB Verzug des Schuldners
§ 311 BGB Rechtsgeschäftliche und rechtsgeschäftsähnliche Schuldverhältnisse
§§ 323,324, 325, 440 BGB Rücktritt
§ 437 BGB Rechte des Käufers bei Mängel
§ 441 Minderung
§ 439 Nacherfüllung

M

Begriff	Erklärungen	Bemerkungen
Agent	Intelligente Software, die im Auftrag des Anwenders nach Inhalten sucht oder Aufträge ausführt.	Oft Visualisierung mit „künstlichen Beratern", dargestellt in Form von Personen oder Comic-Figuren.
Banner	Grafisch gestaltete Werbefläche, die auf einer Website platziert ist und einen direkten Link zur Site des Werbetreibenden hat.	Banner-Grafiken beinhalten oft Animationen (animated Gifs). Formate: 468 Pixel × 60 Pixel oder 130 Pixel × 80 Pixel.
B2B oder B-to-B	Business-to-Business E-Commerce = Geschäft-zu-Geschäft elektronischer Handel.	Internethandel von Waren oder Dienstleistungen der Unternehmer untereinander.
B2C oder B-to-C	Business-to-Consumer E-Commerce = Geschäft-zu-Endkunde elektronischer Handel.	Internethandel, der Angebote an den Endverbraucher umfasst, z. B. Internetbanking oder Auktionen im Netz.
Click-Through	Durchklicken. Anklicken eines Web-Werbebanners durch den Besucher der Website.	Synonym für Ad-Click von Advertisement Click = Werbungsclick.
Click-Through-Rate CTR	Durchklick-Zahl. Maßzahl für die Wirkung einer Bannerwerbung.	Die Durchklick-Zahl zeigt an, wie viele Website-Besucher den Werbeinhalt des Banners angesehen haben.
Cookie	Keks. Kleine Textdatei, die auf Anweisung des Webservers auf der Anwenderfestplatte gespeichert wird.	Cookies sind elektronische Merkzettel für den Server, um benutzerspezifische Browser-Abfragen zu merken.
Data-Warehouse	Datenlager. Datenverwaltungssysteme eines Unternehmens. Spezielle Datenbank, die Daten aus firmeninternen und externen Datenbanken enthält.	Data-Warehouses dienen dazu, Führungskräfte mit Informationen zur Entscheidungsfindung und zur Kontrolle interner Abläufe zu versorgen.
E-Commerce	E-Commerce von elektronischer Handel. Meist über das Internet.	Als E-Commerce bezeichnet man den Handel B2B und B2C.
M-Commerce	M-Commerce von mobiler Handel.	Mit internetfähigen mobilen Geräten, z. B. WAP-Handys, Webpads oder PDAs.
Mall	Mall = Einkaufszentrum, Marktplatz.	Produkte werden online auf geschlossenen und offenen Marktplätzen angeboten.
Onlineshop	Website eines Unternehmens.	Produkte oder Dienstleistungen werden zum Kauf angeboten.
Proxy-Server	Stellvertreter-Server.	Speichert häufig nachgefragte Daten für nachfolgende, schnellere Zugriffe.
Session Length	Sitzungslänge, Verweildauer.	Besuchsdauer auf einer Webseite.
Shopping Agent	Einkaufsagent.	Suchprogramm für günstige Angebote, ermöglicht direkten Preisvergleich.
Shopping Portal	Einkaufstor.	Bündelt verschiedene Einkaufsshops unter einem Namen.
Viewtime	Sichtzeit.	Zeiteinheit je Webseitenbesuch.
Visit	to visit = besuchen.	Seitenzugriff eines Browsers auf ein Web-Angebot.
Website	Seite im Internet.	Webseiten enthalten Schrift, Grafiken und Links zu anderen Seiten.

M

Bild: Portale der Webseite von T-Online

Key words	Explanation	English	German
Business-to-business market	Business-to-business B2B describes the exchange of goods, services, information or money between businesses. Already, many companies conduct a majority of their B2B commerce over the Internet. Basically, B2B exchange (also called a marketplace or hub) is a website where many companies can buy from and sell to each other using a common technology platform. Many exchanges also offer additional services, such as payment or logistics services that help members complete a transaction. Exchanges may also support community activities, like distributing industry news, sponsoring online discussions and providing research on customer demand or industry forecasts for components and raw materials.	additional basically exchange goods logistics member services to conduct to describe to distribute to offer to provide to sponsor to support	zusätzlich im Grunde Austausch Waren Logistik Mitglied Dienstleistung durchführen beschreiben verteilen anbieten bereitstellen unterstützen unterstützen
Reduced purchasing costs	One of the easiest ways that a company can cut costs is by remodeling the way it purchases raw goods. An average manual purchase order costs a company approximately € 80. This is because locating goods needed and then filling out the necessary paper work is a labor-intensive process. Searching for products online requires much less time and electronically processing an order streamlines the ordering procedure.	approximately average labor-intensive order raw goods to cut to purchase to remodel to require to search	ungefähr Durchschnitt arbeitsintensiv Bestellung Rohware reduzieren einkaufen umstrukturieren benötigen suchen
Increased market efficiency	Using the Internet, companies can quickly and easily get price quotes from numerous suppliers. By increasing the number of sellers, buyers are more likely to get a better price, and vice versa. Just as eBay has created an efficient market for everything from Barbie dolls to old Atari games, B2B makes connections between buyers and sellers that may not have otherwise happened.	likely price quotes supplier to create to happen to increase vice versa	wahrscheinlich Kostenvoranschlag Zulieferer erzeugen geschehen steigern umgekehrt
Greater market intelligence	Related to finding good prices, B2B gives producers a better insight into the demand levels in any given market. Spot price levels can quickly be determined in everything from paint pigments to plastic cups. This allows companies to make better decisions regarding what to and what not to produce.	demand insight regarding related spot price to determine	Nachfrage Einsicht bezüglich hinsichtlich Kassakurs festlegen
Decreased inventory levels	Using B2B technologies, companies can better utilize their inventory and raw materials. The Internet allows companies to save even more time if they use „just in time" manufacturing techniques. B2B allows firms to use less working capital to do the same amount of work.	amount funds inventory manufacturing raw materials to utilize	Menge Gelder Inventar Herstellung Rohmaterial ausnutzen
General benefits	The overriding attraction that runs throughout online B2B is that it can make companies much more efficient. Increased efficiencies means reduced costs, which is a goal that interests every company, thus making the potential B2B e-commerce industry enormous.	goal overriding potential throughout thus	Ziel vorrangig Potenzial durch so, auf diese Weise
Future trends	While just 34 percent of businesses consider the Web very important for making purchases, B2B buying continues to grow. The latest report on e-business found that just 34 percent of businesses consider Web purchasing very important to their procurement strategies, and 34 percent rated the Internet capabilities of their suppliers as „very bad" or „poor."	capability latest poor procurement purchases to consider to rate while	Fähigkeit jüngste schlecht Beschaffung Einkäufe halten für einschätzen während

M

E-Procurement   Elektronische Beschaffung

Key words	Explanation	English	German
E-procurement	Electronic Procurement (also known as e-procurement) is a way of using the Internet to make it easier, faster, and less expensive for businesses to purchase the goods and services they require. While e-procurement is a general term that covers a wide range of techniques, its goal is to improve the purchasing process so businesses can focus more time on earning revenue and serving customers. A properly implemented system can connect companies and their business processes directly with suppliers while managing all interactions between them. This includes management of correspondence, bids, questions and answers, previous pricing, and multiple emails sent to multiple participants.	bid goal goods participant procurement revenue supplier term to implement to improve to purchase to require wide range	Angebot Ziel Waren Teilnehmer Beschaffung Einnahmen Zulieferer Begriff umsetzen verbessern kaufen benötigen große Bandbreite
Benefits	A good e-procurement system • helps a firm organize its interactions with its most crucial suppliers. • provides a set of built-in monitoring tools to help control costs and assure maximum supplier performance, • provides an organized way to keep an open line of communication with potential suppliers during a business process, • allows managers to confirm pricing, and leverage previous agreements to assure each new price quote is more competitive than the last, • helps with the decision-making process by keeping relevant information organized, • makes all transactions standardized and trackable, • allows companies to focus on their most lucrative trading partners and contracts, • allows to track all purchases more easily because they are done over the Internet and the company's managers can easily see who made which purchases, • saves time because buyers do not need to leave their desks or make phone calls to suppliers in order to place orders; they simply go through the Internet, • ensures that suppliers receive the order almost immediately, they can also fulfill and ship it much faster than with the traditional procurement methods, • helps reduce inventory levels because knowing product numbers, bid prices and contact points can help businesses close a deal while other suppliers are struggling to gather their relevant data.	agreement almost benefit competitive contracts crucial decision desk immediately in order to inventory performance potential previous price quote relevant set to assure to close a deal to confirm to ensure to fulfill to gather to leverage to monitor tool to place orders to provide to ship to struggle trackable	Übereinkunft fast Nutzen wettbewerbsfähig Verträge wichtig Entscheidung Schreibtisch sofort um zu Inventar Leistung mögliche, -er frühere, -er, -es Kostenvoranschlag wichtig Satz, Reihe versichern einen Vertrag abschließen bestätigen versichern erfüllen sammeln einsetzen überwachen Werkzeug Bestellungen aufgeben bereitstellen versenden kämpfen verfolgbar
Adoption Strategies	Most companies switching to e-procurement fall into two categories: **Step-by-step adopters** implement one piece of their system at a time and slowly bring trading partners on board. The others follow the **total replacement model**. They build a totally parallel system, test it, then switch over to it when it works. There might be some pain involved because some mistakes are discovered, but usually these are absorbed and the business continues.	adopter adoption pain replacement step-by-step to absorb to discover to involve to switch to trading partner	Übernehmer Übernahme Schmerz Ersatz Schritt für Schritt absorbieren entdecken einschließen umschalten Handelspartner

M

Ö

Begriff	Bild	Erklärung
Datenübermittlungs-dienste Data networks	 Paketvermittelte Datenübertragung	Bei der Datenübermittlung sind die Datenendeinrichtungen DEE an die Datenübertragungseinrichtung DÜE, z. B. Verstärker, und das Datenübertragungsnetz, z. B. Tk-Netz angeschlossen (**Bild**). Als Schnittstelle wird dabei sowohl die Kopplungsstelle als auch die Baugruppe, z. B. eine Leiterplatte, bezeichnet, die den Übergang ermöglicht.
Datenpaketnetz Data-packet-switched-network		Bei den paketvermittelten Diensten werden die von den verschiedenen DEE zu übermittelnden Daten in Paketen asynchron zur DVST-P (Datenvermittlungsstelle mit Paketvermittlung) übertragen, dort gespeichert (Store-and-Forward) bis eine Verbindung vorliegt, dann paketweise übertragen und beim Empfänger wieder zusammengesetzt. Duplexbetrieb (Übertragung gleichzeitig in beiden Richtungen) ist möglich, und zwar meist synchron. Bitraten bis 64 kbit/s.
X.25	 **Definitions- und Standardisierungsbereiche für die Datenpaketvermittlung**	Die ITU-T-Empfehlung X.25 beschreibt die Schnittstelle zwischen Datenendeinrichtung DTE (von Data Terminal Equipment) und paketvermittelter Datenübertragungseinrichtung DCE (von Data Circuit Equipment). X.25 entspricht ISO 7776, DIN 66221 und DIN 66222.
Leitungsvermittlung Circuit-switched-network	 **Leitungsvermittlung**	Die Leitungsvermittlung ist das klassische Vermittlungsverfahren in analogen Netzen, wie dem Telefonnetz und bei ISDN. Für die gesamte Dauer der Verbindung wird ein physikalischer Verbindungsweg durch das Netz geschaltet. Wenn die Verbindung hergestellt ist, garantiert sie den Endsystemen, z. B. zwei Faxgeräten, eine feste Übertragungsbandbreite.

Ö

Festnetzmodell

Teilnehmer A — Benutzer-Schnittstelle — Netz-schnittstelle — Netz-schnittstelle — Benutzer-Schnittstelle — Teilnehmer B

Netzzugangspunkt — Netz

Endeinrichtung — Endeinrichtung

Quelle/Senke — Wandler — DEE — DEE — Wandler — Quelle/Senke

Signalübermittlung

Nachrichtenübermittlung

Anwendung

Erklärungen

Netz:
Verbindungssystem zur Kommunikation zwischen elektronischen Einrichtungen, z. B. Telefonanlagen.
Netzform:
Art der Verbindung zwischen den Teilnehmern.
Festnetz:
Leitungsgebundenes Netz.
Schnittstellen:
Benutzersschnittstelle, zwischen Teilnehmer und Datenendeinrichtung DEE. Z. B. die U_{K0}-Schnittstelle
Netzschnittstelle, zwischen DEE und Netzzugangspunkt. Z. B. die PCM32-Schnittstelle.
Für den Aufbau von Netzen gibt es unterschiedliche Strukturen, die als Netzformen oder Topologien bezeichnet werden. Netzformen können auch gemischt auftreten.

Physikalische Netzformen

Topologie	Darstellung	Anwendungen	Bemerkungen
Punkt-zu-Punkt-	Teilnehmer A Teilnehmer B	Von Teilnehmer A zu Teilnehmer B.	Kann mit einer Zweidrahtleitung verwirklicht werden.
Stern-struktur	Teilnehmer Knoten	Vermittlungsstelle VSt. Von Teilnehmer A bis Teilnehmer Z.	Jeder Teilnehmer ist mit einer eigenen Übertragungsleitung mit der Vermittlungsstelle verbunden, dadurch ist ein großer Leitungsaufwand nötig.
Baum-struktur	Knoten 1 Knoten 2	Die Vermittlungsstellen werden als Knoten bezeichnet. Die Ortsnetze der Telekom haben eine Baumstruktur. Der Selbstwähldienst wird über dieses Netz abgewickelt.	Das Netz wird in Hierarchien entsprechend der Vorwahlnummern eingeteilt.
Maschen-struktur	Knoten	Wird für Vermittlungsstellen, nicht für Teilnehmer verwendet.	Anwendung bei starker Leitungsnutzung. Die Maschenstruktur ermöglicht kurze Verbindungswege und hat eine große Ausfallsicherheit, da das Ziel auf verschiedenen Wegen erreichbar ist. Großer Leitungsaufwand, schwierig zu erweitern.
Busstruktur	Verbindung, Pfad Teilnehmer Busabschluss Anschlusspunkt	ISDN verwendet ab dem Netzabschluss zum ISDN-Endgerät das Bussystem S_0. Busabschluss an jedem Busende mit Widerständen von $100\,\Omega$.	Die Teilnehmer sind durch einen gemeinsamen Übertragungsweg miteinander verbunden. Die Steuerung der Teilnehmer erfolgt über Buszugriffsverfahren. Bei ISDN wird die Steuerung mit dem D-Kanal ausgeführt. Acht Teilnehmer anschließbar.

Ö

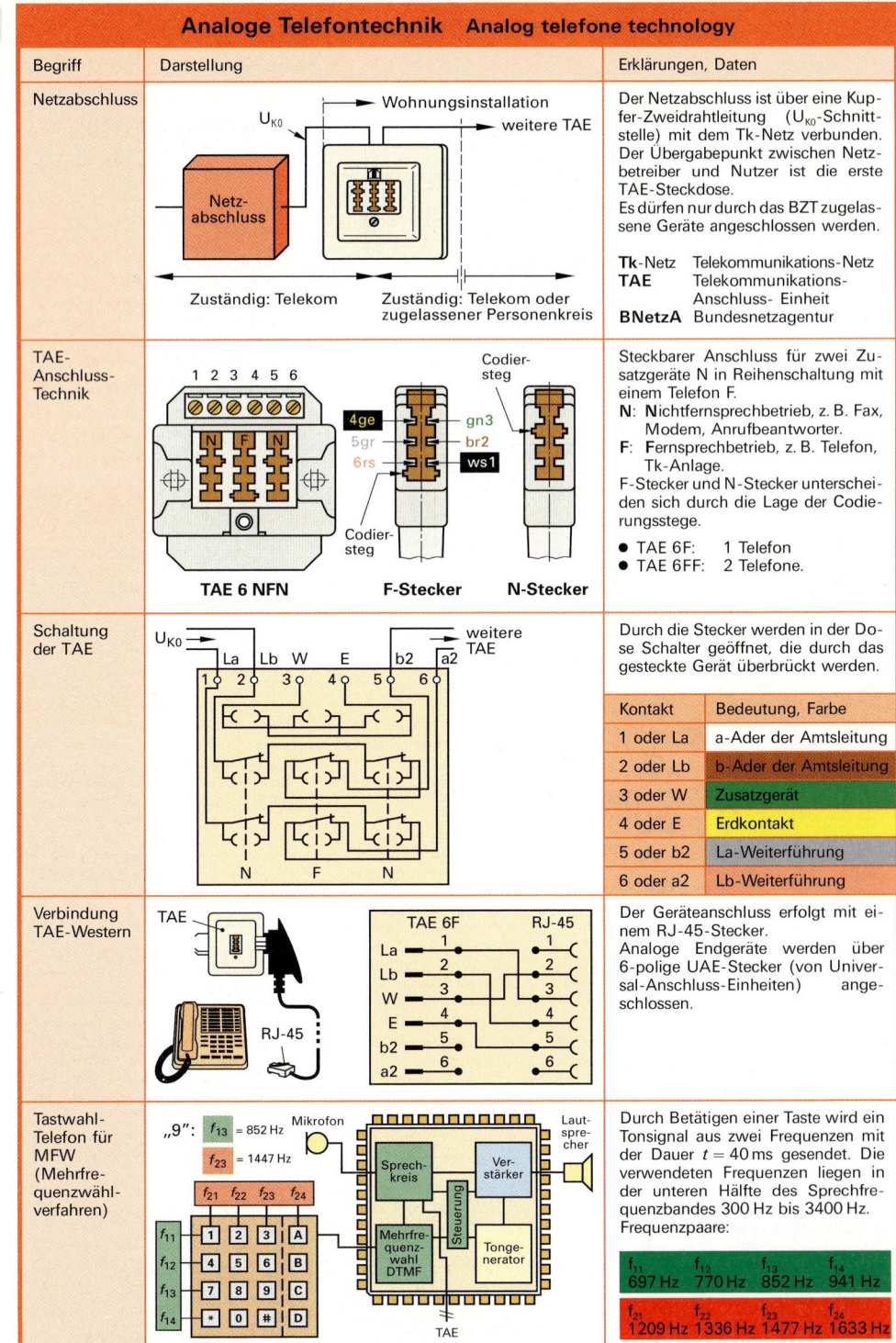

Begriff	Darstellung	Erklärungen, Daten

Netzabschluss

U_{K0} → Wohnungsinstallation
→ weitere TAE

Netz-abschluss

Zuständig: Telekom   Zuständig: Telekom oder zugelassener Personenkreis

Der Netzabschluss ist über eine Kupfer-Zweidrahtleitung (U_{K0}-Schnittstelle) mit dem Tk-Netz verbunden. Der Übergabepunkt zwischen Netzbetreiber und Nutzer ist die erste TAE-Steckdose.
Es dürfen nur durch das BZT zugelassene Geräte angeschlossen werden.

Tk-Netz   Telekommunikations-Netz
TAE   Telekommunikations-Anschluss- Einheit
BNetzA   Bundesnetzagentur

TAE-Anschluss-Technik

1 2 3 4 5 6

N F N

4ge — gn3
5gr — br2
6rs — ws1

Codiersteg

TAE 6 NFN   **F-Stecker**   **N-Stecker**

Steckbarer Anschluss für zwei Zusatzgeräte N in Reihenschaltung mit einem Telefon F.
N: **N**ichtfernsprechbetrieb, z. B. Fax, Modem, Anrufbeantworter.
F: **F**ernsprechbetrieb, z. B. Telefon, Tk-Anlage.
F-Stecker und N-Stecker unterscheiden sich durch die Lage der Codierungsstege.

● TAE 6F: 1 Telefon
● TAE 6FF: 2 Telefone.

Schaltung der TAE

U_{K0} →   → weitere TAE
La Lb W E b2 a2
1 2 3 4 5 6

N F N

Durch die Stecker werden in der Dose Schalter geöffnet, die durch das gesteckte Gerät überbrückt werden.

Kontakt	Bedeutung, Farbe
1 oder La	a-Ader der Amtsleitung
2 oder Lb	b-Ader der Amtsleitung
3 oder W	Zusatzgerät
4 oder E	Erdkontakt
5 oder b2	La-Weiterführung
6 oder a2	Lb-Weiterführung

Verbindung TAE-Western

TAE

RJ-45

TAE 6F		RJ-45
La	1	1
Lb	2	2
W	3	3
E	4	4
b2	5	5
a2	6	6

Der Geräteanschluss erfolgt mit einem RJ-45-Stecker.
Analoge Endgeräte werden über 6-polige UAE-Stecker (von Universal-Anschluss-Einheiten) angeschlossen.

Tastwahl-Telefon für MFW (Mehrfrequenzwählverfahren)

„9": f_{13} = 852 Hz
f_{23} = 1447 Hz

Mikrofon   Lautsprecher

f_{21} f_{22} f_{23} f_{24}

Sprech-kreis   Ver-stärker

f_{11} 1 2 3 A
f_{12} 4 5 6 B
f_{13} 7 8 9 C
f_{14} * 0 # D

Mehrfrequenz-wahl DTMF   Steuerung   Tongenerator

TAE

Durch Betätigen einer Taste wird ein Tonsignal aus zwei Frequenzen mit der Dauer t = 40 ms gesendet. Die verwendeten Frequenzen liegen in der unteren Hälfte des Sprechfrequenzbandes 300 Hz bis 3400 Hz.
Frequenzpaare:

f_{11}	f_{12}	f_{13}	f_{14}
697 Hz	770 Hz	852 Hz	941 Hz

f_{21}	f_{22}	f_{23}	f_{24}
1209 Hz	1336 Hz	1477 Hz	1633 Hz

Ö

Teilnehmeranschlussarten

Schaltung	Erklärungen

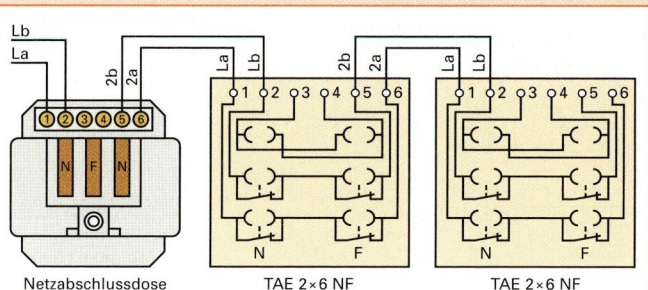

Netzabschlussdose
Analoger Anschluss

TAE 2×6 NF

TAE 2×6 NF

Netzabschluss ist meist eine TAE 3 x 6 NFN-Dose. An ihr kann die Funktion der Telefonleitung durch Einstecken eines Telefongerätes am Anschluss F oder eines Nebenstellengerätes N, z. B. Anrufbeantworter, geprüft werden.

Weitere Dosen TAE werden in Reihe geschaltet **(Bild)**.

Oft verwendete Dosen sind z. B. TAE 3 x 6 NFN, TAE 2 x 6 NF und TAE 6F.

Die Dosen enthalten Öffner, die durch Einstecken eines Gerätesteckers öffnen.

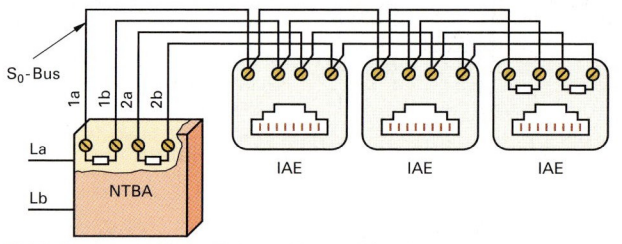

S_0-Bus

NTBA

IAE   IAE   IAE

ISDN-Basisanschluss (Mehrgeräteanschluss)

Netzabschluss ist ein NTBA mit dem S_0-Bus. Der S_0-Bus hat vier Leiter.

Busförmiges (paralleles) Anschalten von bis zu 12 Anschlussdosen. Abschluss der Vierdrahtleitung am Anfang und am Ende durch Abschlusswiderstände der Größe vom Wellenwiderstand ($100\,\Omega$).

Die letzte Dose muss mit zwei 100-Ω-Widerständen bestückt werden.

Anschlusssysteme

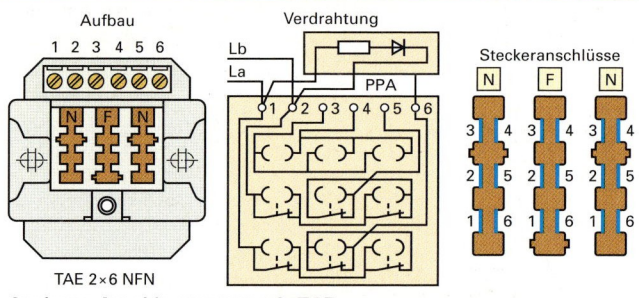

Aufbau   Verdrahtung   Steckeranschlüsse

TAE 2×6 NFN
Analoges Anschlusssystem mit TAE

Mit PPA:

Analoger Netzabschluss bei einfachen Endstellen. Dieser fällt in die Zuständigkeit des Netzbetreibers. Wegen der PPA kann der Netzbetreiber durch Aderntauschen vom Prüfplatz aus prüfen, ob die Leitung gleichstrommäßig in Ordnung ist.

Ohne PPA:

Anschluss eines F-Gerätes und in Reihenschaltung dazu bis zwei N-Geräte.

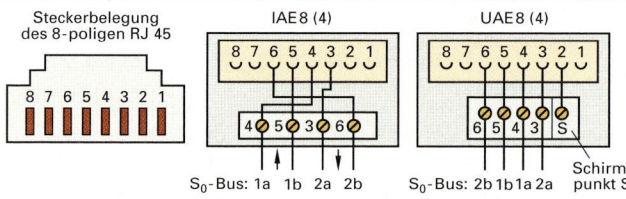

Steckerbelegung des 8-poligen RJ 45

IAE 8 (4)

UAE 8 (4)

S_0-Bus: 1a 1b 2a 2b S_0-Bus: 2b 1b 1a 2a   Schirmpunkt S

Anschlusssysteme mit RJ-45-Steckverbindern

Zu beachten ist die unterschiedliche Belegung der Anschlüsse bei IAE-Dosen und UAE-Dosen. Oft haben nur die mittleren vier Anschlüsse Kontaktfedern.

Es gibt auch UAE-Dosen mit 8 Anschlüssen, z. B. die Dosen UAE 8 (8).

Der RJ-45-Stecker wird auch für analoge Anschlüsse verwendet.

IAE	ISDN-Anschluss-Einheit	NTBA	Network Termination for Basic Access = Netzwerkabschluss für den Basisanschluss
UAE	Universal-Anschluss-Einheit		
		PPA	Passiver Prüfabschluss

RJ   Regular Jack = genormter Stecker

TAE Telekommunikations-Anschlusseinheit

Ö

Telekommunikation mit ISDN Telecommunications with ISDN

ISDN-Netzschnittstellen	Erklärung	Bemerkung
Anlage mit U_{K0}-Schnittstelle (TV_{St} — U_{K0} — // — NT)	Die U_{K0}-Schnittstelle verbindet die Teilnehmervermittlungsstelle mit dem Netzabschlussgerät.	NT **N**etwork **T**ermination (Netzabschlussgerät) TV_{St} Teilnehmervermittlungsstelle U_{K0} zweidrähtiger Bus
Anlage mit S_0-Schnittstelle (U_{K0} — 2 — NT — S_0 — 4 — TE ... TE ...)	Am Netzabschlussgerät NT wird der S_0-Bus angeschlossen. Es dürfen höchstens 8 Endgeräte am S_0-Bus in Betrieb sein.	TE Terminal Equipment, z. B. ISDN-Telefon S_0-Bus vierdrähtiger Bus
Anlage mit R-Schnittstelle (U_{K0} — 2 — NT — S_0 — 4 — TE ... TA — a/b — 2)	Über die R-Schnittstelle werden analoge Endgeräte mit einem TA an das ISDN angeschlossen.	TA Terminaladapter

Anschlusseinheiten und Leitungslängen bei der Teilnehmerinstallation

Punkt-zu-Punkt-Anschaltung (Tk-Anlage, U_{K0} — 2 — NT — Tk — S_0 — IAE, $R_E = 100\,\Omega$, $l \leq 1000$ m)	Nur eine IAE-Dose an einen Basisanschluss installiert. S_0-Bus mit Endwiderständen $R = 100\,\Omega$ abschließen. Die max. Leitungslängen sind vom Kabeltyp abhängig.	Tk-Anl Telekommunikationsanlage IAE ISDN-Anschlusseinheit
Punkt-zu-Mehrpunkt-Verbindung (U_{K0} — NT — S_0 — IAE 1, IAE 2, IAE 7, IAE ≤ 12, $R_E = 100\,\Omega$; TE 1, 2, 7, ≤ 8; $l \leq 150$ m)	Auf einer Länge von max. 150 m können bis zu 12 IAE-Dosen installiert werden. Das gilt auch, wenn der NT in der Mitte des S_0-Busses angeschlossen ist.	R_E Endwiderstand (Abschlusswiderstand) Es dürfen höchstens 8 TE am S_0-Bus angeschlossen sein.

Dienstmerkmale

Dienst		Bemerkungen	Dienst		Bemerkungen
Anklopfen (Call waiting)	CW	Anzeige bei besetztem Telefon	Geschlossene Benutzergruppe (Closed User Group)	CUG	Festgelegte Benutzergruppe
Anrufweiterschaltung (Digital Data Services)	DDS	Weiterleitung auf anderen Anschluss	Halten (Hold)	HOLD	Gespräch halten
Dreierkonferenz (Third Party)	3PTY	Drei Teilnehmer zusammengeschaltet	Mehrfachnummer (Multiple Subscriber Number)	MSN	Rufnummer zuordnen
Durchwahl (Direct Dial In)	DDI	Direktwahl an Tk-Anlage	Rufnummerübermittlung (Calling Line in Process)	CLIP	Rufnummer wird übermittelt
Gebührenanzeige (Advice Of Charge)	AOC	Gebühreninformationen	Rufnummerunterdrückung (Calling Line in Restriction)	CLIR	Rufnummer wird nicht angezeigt

Ö

Bezeichnung	Erklärung	Bemerkung, Anwendung, Daten
ISDN	ISDN (von Integrated Services Digital Network = diensteintegrierendes digitales Netzwerk) bietet Telefon, Telefax und Datenübermittlung in einem flächendeckenden Digitalnetz.	Durch die Digitalisierung der Sprache können alle Daten gleich übertragen werden.
ISDN-Endgerät	Ein ISDN-Endgerät (auch ISDN-Endeinrichtung) kann an den Netzabschluss oder an eine IAE angeschlossen werden.	Ein ISDN-Endgerät wird auch als TE (von terminal equipment) bezeichnet.
ISDN-Verbindungsarten	ISDN bietet die Verbindungsarten Wählverbindung, Festverbindung und vorbestellte Dauerwählverbindung.	ISDN-Festverbindung wird auch als Standleitung bezeichnet.
ISDN-Referenzpunkte	Von der ITU-T definierte Bezugspunkte für die Teilnehmeranschlussleitung.	Von der Teilnehmerseite ausgehend mit R,S,T und U bezeichnet.
ISDN-Schnittstelle S_0	Jedem Endgerät werden über die S_0-Schnittstelle (S_0-Bus) zwei B-Kanäle und ein D-Kanal zur Verfügung gestellt.	Die S_0-Schnittstelle ist vierdrähtig. Sie arbeitet vollduplex. Nettobitrate 144 kbit/s, Steuerung 48 kbit/s, Bruttobitrate 192 kbit/s, verwendet wird ein modifizierter AMI-Code.
ISDN-Schnittstelle U_{K0}	Die U_{K0}-Schnittstelle wird beim Teilnehmer durch den Netzabschluss abgeschlossen.	Die U_{K0}-Schnittstelle ist zweidrähtig, verwendet wird der HDB3-Code.
Multiple Subscriber Number, MSN	Die MSN (von Multiple Subscriber Number = Mehrfachrufnummer) sind die Rufnummern für die am S_0-Bus betriebenen Endgeräte. Die MSN dienen zur gezielten Adressierung von z. B. Telefonen oder PC.	Die Zuordnung der Endgeräte zu den MSN ist durch Einstellung an den Endgeräten selbst, oder durch Programmierung in einer angeschlossenen Tk-Anlage, möglich.
Netzabschluss, NT	Der Netzabschluss (NT von Network Termination) ist mit der ISDN-Vermittlungsstelle verbunden und stellt teilnehmerseitig das Ende des öffentlichen Netzes dar.	Zur Reduzierung der Bitrate wird zwischen Vermittlungsstelle und Netzabschluss eine 4B/3T-Codierung verwendet. Beim Basisanschluss als NTBA bezeichnet.
Primärmultiplexanschluss, PMxA	Der ISDN-Primärmultiplexanschluss (PMxA) bietet dem Kunden 30 B-Kanäle mit je 64 kbit/s und 2 D-Kanäle mit je 64 kbit/s. Der Primärmultiplexanschluss wird auch PRI (von Primary Rate Interface) genannt und dient zum Anschluss von mittleren bis großen Nebenstellenanlagen.	Die Nutzbitrate beträgt 1920 kbit/s. Die Nutzsignale und Steuersignale werden in einem 2 Mbit/s-Rahmen zusammengefasst, die Gesamtbitrate beträgt 2048 kbit/s.

Bitrate für
B_1 und B_2 64 kbit/s
D_0 16 kbit/s

S_0 = Teilnehmerschnittstelle
U_{K0} = Leitungsschnittstelle
(Kupferdoppelader)

ISDN-Schnittstellen

NT Netzabschluss (Network Termination)

TA Terminaladapter für Geräte mit analogem Anschluss

ISDN-Teilnehmeranschluss

Ö

ISDN-Begriffe 2 ISDN terms 2

Bezeichnung	Erklärung	Bemerkung, Anwendung, Daten
AT-Kommandosequenz	Die AT-Kommandosequenzen dienen zur Steuerung von Modems oder ISDN-Adaptern.	Auch Hayes-Kommandos genannt. Eine Befehlssequenz beginnt immer mit dem Kommando AT (von attention = Achtung).
Basisanschluss	Der ISDN-Basisanschluss bietet dem Kunden über die Kupferdoppelader U_{KO} des normalen Telefonanschlusses zwei B-Kanäle mit je 64 kbit/s und einen D-Kanal mit 16 kbit/s. Der Basisanschluss wird auch BRI (von Basic Rate Interface) genannt. Der Basisanschluss ist ein Bus, der über ein Netzabschlussgerät (NTBA) mit der digitalen Ortsvermittlungsstelle verbunden ist.	ITU-T-Empfehlung I.420. Auf beiden B-Kanälen können gleichzeitig und unabhängig voneinander Dienste genutzt werden, z. B. kann auf dem einen B-Kanal telefoniert werden und auf dem zweiten B-Kanal können Daten aus dem Internet übertragen werden.
B-Kanal	Der B-Kanal (von Bearer-Kanal = Nutzerkanal) ist ein Nutzkanal des ISDN-Basisanschluss.	Dem Nutzer stehen zwei B-Kanäle mit je 64 kbit/s zur Verfügung.
Breitband-ISDN	B-ISDN (von Breitband-ISDN) ist ein weltweit einheitlich aufgebautes Hochgeschwindigkeitsnetz, das auf ISDN aufbaut.	Bitraten bis 140 Mbit/s.
CAPI	CAPI (von Common Application Programming Interface = allgemeine Schnittstelle zur Programmierung von Anwendungsprogrammen) ist eine Software-Schnittstelle zur Programmierung und Steuerung von ISDN-Anwendungen die auf ISDN-Adapterkarten zugreifen.	Normiert von der ETSI als ETS-Standard. CAPI 2.0 ist kompatibel zum Euro-ISDN-Standard und verwendet das DSS1 Protokoll.
D-Kanal	Der D-Kanal (von Daten-Kanal) ist der Steuerungskanal des ISDN-Basisanschluss. Im D-Kanal findet z. B. der Verbindungsaufbau, die Kommunikationssteuerung und der Verbindungsabbau statt.	Nach ITU-T-Empfehlung I.430 und I.431. Der D-Kanal hat eine Bitrate von 16 kbit/s beim Basisanschluss und 64 kbit/s beim Primärmultiplexanschluss.
DSL	DSL (Digital Subscriber Line = digitaler Teilnehmeranschluss) bezeichnet digitale, breitbandige Verfahren zur Nutzung von Telefonleitungen.	Bitrate wird maßgeblich von der Leitungsqualität beeinflusst. Durch Splitter werden Telefonsignale und DSL-Signale getrennt.
DSS1-Protokoll	Das DSS1 Protokoll (von Digital Subscriber System No.1 = Digitales Teilnehmersystem Nr.1) ist ein europäisches ISDN-Protokoll für den D-Kanal des Euro-ISDN.	ITU-T-Empfehlung I.411. Fast alle Netzbetreiber in Europa haben sich zur Einführung des DSS1-Protokolls verpflichtet.
E-1-Leitung	Die Grundbitrate von 64 kbit/s wird als E0 bezeichnet. E1 hat 30 Nutzkanäle und einen Service- und Wartungskanal mit je 64 kbit/s.	ITU-T-Empfehlung G.7xx. Primärbitrate = 2048 kbit/s, auch als CEPT1 bezeichnet.

DSL-Anschlusskonzept

Tk-Anlage

Bezeichnung	Ansicht	Bemerkung, Anwendung, Daten
ISDN-Anschluss-einheit, IAE	 **Steckdose IAE 2x8 (4)**	Die IAE (ISDN-Anschlusseinheit) ermöglicht das Anschalten von Endgeräten. Sie ist üblicherweise eine Anschlussdose mit RJ-45-Buchsen. Anschluss erfolgt mit Schraubklemmen oder Schneidklemmen (LSA-Technik). IAE 8 (4) 8-polige Buchse für 4-poligen Stecker zur S_0-Anschaltung von einem ISDN-Gerät. IAE 2x8 (4) Zwei 8-polige Buchsen für 4-polige Stecker zur S_0-Anschaltung von zwei ISDN-Geräten.
NTBA	 **Anschlussschema S_0-Bus**	Der NTBA (Network Termination Basic Access = Netzabschluss des Basisanschluss) wandelt den zweiadrigen U_{K0}-Bus in den vieradrigen S_0-Bus. Der NTBA wird an eine vorhandene TAE-Dose und an das Stromnetz angeschlossen. Am NTBA stehen zwei IAE mit RJ-45-Anschluss zur Verfügung. Das Monopol des Netzbetreibers endet am NTBA.
RJ-45 Stecker, Western-stecker	 **Steckverbinder IAE und UAE**	Der Anschluss an den S_0-Bus erfolgt mit vier Kontakten. Verwendet wird ein 8-poliger Stecker, bei ISDN werden nur 4 Anschlüsse benutzt. Jeder Steckverbinder besteht aus Buchse und dem dazu passenden Stecker.
Universal-Anschluss-einheit, UAE	 **Steckdose UAE 8/8 (8)** **UAE-Anschlussschema**	Die UAE (Universal-Anschlusseinheit) ermöglicht das Anschalten von Endgeräten. Die UAE besitzt einen zusätzlichen Schirmpunkt. Anschluss mit Schraubklemmen oder Schneidklemmen (LSA-Technik). UAE 8 (4) 8-polige Buchse für 4-poligen Stecker zur S_0-Anschaltung von einem ISDN-Gerät. UAE 8 (8) 8-polige Buchse für 8-poligen Stecker zur S_0-Anschaltung von einem ISDN-Gerät. UAE 2 x 8 (4) Zwei 8-polige Buchsen für 4-polige Stecker zur S_0-Anschaltung von zwei ISDN-Geräten.

Ö

Netzabschlussgerät für ISDN-Basisanschluss NTBA
Networktermination for basic access

Baugruppe	Aufgaben	Bemerkungen
U_{K0}-Schnitt-stellen-schaltung (IEC) ①	Übertragen von zwei B-Kanälen mit jeweils 64 kbit/s und einem D-Kanal mit 16 kbit/s über die Adern a und b der Teilnehmeranschlussleitung in Vollduplex. Trennen von Sendesignalen und Empfangssignalen. Codierung nach dem 4B3T-Code (MMS43).	Die Signaltrennung erfolgt in einer Gabelschaltung mit Echokompensation. Der in Deutschland verwendete Übertragungscode MMS43 fasst jeweils 4 Bits des Binärsignals zu drei Digits des Ternärsignals zusammen (Bitrate = 144 kbit/s).
S_0-Schnitt-stellen-schaltung (SBC) ②	Übertragen von zwei B-Kanälen und einem D-Kanal über zwei Adern je Übertragungsrichtung mit 192 kbit/s. Codieren der Binärsignale in ein gleichstromfreies Signal nach dem invertierten AMI-Code.	In der Bruttobitrate 192 kbit/s sind 48 kbit/s für Synchronisierung und Steuerung enthalten. Invertierter AMI-Code: Aufeinanderfolgende Nullbits werden abwechselnd mit +0,75 V und mit −0,75 V und die Einsbits mit 0 V übertragen.
IOM-Schnitt-stelle ③	Zusammenschalten von ISDN-spezifischen Baugruppen über die vier Signalleitungen FSC, DCL, DU und DO. Vier weitere Leitungen sind auf 0 V oder +5 V geschaltet.	DU von Data Up = Daten zur DIVO, DO von Data Down = Daten zum Endgerät, DCL von Data Clock = Taktsignal, FSC von Frame Sync Clock = Rahmensynchronisiertakt.
Netz-anschluss-gerät ④	Speisen von bis zu vier an den S_0-Bus angeschlossenen Telefonen mit 40 V bei 4,5 W im Normalbetrieb.	Der Speisegleichstrom wird zusammen mit den AMI-Signalen über die vier Adern des Basisanschlusses (S_0-Bus) übertragen (Phantomspeisung).
Gleich-stromum-richter ⑤	Speisen von einem Telefon bei Netzausfall im Notbetrieb mit umgekehrter Polarität (40 V, 410 mW).	Bei Netzausfall (oder bei gezogenem Stecker) schaltet ein Relaiskontakt auf den Gleichstromumrichter um.
U_{K0}-Über-trager ⑥	Übertragen der gleichstromfreien 4B3T-Signale. Versorgung des Gleichstromumrichters mit dem Speisestrom aus der DIVO.	Mittels des Kondensators in der zweigeteilten Primärwicklung wird der Gleichstrom aus der DIVO (Speisung) dem Gleichstromumrichter zugeführt.
S_0-Über-trager ⑦	Übertragen der gleichstromfreien AMI-Signale. Phantomspeisung der Telefone.	Die Phantomspeisung erfolgt über die teilnehmerseitigen Übertragerwicklungen mit Mittenanzapfung.

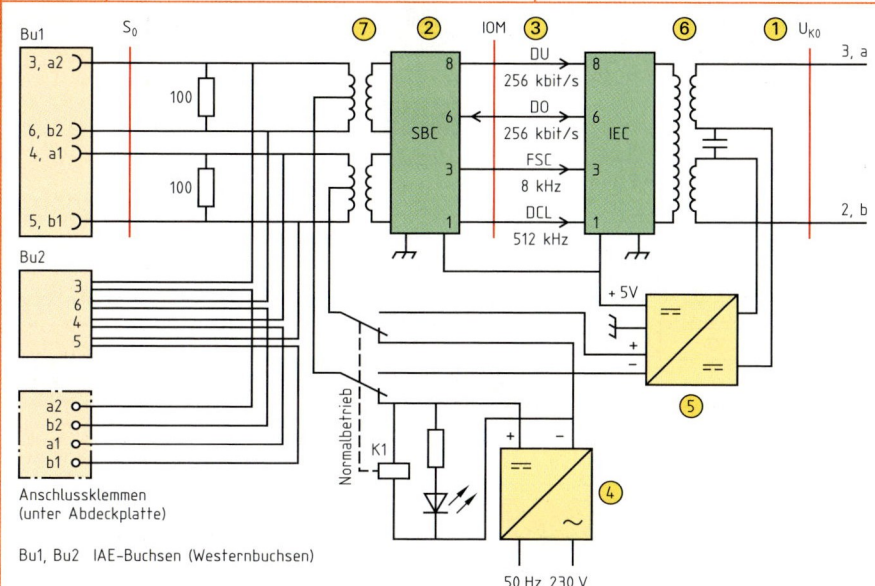

Übersichtsschaltplan NTBA

AMI von Alternate Mark Inversion = abwechselndes Invertieren der Bits mit dem Wert 1, DIVO Digitale Ortsvermittlung, NTBA von Network Termination for Basic Access = Netzabschlussgerät für den Basisanschluss, IEC von ISDN Echo Canceller = U_{K0}-Schnittstellenschaltung mit Echokompensation, SBC von S-Bus interface Circuit = S_0-Schnittstellenschaltung, IOM von ISDN Oriented Modular = Schnittstelle für ISDN-spezifische Baugruppen.

Ö

Begriff	Beschreibung	Ansicht
Tk-Anlage	Tk-Anlagen (Tk von Telekommunikation) ermöglichen den Anschluss von mehreren Tk-Endgeräten, z. B. Telefone, Faxgeräte oder PC, an das öffentliche Netz. Die Tk-Anlage verbindet das private Kommunikationsnetz mit dem öffentlichen Netz. Die Endgeräte können untereinander meist gebührenfrei kommunizieren.	
Leuchtdioden-Signale	Durch Leuchtdioden werden die Betriebszustände der Tk-Anlage signalisiert. Bedeutung: ● T-ISDN leuchtet: NTBA und Anlage sind betriebsbereit. ① ● T-ISDN blinkt: NTBA nicht betriebsbereit. ① ● B-Kanal 1/B-Kanal 2 leuchtet: Kanal belegt. ② ● PC/Daten leuchtet: PC-Schnittstelle belegt. ③ ● PC/Daten flackert: Datenaustausch über CAPI. ③ ● PC/Daten aus: CAPI-Treiber nicht betriebsbereit. ③ ● Netzwerk leuchtet: NDISTreiber betriebsbereit. ④ ● Netzwerk flackert: Datenaustausch über NDIS-Schnittstelle. ④ ● Internet leuchtet: Verbindung zwischen Anlagen-Router und ISDN-Provider aufgebaut. ⑤ ● Internet flackert: Datenaustausch Router Internet-Provider. ⑤ ● Internet aus: keine Verbindung Router Internet-Provider. ⑤	**ISDN-Tk-Anlage** **Hauptmenü**
Anschlüsse	Folgende Anschlüsse stehen meist zur Verfügung: 230V-Anschluss für Stromversorgung, V.24-Anschluss für PC, USB-Anschluss für PC, TAE-Buchsen für analoge Geräte, TAE Schraubklemmen für 2-adrige, abgesetzte TAE-Dosen.	**Externe Rufnummern**
Hauptmenü	Nach dem Starten der Konfigurations-Software können Einstellungen an der Tk-Anlage durchgeführt werden. Der Zugang zum Konfigurationsprogramm ist meist durch eine PIN geschützt.	
Externe Rufnummern	Die externen Rufnummern sind die vom Netzbetreiber für den ISDN-Anschluss mitgeteilten Rufnummern (MSN) ohne die Ortsnetzkennzahl (Vorwahl).	**Rufzuordnung**
Rufzuordnung	Den angeschlossenen Geräten wird eine oder mehrere Rufnummern (MSN) zugeordnet. Beim Anruf für die entsprechende Rufnummer (MSN) wird das zugeordnete Endgerät angesprochen.	
Teilnehmer intern, Einstellungen	Für jedes angeschlossene Endgerät können Einstellungen vorgenommen werden.	**Teilnehmer intern**

CAPI (von Common Application Programming Interface = allgemeine Schnittstelle für die Programmierung von Anwendungsprogrammen) steuert ISDN-Anwendungen
NDIS (von Network Driver Interface Specification = Netzwerktreiber-Schnittstellenbeschreibung) Treiber zur Verbindung mehrerer PC in einem Netzwerk.

Ö

Darstellung	Erklärungen	Formeln

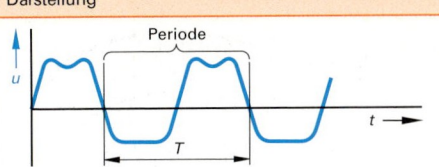

Wechselspannung

Periodendauer T
Zeitdauer, in welcher der Wert der physikalischen Größe eine volle Periode (Schwingungsdauer) durchläuft.

Frequenz f
Zahl der Schwingungen je Sekunde.

$[f] = $ Hz (Hertz)
$[T] = $ s

$$f = \frac{1}{T}$$

Bei Sinusschwingung:

$[\omega] = 1/s$

$$\omega = 2\pi \cdot f$$

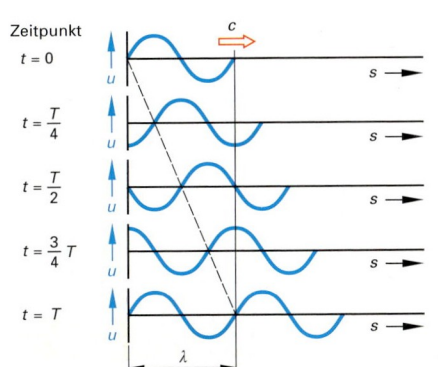

Entstehung einer Welle

Welle
Schwingung, die sich mit der Ausbreitungsgeschwindigkeit c fortpflanzt.

Wellenlänge
Die Wellenlänge λ ist die Wegstrecke für eine volle Schwingung.

Elektromagnetische Wellen in Luft und Vakuum:

Elektromagnetische Wellen in beliebiger Materie:

Schallwellen in Luft (bei $\vartheta = 20\,°C$):

$$\lambda = c \cdot T$$ $$\lambda = \frac{c}{f}$$

Lichtgeschwindigkeit:

$$c_0 = \frac{1}{\sqrt{\varepsilon_0 \cdot \mu_0}}$$

$$c_0 = 299\,792\,458\,\frac{m}{s} \approx 0{,}3 \cdot 10^9\,\frac{m}{s}$$

$$\lambda = c_0 \cdot T$$ $$\lambda = \frac{c_0}{f}$$

$$\lambda = \frac{c_0}{\sqrt{\varepsilon_r \cdot \mu_r}} \cdot T$$ $$\lambda = \frac{c_0}{f \cdot \sqrt{\varepsilon_r \cdot \mu_r}}$$

$$\varepsilon_0 = 8{,}85\,\frac{pF}{m} = 4\pi \cdot 10^{-7}\,\frac{Vs}{Am}$$

$$\lambda = 340\,\frac{m}{s} \cdot T$$ $$\lambda = 340\,\frac{m}{s} \cdot \frac{1}{f}$$

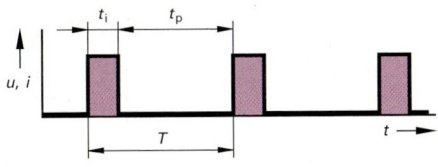

Pulsvorgang

Pulsvorgang
Periodische Folge von Impulsen mit einem definierten Verhältnis der Impulsdauer zur Pausendauer.

$$T = t_i + t_p$$ $$g = \frac{t_i}{T}$$

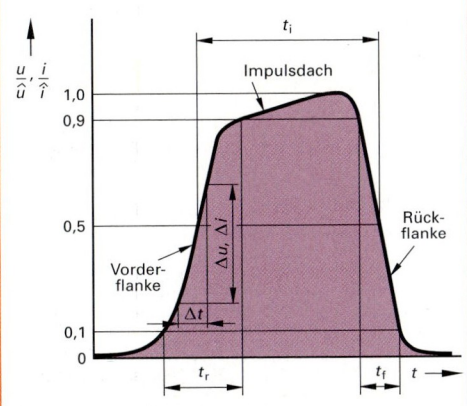

Benennungen beim Impuls

Impuls
Einmalige, stoßartige Änderung des Signalwertes (Spannung, Strom) von endlicher Dauer.

Beim Spannungsimpuls:

$$S = \frac{\Delta u}{\Delta t}$$

Beim Stromimpuls:

$$S = \frac{\Delta i}{\Delta t}$$

c Ausbreitungsgeschwindigkeit, c_0 Lichtgeschwindigkeit, f Frequenz, g Tastgrad, s Wegstrecke, S Flankensteilheit, T Periodendauer, t_f Abfallzeit (von Fall Time), t_i Impulsdauer, t_p Pausendauer, t_r Anstiegszeit (von Rise Time), Δi Stromdifferenz, Δt Zeitdifferenz, Δu Spannungsdifferenz, ε_r Permittivitätszahl, ε_0 elektrische Feldkonstante, λ Wellenlänge, μ_r Permeabilitätszahl, μ_0 magnetische Feldkonstante, ω Kreisfrequenz.

Physikalische Effekte

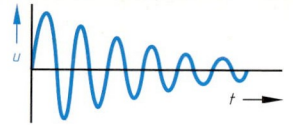

Dämpfung

Maß für die bei der Wellenausbreitung auftretende Verkleinerung der Signalamplitude.

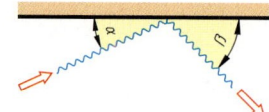

Reflexion

Die unter dem Einfallswinkel α ankommende Welle wird mit dem Winkel β reflektiert.

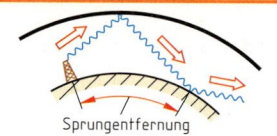

Mehrfachreflexion

Zwei- oder mehrfache Reflexionen zwischen reflexionsfähiger Materie, z.B. bei Rundfunk- und Fernsehwellen.

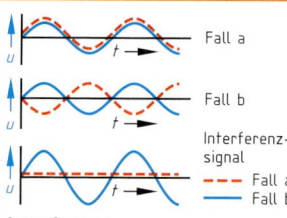

Interferenz

Zwei Wellen am selben Ort überlagern sich.

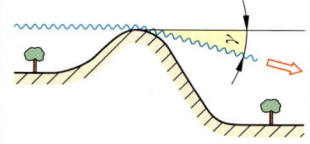

Beugung

Abweichung um den Winkel γ vom geradlinigen Verlauf.

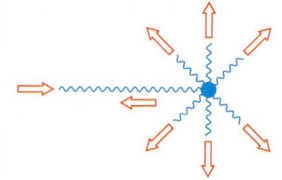

Streuung

Die ankommende Welle wird am Streuungspunkt abgelenkt.

Ausbreitungszonen

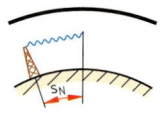

Nahempfangszone

Es ist nur die Bodenwelle vorhanden.

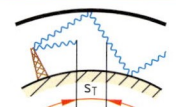

Tote Zone

Es ist weder Bodenwelle noch Raumwelle vorhanden.

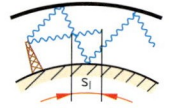

Interferenzzone

Es sind Bodenwelle und Raumwelle vorhanden.

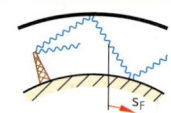

Fernempfangszone

Es ist nur die Raumwelle vorhanden.

Bodenwelle: Elektromagnetische Welle verläuft parallel zur Erdoberfläche.
Raumwelle: Elektromagnetische Welle entfernt sich von der Erdoberfläche weg in den Raum und wird an Schichten der Atmosphäre zum Teil reflektiert.

Ausbreitungseigenschaften

Wellenbereiche	Eigenschaften	Anwendungen
Längstwellen/ Langwellen	Nur Bodenwelle vorhanden. Ausbreitung längs der Erdoberfläche.	Hör-Rundfunk, Navigationsfunk, Zeitzeichen
Mittelwellen	Tag: nur Bodenwelle. Nacht: Boden- und Raumwelle. Ausbreitung ist von Tages- und Jahreszeit abhängig.	Hör-Rundfunk
Kurzwellen	Meist nur Verwendung der Raumwelle. Weitversorgung durch Mehrfachreflexion. Ausbreitung abhängig von Frequenz, Tageszeit, Jahreszeit und Sonnenfleckenzahl.	Hör-Rundfunk, Amateurfunk, Nachrichtenagenturen
Meterwellen	Quasioptisches Verhalten. Beugung und Reflexion sind möglich.	Hör-Rundfunk, Sprechfunk, Fernseh-Rundfunk
Dezimeterwellen	Ausgeprägtes quasioptisches Verhalten. Durch Bündelung gerichtete Funkverbindungen möglich.	Fernseh-Rundfunk, Richtfunk, Navigationsfunk, Mobilfunk
Zentimeterwellen/ Millimeterwellen	Extrem ausgeprägtes quasioptisches Verhalten. Starke Reflexionen bei Hindernissen.	Richtfunk, Navigationsfunk, Satellitenfunk

Ö

Frequenzbereiche und Wellenlängenbereiche für Funktechnik und Kabel-Netze
Frequency ranges for radio technology and cable networks

Bezeichnung	Frequenz f	Wellenlänge λ

Einteilung der Frequenzbereiche für Signalübertragung

Bezeichnung	Frequenz f	Wellenlänge λ
Niederfrequenz	< 50 kHz	> 6 km
Hochfrequenz	50 kHz bis 1 GHz	6 km bis 30 cm
Höchstfrequenz	1 GHz bis 300 GHz	30 cm bis 1 mm
Infrarot-Strahlung (IR)	0,3 THz bis 384 THz	1 mm bis 780 nm
Licht (rot → orange → gelb → grün → blau → violett)	384 THz bis 789 THz	780 nm bis 380 nm
Ultraviolett-Strahlung (UV)	789 THz bis 30 000 THz	380 nm bis 10 nm

Bezeichnung der Frequenzbereiche in der Funktechnik

Bezeichnung			Frequenz f	Wellenlänge λ
Megameterwellen	Extremely Low Frequencies	ELF	< 3 kHz	> 100 km
Myriameterwellen	Very Low Frequencies	VLF	3 kHz bis 30 kHz	100 km bis 10 km
Kilometerwellen	Low Frequencies	LF	30 kHz bis 300 kHz	10 km bis 1 km
Hektometerwellen	Medium Frequencies	MF	300 kHz bis 3 MHz	1 km bis 100 m
Dekameterwellen	High Frequencies	HF	3 MHz bis 30 MHz	100 m bis 10 m
Meterwellen	Very High Frequencies	VHF	30 MHz bis 300 MHz	10 m bis 1 m
Dezimeterwellen	Ultra High Frequencies	UHF	300 MHz bis 3 GHz	1 m bis 10 cm
Zentimeterwellen	Super High Frequencies	SHF	3 GHz bis 30 GHz	10 cm bis 1 cm
Millimeterwellen	Extremely High Frequencies	EHF	30 GHz bis 300 GHz	1 cm bis 1 mm

Frequenzbereiche für Rundfunk und Fernsehen

Terrestrische Sender

87,5 MHz bis 108 MHz Ultrakurzwelle (UKW), Band II
174 MHz bis 230 MHz Band III Kanal 5 bis 12
470 MHz bis 606 MHz Band IV Kanal 21 bis 37
606 MHz bis 862 MHz Band V Kanal 38 bis 69
1,4520 GHz bis 1,4675 GHz L-Band

Satellit
10,7 GHz bis 12,75 GHz Band VI Vertikale und horizontale Polarisation

Band I, III, IV, V sind Fernsehbereiche
Band II ist der Rundfunkbereich
Band VI Fernsehen und Rundfunk

Frequenzbereiche für Kabel-Netze

47 MHz bis 68 MHz Kanal K2 bis K4 [1]
125 MHz bis 174 MHz Kanal S4 bis S10
174 MHz bis 230 MHz Kanal K5 bis K12
230 MHz bis 300 MHz Kanal S11 bis S20
302 MHz bis 441 MHz Kanal S21 bis S41
470 MHz bis 606 MHz Kanal K21 bis K37
606 MHz bis 862 MHz Kanal K38 bis K69

Frequenzbereiche und ihre Anwendung

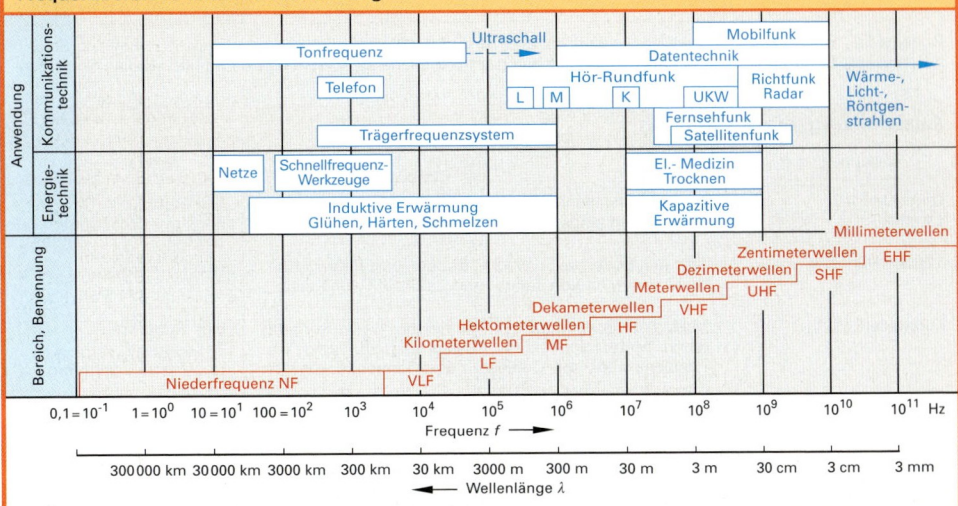

Frequenzbereiche und ihre Nutzung für die Aussendung elektromagnetischer Wellen sind von der Internationalen Fernmeldeunion (ITU) international verbindlich festgelegt.

[1] Frequenzbereich entfällt für Programme, wenn Kabelanlage Rückkanal aufweist.

Ö

System	Darstellung	Erklärung, Daten		
DECT	**Telefonanlage mit Schnurlostelefon**	DECT Frequenzbereich Kanalzahl Modulation Trägerfrequenzen Sprachcodierung Sendeleistung Zellgröße (Radius)	Digital European Cordless Telecommunication = digitale europäische schnurlose Tele-kommunikation 1 880 MHz bis 1 900 MHz 120 Duplexkanäle PSK (von Phase Shift Keying = Phasenumtastung) 10 32 kbit/s meist 10 mW je Station $r_{max} \leq 300$ m	

System	Darstellung	Erklärung, Daten	D-Netz	E-Netz
GSM	**Aufbau von GSM-Netzen**	Unterband (uplink) Oberband (downlink) Duplexabstand Bandbreite bei Senden und Empfang Trägerfrequenzen Kanalabstand Kanäle (full rate) Zellgröße Sendeleistung (Handy)	980 MHz bis 915 MHz 935 MHz bis 960 MHz 45 MHz je 25 MHz 124 200 kHz 992 bis 35 km 1 W	1710 MHz bis 1785 MHz 1805 MHz bis 1 880 MHz 95 MHz je 75 MHz 372 200 kHz 2 976 bis 8 km 0,25 W

System	Darstellung	Erklärung, Daten		
UMTS	**UMTS-Netz und GSM-Netz**	UTRAN-Frequenzen 1 900 MHz bis 1 920 MHz 1 920 MHz bis 1 980 MHz uplink 2 010 MHz bis 2 025 MHz 2 110 MHz bis 2 170 MHz downlink URAN-Frequenzen 1 980 MHz bis 2 010 MHz uplink 2 170 MHz bis 2 200 MHz downlink	TDD, Time Division Duplex CDMA, Code Division Frequency Multiplex Access TDD, Time Division Duplex CDMA, Code Division Frequency Multiplex Access MSS, Mobile Satellite Service MSS, Mobile Satellite Service	

System	Darstellung	Erklärung, Daten		
TETRA	**Struktur des TETRA-Netzes**	Betriebsart Datenrate Datenübertragung Frequenzbereiche Kanalraster Modulationsart	Semiduplexverfahren. Senden und Empfangen auf verschiedenen Frequenzen. Frequenzabstand 10 MHz. 7,2 kbit/s für Sprache, 36 kbit/s für Daten und Bilder. TDMA, von Time Division Multiple Access = Zeitmultiplex-Zugriffsverfahren 380 MHz bis 395 MHz für BOS. 410 MHz bis 430 MHz für den privaten Bereich. 25 kHz Differenzielle Vierfach-Phasenumtastung.	

Ö

UTRAN	UMTS Terrestrial Radio Access Network = UMTS-Netzwerkzugang über Funk,	OMC	Operation Maintenance Center = Operations-Instandhaltungszentrum
URAN	UMTS Radio Access Network = UMTS-Netzwerkzugang über Satellit.	TCC	Trunking Cluster Controller = Fernverbindungs-Gruppenrechner
DMO	Direct Mode Operation = Direkte Betriebsart zwischen zwei Teilnehmern	TSC	Trunking System Controller = Fernverbindungs-Systemrechner
			Weitere Begriffe siehe Seite „Mobilfunknetz nach GSM"

Mobilfunknetz nach GSM   Mobile communication according GSM

Bezeichnung	Bedeutung	Aufgabe
MS Mobilstation	Ortsbewegliches Teilnehmergerät mit Rufnummer, dessen Aufenthaltsort dem Netz ständig bekannt ist.	Funkübertragung in den Frequenzbereichen 890 MHz bis 915 MHz und 935 MHz bis 960 MHz.
BTS (BS) Base (Transceiver) Station	Basisstation. Umfasst alle Einrichtungen für die Funkübertragung und zur Messung der Empfangspegel und der Signallaufzeiten.	Unterhält in einer Funkzelle der Ausdehnung 500 m bis maximal 35 km den direkten Kontakt mit den Mobilstationen MS. Regelt mittels der Pegelmesswerte die Sendeleistungen.
BSC Base Station Controller	Basisstationssteuerung. Besitzt eine Schnittstelle mit den BTS und die Einrichtungen zur Umsetzung der Funkkanäle in terrestrische Kanäle.	Verwaltet die Funkkanäle. Unterstützt die Schnittstelle zwischen Funknetz und MSC und führt eine Bündelung (Konzentration) des Verkehrs durch.
MSC Mobile Switching Center	Mobilvermittlungsstellen. Vermittlungsstelle von GSM-Netzen mit ähnlichem Aufbau und Funktionen wie digitale Vermittlungen im ISDN. Ist mit mehreren BSC und anderen MSC verbunden.	Steuert den Zellwechsel der Mobilstationen und die Netzübergänge bei der Kommunikation zwischen den Teilnehmern des Mobilnetzes und den Teilnehmern stationärer Netze. Ermittelt die Gebühren.
VLR Visitor Location Register	Besucherdatei. Enthält die Daten aller Teilnehmer (Kunden), die sich gerade im Versorgungsbereich der zugehörigen MSC aufhalten.	Speichert die Daten der Mobilstationen, die sich in einem von mehreren benachbarten BTS gebildeten Aufenthaltsbereich (Location Area) aufhalten.
HLR Home Location Register	Heimdatei. Enthält die unveränderlichen (permanenten) Daten der im Versorgungsbereich der zugehörigen MSC angemeldeten Kunden.	Verwaltet die permanenten Daten. Speichert die Adressen der VLR, in deren Bereich sich ihre eigenen Teilnehmer gerade aufhalten.
AC Authentification Center	Berechtigungszentrale. Direkte Kopplung mit der HLR. Enthält alle Daten und Programme für die einzelnen Sicherheitsverfahren.	Erzeugt alle Schlüssel, die zur Identifikation der Teilnehmer gegenüber dem Netz und zur Verschlüsselung der über die Funkstrecke übertragenen Daten benötigt werden.

Ö

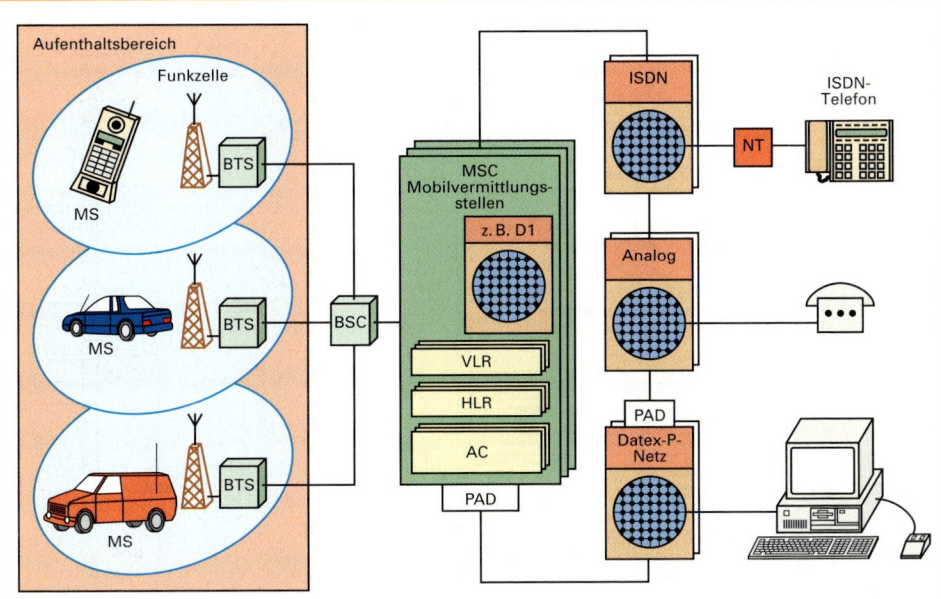

GSM von Global System for Mobile Communications = weltweites System von Mobilfunknetzen (in Deutschland z. B. die Netze D1, D2, E1 und E2). NT von Network Termination = ISDN-Netzabschluss. PAD von Packet Assembly/Disassembly Facility = Paketierungs- und Entpaketierungseinrichtung.

Einheit	Funktion	Bemerkungen
AD-Umsetzer	Umsetzung des analogen Sprachsignals in ein Digitalsignal mit der Bitrate 64 kbit/s.	Pulscodemodulation (PCM) wird z.B. auch im ISDN eingesetzt.
Codec	Codec (= Coder und Decoder). Der GSM-Codec verringert die Bitrate des PCM-Signals von 64 kbit/s auf 13 kbit/s.	Neben Codecs für 13 kbit/s werden Half-Rate-Codecs für die halbe Bitrate 6,5 kbit/s eingesetzt.
Kanal-coder	Umcodieren und Spreizen (Signalmultiplikation mit einer Zufallsfolge) der Bits des Sprachcoders auf 8 Bursts[1].	Umcodierung und Spreizung (Interleaving) erhöhen die Übertragungssicherheit.
FEC	Forward Error Correction = Vorwärtsfehlerkorrektur durch Einfügen von zusätzlichen Bits (wodurch sich die Bitrate erhöht).	Mit den zusätzlichen Prüfbits kann die FEC-Einheit im Empfänger Übertragungsfehler erkennen und meist auch korrigieren.
SIM	Subscriber Identity Module = Teilnehmer-Identifizierungskarte. Enthält u.a. die Daten und Algorithmen[2], um die gleichen Schlüssel wie das Netz zu erzeugen.	Nach der Authentifikation[3] wird auf der SIM der Mobilstation ein Schlüssel berechnet, mit dem alle Informationen verschlüsselt werden.
TDMA	Time Division Multiple Access = Zeitmultiplex-Zugriffsverfahren.	Im GSM werden meist 8 Sprachkanäle über einen Funkkanal der Breite 200 kHz übertragen.
GMSK	Gaussian Minimum Shift Keying = Modulationsverfahren, bei dem das durch ein Filter geformte Digitalsignal die hochfrequente Trägerschwingung mit vier kontinuierlichen Phasenänderungen um 90° umschaltet. GMSK ist eine Variante der 4-PSK.	Gegenüber der 4-PSK-Modulation (von Phase Shift Keying) wird die benötigte Übertragungsbandbreite auf etwa die Häfte verringert. Mit GMSK wird das TDMA-Signal der Bitrate 270 kbit/s mit einer HF-Bandbreite von weniger als 200 kHz in einem GSM-Funkkanal übertragen.
TRX	Transceiver = Sender und Empfänger. Sendeleistung der Mobilstationen: Frequenzbereich 890 MHz bis 915 MHz; Sendefrequenzen der Basisstationen: Frequenzbereich 935 MHz bis 960 MHz.	Automatische Anpassung der Sendeleistung an die Qualität der Funkstrecke. Bei Kanalstörung Wechsel in den gleichen Zeitschlitz eines anderen Funkkanals (Frequenzspringen).

[1] Burst: Kleinste logische Übertragungseinheit im GSM.
[2] Algorithmen: Verarbeitungsvorschriften, z.B. für Computerprogramme.
[3] Authentifikation: Verfahren zur Kenntlichmachung (Identifikation) der Teilnehmer gegenüber dem Netz.

Funkübertragung in GSM-Netzen Radio transmission in GSM networks

Funktion	Prinzip	Bemerkungen
Zeit-multiplex-übertragung (TDMA)		Die Sendefrequenzbereiche 890 MHz bis 915 MHz (Mobilstation) und 935 MHz bis 960 MHz (Basisstation) werden jeweils in 124 Funkkanäle (Trägerfrequenzen) mit einer Bandbreite von je 200 kHz aufgeteilt. In jedem Funkkanal werden 8 Zeitschlitze (Verkehrskanäle) nach dem Zeitmultiplexverfahren übertragen. Bei Einsatz von Halbraten-Codecs mit einer Bitrate von 6,5 kbit/s wird nur jeder zweite Rahmen bei einem Gespräch belegt. Der Rahmen dazwischen wird für ein zweites Gespräch genutzt.
Frequenz-springen (Frequency Hopping)		Durch Mehrwegeausbreitung der Funkwellen kann gebietsweise Feldstärkeschwund (Fading) auftreten, wodurch die Übertragung auf einem bestimmten Kanal insbesondere bei langsamer Bewegung durch die Fadingzone verschlechtert wird. Wenn freie Frequenzen vorhanden sind, kann die Basisstation in diesem Fall die Mobilstation auffordern, nach einem vorgegebenen Verfahren Frequenzwechsel durchzuführen.
Kanal-codierung und Fehlerschutz		Nach Umsetzung des Analogsignals in ein herkömmliches PCM-Signal mit der Bitrate von 64 kbit/s reduziert der Sprachcodec die Bitrate auf 13 kbit/s. Der Kanalcodierer fügt den 260 Bits eines Blocks mit der Dauer 20 ms 196 Bits für Fehlererkennung und Fehlerkorrektur zu, wodurch sich eine Bitrate von 22,8 kbit/s ergibt. Anschließend werden die Bits 0 bis 455 des Sprachblocks auf 8 Unterblöcke mit je 57 Bits aufgeteilt. Die 8 Unterblöcke werden mit benachbarten Sprachblocks gemischt. Jeweils zwei Unterblöcke aus unterschiedlichen Sprachblocks werden in einem Zeitschlitz (Burst) übertragen. Im Falle des Verlusts eines Bursts gehen nur 1/8 aller Bits eines Sprachblocks verloren und können wahrscheinlich korrigiert werden.

GSM von Global System for Mobile Communications = weltweites System von Mobilfunknetzen, PCM von Pulscodemodulation = Verfahren zur Digitalisierung von Analogsignalen, TDMA von Time Division Multiple Access = Zeitmultiplex-Zugriff.

Modulationsverfahren für Modems   Modem for pulse-phase modulations

Frequenzumtastung (FSK) für 1200 bit/s nach V.23

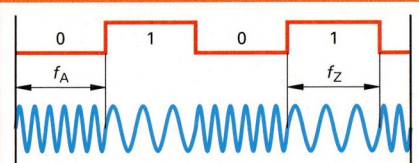

Bitrate	Mitten-frequenz	Binär 1 f_Z	Binär 0 f_A
bis 600 bit/s	1500 Hz	1300 Hz	1700 Hz
bis 1200 bit/s	1700 Hz	1300 Hz	2100 Hz

4-wertige Phasenumtastung (4-PSK) für 2400 bit/s nach V.26 bis

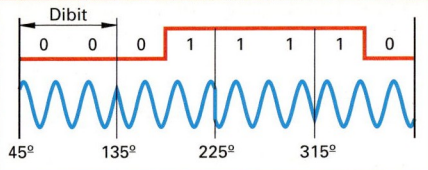

Dibit A	B	Phasenlage gegen Träger
0	0	45°
0	1	135°
1	1	225°
1	0	315°

8-wertige Phasenumtastung (8-PSK) für 4800 bit/s nach V.27

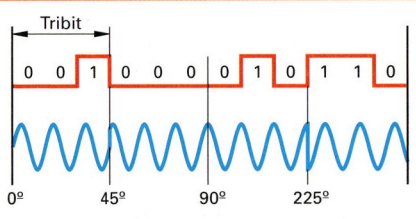

Tribit A	B	C	Phasenlage gegen Träger
0	0	1	0°
0	0	0	45°
0	1	0	90°
0	1	1	135°
1	1	1	180°
1	1	0	225°
1	0	0	270°
1	0	1	315°

16-wertige Quadraturamplitudenmodulation (16-QAM) für 9600 bit/s nach V.29

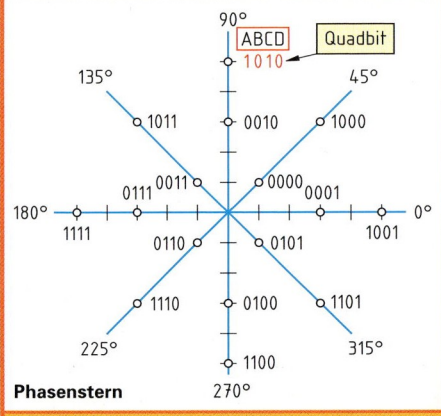

Phasenstern

Quadbit A	B	C	D	Phasenlage
0 oder 1	0	0	1	0°
0 oder 1	0	0	0	45°
0 oder 1	0	1	0	90°
0 oder 1	0	1	1	135°
0 oder 1	1	1	1	180°
0 oder 1	1	1	0	225°
0 oder 1	1	0	0	270°
0 oder 1	1	0	1	315°

Phasenlage	Quadbit A	Amplitude
0°, 90°, 180°, 270°	0	3
	1	5
45°, 135°, 225°, 315°	0	$\sqrt{2}$
	1	$3 \cdot \sqrt{2}$

Ö

Kenngrößen von PSK- und QAM-Verfahren

Modulationsverfahren	2-PSK	4-PSK	8-PSK	16-PSK	16-QAM	32-QAM	64-QAM
Amplitudenzustände	1	1	1	1	4	5	9
Phasenzustände	2	4	8	16	8	28	52
Trägerzustände	2	4	8	16	16	32	64
Bandbreiteneffizienz in (bit/s) Hz	0,7	1,4	2,1	2,8	2,8	3,6	4,2

FSK von Frequency Shift Keying = Frequenzumtastung; PSK von Phase Shift Keying = Phasenumtastung.

Begriff	Bild	Bemerkung, Anwendung, Daten
Ader Doppelader/ Paar	Ader Doppelader	Eine Ader ist ein Leiter mit Isolierhülle, übliche Leiterdurchmesser sind 0,4; 0,6 und 0,8 mm. Ein Paar sind zwei verdrillte (verseilte) Adern, die einen Leitungskreis bilden; die einzelnen Adern werden als a-Ader und b-Ader bezeichnet.
PiMF (oder PIMF)	Beidraht / Mantel / Schirm	PiMF (von Pair in Metal Foil = Paar in Metallfolie) ist eine geschirmte Doppelader. PiMF sind zwei verdrillte (verseilte) Adern und eine statische Abschirmung aus aluminiumbeschichteter Folie oder Drahtgeflecht als Schirmung. Der Beidraht stellt die Verbindung zur Abschirmung her.
Dreier	Signalader	Ein Dreier besteht aus drei miteinander verdrillten (verseilten) Adern. Die a- und b-Adern bilden den Leitungskreis, die dritte Ader wird z. B. für Signalzwecke genutzt.
Vierer, Sternvierer	Sternvierer elektrisches Ersatzschaltbild	Ein Vierer besteht aus 4 miteinander sternförmig verseilten Adern. Zwei gegenüber liegende Adern (1a, 1b; 2a, 2b) bilden einen Leitungskreis, der auch als Stamm bezeichnet wird. Zur Verringerung des Nebensprechens werden die Adern abwechselnd innerhalb des Kabels verseilt.
ViMF	Beidraht möglich / Schirm / Mantel	ViMF (von Vierer in Metallfolie) sind aufgebaut wie Sternvierer, jedoch mit gemeinsamer statischer Abschirmung.
Verseilung	Bündelverseilung Lagenverseilung	Bei der Bündelverseilung werden mehrere Sternvierer, in Bündeln angeordnet. Ein Bündel besteht aus 5 Sternvierern. Bei der Lagenverseilung werden mehrere konzentrische Lagen aus Doppeladern gebildet.
Lagenverseilung von Bündeln	1 Grundbündel / 1 Sternvierer / * = 10 DA	Die Verseilelemente können in Grundbündeln und Hauptbündeln angeordnet sein, und werden durch Kunststofffäden (Wendeln) getrennt. **Beispiel:** 5 verseilte Sternvierer bilden ein Grundbündel, das mit weiteren 9 gleichartigen Grundbündeln zu einem Hauptbündel (= 100 Doppeladern) verseilt ist.
Abschirmung	PVC-Isolation / Cu-Geflecht / Al-Folie / Cu-Leiter / PVC-Isolation / Kombinierte Abschirmung	Üblich sind Aluminium-Folienschirme oder Kupfergeflechtschirme. Für hochwertige Datenkabel werden Kombinationen von Aluminium-Folienschirm und Kupfergeflechtschirm verwendet.

Ö

Datenkabel Cables for data communiation

Art	Ansicht	Bemerkung, Anwendung, Daten
UTP	farbige Isolierung, Paar 1, Paar 4, Paar 2, Beidraht, Paar 3	UTP von Unshielded Twisted Pair = ungeschirmte verdrillte Doppelader sind symmetrische paarverseilte Kabel. Es gibt zweipaarige und vierpaarige Ausführungen (**Bild**), mit Beidraht und ohne. Vorteile: Geringe Kosten, hohe Flexibilität, kleine Durchmesser und geringes Gewicht. Einsatzbereich: ISDN, Ethernet, Fast-Ethernet. Üblicherweise werden 24-AWG-Drähte (AWG von American Wire Gauge = amerikanischer Drahtdurchmesser) mit dünner farbiger Isolierung verwendet. Typische Impedanzwerte 100 Ω, 120 Ω oder 150 Ω.
S/UTP Sc/UTP ScTP	Kunststoffummantelung, Paar 1, Paar 4, Paar 2, Gesamtschirm, Paar 3	S/UTP von Shielded/Unshielded Twisted Pair = geschirmte/ungeschirmte verdrillte Doppelader, ScTP von Screened Twisted Pair = geschirmte verdrillte Doppelader enthalten einen Gesamtschirm für alle verdrillten Adernpaare. Der Gesamtschirm besteht aus verzinntem Kupfergeflecht. Dieser verbessert die EMV-Eigenschaften, hat aber keine Auswirkungen auf das Nebensprechen innerhalb des Kabels.
FTP	Kunststoffummantelung, Paar 1, Paar 4, Paar 2, Folienschirm, Beidraht, Paar 3	FTP von Foiled Twisted Pair = mit Folie ummantelte verdrillte Doppelader enthalten einen Beidraht, welcher mit dem Folienschirm elektrisch verbunden ist. Eigenschaften wie S/UTP.
STP	PiMF, Paar 4, Paar 1, Paar 3, Paar 2	STP von Shielded Twisted Pair = geschirmte verdrillte Doppelader enthalten eine Abschirmfolie je Adernpaar PiMF von Pair in Metal Foil = Adernpaar in Metallfolie zur Reduktion des Nebensprechens.
S/STP	PiMF, Paar 4, Paar 1, Paar 3, Gesamtschirm, Paar 2	S/STP von Shielded/Shielded Twisted Pair = geschirmte/geschirmte verdrillte Doppelader enthalten eine Abschirmfolie je Adernpaar PiMF von Pair in Metal Foil = Adernpaar in Metallfolie und zusätzlich eine Gesamtschirmung um alle Adernpaare.

Kabel-parameter	Frequenz MHz	Dämpfungswerte für Datenkabel in dB für Kategorie					NEXT-Werte für Datenkabel für Kategorie				
		3	4	5	6*	7*	3	4	5	6*	7*
	1,0	2,6	2,1	2,1	1,9	2,0	41	56	62	74,3	80
	4,0	5,6	4,3	4,3	3,8	3,8	32	47	53	65,3	80
	10,0	9,9	7,2	6,6	6,1	6,0	26	41	47	59,3	80
	16,0	13,1	8,9	8,2	7,8	7,6	23	38	44	56,2	80
	20,0	–	10,2	9,2	8,8	8,5	–	36	42	54,8	80
	31,25	–	–	11,8	11,1	10,6	–	–	40	51,9	80
	62,5	–	–	17,1	16,1	15,0	–	–	35	37,4	75,3
	100	–	–	22,0	20,9	19,0	–	–	32	44,3	71,1
	175	–	–	–	–	25,0	–	–	–	–	67,3
	200	–	–	–	30,9		–	–	–	39,8	–
	300 *	–	–	–	–	33,0	–	–	–	–	63,7
	600 *	–	–	–	–	50,0	–	–	–	–	60,0

Ö

Bezeich-nung	Ansicht, Belegung	Bemerkung

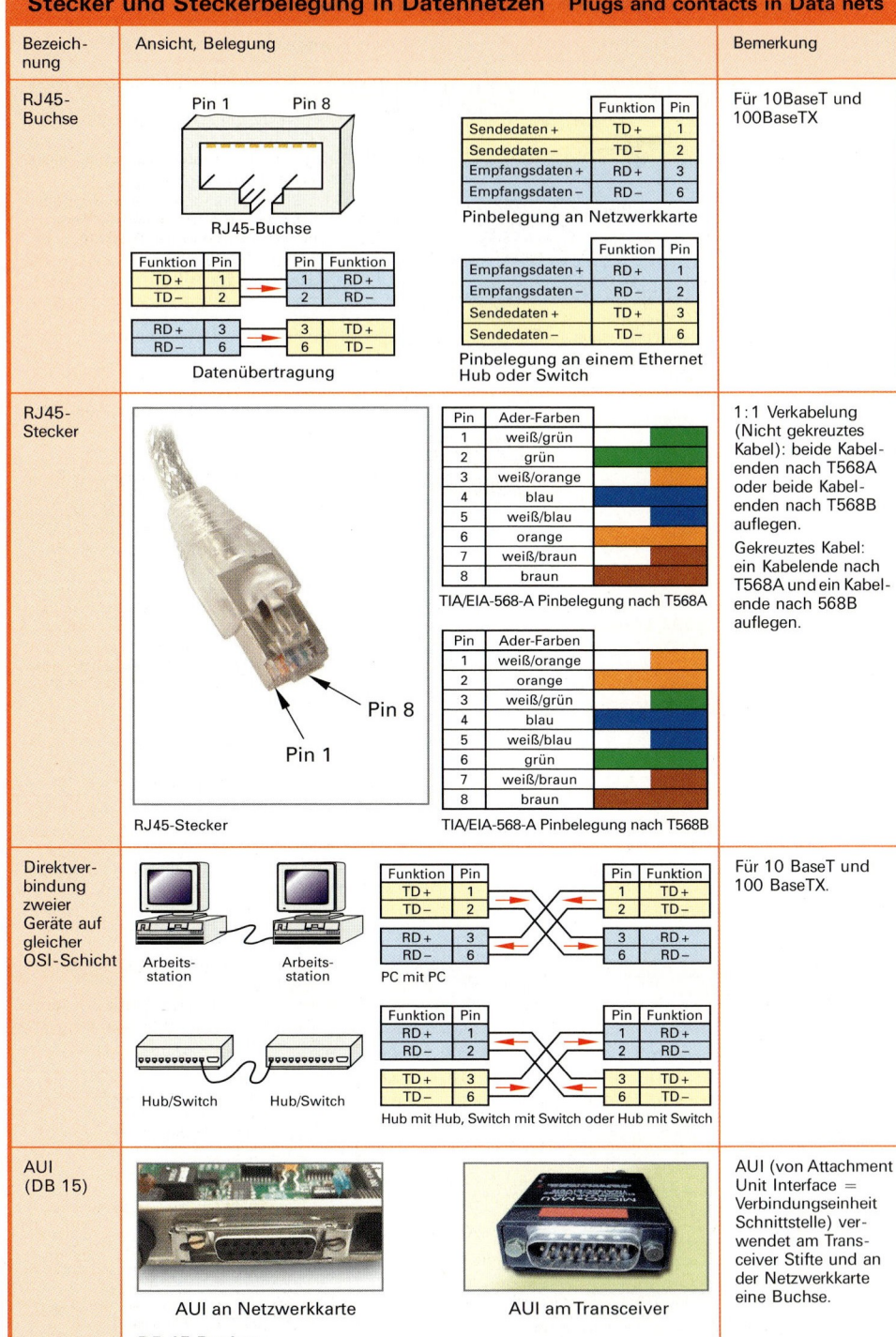

RJ45-Buchse

Pin 1   Pin 8

RJ45-Buchse

Funktion	Pin
Sendedaten +	TD +	1
Sendedaten –	TD –	2
Empfangsdaten +	RD +	3
Empfangsdaten –	RD –	6

Pinbelegung an Netzwerkkarte

Funktion	Pin		Pin	Funktion
TD +	1	→	1	RD +
TD –	2		2	RD –
RD +	3	→	3	TD +
RD –	6		6	TD –

Datenübertragung

Funktion	Pin
Empfangsdaten +	RD +	1
Empfangsdaten –	RD –	2
Sendedaten +	TD +	3
Sendedaten –	TD –	6

Pinbelegung an einem Ethernet Hub oder Switch

Für 10BaseT und 100BaseTX

RJ45-Stecker

RJ45-Stecker

Pin 8
Pin 1

Pin	Ader-Farben
1	weiß/grün
2	grün
3	weiß/orange
4	blau
5	weiß/blau
6	orange
7	weiß/braun
8	braun

TIA/EIA-568-A Pinbelegung nach T568A

Pin	Ader-Farben
1	weiß/orange
2	orange
3	weiß/grün
4	blau
5	weiß/blau
6	grün
7	weiß/braun
8	braun

TIA/EIA-568-A Pinbelegung nach T568B

1:1 Verkabelung (Nicht gekreuztes Kabel): beide Kabelenden nach T568A oder beide Kabelenden nach T568B auflegen.

Gekreuztes Kabel: ein Kabelende nach T568A und ein Kabelende nach 568B auflegen.

Direktverbindung zweier Geräte auf gleicher OSI-Schicht

Arbeitsstation   Arbeitsstation

Funktion	Pin		Pin	Funktion
TD +	1		1	TD +
TD –	2		2	TD –
RD +	3		3	RD +
RD –	6		6	RD –

PC mit PC

Hub/Switch   Hub/Switch

Funktion	Pin		Pin	Funktion
RD +	1		1	RD +
RD –	2		2	RD –
TD +	3		3	TD +
TD –	6		6	TD –

Hub mit Hub, Switch mit Switch oder Hub mit Switch

Für 10 BaseT und 100 BaseTX.

AUI (DB 15)

AUI an Netzwerkkarte   AUI am Transceiver

DB 15 Buchse

AUI (von Attachment Unit Interface = Verbindungseinheit Schnittstelle) verwendet am Transceiver Stifte und an der Netzwerkkarte eine Buchse.

Ö

Begriff	Ansicht, Bezeichnungen	Bemerkung, Anwendung, Daten
SC-Stecker	SC ST Duplex SC Simplex-Stecker Patch Panel Verkabe-lungs-seite B A A Benutzer-seite Duplex-Stecker	Für Multimodefasern und Monomode-fasern. SC-Stecker (von subscriber channel = Teilnehmer Kanal) werden im ANSI 568 B.3 Standard spezifiziert. Einzeln oder als Duplexeinheit verfügbar. SC-Stecker sind durch eine Nut gegen falsches Stecken gesichert und besitzen eine automatische Verriegelung. Bei allen Neuinstallationen werden SC-Stecker empfohlen. Typische Einfügedämpfung 0,2 dB bis 0,4 dB.
ST-Stecker		Für Monomodefasern und Multimode-fasern. ST-Stecker (ST von straight tip = ge-rades Stück) werden im ANSI 568 B.3 Standard spezifiziert. Der Bajonett-Ver-schluss ist kleiner als bei BNC, aber im Vergleich zum SC-Stecker größer, d. h. er benötigt bei der Montage mehr Platz.
Aufbau eines LWL	PVC-Mantel Schutz-hülle Vorbe-schichtung Kern-mantel Kern	Durch Reflexion und Brechung am Cladding (optischer Mantel) werden die Lichtpulse im Innenleiter geführt. Der optische Mantel ist die den Kern umgebende Schicht aus gleichem Ma-terial mit einem anderen Brechungsin-dex.
Duplexfaser	Tx Rx Rx Tx	Jede LWL-Duplexfaser besteht aus zwei LWL. Jedes Kabel hat ein empfan-gendes Rx-Ende und ein sendendes Tx-Ende.
Kabel-aufbau	mit Gel befüllte Transport-röhren Schutz-hülle Glas-faser PVC-Mantel wasser-abweisendes Band Verstärkung **Ungefüllte Bündelader**	Der Hohlraum ist entweder leer oder mit einem wasserabweisenden Gel (Petro-lat) gefüllt. Ungefüllte Bündeladern (Hohladern) mit 2 bis 10 Fasern werden üblicher-weise im Außenbereich eingesetzt, wenn keine Längswasserdichtigkeit er-forderlich ist. Gefüllte Bündeladern (Volladern, Kom-paktadern) für Innenbereich und Außenbereich.
Spleißver-bindungen	Stirnflächen-Rauigkeit Schnittwinkel Reflexionsverluste Abstand radialer Versatz Kipp-Winkelfehler **Fehler bei LWL-Verbindungen**	Ein Spleiß ist eine nichtlösbare Verbin-dung zwischen zwei LWL. Klebe-Spleiß: Einfügedämpfung 0,2 dB, Crimp-Spleiß: Einfügedämpfung 0,2 dB, Schmelz-Spleiß: Einfügedämpfung 0,05 dB. Arbeitsvorgänge vor dem Spleißen: ● LWL-Kabel abmanteln und auftren-nen ● Primärbeschichtung entfernen ● Stirnfläche plan polieren ● Faser reinigen.

Ö

LWL-Bezeichnungen nach DIN VDE 0888
Marking of LWL according to DIN VDE 0888

Feld	Bedeutung	Symbole	Erklärung
1	Art des Kabels	A- AT-	Außenkabal Außenkabel, teilbar
2	Faserschutz	F V H W B D	Faser Vollader Hohlader, ungefüllt Hohlader, gefüllt Bündelader, ungefüllt Bündelader, gefüllt
	Metallseele	S	Metallisches Element in der Kabelseele
4	Füllung	F	Füllung der Verseilhohlräume mit Füllgel
5	Mantel des Kabels	H Y 2Y (I)2Y (0)2Y (ZN)2Y (L)(ZN)2Y (D)(ZN)2Y IIY	aus halogenfreiem Material PVC-Mantel PE-Mantel Schichtenmantel PE mit Kunststoff-Sperrschicht PE mit nichtmetallenem Zugentlastungselement Schichtenmantel mit nichtmetallenem Zugentlastungselement PE mit Kunststoff-Sperrschicht und nichtmetallenem Zugentlastungselement Polyurethan
6	Bewehrung	H V IIY B BY B2Y	Außenmantel aus halogenfreiem Material PVC-Mantel Polyurethan-Mantel Bewehrung Bewehrung mit PVC-Schutzhülle Bewehrung mit PE-Schutzhülle
7	Anzahl der Fasern	n n x n	Anzahl der Adem oder Anzahl der Bündeladern Anzahl der Fasern je Bündel
8	Faserart	E G S K Q P	Einmodenfaser Gradientenfaser Glas/Glas Stufenfaser Glas/Glas Stufenfaser Glas/Kunststoff Quasi-Gradientenfaser Glas/Glas Plastikfaser Kunststoff/Kunststoff
9	Kern	n	Kerndurchmesser in μm
10	Mantel	N	Manteldurchmesser in μm
11	Dämpfung	n	Dämpfungskoeffizient in dB/km
12	Wellenlänge	B F F	850 nm 1300 nm 1550 nm
13	Dispersion	n	Bandbreite in MHz · km bzw. Dispersionskoeffizient in ps/nm/km bei Einmodenfasern
14	Spezial, Besonderes	Lg	Lagenverseilung

Die Typenkurzbezeichnungen sind nach DIN/VDE 0888 genormt.

Ö

Leitungen zum Anschluss ortsveränderlicher Verbraucher
Wires for mobile loads

Kurzzeichen	Bezeichnung	Aufbau der Leitung	Ader-zahl	Quer-schnitt mm²	Nenn-spannung U_0/U	Verwendung
Zwillingsleitungen						
H03VH-Y	Leichte Zwillings-leitung	Zweiadrig, Isolierhülle über beide Leiter aus thermoplastischem Kunststoff.	2	etwa 0,1	300/300	Zum Anschluss besonders leichter Handgeräte, z. B. elektrischer Rasierapparate.
H03VH-H	Zwillings-leitung	Wie H03VH-Y	2	0,5 und 0,75	300/300	Bei sehr kleiner mechanischer Beanspruchung in Haushalten, Büroräumen und Küchen für leichte Handgeräte.
Gummischlauchleitungen						
H05RR-F	Leichte Gummi-schlauch-leitung	Verzinnte feindrähtige Kupferleiter, Trennschicht um den Leiter erlaubt, Isolierhülle aus Gummi, gummiertes Gewebeband um jeden Leiter zulässig, Mantel aus Gummi.	2 bis 5	0,75 bis 2,5	300/500	Bei kleiner mechanischer Beanspruchung in Haushalt, Küche und Büroräumen für leichte Handgeräte (Staubsauger, Bügeleisen, Küchengeräte, Lötkolben, Toaster).
H07RN-F	Schwere Gummi-schlauch-leitung	Feindrähtige Kupferleiter, Trennschicht über Leiter, bei verzinnten Leitern nicht erforderlich. Isolierhülle aus Gummi, gummiertes Gewebeband um jede Ader zulässig. Mantel aus Polychloropren.	1 2 3 und 4 5	1,5 bis 400 1 ... 25 1 bis 95 1 ... 25	450/750	Bei mittlerer mechanischer Beanspruchung in trockenen u. feuchten Räumen, im Freien, in explosionsgefährdeten Betrieben, z. B. für große Kochkessel, Heizplatten, Handleuchten, Elektrowerkzeuge, Heimwerkergeräte.
Kunststoffschlauchleitungen						
H03VV-F H03VVH2-F	Leichte Kunststoffschlauch-leitung (runde Ausführung). Flache Ausführung	Blanker, feindrähtiger Kupferleiter, Kunststoffisolierhülle, Außenmantel rund Außenmantel flach	2 und 3	0,5 und 0,75	300/300	Bei kleiner mechanischer Beanspruchung in Haushalten, Küchen und Büroräumen, für leichte Handgeräte, z.B. für Rundfunkgeräte, Tischleuchten, Stehleuchten, Büromaschinen.
H05VV-F	Mittlere Kunststoff-schlauch-leitung	Isolierhülle über jedem Leiter, Zwickelfüllung, Trennschicht um die verseilten Adern zulässig, Kunststoffmantel.	2 bis 5	1 bis 2,5	300/500	Bei mittlerer mech. Beanspruchung in Haushalten, Küchen und Büroräumen, für Hausgeräte auch in feuchten Räumen, z. B. Waschmaschinen, Kühlschränke, Heimwerkergeräte.
Silikon-Aderschnüre						
N2GSA	Silikon-Aderschnur	Feindrähtige Cu-Leiter, Isolierhülle aus Silikon.	2 und 3	0,75 bis 1,5	300/300	Bei kleiner mechanischer Beanspruchung in Hausgeräten und in gewerblichen Betrieben.
Sonstige Leitungen zum Anschluss ortsveränderlicher Stromverbraucher						
H01N2-D	Schweiß-leitung	Blanker, feindrähtiger Cu-Leiter, Gewebeband, Gummimantel.	1	16 bis 120 und 25 bis 70	100/200	Hochbewegliche Elektrodenanschlussleitung an Schweißgeräten.
NFLG	Gummi-schlauch-leitung mit Tragorgan	Feindrähtiger umsponnener Cu-Leiter, Gummiisolierhülle, Gewebeband, Tragorgan aus Faserstoff.	ab 6	0,75 bis 6	300/500	Aufzugs- und Förderanlagen, Leitungen an Werkzeugmaschinen, in Innenräumen und feuchten Räumen.

U_0 Spannung zwischen Außenleiter und Erde, U Spannung zwischen zwei Außenleitern, U_0/U Spannungsverhältnis, wird hier Nennspannung (Bemessungsspannung) genannt.

Ö

Web-Dienste   Web services

Dienst	Bild	Bemerkung
TELNET		TELNET erlaubt das Einloggen und Arbeiten auf einem entfernten, über TCP/IP erreichbaren Computer. Der TELNET-Client baut eine Verbindung zum TELNET-Server (Port 25) auf. TELNET übermittelt eine Nutzerkennung und ein unverschlüsseltes Kennwort. Der Nutzer kann nach erfolgreichem Einloggen seinen eigenen PC benutzen, um auf dem entfernten Rechner zu arbeiten. Das TELNET-Protokoll arbeitet halbduplex in drei Phasen: 1. Verbindungsaufnahme zwischen den PC und Verhandlung der Bildschirmeigenschaften 2. TELNET-Sitzungsphase 3. Abbau der TELNET-Verbindung Verschiedene Betriebssysteme und Zeichensätze werden durch ein einheitliches Terminal-Protokoll, das Network Virtual Terminal NVT, unterstützt.
FTP		Das File Transfer Protocol FTP ist ein Protokoll zur Übertragung von Dateien. FTP bietet auch bei schlechten Übertragungsstrecken sichere Datenübertragung. FTP nutzt getrennte TCP-Verbindungen für ① den Sitzungsaufbau und anschließende Aufrechterhaltung der Sitzung (Port 21) und für ② die Datenübertragung (Port 20). FTP setzt voraus, dass der Anwender auf dem entfernten Rechner einen Benutzer-Account und ein Verzeichnis besitzt. Das Betriebssystem und der FTP-Server führen eine Authentisierung durch. FTP arbeitet vollduplex.
HTTP		Das Hypertext Transport Protokoll HTTP ist die zentrale Anwendung im Internet. Jeder PC kann über eine einheitliche Adresse (URL Uniform Resource Locator) angesprochen werden. Z.B. http://www.rbs-schule.de/faq/einschulung.html Typische Zugriffsarten: ① Der Browser richtet seine HTTP-Anfrage (HTTP-Request) direkt über den TCP-Port an den Web-Server und erhält auch von diesem die Antwort (*Response*). ② Der Browser nimmt zunächst Kontakt mit seinem lokalen Proxy-Server auf (TCP-Port 3128), der, falls die Daten nicht lokal in seinem Cache vorliegen, diese vom Server bezieht und sie dann über seinen Zwischenspeicher an den Browser weiterleitet.

Ö

E-Mail Sendeprotokolle   Email sending protocols

Bezeichnung	Erklärung	Bemerkung
SMTP	SMTP von Simple Mail Transfer Protocol = einfaches Übertragungprotokoll für elektronische Post ermöglicht den Transport von Nachrichten. SMTP ist unabhängig vom Netzprotokoll, in der Regel wird TCP verwendet. Das Versenden von E-Mail ist ein Internetdienst, bei dem keine direkte Verbindung zwischen Sender und Empfänger besteht.	Eine E-Mail-Adresse setzt sich aus dem Postfachnamen z. B. info und der Zieldomäne z. B. europa-lehrmittel zusammen. Als Trennzeichen steht das „@" („at", gesprochen „ätt") zwischen diesen beiden Bestandteilen, z. B. info@europa-lehrmittel.de . Die Kommunikation erfolgt standardmäßig über den Port 25.
MTA	Für den Austausch von Nachrichten sind MTA (von Mail Transfer Agent = Nachrichten Zustellagenten) zuständig. Der Anwender kommt mit diesen nicht in Kontakt. E-Mail-Clients, wie z. B. Outlook, übernehmen die Übertragung der elektronischen Post von und zum Mail Transfer Agent.	MTA verwenden zur Kommunikation untereinander ASCII-Zeichen. Der bekannteste MTA ist Sendmail.

Bestandteile einer E-Mail	Eine E-Mail besteht aus
	● Envelope:
	  Beinhaltet den Sender und Empfänger einer Nachricht und wird von den MTA benötigt.
	● Header:
	  Verwendet der Mail-Client für weitere Informationen wie Betreffzeile, Client-Kennung und Message-ID.
	● Body:
	  Enthält den eigentlichen Text der Nachricht.
	● Attachments:
	  Hinweise auf Dateianhänge.
		Die einzelnen Bestandteile einer E-Mail werden im RFC 822 beschrieben.
		
		Die wichtigsten Felder sind:
		FROM = E-Mail-Adresse des Verfassers
		TO = E-Mail-Adresse des Empfängers
		DATE = Datum und Uhrzeit
		SUBJECT = Text der Betreffzeile
		RECEIVED = „Durchgangsstempel" mit Datum und Uhrzeit.

ESMTP	Um wachsenden Anforderungen an die E-Mail-Kommunikation Rechnung zu tragen, wurde SMTP um einige Kommandos und Funktionen zum ESMTP von Extended SMTP = erweitertes SMTP erweitert.	Alle neu hinzugekommenen Funktionen sind abwärtskompatibel zu bereits bestehenden SMTP-Befehlen.
MIME	MIME von Multipurpose Internet Mail Extensions = Internet-Nachrichten-Erweiterungen für verschiedene Zwecke beseitigen die Probleme, wenn in E-Mails andere Zeichensätze als ASCII Verwendung finden. Da im Body einer E-Mail 7-Bit-ASCII-Text verwendet wird, wären Umlaute in elektronischen Nachrichten nicht verwendbar. Der Body einer MIME-Mail kann weiterhin als ASCII-Text übertragen werden, ohne Rücksicht auf dessen Inhalt.	MIME werden im RFC 2045 beschrieben. MIME fügt dem Header einige Elemente hinzu, die dem Empfänger die Strukturierung des Bodys erläutern. Voraussetzung für den Einsatz von MIME ist die Unterstützung durch den E-Mail-Client.

Client mit Software zum Erzeugen, Empfangen und Weiterleiten einer E-Mail

MTA A   MTA B

Kommandos

SMTP-Antworten

Datenübertragung

Nachrichten-speicher

Nachrichten-speicher

E-Mail Sendeprinzip

Ö

E-Mail empfangen   Receiving eMail

Bezeichnung	Bild	Bemerkung
E-Mailzugriff	Zugriff auf Mailserver — *Offline-Verarbeitung*-Mails werden an einen lokalen Rechner übermittelt, und dort bearbeitet. *Online-Betrieb*-Mail bleibt auf dem Mailserver, wird dort vom Client bearbeitet. *Disconnected-Zugriff*-Client erstellt eine Kopie und baut die Verbindung wieder ab. Nach der Bearbeitung erfolgt ein Abgleich der Mails zwischen Client und Server.	Anwender mit einer Wählverbindung richten üblicherweise auf ihren Rechnern keinen SMTP-Server zum Empfang von E-Mails ein. E-Mail-Nachrichten werden zum Abruf zwischengespeichert. Für den Fernzugriff auf E-Mail-Verzeichnisse wird das Post Office Protocol (POP3) oder das Internet Message Access Protocol (IMAP4) verwendet.
POP3	POP3 Sitzungsstufen — Begrüßungsmeldung → Authentifizierung → Transaction State (= Transaktionsstatus) Abrufen, Bearbeiten oder Löschen von E-Mails. → Update State (= Aktualisierung)	Wenn ein Client über POP3 (Post Office Protocol, Version 3 = Postdienstprotokoll Version 3) Nachrichten abrufen möchte, baut er eine TCP Verbindung über Port 110 auf. Die Kommunikation zwischen beiden Rechnern erfolgt über Kommandos. Eine POP3-Verbindung durchläuft mehrere Sitzungsstufen. Die Nachrichten werden auf den Client übertragen und meist auf dem Server gelöscht.
IMAP4	IMAP4 — Es können mehrere Befehle hintereinander versendet werden, Server-Rückmeldung kann später erfolgen. Plus-Zeichen am Anfang der Serverantwort-> weitere Informationen werden erwartet. Sternchen am Anfang der Serverantwort-> Server sendet weitere Informationen.	E-Mail-Client und Server tauschen bei IMAP 4 (Internet Message Access Protocol, Version 4 = Zugangsprotokoll für Internetnachrichten Version 4) ihre Daten über den TCP-Port 143 aus. Bei IMAP wird nicht nach jedem gesendeten Kommando auf die unmittelbare Antwort des Servers gewartet. Auf den Client wird zunächst nur der Header der Nachricht übertragen. Die Nachricht verbleibt auf dem Server und kann dort weiter verarbeitet werden.

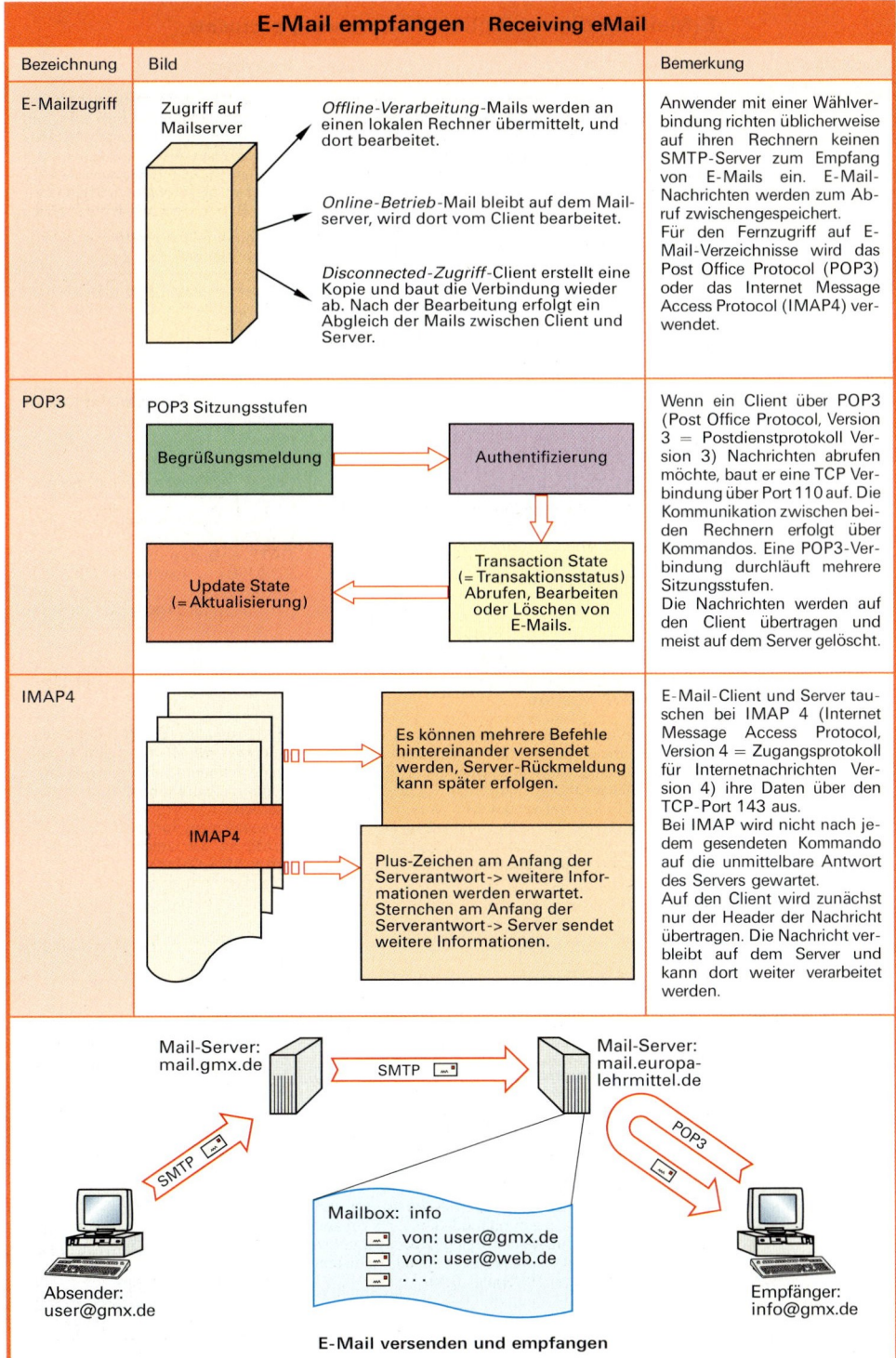

Ö

E-Mail versenden und empfangen

Key words	Explanation
Structure	Optical fibers are very fine fibers of glass. They consist of a glass core, roughly fifty micrometers in diameter, surrounded by a glass „optical cladding" giving an outside diameter of about 120 micrometers. They make use of Total Internal Reflection (TIR) to confine light within the core of the fiber. The core has a higher refractive index than the cladding. Although the cladding does not carry light, it is nevertheless an essential part of the fiber. The cladding is not just a mere covering. It keeps the value of the critical angle constant throughout the whole length of the fiber. Optical Fibers are optical waveguides. This means that wherever the fiber goes the light, which is confined to the core of the fiber, also goes.
Propagation of light in the fiber	The angle θ is called the Acceptance Angle. Any light entering the fiber at less than this angle will meet the cladding at an angle greater than θ_c. If light meets the inner surface of the cladding (the core – cladding interface) at greater than or equal to θ_c then TIR occurs. So all the energy in the ray of light is reflected back into the core and none escapes into the cladding. The ray then crosses to the other side of the core and, because the fiber is more or less straight, the ray will meet the cladding on the other side at an angle which again causes TIR. The ray is then reflected back across the core again and the same thing happens. In this way the light zig zags its way along the fiber.
Reflection and refraction of light	When light travelling in a transparent material meets the surface of another transparent material two things happen, ● some of the light is reflected, ● some of the light is transmitted into the second transparent material. The light which is transmitted usually changes direction when it enters the second material. This bending of light is called refraction and it depends upon the fact that light travels at one speed in one material and at a different speed in a different material.
Multimode and Single-Mode Fiber	There are two general categories of optical fiber in use today, multimode and single-mode fiber. The multimode fiber has a larger core than single-mode fibers. It gets its name from the fact that numerous *modes*, or light rays, can be carried simultaneously through the core. The single-mode fiber has a much smaller core that allows only one mode of light at a time through the core. As a result, the fidelity of the signal is better retained over longer distances, and modal dispersion is greatly reduced. These factors attribute to a higher bandwidth capacity than multimode fibers are capable of. For its large information-carrying capacity and low loss, single-mode fibers are preferred for longer distance and higher bandwidth applications.

Ö

Optical fibers Optische Glasfasern

Key words	Explanation	English	German
Optical fiber Polymer overcoat Core Cladding	Optical fibers are fibers of glass, usually about 120 micrometres in diameter, which are used to carry signals in the form of pulses of light over distances up to 50 km without the need for repeaters. These signals may be coded voice communications or computer data.	diameter pulse repeater to carry voice	Durchmesser Puls Verstärker tragen Stimme
Capacity	Optical fibers carry signals with much less energy loss than copper cable and with a much higher bandwidth. This means that fibers can carry more channels of information over longer distances and with fewer repeaters required.	bandwidth capacity copper less loss to require	Bandbreite Leistung Kupfer weniger Verlust benötigen
Size and Weight	Optical fiber cables are much lighter and thinner than copper cables with the same bandwidth. This means that much less space is required in underground cabling ducts. Also they are easier for installation engineers to handle.	ducts engineer light thin to handle	Leitungen Techniker leicht dünn umgehen
Security	Optical fibers are much more difficult to tap information from undetected; a great advantage for banks and security installations. They are immune to electromagnetic interference from radio signals, car ignition systems, lightning etc. They can be routed safely through explosive or flammable atmospheres, for example, in the petrochemical industries or munitions sites, without any risk of ignition.	advantage flammable ignition interference security undetected to tap	Vorteil brennbar Zündung Störung Sicherheit unentdeckt anzapfen
Running Costs	The main consideration in choosing fiber when installing domestic cable TV networks is the electric bill. Although copper coaxial cable can handle the bandwidth requirement over the short distances of a housing scheme, a copper system consumes far more electrical power than fiber, simply to carry the signals.	bill consideration domestic scheme simply to choose to consume	Rechnung Abwägung im Haus Plan einfach wählen verbrauchen
Areas of Application	**Telecommunications** Optical fibers are now the standard point to point cable link between telephone substations. **Local Area Networks (LANs)** Multimode fiber is commonly used as the "backbone" to carry signals between the hubs of LANs from where copper coaxial cable takes the data to the desktop. Fiber links to the desktop, however, are also common. **Cable TV** As mentioned above domestic cable TV networks use optical fiber because of its very low power consumption. **CCTV** Closed circuit television security systems use optical fiber because of its inherent security, as well as the other advantages mentioned above. **Optical Fiber Sensors** Many advances have been made in recent years in the use of optical fibers as sensors. Gas concentration, chemical concentration, pressure, temperature, and rate of rotation can all be sensed using optical fiber.	advance as well as commonly consumption hub inherent link low mentioned multimode fiber power pressure rate recent rotation sensor substation to sense	Fortschritt und auch gewöhnlich Verbrauch Nabe, Verteiler innewohnen Verbindung niedrig erwähnt Multimode-Faser Strom, Kraft Druck Maß kürzlich Drehung Fühler Nebenstation fühlen, abtasten

Ö

Begriff	Ansicht, Erklärungen	Bemerkungen, Beispiele
Codec	Hier Kunstwort aus Kompression und De-kompression. Codecs sind Kompressionspro-gramme, z.B. DivX, MP3. Übertragungskanal Signal-quelle — En-coder — Speicher-medium — De-coder — Signal-senke	Die Kompression einer Datei ist das Entfernen ver-zichtbarer Anteile. Man unterscheidet zwei Arten: ● Redundanzkompression (Entropiecodierung). Nur überflüssige Dateiteile werden codiert. Die Codierung ist verlustfrei. ● Irrelevanzkompression (Quellcodierung). Schwer wahrnehmbare Dateianteile, z.B. hohe Tonfrequenzen oder geringe Farbunterschiede werden entfernt. Die Codierung ist verlustbe-haftet.
Verlustfreie Kompressions-verfahren (Redundanz-Algorithmen)	● Bei der Lauflängencodierung werden lange Bytefolgen durch deren Anzahl und das Byte ersetzt, z.B.: AAAAAAABBBBCCCCCC ⇒ 7A4B6C ● Bei der Huffmann-Codierung werden Zeichen nach einer Baumstruktur co-diert, z.B.: E ⇒ 0 oder B ⇒ 101.	Verlustfreie Kompression ist vor allem bei Textdo-kumenten erforderlich, z.B. bei Dokumenten im ZIP-Format. Zu den verlustfreien Verfahren zählen: ● Lauflängencodierung (RLE = Run Length), ● Huffmann-Codierung, ● LZ-Codierung (LZ = Lempel Ziv), ● Arithmetische Codierung, ● Fraktale Codierung, ● Lineare Prädiktion (LPAC).
Verlustbehaf-tete Kompressions-verfahren (Irrelevanz-Algorithmen)	● Bei der diskreten Cosinus-Transformation DCT werden tiefe Frequenzanteile des Fre-quenzspektrum eines Signals weniger be-rücksichtigt als hohe. ● Bei der differenziellen Pulscodemodulation DPCM werden Signale zeitlich abgetastet und die Unterschiede der abgetasteten Am-plitudenwerte codiert. ● Bei der Quantisierung werden beliebig viele analoge Werte in z.B. 16 Wertigkeitsstufen eingeteilt. Jeder Wertigkeitsstufe wird ein Codewort zugewiesen.	Verlustbehaftete Kompression ist bei Videodateien notwendig, z.B. bei WMV-Dateien oder AVI-Da-teien. Zu den verlustbehafteten Verfahren zählen: ● differenzielle Codierungen, ● adaptive Codierungen, ● Delta-Codierungen, ● Subsampling, ● Quantisierung, ● Glättung und Filterung, ● Wavelet Image (WI), ● frequenzorientierte Codierungen (z.B. DCT).
Hybride Kompressions-verfahren	● Für Videodateien und Audiodateien wird meist die MPEG-Kompression verwendet, z.B. MPEG-2 oder MPEG-4. Bei allen MPEG-Kompressionen werden meist die Kompressions-Algorithmen DPCM und OFT verwendet. Bei MPEG-4 werden meh-rere Codierungsalgorithmen nacheinander angewendet, sodass z.B. eine Bitrate von 166 Mbit/s auf 4 Mbit/s reduziert wird. ● Für Bilddateien wird meist die JPEG-Kom-pression verwendet. JPEG verwendet die Algorithmen Subsampling, DCT, Quantisie-rung, RLE und Huffmann-Codierung. Im Gegensatz zur JPEG-Kompression ist die TIFF-Kompression verlustfrei.	Analoge Videos haben 25 Bilder je Sekunde, was bei einer Echtzeitwiedergabe einem Datenstrom von 166 Mbit/s entspricht. Da die PC-Hardware diese Datenmengen nicht verarbeiten kann, kommt man ohne Kompressionsverfahren nicht aus. MPEG-Codecs sind für ● Video: DivX, Indeo, Quicktime, WMV. ● Audio: MP3, Ogg Vorbis, Real Audio, WMA. Beim Abspeichern einer Datei in das JPEG-Format kann der Kompressionsgrad eingestellt werden. Wird er zu hoch gewählt, entstehen im Bild nicht mehr behebbare Artefakte (Ergebnisverfälschun-gen).

JPEG-Bildausschnitt
unkomprimiert (ca. 100 kB)

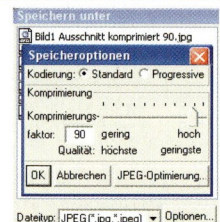

Einstellen des Kompressionsgrades
mit einem Bildbearbeitungsprogramm

JPEG stark komprimiert (ca. 10 kB)
mit Kompressionsartefakten

AVI Audio Video Interleave, OFT Discrete Fourier Tranformation, DivX Codec der Firma DivXNetworks, JPEG Joint Photographic Experts Group, MPEG Motion Picture Experts Group, TIFF Tagged Image File Format, WMA Windows Media Audio, WMV Windows Media Video.

Ö

Aufgabe	Schritte	Erklärung
Neue Partition mit Programm PartitionMagic anlegen	Programm starten → Festplatte auswählen → Partitionstyp primäre Partition für Betriebssysteme oder logische oder primäre Partition für Datenlaufwerk wählen → Dateityp wählen → Partitionsort angeben → Partitionsgröße angeben, klicken → Partition wird vom Programm angelegt.	Es können bis zu 4 primäre Partitionen je Festplatte angelegt werden. Nur eine primäre Partition kann aktiv sein. Diese wird mit dem Bootmanager ausgewählt. Die anderen Partitionen sind verborgen (hidden). Die Partitionsgröße hängt vom gewählten Dateisystem FAT (File Allocation Table = Dateizuordnungstabelle) ab. Erweiterte logische Partitionen: Beliebige Größe.
Partitionsgröße ändern	→ Festplatte auswählen → Partition wählen → neue Partitionsgröße angeben → andere Partition verkleinern → Partitionsgrößenänderung bestätigen → Ausführen.	Partitionsgrößen verkleinert man z.B., wenn zusätzlich eine neue Partition angelegt werden soll. Mehrere Partitionen sind zur Verkleinerung markierbar.
Freien Speicher neu verteilen	→ Festplatte auswählen → Partitionen wählen, die Speicherplatz erhalten sollen → Änderungen bestätigen → Ausführen.	Durch die Verkleinerung entsteht freier Speicherplatz, der z.B. für eine neue Partition verwendet werden kann. Es können auch bestehende Partitionen vergrößert werden.
Partitionen zusammenführen	→ Festplatte auswählen → Partition wählen → Partition 1 wird vergrößert → aufzulösende Partition 2 wählen, klicken → Partitionsinhalt wird in einen Ordner der ersten Partition geschrieben.	Die zu löschende Partition wird als Ordner mit einem vorher zu vereinbarenden Ordnernamen in die bestehende Partition kopiert.
Partition kopieren	Quelldatenträger wählen → Quellpartition wählen → Zieldatenträger wählen → Kopieroptionen einstellen → Kopiestandort wählen → Speicherplatz → Partitionsgröße angeben → Ausführen	Es können primäre oder logische Partitionen, versteckte oder sichtbare Partition kopiert werden.

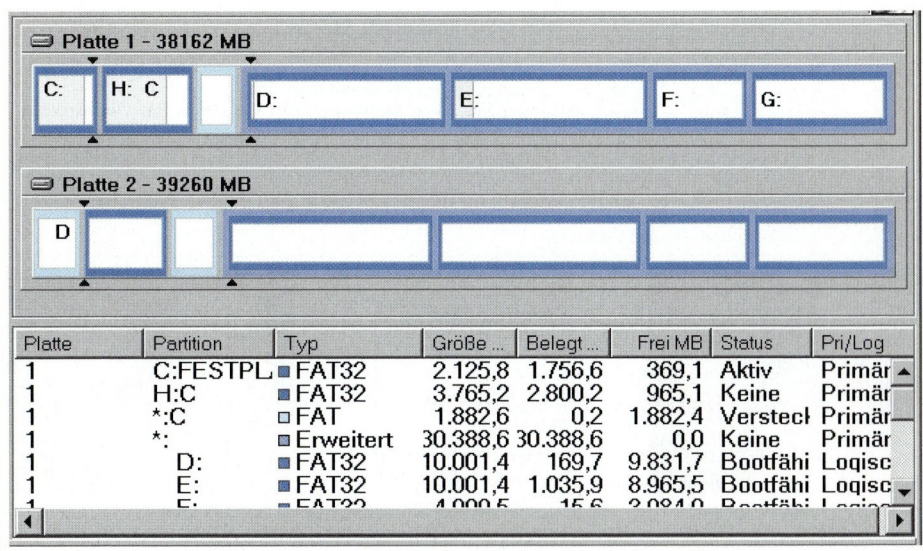

Ö

Ausschnitt aus dem Hauptfenster von PartitionMagic

Backup-Verfahren Backup methods

Art	Erklärung	Bemerkungen
Image-Backup	Für das Erstellen eines Image-Backup benötigt man eine entsprechende Software, z.B. Ghost oder Drive Image. Ein Image-Backup sichert auf eine andere Festplatte, auf eine CD oder auf eine DVD alle Daten einer Festplatte oder eine ganze Partition. Alle Daten auf dem Ziellaufwerk werden überschrieben. Einzelne Dateien können beim Image-Backup nicht zurückgeschrieben werden.	Wird der gesamte Inhalt einer Festplatte auf eine Festplatte gleicher Größe kopiert, spricht man von Spiegelung. Image-Backups verwendet man zum Wiederherstellen eines beschädigten Betriebssystems oder einer Anwender-Software. Dieses Zurückspeichern wird auch als Restore-Vorgang bezeichnet.
Generationenprinzip	Beim Generationenprinzip verwendet man mehrere zeitlich nacheinander angelegte Backups. Für Montag bis Donnerstag wird je ein Backup angelegt. Von diesen Tages-Backups wird ein Freitags-Backup erstellt. In der fünften Woche werden die Freitags-Backups auf das Monatsmedium überschrieben.	Dies Verfahren wird auch Großvater-Vater-Sohn-Methode GVS genannt. Benötigte Speichermedien 21: 12 Medien für Januar bis Dezember (Großväter), 5 Medien für die wöchentliche Sicherung (Väter) und 4 Medien für Montag bis Donnerstag (Söhne).
Voll-Backup	Beim Voll-Backup werden alle Dateien gesichert. Dabei ist es gleich, ob sich seit der letzten Sicherung etwas geändert hat oder nicht. Auf dem zuletzt gespeicherten Backup-Medium befinden sich alle aktuellen Dateien.	Vorteil: Das Rückspeichern erfolgt durch einfaches Zurückspeichern. Nachteil: Jedes Backup benötigt den gleichen Speicherplatz wie die zu sichernden Dateien. Entsprechend groß ist der Zeitaufwand bei großen Datenbeständen.
Inkrementelles Backup	Beim inkrementellen Backup werden täglich mit der Backup-Software nur Dateien gesichert, deren Archiv-Bit gesetzt ist. Nach dem Backup werden die Archiv-Bits der einzelnen gesicherten Dateien zurückgesetzt.	Das Archiv-Bit ist ein Datei-Attribut und wird von Windows gesetzt, wenn eine Datei bearbeitet wird. Vorteil: Schnelle Datensicherung, bei der nur Speicherplatz für geänderte Dateien benötigt wird. Nachteil: Bei einem Restore-Vorgang müssen alle Speichermedien seit dem letzten Voll-Backup zurückkopiert werden.
Differenz-Backup	Beim Differenz-Backup wird auch das Archiv-Bit ausgewertet. Zurückgesetzt wird es aber erst nach einem erneuten Voll-Backup. Es werden also auf dem Speichermedium alle seit dem letzten Voll-Backup geänderten Dateien gesichert.	Vorteil: Für einen Restore-Vorgang benötigt man nur das letzte Voll-Backup zusammen mit der letzten Tagessicherung. Nachteil: Am Wochenende ist die zu sichernde Datenmenge größer.

Status:	▮▮▮▮▮▮▮▮▮▮▮▮▮▮▮▮▮▮▮▮▮▮▮▮▮▮▮
Zeit:	Bisherige Dauer: 2 Sek. — Restdauer:
Verarbeitung:	D:\Briefe\Brief_1.DOC
Dateien:	Verarbeitet: 4 — Ungefähr: 4
Bytes:	88.082 — 88.082

Ausschnitt aus dem Fenster Sicherungsvorgang von Windows XP

Ö

Bezeichnung	Ansicht	Erklärung

RAID-Technologie

Disk-Verbund

RAID-Controller

Die RAID-Technologie (Redundant Array of Independent Disks = überflüssiger Verbund unabhängiger Platten, auch Redundant Array of Inexpensive Disks = redundanter Verbund preisgünstiger Platten) erhöht die Ausfallsicherheit und die Leistungsfähigkeit von Festplattensystemen.

Die einzelnen RAID-Varianten sind durchnummeriert.

Es existiert Hardware-RAID und Software-RAID. Hardware-RAID benötigt einen RAID-Controller.

RAID bietet kostengünstige, hochkapazitive Speicherung und gute Ausfallsicherheit. Der RAID-Verbund ist einfacher zu verwalten als die gleiche Anzahl von einzelnen Festplatten.

RAID Level 0 (Striping)

RAID-Controller

1 2 3 4 5 6

Block 1 · Block 4 — Platte 1
Block 2 · Block 5 — Platte 2
Block 3 · Block 6 — Platte 3

RAID Level 0 ist kein redundantes Speicherverfahren. Es dient lediglich zur Beschleunigung von Plattenzugriffen. Dazu fasst RAID 0 zwei oder mehr Festplatten zu einem logischen Laufwerk zusammen. Es verteilt die Daten in aufeinanderfolgenden Blöcken (Stripes) gleichmäßig über alle Laufwerke. Daher bezeichnet man RAID 0 auch als Striping. Das parallele Lesen und Schreiben auf mehreren Laufwerken steigert zwar die Durchsatzrate, senkt jedoch die Sicherheit der Daten: Fällt eine Platte des Verbunds aus, sind alle Daten verloren.

RAID Level 0 wird beim Verarbeiten großer Datenmengen, z. B. Workstations für CAD/CAM oder Audio- und Videobearbeitung, eingesetzt.

RAID Level 1 (Mirroring)

RAID-Controller

Block 1 · Block 2
Block 3 · Block 4
Block 5 · Block 6
Platte 1

Block 1 · Block 2
Block 3 · Block 4
Block 5 · Block 6
Platte 2

RAID Level 1 wird auch als Mirroring oder Spiegelung bezeichnet. Die Schreibzugriffe erfolgen parallel auf zwei Laufwerke, so dass jede Platte quasi ein Spiegelbild der anderen darstellt.

RAID 1 erzeugt auf einer zweiten Platte eine identische Kopie der Nutzdaten.

Die Leistung beim Lesen von Dateien steigert sich um den Faktor Zwei. Die Schreibzugriffe erfolgen aber selbst im Idealfall nur gleich schnell wie bei Einzellaufwerken. Bei Ausfall eines kompletten Laufwerkes bleiben alle Nutzdaten erhalten. RAID 1 bietet nur die Hälfte der Plattenkapazität für die Speicherung. Die Kosten der Datenhaltung verdoppeln sich.

Mirroring eignet sich vor allem für Systeme, auf denen wichtige Daten zum hauptsächlichen Lesezugriff vorgehalten werden.

Ö

Bezeichnung	Ansicht	Erklärung
RAID 0+1, RAID 0/1 oder RAID 10	Block 1 / Block 3 — Platte 1; Block 2 / Block 4 — Platte 2; Block 1 / Block 3 — Platte 3; Block 2 / Block 4 — Platte 4	Durch eine Kombination von Mirroring und Striping lassen sich Geschwindigkeitsgewinn und Datensicherheit verbinden: Ein RAID 0 erzielt durch das lineare Zusammenschalten mehrerer Festplatten sowohl beim Lesen als auch beim Schreiben einen Geschwindigkeitsvorteil. Die zusätzliche Spiegelung des Stripesets auf weitere Platten sorgt für Datensicherheit. Bei einem RAID-10-Verbund aus z. B. vier Festplattenlaufwerken werden zuerst je zwei Festplatten gespiegelt, dann die zwei logischen Laufwerke zu einem Stripeset verbunden. Die Kapazität von zwei Festplatten steht dann zur Verfügung.
RAID Level 5	Block 1 / Parity 1 / Block 6 — Platte 1; Block 2 / Block 4 / Parity 2 — Platte 2; Block 3 / Block 5 / Parity 3 — Platte 3	RAID Level 5 arbeitet mit einer blockweisen Verteilung der Nutzdaten. Es verzichtet auf ein dediziertes Parity-Laufwerk und verteilt die ECC-Daten (Error-Correction-Code = Fehlerkorrektur-Code) zusammen mit den Nutzdaten gleichmäßig über die Laufwerke. RAID 5 bietet durch die Verteilung der Daten über alle Laufwerke eine gute Performance. Laufwerkszahl: $n > 2$ Kapazitätsoverhead in %: $$\frac{100}{n}$$
RAID Level 50		Kombination von RAID 5 und RAID 0. RAID 50 (RAID 5+0) bietet ähnlich gute Performance wie RAID 10. Steigert die Ausfallsicherheit gegenüber reinem RAID 5. Laufwerkszahl: $n > 5$ Kapazitätsoverhead in %: $$\frac{100}{2n}$$

Eine defekte Platte muss schnellstmöglich ersetzt und das Array rekonstruiert werden.
Im Optimalfall verfügt das Array über eine zusätzliche, ausschließlich im Notfall verwendete Festplatte. Ein sogenanntes Hot-Fix-Laufwerk (auch Hot-Spare oder Standby-Laufwerk genannt) wird automatisch aktiviert und als Ersatz für die defekte Platte eingebunden. Steht kein Standby-Laufwerk zur Verfügung, muss das defekte Laufwerk manuell gewechselt werden. Um ein Abschalten des Rechners zu umgehen, gibt es hot-plug-fähige oder hot-swap-fähige Arrays. Die Festplatten des RAID-Verbundes sind frei zugänglich untergebracht und können während des Betriebs gewechselt werden.

Ö

Unterbrechungsfreie Stromversorgungssysteme (USV)
Uninterruptible power systems (UPS)

Anlagenarten

Schaltung	Eigenschaften, Erklärung	Bemerkungen
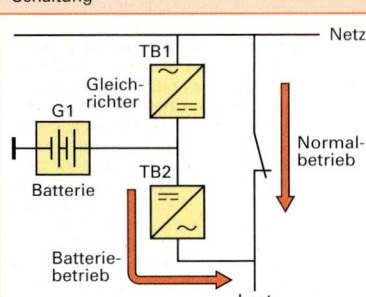 **Offline-Betrieb (VFD)**	**VFD** (von Voltage and Frequency Dependant), d.h. alle Eingangsgrößen sind gleich den Ausgangsgrößen. **Normalbetrieb:** Die Last wird aus dem Netz versorgt. Der Wechselrichter arbeitet in passiver Bereitschaft. **Batteriebetrieb:** Bei Über-/Unterschreiten der Netzspannung oder vollständigem Netzausfall wird nach kurzer Umschaltzeit < 10 ms vom Akkumulator und vom Wechselrichter gespeist.	Der Wechselrichterzweig ist parallel zum Netz geschaltet, aber nur bei Bedarf aktiv. Für die Aufladung der Batterie (Akkumulator) ist der Wechselrichter funktionslos. Wirkung der Schaltung bei ● Netzausfall, ● Spannungsschwankungen, ● Spannungsspitzen. **Vorteile:** Geringer Kostenaufwand, geringes Schutzniveau. **Nachteile:** Zu große Umschaltzeit z.B. für Computernetze oder Telefonanlagen, dauernde Ladung des Akkumulators führt zu Kapazitätsverlusten, kleiner Wirkungsgrad.
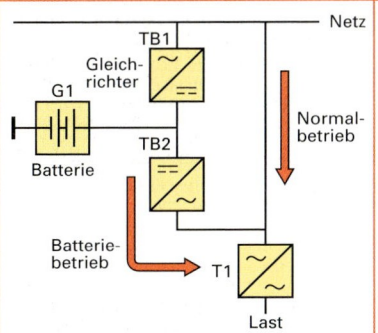 **Hybrid-Betrieb (VI)**	**VI** (von Voltage Independant), d.h. die Kurvenform und die Frequenz der Ausgangsspannung sind synchron zur Eingangsspannung. **Normalbetrieb:** Die Last wird aus dem Netz versorgt. Der Wechselrichter arbeitet immer. **Batteriebetrieb:** Bei Über-/Unterschreiten der Netzspannung oder vollständigem Netzausfall wird die Last vom Wechselrichter gespeist. Meist wird ein Akkumulator als Batterie verwendet.	Der Wechselrichterzweig ist parallel zum Netz geschaltet und dauernd in Betrieb. Netz und Wechselrichter werden z.B. über einen Transformator gekoppelt. Es treten nur geringe Umschaltzeiten auf. Wirkung der Schaltung bei ● Netzausfall, ● Spannungsschwankungen, ● Spannungsspitzen, ● Unter-/Überspannungen. **Vorteile:** Überspannungen und Unterspannungen sind ausgleichbar. **Nachteil:** Kleiner Wirkungsgrad.
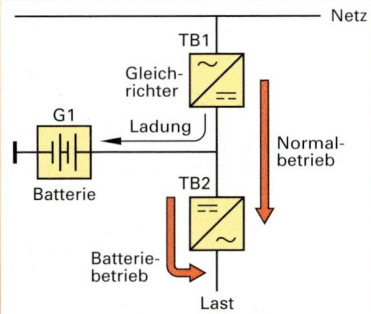 **Online-Betrieb (VFI)**	**VFI** (von Voltage and Frequency Independant), d.h. die Ausgangsspannung und die Ausgangsfrequenz sind unabhängig von Schwankungen der Eingangsspannung und der Eingangsfrequenz. **Normalbetrieb:** Die Lastversorgung erfolgt immer über den Wechselrichter. **Batteriebetrieb:** Bei Über-/Unterschreiten der Netzspannung oder vollständigem Netzausfall wird die Last vom Akkumulator über den Wechselrichter gespeist.	Die Schaltung ist in Reihe zwischen Netz und Last geschaltet, d.h. die Anlage ist immer in Betrieb (USV-Dauerbetrieb). Speisenetz und Lastnetz können mit unterschiedlichen Spannungswerten und Frequenzwerten betrieben werden. Wirkung der Schaltung bei ● Netzausfall, ● Spannungsschwankungen, ● Spannungsspitzen, ● Unter-/Überspannungen, ● Frequenzschwankungen, ● Spannungsoberschwingungen, ● Spannungspulse. **Vorteile:** Größte Sicherheit. **Nachteile:** Aufwändig.

Ö

Klassifizierungscode für USV

		V F H	S	S	1 2 3
	Bei Netzbetrieb		1. Buchstabe: Netzbetrieb 2. Buchstabe: Batteriebetrieb		1. Ziffer: Netzbetrieb, Batteriebetrieb 2. Ziffer: Lastsprung bei linearer Last 3. Ziffer: Lastsprung bei nichtlinearer Last
Codebedeutung	VFI: s.o. VFD: s.o. VI: s.o.		S: Sinusform mit Verzerrung d < 8% X: Sinusform mit Verzerrung d > 8% Y: Spannung kann nichtsinusförmig sein		1: Unterbrechungsfrei 2: Spannungsunterbrechung bis 1 ms 3: Spannungsunterbrechung bis 10 ms 4: Eigenschaften beim Hersteller erfragen

Begriff	Ansicht	Erklärungen
IT-Sicherheits- maßnahmen		

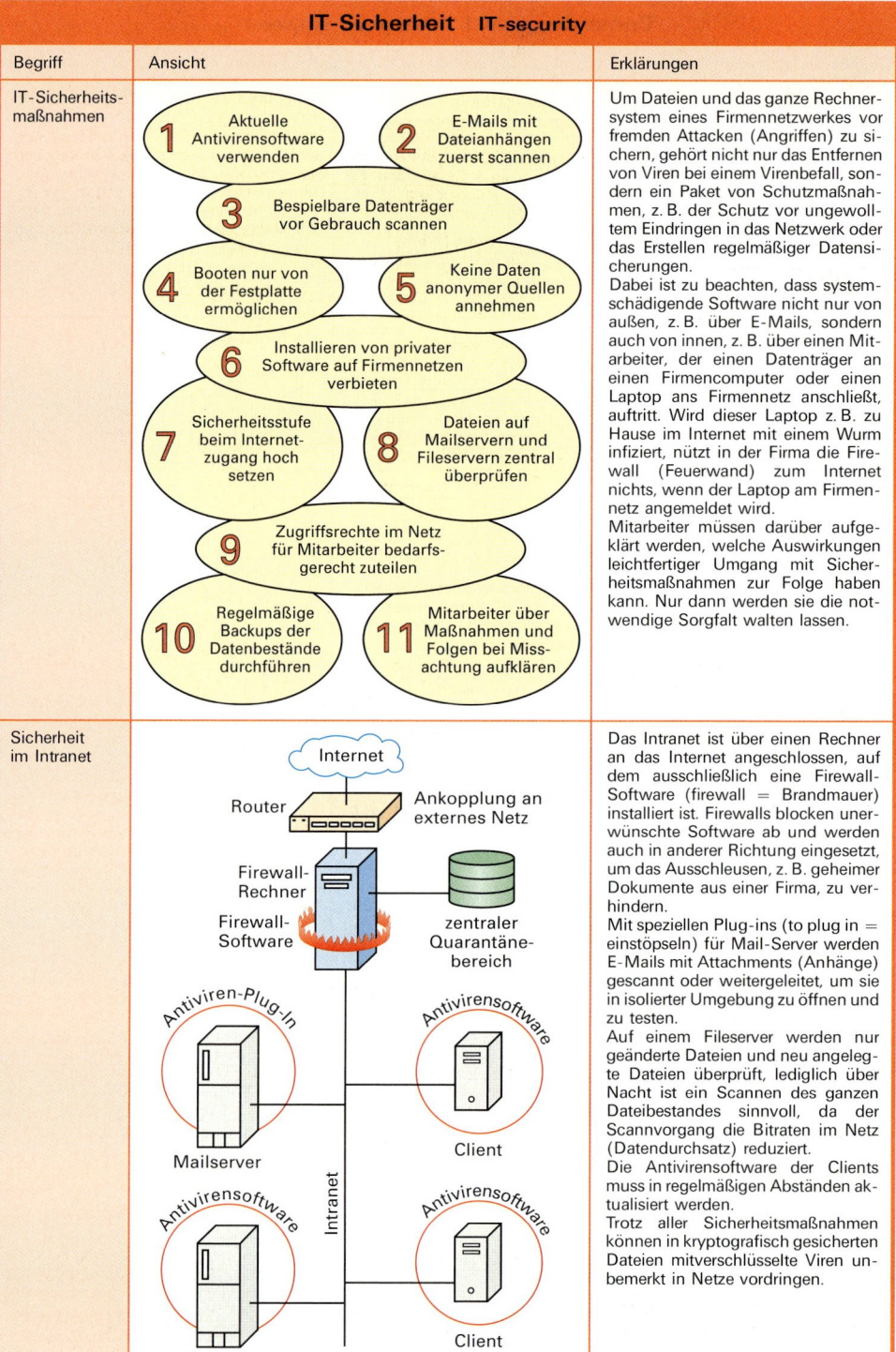

IT-Sicherheitsmaßnahmen:

1. Aktuelle Antivirensoftware verwenden
2. E-Mails mit Dateianhängen zuerst scannen
3. Bespielbare Datenträger vor Gebrauch scannen
4. Booten nur von der Festplatte ermöglichen
5. Keine Daten anonymer Quellen annehmen
6. Installieren von privater Software auf Firmennetzen verbieten
7. Sicherheitsstufe beim Internetzugang hoch setzen
8. Dateien auf Mailservern und Fileservern zentral überprüfen
9. Zugriffsrechte im Netz für Mitarbeiter bedarfsgerecht zuteilen
10. Regelmäßige Backups der Datenbestände durchführen
11. Mitarbeiter über Maßnahmen und Folgen bei Missachtung aufklären

Um Dateien und das ganze Rechnersystem eines Firmennetzwerkes vor fremden Attacken (Angriffen) zu sichern, gehört nicht nur das Entfernen von Viren bei einem Virenbefall, sondern ein Paket von Schutzmaßnahmen, z. B. der Schutz vor ungewolltem Eindringen in das Netzwerk oder das Erstellen regelmäßiger Datensicherungen.

Dabei ist zu beachten, dass systemschädigende Software nicht nur von außen, z. B. über E-Mails, sondern auch von innen, z. B. über einen Mitarbeiter, der einen Datenträger an einen Firmencomputer oder einen Laptop ans Firmennetz anschließt, auftritt. Wird dieser Laptop z. B. zu Hause im Internet mit einem Wurm infiziert, nützt in der Firma die Firewall (Feuerwand) zum Internet nichts, wenn der Laptop am Firmennetz angemeldet wird.

Mitarbeiter müssen darüber aufgeklärt werden, welche Auswirkungen leichtfertiger Umgang mit Sicherheitsmaßnahmen zur Folge haben kann. Nur dann werden sie die notwendige Sorgfalt walten lassen.

Sicherheit im Intranet		

Internet
Router — Ankopplung an externes Netz
Firewall-Rechner
Firewall-Software
zentraler Quarantänebereich
Antiviren-Plug-In — Mailserver
Antivirensoftware — Client
Antivirensoftware — Fileserver
Antivirensoftware — Client
Intranet
LAN

Das Intranet ist über einen Rechner an das Internet angeschlossen, auf dem ausschließlich eine Firewall-Software (firewall = Brandmauer) installiert ist. Firewalls blocken unerwünschte Software ab und werden auch in anderer Richtung eingesetzt, um das Ausschleusen, z. B. geheimer Dokumente aus einer Firma, zu verhindern.

Mit speziellen Plug-ins (to plug in = einstöpseln) für Mail-Server werden E-Mails mit Attachments (Anhänge) gescannt oder weitergeleitet, um sie in isolierter Umgebung zu öffnen und zu testen.

Auf einem Fileserver werden nur geänderte Dateien und neu angelegte Dateien überprüft, lediglich über Nacht ist ein Scannen des ganzen Dateibestandes sinnvoll, da der Scannvorgang die Bitraten im Netz (Datendurchsatz) reduziert.

Die Antivirensoftware der Clients muss in regelmäßigen Abständen aktualisiert werden.

Trotz aller Sicherheitsmaßnahmen können in kryptografisch gesicherten Dateien mitverschlüsselte Viren unbemerkt in Netze vordringen.

Ö

Begriff	Ansicht, Tabelle		Erklärungen
Computer-virus	**Module des Computervirus** Kennungs-modul · Infektions-modul · Schadens-modul · Rück-sprung-modul Enthält Bitfolge, an der sich der Virus erkennt. / Infiziert Dateien mit dem Viruscode. / Führt Aktion aus, die den PC schädigt. / Setzt die PC-Tätigkeit nach der Infektion fort.		Computerviren sind Programmcodes, welche über den Austausch von Dateien mit Datenträgern oder über ein Netzwerk einen Computer infizieren. Sie enthalten verschiedene Module, z. B. das Kennungsmodul **(Bild)**. Abhängig von der Art der Verbreitung und der Art der Aktivität werden verschiedene Computerviren unterschieden.
Infektions-weg	portable Festplatte · CD · Diskette · Internet — Virus ← Datei → Virus — Virus ← E-Mail → Virus		Der häufigste Infektionsweg ist das Internet. Viren erhält man dabei meist über E-Mail. Über an den Rechner angeschlossene Datenträger, wie USB-Festplatten, Memory Sticks, CDs oder Disketten können beim Datenaustausch infizierte Dateien auf den PC übertragen.
Merkmale von Viren	Speicher-residente Viren	Von lat. residere = bleiben. Die Viren verbleiben nach der Infektion im Speicher des befallenen Rechners.	Virenarten werden nach der Art ihrer Aktivität unterschieden. Unabhängig davon weisen die verschiedenen Virenarten teilweise gleiche Eigenschaften auf, z. B. dass sie speicherresident sind. Einige Viren vereinen auch mehrere Eigenschaften gleichzeitig. Diese werden auch multipartite Viren (von multi = mehrfach und partite = geteilt) oder Hybridviren genannt. Ein Hybridvirus kann aber auch ein Virus sein, der zwei unterschiedliche Aktivitäten miteinander verbindet, z. B. die eines Wurms und die eines trojanischen Pferds. Besonders gefährlich sind Retro-Viren (lat. retro = zurück). Sie setzen nach Befall zuerst das Antivirenprogramm außer Kraft, z. B. durch Löschen von Vergleichsmustern des Virencodes im Antivirenprogramm oder durch Ändern der Dateiendungen, nach welchen das Antivirenprogramm sucht.
	Polymorphe Viren	Von griech. polymorph = vielgestaltig. Sie werden auch mit amorph (gestaltlos) oder mit mutierend (sich verändernd) bezeichnet. Die Viren verändern mit jeder Neuinfektion ihren eigenen Code. Sie sind somit von Antivirenprogrammen an festen Strukturen nicht erkennbar.	
	Stealth-Viren	Von stealth = verstohlen. Sie werden auch Tarnkappen-Viren genannt. Sie täuschen mittels Algorithmen den Virenscannern die originalen Dateilängen beim Lesezugriff auf befallene Dateien vor. Dies geschieht, indem sie den Lesezugriff auf zuvor im RAM gespeicherte Werte umleiten oder indem sie beim Lesezugriff ihre eigene Codelänge von der tatsächlichen Dateilänge subtrahieren.	
	Destruktive Viren	Von lat. destruere = zerstören. Zielen auf die Zerstörung von Daten und Systemen ab.	
	Direkte Viren	Aktivieren unmittelbar nach der Infektion den Schadenscode des Schadensmoduls.	

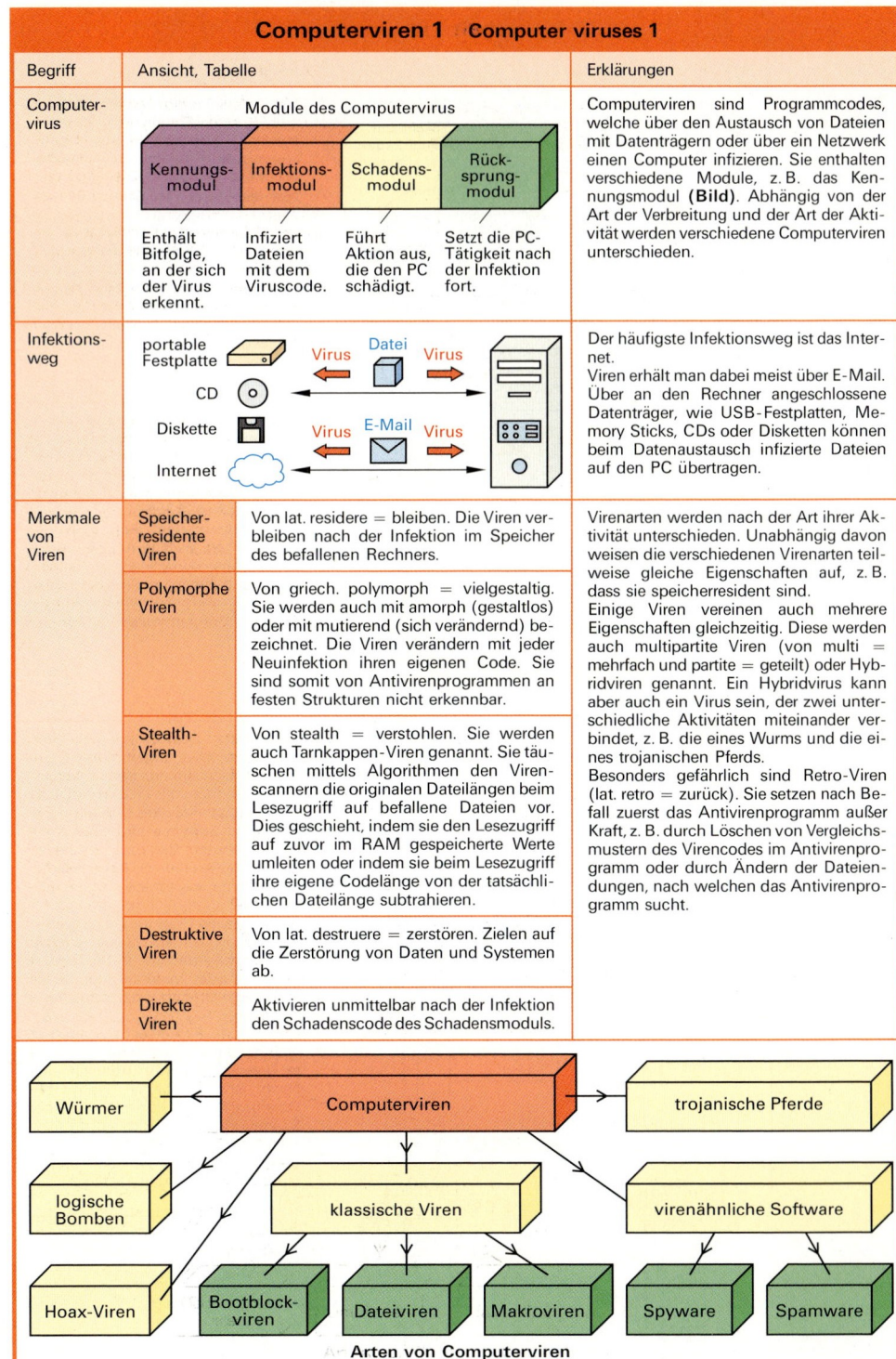

Würmer ← Computerviren → trojanische Pferde

logische Bomben · klassische Viren · virenähnliche Software

Hoax-Viren · Bootblock-viren · Dateiviren · Makroviren · Spyware · Spamware

Arten von Computerviren

Ö

Art	Ansicht, Tabelle		Erklärungen
Würmer			Würmer befallen keine Dateien. Sie nutzen private und öffentliche E-Mail-Verzeichnisse im Internet, um sich automatisch an deren Adressen zu versenden. Dabei vermehren sie sich. Oft hängen sich Würmer auch an Internetseiten an, z. B. an HTML-Seiten. Dringen Würmer in ein Firmennetz ein, befallen sie möglichst viele Computer, in welchen sie ihre Schadensroutine aktivieren. Ziel vieler Würmer sind die Server des Netzwerks. Dort schädigen sie die Netzwerkeinstellungen, z. B. den Passwortschutz.
Trojanische Pferde			Trojanische Pferde (auch Trojaner) gelangen mit einem Wirtsprogramm in den Computer und nisten sich im Betriebssystem fest. Die meisten Trojaner spähen Zugangsberechtigungen oder Passwörter aus, welche sie an den Schadensverursacher, den Hacker, zurücksenden. Bei Backdoor-Trojanern (von backdoor = Hintertür) übernimmt das Trojanische Pferd die Funktion eines Servers, der befallene PC ist sein Client. Somit erhält der Hacker die Kontrolle über den fremden PC.
klassische Computerviren	Bootblockviren, Systemviren	Beim Zugriff auf eine infizierte Diskette gelangt der Bootblockvirus in den Arbeitsspeicher des PCs. Von dort aus schreibt er sich speicherresident in den Boot-Sektor (Master Boot Record) der Festplatte.	Bei den meisten klassischen Viren bleibt das Schadensmodul zunächst inaktiv. Der Virus ist so programmiert, dass er sich zunächst auf anderen PCs ausbreiten kann und sein Weiterbestehen sichert. Erst nach einiger Zeit wird er aktiv. Der Bootblockvirus Michelangelo z. B. löscht am 6. März, dem Geburtstag Michelangelos, alle infizierten Festplatten. Companion-Dateiviren erzeugen zu einer EXE-Datei, z. B. Outlook.exe, eine gleichnamige COM-Datei, z. B. Outlook.com, welche den Viruscode enthält. Wird Outlook geöffnet, wird zuerst die Datei Outlook.com mit dem Viruscode ausgeführt und anschließend die Datei Outlook.exe.
	Dateiviren, Programmviren	Sie infizieren Dateien mit den Dateiendungen EXE, COM oder DLL. In diese Dateien schreiben die Viren ihren Code und bilden Attachments (Anhängsel).	
	Makroviren, Dokumentviren	Sie infizieren Dokumente, die mit Textverarbeitungsprogrammen oder Tabellenkalkulationsprogrammen erstellt wurden. In Microsoft-Word werden Makros infiziert, die mit der Datei normal.dot verbunden sind.	
virenähnliche Software			Spyware (Spionageprogramme) und Cookies (Kekse = Lesezeichen besuchter Webseiten) senden Informationen über den PC und die Surfgewohnheiten der Nutzer an den Webseitenanbieter. Dialer sind gebührenpflichtige Einwählprogramme. Kriminelle Anbieter rechnen mit Dialern oft unbemerkt in kurzer Zeit hohe Geldbeträge ab. Spamware (Spam ist Name eines Dosenfleischs) sammelt Mail-Adressen zum Weiterverkauf. Ist die Mail-Adresse in einer Spamliste, wird sie mit unerwünschten Mails, z. B. Werbe-Mails, überflutet.

Ö

Begriff	Ansicht	Erklärungen

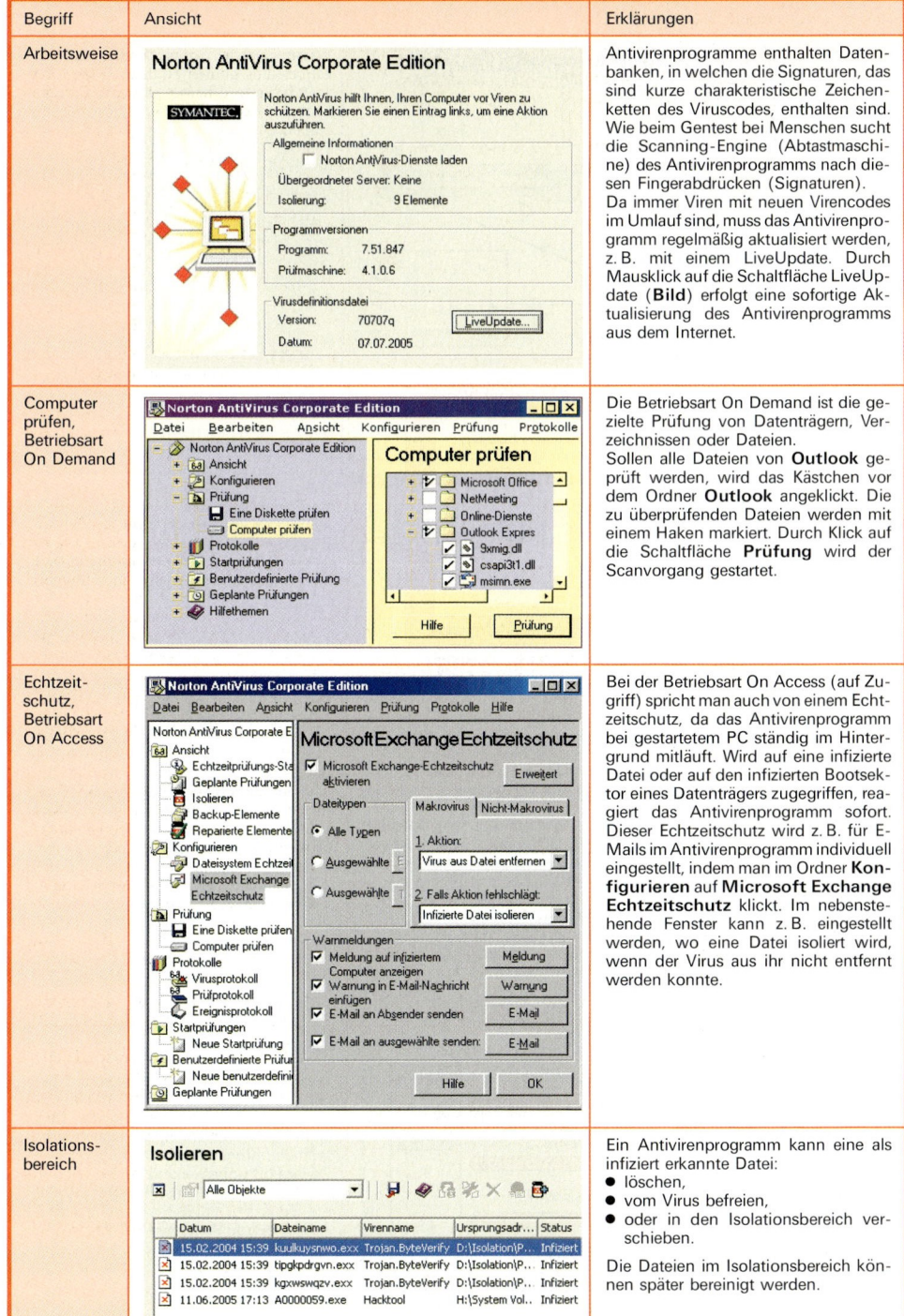

Arbeitsweise

Norton AntiVirus Corporate Edition

Norton AntiVirus hilft Ihnen, Ihren Computer vor Viren zu schützen. Markieren Sie einen Eintrag links, um eine Aktion auszuführen.

SYMANTEC.

Allgemeine Informationen

☐ Norton AntiVirus-Dienste laden

Übergeordneter Server: Keine

Isolierung: 9 Elemente

Programmversionen

Programm: 7.51.847

Prüfmaschine: 4.1.0.6

Virusdefinitionsdatei

Version: 70707q

Datum: 07.07.2005

[LiveUpdate...]

Antivirenprogramme enthalten Datenbanken, in welchen die Signaturen, das sind kurze charakteristische Zeichenketten des Viruscodes, enthalten sind. Wie beim Gentest bei Menschen sucht die Scanning-Engine (Abtastmaschine) des Antivirenprogramms nach diesen Fingerabdrücken (Signaturen).

Da immer wieder neuen Viren mit neuen Virencodes im Umlauf sind, muss das Antivirenprogramm regelmäßig aktualisiert werden, z. B. mit einem LiveUpdate. Durch Mausklick auf die Schaltfläche LiveUpdate (**Bild**) erfolgt eine sofortige Aktualisierung des Antivirenprogramms aus dem Internet.

Computer prüfen, Betriebsart On Demand

Die Betriebsart On Demand ist die gezielte Prüfung von Datenträgern, Verzeichnissen oder Dateien.

Sollen alle Dateien von **Outlook** geprüft werden, wird das Kästchen vor dem Ordner **Outlook** angeklickt. Die zu überprüfenden Dateien werden mit einem Haken markiert. Durch Klick auf die Schaltfläche **Prüfung** wird der Scanvorgang gestartet.

Echtzeitschutz, Betriebsart On Access

Bei der Betriebsart On Access (auf Zugriff) spricht man auch von einem Echtzeitschutz, da das Antivirenprogramm bei gestartetem PC ständig im Hintergrund mitläuft. Wird auf eine infizierte Datei oder auf den infizierten Bootsektor eines Datenträgers zugegriffen, reagiert das Antivirenprogramm sofort. Dieser Echtzeitschutz wird z. B. für E-Mails im Antivirenprogramm individuell eingestellt, indem man im Ordner **Konfigurieren** auf **Microsoft Exchange Echtzeitschutz** klickt. Im nebenstehende Fenster kann z. B. eingestellt werden, wo eine Datei isoliert wird, wenn der Virus aus ihr nicht entfernt werden konnte.

Isolationsbereich

Isolieren

Datum	Dateiname	Virenname	Ursprungsadr..	Status
15.02.2004 15:39	kuulkuysnwo.exx	Trojan.ByteVerify	D:\Isolation)P...	Infiziert
15.02.2004 15:39	tipgkpdrgvn.exx	Trojan.ByteVerify	D:\Isolation)P...	Infiziert
15.02.2004 15:39	kgxwswqzv.exx	Trojan.ByteVerify	D:\Isolation)P...	Infiziert
11.06.2005 17:13	A0000059.exe	Hacktool	H:\System Vol..	Infiziert

Ein Antivirenprogramm kann eine als infiziert erkannte Datei:
- löschen,
- vom Virus befreien,
- oder in den Isolationsbereich verschieben.

Die Dateien im Isolationsbereich können später bereinigt werden.

Ö

Programm	Ansicht	Erklärungen
Personal Firewall	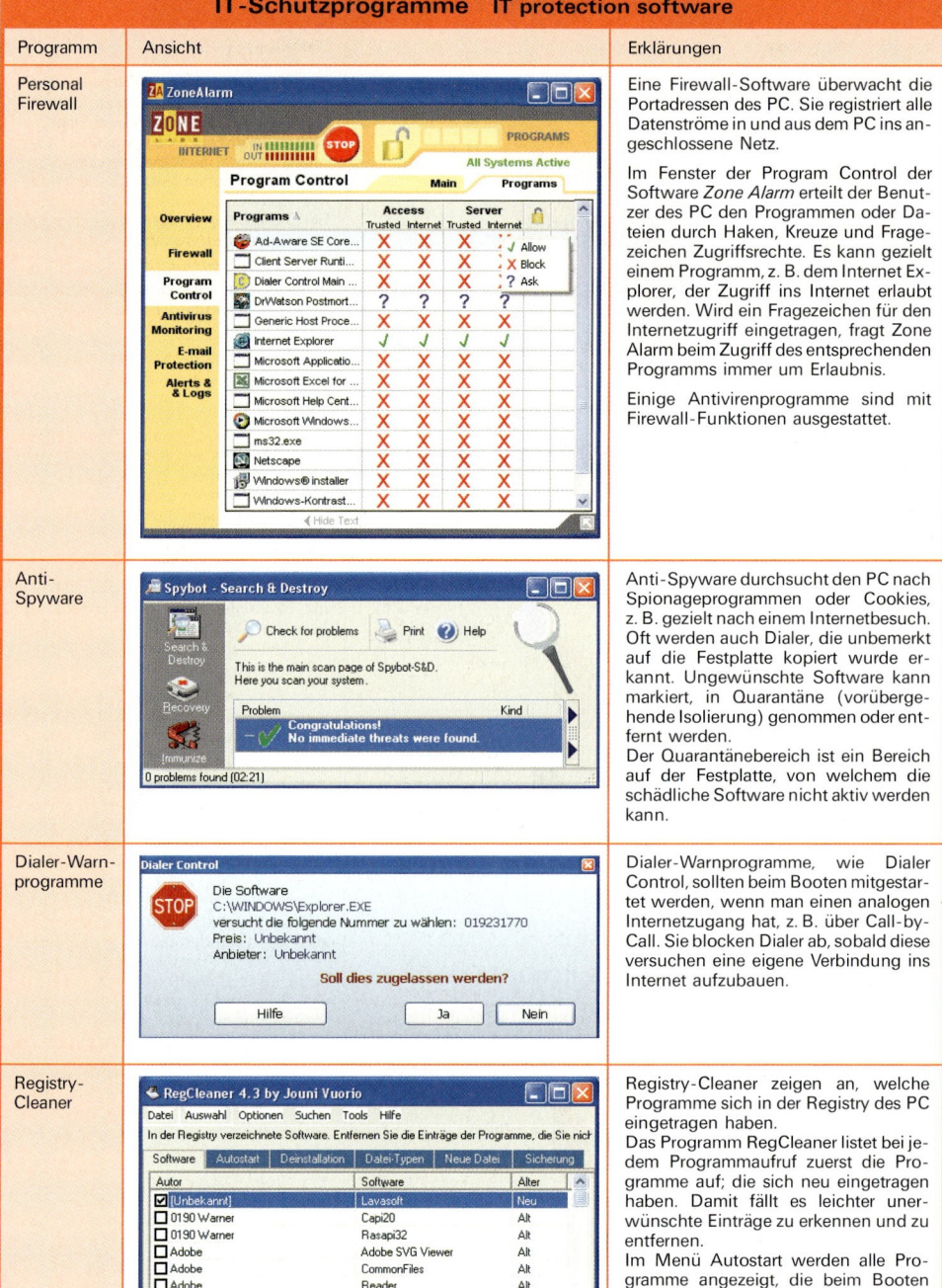	Eine Firewall-Software überwacht die Portadressen des PC. Sie registriert alle Datenströme in und aus dem PC ins angeschlossene Netz. Im Fenster der Program Control der Software *Zone Alarm* erteilt der Benutzer des PC den Programmen oder Dateien durch Haken, Kreuze und Fragezeichen Zugriffsrechte. Es kann gezielt einem Programm, z. B. dem Internet Explorer, der Zugriff ins Internet erlaubt werden. Wird ein Fragezeichen für den Internetzugriff eingetragen, fragt Zone Alarm beim Zugriff des entsprechenden Programms immer um Erlaubnis. Einige Antivirenprogramme sind mit Firewall-Funktionen ausgestattet.
Anti-Spyware		Anti-Spyware durchsucht den PC nach Spionageprogrammen oder Cookies, z. B. gezielt nach einem Internetbesuch. Oft werden auch Dialer, die unbemerkt auf die Festplatte kopiert wurde erkannt. Ungewünschte Software kann markiert, in Quarantäne (vorübergehende Isolierung) genommen oder entfernt werden. Der Quarantänebereich ist ein Bereich auf der Festplatte, von welchem die schädliche Software nicht aktiv werden kann.
Dialer-Warnprogramme		Dialer-Warnprogramme, wie Dialer Control, sollten beim Booten mitgestartet werden, wenn man einen analogen Internetzugang hat, z. B. über Call-by-Call. Sie blocken Dialer ab, sobald diese versuchen eine eigene Verbindung ins Internet aufzubauen.
Registry-Cleaner		Registry-Cleaner zeigen an, welche Programme sich in der Registry des PC eingetragen haben. Das Programm RegCleaner listet bei jedem Programmaufruf zuerst die Programme auf; die sich neu eingetragen haben. Damit fällt es leichter unerwünschte Einträge zu erkennen und zu entfernen. Im Menü Autostart werden alle Programme angezeigt, die beim Booten mitgestartet werden. Auch dort können unerwünschte Eindringlinge entfernt werden.

Ö

Firewallsysteme 1   Firewallsystems 1

Art	Ansicht	Erklärung
Firewall		Eine Firewall besteht aus Hardware z. B. PC und Software an der Schnittstelle zweier Netze. Sie gewährleistet die Einhaltung von Sicherheitsrichtlinien zwischen einem Unternehmensnetz und einem öffentlichen Netz, z. B. dem Internet. Ein Firewall-System kann aus ein bis drei Komponenten bestehen. An dieser „Brandschutzmauer" entscheidet sich, auf welche Dienste innerhalb des privaten Netzes zugegriffen werden kann. Vorteile: Zentrales Sicherheitsmanagement, zentrale Überwachung. Damit eine Firewall effektiv arbeiten kann, muss der gesamte Datenverkehr zwischen dem privaten Netz und dem Internet über diese Station laufen. Firewalls schützen nicht vor Computerviren oder Trojanern, da sie nicht jedes Datenpaket nach potenziellen Viren durchsuchen können.
Paketfilterungs-Router		Ein Paketfilterungs-Router entscheidet bei jedem Datenpaket anhand festgelegter Filterregeln, ob es weitergeleitet wird, oder nicht. Falls das Datenpaket die Filter passiert, sorgt der Router anhand der IP-Adresse für die Weiterleitung des Pakets, oder er verwirft es. Anhand der Filterregeln kann ein Router auch eine Service-Filterung durchführen. Auch hier muss der Systemadministrator die Filterregeln vorher definieren. Service-Prozesse benutzen bestimmte Ports (Well Known Ports, z. B. FTP = Port 21 oder E-Mail Port 110. Um beispielsweise den FTP-Service abzublocken, sondert der Router alle Pakete aus, die im Header den Ziel-Port 21 eingetragen haben oder die nicht die Ziel-IP-Adresse eines zugelassenen Hosts besitzen.
Proxy-Server		Ein Proxy-Server (von proxy = Stellvertreter, auch Application Level Gateway) dient als sicheres Gateway zwischen einem privaten und einem öffentlichen (ungesicherten) Netz. Ein Proxy-Server dient auch zur Zwischenspeicherung von Web-Inhalten. Das ermöglicht Datensicherheit und einen schnelleren Zugriff auf Internetinhalte. Gateway: Software, die eine Verbindung zwischen zwei Netzwerken herstellt, oder Computer, auf dem diese Software ausgeführt wird.

Ö

Art	Ansicht	Erklärung
Bastion-Host		Ein Bastion-Host ist ein durch eine Software gesicherter Rechner, der wie eine Festung (Bastion) wirkt. Er schützt die Rechner im privaten Netz vor Angriffen von außen. Die Überwachung des Ausgangs und Eingangs übernimmt meist ein Router als Paketfilter. Die Rechner im privaten Netz sind aus dem Internet nicht direkt erreichbar und dadurch unsichtbar. Auch das Internet ist nur über den Bastion-Host zugänglich. Je einfacher der Bastion-Host aufgebaut ist, desto leichter ist er zu schützen. Bei minimalen Zugriffsrechten sollte der Bastion-Host gerade so viele Dienste anbieten, wie er für die Rolle als Firewall unbedingt braucht. Bastion-Hosts sind die gefährdetsten Rechner in einer Firewall. Sie sind häufigstes Ziel eines Angriffs, da ein Bastion-Host als einziger Rechner mit dem Internet Daten austauscht.
Verbindungs-Gateway (Circuit-Level-Gateway)		Verbindungs-Gateways (Circuit Level Gateways) sind Proxy-Server mit Zusatzfunktionen. Nur das Verbindungs-Gateway hat direkte Verbindungen zwischen dem Unternehmensnetz und dem Internet. Verbindungs-Gateways vertrauen nach Authentifizierung den internen Benutzern. In der Praxis werden Proxy-Server für die Verbindungen nach innen benutzt, während man Verbindungs-Gateways für den Datenverkehr von innen nach außen einsetzt.
Hochsicherheits-Firewall		Eine Hochsicherheits-Firewall besteht z. B. aus einem Firewall-Subnetz mit zwei Paketfilterungs-Routern und einem Bastion-Host. Ein solches Firewall-System sichert das Netzwerk durch eine DMZ (demilitarized zone = entmilitarisierte Zone). Dabei befinden sich Bastion-Host, Informationsserver, Modems und andere Server im DMZ-Netz. Das DMZ-Netz ist ein kleines isoliertes Netzwerk zwischen dem privaten Netz und dem Internet. Bei den hereinkommenden Datenpaketen schützt der äußere Router gegen Standard-Angriffe wie IP-Address-Spoofing (Vortäuschen falscher IP-Adressen) oder Routing-Attacken und überwacht gleichzeitig den Zugriff auf das DMZ-Netz. Dadurch können externe Rechner nur auf den Bastion-Host und eventuell den Information-Server zugreifen. Durch den internen Router wird eine zweite Verteidigungslinie aufgebaut. Dieses Gerät überwacht den Zugriff vom DMZ zum privaten Netz indem es nur Pakete akzeptiert, die vom Bastion-Host kommen.

Ö

EMV EMC

Begriff	Erklärung	Bemerkungen
EMV	Elektromagnetische Verträglichkeit. Die EMV gewährleistet, dass Geräte unbeschadet von äußeren elektromagnetischen Einflüssen zuverlässig arbeiten und dass die Geräte selbst so gebaut sind, dass sie keine anderen Geräte durch elektromagnetische Einflüsse beeinträchtigen.	Elektromagnetische Verträglichkeit eines Gerätes wird durch Abschirmen, Erden oder durch Schutzbeschaltungen mit Spannungsableitern oder Netzfiltern erreicht. Deren Wirksamkeit muss in einem Prüflabor gemäß der EU-Richtlinien (EN = Europäische Norm) geprüft und sichergestellt werden. Geprüfte Geräte erhalten das CE-Zeichen.
Schärfegrad	Je nach Einsatzort eines Gerätes sind beim EMV-Test verschiedene Schärfegrade wählbar.	Es werden vier Schärfegrade unterschieden. Schärfegrad: 1 2 3 X Prüffeldstärke: 1 V/m 3 V/m 10 V/m speziell

EMV-Normen

Norm	Erklärung	Entstehung	Schutzmaßnahme
EN 61000-4-2 *ESD*	ESD von Electrostatic Discharge = elektrostatische Entladung. Störfestigkeit gegenüber einer einmaligen Entladung im ns-Bereich mit bis zu 30 kV.	Kontakt durch Personen, die sich z. B. beim Gehen auf Teppichböden elektrostatisch aufladen und beim Kontakt mit leitfähigen Materialien entladen.	Die zu schützende Schaltung in schutzisoliertes Gehäuse einbauen oder leitende Teile erden.
EN 61000-4-3 *RFI*	RFI von Radio Frequency Interference = elektromagnetische Felder. Störfestigkeit gegenüber Dauerstrahlungen mit Frequenzen bis zu 2 GHz.	Elektromagnetische Strahlungen von stationären Sendeanlagen, Radaranlagen, aber auch Funkhandsendern (Bluetooth) und Mobiltelefonen.	Abschirmung der sensiblen Schaltungsteile durch Einbau in eine Aluminiumbox.
EN 61000-4-4 *EFT*, Burst	EFF von Electrical Fast Transient = elektrische schnelle Störgröße (Burst). Störfestigkeit gegenüber einem breitbandigen Impuls mit Frequenzen bis zu 300 MHz und Spannungen bis einige kV.	Ein Störimpuls (Burst) entsteht beim Einschalten oder Ausschalten induktiver Lasten. Zu diesen zählen Geräte wie Motoren, Magnetventile, Relais, Transformatoren oder Hochspannungsnetzschaltungen.	Störimpulse werden durch Spannungsableiter und Netzfilter daran gehindert, in die zu schützende Schaltung vorzudringen.
EN 61000-4-5 *Surge*	Surge = Wellenberg. Störfestigkeit gegenüber einem energiereichen Spannungsimpuls im kV-Bereich oder eines Stromstoßes im kA-Bereich.	Energiereiche Spannungsimpulse werden durch Blitzeinschläge, Kurzschlüsse oder Schaltvorgänge in energiereichen Teilen des Versorgungsnetzes ausgelöst.	Energiereiche Spannungsimpulse und Stromstöße werden durch Ableiter gegen Erde beseitigt.
EN 61000-4-6	Störfestigkeit gegenüber leitungsgeführten Störgrößen.	Einstreuung von einem elektromagnetischen Feld, z. B. über Kabel.	Kabel oder Leitungen abschirmen.
EN 61000-4-8	Störfestigkeit gegenüber magnetischen Feldern bis 100 A/m mit Netzfrequenz.	Nahe gelegene Hochspannungsleitungen oder Netzeinrichtungen.	Standort des Gerätes wechseln. Abschirmung aus μ-Metall.
EN 61000-4-11 EN 61000-4-29	Störfestigkeit gegenüber Spannungseinbrüchen und Spannungsschwankungen.	Hochfahren und Abschalten von Industrieanlagen, starke Laständerungen.	Versorgung puffern mit unterbrechungsfreier Stromversorgung USV.
EN 55011	Schutz vor Emissionen (Funkstörstrahlung und Funkstörspannung).	Schlecht dimensionierte Elektronik, z. B. bei Filterschaltungen.	Hardware des entwickelten Gerätes verbessern.

Ö

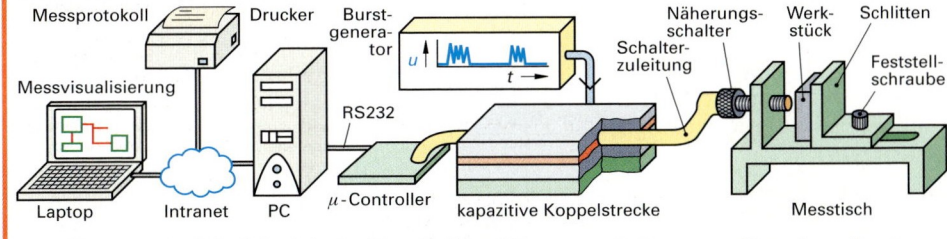

Messprotokoll — Drucker — Burstgenerator — Näherungsschalter — Werkstück — Schlitten — Schalterzuleitung — Feststellschraube — Messvisualisierung — RS232 — Laptop — Intranet — PC — μ-Controller — kapazitive Koppelstrecke — Messtisch

Messung der Störsicherheit des Signals eines Näherungsschalters gegenüber einem Burst

Begriff	Ansicht, Diagramm, Tabelle	Erklärungen
Elektrischer Schlag		Ein elektrischer Schlag entsteht nach VDE 0100 beim Berühren von unter Spannung stehenden Teilen, z. B. an einem Metallregal mit fehlerhafter Befestigung (**Bild**). Eine Befestigungsschraube geht durch die Isolation der Stromleitung in der Wand und verursacht den Fehlerstrom I_F. Der Fehlerstrom ist so gering, dass kein Abschalten durch den Leitungsschutzschalter (Sicherungsautomaten) erfolgt. Bei gleichzeitigem Berühren des Regals und des über die Steckdose geerdeten PC-Gehäuses beträgt die Berührspannung 230 V. Geht man von einem Körperwiderstand von z. B. 1 kΩ aus, beträgt der Körperstrom $I_K = 230$ mA.

Beschriftungen zum Bild:
- Wand
- elektrische Leitung (unter Putz verlegt)
- Kontakt mit stromführendem Leiter
- Befestigungsschraube
- Metallregal
- Körperstrom
- I_K
- Monitor
- U_B
- PC
- Tastatur
- Tisch
- Steckdose
- I_F

| Stromwirkung auf den Menschen | | Der körperliche Schaden bei elektrischem Schlag hängt von der Stromstärke, der Stromart, der Einwirkdauer und dem Stromweg durch den Körper ab. Bei einer Einwirkdauer von 0,5 s kann ein Strom von 230 mA bereits Herzkammerflimmern auslösen. Ab 1 s ist Herzstillstand möglich. Dabei „flimmert" das Herz mit der Frequenz des Stromes. Um das Risiko körperlicher Schäden zu minimieren, sind bei der Einrichtung elektrischer Anlagen, z. B. eines PC-Arbeitsraumes, Sicherheitsvorschriften einzuhalten. Zu diesen zählen z. B. die Schutzmaßnahmen nach DIN VDE 0100 Teil 410, Unfallverhütungsvorschriften, Arbeitsstättenrichtlinien. Missachtet eine elektrotechnische Fachkraft diese Vorschriften, kann dies zu Ordnungsstrafen führen. |

Diagramm: Körperstrom I_K (Werte: 2 A, 1 A, 0,5 A, 0,2 A, 0,1 A, 50 mA, 20 mA, 10 mA, 5 mA, 2 mA, 1 mA, 0,5 mA, 0,2 mA) über Einwirkdauer t (10 ms, 20 ms, 50 ms, 0,1 s, 0,2 s, 0,5 s, 1 s, 2 s, 5 s, 10 s).
Bereiche:
- einsetzendes Herzkammerflimmern
- Herzstillstand, Atemstillstand, schwere Verbrennungen
- beginnende Muskelkrämpfe
- normalerweise keine schädigenden Wirkungen
- normalerweise keine Wirkung

Maßnahmen bei einem Elektrounfall	Schritt	Maßnahme	Beispiel	Bei einem Elektrounfall muss die erste Hilfe schnell erfolgen und und ist in der richtigen Reihenfolge durchzuführen, um den eigenen Körper vor elektrischem Schlag zu schützen.
	1	Stromkreis sofort unterbrechen.	NOT-AUS-Schalter drücken. Sicherung ziehen.	
	2	Vor Wiedereinschalten sichern.	Sicherung mitnehmen.	Unterlassene Hilfeleistung ist strafbar.
	3	Arzt benachrichtigen.	Betriebsarzt, Rettungswagen.	Bei Übelkeit des Verletzten wird dieser wegen der Gefahr des Erbrechens in die stabile Seitenlage gebracht.
	4	Art der Verletzung feststellen.	Herz-, Atemstillstand, Verbrennungen, Übelkeit.	Bei Brandverletzungen dürfen keine Mittel auf die Wunden aufgetragen werden. Die Wunde muss steril bedeckt werden.
	5	Verletzungen behandeln.	Künstliche Beatmung, äußere Herzmassage, stabile Seitenlage.	

Ö

Begriff	Ansicht	Erklärungen
Basisschutz durch Isolierung	Drehstrom 5-adrig: L1, L2, L3, N, PE — 400 V, 400 V, 400 V, 230 V, 230 V, 0 V. Drehstrom 4-adrig: L1, L2, L3, PEN — 400 V, 400 V, 230 V, 230 V.	Der Basisschutz ist der Schutz vor elektrischem Schlag, wenn in einer elektrischen Anlage kein Fehler vorliegt. Der Basisschutz verhindert direktes Berühren unter Spannung stehender Teile. Schutz durch Isolation wird z. B. bei Leitungen und Kabeln eingesetzt. Die stromführenden Außenleiter L1, L2, L3, der stromrückführende Neutralleiter N und der Schutzleiter PE werden farblich unterschieden.
Basisschutz durch Abdeckung und Umhüllung	Abzweigdose, staubgeschützt, Schutz vor Strahlwasser, IP-Kennzeichnung IP54, VDE-Prüfzeichen, elektrische Leitung NYM, Kennzeichen für geprüfte Sicherheit	Schutz durch Abdeckung oder Umhüllung wird z. B. erreicht, wenn eine Verdrahtungsstelle von Leitungen durch eine Abzweigdose geschützt ist. Diese enthält neben dem VDE-Prüfzeichen eine IP-Kennzeichnung, z. B. IP 54. Ist die erste der beiden Ziffern 2 oder größer, liegt Basisschutz vor, weil im Zugang mit einem Finger von 12 mm Durchmesser ausgeschlossen wird.
Fehlerarten	L, N, PE, Außenleiter, Neutralleiter, Schutzleiter, Sicherung, Kurzschluss, Erdschluss, Leiterschluss, Schalter, S, PC-Netzteil, PC-Gehäuse (Körper), Betriebserde, Körperschluss, Erde	Liegt in einer elektrischen Anlage ein Fehler vor, reicht zum Schutz vor elektrischem Schlag der Basisschutz nicht mehr aus. Man unterscheidet die Fehler ● Kurzschluss, ● Erdschluss, ● Leiterschluss und ● Körperschluss. Beim Leiterschluss liegt im Gegensatz zum Kurzschluss der Verbraucher im Fehlerstromkreis.
Fehlerschutzarten	Fehlerschutz. netzunabhängige Maßnahmen: Schutzisolierung[1], SELV, PELV, FELV Kleinspannungen, Schutztrennung, Schutz durch isolierte Räume, Schutz durch erdfreien lokalen Potenzialausgleich. Schutz durch Abschalten. netzabhängige Maßnahmen: TN-System (Überstromschutz, Fehlerstromschutz); TT-System (Überstromschutz, Fehlerstromschutz, Fehlerspannungsschutz); IT-System (Isolationsüberwachung, Überstromschutz, Fehlerstromschutz, Fehlerspannungsschutz)	Der Fehlerschutz heißt Schutz vor elektrischem Schlag unter Fehlerbedingungen in einer elektrischen Anlage. Netzunabhängiger Fehlerschutz funktioniert ohne Schutzleiter und schützt Personen vor indirektem Berühren, z. B. über das Gehäuse eines elektrischen Gerätes bei einem Körperschluss. Der Begriff Körper wird für Mensch, Tier und für leitfähige Geräteteile verwendet. Beim netzabhängigen Fehlerschutz wird indirektes Berühren durch Abschalten im Fehlerfall verhindert. Die Abschaltung muss in Stromkreisen mit Steckdosen bei Spannungen von 230 V innerhalb von 0,4 s erfolgen. Doppelte oder verstärkte Isolierung

Ö

Begriff	Ansicht	Erklärungen
TN-S-System	geerdeter Sternpunkt — Symbol für Erdung — L1, L2, L3, N, PE	Ein Verteilungssystem beschreibt die Form eines Netzes, z. B. die Drehstromversorgung mit dem TN-S-System, bestehend aus drei Außenleitern L1, L2, L3, dem Neutralleiter N und dem Schutzleiter PE. Bei den verschiedenen Systemen ist z. B. festgelegt, wie ein Betriebsmittel der Geräteschutzklasse 1 geerdet wird, um Fehlerschutz bei indirektem Berühren zu gewährleisten. Ziel ist die Abschaltung innerhalb 0,4 s bei Spannungen bis 230 V und eine effektive maximale Berührspannung von 50 V.
TN-C-System	L1, L2, L3, PEN	Im Unterschied zum TN-S-System sind beim TN-C-Netz der Schutzleiter PE und der Neutralleiter N zum Nullleiter PEN vereinigt, d. h. der Nullleiter übernimmt die Stromrückführung des Neutralleiters und die Schutzfunktion des Schutzleiters. Die Mischform beider Systeme heißt TN-C-S-System. In allen drei Systemen sind stets Überstromschutzeinrichtungen und teilweise FI-Schutzeinrichtungen vorgeschrieben.
TT-System	L1, L2, L3, N, PE	Beim TT-System werden die Betriebsmittel der Geräteschutzklasse 1 über einen Erder direkt mit Erde verbunden. Das System besitzt keinen Schutzleiter. Im Fehlerfall, z. B. einem Körperschluss, fließt der Fehlerstrom über die Erde zum geerdeten Sternpunkt des Netzes. Es ist meist eine FI-Schutzeinrichtung notwendig, da die Überstromschutzauslöseorgane meist nicht ausreichen. Das TT-System wird z. B. bei Baustellen verwendet.
IT-System	Trafoausgangswicklungen — L1, L2, L3, PE	Beim IT-System ist das Netz nicht geerdet, sondern gegen Erde isoliert. Die Körper der Betriebsmittel werden direkt geerdet. Eine Isolationsüberwachung meldet das Auftreten eines Körperschlusses. Erst bei einem zweiten Fehler wird das Netz durch Überstromschutzorgane oder Fehlerstromschutzorgane abgeschaltet. Das IT-System kommt dort zum Einsatz, wo auch im Fehlerfall die Aufrechterhaltung der Stromversorgung notwendig ist, z. B. in Operationssälen.

Ö

Systemkennzeichnung	1. Stelle	T	von terrestrial = irdisch. Der Sternpunkt des Netzes ist geerdet.
		I	von insulated = isoliert. Der Sternpunkt des Netzes ist gegen Erde isoliert.
	2. Stelle	T	Die Körper der elektrischen Betriebsmittel sind direkt geerdet.
		N	von Netzerdung. Die Körper der elektrischen Betriebsmittel sind über das Netz (Betriebserde) geerdet.
	3. Stelle	C	von combined = kombiniert. Die Leiter PE und N sind zu PEN kombiniert.
		S	von separated = getrennt. Die Leiter PE und N sind getrennt verlegt.

Begriff	Ansicht	Erklärung

Ö

| Schutz-klasse II, Schutz-isolierung | | Schutzisolierung wird durch doppelte oder verstärkte Isolierung hergestellt. Schutzisolierte Geräte, z. B. das Netzteil eines Laptops, sind mit dem Symbol für Schutzisolierung gekennzeichnet. Das Gehäuse (Körper) ist vom elektrischen Teil vollständig isoliert und besteht meist ganz aus Kunststoff. Die Netzstecker der Geräte verfügen über keinen Schutzkontakt und die Netzleitung ist 2-adrig. Bei sichtbaren Gehäuseschäden dürfen die Geräte nicht mehr benutzt werden. Schutzisolierte Geräte dürfen nicht mit dem Schutzleiter PE des Netzes verbunden werden. |

19-V-Versorgungsanschluss für einen Laptop

primär getaktetes Netzteil

19 V --- 5A

Symbol für Schutzisolierung

CE-Kennzeichen

D V E

VDE-Prüfzeichen

Netzstecker

| Schutz-trennung | | Bei der Schutztrennung werden Verbraucher über Trenntrafos vom Netz galvanisch getrennt. Die Trenntrafos führen das Symbol für Schutztrennung. Die ausgangsseitigen Leiter L1 und L2 sind gegen Erde potenzialfrei. Ortsveränderbare Trafos müssen schutzisoliert sein. Wo Schutztrennung nicht vorgeschrieben ist, dürfen an einen Trenntrafo mehrere Verbraucher angeschlossen werden, wobei ein ungeerdeter Potenzialausgleichsleiter PA die Körper der Verbraucher verbindet. Im Fehlerfall **(Bild)** werden dann die Sicherungen ausgelöst. |

L N PE

Sicherungen lösen aus

erdfreier Stromkreis

L1

230 V

L2

PA

Trenntrafo

Körper

Körper

Symbol für Schutztrennung

Verbraucher mit Körperschluss über Leiter L2

Verbraucher mit Körperschluss über Leiter L1

| SELV | | SELV (von Safety Extra Low Voltage = Sicherheitskleinspannung), verwendet Sicherheitstransformatoren oder Akkumulatoren mit Wechselspannungen bis 50 V oder Gleichspannungen bis 120 V. Die Körper der Trafos sind mit Betriebserde (PE) verbunden **(Bild)**. Ausgangsseitig müssen die Trafos galvanisch vom Netz getrennt sein. Das SELV-Netz darf nicht geerdet werden. |

L N PE

Symbol für Betriebserde

Sicherheitstrafos nach VDE 0551

bis 50 V~

bis 120 V ==

| FELV, PELV | | Die Schutzmaßnahmen PELV (P von Protected = Schutz), also Schutzkleinspannung, und FELV (F von Functional), also Funktionskleinspannung unterscheiden sich gegenüber SELV-Netzen bezüglich der galvanischen Trennung vom Versorgungsnetz und der Erdung. Bei PELV darf der Stromkreis und die Körper der Verbraucher geerdet sein. FELV-Netze haben keine galvanische Trennung gegenüber dem Versorgungsnetz **(Bild)**. |

L N PE

Versorgungsnetz

PE

kein Sicherheitstransformator

keine galvanische Trennung

L1 L2 PE

FELV-Netz

Begriff	Ansicht			Erklärungen

Schutzorgane

Schmelz-sicherung   Leitungs-schutzschalter   RCD, FI-Schalter

FI

Prüftaste

Schutz durch Abschalten bewirken die Überstromschutzorgane oder Fehlerschutzorgane.
Bei Überstromschutzorganen unterscheidet man Schmelzsicherungen und thermisch auslösende Leitungs-schutzschalter.

Fehlerstromschutzorgan ist der RCD von residual current device = Rest-stromschaltkreis oder FI-Schalter. Er löst aus, wenn die vom Netz zufließenden und zurückfließenden Ströme nicht gleich sind.

Abschalten im TN-System bei Kurzschluss

L
N
PE

I_K

Sicherungsauto-mat löst aus   PC1

RCD (FI-Schalter) löst nicht aus I_K Kurz-schluss

PE

Bei einem Kurzschluss, z. B. im PC1, fließt der Strom I_K über den Leiter N durch den RCD ins Netz zurück. Da die Stromsumme im RCD null ist, löst dieser nicht aus. Der Strom steigt auf ein Vielfaches des Bemessungsstro-mes (Nennstromes) des Leitungs-schutzschalters (Sicherungsauto-maten). Der Leitungsschutzschalter unterbricht somit den Stromkreis durch Abschalten.

Abschalten im TN-System bei Körperschluss

L
N
PE

Sicherungsautomat löst nicht aus

RCD (FI-Schalter) öffnet

Labor-plätze

PC1

S

I_F

NOT-AUS-Schalter   PC8

I_F S

Körper-schluss

Bei einem Körperschluss, z. B. im PC8, fließt der Strom I_F vom Außen-leiter L1 über das PC-Gehäuse und den Schutzleiter PE direkt ins Netz zurück. Der Strom würde aufgrund des geringen elektrischen Widerstan-des auf einen hohen Wert ansteigen. Der RCD (FI-Schalter) mit einem Nennfehlerstrom von z. B. 30 mA schaltet innerhalb von 0,4 s ab, so-dass am PC-Gehäuse keine gefährli-che Berührspannung auftreten kann. RCD (FI-Schalter) ersetzen nicht die Schutzfunktion von Überstrom-schutzorganen.

Abschalten im TN-System bei indirektem Berühren

L
N
PE

Sicherungsautomat löst nicht aus

RCD (FI-Schalter) löst aus

PE

I_F R_{Mensch}

PC mit Körperschluss

Bruch-stelle R_E

Ist im TN-System der Schutzleiter de-fekt (Bruchstelle siehe Bild) und liegt ein Körperschluss vor, so liegt am PC-Gehäuse die volle Netzspannung. Sobald das Gehäuse von dem PC-Benutzer berührt wird, löst der RCD aus. Dazu darf der Widerstand gegen Erde aber nicht zu groß sein. Damit ein RCD mit $I_{FN} = 30$ mA noch si-cher auslöst, darf der Gesamtwider-stand gegen Erde den Wert von

$$\frac{230\,V}{30\,mA} = 7,67\,k\Omega$$

nicht überschreiten.

Ö

Begriff	Ansicht	Erklärungen
Abschalten im TT-System	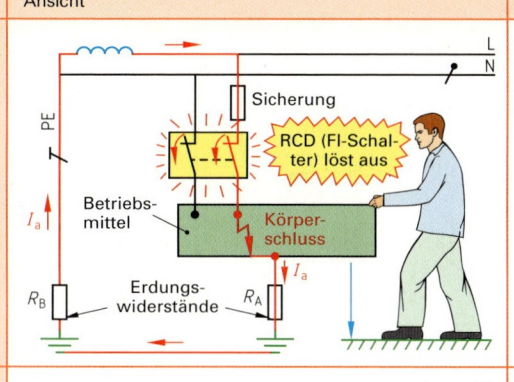	Da das TT-System keinen Schutzleiter besitzt, werden alle Verbraucher über einen gemeinsamen Erder direkt geerdet. Der Abschaltstrom I_A bei Körperschluss fließt über das Erdreich zum sekundären Sternpunkt des Netztransformators zurück. Der Erdungswiderstand R_A der Anlage muss so klein sein, dass die Berührspannung den maximalen Grenzwert von 50 V nicht überschreitet. R_A berechnet man mithilfe des Fehlerbemessungsstroms I_{FN} des RCDs durch $$R_A = \frac{50\,V}{I_{FN}}$$
Abschalten im IT-System	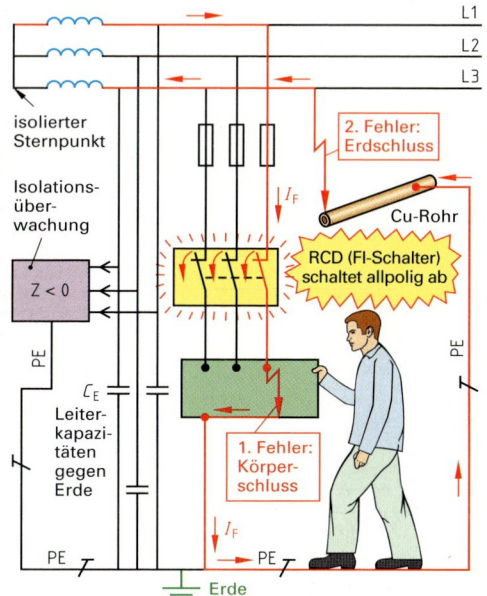	Das IT-System ist ein von der öffentlichen Stromversorgung galvanisch getrenntes Netz, z. B. in einem Operationssaal. Alle Leiter sind gegen Erde isoliert und die Betriebsmittel sind über einen Schutzleiter direkt geerdet. Tritt ein Fehler auf, z. B. ein Körperschluss über den Leiter L1, so wird L1 geerdet. Es entsteht keine gefährliche Berührspannung. Der Fehlerstrom ist zu gering, um ein Abschalten zu bewirken. Damit der Fehler überhaupt erkannt wird, ist eine Isolationsüberwachung vorgeschrieben, welche den Fehler anzeigt. Erst beim Auftreten eines zweiten Fehlers, z. B. eines Erdschlusses des Leiters L3, schaltet der RCD das Netz ab. Der als erstes aufgetretene Fehler im IT-Netz wird durch die Isolationsüberwachung optisch und akustisch angezeigt und ist so schnell wie möglich zu beheben. IT-Netze kommen in Privathäusern nicht vor.
Schutzpotenzialausgleich	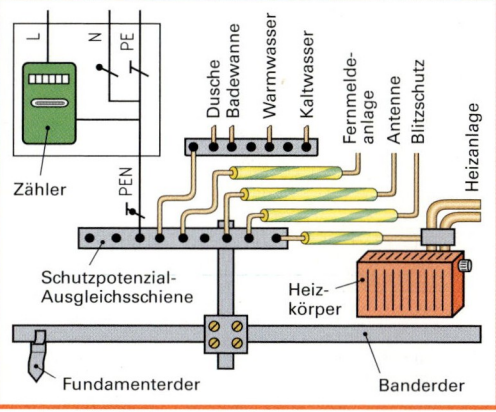	Damit ein wirkungsvoller Schutz durch Abschalten gewährleistet ist, sind in jedem Gebäude alle metallischen Gebäudeteile, z. B. auch Rohrleitungen, Heizkörper oder Badewannen mit der Schutzpotenzialausgleichsschiene zu verbinden, damit jeder Körper ungefähr das Potenzial des Schutzleiters hat und keine Potenzialdifferenz gegen Erde auftritt. Die Schutzpotenzialausgleichsschiene ist mit einem Fundamenterder verbunden. Je mehr Häuser in einem Wohngebiet mit Fundamenterdern geerdet sind, desto geringer wird der Widerstand gegen Erde.

Ö

Vorschriften

DIN VDE 701	DIN VDE 702	BGV2 A2
Diese Norm enthält die Vorschriften zur Instandsetzung, Änderung und Prüfung elektrischer Geräte.	Diese Norm enthält die Vorschriften zu den Wiederholungsprüfungen von elektrischen Geräten.	Diese Unfallverhütungsvorschrift der Berufsgenossenschaft schreibt die Zeitabstände fest, in denen ortsveränderliche Betriebsmittel, Verlängerungsleitungen, Geräteanschlussleitungen und Steckverbindungen geprüft werden müssen.

Zu prüfende Gerätearten	Vorzunehmende Prüfungen	Prüffristen nach BGV2 A2	
Laborgeräte, Mess-, Steuer- und Regelgeräte, Geräte zur Spannungserzeugung, Elektrowerkzeuge, Elektrowärmegeräte, Leuchten, Elektromotorgeräte, Geräte der Unterhaltungstechnik, Geräte der Informationstechnik, Geräte der Kommunikationstechnik, Verlängerungsleitungen, Geräteanschlussleitungen.	Sichtprüfung, Messung des Schutzleiterwiderstandes, Messung des Isolationswiderstandes, Messung des Ersatzableitstromes, Messung des Schutzleiterstromes, Messung des Berührungsstromes, Funktionsprüfung, Dokumentation der Prüfung.	**Frist**	**gültig für**
		3 Monate	Baustellen
		6 Monate	Richtwert
		mindestens 1 Jahr	bei geringer Fehlerhäufigkeit in Betriebsstätten
		mindestens 2 Jahre	Büros

Prüfgerät SECUTEST SII für DIN VDE 0701-0702 und 0751

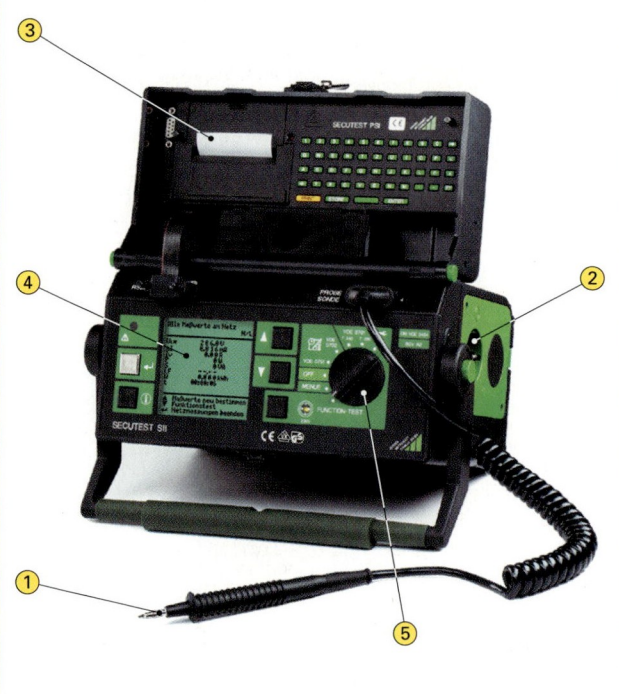

① Sonde mit Prüfspitze
② Prüfdose
③ Druckermodul
④ LCD-Anzeigeeinheit
⑤ Funktionsschalter

Die Prüfungen sind in der Regel von einer Elektrofachkraft durchzuführen. Bei Verwendung von geeigneten Geräten kann die Durchführung der Prüfung auch eine elektrotechnisch unterwiesene Person übernehmen. Mit Universalprüfgeräten sind alle notwendigen Messungen durchzuführen.

Optional erstellen einige Geräte eine Bewertung der Prüfergebnisse. Weiterhin lassen sich auch gerätespezifische Prüfabläufe und Protokolle speichern.

Auszüge aus Original-Prüfprotokoll:

Allgemeines Setup

➤ speichern
   Grenzwerte . . .
   Modem . . .
   Prüfablauf . . .
   Protokolle . . .
   Service . . .

▲▼ auswählen
↵ ändern

Alle Messwerte am Netz
                            N/L

U_{LN}	206.0 V
ΔI	0.016 mA
I_V	0.00 A
P	0 W
S	0 VA
LF	--.--
W	0.000 kWh
t	00:00:06

▲ Messwerte neu bestimmen
▼ Funktionstest
↵ Netzmessungen beenden

Ö

Art der Prüfung und Grenzwerte	Erklärung	Messschaltung

Messen des Schutzleiterwiderstandes

Prüfen, ob eine Parallelverbindung besteht!

Länge der Anschlussleitung	Maximalwert
bis 5 m	0,3 Ω
je weitere 7,5 m	0,1 Ω
maximal	1,0 Ω

Der Schutzleiterwiderstand wird zwischen den Schutzkontakten bzw. dem Schutzleiteranschluss und jedem berührbaren leitfähigen Teil des Gerätegehäuses gemessen. Der Schutzleiterwiderstand umfasst den Widerstand der Anschlussleitung sowie den Übergangswiderstand der Steck- und Klemmverbindungen.

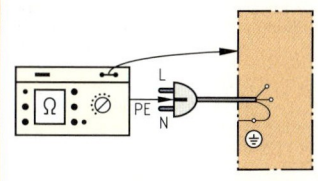

Messen des Isolationswiderstandes

Schutzklasse	Mindestwert
I	0,3 MΩ bis 2 MΩ
II	2 MΩ
III	0,25 MΩ

Der Isolationswiderstand wird zwischen dem Schutzleiter (Schutzklasse I), bzw. berührbarem leitfähigen Gehäuse (Schutzklasse II) und den kurzgeschlossenen Netzanschlüssen gemessen. Der Isolationswiderstand darf die Grenzwerte nicht unterschreiten!

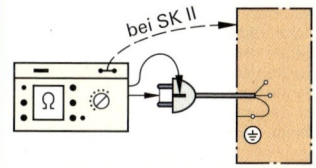

Messen des Schutzleiterstromes

Gerät	Grenzwert
Allgemein	3,5 mA
P > 3,5 kW Heizelemente	1 mA/kW Heizleistung
≤ 6 kW	7 mA
> 6 kW	15 mA
Höchstwert 10 mA	

Nach bestandener Prüfung des Schutzleiterwiderstandes und des Isolationswiderstandes erfolgt die Messung des Schutzleiterstromes mit Netzspannung. Der höchste Messwert ist als Messergebnis zu betrachten!

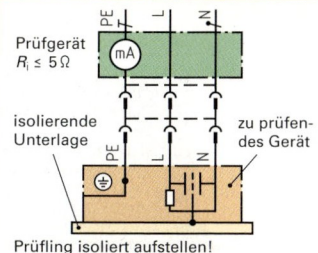

Prüfgerät $R_i \leq 5 \, \Omega$

isolierende Unterlage — zu prüfendes Gerät

Prüfling isoliert aufstellen!

Messen des Berührungstromes

Der Berührungsstrom darf nicht größer als 0,5 mA sein

Diese Messung ist bei Geräten der Schutzklasse II durchzuführen, wenn z. B. bei Geräten der Informationstechnik keine Betriebsunterbrechung möglich ist, bzw. der Isolationswiderstand nicht gemessen werden kann.

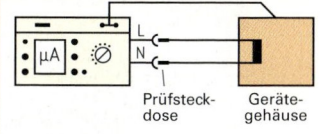

Prüfsteckdose — Gerätegehäuse

Auswertung, Beurteilung, Dokumentation	Prüfplaketten

- Das Gerät muss alle Einzelprüfungen bestehen und sollte entsprechend gekennzeichnet sein, z. B. durch eine Prüfplakette (**Bild**).
- Der Betreiber ist über Geräte, die die Prüfung nicht bestanden haben, zu informieren. Dabei ist das Gerät deutlich als **unsicher** zu kennzeichnen, z. B. durch eine entsprechende Plakette (**Bild**).

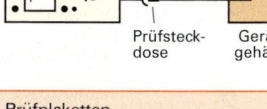

Geprüft nach BGV A3

Freigabe **nicht** erteilt **!**

Schutzklasse I: Geräte mit Schutzleiteranschluss;
Schutzklasse II: Geräte ohne Schutzleiteranschluss;
Schutzklasse III: Geräte, die nur mit Schutzkleinspannung betrieben werden.

Ö

Key words	Explanation	English	German
Firewall	A firewall is a piece of hardware, or a software program that examines data passing into your computer or network and discards it if it does not meet certain criteria. Depending on the type of firewall you use, this operation may take place at different points in the path between the source of the data and the application in your computer it is intended for, and different criteria will be used to examine the data, but the basic operation remains the same for all firewalls.	application depending on path piece source to discard to examine to pass into to remain to take place	Anwendung abhängig von Pfad Stück Quelle verwerfen überprüfen einfließen bleiben stattfinden

Control methods

Packet filtering	Packet filtering firewalls work by examining data packets as they attempt to pass through the firewall. They compare them to a list of rules based on the source of the data, the destination it is intended for, and the port the data was sent from and intends to connect to. The limitation of packet filters is that ports and IP addresses are all they will filter. They don't care about the content of the data, just where it's headed. They also require some technical knowledge if you wish to customize them. Most cable/DSL routing devices can use packet filtering as a part of their firewall protection.	content destination limitation rules to attempt to care to compare to connect to customize to head to intend to require	Inhalt Ziel Begrenzung Regeln versuchen kümmern vergleichen verbinden anpassen gehen beabsichtigen benötigen
Circuit level gateways	A circuit level gateway is a firewall that only allows data into its protected network based on requests that come from computers inside that network. The firewall keeps a record of requests for data that go out, and only allows data in that matches with a request. An advantage of this type of firewall is that since it acts as the gateway to the network it is protecting, anyone scanning the network from outside will see only the address of the firewall, not the rest of its protected network.	advantage circuit level gateway protected requests to act to keep a record to match to scan	Vorteil Schaltebene Verbindung- rechner geschützt Anfrage handeln aufzeichnen passen abtasten
Application level gateways	A firewall using this method runs proxy applications to view common types of data (like HTTP for web-pages, FTP, SMTP or POP3 for email, etc.) before it is allowed to pass the firewall. This has two advantages: ● no direct communication is allowed between out side sources and computers behind the firewall, since everything must first pass through a proxy, ● filtering can now be done using the actual content of the data, as opposed to just where it came from and where it's going.	actual application as opposed to behind common since to run to view	tatsächlich Anwendung im Gegensatz zu hinter gebräuchlich weil betreiben einsehen
Stateful inspection	Stateful inspection is a combination of packet filtering with some of the elements of the gateway methods. Essentially, it is a packet filter firewall that examines more than just the addresses and port information of the data. Without using proxies, it can imitate some of the features of an application gateway by viewing the application specific data sent in each packet. The advantage of this method is that it can examine data at the application level (that is filtering by content, not just address). Stateful firewalls will also close all ports to unsolicited incoming data and keep a table of requests from inside the network.	essentially features stateful table unsolicited to examine to imitate	im Wesentlichen Merkmale zustands- bezogen Tabelle unerwünscht überprüfen imitieren

Ö

Key words	Explanation	English	German
Virus	A computer virus is a small program written to alter the way a computer operates, without the permission or knowledge of the user. A virus must meet two criteria: • It must execute itself. It will often place its own code in the path of execution of another program. • It must replicate itself. For example, it may replace other executable files with a copy of the virus-infected file. Viruses can infect desktop computers and network servers alike.	alike criteria executable knowledge path permission to alter to execute to infect to operate to replace to replicate	genauso Kriterien ausführbar Wissen Pfad Erlaubnis ändern ausführen infizieren funktionieren ersetzen wiederholen
Trojan Horses	Trojan Horses are impostors – files that claim to be something desirable but, in fact, are malicious. A very important distinction between Trojan Horse programs and true viruses is that they do not replicate themselves. Trojans contain malicious code that when triggered cause loss, or even theft, of data. For a Trojan Horse to spread, you must invite these programs onto your computers for example by opening an email attachment or downloading and running a file from the Internet. *Trojan.Vundo* is a Trojan.	attachment desirable distinction impostors loss malicious theft to cause to claim to contain to trigger	Anhang wünschenswert Unterscheidung Betrüger Verlust bösartig Diebstahl verursachen behaupten enthalten auslösen
Boot Sector Viruses	The boot sector is a small program that is the first part of the operating system that the computer loads. The boot sector contains a tiny program that tells the computer how to load the rest of the operating system. By putting its code in the boot sector, a virus can guarantee it gets executed. It can load itself into memory immediately, and it is able to run whenever the computer is on.	immediately memory sector tiny to execute to guarantee to load	sofort Speicher Bereich winzig ausführen garantieren laden
E-mail Viruses	In March 1999 the e-mail virus *Melissa* spread in Microsoft Word documents sent via e-mail, and it worked like this: The Melissa virus took advantage of the programming language built into Microsoft Word called VBA, or Visual Basic for Applications. It is a complete programming language and it can be programmed to do things like modify files and send e-mail messages. It also has a useful but dangerous auto-execute feature.	advantage auto-execute complete feature to modify to spread to work	Vorteil selbstaus- führend vollständig Merkmal abändern ausbreiten funktionieren
Worms	Worms are programs that replicate themselves from system to system without the use of a host file. This is in contrast to viruses, which requires the spreading of an infected host file. Although worms generally exist inside of other files, often Word or Excel documents, there is a difference between how worms and viruses use the host file. Usually the worm will release a document that already has the „worm" macro inside the document. The entire document will travel from computer to computer, so the entire document should be considered the worm. W32.Mydoom.AX@mm is an example of a worm.	although difference entire generally host file to consider to exist to release to require usually worm	obwohl Unterschied ganz allgemein Wirtsdatei halten für existieren freigeben benötigen gewöhnlich Wurm
A virus-free life	Set your e-mail software security settings to high. Don't open messages with subjects that don't apply specifically to you from people you don't know. Don't open an attachment unless you're expecting it. If you have broadband Internet access, get a router because it adds an extra layer of protection. Check your Internet ports. These doorways between your computer and the Internet can be open, in which case your PC is very vulnerable.	layer security setting subject to apply to to expect to set unless vulnerable	Schicht Sicherheit Einstellung Betreff gelten für erwarten einstellen wenn nicht verletzlich

Ö

R

Begriff	Darstellung	Erklärung

Bereiche, Ziele und Aufgaben

Rechnungswesen

Finanzbuchhaltung

Die Finanzbuchhaltung erfasst
• alle Einnahmen und Ausgaben, d.h. den Wertefluss eines Unternehmens,
• alle Aufwände und Erträge, berechnet den Erfolg, d.h. den Gewinn oder Verlust und
• bewertet das Sachvermögen und Kapital eines Unternehmens.

Kosten- und Leistungsrechnung

Die Kosten- und Leistungsrechnung erfasst,
• welche Kosten entstanden sind
→ Kostenartenrechnung,
• wo die Kosten entstanden sind
→ Kostenstellenrechnung und
• wofür die Kosten entstanden sind
→ Kostenträgerrechnung.

Planung Statistik

Die Planung und Statistik erfassen unternehmerische Entwicklungen und Marktentwicklungen und bereiten die Daten für unternehmerische Planungen und Entscheidungen auf.

Controlling

Das Controlling
• gibt messbare Zielwerte für unternehmerische Bereiche vor,
• überwacht das Erreichen und Einhalten der Zielwerte und
• gibt Empfehlungen und ergreift Maßnahmen für Verbesserungen.

Ziel des betrieblichen Rechnungswesens ist das
• Ermitteln,
• Verarbeiten,
• Speichern und
• Darstellen
von ausgewählten wirtschaftlichen und rechtlichen Vorgängen in einem Betrieb.

Es ist z. B. in die vier Teilbereiche
• Finanzbuchhaltung,
• Kosten- und Leistungsrechnung,
• Planung, Statistik und
• Controlling
gegliedert.

Die Aufgaben der Buchführung sind
• Selbstinformation für den Unternehmer, z. B. durch Vermögens- und Schuldenübersicht, Gewinn- oder Verlustberechnung, Aufwand- und Ertragsgegenüberstellungen.
• Rechenschaftslegung gegenüber Kapitalgebern und Gesellschaftern.
• Das Bereitstellen der Besteuerungsgrundlagen für die Finanzverwaltung.
• Gewährleistung des Gläubigerschutzes. Direkter Gläubigerschutz z. B. durch die Prüfung und Überwachung der Kreditwürdigkeit durch Banken, indirekter Gläubigerschutz z. B. indem das Unternehmen sich selbst besser beurteilen kann.
• die Bereitstellung von Beweismitteln.

Buchführungspflicht

Buchführungspflicht

Handelsrecht §238 HGB	Steuerrecht	
	§140 AO	§141 AO
jeder Kaufmann	Wer nach anderen Gesetzen, z.B. nach HGB Bücher führen muss, muss das auch für die Besteuerung	Gewerbetreibende sowie Land- und Forstwirte sind auch dann buchführungspflichtig, wenn eine der folgenden Grenzen überschritten wird: Umsatz > 500.000 € Wirtschaftswert > 25.000 € Gewinn aus Gewerbebetrieb oder Land- und Forstwirtschaft > 30.000 €
Kaufleute		

Handelsrechtlich ist jeder Kaufmann verpflichtet, Bücher zu führen (HGB §238 Abs. 1 Satz 1). Steuerrechtlich ist die Buchführungspflicht in den §§140 AO und 141 AO geregelt und an bestimmte Grenzen gebunden.
Sowohl das Handelsrecht wie auch das Steuerrecht verlangen vom Buchführungspflichtigen, dass er die Grundsätze ordnungsgemäßer Buchführung (GoB) einhält.
Verstöße gegen die Buchführungspflicht werden durch Zwangsgelder, Steuerschätzungen durch das Finanzamt, Geldbußen und Freiheitsstrafen geahndet.

R

AO Abgabenordnung
HGB Handelsgesetzbuch

Begriff	Darstellung	Erklärung
GoB GoBS GDPdU	**Definition Geschäftsvorfall** Einzelnes Unternehmensereignis in dem	In der Buchführung werden alle Geschäftsvorfälle aufgezeichnet. Dabei verlangt das Handels- und Steuerrecht die Einhaltung der

Definition Geschäftsvorfall
Einzelnes Unternehmensereignis in dem
- ein bestimmtes Ereignis eine oder mehrere Aktionen auslösen,
- nach vorgegebenen Regeln vorgegangen wird,
- eine Interaktion der Akteure mit Systemen stattfindet und
- eine nachweisbare Zustandsänderung zwischen Input und Output stattfindet, z. B. wird aus einer unbezahlten Rechnung eine bezahlte Rechnung.

Rechtliche Grundlagen

In der Buchführung werden alle Geschäftsvorfälle aufgezeichnet. Dabei verlangt das Handels- und Steuerrecht die Einhaltung der

GoB = Grundsätze ordnungsgemäßer Buchführung,

GoBS = Grundsätze ordnungsmäßiger DV-gestützter Buchführungssysteme und

GDPdU = Grundsätze zum Datenzugriff und zur Prüfbarkeit digitaler Unterlagen.

Die GoBS schreiben bei elektronischer Buchführung die Dokumentation des Verfahrens vor. Die Dokumentation soll einem Dritten ein schnell fassbares Bild der DV-Buchführung des Unternehmens verschaffen und alle Geschäftsvorfälle nachvollziehbar machen.

Prüfbarkeit

Progressive Prüfbarkeit bedeutet, dass ausgehend vom Beleg Geschäftsvorfälle über den Buchungssatz und die Konten bis zur Bilanz bzw. GuV verfolgbar sein müssen.

Retrograde Prüfbarkeit verlangt, dass ausgehend von den Angaben in der Steuererklärung alle Schritte zurück bis zum Einzelbeleg möglich sein müssen.

Die GDPdU verlangen, alle steuerrelevanten originär-digitalen Daten aus Anlagen-, Lohn- und Finanzbuchhaltung in für die Finanzprüfung maschinell auswertbarer Form vorzuhalten. Für die Prüfbarkeit im Sinne der GDPdU muss gewährleistet sein, dass die Bedeutung jeder Tabelle, jedes Feldes und die Beziehungen zwischen diesen eindeutig dokumentiert sind.

| Ordnungs-vorschriften | Aus den Ordnungsvorschriften abgeleitete Kernpunkte | Die Ordnungsvorschriften der §§ 238, 239 und 257 HGB und die §§ 140 und 141 AO bestimmen, wie eine ordnungsgemäße Buchhaltung beschaffen sein muss. |

Aus den Ordnungsvorschriften abgeleitete Kernpunkte
- **Beleg und Journalfunktion**: Alle Geschäftsvorfälle müssen richtig, vollständig und zeitgerecht erfasst werden und in ihrer Entstehung und Abwicklung nachvollziehbar sein.
- **Kontenfunktion**: Alle Geschäftsvorfälle sind geordnet darzustellen und sollen einen Überblick über die Vermögens- und Ertragslage gewährleisten.
- **Lesbarkeit**: Buchungen müssen einzeln und geordnet nach Konten erfolgen und jederzeit lesbar gemacht werden können.
- Ein **sachverständiger Dritter** muss sich in angemessener Zeit zurechtfinden und sich einen Überblick über die Geschäftsfälle und Geschäftslage verschaffen können.
- Für **DV-Buchführung** muss eine Verfahrensdokumentation gemacht werden, die dem in der Praxis eingesetzten Programm entspricht (Programmidentität).

Die Ordnungsvorschriften der §§ 238, 239 und 257 HGB und die §§ 140 und 141 AO bestimmen, wie eine ordnungsgemäße Buchhaltung beschaffen sein muss.

Es sind
- alle für die kaufmännische Buchführung erforderlichen Bücher zu führen,
- die Bücher müssen förmlich in Ordnung sein und
- die Inhalte müssen sachlich richtig sein.

R

Begriff	Darstellung			Erklärung

Ordnungsprinzipien

Ordnungsprinzipien der Buchungen in bestimmten „Büchern" der Buchführung

Grundbuch (Journal, Prima-nota)	Hauptbuch	Nebenbücher
→ zeitliche Ordnung	→ sachliche Ordnung	→ Erläuterung zu bestimmten Sachkonten
Das Grundbuch erfasst die Geschäftsfälle, z.B. Eröffnungsbuchungen, laufende Buchungen, Umbuchungen und Abschlussbuchungen in zeitlich geordneter Reihenfolge.	Das Hauptbuch erfasst die Geschäftsstelle in sachlicher Ordnung auf Sachkonten, z.B. Bestandskonten und Erfolgskonten.	In Nebenbüchern werden Eintragungen aus dem Hauptbuch genauer erläutert, z.B. Lagerbuchhaltung, Lohnbuchhaltung und Anlagenbuchhaltung.

Aufzeichnungspflicht

Aufzeichnung des Wareneingangs in der Lagerbuchhaltung

- Tag des Wareneingangs oder Datum der Rechnung
- Name oder Firma und Anschrift des Lieferers
- handelsübliche Bezeichnung der Ware
- Preis der Ware
- einen Hinweis auf den Beleg

Die Buchungen müssen jederzeit nachprüfbar sein. Sie sind deshalb jeweils

- in zeitlicher Reihenfolge zu erfassen,
- nach sachlichen Gesichtspunkten zu ordnen und
- gegebenenfalls durch Nebenaufzeichnungen zu erläutern.

Nach § 22 UStG ist der Unternehmer verpflichtet, zur Feststellung der Umsatzsteuer und ihrer Berechnung Aufzeichnungen zu machen. Die Aufzeichnung muss z. B. enthalten,

- die vereinbarten bzw. vereinnahmten Entgelte getrennt nach Steuersätzen für ausgeführte Leistungen,
- die vereinbarten bzw. vereinnahmten Entgelte getrennt nach Steuersätzen für noch nicht ausgeführte Leistungen,
- die Bemessungsgrundlagen für ausgeführte unentgeltliche Leistungen,
- die Entgelte für empfangene Vorleistungen, sowie
- bei international tätigen Unternehmen die Bemessungsgrundlage für die Einfuhr und
- die Bemessungsgrundlage für innergemeinschaftlichen Erwerb und die hierauf entfallenden Steuerbeträge.

Gewerbliche Unternehmer müssen nach § 143 AO den Wareneingang gesondert aufzeichnen.

Aufbewahrungspflichten

Unterlagen	Aufbewahrungsfrist
§ Steuer-Recht	
Buchungsbelege, Handelsbücher, Inventare, GuV- Rechnungen, Lageberichte, Arbeitsanweisungen und sonstige Organisationsunterlagen.	10 Jahre
§ Handels-Recht	
Empfangene Handelsbriefe, Wiedergabe der abgesandten Handelsbriefe, Nur Steuerrecht: sonstige für die Besteuerung relevanten Unterlagen.	6 Jahre

Die **Aufbewahrungsfristen** sind im Handelsrecht in den §§ 257 Abs. 1 und 257 Abs. 4 HGB geregelt, im Steuerrecht in den §§ 147 Abs. 1 und 147 Abs. 3 AO. Die Aufbewahrungsfrist beginnt mit dem Schluss des Kalenderjahres, in dem die letzte Eintragung erfolgte. Steuerrechtlich ist die Ablaufhemmung zu beachten: solange Unterlagen steuerrechtlich von Bedeutung sind, läuft die allgemeine Aufbewahrungspflicht nicht ab.

R

Inventur- Inventar   Stocktaking and inventory

Begriff	Darstellung	Erklärung

Inventur

Inventur §§ 240, 241 HGB

Durchführungsarten

Körperliche Inventur: es werden körperliche Gegenstände durch Zählen, Wiegen, Messen und Bewerten aufgenommen.
Buchinventur: die Vermögensbestandteile und Schulden werden mithilfe von Belegen und buchhalterischen Aufzeichnungen ermittelt.

Zeitpunkt

Stichtaginventur: Inventur wird zeitnah zum Bilanzstichtag vorgenommen. Bestandsveränderungen zwischen Bilanzstichtag und Erfassungstag müssen berücksichtigt werden.
zeitverschobene Inventur: Inventur wird innerhalb der letzten drei Monate vor oder innerhalb zwei Monate nach dem Bilanzstichtag ausgeführt. Abgänge und Zugänge bei Vermögen und Schulden werden berücksichtigt.
permanente Inventur: es findet eine dauernde Bestandsfortschreibung durch Berücksichtigung aller Zugänge und Abgänge im Inventar statt.
Stichprobeninventur: Der Gesamtwert z. B. eines Lagers errechnet sich bei der Stichprobeninventur durch die Anwendung von der Finanzverwaltung anerkannter mathematisch-statistischer Verfahren.

Erklärung zu Inventur:

Alle Buchführungspflichtigen sind auch zur Inventur verpflichtet. Eine Inventur ist zu Beginn eines Handelsgewerbes und für den Schluss jeden Geschäftsjahres durchzuführen (§§ 240 Abs.1 und Abs. 2 HGB).

Inventur

Die Inventur ist die mengenmäßige und wertmäßige Bestandsaufnahme aller Schulden und Vermögensgegenstände.
Nach der Art der Durchführung unterscheidet man zwischen körperlicher Inventur und Buchinventur.

Inventar

Beispiel: Inventar Unternehmen yyy zum 31.12.20xx

	€	€
I. Vermögen		
1. Anlagevermögen		
1.1 Grundstücke und Bauten	200.000	
1.2 Lagereinrichtung lt. Verzeichnis 1	40.000	
1.3 Maschinen lt. Verzeichnis 2	50.000	
1.4 Betriebs- u. Geschäftsausst. lt. Verz. 3	25.000	
1.5 Fuhrpark lt. Verzeichnis 4	40.000	355.000
2. Umlaufvermögen		
2.1 Vorräte lt. Verzeichnis 5	20.000	
2.2 Unfertige Erzeugnisse lt. Verzeichnis 6	15.000	
2.3 Fertige Erzeugnisse lt. Verzeichnis 7	22.000	
2.4 Forderungen an Kunden	30.000	
2.5 Kassenbestand	1.000	
2.6 Bankguthaben	14.000	102.000
Summe des Vermögens		457.000
II. Schulden		
1. Langfristige Schulden		
1.1 Hypothek	150.000	
1.2 Darlehen	60.000	210.000
2. Kurzfristige Schulden		
2.1 Verbindlichkeiten an Lieferer	10.000	10.000
Summe Schulden		220.000
III. Ermittlung des Reinvermögens		
Summe Vermögen		457.000
− Summe Schulden		220.000
= Reinvermögen (Eigenkapital)		237.000

31. 12. 20..   Münchmayer

Inventar

Das Inventar ist das Verzeichnis, das alle Vermögensgegenstände und Schulden nach Art, Menge und Wert ausweist.
Eine Ausnahme gilt lediglich für geringwertige Anlagegüter, deren Anschaffungskosten oder Herstellungskosten

● weniger als 60 € betragen oder
● mehr als 60 € aber weniger als 410 € gekostet haben und beim Zugang auf einem besonderen Konto gebucht und in einem besondern Verzeichnis erfasst worden sind.

Für die Gliederung des Inventars haben sich in der Praxis bestimmte Regeln gebildet.

Das Vermögen wird nach der Liquidität geordnet. Weniger flüssige Vermögensbestandteile zuerst und flüssige Vermögensbestandteile zuletzt.

Die Schulden werden nach ihrer Fälligkeit aufgelistet. Langfristige Schulden werden vor den kurzfristigen Schulden aufgeführt. Zu den kurzfristigen Schulden werden in der Regel Schulden gezählt, die innerhalb von 90 Tagen fällig werden.

Die Differenz zwischen Vermögen und Schulden ergibt das Reinvermögen.

Das Inventar wird von den für die Durchführung der Inventur Verantwortlichen unterschrieben.

R

Begriff	Darstellung, Beispiel	Erklärung
Bilanz	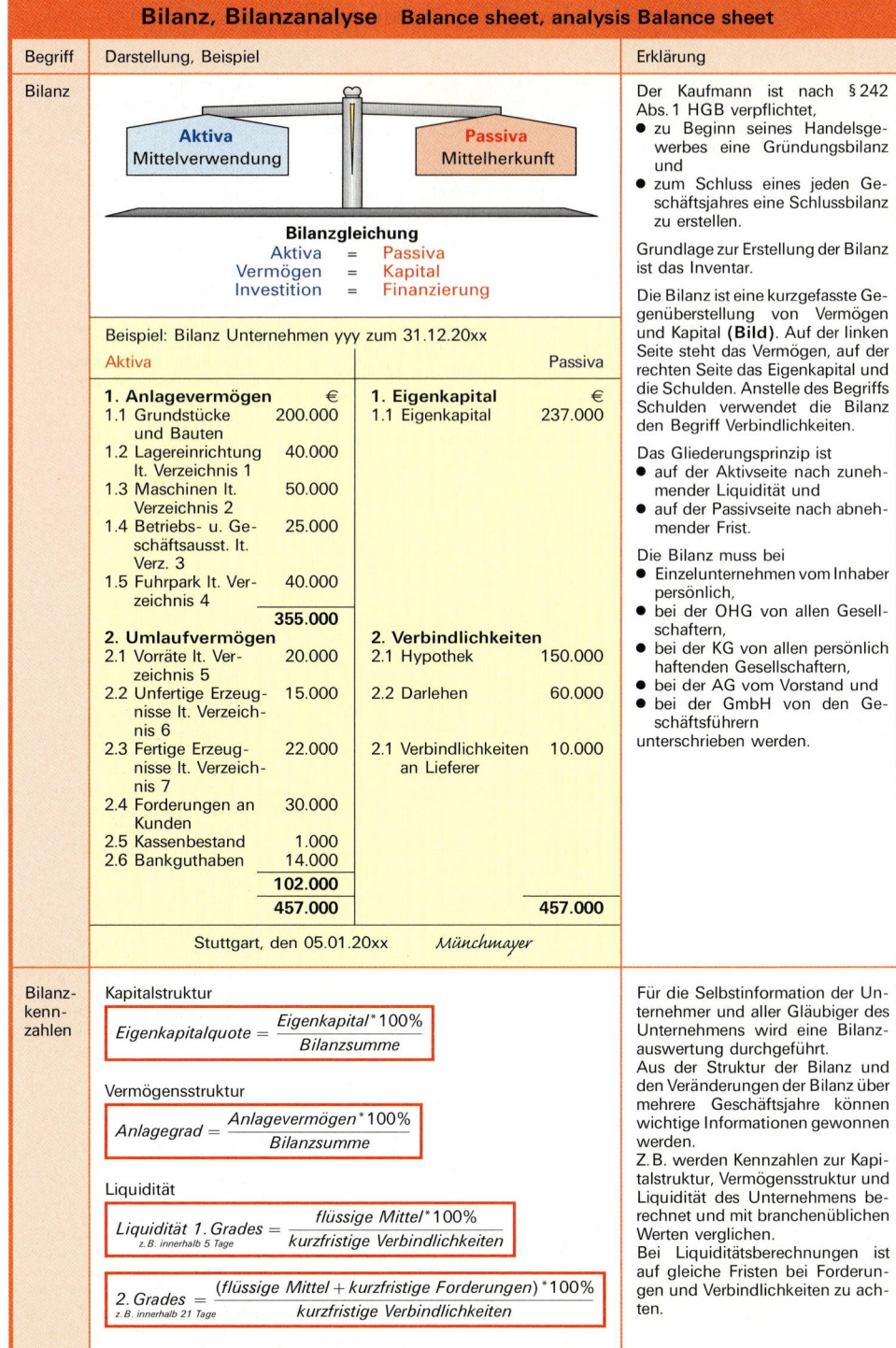	Der Kaufmann ist nach § 242 Abs. 1 HGB verpflichtet, • zu Beginn seines Handelsgewerbes eine Gründungsbilanz und • zum Schluss eines jeden Geschäftsjahres eine Schlussbilanz zu erstellen. Grundlage zur Erstellung der Bilanz ist das Inventar. Die Bilanz ist eine kurzgefasste Gegenüberstellung von Vermögen und Kapital (**Bild**). Auf der linken Seite steht das Vermögen, auf der rechten Seite das Eigenkapital und die Schulden. Anstelle des Begriffs Schulden verwendet die Bilanz den Begriff Verbindlichkeiten. Das Gliederungsprinzip ist • auf der Aktivseite nach zunehmender Liquidität und • auf der Passivseite nach abnehmender Frist. Die Bilanz muss bei • Einzelunternehmen vom Inhaber persönlich, • bei der OHG von allen Gesellschaftern, • bei der KG von allen persönlich haftenden Gesellschaftern, • bei der AG vom Vorstand und • bei der GmbH von den Geschäftsführern unterschrieben werden.

In the diagram:

Aktiva Mittelverwendung = **Passiva** Mittelherkunft

Bilanzgleichung
Aktiva = Passiva
Vermögen = Kapital
Investition = Finanzierung

Beispiel: Bilanz Unternehmen yyy zum 31.12.20xx

Aktiva / Passiva

1. Anlagevermögen €
1.1 Grundstücke und Bauten 200.000
1.2 Lagereinrichtung lt. Verzeichnis 1 40.000
1.3 Maschinen lt. Verzeichnis 2 50.000
1.4 Betriebs- u. Geschäftsausst. lt. Verz. 3 25.000
1.5 Fuhrpark lt. Verzeichnis 4 40.000
355.000
2. Umlaufvermögen
2.1 Vorräte lt. Verzeichnis 5 20.000
2.2 Unfertige Erzeugnisse lt. Verzeichnis 6 15.000
2.3 Fertige Erzeugnisse lt. Verzeichnis 7 22.000
2.4 Forderungen an Kunden 30.000
2.5 Kassenbestand 1.000
2.6 Bankguthaben 14.000
102.000
457.000

1. Eigenkapital €
1.1 Eigenkapital 237.000
2. Verbindlichkeiten
2.1 Hypothek 150.000
2.2 Darlehen 60.000
2.1 Verbindlichkeiten an Lieferer 10.000
457.000

Stuttgart, den 05.01.20xx *Münchmayer*

| Bilanz-kenn-zahlen | Kapitalstruktur
$$Eigenkapitalquote = \frac{Eigenkapital * 100\%}{Bilanzsumme}$$

Vermögensstruktur
$$Anlagegrad = \frac{Anlagevermögen * 100\%}{Bilanzsumme}$$

Liquidität
$$Liquidität\ 1.Grades = \frac{flüssige\ Mittel * 100\%}{kurzfristige\ Verbindlichkeiten}$$ z.B. innerhalb 5 Tage

$$2.Grades = \frac{(flüssige\ Mittel + kurzfristige\ Forderungen) * 100\%}{kurzfristige\ Verbindlichkeiten}$$ z.B. innerhalb 21 Tage | Für die Selbstinformation der Unternehmer und aller Gläubiger des Unternehmens wird eine Bilanzauswertung durchgeführt.
Aus der Struktur der Bilanz und den Veränderungen der Bilanz über mehrere Geschäftsjahre können wichtige Informationen gewonnen werden.
Z.B. werden Kennzahlen zur Kapitalstruktur, Vermögensstruktur und Liquidität des Unternehmens berechnet und mit branchenüblichen Werten verglichen.
Bei Liquiditätsberechnungen ist auf gleiche Fristen bei Forderungen und Verbindlichkeiten zu achten. |

R

Begriff	Darstellung, Beispiel			Erklärung

Arten

Art der Bilanzveränderung	Wirkung auf die Bilanzsumme	Beispiel
Aktiv-Passiv-Mehrung	steigt	04.01.xx Kauf von Vorräten auf Ziel 1.800 €
Aktivtausch	unverändert	08.01.xx Kauf eines PC 1500 € (Büroeinrichtung) in bar.
Aktiv-Passiv-Minderung	fällt	15.01.xx Zahlung von Verbindlichkeiten in bar 200 €.
Passivtausch	unverändert	17.01.xx Verbindlichkeiten werden in Bankdarlehen umgeschuldet 400 €.

Geschäftsfall

Jeder Geschäftsfall verändert mindestens zwei Bilanzposten.
Nach der Art der Veränderungen unterscheidet man
- Aktiv-Passiv-Mehrung AP +,
- Aktivtausch AT,
- Aktiv-Passiv-Minderung AP − und
- Passivtausch PT.

Bilanzwaage

Die Bilanzwaage muss bei allen Geschäftsfällen im Gleichgewicht bleiben.
Die große Zahl von Geschäftsfällen lässt sich nicht sinnvoll direkt in der Bilanz buchen. Daher wird die Eröffnungsbilanz für die Buchung der Geschäftsfälle in Bestandskonten (= T-Konten) zerlegt. Am Ende des Geschäftsjahres werden die Konten abgeschlossen und die Ergebnisse zur Schlussbilanz zusammengefasst.

Aktiva				Bilanz in €				Passiva
	Büroeinrichtung	Vorräte	Kasse	Summe	EK	Bankdarlehen	Verbindlichkeiten	Art
Eröffnung	13.200	10.000	1.800	25.000	18.000	4.000	3.000	
04.01.	13.200	11.800	1.800	26.800	18.000	4.000	4.800	AP+
08.01.	14.700	11.800	300	26.800	18.000	4.000	4.800	AT
15.01.	14.700	11.800	100	26.600	18.000	4.000	4.600	AP−
17.01.	14.700	11.800	100	26.600	18.000	4.400	4.200	PT

Auflösung der Bilanz in Bestandskonten

Aktiva	Eröffnungsbilanz (in €)	Passiva
Büroeinrichtung 13.200	Eigenkapital 18.000	
Vorräte 10.000	Bankdarlehen 4.000	
Kasse 1.800	Verbindlichkeiten 3.000	
25.000	25.000	

Soll	Büroeinrichtung	Haben	Soll	Eigenkapital	Haben
AB 13.200				SB 18.000	AB 18.000
8.1. 1.500	SB 14.700				
				18.000	18.000
14.700	14.700				

Soll	Vorräte	Haben	Soll	Bankdarlehen	Haben
AB 10.000					AB 4.000
4.1. 1.800	SB 11.800		SB 4.400		17.1. 400
11.800	11.800		4.400		4.400

Soll	Kasse	Haben	Soll	Verbindlichkeiten	Haben
AB 1.800	8.1. 1.500		15.1. 200		AB 3.000
	15.1. 200		17.1. 400		4.1. 1.800
	SB 100		SB 4.200		
1.800	1.800		4.800		4.800

Aktiva	Schlussbilanz (in €)	Passiva
Büroeinrichtung 14.700	Eigenkapital 18.000	
Vorräte 11.800	Bankdarlehen 4.400	
Kasse 100	Verbindlichkeiten 4.200	
26.600	26.600	

Regeln für die Auflösung der Bilanz in Bestandskonten:
- Benennung der Konten entsprechend den Bilanzposten. Die linke Seite der Konten wird mit Soll bezeichnet, die rechte Seite mit Haben.
- Konten der Aktivseite der Bilanz nennt man **Aktivkonten**. Die Konten der Passivseite **Passivkonten**.
- Die Anfangsbestände (AB) werden aus der Bilanz übernommen und stehen auf der gleichen Seite wie in der Bilanz:
  – die Anfangsbestände von Aktivkonten auf der Sollseite,
  – die Anfangsbestände der Passivkonten auf der Habenseite.
- **Zugänge** auf ein Konto stehen auf der gleichen Seite wie die Anfangsbestände:
  Aktivkonten nehmen im Soll zu. Passivkonten nehmen im Haben zu.
- **Abgänge** stehen gegenüber den Anfangsbeständen.
- Die Konten werden abgeschlossen, indem die betragsschwächere Seite durch den **Saldo** (SB für Schlussbestand) wertmäßig auf die höhere Summe ergänzt wird. Der SB wird in die Schlussbilanz übernommen.

R

Begriff	Darstellung		Erklärung
Konten der GuV	**Beispiel für erfolgswirksame Geschäftsvorfälle**	**Wirkung auf das Eigenkapital**	**Erfolgskonten** Geschäftsvorfälle, die das Eigenkapital verändern, werden in Erfolgskonten gebucht. Erfolgskonten sind Aufwandskonten und Ertragskonten.
	28.1… Miete für Geschäftsräume von Bank überwiesen 1.200 €	Minderung	
	31.1… Lohnzahlung an Mitarbeiter Krause 2.800 €	Minderung	
	2.2… Zinsgutschrift durch Bank 100 €	Mehrung	

Aufwandskonto

Eine betrieblich bedingte Minderung des Eigenkapitals bezeichnet man als **Aufwand**. Entsprechend werden sie in einem Aufwandskonto im Soll gebucht. Aufwendungen entstehen z. B. für Personal, Material, Energie und Abschreibungen.

Ertragskonto

Eine betrieblich bedingte Mehrung des Eigenkapitals bezeichnet man als **Ertrag** und bucht sie entsprechend in einem Ertragskonto auf der Habenseite. Erträge sind z. B. Umsatzerlöse und Zinserträge.

Gewinn- und Verlustkonto GuV

Die Salden (= Unterschiedsbeträge zwischen Soll und Haben) der Erfolgskonten (Habenbuchungen) werden im GuV- Konto den Aufwendungen (Sollbuchungen) gegenübergestellt.

Gewinn und Verlust

Für den Unternehmenserfolg gilt:

Im Gewinnfall sind die Erträge höher als die Aufwendungen, der Saldo des GuV- Kontos steht im Soll und erhöht das Eigenkapital.
Erträge > Aufwendungen → Gewinn

Im Verlustfall sind die Erträge kleiner als die Erlöse, der Saldo des GuV-Kontos steht im Haben und senkt das Eigenkapital.
Erträge < Aufwendungen → Verlust

Gesamtkostenverfahren

Das Gesamtkostenverfahren erfasst alle Aufwendungen der betrieblichen Leistungserstellung. Es ist unerheblich, ob die Leistung verkauft oder auf Lager produziert wurde.

Umsatzkostenverfahren

Das Umsatzkostenverfahren berücksichtigt nur Aufwendungen, die zu Umsätzen führen. Es kommt zum gleichen Ergebnis wie das Gesamtkostenverfahren.

Eigenkapital

Soll		Haben	
GuV	3.900 €	GuV	3.900 €
SB	14.100 €	SB	14.100 €
	18.000 €		18.000 €

Aufwandskonten   **Ertragskonten**

Soll	Bank	Haben		Soll	Bank	Haben
	28.01.	1.200€		02.02.		100€

Soll	Miete	Haben		Soll	Zinserträge	Haben
28.01. 1.200€					02.02.	100€
1.200€						100€

Soll	Bank	Haben
	31.01.	2.800€

Soll	Löhne	Haben
31.01. 2.800€		
2.800€		

Sammelkonto

Soll	GuV	Haben	
Miete	1.200 €	Zinserträge	100 €
Löhne	2.800 €	Verlust	3.900 €
	4.000 €		4.000 €

Gewinnfall
Erträge > Aufwendungen

Soll	GuV	Haben
Aufwendungen		Erträge
Gewinn		

Verlustfall
Erträge < Aufwendungen

Soll	GuV	Haben
Aufwendungen		Erträge
		Verlust

Soll	Eigenkapital	Haben
Schlusskapital		Anfangskapital
		Gewinn

Soll	Eigenkapitel	Haben
Verlust		Anfangskapital
Schlusskapital		

R

Begriff	Darstellung, Erläuterung			Erklärung
Konten-rahmen	Konten-klasse	Einzelhandels-Konten-rahmen EKR	Kontenart	**Kontenrahmen** Kontenrahmen sind Ordnungs-systeme für Konten. Sie sind z. B. abhängig von der Branche, Rechtsform und Unternehmens-größe. Verbreitet sind z. B.
	0	Anlagevermögen: Imma-terielle Vermögensgegen-stände und Sachanlagen	aktives Bestandskonto	• Einzelhandels-Kontenrahmen EKR,
	1	Anlagevermögen: Finanz-anlagen	aktives Bestandskonto	• Industrie-Kontenrahmen IKR, • Spezialkontenrahmen SKR 03
	2	Umlaufvermögen	aktives Bestandskonto	und
	3	Eigenkapital und Rück-stellungen	passives Bestandskonto	• Spezialkontenrahmen SKR 04.
	4	Verbindlichkeiten	passives Bestandskonto	Die Anwendung eines Konten-rahmens ermöglicht
	5	Erträge	Erfolgskonto	• einen internen Vergleich des Unternehmenserfolges durch
	6	Betriebliche Aufwendun-gen	Erfolgskonto	Vergleich der einzelnen Auf-wendungen und Erträge in
	7	Weitere Aufwendungen	Erfolgskonto	verschiedenen Rechnungspe-rioden,
	8	Ergebnisrechnung	Abschlusskonten	• einen äußeren Betriebsver-gleich mit Unternehmen der-
	9	Kosten- und Leistungs-rechnung	Keine Konten	selben Branche und ver-gleichbarer Betriebsgröße,
	Konten-klasse	Spezialkontenrahmen SKR 04	Beispiel	• die Anwendung einheitlicher Software und
	0	Anlagevermögen	0520 Pkw	• den leichteren Transfer von Buchhaltungskenntnissen.
	1	Umlaufvermögen	1600 Kasse	
	2	Passiva	2000 Festkapital	**Kontenplan**
	3	Passiva	3800 Umsatzsteuer	Unternehmen verwenden nicht alle Konten eines Kontenrah-
	4	Betriebliche Erträge	4200 Erlöse	mens. Im Kontenplan wird syste-matisch dargestellt, welche Kon-
	5	Betriebliche Aufwendun-gen	5200 Wareneingang	ten ein spezielles Unternehmen ausgewählt hat.
	6	Betriebliche Aufwendun-gen	6010 Löhne	
	7	Weitere Erträge und Auf-wendungen	7678 Ökosteuer	
	8	frei		
	9	Vertrags- und statistische Konten	9008 Saldovorträge Debitoren	
	Bezeichnung		Beispiel nach SKR 04	
	Kontenklasse 1. Stelle		6000 Löhne und Gehälter	
	Kontengruppe 2. Stelle		6100 Soziale Abgaben	
	Kontenarten 3. Stelle		6120 Beiträge Berufsgenossenschaft	
	Kontenunterart 4. Stelle		6121 für weitere Differenzierungen	
Konten-arten-Übersicht				In der Praxis werden neben den aus dem Kontenrahmen ausge-wählten Bestandskonten und Erfolgskonten noch Personen-konten (Kontokorrentkonten) geführt. Sie zählen zu den Nebenbü-chern. Ihre Aufgabe ist es, die Konten Forderungen aLuL (von aus Lieferungen und Leistun-gen) und Verbindlichkeiten aLuL näher zu erläutern und die Aus-kunftsfähigkeit und eigene Infor-mation zu verbessern. **Debitorenbuchhaltung** → er-fasst die Forderungen an Kunden **Kreditorenbuchhaltung** → erfasst die Verbindlichkeiten an Lieferer.

R

Begriff	Darstellung, Beispiel	Erklärung

Ablauf

Rechnungs-Nr. 1234   15.01.20xx

(2)
Eingang	04.12.20xx
Beleg-Nr.	KD 4387
erledigt	

(1)
Schreibwaren	40,00 €
+19% UST	7,60 €
Summe	47,60 €

(3)
Konto	Soll	Haben
Büromaterial	40,00 €	
Vorsteuer	7,60 €	
Verbindlich-keiten aLuL		47,60 €

Zahlbar innerhalb 10 Tage rein netto.

Reihenfolge beim Erfassen der Geschäftsvorfälle

1. Sachliche und rechnerische Richtigkeit prüfen.
2. Sortieren und fortlaufend nummerieren.
3. Mit Hilfe des Kontierungs-stempels und des Konten-planes vorkontieren.

(4) In Grundbücher (Journale), z.B. Kassenbuch, Rechnungseingangs-buch und Rechnungsausgangsbuch Geschäftsvorfälle eintragen.

(5) Hauptbuch aktualisieren mit Anfangsbeständen laut Bilanz, Monatsendbestände der Konten, Abschlussbuchungen.

Zu jedem Geschäftsfall werden die Belege auf sachliche und rechnerische Richtigkeit geprüft sowie mit einem Eingangs-stempel und einem Kontierungsstempel versehen.

Belegarten
- **interne Belege**, z. B. Durch-schriften von Ausgangsrechnun-gen und Lohnlisten,
- **externe Belege**, z. B. Eingangs-rechnungen und Kontoauszüge und
- **Ersatzbeleg**, z. B. für abhanden gekommene Belege zulässig.

Belegerfassung
Die sortierten Belege werden ent-sprechend dem unternehmenseige-nen Kontenplan vorkontiert und im Journal eingetragen.

Archivierung
Kontierte Belege werden entspre-chend den Vorschriften archiviert.

Grundbuch
Die Geschäftsfälle werden anschlie-ßend vollständig in die Grundbücher übertragen. Zum Monatsende wer-den die Summen in das Hauptbuch übertragen. Abschließend sind im Hauptbuch Abschlussbuchungen, z. B. die Ermittlung der Zahllast für die Umsatzsteuer, durchzuführen.

Buchungssatz

Geschäftsfall:
Kauf eines PC für das Büro auf Ziel.

Rechnung
Warenwert	1000,– €
+19% Mwst	+190,– €
Summe	1190,– €

betroffenes Konto und Art der Veränderung

Büroeinrichtung, Aktivkonto, steigt im Soll.

Vorsteuer, hat Forderungs-charakter, steigt im Soll.

Verbindlichkeiten aus Lieferungen und Leistungen, Passivkonto, steigt im Haben.

Buchungssatz:
Von Büroeinrichtung 1000 € und Vorsteuer 190 €
an Verbindlichkeiten aus Lieferungen und Leistungen 1190 €.

Jeder Geschäftsfall führt zu mindes-tens einer **Habenbuchung** und einer **Sollbuchung**.

Die Summe der Sollbuchungen muss gleich der Summe der Habenbu-chungen sein.

Bei den Buchungssätzen werden im-mer zuerst die Konten mit den Soll-buchungen und dann die Konten mit den Habenbuchungen genannt, ver-bunden durch das Wort „an".

Grundbuch

Seite 1   Grundbuch Januar 20xx

Belegdatum	Beleg-nummer	Buchungstext	Soll	Haben
02.01.20xx	BK3087	Büromaterial Vorsteuer 19% an Verbind-lichkeiten	40,00 € 7,60 €	47,60 €

Bei der EDV- Buchhaltung wird das Journal automatisch er-stellt und zusätzlich ein Erfassungsprotokoll (Primanota) er-stellt.

Die Buchungssätze müssen im Grundbuch (Journal, Tagebuch) in zeitlicher Reihenfolge anhand der Belege erfasst werden (§ 239 Abs. 2 HGB und H 29 EStH 2003).

Hauptbuch

Datum	Beleg-Nr.	Buchungs-text	Bestandskonten		Erfolgskonten	
			Soll	Haben	Soll	Haben

Das Hauptbuch enthält alle Konten entsprechend dem be-trieblichen Kontenplan

Das Hauptbuch fasst die Geschäfts-vorfälle unter sachlichen Gesichts-punkten zusammen. Aus dem Haupt-buch ermittelt man das Vermögen und die Schulden.

R

Begriff	Darstellung, Beispiel	Erklärung
EDV-Buchungs-methoden	Buchungen in EDV-Buchhaltungssystemen können im Dialogverfahren oder Stapelverfahren vorgenommen werden.  Buchen im Stapelverfahren　Datenbank 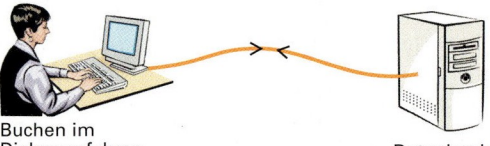 Buchen im Dialogverfahren　Datenbank	**Stapelverfahren** Beim Stapelverfahren werden die Buchungen zwischengespeichert und durch einen abschließenden Befehl in den nicht mehr veränderbaren Speicherbereich übernommen. **Dialogverfahren** Beim Dialogverfahren werden die Buchungen unmittelbar in das System übernommen und können nicht mehr verändert werden. Bei diesem Verfahren sind ständig die aktuellen Kontostände sichtbar. Fehlbuchungen müssen durch Stornobuchungen (von italienisch stornare: ablenken, rückgängig machen) korrigiert werden.
Vorsteuer, Umsatz-steuer	**Beispiel 1: Einkauf von Waren oder Leistungen** Beim Einkauf anfallende Umsatzsteuer bezeichnet man als Vorsteuer. Vorsteuer stellt für den Unternehmer eine Forderung an das Finanzamt dar, da er vorsteuerabzugsberechtigt ist. Buchungssatz z. B.: Aufwendungen für Büromaterial und Vorsteuer an Kasse. **Beispiel 2: Verkauf von Waren oder Leistungen** Die anfallende Umsatzsteuer beim Verkauf nennt man Umsatzsteuer. Sie stellt für den Unternehmer eine Verbindlichkeit gegenüber dem Finanzamt dar. Buchungssatz z. B.: Bank an Erlöse und Umsatzsteuer Die Umsatzsteuer, die an das Finanzamt zu zahlen ist, wird als Umsatzsteuerschuld oder Zahllast bezeichnet. Umsatzsteuerschuld = Umsatzsteuer − Vorsteuer	Die Kosten und der Gewinn erhöhen den Preis und damit den Wert einer Ware oder Leistung. Der Staat erhebt auf jede inländische Stufe dieser Wertschöpfung eine Steuer, die Mehrwertsteuer. Steuerrechtlich heißt die Mehrwertsteuer Vorsteuer oder Umsatzsteuer. Die allgemeine Umsatzsteuer beträgt 19% des steuerpflichtigen Umsatzes. Z. B. für Lebensmittel und Bücher gilt der ermäßigte Steuersatz von 7%. Umsatzsteuerfrei sind z. B. Bankleistungen und Arztleistungen.
Stamm-daten und Be-wegungs-daten	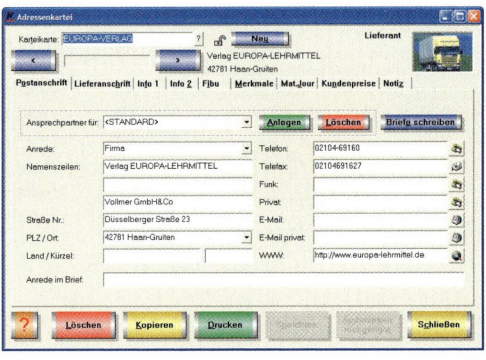 **Eingabemaske für Stammdaten**	**Stammdaten** Stammdaten sind Daten, die langfristig unverändert bleiben, z. B. ● Kundennamen und Kundenadresse, Lieferantennamen und Lieferantenadresse **(Bild)**, ● Steuersätze und ● Lieferbedingungen. Sie werden nur einmal erfasst und bei Bedarf aufgerufen. **Bewegungsdaten** Bewegungsdaten verändern sich bei jedem Geschäftsfall, z. B. durch Eingabe von Buchungen oder über Datenschnittstellen zu Warenwirtschaftssystemen.

R

Begriff	Darstellung, Beispiel	Erklärung
Anschaffungs-kosten und Herstellungs-kosten	Anschaffungskosten (§ 255 Abs. 1 Satz 1 HGB) „... sind alle Aufwendungen, die notwendig sind, um einen Vermögensgegenstand zu erwerben und in einen betriebsbereiten Zustand zu versetzen. Anschaffungspreisminderungen sind zu berücksichtigen ...'' Herstellungskosten (§255 Abs. 2 Satz 1 HGB) „... sind alle Aufwendungen, die durch den Verbrauch von Gütern und die Inanspruchnahme von Diensten für die Herstellung eines Vermögensgegenstandes, seine Erweiterung oder über seine ursprünglichen Zustand hinausgehende wesentliche Verbesserung entstehen ...''	§ 7 Abs. 1 EStG „... bei abnutzbaren Anlagegütern, deren Verwendung oder Nutzung sich erfahrungsgemäß auf mehrere Jahre erstreckt, sind die Anschaffungskosten oder die Herstellungskosten auf die betriebsgewöhnliche Nutzungsdauer zu verteilen ...'' § 253 Abs. 2 HGB „... Vermögensgegenstände des Anlagevermögens, deren Nutzung zeitlich begrenzt ist, sind die Anschaffungs- oder Herstellungskosten um die planmäßige Abschreibung zu vermindern ...'' Der Teil der Anschaffungskosten oder Herstellungskosten, der auf ein Wirtschaftsjahr entfällt, wird handelsrechtlich als Abschreibung und steuerrechtlich als Absetzung für Abnutzung (AfA) bezeichnet.

Größe	Beispiele, Erläuterungen
Kaufpreis (Anschaffungspreis)	Bei Gebäuden nur die Baulichkeiten, also ohne Grund und Boden
− Anschaffungspreisminderungen	Skonti, Rabatte und Preisnachlässe
+ Anschaffungsnebenkosten	Fracht, Anfuhr- u. Abladekosten, Montage-Inbetriebnahmekosten, Grunderwerbssteuer, Notargebühren und Grundbuchgebühren
= Anschaffungskosten	Nicht zu den Anschaffungskosten gehören z. B. Geldbeschaffungskosten und Vorsteuer

Abschrei-bungsarten		
	Lineare Abschreibung, d. h. der AfA-Betrag wird aus dem Anschaffungswert berechnet. Es werden über die gesamte betriebsgewöhnliche Nutzungsdauer gleich bleibende Beträge abgeschrieben. $$AfA_{lin} = \frac{AK}{ND} \text{ bzw. } \frac{HK}{ND} \qquad AfAS_{lin} = \frac{100\%}{ND}$$ $$AfA_{lin} = AfaS_{lin} \cdot AK \qquad AfA_{lin} = AfAS_{lin} \cdot HK$$ **Leistungsabschreibung**, d. h. die Abschreibungsbeträge ergeben sich aus der Leistung in der Abschreibungsperiode im Vergleich zur betriebsgewöhnlichen Gesamtleistung. $$AfAS_{Leist} = \frac{AK \cdot PL_{Per}}{PL_{gesamt}} \qquad AfAS_{Leist} = \frac{HK \cdot PL_{Per}}{PL_{gesamt}}$$ Im Anschaffungsjahr hat die Abschreibung monatsgenau zu erfolgen.	Im Rahmen der planmäßigen steuerlichen Abschreibung sind zwei Möglichkeiten zulässig: ● **lineare Abschreibung** ● **Leistungsabschreibung**. AfA_{lin} Abschreibungsbetrag bei linearer AfA $AfAS_{lin}$ Abschreibungssatz bei linearer AfA ND betriebsgewöhnliche Nutzungsdauer AK Anschaffungskosten HK Herstellkosten BW Buchwert PL_{Per} Periodenleistung PL_{gesamt} betriebsgewöhnliche Gesamtleistung

Anlagegut	Betriebsgewöhnliche Nutzungsdauer	AfA_{lin} in % des Anschaffungswertes
Telekommunikationsanlagen	10 Jahre	10%
Pkw	6 Jahre	16⅔%
Personalcomputer	3 Jahre	33⅓%

R

Begriff	Darstellung							Beispiele	Erklärung
Kosten und Aufwendungen	**Aufwendungen**			**Kosten**					**Aufwendungen** Aufwendungen sind der in Geldeinheiten bewertete Verbrauch von Gütern und Leistungen in einem Unternehmen in einem Abrechnungszeitraum. Der Entstehungsgrund ist unerheblich.
	neutrale Aufwendungen / Aufwendungen	nicht Kosten	betriebsfremd					Abschreibung Finanzanlagen	
			betriebsbezogen, außergewöhnlich					Verkauf von Anlagevermögen unter Buchwert	
		ungleich Kosten	betriebsbezogen, periodenfremd					Steuernachzahlungen	**Kosten** Kosten sind der in Geldeinheiten bewertete Verbrauch von Gütern und Leistungen zum Zweck der betrieblichen Leistungserstellung in einem Abrechnungszeitraum.
		gleich Kosten	betriebsbezogen, periodenbezogen	Grundkosten	gleich Aufwand			Roh-, Hilfs- und Betriebsstoffe, Fertigungslöhne	
				Anderskosten, bewertungsverschiedene Kosten	ungleich Aufwand	Aufwand	Kalkulatorische Kosten	Kalkulatorische Abschreibungen, kalkulatorische Wagnisse	Ausgaben und Einnahmen sind Begriffe aus dem Zahlungsverkehr und der Finanzrechnung und erfassen alle baren und unbaren Zahlungsausgänge und Zahlungseingänge.
				Wesensmäßige Zusatzkosten	nicht Aufwand			Kalkulatorischer Unternehmerlohn, kalkulatorische Miete	
Leistungen und Erträge	**Erträge**			**Leistungen (Erlöse)**					**Erträge** Erträge sind alle in Geldeinheiten bewerteten Wertezuflüsse in einem Unternehmen und in einer Abrechnungsperiode, die aus der betrieblichen Leistungserstellung entstehen. Der Entstehungsgrund ist unerheblich.
	Neutrale Erträge / Erträge	nicht Leistungen	betriebsfremd					Zinserträge, Erträge aus Finanzanlagen	
		ungleich Leistungen	betriebsbezogen, außergewöhnlich					Verkauf von Anlagevermögen über Buchwert	
		gleich Leistungen	betriebsbezogen, periodenfremd					Auflösung von Rückstellungen	
			betriebsbezogen, periodenbezogen	Grundleistungen (Grunderlös)	gleich Erträge			Verkauf von Leistungen, Mehrbestände an fertigen Erzeugnissen	**Leistungen** Leistungen (Erlöse) sind die in Geldeinheiten bewerteten erfolgswirksamen Wertezuflüsse in einer Abrechnungsperiode, die aus der betrieblichen Leistungserstellung entstehen.
				Andersleistungen, bewertungsverschiedene Erlöse	ungleich Erträge	Erlöse	Kalkulat. Leistung	Eigene Patente	
				Zusatzerlöse, Zusatzleistungen	nicht Erträge				
Unternehmensergebnis	Betriebsergebnis = Leistungen − Kosten								Das Unternehmensergebnis ist die Differenz sämtlicher Erträge minus sämtlicher Aufwendungen.
	Neutrales Ergebnis = Neutrale Erträge − Neutrale Aufwendungen								
	Unternehmensergebnis = Betriebsergebnis + Neutrales Ergebnis								

R

Begriff	Darstellung	Erklärung
Kosten-rechnung	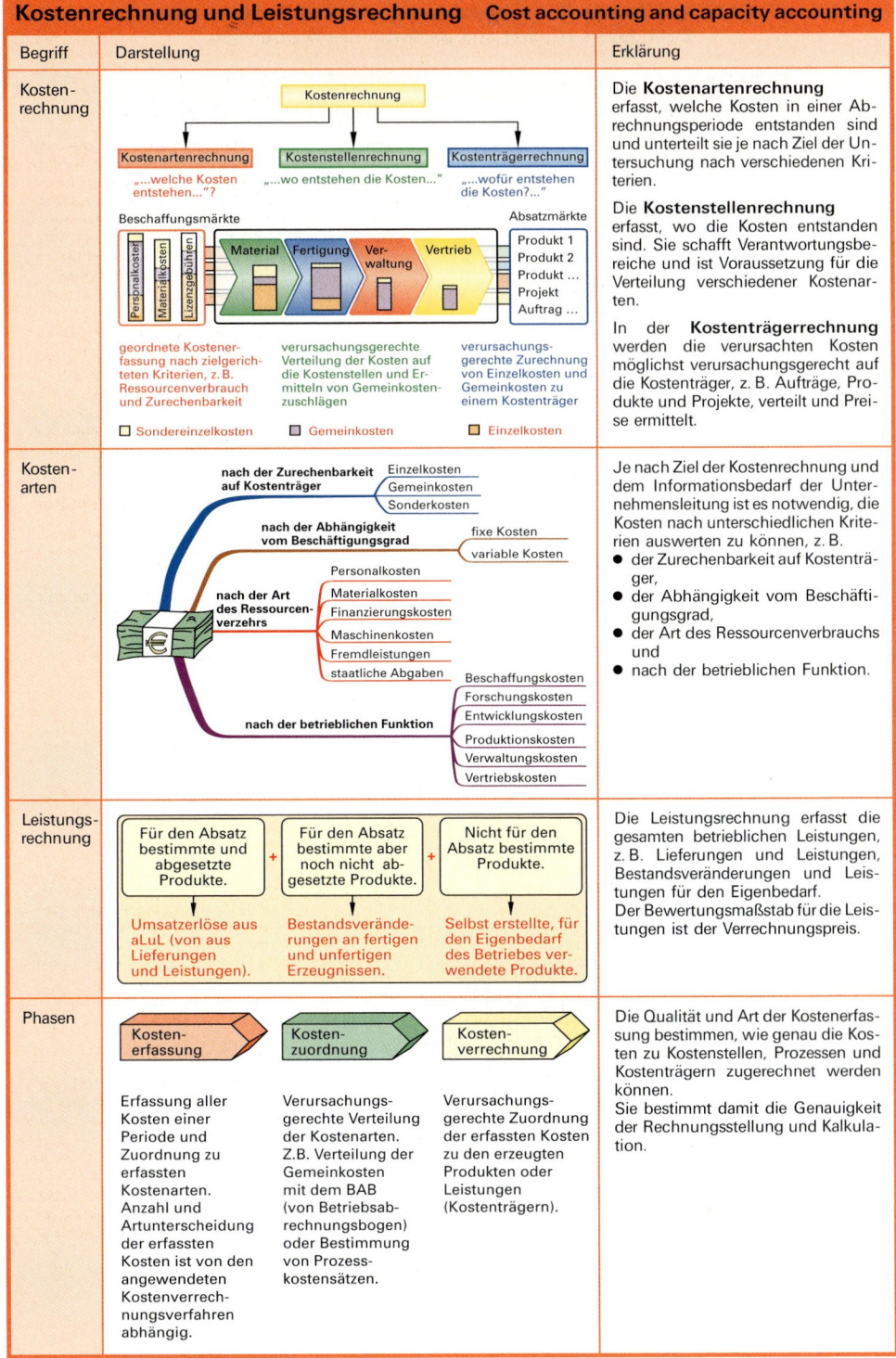	Die **Kostenartenrechnung** erfasst, welche Kosten in einer Abrechnungsperiode entstanden sind und unterteilt sie je nach Ziel der Untersuchung nach verschiedenen Kriterien. Die **Kostenstellenrechnung** erfasst, wo die Kosten entstanden sind. Sie schafft Verantwortungsbereiche und ist Voraussetzung für die Verteilung verschiedener Kostenarten. In der **Kostenträgerrechnung** werden die verursachten Kosten möglichst verursachungsgerecht auf die Kostenträger, z. B. Aufträge, Produkte und Projekte, verteilt und Preise ermittelt.
Kosten-arten		Je nach Ziel der Kostenrechnung und dem Informationsbedarf der Unternehmensleitung ist es notwendig, die Kosten nach unterschiedlichen Kriterien auswerten zu können, z. B. ● der Zurechenbarkeit auf Kostenträger, ● der Abhängigkeit vom Beschäftigungsgrad, ● der Art des Ressourcenverbrauchs und ● nach der betrieblichen Funktion.
Leistungs-rechnung		Die Leistungsrechnung erfasst die gesamten betrieblichen Leistungen, z. B. Lieferungen und Leistungen, Bestandsveränderungen und Leistungen für den Eigenbedarf. Der Bewertungsmaßstab für die Leistungen ist der Verrechnungspreis.
Phasen		Die Qualität und Art der Kostenerfassung bestimmen, wie genau die Kosten zu Kostenstellen, Prozessen und Kostenträgern zugerechnet werden können. Sie bestimmt damit die Genauigkeit der Rechnungsstellung und Kalkulation.

R

Kostenverlauf und Zurechenbarkeit von Kosten
Cost development and cost allocation

Begriff	Darstellung	Erklärung

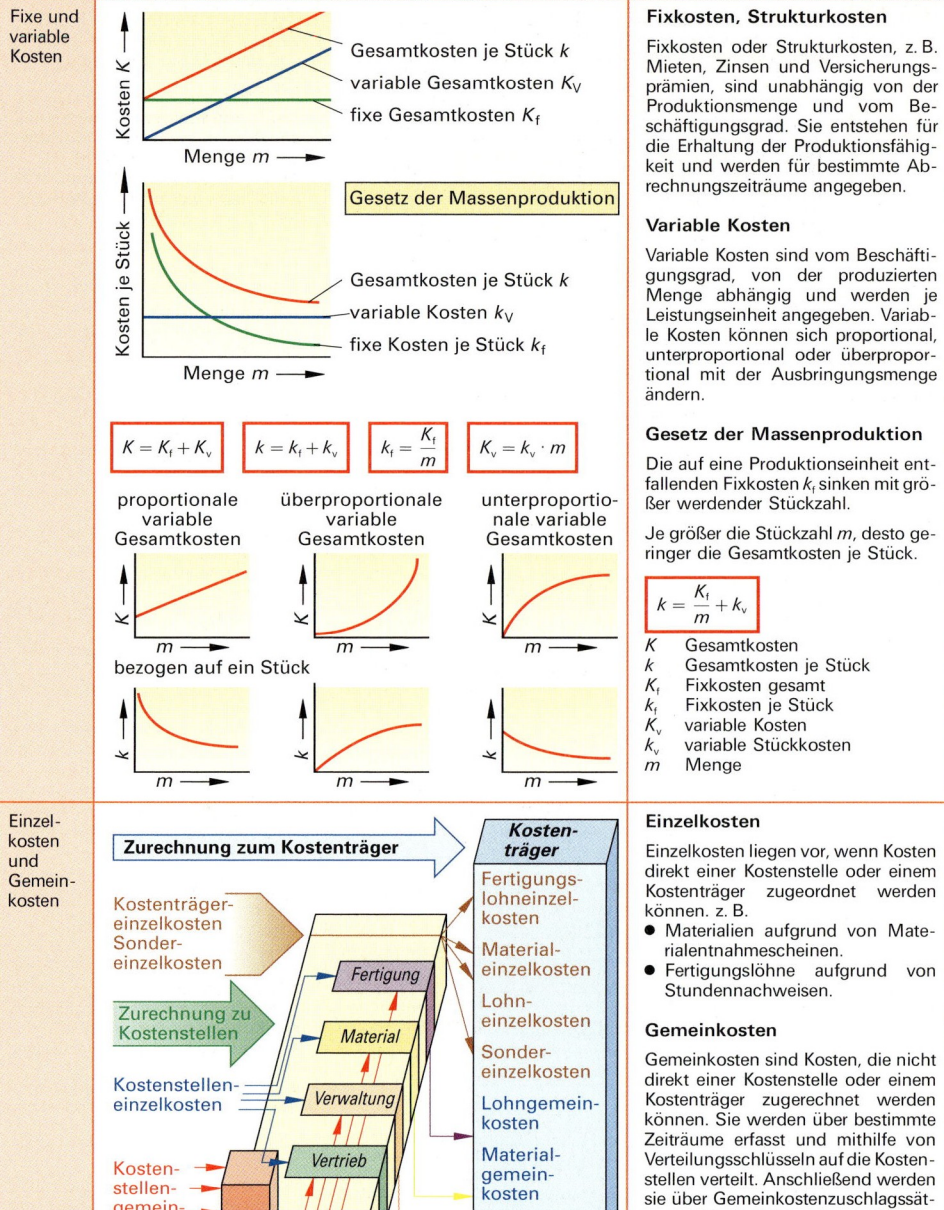

Fixe und variable Kosten

Kosten K — Menge m —
- Gesamtkosten je Stück k
- variable Gesamtkosten K_V
- fixe Gesamtkosten K_f

Gesetz der Massenproduktion

Kosten je Stück — Menge m —
- Gesamtkosten je Stück k
- variable Kosten k_v
- fixe Kosten je Stück k_f

$$K = K_f + K_v$$ $$k = k_f + k_v$$ $$k_f = \frac{K_f}{m}$$ $$K_v = k_v \cdot m$$

proportionale variable Gesamtkosten | überproportionale variable Gesamtkosten | unterproportionale variable Gesamtkosten

K — m

bezogen auf ein Stück

k — m

Fixkosten, Strukturkosten

Fixkosten oder Strukturkosten, z. B. Mieten, Zinsen und Versicherungsprämien, sind unabhängig von der Produktionsmenge und vom Beschäftigungsgrad. Sie entstehen für die Erhaltung der Produktionsfähigkeit und werden für bestimmte Abrechnungszeiträume angegeben.

Variable Kosten

Variable Kosten sind vom Beschäftigungsgrad, von der produzierten Menge abhängig und werden je Leistungseinheit angegeben. Variable Kosten können sich proportional, unterproportional oder überproportional mit der Ausbringungsmenge ändern.

Gesetz der Massenproduktion

Die auf eine Produktionseinheit entfallenden Fixkosten k_f sinken mit größer werdender Stückzahl.

Je größer die Stückzahl m, desto geringer die Gesamtkosten je Stück.

$$k = \frac{K_f}{m} + k_v$$

K Gesamtkosten
k Gesamtkosten je Stück
K_f Fixkosten gesamt
k_f Fixkosten je Stück
K_v variable Kosten
k_v variable Stückkosten
m Menge

Einzelkosten und Gemeinkosten

Zurechnung zum Kostenträger

Kostenträger
- Fertigungslohneinzelkosten
- Materialeinzelkosten
- Lohneinzelkosten
- Sondereinzelkosten
- Lohngemeinkosten
- Materialgemeinkosten
- Verwaltungsgemeinkosten
- Vertriebsgemeinkosten

Kostenträgereinzelkosten Sondereinzelkosten

Zurechnung zu Kostenstellen

Kostenstelleneinzelkosten

Fertigung
Material
Verwaltung
Vertrieb

Kostenstellengemeinkosten

BAB

Kostenstellen

Einzelkosten

Einzelkosten liegen vor, wenn Kosten direkt einer Kostenstelle oder einem Kostenträger zugeordnet werden können. z. B.
- Materialien aufgrund von Materialentnahmescheinen.
- Fertigungslöhne aufgrund von Stundennachweisen.

Gemeinkosten

Gemeinkosten sind Kosten, die nicht direkt einer Kostenstelle oder einem Kostenträger zugerechnet werden können. Sie werden über bestimmte Zeiträume erfasst und mithilfe von Verteilungsschlüsseln auf die Kostenstellen verteilt. Anschließend werden sie über Gemeinkostenzuschlagssätze den Kostenträgern zugeschlagen.

R

Kostenzusammensetzung, Kostenträger und Kostenstellen
Cost composition, cost units and cost centers

Begriff	Darstellung	Erklärung
Kosten-anteile	**Kostenunterscheidungen in einem Betrieb**	Die Zusammensetzung der Kostenarten ist stark von der Art des Betriebes und seiner Leistungen abhängig. → Je höher der Anteil der Gemeinkosten, desto schwieriger und aufwendiger ist eine genaue Kalkulation. → Je höher die fixen Kosten, desto unflexibler wird der Betrieb bezüglich schneller Kapazitätsanpassung.
Kosten-träger	**Methoden der Kostenträgerrechnung** nach der Bezugs-grundlage **Kostenträgerzeitrechnung** Sie ermittelt die Gesamtkosten in einer Periode und stellt sie den Leistungen der gleichen Periode gegenüber → kurzfristige Erfolgsrechnung. **Kostenträgerstückrechnung** Sie ermittelt die Selbstkosten und Herstellkosten für eine Einheit eines Kostenträgers → Kalkulation. nach dem Umfang der Kosten-zurechnung **Vollkostenrechnung** Bei der Vollkostenrechnung werden alle Kosten einer Periode auf die entsprechenden Kostenträger diese Periode verteilt. **Teilkostenrechnung** Bei der Teilkostenrechnung werden nur ausgewählte Kosten auf die Kostenträger zugerechnet. Die übrigen Kosten werden entsprechend dem angewendeten Verfahren in das Betriebsergebnis übernommen. nach dem Zeitraum der betrachteten Kosten Die **Plankalkulation** ermittelt die geplanten Kosten für einen Kostenträger in einer Periode. Die **Vorkalkulation** ermittelt die Kosten für einen speziellen Einzelfall vor der Durchführung. Die **Zwischenkalkulation** wird für Erzeugnisse mit langer Produktionsdauer durchgeführt. Die **Nachkalkulation** dient der Erfolgskontrolle und Korrektur der Kalkulationsbasis.	Ein Kostenträger ist eine betriebliche Leistung, die Kosten verursacht. Die Kostenträgerrechnung wird deshalb auch als Leistungsrechnung bezeichnet. Die verschiedenen Kostenträgerrechnungen unterscheiden sich • in der Bezugsgrundlage, • nach dem Umfang der Kostenzurechnung und • nach dem betrachteten Zeitraum. Zu den Zielen der Kostenträgerrechnung gehört • die Ermittlung des Betriebserfolges, • das Ermitteln betrieblicher Kennzahlen, • die Kalkulation des Angebotspreises, • die Ermittlung der Preisuntergrenze, • das Liefern von Kennzahlen für das Controlling laufender Produktionen, • die Ermittlung des Wertes von Lagerleistungen und • die Bestimmung interner Verrechnungspreise.
Kosten-stellen	**Kostenstellen** Abrechnungseinheiten, für die Kosten gesondert geplant, erfasst und kontrolliert werden. **nach dem Ort** | **nach dem Funktionsbereich, Verantwortungsbereich** | **nach Art der Verechnung** Räumlich abgegrenzte Betriebsbereiche mit einheitlichen Aufgaben, z.B. Werk Esslingen oder Halbleiterfertigung Mühlhausen. | Z.B. Fertigung, Vertrieb, Verwaltung, Forschung, Projekt, Auftrag und Produkt. | Z.B. Hauptkostenstellen, die den Kostenträgern direkt zugerechnet werden und Hilfskostenstellen, die auf die Hauptkostenstellen verrechnet werden.	Die Kostenstellenrechnung • verteilt die Kosten an den „Ort" ihrer Entstehung, • liefert Daten für das Controlling, • schafft Verantwortungsbereiche und • ist Grundlage für die Kalkulation. Die Kostenstellengliederung eines Unternehmens wird im Kostenstellenplan ausgewiesen.

R

Begriff	Darstellung			Erklärung
Kalkula-tions-ver-fahren		Fertigungs-verfahren	Kalkulations-verfahren	Kostenträger
	Vollkostenrechnung	Einfache Serien-fertigung oder Massenferti-gung bei nur einem Produkt	Einfache Divi-sionskalkulation	Ein einheitliches Produkt, z. B. elektrische Ener-gie, Wasserver-sorgung und Eis.
		Sortenfertigung (Serien- oder Massenferti-gung verwand-ter Produkte)	Mehrstufige Di-visionskalkula-tion, Äquiva-lenzziffernkalku-lation	Mehrere artähn-liche Produkte, z. B. verschiede-ne Biersorten oder
		Serienfertigung oder Massenfer-tigung unter-schiedlicher Produkte	Zuschlagskalku-lation	mehrere unter-schiedliche Pro-dukte, z. B. PC, Workstation, Geldterminal und Maschinen-steuerungen.
		Einzelfertigung	Sonderformen	Anlagenbau, Kraftwerksbau
	Teilkostenrechnung	Einzelfertigung, Serienfertigung und Massenfer-tigung	Deckungsbei-tragsrechnung	beliebig
		Serienfertigung oder Massenfer-tigung	Prozesskosten-rechnung	Insbesondere Produkte, die Kostentreiber in Anspruch neh-men.

Erklärung (oben):

Kritik an der Vollkostenrechnung:
- Bei der Vollkostenkalkulation werden sämtliche Kosten einer Periode auf die Kostenträger ver-teilt. Die dazu z. B. in der Zu-schlagskalkulation verwendeten Verteilungsschlüssel und ermit-telten Gemeinkostenzuschlags-sätze werden für alle Produkte angewendet. Ein Produkt mit dem zehnfachen Materialeinzel-preis wird damit auch mit dem zehnfachen Materialgemeinkos-ten belastet, was in der Praxis oft nicht zutrifft.
- Die Kostenträger werden unab-hängig vom Beschäftigungs-grad, von der produzierten Men-ge, mit einem festen Fixkosten-anteil belastet. In Wirklichkeit nimmt der Fixkostenanteil bei steigender Beschäftigung aber ab.

Die Teilkostenrechnung ist auf-wändiger, erzielt aber exaktere Er-gebnisse.

Divisions-kalkulation	**Einstufige Divisionskalkulation**	**Einstufige Divisionskalkula-tion**

Einstufige Divisionskalkulation

$$k = \frac{SK}{n}$$

$$\text{Selbstkosten je Stück} = \frac{\text{Gesamtkosten der Periode}}{\text{Produktionsmenge der Periode}}$$

Mehrstufige Divisionskalkulation
Zur Ermittlung der Selbstkosten je Mengeneinheit werden ge-trennt für jede Produktionsstufe die Stück-Herstellkosten nach dem Prinzip der einstufigen Divisionskalkulation ermit-telt.

$$SK \text{ Stufe } n = \frac{\text{Gesamtkosten Stufe } n}{\text{abgesetzte Produktionsmenge Stufe } n}$$

$$\text{Selbstkosten } VwVt = \frac{\text{Gesamtkosten } VwVt}{\text{abgesetzte Produktionsmenge}}$$

Die Bestandsveränderungen an unfertigen und fertigen Er-zeugnissen werden mit den bis zur jeweiligen Stufe aufge-laufenen Herstellkosten bewertet.

Die Gesamtselbstkosten ergeben sich aus der Summe der Selbstkosten
Vw   Verwaltung
Vt   Vertrieb

Erklärung (unten):

Einstufige Divisionskalkula-tion
Die einstufige Divisionskalkulation ist nur anwendbar, wenn ein Be-trieb oder ein abgegrenzter Teil ei-nes Betriebes, z. B. ein Profitcenter,
- nur eine Leistung anbietet,
- keine Bestandsveränderungen auftreten,
- nur ein Produkt anbietet oder
- die Kosten für eine Leistung oder ein Produkt gesondert erfasst werden.
Die Selbstkosten werden ermittelt, in dem alle Kosten der Herstellung, Verwaltung und des Vertriebes ad-diert und durch die Produktions-menge geteilt werden.

Mehrstufige Divisionskalkula-tion
Die mehrstufige Divisionskalkula-tion wird für Produktionsprozesse angewendet, bei denen mehrere Produktionsstufen aufeinander fol-gen oder bei denen aus einem Aus-gangsprodukt mehrere Endpro-dukte entstehen.

R

Begriff	Darstellung				Erklärung

Äquivalenzziffernkalkulation

Z. B. werden Verbindungsstecker für Leitungen $1 \times 1{,}5\,mm^2$ in zwei Qualitäten hergestellt.

Die Basisqualität aus Kupfer zum Selbstkostenpreis von 0,20 €.

Die Premiumqualität aus Kupfer mit Goldbeschichtung zum Selbstkostenpreis von 0,30 €.

Zur Bildung von Äquivalenzziffern setzt man das Haupt- oder Basiserzeugnis gleich 1,00 und gewichtet die anderen Erzeugnisse entsprechend. Im Beispiel ergibt sich eine Äquivalenzziffer von 1,5.

Beispiel:

Typ	Cu-Ausführung	Äquivalenzziffer	Gold-Ausführung
$1 \times 1{,}5\,mm^2$	0,20 €	1,5	0,30 €
$2 \times 1{,}5\,mm^2$	0,40 €	1,5	0,60 €
$3 \times 1{,}5\,mm^2$	0,60 €	1,5	0,90 €

Erklärung: Die Äquivalenzziffernkalkulation kann bei Sortenfertigung angewendet werden.

Da bei der Sortenfertigung die Produkte und Leistungen stofflich und in der Art der Verarbeitung sehr ähnlich sind, wird eine bestimmte Relation der Selbstkosten, genannt Äquivalenzziffer, ermittelt.

Die Äquivalenzziffern werden zuvor durch analytische Kostenanalysen oder empirische Kostenuntersuchungen gewonnen.

Differenzierte Zuschlagskalkulation

Zeile	Kosten		
1	*Materialeinzelkosten*	*MEK* (€)	
2	*Materialgemeinkosten*	*MGK* (€)	← *MGKZS* (%)
3	*Materialsonderkosten*	*MSK* (€)	
4 = 1 + 2 + 3	*Materialkosten*	*MK* (€)	
5	Lohneinzelkosten	*LEK* (€)	
6	Lohngemeinkosten	*LGK* (€)	← *LGKZS* (%)
7	*Sondereinzelkosten der Fertigung*	*LSK* (€)	
8 = 5 + 6 + 7	*Lohnkosten*	*LK* (€)	
9 = 4 + 8	*Herstellkosten der Erzeugung*	HK_E (€)	
10	*Bestandsmehrungen an unfertigen und fertigen Erzeugnissen*		
11	*Bestandsminderungen an unfertigen und fertigen Erzeugnissen*		
12 = 9 − 10 + 11	*Herstellkosten des Umsatzes*	HK_U (€)	
13	Verwaltungsgemeinkosten	*VwGK* (€)	← *VwGKZS* (%)
14	Vertriebsgemeinkosten	*VtGK* (€)	← *VtGKZS* (%)
15	Sondereinzelkosten des Vertriebes	*VtSK* (€)	
16 = 12 + 13 + 14 + 15	**Selbstkosten**	**SK**	

Erklärung: Bei der differenzierten Zuschlagskalkulation werden die im Betriebsabrechnungsbogen BAB ermittelten Gemeinkostenzuschlagssätze auf die Einzelkosten zugerechnet.

Materialgemeinkostenzuschlagssätze und Lohngemeinkostenzuschlagssätze werden auf die Materialeinzelkosten und Lohneinzelkosten aufgeschlagen. Zusammen mit eventuell auftretenden Sonderkosten ergeben sich damit die Herstellkosten.

Verwaltungsgemeinkosten und Vertriebsgemeinkosten werden auf die Herstellkosten bezogen. Zusammen mit eventuell auftretenden Sonderkosten des Vertriebs ergeben sich die Selbstkosten.

Die Höhe der Gemeinkostenzuschlagssätze dient auch als Kennzahl für Betriebsvergleiche.

Die Vertriebs- und Verwaltungsgemeinkosten werden auf die Herstellkosten des Umsatzes der in der Periode verkauften Produkte bezogen. Sind keine Bestandsveränderungen zu berücksichtigen, so sind die Herstellkosten der Erzeugung die Bezugsgröße.

Summarische Zuschlagskalkulation

1	Lohneinzelkosten	*LEK* (€)	
2	Materialeinzelkosten	*MEK* (€)	
3 = 1 + 2	**Einzelkosten**	*EK* (€)	
4	Gemeinkosten	*GK* (€)	← *GKZS* (%)
5 = 3 + 4	Selbstkosten	SK (€)	

Erklärung: Bei der summarischen Zuschlagskalkulation werden die Gemeinkosten nicht auf Kostenstellen verteilt.

Die gesamten Gemeinkosten des Betriebes werden über einen Gemeinkostenzuschlag verrechnet.

R

Begriff	Darstellung						Erklärung

BAB

Betriebsabrechnungsbogen Fa. ITA-Ziesel für die Zeit vom … bis …

Materialeinzelkosten	84.000 €				
Lohneinzelkosten		70.400 €			

Gemein-kosten	Gesamt-betrag	Material	Fertigung	Verwal-tung	Vertrieb
Gehälter	152.000 €	30.400 €	60.800 €	30.400 €	30.4000 €
Raumkosten	50.400 €	12.600 €	25.200 €	6.300 €	6.300 €
Energiekosten	6.560 €	560 €	4.000 €	1.200 €	800 €
Instandhal-tungskosten	24.000 €	3.000 €	12.000 €	5.000 €	4.000 €
kalkulatori-sche AfA	32.000 €	4.000 €	20.000 €	5.000 €	3.000 €
kalkulatori-sche Zinsen	8.000 €	2.000 €	3.000 €	2.000 €	1.000 €
Gemeinkos-tenmaterial	42.000 €	3.000 €	30.000 €	6.000 €	3.000 €
Summe Gemeinkosten	272.960 €	55.560 €	155.000 €	55.900 €	48.500 €

MGKZS	66,14%		
	LGKZS	220,17%	
Herstellkosten des Umsatzes	364.960 €		
		VwGKZ	15,32%
		VtGKZ	13,29%
Selbstkosten	469.360 €		

Ermittlung der Gemeinkostenzuschlagssätze
- Die Gemeinkostensummen werden möglichst der Kostenverursachung entsprechend über einen Verteilungsschlüssel auf die Kostenstellen verteilt.
- Die Summe der Gemeinkosten jeder Kostenstelle wird ermittelt.
- Die Gemeinkostensummen werden in Bezug zu den jeweiligen Einzelkosten bzw. zu den Herstellkosten gesetzt und die Gemeinkostenzuschlagssätze berechnet.

Materialgemein-kostenzuschlagssatz, z. B. für Bestellung, Wareneingangsprüfung und Lagerung.

$$MGKZS = \frac{MGK \cdot 100\%}{MEK}$$

Lohngemeinkosten-zuschlagssatz, z. B. für nicht verrechenbare Regiestunden des Meisters.

$$LGKZS = \frac{LGK \cdot 100\%}{LEK}$$

Herstellkosten

$$HK = LEK + LGK + MEK + MGK$$

Verwaltungsgemein-kostenzuschlagssatz

$$VwGKZS = \frac{VwGK \cdot 100\%}{HK}$$

Vertriebsgemein-kostenzuschlagssatz

$$VtGKZS = \frac{VtGK \cdot 100\%}{HK}$$

Selbstkosten

$$HK = LEK + LGK + MEK + MGK$$

Die Kostenstellenrechnung erfolgt als Unterstützungsprozess außerhalb der Buchführung mit dem Betriebsabrechnungsbogen BAB. Mit dem BAB werden die betriebsspezifischen Gemeinkostenzuschlagssätze für die Kalkulation und Betriebskennzahlen ermittelt.

Der BAB wird z. B. halbjährlich erstellt und bei Änderung von wesentlichen Einflussgrößen aktualisiert.

Aufbau des BAB
Der BAB ist tabellarisch aufgebaut. Die erste Spalte enthält die erfassten Gemeinkostenarten. Die zweite Spalte die Summe der einzelnen Gemeinkostenarten für den Gesamtbetrieb.

Die weiteren Spalten sind entsprechend der eingerichteten Kostenstellen gegliedert, z. B. Material, Fertigung, Verwaltung und Vertrieb.

HK	Herstellkosten
LEK	Lohneinzelkosten
LGK	Lohngemeinkosten
LGKZS	Lohngemeinkosten-zuschlagsatz in %
MEK	Materialeinzelkosten
MGK	Materialgemein-kosten
MGKZS	Materialgemein-kostenzuschlag %
SK	Selbstkosten
VwGK	Verwaltungsgemein-kosten
VwGKZS	Verwaltungsgemein-kostenzuschlagsatz in %
VtGKS	Vertriebsgemein-kosten
VtGKZS	Vertriebsgemein-kostenzuschlagsatz in %

Hilfskostenstellen
Hilfskostenstellen werden auch als Vorkostenstellen bezeichnet. Ihre Gemeinkosten werden auf die Hauptkostenstellen verteilt.

Hauptkostenstellen
Hauptkostenstellen werden auch Endkostenstellen genannt. Sie enthalten die am Ende des Umlegungsverfahrens berechneten Gemeinkosten zur Berechnung der Zuschlagssätze.

R

Begriff	Darstellung, Beispiele	Erklärung

Kostenträgerzeitblatt

Beispiel: Kostenträgerzeitblatt für Abrechnungszeitraum 1.1.xx bis 31.1.xx

Zeile	Bezeichnung	Sollwert	Istwert	Istwert	Δ
1	FMEK		14.100 €		
2	FMGK	17%	2.720 €	19,3%	2,3%
3=1+2	MK		16.820 €		
4	FLEK I		12.400 €		
5	FLGK I	180%	22.920 €	184,8%	4,8%
6	FLEK II		9.230 €		
7	FLGK II	185%	17.260 €	187,0%	2,0%
8=4+5+6+7	FK		61.810 €		
9=3+8	HK		78.630 €		
10	Bestandsminderungen unfertiger Erzeugnisse		5.080 €		
11	Bestandsmehrung fertiger Erzeugnisse		2.700 €		
12	Innerbetriebliche Leistungen		2.600 €		
13=9+10-11-12	HK der umgesetzten Leistung		78.410 €		
14	VwGK	18%	12.600 €	16,1%	-1,9%
15	VtGK	8%	6.400 €	8,2%	0,2%
16=13+14+15	SK des Umsatzes		97.410 €		
17	netto Umsatzerlöse		99.980 €		
18=17-16	Betriebsergebnis		2.570 €		

Die erreichten Werte können mit Sollwerten, z. B. Vorkalkulationswerten, Zielwerten, Best-practice-Werten und Werten der Wettbewerber verglichen werden. Aus den Ergebnissen werden strategische und operative Maßnahmen abgeleitet.

Im Kostenträgerzeitblatt erfasst die tatsächlich entstandenen Kosten und gesamten betrieblichen Leistungen einer Periode und ermittelt daraus das Betriebsergebnis.

Damit die richtige Betriebsleistung ermittelt wird, müssen
- Bestandsmehrungen unfertiger Erzeugnisse und innerbetriebliche Leistungen abgezogen werden und
- Bestandsminderungen fertiger Erzeugnisse addiert werden.

Aus dem Kostenträgerblatt erhält man
- die Materialkosten je Kostenträger,
- die Fertigungslohnkosten je Kostenträger,
- die Herstellkosten je Kostenträger,
- die Selbstkosten des Umsatzes und
- den Anteil jeder Kostenart an den Gesamtkosten.

Führt man das Kostenträgerblatt vergleichend für unterschiedliche Artikel, so spricht man von Artikelergebnisrechnung

---

Normalkostenrechnung Istkostenrechnung

Beispiel: Normalkostenrechnung- Istkostenrechnung

Zeile	Bezeichnung	Istkosten Monat xx	Normalkosten Monat xx	Kostenüberdeckung	Kostenunterdeckung
1	FMEK	3.200 €	3.200 €	- €	- €
2	FMGK	600 €	630 €		
3=1+2	MK	3.800 €	3.830 €	30 €	
4	FLEK I	900 €	990 €		
5	FLGK I	2.700 €	2.700 €		
6	FLEK II	300 €	300 €		
7	FLGK II	800 €	800 €		
8=4+5+6+7	FK	4.700 €	4.790 €	90 €	
9=3+8	HK	8.500 €	8.620 €		
10	Bestandsminderungen unfertiger Erzeugnisse	100 €	100 €		
11	Bestandsmehrung fertiger Erzeugnisse	200 €	200 €		
12	Innerbetriebliche Leistungen	100 €	100 €		
13=9+10-11-12	HK der umgesetzten Leistung	8.900 €	9.020 €		
14	VwGK	200 €	180 €		- 20 €
15	VtGK	300 €	400 €	100 €	
16=13+14+15	SK des Umsatzes	9.400 €	9.600 €	200 €	

Die Istkosten, also die tatsächlichen Kosten der Produktion, können durch z. B. kurzfristig unterschiedliche Marktpreise von Rohstoffen, ungleichmäßig anfallende Überstunden und schwankende Ausschussmengen stark schwanken.

Für die in der Kalkulation verwendeten Normalkosten werden durchschnittliche Kosten für Material und Gemeinkosten angesetzt. Dadurch soll verhindert werden, dass sich die kalkulierten Preise ständig verändern. Gegebenenfalls werden die Werte den Marktentwicklungen angepasst.

Im Rahmen von Controllingmaßnahmen werden die angewendeten Normalkosten mit den aktuell ermittelten Istkosten verglichen und Kostenabweichungen ermittelt.

Sind die Normalkosten > Istkosten, so ergibt sich eine **Überdeckung**, der Gewinn ist dadurch größer als der kalkulierte Gewinn.

Sind die Normalkosten < Istkosten, so ergibt sich eine **Unterdeckung**.

R

Begriff	Darstellung	Erklärung
Deckungs-beitrag	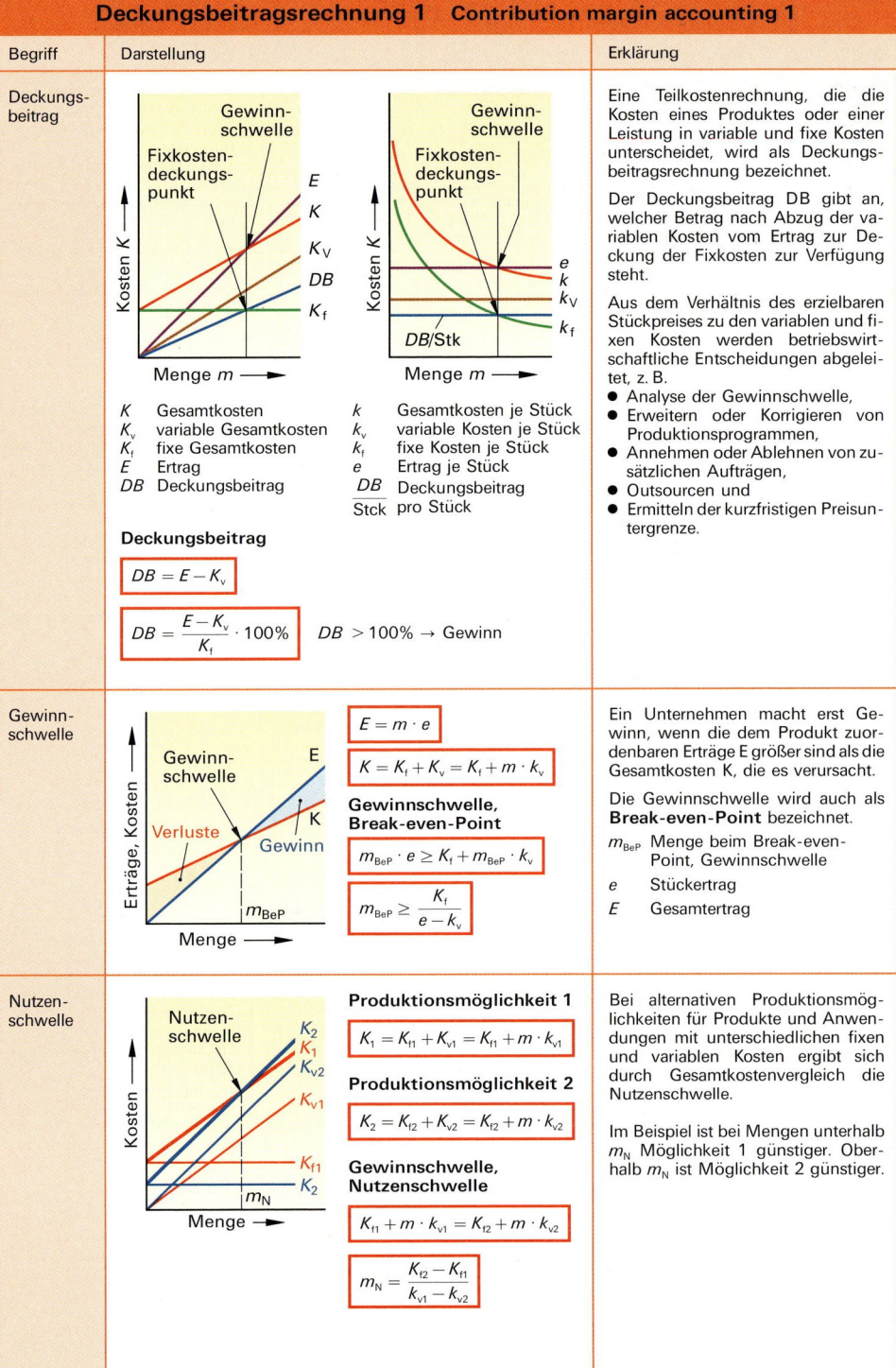	Eine Teilkostenrechnung, die die Kosten eines Produktes oder einer Leistung in variable und fixe Kosten unterscheidet, wird als Deckungs-beitragsrechnung bezeichnet.

Deckungsbeitrag

K	Gesamtkosten	k	Gesamtkosten je Stück
K_v	variable Gesamtkosten	k_v	variable Kosten je Stück
K_f	fixe Gesamtkosten	k_f	fixe Kosten je Stück
E	Ertrag	e	Ertrag je Stück
DB	Deckungsbeitrag	$\dfrac{DB}{Stck}$	Deckungsbeitrag pro Stück

Deckungsbeitrag

$$DB = E - K_v$$

$$DB = \frac{E - K_v}{K_f} \cdot 100\% \qquad DB > 100\% \rightarrow \text{Gewinn}$$

Der Deckungsbeitrag DB gibt an, welcher Betrag nach Abzug der variablen Kosten vom Ertrag zur Deckung der Fixkosten zur Verfügung steht.

Aus dem Verhältnis des erzielbaren Stückpreises zu den variablen und fixen Kosten werden betriebswirtschaftliche Entscheidungen abgeleitet, z. B.
- Analyse der Gewinnschwelle,
- Erweitern oder Korrigieren von Produktionsprogrammen,
- Annehmen oder Ablehnen von zusätzlichen Aufträgen,
- Outsourcen und
- Ermitteln der kurzfristigen Preisuntergrenze.

Gewinn-schwelle

$$E = m \cdot e$$

$$K = K_f + K_v = K_f + m \cdot k_v$$

Gewinnschwelle, Break-even-Point

$$m_{BeP} \cdot e \geq K_f + m_{BeP} \cdot k_v$$

$$m_{BeP} \geq \frac{K_f}{e - k_v}$$

Ein Unternehmen macht erst Gewinn, wenn die dem Produkt zuordenbaren Erträge E größer sind als die Gesamtkosten K, die es verursacht.

Die Gewinnschwelle wird auch als **Break-even-Point** bezeichnet.

m_{BeP} Menge beim Break-even-Point, Gewinnschwelle

e Stückertrag

E Gesamtertrag

Nutzen-schwelle

Produktionsmöglichkeit 1

$$K_1 = K_{f1} + K_{v1} = K_{f1} + m \cdot k_{v1}$$

Produktionsmöglichkeit 2

$$K_2 = K_{f2} + K_{v2} = K_{f2} + m \cdot k_{v2}$$

Gewinnschwelle, Nutzenschwelle

$$K_{f1} + m \cdot k_{v1} = K_{f2} + m \cdot k_{v2}$$

$$m_N = \frac{K_{f2} - K_{f1}}{k_{v1} - k_{v2}}$$

Bei alternativen Produktionsmöglichkeiten für Produkte und Anwendungen mit unterschiedlichen fixen und variablen Kosten ergibt sich durch Gesamtkostenvergleich die Nutzenschwelle.

Im Beispiel ist bei Mengen unterhalb m_N Möglichkeit 1 günstiger. Oberhalb m_N ist Möglichkeit 2 günstiger.

R

Begriff	Darstellung, Beispiel	Erklärung

Periodenbezogene Deckungsbeitragsrechnung

Beispiel 1: **Einstufige Deckungsbeitragsrechnung**
Fixkosten < Deckungsbeitrag → Gewinn
Fixkosten > Deckungsbeitrag → Verlust

Zeile	Größe	Beispiel			
		Produkt 1	Produkt 2	Produkt 3	Gesamt
1	Umsatzerlöse E	20.000 €	25.000 €	10.000 €	55.000 €
2	Variable Kosten K_v	10.000 €	12.000 €	6.000 €	28.000 €
3 = 1-2	Deckungsbeitrag DB	10.000 €	13.000 €	4.000 €	27.000 €
4	Fixe Kosten K_f				25.000 €
5 = 3-4	Betriebsergebnis BE				2.000 €

Beispiel 2: **Mehrstufige Deckungsbeitragsrechnung**
(Deckungsbeitragsrechnung mit stufenweiser Fixkostendeckung)

Zeile	Größe	Beispiel			
		Produkt 1	Produkt 2	Produkt 3	Gesamt
1	Umsatzerlöse E	20.000 €	25.000 €	10.000 €	55.000 €
2	Variable Kosten K_v	10.000 €	12.000 €	6.000 €	28.000 €
3 = 1-2	Deckungsbeitrag DB 1	10.000 €	13.000 €	4.000 €	27.000 €
4	Erzeugnisfixkosten	5.000 €	6.000 €	5.000 €	25.000 €
5 = 3-4	Deckungsbeitrag 2	5.000 €	7.000 €	−1.000 €	11.000 €
6	Unternehmensfixkosten				9.000 €
7 = 5-6	Betriebsergebnis				2.000 €

Die periodenbezogene Deckungsbeitragsrechnung wird auch als Kostenträgerzeitrechnung bezeichnet.
Die Deckungsbeitragsrechnung kann einstufig oder mehrstufig durchgeführt werden.

Einstufige Deckungsbeitragsrechnung
Bei der einstufigen Deckungsbeitragsrechnung ergibt sich der betriebliche Gewinn oder Verlust aus der Differenz von Deckungsbeiträgen und Fixkosten.

Mehrstufige Deckungsbeitragsrechnung
Z.B. durch die Aufteilung der Fixkosten in Fixkosten, die nur dem Erzeugnis zuzurechnen sind und Fixkosten, die dem gesamten Unternehmen zuzurechnen sind, lassen sich bessere Produktionsentscheidungen treffen. Erst im Beispiel 2 ist zu erkennen, dass Produkt 3 einen negativen Deckungsbeitrag hat.

BE Betriebsergebnis
DB Deckungsbeitrag
E Ertrag
e Ertrag je Stück
k Kosten je Stück
K_f fixe Gesamtkosten
k_f fixe Kosten je Stück
K_v variable Gesamtkosten
k_v variable Kosten je Stück
m Menge

Stückbezogene Deckungsbeitragsrechnung

Produkt	A	B	C
Verkaufserlös e in €	120	98	48
− variable Kosten k_v in €	70	64	62
= Deckungsbeitrag DB I	50	34	−14
− Fixkosten in €	40	40	40
= Deckungsbeitrag DB II	10	−6	−54

Ein positiver Deckungsbeitrag I, wie er von Produkt A und B erwirtschaftet wird, bedeutet, dass der erzielte Verkaufspreis die variablen Kosten deckt und zusätzlich einen Beitrag zum Decken der fixen Kosten liefert **(Bild)**.
Ein Deckungsbeitrag I kleiner null, wie bei Produkt C, bedeutet, dass jede produzierte Einheit zusätzlich Verluste gegenüber einer Nichtproduktion erzeugt.
Ein positiver Deckungsbeitrag II zeigt, dass die Gewinnschwelle überschritten ist und ein Produkt Gewinn erwirtschaftet.
Sind, wie bei Produkt A, alle fixen und variablen Kosten gedeckt, überschreitet das Produkt die Gewinnschwelle (Break-even-point).

R

Begriff	Darstellung, Beispiel	Erklärung

Handelskalkulation

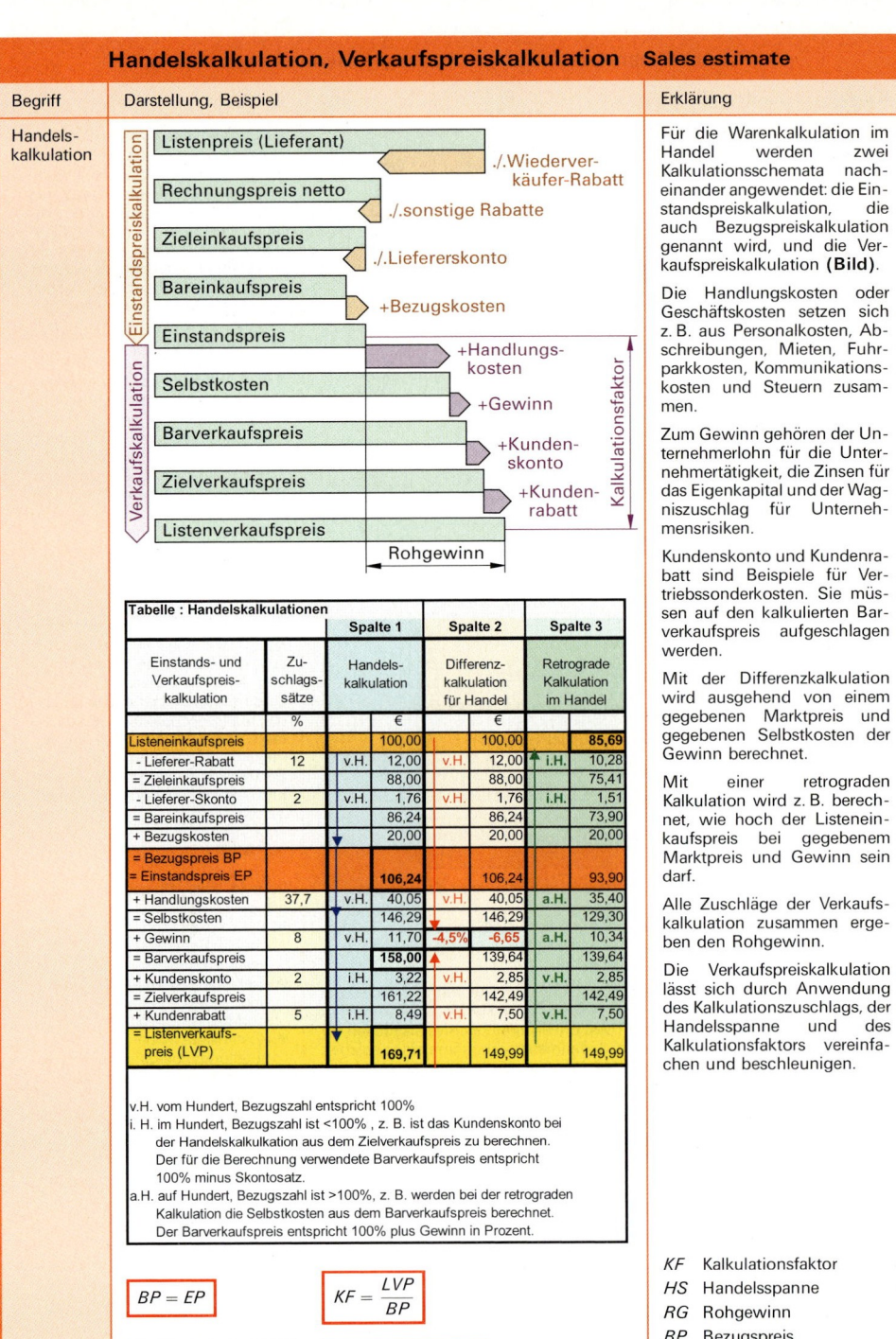

Für die Warenkalkulation im Handel werden zwei Kalkulationsschemata nacheinander angewendet: die Einstandspreiskalkulation, die auch Bezugspreiskalkulation genannt wird, und die Verkaufspreiskalkulation (**Bild**).

Die Handlungskosten oder Geschäftskosten setzen sich z. B. aus Personalkosten, Abschreibungen, Mieten, Fuhrparkkosten, Kommunikationskosten und Steuern zusammen.

Zum Gewinn gehören der Unternehmerlohn für die Unternehmertätigkeit, die Zinsen für das Eigenkapital und der Wagniszuschlag für Unternehmensrisiken.

Kundenskonto und Kundenrabatt sind Beispiele für Vertriebssonderkosten. Sie müssen auf den kalkulierten Barverkaufspreis aufgeschlagen werden.

Mit der Differenzkalkulation wird ausgehend von einem gegebenen Marktpreis und gegebenen Selbstkosten der Gewinn berechnet.

Mit einer retrograden Kalkulation wird z. B. berechnet, wie hoch der Listeneinkaufspreis bei gegebenem Marktpreis und Gewinn sein darf.

Alle Zuschläge der Verkaufskalkulation zusammen ergeben den Rohgewinn.

Die Verkaufspreiskalkulation lässt sich durch Anwendung des Kalkulationszuschlags, der Handelsspanne und des Kalkulationsfaktors vereinfachen und beschleunigen.

Tabelle : Handelskalkulationen

Einstands- und Verkaufspreis-kalkulation	Zuschlags-sätze	Spalte 1 Handels-kalkulation		Spalte 2 Differenz-kalkulation für Handel		Spalte 3 Retrograde Kalkulation im Handel	
	%	€		€			
Listeneinkaufspreis			100,00		100,00		85,69
- Lieferer-Rabatt	12	v.H.	12,00	v.H.	12,00	i.H.	10,28
= Zieleinkaufspreis			88,00		88,00		75,41
- Lieferer-Skonto	2	v.H.	1,76	v.H.	1,76	i.H.	1,51
= Bareinkaufspreis			86,24		86,24		73,90
+ Bezugskosten			20,00		20,00		20,00
= Bezugspreis BP = Einstandspreis EP			106,24		106,24		93,90
+ Handlungskosten	37,7	v.H.	40,05	v.H.	40,05	a.H.	35,40
= Selbstkosten			146,29		146,29		129,30
+ Gewinn	8	v.H.	11,70	-4,5%	-6,65	a.H.	10,34
= Barverkaufspreis			158,00		139,64		139,64
+ Kundenskonto	2	i.H.	3,22	v.H.	2,85	v.H.	2,85
= Zielverkaufspreis			161,22		142,49		142,49
+ Kundenrabatt	5	i.H.	8,49	v.H.	7,50	v.H.	7,50
= Listenverkaufspreis (LVP)			169,71		149,99		149,99

v.H. vom Hundert, Bezugszahl entspricht 100%
i. H. im Hundert, Bezugszahl ist <100% , z. B. ist das Kundenskonto bei der Handelskalkulation aus dem Zielverkaufspreis zu berechnen. Der für die Berechnung verwendete Barverkaufspreis entspricht 100% minus Skontosatz.
a.H. auf Hundert, Bezugszahl ist >100%, z. B. werden bei der retrograden Kalkulation die Selbstkosten aus dem Barverkaufspreis berechnet. Der Barverkaufspreis entspricht 100% plus Gewinn in Prozent.

$$BP = EP$$

$$KF = \frac{LVP}{BP}$$

$$HS = \frac{RG}{LVP} \cdot 100\%$$

$$KLZ = \frac{RG}{BP} \cdot 100\%$$

KF Kalkulationsfaktor
HS Handelsspanne
RG Rohgewinn
BP Bezugspreis
EP Einstandspreis
KLZ Kalkulationszuschlag
LVP Listenverkaufspreis

R

Begriff	Darstellung, Beispiel	Erklärung

Prozess-kosten-rechnung

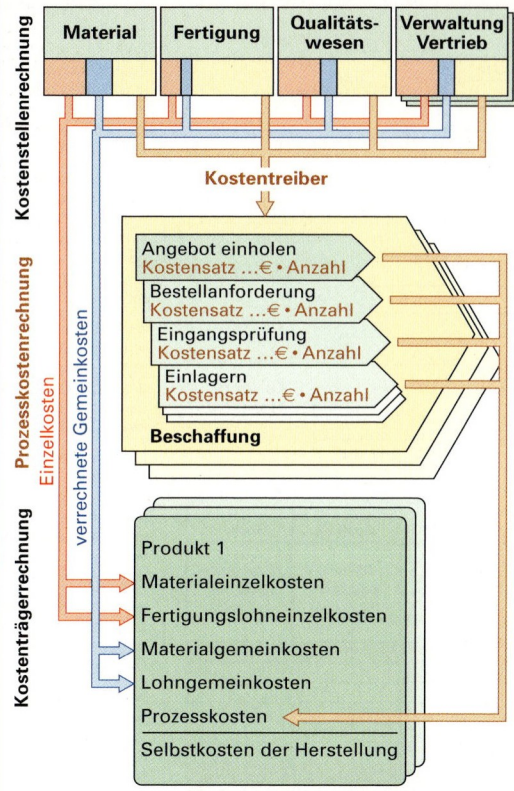

Kostenstellenrechnung

| Material | Fertigung | Qualitäts-wesen | Verwaltung Vertrieb |

Kostentreiber

Prozesskostenrechnung
Einzelkosten verrechnete Gemeinkosten

Angebot einholen
Kostensatz …€ · Anzahl
Bestellanforderung
Kostensatz …€ · Anzahl
Eingangsprüfung
Kostensatz …€ · Anzahl
Einlagern
Kostensatz …€ · Anzahl
Beschaffung

Kostenträgerrechnung

Produkt 1
Materialeinzelkosten
Fertigungslohneinzelkosten
Materialgemeinkosten
Lohngemeinkosten
Prozesskosten
Selbstkosten der Herstellung

Beispiel für leistungsmengeninduzierte Teilprozesse

Der Hauptprozess Beschaffung setzt sich z. B. aus den Teilprozessen Angebote einholen, Bestellanforderung, Eingangsprüfung und Einlagern zusammen.

Im Rahmen der Prozesskostenrechnung werden die einzelnen Aktivitäten genauer analysiert. Für jeden Haupt- und Teilprozess wird ein Kostentreiber (cost driver) ermittelt, der ursächlich für die Höhe der Kosten ist. Jede Inanspruchnahme eines solchen Teilprozesses wird mit dem berechneten Kostensatz berechnet.

Beispiel: Beschaffungsprozess

Aktivität	Kosten in €/a	Kosten-treiber	Anzahl/a	Kostensatz in €
Angebot einholen	100.000	Anzahl Angebote	500	200
Bestellun-gen	25.000	Anzahl Bestel-lungen	1.000	25
Eingangs-prüfung	36.000	Anzahl Warenlie-ferungen	1.200	30

Der hohe Gemeinkostenanteil bei vielen Unternehmen, z. B. durch steigende Variantenzahlen, kürzere Produktlebenszyklen, gestiegenen Automatisierungsgrad und umfangreiche Dokumentationspflichten, wird durch traditionelle Kalkulationsverfahren nur unzureichend berücksichtigt. Die falschen Ergebnisse führen zu Fehleinschätzungen der wirklichen Kostenlage und Ertragslage.

Z. B. werden bei der Zuschlagskalkulation die Einzelkosten als Berechnungsbasis gewählt und über einen Zuschlagssatz die Gemeinkosten berechnet. Dadurch werden z. B. für ein teures Einzelteil sehr hohe Bestellkosten und für ein kostengünstiges Teil sehr geringe Bestellkosten verrechnet, obwohl sie in Wirklichkeit womöglich gleich hoch sind.

Die Prozesskostenrechnung analysiert die Gemeinkosten und weist Kosten verursachende Aktivitäten aus, die durch das Produkt oder den Kunden verursacht werden. Diese Kostentreiber und die Anzahl der Inanspruchnahme werden erfasst und von den anderen Gemeinkosten getrennt. Dabei handelt es sich meist um Teilprozesse und Aktivitäten von Supportprozessen wie z. B. Beschaffung, Verwaltung, Vertrieb, EDV und Logistik (**Bild**).

Vorteile der Prozesskostenrechnung
- Die Kalkulation ist verursachungsgerechter als bei traditionellen Verfahren.
- Gemeinkostenzusammensetzungen werden transparenter und sind besser steuerbar.
- Kostenstellen übergreifende und abteilungsübergreifende Prozesse lassen sich kostenmäßig bewerten.
- Die Kostenstellenkapazitäten können den prozessnotwendigen Kapazitäten angepasst werden.
- Ineffiziente Prozesse und Tätigkeiten werden erkannt.
- Verbesserungspotenziale sind quantitativ bestimmbar.

R

Code of conduct on the internet (Articles 1–5)
Verhaltenskodex im Internet (Artikel 1–5)

Key words	Explanation	English	German
International Chamber of Commerce (ICC) Code Of Conduct	The International Chamber of Commerce (ICC) is the world's foremost developer of codes of ethical conduct for advertising and marketing practices. The ICC believes that advertising and marketing on the Internet, World Wide Web, and online services should reflect the highest standards of ethical conduct as laid down in the ICC International Code of Advertising Practice.	advertising chamber of commerce conduct ethical practices to lay down to reflect	Werbung Handelskammer Verhalten ethisch Praktiken niederlegen widerspiegeln
Article 1 Basic principles	All advertising and marketing should be legal, decent, honest and truthful. „Legal" means that advertising and marketing messages should be legal in their country of origin.	decent honest legal truthful	anständig ehrlich gesetzlich wahrheitsgemäß
Article 2 Disclosure of identity	Advertisers and marketers of goods and services who post commercial messages via the Internet should always disclose their own identity and that of the relevant subsidiary in such a way that the user can contact the advertiser or marketer without difficulty.	goods messages subsidiary to disclose to post	Waren Mitteilungen Tochterfirma aufdecken verschicken
Article 3 Costs and responsibilities associated with electronic sales and marketing	Advertisers and marketers should clearly inform users of the cost of accessing a message or a service where the cost is higher than the basic telecommunications rate. Users should be provided with such notice of cost at the time they are about to access the message or service. This notice mechanism should allow users a reasonable amount of time to disconnect from the service without charge.	amount basic rate charge notice reasonable to access to disconnet to provide	Menge Grundpreis Gebühr Information vernünftig zugreifen trennen bereitstellen
Article 4 Respect for public groups	Advertisers and marketers should respect the role of particular electronic news groups, forums or bulletin boards as public meeting places which may have rules and standards as to acceptable commercial behaviour.	acceptable behaviour particular public role	akzeptable Verhalten besondere,-r,-es öffentlich Rolle
Article 5 Users' rights	**1. Collection and use of data** Advertisers and marketers should disclose the purpose(s) for collecting and using personal data to users and should not use the data in a way incompatible with those purposes. **2. Data privacy** Advertisers and marketers should take reasonable precautions to safeguard the security of their data files. **3. Disclosure of data** The user should be given the opportunity to refuse the transfer of data to another advertiser or marketer. Personal data should not be disclosed when the user has objected except by authority of law. **4. Correction and blocking of data** Advertisers and marketers should give the user the right to obtain data relating to him and, where appropriate, to have such data corrected, completed, or blocked. **5. Privacy policy statements** Advertisers and marketers are encouraged to post their privacy policy statement on their online site. When such privacy policy statements exist, they should be easy to find, use and comprehensible. **6. Unsolicited commercial messages** Advertisers and marketers should not send unsolicited commercial messages online to users who have indicated that they do not wish to receive such messages.	appropriate authority collection comprehensible correction disclosure except incompatible opportunity precautions privacy purpose relating security statement such to complete to encourage to indicate to object to to obtain to refuse to receive to safeguard transfer unsolicited	geeignet Autorität Sammlung verständlich Korrektur Aufdeckung außer unvereinbar Gelegenheit Vorsichtsmaßnahmen Privatsphäre Zweck bezüglich Sicherheit Aussage so ein, solch ein fertigstellen ermutigen anzeigen einwenden erhalten ablehnen erhalten schützen Übertragung unerwünscht

R

Key words	Explanation	English	German
Article 6 Advertising to children ASA Advertising Standards Authority	Advertisers and marketers offering goods or services to children online should: ● not exploit the natural credulity of children or the lack of experience of young people and should not strain their sense of loyalty, ● not contain any content which might result in harm to children, ● identify material intended only for adults, ● encourage parents and/or guardians to participate in and/or supervise their children's online activities, ● encourage young children to obtain their parent's and/or guardian's permission before the children provide information online, and make reasonable efforts to ensure that parental consent is given and ● provide information to parents and/or guardians about ways to protect their children's privacy online.	consent content credulity effort experience goods guardian harm lack loyalty parental permission privacy reasonable services to contain to encourage to ensure to exploit to obtain to offer to participate to result in to strain to supervise	Zustimmung Inhalt Gutgläubigkeit Anstrengung Erfahrung Waren Vormund Schaden Mangel Loyalität elternlich Erlaubnis Privatsphäre vernünftig Dienste enthalten ermutigen sicherstellen ausbeuten erhalten anbieten teilnehmen zur Folge haben belasten überwachen
Article 7 Respect for the potential sensitivities of a global audience	Given the global reach of electronic networks, and the variety and diversity of possible recipients of electronic messages, advertisers and marketers should be especially sensitive regarding the possibility that a particular message might be perceived as ● pornographic, ● violent, ● racist or ● sexist.	diversity global particular reach recipient regarding sensitive to perceive variety violent	Vielfalt weltweit besondere Reichweite Empfänger bezüglich empfindlich auffassen Vielfalt gewalttätig
ICC Objectives OBJECTIVES	ICC recommends the worldwide promulgation of the guidelines above, which intend to fulfil the following objectives: ● to enhance the confidence of the public at large in advertising and marketing provided over the new interactive systems, ● to safeguard an optimum of freedom of expression for advertisers and marketers, ● to minimize the need for governmental and/or intergovernmental legislation or regulations and ● to meet reasonable consumer privacy expectations.	at large confidence consumer expectation freedom of expression guidelines legislation need objective promulgation to enhance to intend to meet to minimize to recommend to safeguard	insgesamt Vertrauen Verbraucher Erwartung Meinungsfreiheit Richtlinien Gesetzgebung Bedarf Ziel Verbreitung betonen beabsichtigen hier: erfüllen minimieren empfehlen schützen
Subordination to existing laws	ICC Codes and Guidelines are always subordinate to existing national law.	existing law subordinate subordination	bestehend Recht, Gesetz nachrangig Unterordnung

R

Anhang

Abkürzung	Bedeutung
AO	Abgabenordnung
BGB	Bürgerliches Gesetzbuch
GDPdU	Grundsätze zum Datenzugriff und zur Prüfbarkeit digitaler Unterlagen
GOB	Grundsätze ordnungsgemäßer Buchführung
GoBS	Grundsätze ordnungsmäßiger dv-gestützter Buchführungssysteme
HGB	Handelsgesetzbuch
SKR	Spezialkontenrahmen

Index, Zeichen	Bedeutung	Einheit	Index, Zeichen	Bedeutung	Einheit
A	Aufwendungen	€	GV	Gesamtverbrauch	Stk
AfA	Abschreibung	€	HaK	Handlungskosten	€
AfA_{degr}	Abschreibungsbetrag bei degressiver AfA	€	$HaKZ$	Handlungskostenzuschlag	%
			HK	Herstellkosten	€
AfA_{Leist}	Abschreibungsbetrag bei Leistungsabschreibung	€	HS	Handelsspanne	%
AfA_{lin}	Abschreibungsbetrag bei linearer AfA	€	k	Kosten je Leistungseinheit	€/Stk
			K	Gesamtkosten	€
$AfAS_{degr}$	Abschreibungssatz bei degressiver AfA	%	K_b	Kosten bei Kauf (buy)	€
$AfAS_{Leist}$	Abschreibungssatz bei Leistungsabschreibung	%	k_B	Kosten je Bestellung	€/Stk
			K_B	Bestellkosten	€
$AfAS_{lin}$	Abschreibungssatz bei linearer AfA	%	k_B	Kosten je Bestellung	€/Stk
AK	Anschaffungskosten	€	k_f	fixe Stückkosten	€
BE	Betriebsergebnis	€	K_f	fixe Gesamtkosten	€
BK	Beschaffungskosten	€	KF	Kalkulationsfaktor	
BP	Bezugspreis	€	K_m	Kosten bei Eigenproduktion (make)	€
DB	Deckungsbeitrag	%	k_S	Selbstkosten je Leistungseinheit	€/Stk
e	Ertrag je Stück	€/Stk			
E	Ertrag	€	k_v	variable Stückkosten	€
EL	Elastizität der Nachfrage		K_v	variable Gesamtkosten	€
EP	Einstandspreis	€	KZ	Kalkulationszuschlag	%
EV	Eigenverbrauch	€	LB_A	Anfangsbestand	Stk
FAZ	frühester Anfangszeitpunkt		LB_e	eiserner Lagerbestand (Sicherheitsbestand, Mindestbestand) [Stück]	Stk
FEZ	frühester Endzeitpunkt				
FK	Fertigungskosten	€	LB_E	Lagerbestand am Ende des Erfassungszeitraumes	Stk
FL	Fertigungslöhne	€			
FP	freier Puffer	Tage	LBG	Lieferbereitschaftsgrad	%
G_b	betriebswirtschaftlicher Gewinn	€	LB_H	Lager-Höchstbestand	Stk
			LB_M	Lager-Meldebestand	Stk
GK	Gemeinkosten	€	LEK	Lohneinzelkosten	€
GP	gesamter Puffer	Tage	LGK	Lohngemeinkosten	€
G_s	steuerlicher Gewinn	€			

Kaufmännische Formelzeichen, Einheiten und Abkürzungen 1
Commercial symbols, units and shortcuts 1

Index, Zeichen	Bedeutung	Einheit	Index, Zeichen	Bedeutung	Einheit
$LGKZS$	Lohngemeinkostenzuschlagssatz	%	RZS	Rabattzuschlagssatz	%
$LGKZS_{iG}$	Lohngemeinkostenzuschlagssatz incl. Gewinn	%	S	Skonto	%
			SAZ	spätester Anfangszeitpunkt	
LHK	Lagerhaltungskosten	€	SEZ	spätester Endzeitpunkt	
$LHKS$	Lagerhaltungskostensatz (Lagerzinssatz)	%	S_k	Selbstkosten je Leistungseinheit	€
LHZ	Lagerhaltungszinssatz	%	SK	Selbstkosten	€
LI_{iG}	Lohnindex incl. Gewinn		SVS	Stundenverrechnungssatz	€/h
LK	Lagerkosten	€			
LKS	Lagerkostensatz	€	SZS	Skontozuschlagssatz	%
LSK	Lohnsonderkosten	€	t	Zeit	Tage
LUH	Lagerumschlagshäufigkeit		t_B	Beschaffungsdauer	Tage
LVP	Listenverkaufspreis	€	t_e	Reichweite des eisernen Bestandes	Tage
LZ	Lagerzinsen	€	USt	Umsatzsteuer	%
LZS	Lagerzinssatz	%	VSt	Vorsteuer	%
m	Menge	Stk	$VtGKZ$	Vertriebsgemeinkosten	€
M_a	Jahresbedarf	Stk/a	$VtGKZS$	Vertriebsgemeinkostenzuschlagssatz	%
m_B	Bestellmenge je Bestellung	Stk			
MEK	Materialeinzelkosten	€	$VtSK$	Vertriebssonderkosten	€
MF	Minutenfaktor	€/min	$VwGKZ$	Verwaltungsgemeinkosten	€
MGK	Materialgemeinkosten	€			
$MGKZS$	Materialgemeinkostenzuschlagssatz	%	$VwGKZS$	Verwaltungsgemeinkostenzuschlagssatz	%
$MGKZS_{iG}$	Materialgemeinkostenzuschlagssatz incl. Gewinn	%	WU	Warenumsatz	€
MI_{iG}	Materialindex incl. Gewinn		z	Zinssatz	%
m_k	kritische Menge	Stk	Z	Zinsen	€
MK	Materialkosten	€	z_k	kalkulatorischer Zinssatz	%
MSK	Materialsonderkosten	€	z_{kLD}	Kalkulatorischer Lagerzinssatz für durchschnittliche Lagerdauer	%
$MwSt$	Mehrwertsteuer	%	ΔL	Lager Bestandsveränderungen	Stk
n_B	Anzahl der Bestellungen				
NVP	Nettoverkaufspreis	€	Δm	Mengenänderung	%
p	Stückpreis	€	Δp	Preisänderung	%
P	Gesamtpreis	€	$\varnothing LB$	durchschnittlicher Lagerbestand	Stk
P_E	Einstandspreis	€	$\varnothing LD$	durchschnittliche Lagerdauer	Tage
PS	Provision	€			
PZS	Provisionszuschlagssatz	%	$\varnothing LW$	durchschnittlicher Lagerwert	€
R	Rabatt	€	$\varnothing V$	Durchschnittsverbrauch	Stk/Tag
RG	Rohgewinn	€	$\sum WU_{EP}$	Summe Warenumsatz zu Einstandspreisen	€
RS	Rabattsatz	%			

AGt	Ausschuss Gebrauchstauglichkeit im Deutschen Normenausschuss
ANSI	American National Standards Institute
ASA	American Standards Association (Amerikanische Normenorganisation)
ASTM	American Society for Testing and Materials/Amerikanische Gesellschaft für Prüfung und Material
BNetzA	Bundesnetzagentur
CCIR	Comité Consultatif International des Radiocommunications (ersetzt durch ITU-R)
CCITT	Comité Consultatif International Télégraphique et Téléphonique (ersetzt durch ITU-T)
CEE	Commission Internationale pour la Réglementation et la Contrôle de L'Équipment Électrique (Internationale Kommission für die Bewertung elektrotechnischer Erzeugnisse)
CEN	Comité Européen de Normalisation (Europäisches Komitee für Normung)
CENELCOM	Comité Européen de coordination des Normes Électrotechniques des états membres de la CEE (Europäisches Komitee zur Koordinierung elektronischer Normen der Länder der Europäischen Gemeinschaft)
CENELEC	Comité Européen de Normalisation Électrotechnique (Europäisches Komitee für elektrotechnische Normung)
CIE	Commission Internationale de l'Éclairage (Internationale Kommission für Beleuchtung)
DBP	Deutsches Bundespatent
DIN	Deutsches Institut für Normung, e.V.
DKE	Deutsche Elektrotechnische Kommission (FNE gemeinsam mit Vorschriftenausschuss des VDE)
EN	Europäische Norm
ETSI	European Telecommunications Standards Institute (Europäische Einrichtung für Standardisierung in der Telekommunkiation)
EVÖ	Elektronischer Verein Österreichs
FNE	Fachnormenausschuss Elektrotechnik im Deutschen Normenausschuss
HEA	Hauptberatungsstelle für Elektrizitätsanwendung e.V.
IEC	International Electrotechnical Commission (= CEI, Commission Électrotechnique Internationale), Internationale Elektrotechnische Kommission
ISO	International Organization for Standardization (Internationale Organisation für Normung)
ITG	Informationstechnische Gesellschaft
ITU	International Telecommunication Union (Internationale Fernmeldeunion)
JEDEC	Joint Electron Device Engineering Council (US-amerikan. Ausschuss für Bauelement-normierungen)
JEM	Japanese Electrical Manufacturer's Association/Verband japanischer Elektrohersteller
ÖNA	Österreichischer Normenausschuss
ÖNORM	Österreichische Norm
ÖVE	Österreichischer Verband für Elektrotechnik
PTB	Physikalisch-Technische Bundesanstalt
RAL	Ausschuss für Lieferbedingungen und Gütesicherung beim Deutschen Normenausschuss
REFA	Verband für Arbeitsgestaltung, Betriebsorganisation und Unternehmensentwicklung e.V.
SEV	Schweizerischer Elektrotechnischer Verein
SNV	Schweizerische Normenvereinigung
TAB	Technische Anschlussbedingungen der VDEW
TKV	Telekommunikations-Kundenschutzverordnung
UL	Underwriters Laboratories Inc., Gesellschaft der Unterschreiber-Labors (Technischer Zertifizierungsdienst der USA)
VDE	Verband der Elektrotechnik Elektronik Informationstechnik e.V.
VDEW	Verband Deutscher Elektrizitätswerke
VDMA	Verband Deutscher Maschinen- und Anlagenbau e.V.
VNB	Verteilungs-Netzbetreiber (EVU)
VSM	Verein Schweizerischer Maschinenindustrieller
ZVEH	Zentralverband der Deutschen Elektro- und Informationstechnischen Handwerke
ZVEI	Zentralverband der Elektrotechnik- und Elektronikindustrie e.V.

Inhalt, gekürzter Titel	Nummer	Inhalt, gekürzter Titel	Nummer
Anschlüsse und Leitungen		Temperaturabhängige Widerstände, Kaltleiter	DIN 44080
Aderkennzeichnung bei Nennspannungen bis 1000 V	DIN VDE 0293	Transformatoren und Drosselspulen	DIN VDE 0532
Anschlussbezeichnung für Befehlsgeräte	DIN EN 50013	Thyristoren, Begriffe	DIN 41786
Anschlussbezeichnung für Stromrichter	DIN 42403	Vorzugsreihen für die Nennwerte von R und C	IEC 63
Anschlussbezeichnung für Transformatoren und Drosselspulen	DIN 42402	Varistoren	IEC 40
Anschlussbezeichnung und Kennzahlen	DIN EN 50005	**Computertechnik**	
Anschlussbezeichnung von Hilfsschaltgliedern	DIN EN 50012	Bildschirmarbeitsplätze	DIN 66234
Gas- und Wasserleitungen für Hauptpotenzialausgleich	DIN VDE 0190	Datenübertragung	DIN 66021
HF-Leitungstechnik	DIN 47301	Elementar-BASIC	DIN 66284
IP-Schutzarten	DIN VDE 0470	Ethernet	IEEE 802.3
Kennzeichnung von Anschlüssen	DIN 42400	IEC-Bus	IEC 625
Kabelverteilsysteme für Ton- und Fernsehrundfunksignale	DIN VDE 0855	Informationsverarbeitung	DIN 44300
Kennzeichnung der Anschlüsse	DIN EN 60445	Informationsverarbeitung, 7-Bit-Code	DIN 66003
Kennzeichnung der Anschlüsse elektrischer Betriebsmittel	DIN 60445	Rechnerunterstütztes Konstruieren	DIN 66304
Kennzeichnung elektrischer Betriebsmittel	DIN EN 61293	Schnittstellen für die Datenübermittlung	DIN 66258
Kennzeichnung Fernmeldeschnüre	DIN 47100	Schnittstellen in Fernsprechnetzen	DIN 66020
Kennzeichnung für Signale und Verbindungen	DIN EN 61175	Sicherungsverfahren mit dem 7-Bit-Code	DIN 66019
Leitungen für Informationsverarbeitungs-anlagen	DIN VDE 0815	Sinnbilder für Datenflusspläne und Programmablaufpläne	DIN 66001
Verwendung von Kabeln und Leitungen für Starkstromanlagen	DIN VDE 0298	Schrift A für Zeichenerkennung	DIN 66008
		Schrift B für Zeichenerkennung	DIN 66009
Anlagen und Geräte		Struktogramm nach Nassi-Shneiderman	DIN 66261
Anlagen in explosionsgefährdeten Bereichen	DIN VDE 0165	**Elektrische Grundlagen**	
Blitzschutzanlage	DIN VDE 0185	Begriffe der Wellenausbreitung	DINN 40020
Elektrische Anlagen in Wohngebäuden	DIN 18015	Elektrisches Feld	DIN 1324
Elektrische Ausrüstung von Industriemaschinen	DIN VDE 0113	Frequenz- und Wellenlängenbereiche	DIN 40015
Gefahren- und Meldeanlagen	DIN VDE 0833	Impulstechnik	DIN IEC 469
Innenraumbeleuchtung	DIN 5035	Magnetisches Feld	DIN 1325
Netzbetriebene elektronische Heimgeräte	DIN VDE 0860	Nennwert, Bemessungswert u. ä. (Begriffe)	DIN 40200
Leuchtröhrenanlagen	DIN VDE 0128	Normspannungen	IEC 38
Unterbrechungsfreie Stromversorgungssysteme (USV)	EN 62040-3 (VDE 0558, Teil 530)	Schwingungslehre	DIN 1311
		Spannungsmerkmale	DIN EN 50160
Bauelemente und Baugruppen		Wechselstromgrößen	DIN 40110
Code zur Farbkennzeichnung	IEC 757	**Elektrische Maschinen und Systeme**	
Farbkennzeichnung von Widerständen und Kondensatoren	DIN 41429	Bauformen von umlaufenden elektrischen Maschinen	IEC 34
Gleichrichterdioden	DIN 41782	Drehstrommotoren mit Käfigläufern, innengekühlt (Normmotoren)	DIN 42676
Cennzeichnung von Widerständen und Kondensatoren	IEC 62	Drehstrommotoren mit Käfigläufern, oberflächengekühlt (Normmotoren)	DIN 42673
Nennwerte von Widerständen und Kondensatoren	DIN 41426	Elektrische Systemtechnik	DIN VDE 0829
Optoelektronische Halbleiterbauelemente	DIN 41855	Formelzeichen für rotierende elektrische Maschinen	IEC 25
Relais, Begriffe	DIN 41215	Handhabungssysteme	DIN 2860
Sicherheitstransformatoren	DIN VDE 0551	Niederspannungssicherungen	DIN VDE 0636
Stromrichter (Begriffe)	DIN 41759	Leistungsreihe elektrischer Maschinen	DIN 42973
Stromrichterkennzeichnung	DINIEC 971	Leistungsschilder	DIN 42961
Stromsysteme (Begriffe, Größen, Formelzeichen)	DIN 40108	Leitungsschutzschalter	DIN VDE 0641
		Umlaufende elektrische Maschinen	DIN VDE 0530
Temperaturabhängige Widerstände, Heißleiter	DIN 44070	**EMV**	
		Elektromagnetische Beeinflussung	DIN VDE 0870
		Funkentstörung von Hochfrequenzgeräten	DIN VDE 0871
		Geräte zur Messung von Funkstörungen	DIN VDE 0876
		Maßnahmen zur Funkentstörung	DIN VDE 0875

Inhalt, gekürzter Titel	Nummer		Inhalt, gekürzter Titel	Nummer
Mathematik und Physik			Errichten von Starkstromanlagen	DIN VDE 0100
			Starkstromanlagen in medizinisch genutzten Räumen	DIN VDE 0107
Allgemeine mathematische Zeichen und Begriffe	DIN 1302		Starkstromanlagen über 1 kV	DIN VDE 0101
Einheiten (Einheitenname, Einheitenzeichen)	DIN 1301		**Texte und grafische Darstellungen**	
Einheiten elektrischer Größen	DIN 1357		Benummerung von Texten	DIN 1421
Einheiten magnetischer Größen	DIN 1339		Beschriftung	DIN 6776
Formelschreibweise	DIN 1338		Darstellungen in Normalprojektion	DIN ISO 5456
Formelzeichen	DIN 1304		Dokumente der Elektrotechnik	DIN EN 61082
Formelzeichen Akustik	DIN 1332		Gestaltung von Manuskripten	DIN 1422
Fourier-Transformation	DIN 5487		Grafische Darstellung	DIN 461
Komplexe Größen	DIN 5475		Grafische Symbole der Prozessleittechnik	DIN 19277
Lautstärkepegel	DIN 1318		Grafische Symbole für Schaltpläne	DIN EN 60617
Logarithmische Größen und Einheiten	DIN 5493		Teil 2: Symbolelemente	DIN EN 60617
Physikalische Größen und Gleichungen	DIN 1313		Teil 3: Leiter und Verbinder	DIN EN 60617
Richtungssinn und Vorzeichen in der Elektrotechnik	DIN 5489		Teil 4: Passive Bauelemente	DIN EN 60617
Strahlungsphysik, Lichttechnik	DIN 5031		Teil 5: Halbleiter und Elektronenröhren	DIN EN 60617
Übertragungsfaktor, Pegel	DIN 40148		Teil 6: Erzeugung und Umwandlung elektrischer Energie	DIN EN 60617
Winkel	DIN 1315		Teil 7: Schalt- und Schutzeinrichtungen	DIN EN 60617
Zahlenangaben	DIN 1333		Teil 8: Mess-, Melde-, Signal- einrichtungen	DIN EN 60617
Zeichen der mathematischen Logik	DIN 5474		Teil 9: Vermittlungs- und End- einrichtungen	DIN EN 60617
Zeichen der Schaltalgebra	DIN 66000		Teil 10: Übertragungseinrichtungen	DIN EN 60617
Zeitabhängige Größen	DIN 5483		Teil 11: Installationspläne	DIN EN 60617
Messen			Teil 12: Binäre Elemente	DIN EN 60617
			Teil 13: Symbole für analoge Elemente	DIN EN 60617
Anzeigende Messgeräte	DIN 43780		Maßeintragung	DIN 406
Bestimmungen für elektrische Messgeräte	DIN VDE 0410		Kennzeichnungssystematik für technische Produkte	DIN 6779
Bestimmungen für Messwandler	DIN VDE 0414		Schraffuren	DIN 201
Durchgangsprüfgeräte	DIN VDE 0403		Schreibweise von Matrizen	DIN 5486
Eigenschaften von Oszilloskopen	IEC 351		Titelangaben von Schrifttum	DIN 1505
Elektrische Messgeräte (Schalttafelmessgeräte)	DIN 43807		**Werkstoffe und Gehäuse**	
Elektrizitätszähler, Tarifschaltgeräte	DIN 43856		Dauermagnetwerkstoffe	DIN 17410
Geräte zum Prüfen der Schutzmaßnahmen	DIN VDE 0413		Elektroblech und Elektroband	DIN 46400
Messtechnik	DIN 1319		Gehäuse für Halbleiterbauelemente	DIN 41868
Schallpegelmesser	IEC 651		Gehäuse für Halbleiterbauelemente	DIN 41869
Skalen von Messgeräten	DIN 43802		Gehäuse für Halbleiterbauelemente	DIN 41873
Zähler	DIN 43865		Gehäuse für Halbleiterbauelemente	DIN 41876
Zählerplätze	DIN 43870		Hartlote	DIN 8513
Steuern und Regeln			Magnetische Werkstoffe für Übertrager	DIN 41301
			Weichlote	DIN 1707
Begriffe für NC-Maschinen	DIN 66257		Widerstandswerkstoffe	DIN 17471
Benennung und Einstellung von Reglern	DIN 19225		Verbindungsmaterial, Kleinverteiler, Zählerplätze	DIN VDE 0606
Bestimmungen für elektronische Messgeräte und Regler	DIN VDE 0411		**Weitere Normen**	
Bildzeichen	DIN 40101		Akkumulatoren und Batterie-Anlagen	DIN VDE 0510
Bildzeichen für NC-Werkzeugmaschinen	DIN 55003		Akustik	DIN 1320
CLDATA	DIN 66215		Begriffe der Nachrichtenübertragung	DIN 40146
Programmaufbau für NC-Maschinen	DIN 66025		Fluidtechnische Systeme	DIN ISO 1219
Regelungstechnik und Steuerungstechnik	DIN 19226		Galvanische Primärelemente	DIN 40827
Speicherprogrammierbare Steuerungen	DIN EN 61131		Primärbatterien	IEC 86
Steuerungstechnik (Begriffe)	DIN 19237		Qualitätssicherung	DIN ISO 9000
Starkstromanlagen			Rückwirkungen in Stromversorgungsnetzen	DIN VDE 0838
			Überspannungsschutzgeräte	DIN VDE 0675
Bau von Freileitungen bis 1000 V	DIN VDE 0211		Umweltmanagement-Systeme	DIN ISO 14001
Bau von Freileitungen über 1 kV	DIN VDE 0210		Wärmebedarf von Gebäuden	DIN 4701
Betrieb von Starkstromanlagen	DIN VDE 0105			
Elektronische Betriebsmittel in Starkstromanlagen	DIN VDE 0160			

DIN VDE 0100	Errichten von Starkstromanlagen mit Nennspannungen bis 1000 V
DIN VDE 0101	Errichten von Starkstromanlagen mit Nennspannungen über 1 kV
DIN VDE 0103	Bemessung von Starkstromanlagen auf Kurzschlussfestigkeit
DIN VDE 0104	Prüfanlagen mit Spannungen über 1 kV
DIN VDE 0105	VDE-Bestimmungen für den Betrieb von Starkstromanlagen
DIN VDE 0106	Schutz gegen elektrischen Schlag
DIN VDE 0107	Errichten und Prüfen von elektrischen Anlagen in medizinisch genutzten Räumen
DIN VDE 0108	Errichten und Betreiben von Starkstromanlagen in baulichen Anlagen für Menschenansammlungen sowie von Sicherheitsbeleuchtungen in Arbeitsstätten
DIN VDE 0110	Luft- und Kriechstrecken für Betriebsmittel
DIN VDE 0113	Elektrische Ausrüstung von Industriemaschinen
DIN VDE 0116	Elektrische Ausrüstung von Feuerungsanlagen
DIN VDE 0128	Errichten von Leuchtröhrenanlagen mit Nennspannungen über 1 kV
DIN VDE 0131	Errichtung und Betrieb von Elektrozaunanlagen
DIN VDE 0160	Ausrüstung von Starkstromanlagen mit elektronischen Betriebsmitteln
DIN VDE 0165	Errichten elektrischer Anlagen in explosionsgefährdeten Bereichen
DIN VDE 0168	Errichten von Anlagen im Freien, die erschwerten Bedingungen unterworfen sind
DIN VDE 0185	Errichten von Blitzschutzanlagen
DIN VDE 0190	Bestimmungen für das Einbeziehen von Rohrleitungen in Schutzmaßnahmen von Starkstromanlagen mit Nennspannungen bis 1 kV
DIN VDE 0211	Bau von Starkstrom-Freileitungen mit Nennspannungen bis 1 kV
DIN VDE 0228	Maßnahmen für Beeinflussung von Fernmeldeanlagen durch Starkstromanlagen
DIN VDE 0293	Aderkennzeichnung von Starkstromkabeln und Starkstromleitungen bis 1 kW
DIN VDE 0298	Verwendung von Kabeln und isolierten Leitungen für Starkstromanlagen
DIN VDE 0410	Bestimmungen für elektrische Messgeräte
DIN VDE 0411	Bestimmungen für elektronische Messgeräte und Regler
DIN VDE 0413	Geräte zum Prüfen der Schutzmaßnahmen in elektrischen Anlagen
DIN VDE 0414	Bestimmungen für Messwandler
DIN VDE 0435	Elektrische Relais
DIN VDE 0510	Bestimmungen für Akkumulatoren und Batterie-Anlagen
DIN VDE 0530	Bestimmungen für umlaufende elektrische Maschinen
DIN VDE 0532	Bestimmungen für Transformatoren und Drosselspulen
DIN VDE 0543	Lichtbogen-Kleinschweißtransformatoren für Kurzschweißbetrieb
DIN VDE 0550	Bestimmungen für Kleintransformatoren
DIN VDE 0551	Sicherheitstransformatoren
DIN VDE 0636	Niederspannungssicherungen
DIN VDE 0641	Leitungsschutzschalter
DIN VDE 0660	Bestimmungen für Niederspannungsschaltgeräte
DIN VDE 0675	Schutz elektrischer Anlagen gegen Überspannungen
DIN VDE 0680	Schutzkleidung, Schutzvorrichtungen und Werkzeuge zum Arbeiten an unter Spannung stehenden Betriebsmitteln
DIN VDE 0681	Geräte zum Betätigen, Prüfen und Abschranken unter Spannung stehender Betriebsmittel mit Spannungen über 1 kV
DIN VDE 0700	Sicherheit elektrischer Geräte für den Hausgebrauch und ähnliche Zwecke
DIN VDE 0701	Instandsetzung, Änderung und Prüfung elektrischer Geräte für den Hausgebrauch und ähnliche Zwecke
DIN VDE 0702	Wiederholungsprüfung an elektrischen Geräten
DIN VDE 0710	Leuchten mit Betriebsspannungen unter 1 kV
DIN VDE 0800	Errichten und Betrieb von Fernmeldeanlagen einschließlich Informationsverarbeitungsanlagen
DIN VDE 0815	Leitungen für Informationsverarbeitungsanlagen
DIN VDE 0829	Elektrische Systemtechnik für Heim und Gebäude
DIN VDE 0833	Gefahren- und Meldeanlagen
DIN VDE 0855	Kabelverteilsysteme für Rundfunksignale
DIN VDE 0860	Bestimmungen für netzbetriebene elektronische Geräte für den Heimgebrauch
DIN VDE 0870	Elektromagnetische Beeinflussung
DIN VDE 0871	Funkentstörung von Hochfrequenzgeräten
DIN VDE 0875	Bestimmungen für die Funkentstörung von Betriebsmitteln und Anlagen
DIN VDE 0880	Errichten und Betrieb von Fernmeldeanlagen

Automatisierungstechnik Verlag Europa-Lehrmittel, Haan-Gruiten	D. Schmid
CAD/CAE/CAM/CIM Lexikon expert-verlag, Renningen	G. Klause
Compound Semiconductor Devices Verlag Wiley-VCH, Weinheim	Kenneth A. Jackson
DAB – Digitaler Hörfunk Verlag Technik, Berlin	U. Freyer
Datenkommunikations-Netzwerke heute und morgen expert-verlag, Renningen	Titu I, Bajenescu
Digitale Übertragungstechnik B. G. Teubner, Stuttgart	P. Gerdsen
DVB – Digitales Fernsehen Verlag Technik, Berlin	U. Freyer
Einführung in die elektrische Messtechnik AT-Verlag, Aarau, Stuttgart	Piller
Einführung in die Nachrichtentechnik B. G. Teubner, Stuttgart, Leipzig	J. Goerth
Einführung in die Nachrichtentechnik Verlag K. Wittwer, Stuttgart	G. Bosse u. a.
Einführung in die Radartechnik B. G. Teubner, Stuttgart, Leipzig	B. Huder
Elektrische Messgeräte und Messverfahren Springer-Verlag, Berlin	Jahn u. a.
Fachkunde Industrieelektronik und Informationstechnik Verlag Europa-Lehrmittel, Haan-Gruiten	Grimm u. a.
Elektrische Messtechnik Verlag Technik, Berlin	W. Richter
Fachbildung Telekommunikationstechnik Verlag Europa-Lehrmittel, Haan-Gruiten	H. Jansen u. a.
Fachkunde Büro- und Informationselektronik Verlag Europa-Lehrmittel, Haan-Gruiten	E. Dehler u. a.
Gebäudesystemtechnik Cornelsen Verlag, Berlin	H. Wellers
Handbuch Elektromagnetische Verträglichkeit VDE-Verlag, Berlin	E. Habiger u. a.
Informationstechnische Verkabelung von Gebäudekomplexen expert-verlag, Renningen	W. von Pattay u. a.
Lexikon der Datenverarbeitung Siemens AG, Berlin, München	Löbel-Müller-Schmid
Lexikon der Informatik und Datenverarbeitung Oldenbourg Verlag, München	H.-J. Schneider
Logik und Fuzzy-Logik expert-verlag, Renningen	A. Friedrich
Moderne Satellitenempfangsanlagen Verlag Technik, Berlin	K. Jungk
Kommunikationstechnik Verlag Europa-Lehrmittel, Haan-Gruiten	H. Gretzinger u. a.
Nachrichten-Übertragungstechnik Carl Hanser Verlag, München, Wien	U. Freyer
Nichtlineare Regelungstechnik und Fuzzy-Control expert-verlag, Renningen	H. Knappe

Online-Lexikon VDE-Verlag, Berlin	O. Rosenbaum
Optische Übertragungstechnik Hüthig Buch Verlag, Heidelberg	Ch. Wrobel (Hrsg.)
Professionelle Stromversorgung Franzis-Verlag, München	U. Freyer
Schaltungstechnik für den Satellitenempfang Verlag Technik GmbH, Berlin	W. Brinkmann
Schutz in elektrischen Anlagen VDE-Verlag, Berlin	G. Biegelmaier u. a.
Sensoren, Messaufnehmer expert-verlag, Renningen	K.W. Bonfig u. a.
Steuern und Regeln Verlag Europa-Lehrmittel, Haan-Gruiten	D. Schmid
SPS Projektierung und Programmierung Hüthig Buch Verlag, Heidelberg	J. Petry
Tabellenbuch Computertechnik Verlag Europa-Lehrmittel, Haan-Gruiten	B. Grimm u. a.
Tabellenbuch Elektrotechnik Verlag Europa-Lehrmittel, Haan-Gruiten	H. Häberle u. a.
Taschenbuch Elektrotechnik Carl Hanser Verlag, München	E. Philippow u. a.

Die nachfolgend aufgeführten Firmen und Dienststellen haben die Bearbeiter durch Beratung, durch Zurverfügungstellung von Druckschriften, Fotos und Retuschen sowohl bei der Textbearbeitung als auch bei der bildlichen Ausgestaltung des Buches unterstützt. Es wird ihnen hierfür herzlich gedankt.

ABB Asea Brown Boveri AG
68165 Mannheim

Agema Infrared Systems GmbH
61401 Oberursel

Agilent Technologies
71034 Böblingen

Ahlborn Mess- und Regelungstechnik
83602 Holzkirchen

AMP Deutschland GmbH
63201 Langen

ANIXTER DEUTSCHLAND GmbH
71711 Murr

Anton Piller GmbH
37520 Osterode

Axicon Mobilfunkdienste GmbH
85579 Neubiberg

BASF AG
67069 Ludwigshafen

BASF Magnetics GmbH
68165 Mannheim

Berker, Gebrüder
58579 Schalksmühle

Best Power Technologie
91058 Erlangen

Black Box Deutschland GmbH
85716 Unterschleißheim

BÜRK ZEITSYSTEME GmbH
78054 VS-Schwenningen

Busch-Jaeger Elektro GmbH
58513 Lüdenscheid

CAD-FEM GmbH
85567 Grafing

Cherry Mikroschalter GmbH
91275 Auerbach

Computervision GmbH
40549 Düsseldorf

CSM Computer-Systeme-Messtechnik GmbH
70794 Filderstadt

Danfoss Antriebs- und Regeltechnik GmbH
63004 Offenbach

Dehn + Söhne
92306 Neumarkt

Deutsche Philips GmbH
20095 Hamburg

Deutsche Telekom AG
53175 Bonn

Deutsche Telekom Medien GmbH
60329 Frankfurt

Deutsche Vitrohm GmbH & Co. KG
25421 Pinneberg

Digital-PCS Systemtechnik GmbH
81539 München

Dornier GmbH
88039 Friedrichshafen

EADS
81663 München

EnBW Energie Baden-Württemberg AG
70174 Stuttgart

Euchner & Co.
70771 Leinfelden-Echterdingen

Fanuc
J-Jamanashi Prefecture 401-05

Felten & Guilleaume AG
51058 Köln

Fluke Deutschland GmbH
34123 Kassel

Forschungs- und Technologie-Zentrum FTZ
64295 Darmstadt

Forschungszentrum Karlsruhe GmbH
76131 Karlsruhe

Fraunhofer-Institut
91058 Erlangen

FRIWO Gerätebau GmbH
48342 Ostbevern

GE Power Controls
51105 Köln

Görlitzer Elektroschaltgeräte
GmbH
02803 Görlitz

Gossen-Metrawatt
90471 Nürnberg

Gould Electronics GmbH
63128 Dietzenbach

Grundig
90766 Fürth

HAMEG GmbH
60528 Frankfurt

Hauptberatungsstelle für
Elektrizitätsanwendung (HEA)
60329 Frankfurt

Heidenhain, Dr. Johannes GmbH
83292 Traunreut

Hewlett-Packard GmbH
71034 Böblingen

Hirschmann, Richard GmbH & Co.
73728 Esslingen

Honeywell
63067 Offenbach

IBM Deutschland
Bildungsgesellschaft mbH
71083 Herrenberg

IBM Deutschland
Informationssysteme
70511 Stuttgart

IBM Deutschland
Produktions GmbH
71065 Sindelfingen

Informationszentrale
der Elektrizitätswirtschaft
60555 Frankfurt

Infranor GmbH
12045 Berlin

Inprise GmbH
63222 Langen

INSTA ELEKTRO GMBH & CO. KG
58511 Lüdenscheid

iR3 Video International GmbH
A-1232 Wien

ITT Lautsprecherwerk
94315 Straubing

IZE, Informationszentrale
der Elektrizitätswirtschaft
60555 Frankfurt

JENOPTIK GmbH
07739 Jena

Jung, Albrecht
58579 Schalksmühle

Kathrein-Werke AG
83022 Rosenheim

Keithley Instruments GmbH
82110 Germering

Kistler Instrumente GmbH
73760 Ostfildern

Moeller GmbH
53115 Bonn

KNOGO Deutschland GmbH
55118 Mainz

Leitz Messtechnik GmbH
35578 Wetzlar

Leuze electronic GmbH & Co
73277 Owen-Teck

Leybold AG
63450 Hanau

Licht- und Vakuumtechnik
85643 Steinhöring

Loewe Opta GmbH
78089 Kirnach

Matsushita Automation Controls
83607 Holzkirchen

Microsoft GmbH
85716 Unterschleißheim

Mitsubishi Electric Europe GmbH
40880 Ratingen

Mitsui Electronics Europe GmbH
41460 Neuss

MTU München GmbH
80995 München

Müller & Weigert
90014 Nürnberg

National Instruments Germany
GmbH
81369 München

NEC Electronics (Europe) GmbH
40472 Düsseldorf

ORACLE Deutschland GmbH
80993 München

Panasonic Deutschland GmbH
22525 Hamburg

Phoenix Contact GmbH
32819 Blomberg

Pilz GmbH & Co.
73760 Ostfildern

Quick-Ohm GmbH
42349 Wuppertal

Robin Electronics
71140 Steinenbronn

Roederstein GmbH
84034 Landshut

Rohde & Schwarz GmbH & Co. KG
58029 Hagen

RS Components GmbH
64546 Mörfelden-Walldorf

Sennheiser Electronic
30900 Wedemark

Sick, Erwin GmbH
79177 Waldkirch

Siedle & Söhne
78113 Furtwangen

Siemens AG
91050 Erlangen

Siemens AG
80333 München

SORCUS GmbH
69126 Heidelberg

Spectra Computersysteme GmbH
70771 Leinfelden-Echterdingen

Stabo Elektronik GmbH
31137 Hildesheim

Südwest-Rundfunk (SWR)
70190 Stuttgart

TEAC Deutschland GmbH
65205 Wiesbaden

Texas Instruments Deutschland
GmbH
85350 Freising

TOKO Elektronic Europe GmbH
40235 Düsseldorf

Toshiba Electronics Europe GmbH
40549 Düsseldorf

TÜV Rheinland Holding AG
51105 Köln

Umweltbundesamt
14191 Berlin

Vacuumschmelze
63412 Hanau

Valvo UB Bauelemente
der Philips GmbH
20095 Hamburg

VDE, Verband der Elektrotechnik
Elektronik Informationstechnik eV
60596 Frankfurt

VDI, Verein Deutscher Ingenieure
40002 Düsseldorf

Vicor Europe
85748 Garching

Vision GmbH
31552 Rodenberg

Volkswagen AG
38446 Wolfsburg

WAGO Kontakttechnik GmbH
32423 Minden

Wirns Bauelemente GmbH &
Co. KG
33332 Gütersloh

XICOR GmbH
85630 Grasbrunn

Zeiss, Carl
73447 Oberkochen

Zentralverband der deutschen
Elektrohandwerke, ZVEH
53113 Bonn

Zentralverband Elektrotechnik-
und Elektronikindustrie
Deutschlands, ZVEI
60596 Frankfurt

ZF Friedrichshafen AG
88038 Friedrichshafen

Ziegler Instruments
41189 Mönchengladbach

L